한국장애인재단 기획총서 IX

장애와 소셜 미디어

글로벌 관점

Disability and Social Media
– Global perspectives –

Katie Ellis · Mike Kent 편저
김수정 · 마경희 공역
이승기 감수

학지사

Disability and Social Media: Global Perspectives
by Katie Ellis and Mike Kent

Korean Translation Copyright © 2021 by Hakjisa Publisher, Inc.
The Korean translation rights published by arrangement with
Taylor & Francis Group.

발간사

기대하는 누군가와 처음 마주했던 순간이 설렘으로 기억되듯이, 독자여러분께는『장애와 소셜 미디어: 글로벌 관점』과 마주하여 책장을 넘기는 이 순간이 장애인식개선 및 장애학에 다가설 수 있는 설렘의 시작점이 되길 기대합니다.

한국장애인재단 번역출간사업은 장애와 관련된 우수 해외 도서를 발굴 및 번역, 출간하는 사업으로서 2011년부터 시작되어 현재까지 이어지고 있습니다.

지난 9년간 저희 재단에서는 총 8권의 책『WHO세계장애보고서』(2012년),『장애 문화 정체성』(2012년),『장애인 중심 사회서비스 정책과 실천: 서비스 현금지급과 개인예산』(2013년),『장애인과 전문가의 파트너십: 정책과 실천현장에 적용된 사회모델』(2014년),『장애와 사회 그리고 개인』(2015년),『미학적 불안감: 장애와 재현의 위기』(2016년),『장애 인문학: 장애에 대한 사회적 태도의 변화』(2018년),『장애 이론: 장애 정체성의 이론화』(2019년)을 발간하였습니다.

이번 아홉 번째 기획총서인『장애와 소셜 미디어: 글로벌 관점』은 정보통신기술에 기반을 둔 소셜 미디어가 장애인의 사회통합과 사회적 권리 보장을 위해 어떻게 활용되고 있는지를 나라별 사례를 토대로 다양한 관점에서 보여 주고 있습니다. 또한 이 책은 장애가 개인적 차원의 문제가 아닌 사회구조적 문제로, 소셜 미디어를 통해 장애를 가진 한 개인이 자신의 가능성과 창조성을 발휘하여 역동적인 변화를 일으킬 수 있는 주체적인 존재라는 관점을 나타내고 있습니다.

오늘날 우리 사회는 갑작스런 코로나-19의 등장으로 인해 언택트 방식을 통해 일상생활을 영위해 나가고 있습니다. 이러한 시기와 맞물려 장애인의 사회참여 및 네트워크 구축에 있어서 소셜 미디어 활용의 시사점을 다루고 있는 본 번역서는 언택트 시기 장애인의 정체성 확립 및 주체적인 삶에 대한 시사점 및 의의를 불러일으킬 수 있다고 생각됩니다.

끝으로 아홉 번째 기획총서가 나오기까지 긴 시간 번역에 수고를 아끼지 않으신 번역자분들께 감사의 인사를 드립니다.

앞으로도 한국장애인재단은 인식의 기반이 되는 장애학에 꼭 필요한 우수도서를 번역출간하여 장애인에 대한 인식개선에 앞장서 나가겠습니다. 많은 관심과 격려 부탁드립니다.

한국장애인재단 이사장

이성규

역자 서문

이 책은 소셜 미디어로 대표되는 정보통신기술의 발전이 어떻게 장애와 교차되고, 장애의 개념과 범주에 영향을 미치는지를 장애의 사회적 모델 관점에서 보여 주고 있다. 사회적 모델은 개인의 손상이 아닌 물리적 · 사회적 장벽 자체를 장애 또는 장애의 원인이라고 보는 이론으로, 소셜 미디어는 의사소통을 용이하게 하여 장애인들이 직면하는 물리적 · 사회적 장벽을 낮추는 데 기여해 왔다. 그러나 소셜 미디어가 처음부터 장애인에게 우호적인 환경을 제공했던 것은 아니다. 2000년대 이래로 서구 선진국을 중심으로 소셜 미디어의 접근성을 향상시키기 위한 다양한 장애인 운동이 시작되었고, 이러한 운동의 세계적인 확산 덕분에 보다 많은 장애인이 일상에서 소셜 미디어를 활용할 수 있게 되었다.

이 책이 주는 매력은 세계 여러 나라에서 정보통신기술에 기반을 둔 소셜 미디어의 사용이 장애인의 사회통합과 사회적 권리 보장을 위해 어떻게 활용되고 있는지를 다양한 관점에서 보여 주고 있다는 점이다. 물론 그 형태와 방법, 진행 속도는 사회적 · 문화적 상황에 따라 다르겠지만, 공통점은 정보통신기술의 진화와 함께 소셜 미디어가 의사소통을 위한 보조 장치의 기능을 넘어서 장애인의 정체성 확립과 자기표현의 도구로서 역할을 하고 있으며, 더 나아가 장애인 간의 공동체 의식을 함양하고 정책 현안을 논의하는 상호 연결된 공간으로서 확장되고 있다는 사실이다.

오늘날 장애를 둘러싼 담론은 개인의 강점보다는 결핍에 초점을 두고 장애인과 비장애인을 대치시키면서 장애를 (재)생산해 내고 있다. 이 책에 기술된 연구 사례들은 장애를 개인적 차원의 적응 문제가 아닌 사회구조적 문제로 환원시켜 독자들이 가지고 있는 장애에 대한 편견에 도전하고, 장애인을 집단 정체성이 아닌 개인의 능력과 잠재력을 바탕으로 지역사회에 공헌할 수 있는 사회의 구성원으로 인식하고 포용할 수 있도록 한다. 뿐만 아니라, 이 연구 사례들은 소셜 미디어가 장애 이전의 개인의 정체성과 장애 이후의 정체성을 연결하는 '적응의 도구'로서 장애가 가지고 있는 가능성과 창조성을 부각시켜 장애인을 역동적인 변화의 주체로 설명하고 있다.

이 책은 몇 개의 큰 주제로 나누어져 있으며, 다양한 사회적 · 문화적 맥락에서 작성되었다. 역자가 독자에게 바라는 것은, 먼저 이 주제들을 연결하는 가장 큰 주제, 즉 장애인의 정체성과 소셜 미디어의 역할을 염두에 두면서 책을 읽어 나가는 것이다. 이 과정에서 정보통신기술의 선진국인 한국의 상황과 비교하여 장애인을 포용하는 사회를 만들어 가기 위한 미래의 방향성에 대해 다시 한번 고민할 수 있기를 바란다.

앞서 말한 바와 같이 이 책은 세계 여러 나라에서 관찰되는 장애인의 소셜 미디어의 활용 현황을 조사하여 제시하고 있다. 다양한 배경을 가진 다수의 저자에 의해 집필된 이 책을 번역하면서 역자들이 느꼈던 가장 큰 어려움은 이러한 다양성을 어떻게 한글로 선명하게 옮겨 담느냐의 문제였다. 번역은 독자들의 이해와 공감대를 불러오기 위해 현지화(localization) 작업을 반드시 필요로 하는데, 이 과정에서 독특한 문화적 · 사회적 특징이 희석되는 경우가 발생한다. 이 책 역시 이 부분에서 자유롭지 못하다. 또한 한 권으로 묶인 책을 두 명의 역자가 번역하면서 발생하게 되는 번역 스타일의 차이를 어떻게 조율하여 전체적인 일관성을 유지하느냐의 문제도 대두되었다. 다행히 장애인복지에 정통하신 이승기 교수님께서 단어 사용에서부터 문체와 전체적인 맥락까지 세밀하게 감수해 주셔서 초기 번역본을 상당 부분 수정 · 보완할 수 있었다. 그럼에도 불구하고 혹시 남아 있을 수 있는 번역상의 오류 및 완결성의 부족은 오롯이 역자들의 몫이지만, 번역상의 아쉬움이 이 책의 내용과 가치를 훼손하는 정도는 아니라는 점 또한 강조하고 싶다.

역자가 독자에게 바라는 것은 그 부족함에 집중하기보다는 이 책이 국내외에서 관찰되는 장애인 인권운동과 역사, 정책적인 변화 그리고 정보통신기술의 발전이 장애인 개인과 커뮤니티에 주는 긍정적인 영향에 대해 더 많은 관심을 가질 수 있는 기회가 되기를 희망한다. 끝으로, 이 책을 번역할 수 있는 기회를 주신 한국장애인재단과 이성규 이사장님, 보다 나은 번역본이 될 수 있도록 세심하게 감수해 주신 이승기 교수님, 번역본이 책으로 나올 수 있도록 도와주신 학지사와 꼼꼼하게 검토 · 편집해 주신 최주영 편집자에게 깊은 감사의 말씀을 드린다.

2021년 1월

김수정 · 마경희

장애운동가이자 소셜 미디어 슈퍼스타였던

스텔라 영 Stella Young을 기리며.

우리는 당신과 소셜 미디어 활용법을 가르치기 위해

당신이 기울였던 모든 노력에

이 책을 바칩니다.

차례

PART 3 커뮤니케이션

PART 6 새로운 방향

1

서론
사회적 장애

케이티 엘리스, 마이크 켄트

배경

소셜 미디어는 우리가 상호 의사소통하는 데 필수적 요소가 되었다. 전화 접속 방식의 게시판 토론방에서 시작된 소셜 미디어는 짧은 기간 내에 매일 9억 3천 6백만 명이 접속하는 페이스북과 같은 플랫폼으로 성장했다(Internet World Statistics, 2015). 이러한 네트워크는 스마트폰의 확산을 통해, 그리고 현재 많은 플랫폼들의 근간을 형성하는 소셜 미디어 앱의 통합을 통해 점점 더 일상생활에 통합되고 있다. 그러나 소셜 미디어가 우리 삶에 보다 중요한 부분이 되어 가고 있음에도 장애인에 대한 소셜 미디어의 영향을 살펴보는 연구들은 드문 실정이다. 장애인들은 대다수의 사람들과 같은 방식으로 소셜 미디어를 사용하고 있는가? 여러 공적 생활과 참여에서 배제되는 것과 같은 방식으로 소셜 미디어 공간에서도 장애인들이 배제될 여지가 있거나 혹은 배제되고 있는가? 주요하게는 세계 각지의 장애인들이 어떻게 소셜 미디어에 참여하고 있는가? 더 나아가서는 장애 및 소셜 미디어에 대한 탐구를 통해 장애학이 어떻게 다른 학문들과의 협력을 발전시켜 나갈 수 있는가?

우리는 이 책의 기획 단계에서 소셜 미디어를 의사소통, 교환, 행동주의 측면에서 장애인들을 위한 중요한 미디어라고 가정했다(Ellis & Goggin, 2015). 또한 소셜 미디어를 통해 전통적으로 사회에서 가장 고립된 집단 중 하나인 장애인을 위한 고용 및 여가의 기회를 향상시킬 수 있음을 제시했다. 하지만 우리는 이러한 사회적 포용의 가능성에도 불구하고 이 플랫폼들에서도 장애인들이 오프라인상에서 주기적으로 경험하는 접근 불능과 차별적 태도가 재현될 가능성이 있다는 점 또한 인식했다(Ellis & Kent, 2011). 특히 소셜 네트워킹 사이트들에 대해 그렇게 생각했다. 소셜 미디어는 장애인을 능력화enable 할 수 있는 가능성과 오히려 무력화disable 할 가능성을 모두 가지고 있다. 예를 들어, 스콧 홀리어Scott Hollier는 《사회적 교류: 장애인을 위한 소셜 미디어Sociability: Social media for people with a disability》라는 자신의 영향력 있는 보고서에서 장애인의 사회적 포용으로 인한 이점이 인정됨에도 불구하고 소셜 미디어에서 장애인의 접근 불능이 지속되고 있음에 주목하고 있다.

> 인기 있는 모든 소셜 미디어들은 일정 부분 접근하기 쉽지 않다. 페이스북Facebook, 링키드인LinkedIn, 트위터Twitter, 유튜브YouTube, 블로그 웹사이트 및 새롭게 부상하는 구글플러스Google+는 모두 접근성이 제한되어 있어 장애가 있는 이용자들이 소셜 미디어에 참여할 수 있는 기회를 차단한다.
>
> (Hollier, 2012, p. 11)

홀리어는 소셜 미디어 접근성에 대해 음울한 전망을 내놓았지만, 보고서의 내용은 우리가 이 프로젝트를 시작했을 때와 마찬가지로 낙관적 여지를 많이 남겨 놓고 있다.

> 다행스럽게도 이용자들은 접근 장벽을 극복할 수 있는 방법들을 찾아내곤 했는데, 대안적인 포털 웹사이트, 모바일 앱, 키보드 내비게이션 단축키 추가 및 온라인 지지 그룹 활용 등이 여기에 해당된다. 이는 전문지식의 풍부한 원천으로, 장애가 있는 소셜 미디어 이용자들은 가장 인기 있는 플랫폼들에 접근할 수 있는 창의적인 방법을 계속해서 찾아 나간다.
>
> (Hollier, 2012, p. 11)

우리는 홀리어의 이야기를 마음에 새기면서, 전 세계적으로 장애인의 사회적 포용과 관련하여 소셜 미디어로 인한 기회와 도전과제를 탐색하는 내용들을 수집했다. 이 책은 기획 단계에서 생각했던 것보다 내용이 늘어나 두꺼운 책이 되었다. 이렇게 된 이유는 장애와 소셜 미디어가 광범위한 주제로서 의사소통, 교환, 행동주의 및 여가 등의 내용을 아우르고 있으며, 이 주제가 지역과 집단에 따라 다루어지는 방식에 있어 많은 다양성을 내포하고 있기 때문이다.

핵심 가치

2011년 1월 버락 오바마 미국 대통령은 "우리가 보편적이라 믿는 특정한 핵심 가치가 있는데, 이는 말하기의 자유, 표현의 자유와 더불어 사람들이 소셜 네트워크를 사용할 수 있는 자유"(Ackerman, 2011, para. 7)라고 공식 석상에서 이야기했다. 호스니 무바라크Honsi Mubarak[1]의 통치에 저항하는 이집트 시위를 언급하며 웹 기반 플랫폼의 중요성이 커지고 있음을 강조한 내용이었는데, 웹 기반 플랫폼을 통해 자신을 알리고 다른 사람들과 연결됨으로써 사회에 참여하게 된다는 것이다.

2009년에 호주 서부 프리맨틀에서 개최된 '디지털 기기 콘퍼런스More Than Gadgets Conference'에서 호주 장애 및 인종차별 위원회의 그레이엄 인네스 위원은 장애와 소셜 미디어의 관계에 대해 언급했다. 그는 소셜 네트워크가 장애인들로 하여금 사회에 참여할 수 있는 방대한 기회를 열어 줄 가능성이 있음을 강조했다. 또한 미래에는 장애가 없는 사람들을 포함하여 이러한 네트워크를 사용하지 않는 사람들은 정보와 의사소통에 대한 접근성 부족으로 인해 실질적으로 장애를 경험하게 될 것임을 경고했다.

이와 유사하게 베스 할러Beth Haller는 소셜 미디어가 장애인에게 특히 중요함을 역설한다.

> [소셜 미디어]의 이러한 폭발적인 증가에는 많은 장애인들이 포함되어 있다. 소셜 미디어는 장애 권리 행동을 조직하고, 다른 사람들에게 장애 관련 뉴스를 알리며, 이벤트를 홍보하기도 하고, 같은 생각을 가진 장애 권리 옹호자를 찾는 데에도 활용된다. 또한 청각장애가 있거나 언어장애가 있는 사람들이 사용하기 쉬운 의사소통 시스템을 제공하는 등 장애를 일부 완화할 수 있다는 장점이 있다. 반면에 컴퓨터에 정통해야 하는 문자 위주의 소셜 네트워크 사이트는 지적장애, 심각한 학습장애 또는 시각장애가 있는 이용자에게는 장벽이 될 수 있다.
>
> (2010, p. 5)

1) [역주] 당시 이집트 대통령으로 1981년부터 2011년까지 이집트 대통령을 지냈다. 2011년 이집트 혁명의 여파로 2011년 2월 11일에 대통령직을 사임했다.

장애가 있는 341명의 호주인에 대한 최근의 조사에서는(이 책 11장 참조), 응답자의 20%가 주류 미디어에 프로필이 게시되어 있고, 6%는 장애 블로그를 유지하고 있으며, 12%는 장애 블로그에 글을 기고했던 적이 있는 것으로 나타났다. 또한, 응답자의 3%는 자신의 삶에 대해 유튜브 동영상을 만든 적이 있으며, 47%는 장애 이슈와 관련된 소셜 네트워크 사이트나 블로그에 댓글을 단 적이 있는 것으로 나타났다. 이는 장애와 관련한 정치적 활동이 온라인상에서 많이 이루어지고 있음을 의미하지만, 조사대상자의 36.5%는 장애 이슈가 아닌 내용으로 블로그, 트위터, 유튜브 및 페이스북을 활용한다고 밝혔다. 이러한 수치는 장애인들이 정치적 및 비정치적 방식으로 모두 소셜 미디어를 사용하고 있음을 보여 준다.

장애 이야기

이러한 결과는 최근에 스토리파이Storify[2)]에 게시되어 #소셜미디어#SocialMedia 및 #장애이야기#DisabilityStories의 영향력을 보여 주었던 것에서도 명백히 드러난다. 이곳에서 대화에 참여한 사람들은 새로운 유형의 장애 이야기들이 올라온다는 것과 다른 사람들과 온라인상에서 연결될 가능성이 있음을 확인했다. 대화에서는 가장 인기 있는 소셜 미디어 플랫폼들이 드러내는 기회와 도전과제 양쪽 모두가 강조되었다. 그러한 사례들을 들자면, 이용자들은 트위터를 통해 140자로 의사소통을 할 수도 있지만 페이스북의 경우 계속해서 바뀌는 플랫폼으로 인해 제한을 느낄 수도 있다(Wong, 2015 참조).

할러 및 소셜 미디어 대화에 참여하는 사람들은 소셜 미디어를 통한 기분전환 및 옹호 활동을 강조하지만, 장애인이 소셜 미디어에 접근할 수 있는지 여부를 먼저 고려하는 것이 중요하다.

본 장에서는 먼저 인터넷, 특히 소셜 네트워크 활용 측면에서 장애에 대한 이해가 어떻게 바뀌는지를 '디지털 장애'라는 용어를 사용하여 탐색하고자 한다. 그 다음 인터넷 플랫폼의 접근성과 관련하여 네 가지 상이한 단계의 디지털 디자인들에 대해 개괄하고자 한다. 이 4단계는 각각 다음과 같은 상황을 보여준다. 첫 번째 단계에서는 온라인 플랫폼이 접근성을 가지고 있으나 널리 활용되지는 않는다. 두 번

2) [역주] 스토리파이는 사용자가 트위터, 페이스북 및 인스타그램과 같은 소셜 미디어를 사용하여 스토리 또는 타임라인을 만들 수 있는 소셜 네트워크 서비스다.

째 단계는 널리 활용되지만 접근성이 없는 경우다. 세 번째 단계에서는 온라인 플랫폼이 널리 활용되면서 접근성 있게 조정된다. 네 번째 단계는 애초에 접근성 있게 만들어져 널리 활용되는 경우다. 소셜 미디어의 발전과정에서 마이스페이스MySpace, 페이스북, 트위터 및 구글플러스의 접근성 관련 입장을 살펴봄으로써 이러한 상이한 접근법들에 대해 설명하고자 한다.

디지털 장애

장애의 사회적 모델은 장애와 손상을 구별한다. 이 모델은 사회에 의해 내려진 결정들과 이 결정들이 특정 손상을 가진 개인에게 미치는 영향의 결과가 장애라고 주장한다(Finkelstein, 1980; Oliver, 1996 참조). 예를 들어, 누군가 이동을 위해 휠체어를 필요로 하는 특정한 손상을 가지게 될 수 있다. 그런데 그들이 계단을 올라가야 하는 상황에서 다른 대안이 없다면 장애를 경험하게 된다.

장애는 아날로그 세계와 비교하여 온라인상에서 다르게 작동되며 장애유형에 따라 각기 다른 영향을 미친다. 이동을 위해 휠체어를 사용하는 사람의 경우 인터넷에 접근할 때는 장애를 경험하지는 않는 반면, 다양한 지각 및 인지 손상이 있는 사람들과 손을 사용하는 데 어려움이 있는 사람들에게는 접근성 있는 웹사이트 및 지원 기술이 필요할 수 있다. 경사로의 부재가 아날로그 세계에서 휠체어 사용자를 장애화한 것처럼 이러한 사용자들은 접근할 수 없는 웹 디자인으로 인해 장애를 경험한다. 그러므로 인터넷과 월드 와이드 웹의 다양한 측면이 구성되는 방식—사회에 의해 이루어지는 선택—은 서로 다른 손상을 장애로 만드는 데 있어 결정적인 영향을 미칠 것이다(Goggin & Newell, 2003; Ellis & Kent, 2011 참조).

가장 기본적인 수준에서 모든 잠재적 사용자들은 온라인상 디지털로 저장된 정보에 대해 자신에게 가장 적합하고 다양한 방식으로 접근할 수 있어야 한다. 예를 들면, 정보는 화면에 시각적으로 제공될 수 있고, 특정 플랫폼의 활용 및 탐색을 지원하는 음성, 음악 또는 여타의 소리를 통해 청각적으로 구현될 수도 있으며, 점자 태블릿 및 롬 장갑Lorm glove[3] 등을 사용하여 촉각적으로 전달될 수도 있다. 이러한

3) [역주] 롬 장갑은 착용 가능한 장치로 촉각적 자극을 감지하고 생성할 수 있다. 장착된 마이크로프로세서는 문자를 수신하여 그것들을 사용자 정의 패턴에 따라 롬 문자로 재생한다. 청각장애인 및 시각장애인의 의사소통

방식으로 정보를 검색할 뿐만 아니라 이러한 매체를 통해 정보를 입력하며 디지털로 변환할 수도 있다. 폴리와 페리(Foley & Ferri, 2012, p. 192)는 그들이 관찰한 내용을 다음과 같이 요약한다.

> 기술은 보통 해방으로 특징지어진다. 사회에의 완전한 참여를 방해하는 사회적, 교육적 및 물리적 장벽을 허물기 때문이다. 흔히 기술은 매우 이상적으로 생각되곤 하는데, 구현의 한계에서 벗어나게 함으로써 손상을 제거해 줄 수 있을 것으로 보인다. 기술 발전을 통해 간단하게 장애를 사라지게 하거나 장애로 인한 차이가 중요하지 않게 될 수도 있다.

소셜 미디어와 디지털 접근성의 4단계

그렇다 하더라도 정보가 저장되고 구성되는 방식은 정보에 대한 접근성을 제한할 수 있으며 장애유형에 따라 정보에의 접근을 가로막는 요인으로 작용할 것이다. 지금까지 인터넷에는 디지털 디자인/접근성을 위한 네 가지 단계가 관찰되었다(Ellis & Kent, 2011 참조).

첫 번째 단계는 온라인 플랫폼에 접근할 수는 있지만 이 플랫폼이 널리 확산되거나 사용되지는 않는 경우다. 이때까지는 플랫폼에서 사람들을 배제하는 디자인이 사용되지 않는다. 재거(Jaeger, 2012, p. viii)가 관찰한 바에 따르면, "역설적이게도, 웹 인터넷 이전—내용이 전자적으로 읽을 수 있는 텍스트로 대부분 제한되어 있었던 환경—에는 현재의 웹으로 활용 가능한 인터넷에 비해 많은 장애인 사용자들이 보다 쉽게 접근할 수 있었다." 소셜 미디어의 경우 이 단계에서는 가장 초기 형태의 온라인 소셜 네트워크인 유스넷Usenet의 토론마당에서 볼 수 있듯이 전화접속 게시판을 사용하는 대화방과 보조기술을 통해 쉽게 해석할 수 있는 간단한 문자 기반의 인터페이스를 사용했다.

디지털 디자인의 두 번째 단계는 특정 플랫폼이나 서비스가 널리 사용되지만 접근성이 없는 경우다. 이러한 상황에서 플랫폼은 장애인에 대한 접근성을 고려하기 전에 널리 확산된다. 애너블, 고긴 및 스티엔스트라(Annable, Goggin, & Stienstra,

---

에 도움을 주기 위해 개발되었다.

2007, p. 146)는 다음과 같은 질문을 던졌다.

> 장애가 순전히 의료적 현상이 아닌 사회적 현상으로서 받아들여지고 있으며, 장애를 제거하고 장애인에 대한 차별과 배제를 종식시키기 위한 공적 지원이 늘어나고 있다면, 왜 정보기술—흔히 가장 최신이며 가장 알려진—은 여전히 차별적인가?

소셜 미디어의 관점에서 이 단계는 마이스페이스에서 볼 수 있다. 이 사이트는 2006년 인터넷에서 가장 많이 방문한 사이트로 구글을 능가하는 소셜 네트워크 사이트였는데, 접근하기 어렵고 네트워크를 보다 수용적으로 변화시키라는 어떠한 압력에도 굴하지 않는 것으로 악명 높았다(Ellis & Goggin, 2014).

세 번째 단계는 이전에는 접근이 불가능했던 플랫폼들 중 하나가 접근 가능하고 포용적으로 변할 때, 즉 개선될 때 나타난다. 웬츠, 재거 및 라자르(Wentz, Jaeger, & Lazar, 2011)가 관찰한 바와 같이, 이러한 기술 개량 과정은 처음부터 보편적 접근을 염두에 두고 프로젝트를 계획하는 것보다 필연적으로 더 많은 비용이 든다. 2010년 페이스북은 웹에서 가장 많이 방문하는 사이트가 되었다. 그 이전 해에 페이스북은 미국시각장애인재단과 협의하여 보조기술에 의존하는 장애인들이 보다 쉽게 이용할 수 있도록 플랫폼을 정비했다. 트위터는 처음부터 다른 접근방식을 사용했다. 데니스 렘브리Dennis Lembree는 2009년 당시 접근성이 없는 웹 인터페이스였던 트위터의 문제를 해결하기 위해 액세서블 트위터Accessible Twitter를 디자인한 것으로 유명하다. 스콧 홀리어가 이 책의 6장에서 설명하듯이, 트위터는 이후 자체적인 개선작업을 통해 접근성을 제고했다.

마지막으로, 네 번째 단계는 처음부터 접근성 있는 플랫폼을 구축함으로써 이러한 조정을 피하는 경우로, 애초에 장애인이 접근할 수 있는 디자인이 적용되고 플랫폼이 널리 확산되면서 이러한 디자인이 유지된다. 2011년 구글이 최신 소셜 네트워크 플랫폼인 구글플러스를 출시했을 때에는 처음부터 접근성 있는 사이트를 만들기 위해 노력한 것으로 보였으며(Google Accesibility, 2011; Romack, 2011; Toor, 2013), 홀리어가 언급한 바와 같이 2011년 부드로Boudreau가 최종 결과물을 검사했을 때는 개선할 필요 없이도 경쟁 상대인 페이스북 만큼이나 접근성이 있었다.

장애인들은 이 모든 접근성 단계에서 소셜 미디어를 활용했다. 페이스북의 '보다 접근하기 쉬운 페이스북을 위한 공식 청원' 페이지는 접근성이 없는 페이스북에 대한 항의의 장으로 사용되었다(Ellis & Kent, 2011, pp. 101-105 참조). 장애인은 엑세서블 트위터와 같은 차선책을 사용하거나 모바일에 최적화된 소셜 미디어 사이트를 활용하여 접근할 수 없는 기능을 우회하는 데 성공했다. 이 책은 장애인과 장애인 집단이 어떻게 소셜 미디어에 접근하며 그것을 활용하는지에 대해 고찰한다. 홀리어가 주목한 바와 같이, 페이스북, 트위터 및 구글플러스 등과 같은 많은 '주류' 소셜 미디어 사이트는 접근성 및 장애 커뮤니티(마이스페이스와 같은 다른 사이트들은 운영을 중단했다)에 대한 접근방식에서 큰 진전을 이루었다. 그러나 소셜 미디어는 점점 더 다양한 옵션을 제공하며 접근성 향상을 위해 많은 노력을 기울이고 있다. 이 책은 빠르게 발전하는 영역에 직면하여 오늘날 장애인들이 어떻게 소셜 미디어에 접근하고 활용하는지에 대한 정보를 제공한다. 또한 장애인들이 소셜 미디어에 점점 더 의존하는 데 따른 구체적이며 아직까지는 잘 알려지지 않은 영향에 대해 여러 국제적 사례연구를 통해 알아본다.

이 책의 개요

[그림 1-1]은 이 책의 내용을 워드 클라우드로 구성한 것이다. 이 워드 클라우드는 페이스북, 왓츠앱WhatsApp, 중국 기반의 위챗WeChat 등 수많은 소셜 미디어 플랫폼을 나타낸다. 또한 사지마비부터 뇌졸중, 자폐증, 시각 및 청각장애, 의사소통장애가 있는 아동에 이르기까지 수많은 손상을 아우른다. 우리는 이 책에 다양한 장애가 있는 사람들, 장애가 있는 아동의 부모, 장애가 있는 학생의 교사 등 협력자들의 목소리를 담고, 더불어 가급적 많은 국가들의 관점을 포함하고자 했다.

일련의 공통된 주제들이 이 책 전반에 걸쳐 드러나 있는데, 여기에는 패럴림픽, 주류 미디어의 문제점, 교육의 중요성 및 새로운 이야기와 오래된 이야기 모두를 전하는 새로운 방식이 포함되어 있다.

장애와 소셜 미디어 간의 결합에 관심을 가진 가능한 한 많은 사람들의 의견을 듣고, 특별히 새로운 통찰력을 소개하고자 노력했다. 그러나 다른 영역들보다 도전적인 영역들이 있었는데, 13장의 도입부는 제2세계 · 제3세계 국가들에서 장애가 있는 저자들이 직면하게 되는 어려움 중 일부를 보여 준다. 우리는 이러한 장을 출판할 수 있게 되어 감사했지만, 이러한 장의 내용은 이 책에 실린 지구 남반부의 몇

[그림 1-1] 장애와 소셜 미디어 워드 클라우드: 글로벌 관점

안 되는 사례들 중 하나다. 남아메리카 출신의 저자들은 프로젝트를 그만두어야 했으며, 아시아의 사례를 듣는 것도 어려운 일이었다. 그럼에도 불구하고 장애 집단, 국적, 소셜 미디어 플랫폼에 걸쳐 다양성을 발견할 수 있어 기쁘게 생각한다.

이 책은 6개의 파트(PART 1~6)로 나뉘고, 각 파트는 3~4개의 장으로 구성되어 있다. 첫 번째 파트(PART 1)는 소셜 미디어를 사용한 옹호 가능성에 관한 것이다. 여기에서는 폴란드의 청각장애인 커뮤니티의 페이스북 활용(2장), 비극적 사건과 정부의 방치에 대응하는 사회적 네트워크를 통한 전복적 행동의 가능성(3장), 스텔라 영이 '감동 포르노'로 묘사한 사례로서 소셜 미디어를 통해 공유되는 장애를 가진 사람들의 이미지에서 드러나는 문제점(4장), 장애에 대한 보이지 않는 서사narrative를 제공하는 장애 행위예술과 소셜 미디어 간의 교차점(5장)을 다룬다.

서론 전반에 걸쳐 우리가 광범위하게 인용한 스콧 홀리어가 집필한 장은 접근성을 주제로 하는 이 책의 두 번째 파트(PART 2)를 아우른다. 이 파트에서는 보조기술의 중요성 측면에서(6장, 8장, 9장) 접근성이 다루어지고, 또한 공적 공간과 필수 기반 시설에의 접근을 옹호하기 위한 소셜 미디어의 사용 측면에서도(7장) 다루어진다.

이 책의 세 번째 파트(PART 3)인 커뮤니케이션은 장애와 소셜 미디어라는 주제를 사용하여 커뮤니케이션의 기본 모델(10장), 협력적 미디어(11장), 여성주의 돌봄 윤리(12장)와 같은 커뮤니케이션 연구에서의 여러 이론들을 발전시키고자 한다. 13장은 소셜 미디어의 접근 · 이용 · 비용 측면에서의 어려움과 소셜 미디어의 존재 자체가 장애인들의 삶을 지배하는 시대에 지구 남반부에서의 커뮤니케이션 및 미디어의 새로운 방식의 중요성에 대해 다룬다.

네 번째 파트(PART 4)는 전반적으로 교육을 주제로 하는데, 장애 학생 통합을 제공하는 소셜 미디어의 잠재력을 긍정적으로 평가하는(14장) 한편, 비판적으로 살펴본다(16장). 15장과 17장은 교실에서 소셜 미디어를 사용하는 장애 학생들을 위한 새로운 스타일의 교육 방법과 커뮤니케이션 방법을 소개한다.

커뮤니티는 지금까지 이 책의 핵심 주제였지만, 다섯 번째 파트(PART 5)는 장애인들이 스포츠를 위해 온라인 커뮤니티를 구축했던 방식(18장), 자기표현(19장) 및 지방정부 계획에 대한 점증하는 인식(20장) 등에 대한 생생한 사례연구를 살펴본다.

이 책은 새로운 방향에 대한 파트를 마지막으로 마무리된다. 이 파트에서는 장애연구 및 소셜 미디어 연구문헌에서 잘 드러나지 않는 것처럼 보이는 주제에 대한 내용들이 포함된다. 여기에는 보완대체의사소통augmentative and alternative communication을 사용하는 사람들에 대한 분석(21장), 중동지역 사례연구(22장), 중국 사례연구(23장)가 포함된다.

이 책은 장애인의 사회적 포용을 위해 소셜 미디어가 드러내는 기회와 도전과제를 인식하고 분석함으로써 소셜 미디어를 통한 장애의 가시화를 제고하고자 한다.

결론

1976년 분리반대신체장애인연맹Union of the Physically Impaired Against Segregation: UPIAS은 다음과 같이 선언했다.

> 우리가 관심을 갖는 것은 삶의 조건을 변화시켜 사회가 우리를 배제하도록 조직된 방식 때문에 우리의 신체적 손상에 부과되는 장애를 극복하는 것이다. 우리의 견해로는, 우리가 받아들여야 하는 것은 실제적인 손상일 뿐이며, 우리가 대우받는 방식 때문에 발생되는 부가적이며 완전히 불필요한 문제는 반드시 해결되어야 하며 받아들여져서는 안 된다(para. 16).

이 선언은 인터넷과 월드 와이드 웹이 사람들의 일상생활의 일부가 되기 훨씬 전의 일이다. 그러나 사회정의에 대한 이러한 요구는 여전히 장애인을 위한 접근성 투쟁이 진행 중인 디지털 분야에서 공명한다. 이러한 투쟁에서 온라인 소셜 네트워크에 대한 접근성은 중요한데, 소셜 네트워크가 점점 더 온라인 환경에서 중요한 부분이 되어 가고 있기 때문이다. 웬츠, 재거 및 라자르(para. 1)는 다음과 같이 경고한다.

> **장애인의 보호 및 복지를 위해 존재하는 것으로 가정되는 현재의 장애권리법률은 문제의 소지가 다분하여, 사실상 분리되지만 불평등한separate but unequal[4] 온라인 환경을 조장할 여지가 있다. 이에 태동부터 접근성 있는 기술을 촉진할 수 있도록 현행 미국 법률을 개정하고 그러한 법률을 일관되게 시행한다면, 수백만 장애인들의 온라인상 경험은 크게 향상될 수 있다.**

오바마가 관찰한 바와 같이, 이러한 네트워크에 대한 접근성은 이제 보편적인 핵심 가치의 일부로 볼 수 있다. 인니스Innis는 2009년 사람들이 이러한 네트워크에서 배제되는 것이 점점 더 그 자체로 장애가 될 것임을 예측했다. 배제와 불이익을 경험하는 장애인들은 접근성 있는 디자인의 부족으로 인해 이러한 장애를 떠안게 될 것이다. 장애인들이 점차 잠재적인 시장으로 인식됨에 따라 소셜 네트워크 사이트들은 접근성 향상을 위한 다양한 방식을 취하고 있으며, 여기에는 개량에서부터 대안제시 및 처음부터 접근성 있게 구축하는 것까지 포함된다.

이 책의 내용들은 손상 그 자체로 인한 제한이 있음을 인정한다 하더라도, 손상과 더불어 장애인을 고려하지 않는 소셜 미디어의 방식으로 인해 야기되는 추가적이고 전적으로 불필요한 문제가 무엇인지를 드러낸다. 이에 더하여 접근성 없는 플랫폼을 통해 소셜 미디어에 참여하는 장애인들에게 추가적인 문제를 발생시키는 것은 전적으로 불필요한 것임을 논증한다.

---

4) [역주] 흑인과 백인을 분리하지만, 교육 · 시설 · 직업 등에서는 차별이 없게 한다는 취지의 미국 '인종분리평등정책separate but equal principle'을 빗댄 표현으로, 현재의 장애권리법률은 장애인에 대해 '분리하지만 불평등separate but unequal'한 온라인 환경을 조장한다고 비꼬아 언급하였다.

참고문헌

Ackerman, S. (2011, January 28). Egypt's internet shutdown can't stop mass protests. *Wired.* Retrieved from http://www.wired.com/dangerroom/2011/01/egyptsinternet-shutdown-cant-stop-mass-protests/#more-39575

Annable, G., Goggin, G., & Stienstra, D. (2007). Accessibility, disability, and inclusion in information technologies: Introduction. *The Information Society: An International Journal, 23*(3), 145–147. Retrieved from http://dx.doi.org/10.1080/01972240701323523

Boudreau, D. (2011). Social media accessibility: Where are we today? AccessibleWeb, Paper presented at a11ybos 2011, Boston (17 September). Retrieved from http://accessibiliteweb.com/presentations/2011/a11yBOS/#7

Ellis, K., & Goggin, G. (2014). Disability and social media. In J. Hunsinger, and T. Senft, (Eds.) *Handbook of Social Media*, New York: Routledge, 126-179.

Ellis, K., & Goggin, G. (2015). *Disability and the media.* New York, NY: Palgrave Macmillan.

Ellis, K., & Kent, M. (2010). Community accessibility: Tweeters take responsibility for an accessible Web 2.0. *Fast Capitalism, 6*(2). Retrieved from http://www.uta.edu/huma/agger/fastcapitalism/7_1/elliskent7_1.html

Ellis, K., & Kent, M. (2011). *Disability and new media.* New York, NY: Routledge.

Finkelstein, F. (1980). *Attitudes and disabled people: Issues for discussion.* New York, NY: International Exchange of Information in Rehabilitation.

Foley, A., & Ferri, B. A. (2012). Technology for people, not disabilities: Ensuring access and inclusion. *Journal of Research in Special Education Needs, 12*(4), 192-200.

Goggin, G., & Newell, C. (2003). *Digital disability: The social construction of disability in new media.* Lanham, MD: Rowman and Littlefield Publishers Inc.

Google Accessibility. (2011, June 30). We considered accessibility of Google+ from day 1. Find something we missed? Press Send Feedback link & let us know [Tweet]. Retrieved from https://twitter.com/googleaccess/status/86442474523992065

Haller, B. (2010). *Representing disability in an ableist world: Essays on mass media.* Louisville, KY: Advocado Press.

Hollier, S. (2012). Sociability: Social media for people with a disability. Retrieved from http://mediaaccess.org.au/online-media/social-media

Innes, G. (2009). Creating welcoming school communities. Paper presented at the More Than Gadgets Conference, Fremantle, Western Australia, August 2009.

Internet World Statistics. (2015). *Facebook stats for the years 2013-2015.* Retrieved from http://www.internetworldstats.com/facebook.htm

Jaeger, P. T. (2012). *Disability and the internet.* Boulder, CO and London, UK: Lynne Rienner Publishers.

Oliver, M. (1996). *Understanding disability: From theory to practice*. Hampshire, UK: Palgrave.

Romack, J. (2011, June 30). Accessibility of Google+: Will blind users be+1ing? *No Eyes Needed*. Retrieved from http://noeyesneeded.com/2011/06/accessibility-of-googlewill-blind-users-be-1ing/

Toor, A. (2013, March 1). Google+ Hangouts adds sign language app and new shortcuts for disabled users. *The Verge*. Retrieved from http://www.theverge.com/2013/3/1/4042964/google-hangout-adds-sign-language-app-keyboard-shortcuts

UPIAS. (1976). *Fundamental principles of disability*. London: Union of the Physically Impaired Against Segregation. Retrieved from http://disability-studies.leeds.ac.uk/fi les/library/UPIAS-UPIAS.pdf

Wentz, B., Jaeger, P. T., & Lazar, J. (2011). Retrofitting accessibility: The legal inequality of after-the-fact online access for persons with disabilities in the United States. *First Monday, 16*(11). Retrieved from http://www.fi rstmonday.org/htbin/cgiwrap/bin/ojs/index.php/fm/article/view/3666/3077

Wong, A. (2015, July). Power of #SocialMedia & #DisabilityStories. Retrieved from https://storify.com/SFdirewolf/power-of-socialmedia-disabilitystories

PART

01

옹호

Advocacy

2

소셜 미디어와 청각장애인의 역량강화

폴란드 청각장애인 커뮤니티의 표현을 위한 온라인 투쟁

마그달레나 즈드로돕스카

소셜 미디어는 소외 계층을 포함한 수많은 인터넷 이용자의 의사소통, 문화·사회적 관행에 변화를 가져왔다. 소셜 미디어가 누군가에게는 사회적 제약으로부터 벗어나게 해 주는 엄청난 힘으로 작용하기도 했고, 다른 누군가에게는 장애를 만들어 내는 또 다른 방식으로 비춰지기도 했다. 이 장에서는 소셜 미디어가 폴란드 청각장애인 커뮤니티에 미치는 심오한 영향을 두 가지 측면에서 살펴보고자 한다. 첫 번째는 청각장애인을 위한 대안적 공론장alternative public space에 대해 환영하는 사회적 분위기에 관한 것이다. 이 대안적 공론장은 사회의 다수를 구성하는 비청각장애인들의 관심분야 이외의 주제뿐만 아니라 공식적인 청각장애인 의제agenda를 벗어나는 주제에 대해서도 토론할 수 있는 공간을 제공한다. 두 번째는 바이러스처럼 빠르게 확산되는 소셜 미디어의 커뮤니케이션 방식을 능숙하게 활용하여 청각장애인의 대의deaf cause를 주류화할 가능성이다. 먼저, 폴란드 청각장애인 조직 모델의 역사에 대해 간략하게 소개하면서 이 장을 시작하고자 한다. 이 모델은 전자 미디어electronic media(소셜 미디어뿐만 아니라 웹 1.0Web 1.0[1]이라 불리는 미디어도 포함)가 어

1) [역주] 웹 1.0은 웹 2.0이 유행하기 전의 월드 와이드 웹 상태를 일컬으며, 1994년부터 2004년까지의 기간 동안에 존재했던 대부분의 웹사이트가 여기에 해당한다. 웹 1.0의 기본적인 개념은 디렉토리 검색이다. 모든 자료는 체계적으로 분류되어 있으며, 사용자들은 해당 카테고리를 통해 자료를 검색하게 된다. ("웹 1.0", 위키

떻게 청각장애인 커뮤니티를 극적으로 변화시켜 풀뿌리 운동을 성공시켰는지, 그리고 무엇보다도 변화를 가능케 했는지에 대해 설명할 것이다.

하나의 국가, 하나의 당, 하나의 청각장애인 조직

제2차 세계대전 이전에 폴란드의 청각장애인 커뮤니티는 유럽의 다른 지역 및 미국과 비슷한 수준으로 발전했다. 스포츠, 자선 단체를 기반으로 하는 기독교인, 유대인 등을 포함한 다양한 청각장애인 협회들이 있었다. 대부분은 청각장애인들에 의해 운영되었다.

공산당이 권력을 잡은 제2차 세계대전 이후 상황은 바뀌었다. 중앙집권화는 새로운 경제 및 사회 질서의 결정요인이 되었다. 풀뿌리 단위에서 진행되는 일들은 의심스러우며 여론을 위협하는 것으로 간주되었고, 이는 공적 생활의 모든 측면을 지배했다. 모든 지역, 소수집단, 문화적 · 사회적(정치적으로는 물론) 기관들은 '하나의 국가, 하나의 지역, 하나의 생각'이라는 관점의 희생자가 되었다. 지역 기반의 다양한 청각장애인 단체들은 폴란드청각장애인협회Polski Związek Głuchych: PZG라는 하나의 단체로 축소되었는데, 이 협회는 수도에 있는 중앙조직과 다수의 지역사무소로 구성되어 전형적인 계층구조를 갖춘 공식적인 중앙집권식 조직이었다. 각각의 사회 집단에 대해 하나의 조직을 만든다는 생각은 시각장애인, 소수인종 및 소수민족에게도 적용되었다. 그러나 후자가 이 집단의 대표자들에 의해 운영되었던 반면, 청각장애인 및 시각장애인을 위한 협회들은 비청각장애인 및 비시각장애인 관계자들에 의해 운영되었다. 청각장애인 및 시각장애인 모두 신체적으로뿐만 아니라 사회적으로도 결함이 있는 것으로 간주되어 자신들의 협회를 관리할 수 없는 것으로 여겨졌다. PZG는 자선 및 교육 기관의 역할을 했는데, 협동조합을 설립하여 세금감면의 혜택을 받는 대가로 청각장애인을 무자격 근로자로 고용했다. 또한 PZG는 폴란드 청각장애인의 모국어인 공식 폴란드 수어 대신 기호화된 폴란드어(청력을 가진 언어학자들이 개발하여 발전시킨 기호 체계)를 홍보하고 가르쳤다. 이로 인해 청각장애인들은 스스로의 독립적인 조직을 설립하는 것에 대해 금지당하고 국가의

백과, 2019년 12월 10일 수정, 2020년 9월 10일 접속, https://ko.wikipedia.org/wiki/%EC%9B%B9_1.0)

지원을 받는 수동적인 수혜자로 전락했다.

철의 장막으로 인해 폴란드 청각장애인들은 20세기 서구사회, 특히 미국에서 일어났던 사회운동 및 그로 인한 변화로부터 영향을 받지 않았다. 존중과 대표성의 획득, 수어에 대한 인정(Stokoe, 1960; Caterline & Cronenberg, 1965), 사회적 저항(예: 1988년 갈루뎃대학교의 청각장애인 총장 선출 캠페인) 및 청각장애인 커뮤니티의 문화적 개별성 표현 등은 모두 서구사회에서의 청각장애인 해방을 위한 점진적 과정을 구성하는 요소였다. 폴란드에서는 이러한 해방운동이 1990년대 말까지 진행되지 않았다. 1989년 공산주의 몰락 이후 폴란드의 국경이 개방되면서 청각장애 및 사회 내 청각장애인의 역할에 대한 새로운 시각이 유입되는 등 변화가 시작되었다. 서구에서 반세기가 넘게 천천히 진화해 온 청각장애인 세계Deaf World(독특한 사회적 청각 영역의 개념)와 청각장애인의 문화적 분리 및 자기결정에 대한 비전이 폴란드에서는 서구에서 빌려 온 생각들과 태도들로 대체되었다. 이러한 개념과 사회적 과정은 영화, 비디오(Bauman, Nelson, & Rose, 2006; Peters, 2000), TTY[2](Lang, 2000) 및 캡션과 같은 아날로그 기술의 발전과도 밀접한 관련이 있었다. 폴란드 청각장애인 커뮤니티의 변화는 1990년대 후반에 시작되어 새로운 미디어의 출현과 맞물리면서 이후 아날로그에서 디지털로의 전환이 빠르게 뒤를 이었다.

웹 1.0 – 대안적 공론장의 등장

위르겐 하버마스(Jürgen Habermas, 1999, 2008)는 공적 영역public sphere을 합의를 위한 이상적인 담론의 장으로 인식했으며, 이는 모든 행위자들의 참여와 협상의 의지에 의해 성취되는 것으로 여겨졌다. 아이디어, 개념 및 가치의 자유로운 교환과 비판은 하버마스 공론장의 핵심 요소다. 그러나 몇 가지 전제 조건, 즉 담론의 공간에 공통적으로 접근할 수 있어야 하고, 타자the Other가 드러나야 하며, 모든 참여자

2) [역주] 전신타자기teletypewriter: TTY는 일대일, 일대다 통신에서 사용된 전기식 타자기로, 간단한 선줄 연결부터 라디오나 마이크로파를 이용한 통신에 이르기까지 여러 통신 경로에서 광범위하게 사용되었다. 오늘날 전신타자기는 거의 쓰이지 않지만 항공산업 일각에서는 여전히 쓰이고 있으며, 청각장애인을 위한 통신장치TDDs 같은 변형은 청각장애인들에게 전화 내용을 인쇄해 주는 용도로 사용되고 있다. ("전신타자기", 위키백과, 2020년 8월 16일 수정, 2020년 9월 9일 접속, https://ko.wikipedia.org/wiki/%EC%A0%84%EC%8B%A0%ED%83%80%EC%9E%90%EA%B8%B0)

들이 기꺼이 논의에 참여해야 한다.

이상주의적인 하버마스의 개념 이외에, 물리적 공론장의 접근성은 물리적 장애물에 의해 제한되는 반면, 언론, 라디오 및 텔레비전을 활용한 공론장은 청취율(시청률)과 광고에 의해 결정된다. 따라서 소수집단(폴란드에서는 사회적으로 매우 낮은 비율을 차지함)은 특히 상업 매체 측면에서는 중요한 시청자 집단으로 간주되지 않는다. 정보 및 오락의 제공, 사회 전 영역을 드러낸다는 사명을 가지고 운영되는 공공 매체에서는 소수인종 및 소수민족 이용자를 위해 설계된 콘텐츠를 찾는 것이 상대적으로 쉬운 편이지만, 그럼에도 소수집단의 욕구를 반영하기에는 충분치 않다. 장애인은 별개의 시청자 집단으로 간주되는 경우가 거의 없고, 많은 폴란드 청각장애인들이 실제 사용하는 언어와 공용어가 일치하지 않기 때문에 미디어에 대한 접근성은 한층 낮아진다. 많은 청각장애인들은 미디어 영역에 자유롭게 참여하거나 텔레비전의 자막을 이해하거나(자막이 있는 경우) 언론보도를 읽을 정도로 폴란드어에 능숙하지 않다. 이로 인해 청각장애인들은 공론장에 활발하게 참여하는 것은 물론 수동적으로 참여하는 것에도 제한을 경험한다. 접근성 및 공통 의사소통 양식을 모두 가지고 있지 않은 청각장애인들의 목소리가 드러나지 않게 되어 이들은 소외된 타자로 머물게 된다. 인터넷은 주류 공론장에 접근하는 데 어려움을 겪는 장애인 및 청각장애인 집단, 말하자면 소수집단을 위한 대안적 공론장의 역할을 할 수 있다.

인터넷은 장벽이 없는 것도 아니며 많은 이용자들이 사용에 어려움을 겪기도 하지만(Ellis & Kent, 2011), 폴란드어를 읽을 수 있는 언어 능력이 있는 청각장애인들에게는 정보에의 참여와 접근성 측면에서 새로운 기회를 제공했다. 인터넷으로 인해 청각장애인을 위한 대안적 공론장의 첫 단계가 가능해져, 청각장애인들은 비청각장애인 다수가 이용하는 주류 온라인 사이트에서 청각장애인 커뮤니티를 구축할 수 있게 되었다. 오프라인 기반의 공식적인 청각장애인 단체들이 먼저 자신들의 기반을 인터넷으로 옮겨 오프라인 기반의 청각장애인 커뮤니티를 온라인상에서 구현한 '커뮤니티 온라인communities online'을 구축했다(Kozinets, 2010, pp. 13-15). 그러나 곧이어 온라인에서 시작된 커뮤니티들(코지네츠Kozinets는 이를 '온라인 커뮤니티'로 지칭)이 등장하여 새로운 하의상달식bottom-up 특성을 갖게 되었다. 이 커뮤니티들은 온라인상 대안적 공론장의 두 번째 단계를 형성했다. 이 단계에서는 지역에서 자생적으로 시작된 비공식 커뮤니티들이 비청각장애인 다수에게 대안적 관점을 제공했다. 이뿐만 아니라 비청각장애인 및 조금이라도 청력이 있는 관리자들에 의해 운영되는 까닭에 청각장애인과 청각장애에 대해 의료적 태도를 보이는 청각장애인 조직들 내의 지배적 담론에서도 대안적 관점을 제시했다. 온라인 청각장애인 커뮤니티의 발전에 중요한 역할을 한 것은 청각장애인을 위해 설계된 두 개의 온라인 플랫폼이다.

첫 번째는 청각장애인터넷이용자협회Organizacja Niesłyszących i Słabosłyszących Internautów: ONSI다. 이들은 정치 · 경제에서 문화 · 상식에 이르기까지 광범위한 정보를 제공하는 전형적인 포털 사이트 'onsi.pl'을 운영한다. 주요 역할은 인터넷 콘텐츠를 필터링하여 폴란드 청각장애인들이 관심을 가질 만한 정보를 찾아 번역하여 게시하는 것이다. 2008년 이 플랫폼은 폴란드 수어로 제작된 첫 번째 뉴스 서비스인 'onsi.tv'를 시작하여 서비스를 확장했다. 비록 전문적인 뉴스 서비스와는 거리가 멀지만, 인식과 통합의 기초가 되는 수어로 이야기를 제공함으로써 보조적이긴 하지만 중요한 역할을 하게 되었다. 수어의 사용은 대인 간의 커뮤니케이션보다 넓은 맥락에서 수어의 중요성을 구축하며 수어를 자기인식의 도구로 만든다. 또한 영화에서의 수어 사용은 글쓰기가 구술 문화에 영향을 미치는 것과 같은 방식으로 발전하게 한다. 서구의 수어(가장 크게는 미국 수어[Krentz; Bauman, Nelson, & Rose, 2006, pp. 51-70 인용])를 위해 영화 및 비디오의 아날로그 기술이 활용되었던 것처럼 폴란드 수어에 대해서는 유튜브에 게시되어 페이스북을 통해 공유되는 인터넷 비디오 파일이 그 역할을 했다.

두 번째 플랫폼인 'glusi.pl' 뒤에는 공식적인 조직이 없다. 대신에 이 플랫폼은 열렬한 지지자 집단에 의해 운영되었다. 'glusi.pl' 사이트는 폴란드에서 유튜브를 광범위하게 사용하는 최초의 청각장애인 플랫폼 중 하나였다. 자원봉사자들이 청각장애인 문제에 관한 비디오를 번역하는데, 더 흥미로운 점은 'glusi.pl'에는 두 가지 버전이 있다는 것이다. 하나는 폴란드어로 제작되고, 다른 하나는 폴란드 수어로 제작되는데 여기에는 수어 포럼이 포함된다. 이런 아이디어는 이용자로 하여금 자신이 사용하는 언어로 스스로를 표현할 수 있도록 하여 청각장애인을 위해 전적으로 독립된 담론의 장을 만들어 냈다는 점에서 처음에는 훌륭해 보였다. 그러나 놀랍게도 이 계획은 실패했다. 몇 개의 영상만이 게시되었으며, 대부분의 게시물은 상호 연계되지 않거나 실질적인 토론을 이끌어 내지 못하는 의견, 이야기 및 농담들이었다.

수어 포럼의 실패에는 두 가지 원인이 있다. 첫째, 수어 포럼이 시작되었을 때, 수어 포럼은 마치 큰 바다 속에 떠 있는 섬과 같이 폴란드 문자언어로 구축된 대다수의 포럼들 속에서 잘 드러나 보이지 않았다. 폴란드어를 이해하는 데 큰 어려움을 겪는 청각장애인들에게는 수어 포럼을 발견하는 것이 어려웠을 것이다. 실패한 두 번째 이유는 유튜브와 페이스북의 등장으로 청각장애인을 위한 완벽한 커뮤니케이션 환경이 구축되었기 때문인데 유튜브는 출판 플랫폼으로, 페이스북은 강력한 전달 도구로 활용되었다.

웹 2.0 – 네트워킹과 필터 버블[3] 사이

폴란드의 소셜 미디어 붐은 2000년 중반에 시작되었다. 소셜 미디어가 전 세계적으로 확산되면서 폴란드 현지에서도 'grono.net'(2004년 시작) 및 'nasza-klasa.pl'(2006년 시작)이 서비스를 개시했다. 그러나 2009~2010년에 폴란드의 소셜 미디어 환경은 페이스북과 유튜브의 두 사이트로 구성되었다. 페이스북은 2008년 폴란드어 버전의 플랫폼이 등장하면서 그 후 2009년에 큰 인기를 얻었다(Rusza polska wersja Facebooka, 2008). 폴란드 인터넷 이용자들 사이에서 유튜브의 인기는 2006년 23%에서 2010년 61%, 2013년 67%로 증가했다(www.gemius.pl).

당시 청각장애인을 위한 주요 인터넷 플랫폼들은 여전히 웹 1.0 사이트들이었으며, 전파력 있는 'deaf.pl' 포럼은 온라인에서 광장 역할을 하며 오프라인에서의 청각장애에 대한 병리학적 관점에 대한 평형추 역할을 했다. 'deaf.pl'(위에서 언급한 'onsi.pl'과 관련된 포럼)은 2004년에 만들어졌으며 '청각장애인으로서 당당하게 살아가는proud deaf' 이용자들을 끌어들였다. 이는 그들이 앞에서 언급된 PZG와는 대조되는 청각장애에 대한 문화적 태도를 가지고 있음을 의미한다. 몇 안 되는 청각장애 문화Deaf Culture를 수용하는 사이트로서 이 포럼은 곧 상당히 극단적으로 나아갔고 폴란드 수어를 사용하지 않는 난청인 및 청각장애인들에게는 우호적이지 않은

3) [역주] 필터 버블Filter Bubble은 인터넷 정보제공자가 이용자 맞춤형 정보를 제공해 필터링된 정보만 이용자에게 도달하는 현상을 지칭한다. 미국의 시민단체인 '무브온Move on'의 이사장인 엘리 프레이저가 쓴 《생각 조종자들The Filter Bubble》에 등장하는 단어다. ("필터 버블", 용어로 보는 IT, 2017년 1월 19일 발행, 2020년 9월 9일 접속, https://terms.naver.com/entry.nhn?docId=3581012&cid=59088&categoryId=59096)

환경이 되어 이용자 수가 감소했다. 이것은 비록 고통스러운 상황이긴 했지만, 오프라인 행동을 열망하며 준비해 온, 응집력 있으며 매우 동기화된 청각장애인들을 규합하는 계기가 되었다. 그들에게 청각장애 문화의 개념은 사치스러운 서구의 유행이 아니라 사회적 · 정치적 실천을 해 볼 만한 공유된 가치였다.

폴란드에서 소셜 미디어의 인기가 아주 높아지기 전, 페이스북은 웹 1.0 플랫폼인 'glusi.pl' 및 'onsi.pl'과 같은 사이트들을 중심으로 형성된 커뮤니티들을 시각화하는 도구 역할을 했다. 이 사이트들에는 참여자에게 소속감을 제공할 수 있는 다른 도구들이 많지 않았기 때문에 페이스북 팬 페이지의 그래픽 기능을 사용하여 이용자 사진과 조직이 받은 '좋아요' 수를 보여 주었다. 'onsi.pl'에는 각 게시글의 조회 수를 보여 주는 정보가 있었고 'deaf.pl' 포럼에서는 통계수치를 제공했다. 두 경우 모두 정보는 익명이었으며 양적인 것에 제한되어 있었지만 이용자들에게 (짐작컨대) 보다 큰 규모의 청각장애인 이용자 집단에 참여하고 있다는 느낌을 주었다. 소프트웨어는 단순히 각 페이지를 본 횟수를 표시했다. 페이스북에서 제공하는 '좋아요' 횟수 표시는 팬들의 사진과 더불어 보다 많은 것을 드러낸다. 의도적으로 '좋아요' 버튼을 클릭함으로써 청각장애에 대한 일련의 생각 및 가치를 수용한다는 뜻을 나타낼 뿐만 아니라 이 사이트들이 대변하는 청각장애인 모델에 동의하고 있음을 보여 줄 수도 있다. 그렇지 않다면 많은 것을 제공하지도 않는 'onsi.pl'의 페이스북 팬 페이지의 인기를 설명하기 어려운데, 추가적인 정보, 질문 또는 토론을 주재하는 등의 어떠한 자극적 요소도 없었기 때문이다. 팬 페이지의 내용은 사이트에 관해 소개하는 것으로, 'onsi.pl' 및 'onsi.tv'에 게시된 기사 및 비디오에 대한 링크로 이루어진다. 'glusi.pl' 이후에 등장한 훨씬 작고 덜 체계적인 온라인 단체는 페이스북 팬 페이지에서 같은 수의 팬을 확보하기 위해 훨씬 더 많은 노력을 기울여야 했다.

청각장애인 이용자들이 유튜브를 수어 커뮤니케이션을 위한 표현 도구로, 페이스북을 공유 및 토론의 수단으로 결합시키면서 청각장애인들을 위한 미디어 환경이 바뀌게 되었다. 이러한 결합 후 웹 1.0 사이트들은 쇠퇴했다. 모든 것이 문자로 쓰여 있을 때는 높은 수준의 폴란드어 이해력을 요구하므로 역설적으로 계층화가 이루어진다. 폴란드 수어를 칭송하고 이를 위해 투쟁하는 가장 활동적인 회원은 폴란드어에 가장 유창한 사람들이다. 'deaf.pl' 이용자의 대다수는 사실 수동적인 독자들이다. 이는 온라인 참여의 전형적 형태이기도 하다. 최초의 소셜 미디어 연구자들(예: Tapscott & Williams, 2010)이 격찬한 프로슈머리즘Prosumerism[4]은 현실에 비해 낙관적인 것으로 판명되었다. 대부분의 인터넷 이용자는 기대하고 예측했던 것과는 달리 실제로는 콘텐츠를 만들기보다는 수동적으로 참여한다.❶ 반면에 누구나 자신을 표현하도록 고안된 'deaf.pl' 메뉴들(예를 들어, 인물 소개 또는 데이트 섹션)을 보면, 정기적으로 글을 게시하지 않는 이용자들은 폴란드어 사용에 커다란 어려움을 가지고 있으며 사실상 문맹에 가깝다는 것을 명확히 알 수 있다. 그들에게 있어 유튜브와 페이스북의 조합은 자유로운 커뮤니케이션 환경을 만들어 주는 것이었다. 이 두 가지는 협력하여 작동한다. 유튜브는 수어로 표현하는 것을 가능하게 하고, 페이스북은 선물, 밈memes[5], 이미지, 그리고 유튜브 비디오로의 연결 등이 쉽게 게시됨으로써 '좋아요' 누르기, 공유하기, 댓글 달기와 같은 다양한 비언어적 커뮤니케이션의 가능성을 제공한다. 페이스북에서는 복잡하지 않은 짧은 글 안에 분위기를 표시하는 아이콘, 이용자의 현재 위치 및 진행 중인 활동을 보여 주는 것이 가능하다. 이 모든 것들로 인해 구어를 모르는 청각장애인들은 페이스북을 웹 1.0 플랫폼에 비해 훨씬 더 쉽게 받아들인다.

2013년 'deaf.pl' 포럼은 쇠퇴하기 시작한 반면, 페이스북에서는 청각장애인 그룹들이 우후죽순 늘어나고 있었다. 'deaf.pl' 커뮤니티는 이 사실을 파악하였고 페이스북이 포럼의 급격한 인기 감소의 원인임을 정확하게 인식했다. 2014년 2월 27일 페이스북으로 인한 포럼의 축소에 대응하는 특별 조치가 취해졌다. 해결방안으로 'deaf.pl' 내에 페이스북의 청각장애인 관련 콘텐츠를 붙여 넣는 것이 제안되었다. 페이스북 콘텐츠를 카탈로그처럼 만든다는 생각은 'deaf.pl'의 부흥을 위한 전략이었을 뿐만 아니라 일부 이용자들이 경험하는 페이스북의 압도적이고 혼란스러운 인터페이스를 해결하는 수단으로 제안되었다. 페이스북에서는 빈번한 상태 업데이트를 통해 커뮤니케이션이 신속하게 이루어지기 때문에 길고 복잡한 포럼 게시물을 작성하는 것보다 사용하기가 훨씬 쉽다. 그러나 이와 동시에 다수의

4) **[역주]** 프로슈머prosumer는 제품 개발에 적극 참여하고 의사를 표현하는 소비자를 뜻한다.

5) **[역주]** 인터넷 밈internet meme이란, 대개 모방의 형태로, 인터넷을 통해, 사람에서 사람 사이에 전파되는 어떤 생각, 스타일, 행동 따위를 말한다. 인터넷 밈의 대표적인 예시로 사람들이 시체놀이 사진을 찍어 올린 것이라든가 특정 춤을 추는 비디오를 찍어 올린 것 등이 있다. 인터넷 밈은 그림, 하이퍼링크, 동영상, 사진, 웹사이트, 해시태그, 몸짓 등의 형태를 취할 수 있다. 4chan, Reddit 등의 웹사이트를 통해 생산되고 전파되며, 인터넷 초기에는 유즈넷 게시판을 비롯한 초기 인터넷 커뮤니케이션 장치가 이용되기도 했다. ("인터넷 밈", 위키백과, 2020년 6월 21일 수정, 2020년 9월 9일 접속, https://ko.wikipedia.org/wiki/%EC%9D%B8%ED%84%B0%EB%84%B7_%EB%B0%88)

게시물, 상태 변경, 게시물에 달리는 수많은 댓글은 페이스북 이용을 불가능하게 만드는 요인들이다. 댓글 수가 너무 많아 실질적으로 토론이 불가능한 대규모 페이스북 그룹들 및 팬 페이지들의 경우에는 특히 그렇다. 커뮤니케이션의 진행 상황을 알 수 있게 해 주는 요소들은 토론 방향의 흐름과 변화라고 할 수 있으며, 각 게시글을 확인하는 것으로는 전체적인 커뮤니케이션을 파악하기 어렵다. 이는 페이스북이 가장 최근에 게시된 글들만을 보여 주는 구조로 되어 있어 이용자들이 게시된 글을 놓치기 쉽고 결국에는 볼 수 없게 되기 때문이다.

페이스북은 지속적으로 업데이트 되는 내용물이 지나치게 많아 혼란스럽다는 점 외에도 또 다른 역설적인 특성을 가지고 있다. 페이스북 플랫폼은 다양성을 표현하기 위한 이상적인 환경을 제공하지만(다른 방식으로는 홍보 및 전파가 어려운 생각들과 개념들에 대해 사람들을 끌어들이는 다양한 그룹들과 팬 페이지들을 생성함으로써), 페이스북을 통해 다른 관점들에 대한 실질적 토론에 참여하기는 대단히 어렵다. 'deaf.pl' 포럼에서는 청각장애인들이 한 공간 내에서 토론하고 협상하고 때로는 논쟁하곤 했는데, 이 공간에는 모든 것들이 깔끔하고 질서정연하게 주제별로 구성되어 있었다. 여기에서는 모여서 서로의 관점을 교환하는 활동이 공론장 개념의 기초였다. 청각장애인 커뮤니티는 연령, 성별, 교육, 사회적 배경, 가장 중요하게는 청각장애인 및 청각장애 정체성 측면에서 이질적인 회원들로 구성된다. 이런 다양성은 포럼 내 마찰을 일으켜 갈등과 분열로 이어졌다. 'deaf.pl'은 중재자로서의 엄격한 규정을 필요로 했지만 여전히 하나의 공동 토론 공간으로 존재했다.

페이스북에서는 서로 다른 청각장애인 파벌들이 자신들만의 그룹을 형성했는데, 그중에서 청각장애인연합전선Polityka Jedności Głuchych과 청각장애인과 친구들의 사회운동Społeczny Ruch Głuchych i Ich Przyjaciół 또는 anti-PZGPPZG가 가장 영향력 있고 적대적인 단체들로 보인다. 대부분의 단체들은 회원 가입 시 승인을 필요로 하고 서로 분리되어 있으며 배타적으로 행동한다. 이러한 분리주의는 새로운 미디어의 가변성variability으로 인해 초래된 결과인 '필터 버블 효과'(Pariser, 2012)를 강화하기 때문에 협력과 아이디어의 교환은 한층 어려워진다(Manovich, 2001). 가변성은 두 가지 방식—새로운 미디어들이 상이한 유형의 장비(예: 웹브라우저 또는 모바일 기기)에 적응할 수 있는지와 새로운 미디어들의 콘텐츠가 이용자의 관심사, 선호도 및 검색 기록에 따라 맞춤형으로 조정될 수 있는지—으로 이해할 수 있다. 콘텐츠는 원치 않는 정보로부터 이용자를 보호하기 위해 개인별 맞춤형으로 제공되지만, 동시에 이용자의 관점이 지속적으로 재확인되는 '유룹you loop'[6](Pariser, 2012) 현상을 만들어 낸다. 이용자는 자신의 관심사, 취향 및 관점에 맞춰진 콘텐츠를 제공하도록 설계된 실행방식으로 인해 자신의 세계관이 도전받을 만한 다른 관점들을 접할 기회가 없다. 폴란드의 페이스북 청각장애인 커뮤니티를 수많은 개별 그룹으로 나누면 소셜 네트워킹은 촉진되지 않는다. 오히려 소통의 부족이 심화되어 우리가 명백하다고 간주하는 것에 도전할 수도 있는 타자the Other를 만나기 어렵게 됨으로써 접촉contact의 결핍을 심화시킨다.

청각장애인 커뮤니티는 'deaf.pl'에서 활동했던 때에 비해 페이스북에서는 더욱 분산되고 나뉘어 있지만, 오프라인 행사를 조직하는 것은 몇 년 전 'deaf.pl'에서 진행했을 때보다는 페이스북을 활용함으로써 보다 수월해졌다. 청각장애인 커뮤니티는 변화되었으며, 2010년 이래 자기인식 및 사회적 기술을 습득하고 있다. 그해 5월 14일 'deaf.pl' 포럼 회원들은 폴란드 공영 텔레비전 방송사 앞에서 자막 부족에 대한 불만을 표명함으로써 처음으로 오프라인 행동을 취했다. 이러한 항의는 포럼상에서 2월에 시작되어 6월에 종료되었는데, 이때 불만 제기와 관련하여 매우 비판적인 게시물들이 막바지에 많이 올라왔다. 이것은 청각장애인 커뮤니티가 이러한 규모로 조직한 첫 번째 풀뿌리 행사였으며, 그 기간 동안 청각장애인들은 자신들의 대의를 명확하게 천명했다. 이 항의시위는 불행하게도 참석인원 부족으로 인해 실패한 것으로 평가되었다. 그러나 행사의 조직은 사회적 행동의 관리(예: 미디어와의 접촉) 및 공적 생활에 대한 적극적인 참여 양 측면에서 실제적인 경험을 제공했다.

페이스북 시대의 가장 기억에 남는 사건 중 하나는 공식적인 PZG의 대안을 설립한 일이다. 2013년 청각장애인과 친구들의 사회운동the Movement of the Deaf and Their Friends이 발족되었다. 이 단체의 온라인 홈페이지는 2013년 4월 'g.klyo.net'에서 시작되었으며 단체 지도자들의 유튜브 동영상을 게시하는 포럼으로 이용되었다. 처음에 이 사이트는 다른 사람들이 올린 비디오를 한곳에 취합할 수 있게 만들어졌다. 이는 소셜 미디어 플랫폼이 청각장애인들의 관심사와 대화를 공유하는 기제로 활용될 수 있다는 점을 신뢰하지 못했기 때문이다. '공식' 사이트인 'g.klyo.net'은 여전히 유튜브 프로필보다 더 정확한 것으로 인식되었다. 처음에 게시된 비디오들

6) **[역주]** 엘리 프레이저의 《생각 조종자들》에 묘사되어 있는 현상으로, 웹사이트에서 무언가를 보거나 구매하거나 클릭할 때 해당 관심사로 저장되어 이후 해당 웹사이트에 접속할 때 계속해서 그 당시 보았거나 구매했거나 클릭했었던 것과 유사한 주제들이 검색되는 것을 말한다.

은 더 이상 이용할 수 없지만 그 비디오들의 제목('개혁을 향한 발걸음: 자신의 권리를 위해 투쟁하는 청각장애인', 또는 '봄은 오고 있다: 청각장애인의 힘을 키울 시간')은 사회적 인정 및 사회 · 조직 차원의 변화라는 양대 목표를 명확히 드러낸다. 이 단체는 2013년 12월 페이스북에 공식적으로 등록되었고 2014년 1월 페이스북에 프로필이 게시되었는데, 이후 'g.klyo.net'상에서는 매월 게시물 수가 감소했다.

흥미로운 점은 'g.klyo.net'에서 페이스북으로의 이동이 일어났을 때 이 단체의 로고가 수어를 하고 있는 두 손에서 불끈 쥔 두 주먹으로, 즉 소통에서 투쟁으로 바뀌었다는 것이다. 새로운 로고는 운동의 태도와 목표—청각장애인을 위한 서비스와 복지에 관한 사회적이며 정치적인 변화, 청각장애인 커뮤니티를 고통스럽게 했던 거의 모든 과실, 형편없는 조직구조, 잘못된 관리 및 차별적 관행에 대해 책임이 있었던 PZG에 대한 격렬한 반대—를 정확히 반영한다. PZG에 대한 불만은 이 운동의 강력한 추동력이었으며(현재도 그러하다), 이 운동의 비공식적인 명칭이 반-PZGanti-PZG이며, PZG를 통합의 적으로 폄하하는 데서도 알 수 있다.

2014년 2월, PZG에 대한 가장 큰 (그리고 짧은 조직 역사상 두 번째) 시위가 진행되었다. 청각장애인들이 수도에 모여 시가행진을 했는데, 시위의 열기는 PZG 건물 앞에서 최고조에 달했다. 행진, 항의 및 점거는 갈등의 상대편을 향한 기대 또는 요구를 표명하기 위해 주의를 끄는 형태다. 동일한 물리적 공간에서의 집단적 존재는 시위자들에게도 효과적이며, 집단의 규모를 보여 주는 도구로 활용된다. 앞서 언급했듯이 페이스북은 웹 1.0 사이트와 동일한 효과를 달성하는 데 사용되었다. 그러나 클루이텐버그Eric Kluitenberg가 주장하는 바와 같이, 소셜 미디어를 통해 사람들은 자신과 비슷한 생각을 하는 사람들이 얼마나 많은지 알 수 있게 되었을 뿐만 아니라 자신의 정체성을 드러낼 수 있게 되었다(Kluitenberg, 2011, pp. 7-8). 디지털 이원론에 관한 모든 비평을 고려할 때(Jurgenson, 2009, 2011a, 2011b, 2012), 소위 말하는 사이버액티비즘cyberactivism은 '아랍의 봄' 및 트위터에서 시작된 '#월스트리트를 점령하라#occupywallstreet'에서 볼 수 있었던 행진이나 일시적인 물리적 공간의 점거와 같은 오프라인 행동들과는 차이가 있다. 소셜 미디어는 이용자를 사회적 역할과 이미지로부터 해방시켜 주지 않는다. 오히려 타임라인, 사람들이 좋아해 주는 페이지들과 그룹들의 목록을 통해, 그리고 결국에는 사회적 장소social locus를 통해 자신의 친구들, 직장 및 현재 위치location를 드러냄으로써 자신의 사회적 역할과 이미지를 강조한다. 마누엘 카스텔Manuel Castells은 이를 '매스 셀프 커뮤니케이션mass self-communication'이라고 부른다(Castells, 2009). 물리적 (도시) 공간에서 함께함으로써 그곳에 모인 개인들은 자신이 누구이며 무엇을 선호하는지를 드러내지 않고도 한 무리의 군중으로 전환되어 결국에는 공적 또는 정치적 실체가 될 수 있다. 소셜 미디어 밖에서의 만남은 개인적 · 사회적 역할에서가 아니라 하나의 대의에 의해 추동된 공적인 역할을 초래하며, 사람들로 하여금 시민으로 또는 사회운동의 참여자로 행동할 수 있게 한다.

이 단체에 의한 시위는 페이스북을 중심으로 진행되었는데, 페이스북은 영향력 있는 정보 게시판 및 지침을 제공하는 역할을 했다. 주최 측은 페이스북 페이지를 통해 날마다 시위 준비 진행 상황을 공유했을 뿐만 아니라 시위에 대한 공식적인 허가, 시위 경로 및 예상되는 문제들을 포함한 문서들을 게시함으로써 고조된 감정을 유지시켰다. 시위에 대한 정보는 폴란드어와 폴란드 수어로 여러 차례 게시되었다. 이 청각장애인 시위는 온라인에서 시작되었다는 점에서 '#점령하라#occupy' 및 '아랍의 봄(자체 규모로)'과 유사했으며, 오프라인 행동을 준비하는 데 있어 소셜 미디어를 활용함으로써 청각장애인들의 시위를 이전과는 완전히 다른 차원으로 변화시켰다. '아랍의 봄'과 '#점령하라'는 사이버 혁명으로 불렸지만, 사실 이와는 거리가 멀었다. 이 두 사례들에서는 소셜 미디어가 광범위하게 활용되지 못했는데, 소셜 미디어가 감시하기 너무 쉬운 대상이었기 때문이다. 그러나 폴란드 청각장애인들의 집회는 합법적으로 허가를 받은 것이었기 때문에 페이스북과 유튜브를 모두 활용할 수 있었다.

이 시위는 합법적이었기 때문에 갈등의 양 주체인 시위대 측과 PZG 측은 모두 시위가 시작되기 전에 소셜 미디어를 커뮤니케이션 도구로 사용할 수 있었다. PZG는 청각장애인 커뮤니티가 소셜 미디어에서 사용하는 비공식 커뮤니케이션 전략을 활용했다. 활발하게 활동하는 폴란드 청각장애인 커뮤니티는 온라인상에서 상당히 자주 공격성과 적대감을 표출했는데, 커뮤니케이션은 때로 매우 감정적으로 변하며 언쟁이 빠르게 격화되곤 했다. 'deaf.pl' 포럼에서 토론은 엄격하게 진행되었는데, 공격적이거나 저속한 모든 표현은 발견되는 대로 삭제되었으며 지속적인 위반자는 결국 활동이 금지되었다. 검열에 대한 혐의가 제기되기도 했고 평화가 강요되기도 했지만, 그럼에도 불구하고 포럼은 차분하고 실제적인 토론의 장이었다.

온건한 페이스북 그룹들 및 팬 페이지들도 있지만, 그렇지 않은 개인 담벼락walls 및 페이지들도 있다. 이러한 곳에서는 종종 사적이며 매우 공격적인 논쟁이 글로써 뿐만 아니라('deaf.pl'에서와 같이) 유튜브를 통해 수어로도 벌어지곤 한다. 그런데 'deaf.pl'상에서 글로 논쟁하는 것과는 달리 유튜브에서는 저자의 얼굴이 시각적으로 확연히 보이고 인식 가능하기 때문에 커뮤니케이션이 더욱 격화되는 것처럼 보인다. 논쟁에 참여하는 이용자들은 같은 그룹 및 팬 페이지에 속하지 않고 페이스북 친구도 아니기 때문에, 이러한 논쟁은 콘텐츠를 확산시키는 소셜 미디어의 바이럴 모드viral mode[7]에 의존한다. 격한 토론이 진행되는 방식은 의도된 수신자에게 (후에 페이스북 그룹에 공유되는) 유튜브 비디오를 적절하게 공유함으로써 이루어진다. 네트워킹과 결합된 '공유' 기능은 메시지를 보낸 사람의 친구 그룹에 있지 않더라도 적절한 사람에게 비디오를 전달하는 나머지 작업을 수행한다.

이해충돌 당사자들 사이의 이러한 개별 의사소통 방법은 시위 직전에 캠페인 주최 측과 PZG에 의해 활용되었다. 정보교환은 유튜브를 통해 온라인으로 이루어졌다. PZG 측은 나중에 페이스북 이용자들 사이에서 유통된 일련의 유튜브 비디오(댓글 사용이 안 되는)에서 시위 주동자들에 대해 언급했다. 이전에는 2013년 3월에 설립된 PZG 유튜브 채널이 공식 성명, 법적인 이슈 및 일반적인 정보가 담긴 비디오들로 채워졌다. 시위 1개월 전, PZG 채널이 행사를 지원하는 모든 청각장애인 단체에 '공개편지'를 발송하기 시작하면서 긴장감은 한층 고조되었다. 2014년 유튜브는 PZG와 시위 조직 간에 공식적인 커뮤니케이션 수단이 되었다. PZG는 공동의 적이었으므로 최소한 시위 준비를 방해하기 위해서라도 시위 주최 측의 비공식 커뮤니케이션 방식에 익숙해져야 했다.

시위 3주 전 사기 진작 포스터가 페이스북 페이지에 등장했다. 이 포스터는 월스트리트 황소상 위에서 춤추는 발레리나의 모습을 담은 '#점령하라' 캠페인의 그 유명한 행동 촉구 포스터가 참여자들의 의식을 고양시켰던 것(White & Lasn, 2011)과 유사하게 청각장애인의 의식을 높이는 역할을 했다. 주최 측이 활용한 포스터와 밈은 국기, 폴란드 형상, 국가를 상징하는 색(흰색과 적색)을 포함하여 국가적 자료를 광범위하게 차용했다. 지역적 상징 또한 사용되었는데, 수도의 상징인 바르샤바 인어를 차용하여 한 여성이 한 손에는 검을 높이 들고 'PJM'폴란드 수어의 약칭이라고 쓰인 방패를 들고 있는 모습이 담겨 있었다.

7) **[역주]** 바이럴viral은 '바이러스의' '감염된'이라는 뜻을 가진 영어 단어다. 대중들이 관심 가질 만한 콘텐츠를 기획해서 이를 온 · 오프라인으로 퍼뜨려 사람들을 감염시킨다는 뜻에서 유래되었다. 우리말로는 '입소문' 정도로 해석될 수 있다.

이 운동 단체의 페이스북 페이지는 시위로 인해 오랫동안 활발하게 운영되었다. 관리자는 가능한 한 미디어에 노출된 모든 내용 및 게시된 비디오 자료에 대한 상세한 정보를 제공했다. 그러나 시위와 운동은 언론의 주목을 받지는 못했는데 이는 1988년 갈루뎃대학교에서 진행된 '청각장애인을 총장으로!' 시위가 전국적으로 언론의 주목을 받았던 것과는 대조적이다. 폴란드에서는 청각장애인의 시위가 그 정도로 반향을 일으키진 않았다. 그러나 이 시위는 진보적인 '당신의 운동Your Movement' 정당 소속의 좌익 정치인들의 관심을 불러왔다. 이 정당은 2011년 폴란드 정치계에 등장하여 (보수적인 폴란드에서) 기대치 않게 커다란 성공을 거두었다. 이 정당은 교회의 개입을 강하게 반대하는 입장에서 여성의 권리, LGTB[8] 단체 및 트렌스젠더를 지지하며 소외된 이들의 대변자로 자처했다. 해방을 위해 고군분투하며 강력한 기관에 저항하는 청각장애인들은 특히 2014년 '당신의 운동' 당의 이목을 끌었는데, 이때는 이 당이 이미 타협하지 않는 젊은 정치인들로서의 신선한 이미지를 잃어 가고 있었다. 청각장애인 의제에 관한 이들의 관심은 짧았고 결실도 없었지만 시위의 가장 가시적인 공적 결과 중 하나로 남아 있다.

청각장애인 의제의 주류화

소수자 및 소외된 집단과 관련한 소셜 미디어의 두 번째 특징은 '부메랑 효과'다. 이것은 소수집단의 목소리를 강화하고 사회 대다수에 영향을 미치는 과정이다. 이 과정에서는 사회적 약자인 소수집단이 가지고 있는 기대, 관심 또는 열망을 지지하는 기관들이 동원되어 활동한다. 결과적으로 소수집단은 다양한 방식으로 소통하게 되고 초기의 불평등한 상태는 균형을 이룬다(Porębski, 2010, pp. 44-48). 이 모든 것은 NGO, 정부, 정치 조직 및 미디어의 지원으로 성취될 수 있다. 온라인상의 의사소통 경로를 숙련되게 활용하여 다수자 및 주류 미디어의 관심을 받음으로써 동일한 효과를 낼 수 있다. 급속히 확산되는 이용자들의 관심은 미디어 연구자들로 하여금 소수집단의 이슈를 탐색하도록 유인한다. 소셜 미디어 플랫폼은 집단별 및 관심 영역별로 나뉘어 있지만 공론장 내에 있기 때문에 다수의 비청각장애인들은

8) [역주] LGTB는 성소수자 중 레즈비언Lesbian, 게이Gay, 트랜스젠더Transgender, 양성애자Bisexual를 지칭하는 용어다.

청각장애인 이용자들의 콘텐츠에 노출될 수 있다. 언론과 텔레비전 방송이 인포테인먼트infotainment[9)]방식을 따르며 지속적인 뉴스 제작상의 곤란을 겪고 있는데, 소셜 미디어는 언론과 텔레비전 등의 기존 미디어가 당면한 어려움을 해결하고 있다. 폴란드에서는 텔레비전과 언론 모두 이용자가 제작한 콘텐츠를 정보, 미디어 드라마 그리고 보다 가벼운 주제의 공급원으로 광범위하게 활용한다. 이 모든 것이 청각장애인 의제가 여론으로 연결되는 상당히 우호적인 환경을 만들어 낸다.

놀랍게도, 전통적인 폴란드 주류 미디어에서 청각장애인 이슈의 부메랑 효과는 PZG에 대항하는 청각장애인들의 시위(장기간 언론에서 관심을 가질 만한 이상적인 주제로 보이는)가 아니라 청각장애인 학교의 일부 학생들에 의해 나타났다. 그들은 2012년 한 워크숍에서 인기 있는 폴란드 노래들을 폴란드 수어로 번역하여 비디오를 만든 후 '청년 수어 음악Young Sign Music(Młodzi Migają Muzykę: MMM)'이라 불리는 공연 그룹을 결성했다. 워크숍의 결과물(수어 노래 및 무대 뒤 자료)이 2013년 3월 첫 번째 비디오를 시작으로 유튜브에 게시되었다. 이 그룹은 이름, 로고 및 페이스북 프로필(2013년 2월 개설)을 완벽하게 갖춘 후에 플랫폼에 등장했다. 순서대로 일어난 일련의 사건들은 처음부터 이들이 '브랜드' 구축에 대한 아이디어를 계획했으며 인기와 관심을 얻는 데 소셜 미디어를 활용했음을 보여 준다. 유튜브에 게시된(그리고 페이스북에 공유된) 첫 번째 비디오는 기존 그룹이 만든 짧은 동영상에 멤버들의 수어와 폴란드어 자막을 넣은 것이었다. 이 비디오는 폴란드 청각장애인들이 온라인상에 게시한 비디오들 중에서 정말로 드물게 볼 수 있는 것이었다. 심지어 'onsi.tv' 사이트조차 자막을 제공하지 않는데, 이는 비청각장애인과 폴란드 수어를 모르는 청각장애인 양쪽 모두를 배제하는 것이다.

노래를 수어로 번역한 첫 번째 비디오는 비교적 소소한 성공을 거두었지만 홍보 효과는 뛰어났다. 2013년 10월, 폴란드 자선단체들 중 가장 유명한 PAH폴란드 인도주의 행동, Polish Humanitarian Action의 20주년 기념으로 몇몇 폴란드 예술가들이 기념일을 홍보하고 축하하기 위해 함께 노래를 녹음했다. MMM은 이 노래를 폴란드 수어로 번역하고 PAH의 설립자이자 지도자인 야니나 오초이스카Janina Ochojska와의 미팅 때 보여 주기로 결정했다. 그들은 노래 번역을 녹화하여 유튜브에 게시했으며,

9) [역주] 텔레비전 등의 교육(교양) 오락 프로그램을 말한다. 정보의 전달에 오락을 함께 제공하는 프로그램을 지칭하는 말로 정보와 오락을 뜻하는 영어단어 '인포메이션information'과 '엔터테인먼트entertainment'의 합성어다.

PAH 페이스북 페이지 및 원곡을 연주한 아티스트의 팬 페이지의 광범위한 도움으로 널리 알려지게 되었다. 이로 인해 MMM은 미디어의 관심을 끌었으며 12월 25일 MMM에 관한 뉴스가 가장 큰 공영 텔레비전 뉴스 서비스 중 하나에서 방송되었다. PAH의 축하 행사에 참여하기로 한 이 그룹의 결정은 대중매체의 관심을 끌었으며 젊고 창조적인 청년들에 대한 완벽하고 따뜻한 크리스마스 이야기를 만들어 냈다. 그것은 호기심을 자아내는 이야기, '인류애의 경이로움'을 보여 주는 이야기로서 청각장애가 음악과 결합하여 크리스마스 휴가기간에 집에 모여 뉴스를 시청하는 시청자들에게 지극한 감동을 주는 방송물로 만들어졌다(이 이야기에 대한 비판은 이 책 4장 참조).

두 달 후, 폴란드 팝 밴드 '비디오Video'는 MMM을 초대하여 자신들의 싱글앨범을 홍보하는 비디오에 참여시켰다(이후 이 밴드는 미디어로부터의 관심뿐 아니라 '자선 스타 상Stars of Charity Award'의 후보로도 선정되었다). 이 비디오가 출시되면서 뉴스 서비스와 아침 시간대 프로그램을 통해 텔레비전에서 MMM을 볼 수 있게 되었다. 이제 MMM은 인기 있는 주류 문화의 일부라는 점이 확인되었다. 그들은 더 이상 학교의 방과 후 수업시간에서 재미를 위해 뭉친 학생들의 그룹이 아니라, 주류 미디어에서 청각장애인 의제와 폴란드 수어의 홍보대사 역할을 하며 전국적으로 알려지게 되었다. 2015년 MMM은 대규모 대중음악 축제에서 팝 밴드 '비디오'와 함께 공연했다. 그들이 공개적으로 등장할 때마다 청각장애 및 폴란드 수어에 관한 이슈가 이목을 받는다. 또한 동영상에 달리는 유튜브 댓글들은 앞에서 언급한 이슈들이 주류 사회의 점점 더 많은 사람들에게 노출될 수 있음을 보여 준다.

소셜 미디어는 미디어 환경을 크게 변화시켰다. 특히 구성원들이 전국적으로 또는 전 세계적으로 흩어져 있는 소수집단들에게 커다란 영향을 미쳤다. 소셜 미디어는 소수집단의 이슈를 주류화할 수 있는 기회를 제공했는데, 이는 웹 1.0 플랫폼들이 소수집단의 담론장으로서 일정 역할을 했음에도 불구하고 자신들만의 온라인 게토ghettos를 구축하는 것처럼 보였던 것과는 대비된다.

결론

이 장에서는 청각장애인 의제를 대중에게 보다 널리 소개하는 데 성공적이었으며 청각장애인 해방의 도구로 활용되었던 소셜 미디어에 대한 폴란드의 사례연구를 제시하였다. 페이스북과 유튜브의 강력한 협력은 달콤 씁쓸한 현상이다. 그것은 시각적이고 공연적인 수어를 통한 상호작용을 선호하는 인터넷 이용자들에게는 구원책이 된다. 그러나 소셜 미디어 콘텐츠를 이용자의 개인 이익을 위해 제작하려는 알고리즘으로 인해 웹 1.0 플랫폼보다 소셜 네트워킹을 어렵게 만드는 필터 버블 현상을 만들어 내기도 한다.

폴란드 청각장애인 커뮤니티가 인정을 받고 독립적으로 자신의 대표성 및 사회적 · 정치적 운명을 개척하기 위해서는 아직도 가야 할 길이 멀다. 그러나 전자 매체를 광범위하게 사용하기 위한 초기 발걸음은 이미 내딛었다. 이 발걸음은 '청각장애인을 총장으로!' 캠페인과 같은 다른 청각장애인 행동들과 비교하면 지엽적이거나 심지어 사소한 것으로 보일 수도 있다. 그러나 폴란드 청각장애인 커뮤니티가 아주 길고 긴 동면에서 깨어나고 있다는 것을 기억해야 한다. 거버넌스를 바꾸는 것은 느리고 고통스러운 과정이지만, 이 과정에서 소셜 미디어는 수어 의사소통을 위한 독보적인 도구로서뿐만 아니라 사회적인 행동과 시민적인 행동 모두를 실천하는 전장으로서 중요한 역할을 할 것이다.

미주

❶ TubeMogul의 연구에 따르면 유튜브 콘텐츠의 17%만이 이용자들에 의해 만들어진다. 나머지는 광고, 유튜브 파트너 및 불법복제물 등의 상용 콘텐츠다. www.tubemogul.com/research/report/31 인용: *Obiegi kultury. Społeczna cyrkulacja treści. Raport z badań*, Centrum Cyfrowe, Warszawa 2012, s. 31-32.

참고문헌

Bauman, H-D. L., Nelson, J. L., & Rose, H. M. (Eds.). (2006). *Signing the body poetics: Essays on American sign language literature*. Berkeley, Los Angeles, London: University of California Press.

Castells, M. (2009). *Communication power.* Oxford, NY: Oxford University Press.

Ellis, K., & Kent, M. (2011). *Disability and new media*. New York, London: Routledge.

Habermas, J. (1999). *Teoria działania komunikacyjnego,* t. 1, Wydawnictwo Naukowe PWN, Warszawa (*Theorie des kommunikativen Handelns)*. Frankfurt am Main 1981.

Habermas, J. (2008). *Strukturalne przeobrażenie sfery publicznej,* Wydawnictwo Naukowe PWN, Warszawa (*Strukturwandel der Öffentlichkeit)*. Hermann: Luchterhand Verlag, Darmstadt-Neuwie, 1962.

Jurgenson, N. (2009). Toward theorizing an augmented reality. Retrieved September 23 2014 from http://thesocietypages.org/sociologylens/2009/10/05/towards-theorizingan-augmented-reality.

Jurgenson, N. (2011a). Digital dualism and the fallacy of web objectivity. Retrieved September 23 2014 from http://thesocietypages.org/cyborgology/2011/09/13/digital-dualismand-the-fallacy-of-web-objectivity.

Jurgenson, N. (2011b). Digital dualism versus augmented reality. Retrieved September 23 2014 from http://thesocietypages.org/cyborgology/2011/02/24/digital-dualismversus-augmented-reality.

Jurgenson, N. (2012). When atoms meet bits: Social media, the mobile web and augmented revolution. *Future Internet, 4*(1), 83-91.

Kluitenberg, E. (2011). *Legalicies of tactical media: The tactics of occupation: From Tompkins Square to Tahir.* Amsterdam: Institute of Network Cultures.

Kozinets, R. V. (2010). *Netnography: Doing ethnographic research online*. London, Washington: Sage.

Lang, H. G. (2000). *A phone of our own: The deaf insurrection against MA Bell*. Washington: Gallaudet University Press.

Manovich, L. (2001). *The language of new media*. Cambridge, MA: MIT Press.

Pariser, E. (2012). *The filter bubble: How the new personalized web is changing what we read and how we think*. London: Penguin Books.

Peters, C. L. (2000). *Deaf American literature: From Carnival to the Canon*. Washington: Gallaudet University Press.

Porębski, L. (2010). Internet jako narzędzie mobilizacji politycznej mniejszości. In Ł. Kapralska & B. Pactwa (Eds.), *Agora czy Hyde Park. Internet jako przestrzeń społeczna grup mniejszościowych* (pp. 107-120). Kraków: Nomos.

Rusza polska wersja Facebooka. (2008). Retrived December 20 2014 from www.wirtualnemedia.pl/artykul/rusza-polska-wersja-facebooka.

Stokoe, W. C. (1960). Sign language structure: An outline of the visual communication systems of the American deaf. Studies in linguistics. Occasional Papers 8.

Stokoe, W., Casterline, C., & Croneberg, C. (1965). *A dictionary of American sign language on linguistic principles*. Silver Spring, MD: Linstok Press.

Tapscott, D., & Williams, A. D. (2010). *Wikinomics: How mass collaboration changes everything*. New York: Portfolio Trade.

White, M., & Lasn, K. (2011, September 19). The call to occupy Wall Street resonates around the world. *The Guardian*. Retrieved May 4 2014 from http://www.theguardian.com/commentisfree/cifamerica/2011/sep/19/occupy-wall-street-financial-system.

3

#107일 캠페인에 대한 개인적 성찰

변혁적인가, 전복적인가, 우발적인가?

사라 라이언, 조지 줄리안

도입

이 장에서 우리는 소셜 미디어와 거의 연관되어 있지 않던 학습장애 분야에서의 사회정의 운동의 출현에 대해 이야기하고자 한다. 두 명의 저자 모두가 중요한 역할을 했던 이 운동은 코나로우 스패로우혹Conarrow Sparrowhawk(LB 또는 웃는 소년 Laughing Boy으로도 알려짐)이라는 한 젊은 남성의 죽음에서 시작되었다. 2013년 국민건강서비스(NHS) 평가 및 치료 병동에 입원해 있던 그가 죽음에 이른 사건은 예방할 수 있는 것이었다. 학습장애인은 주류 언론에서 잘 다뤄지지 않는 영국 내 소외 집단이기 때문에 그의 죽음은 널리 알려지지 않을 수도 있었다. 그러나 LB의 어머니 SR은 2011년 이후 가족생활을 다룬 '좌충우돌 생활기My Daft Life'라는 블로그를 운영해 왔으며, 이 특별한 공간을 통해 다양한 사람들이 LB가 죽기 전부터 그에 대해 알게 되었다. '학습장애'를 둘러싼 사회운동을 조직하면서, 온라인 캠페인을 위한 동원 활동, 사람들이 참여 여부를 선택하는 방식 및 참여과정, 캠페인으로부터의 이탈 및 소셜 네트워킹과 관련된 어려움과 통찰력을 모두 경험할 수 있었다. 우리는 학습장애인들이 캠페인에 적극적으로 참여하여 핵심적 역할을 하는 데 있어 소셜 미디어가 어떠한 기여를 했는지 강조하며 이를 성찰해 보고자 한다. 이 연구는 버스buses를 너무도 좋아했던 기발한 청년을 한 인간으로 인식할 수 있게 해 주었던 캠페인을 중심으로 진행되었다. 소셜 미디어는 우리가 예측하지 못했던 동원 가능성을 보여 주기도 했는데, 이는 영국 내에 퍼져 있는 학습장애에 대한 견해들과 모순되는 것이다. 광범위한 참여와 지속적인 지원이 있었다는 점은 (많은) 사람들이 학습장애인에게 관심을 가지고 있음을 보여 준다.

영국에는 114만 명의 학습장애인들이 있는 것으로 추정되는데, 이 집단은 인생의 모든 측면에서 지속적으로 기회를 제한당하고 있다. 예를 들어, 학습장애가 있는 사람의 평균 사망 연령은 학습장애가 없는 사람보다 24세 낮고, 학습장애가 있는 사람의 7.1%만이 유급 고용 상태에 있다(Emerson et al., 2013). 학습장애인들은 또한 편견, 차별 및 학대를 경험할 가능성이 있다(Emerson et al., 2013). 주기적으로 제도권에서 발생되는 스캔들이 영국 언론에 실리곤 했으나(예: 1968~1969년 엘라이 병원 조사, 1998년 롱케어 조사 및 2006년 콘월 파트너십 NHS 스캔들), 이에 대한 관심은 오래 지속되지 않는다.

윈터본 뷰Winterbourne View 병원의 평가 및 치료 부서에서 벌어졌던 학대가 2011년 한 탐사보도 기자에 의해 영국 공영 텔레비전을 통해 폭로되어 대중의 공분과 비난을 받았다. 또한 영국 정부의 엄중한 관심과 조치를 불러온 것으로 보였다. 그러나 이러한 조치는 거의 또는 전혀 변화를 일으키지 않았는데(Parish, 2014), 사회적 돌봄을 책임지는 장관이 그 프로그램을 '참담한 실패'로 비난하는 것에 그쳤기 때문이다(Brindle, 2014).

#[1]LB를위한정의의 배경

LB는 뇌전증, 자폐증 및 학습장애 진단을 받은 매우 재미있고 기발한 18세 소년

1) [역주] 해시태그hashtag는 게시물에 일종의 꼬리표를 다는 기능이다. 특정 단어 또는 문구 앞에 해시('#')를 붙여 연관된 정보를 한데 묶을 때 쓴다. 해시hash 기호를 써서 게시물을 묶는다tag고 해서 해시태그라는 이름이 붙었다. 해시 기호 뒤 문구는 띄어 쓰지 않는다. 띄어 쓸 경우 해시태그가 아닌 것으로 인식하기 때문이다. 처음에는 관련 정보를 묶는 정도의 기능으로 쓰였지만, 지금은 검색 등 다른 용도에도 쓰인다. 예컨대, 페이스북 같은 SNS에 게시물을 올리고 해시태그를 달면, 다른 사용자도 그 게시물과 같은 해시태그를 단 게시물을 함께 찾아볼 수 있다. ("해시태그", [네이버 지식백과] 용어로 보는 IT, 2015년 4월 30일 발행, 2020년 9월 9일 검색, https://terms.naver.com/entry.nhn?cid=59088&docId=3579481&categoryId=59096)

이었다. 그는 가족과 함께 살았으며 지역 특수학교에 다녔다. 2012년 말에 접어들면서 LB는 갈수록 불안하고 괴로워하며 그답지 않게 공격적이 되어 갔다. 그가 이용할 수 있는 도움은 거의 없었으며 이후 3개월을 학교 안팎에서 보냈다. 2013년 3월 15일에는 조교를 때려 나흘 후 집에서 가까운 지역 전문 단기 평가 및 치료 병동에 입원했다. 이 병동에는 정신건강의학과 의사, 작업치료사, 심리학자 및 학습장애 전문 간호사를 포함한 전문가 팀이 구성되어 있었다. 이들 4명이 상시 돌보는 환자는 5명이었다. SR은 2011년부터 LB와의 가족생활에 관한 블로그에 글을 게시해 왔는데 식사시간, 당일치기 여행, 스쿨버스, 쇼핑 및 휴가 중 일어난 재미있는 일상의 사건들을 기록했다. LB가 이 병동에 입원하게 되면서 블로그는 가족생활에 대한 내용을 줄이고 병동에서의 생활을 보다 많이 기록하게 되었으며, LB의 병동 입원 첫째 날에 대한 글부터 번호가 매겨진 글들이 게시되었다.

이 글들은 가족 수가 많은 대가족 내에서 사랑받고 자란 가족성원으로서의 LB의 정체성이 성인으로서의 LB를 강조했던 병동 직원들에 의해 어떻게 사라져 버렸는지를 기록한 것이었다. 평가나 치료는 거의 진행되지 않았으며 LB는 많은 시간을 자신의 방에서 DVD를 보면서 지냈다. 5월, SR은 직원들에게 LB가 발작을 겪고 있다고 말했지만(직원은 약물 변화에 대한 민감성에 주의를 기울이지 않고 약물을 바꿨다) 뇌전증 진단에도 불구하고 그녀의 우려는 대부분 묵살되었다. 2013년 7월 4일 107일째 되던 날 LB는 욕조에서 익사했다.

그날 오후 SR은 '좌충우돌 생활기' 블로그에 LB가 사망했다는 내용의 짧막한 글 하나를 게시했다. 이것은 이 가상공간을 통해 LB에 대해 알아 왔던 독자들에게 상당한 충격을 주었다. 며칠이 지나지 않아 인권 변호사가 트위터를 통해 연락을 취해 왔으며, 유가족을 위해 조언을 제공하는 자그마한 독립 자선단체인 인퀘스트INQUEST에 연락해 볼 것을 강력히 권했다. NHS가 이와 같이 비극적인 사건을 은폐하고 있음이 밝혀지면서 약 25,000파운드의 추정 비용이 드는 조사를 위해 강력한 법정 대리인이 필요했다. LB의 가족은 돈을 모으기 위한 기금LB 파이팅 펀드을 설립하고 새로운 블로그를 통해 LB의 작품을 담은 엽서와 인쇄물을 판매하기 시작했다.

소셜 미디어 활용

이 사건에 대한 대응으로 학습장애와 관련한 온라인 행동주의가 출현했다. 이에 대해 이해하기 위해서는 소셜 미디어의 활용에 대해 살펴보면서 이 캠페인이 어떻게 집단행동의 활동과 시기를 모두 포괄하는 초기 형태의 행동주의에서 시작하여 발전해 나갔는지를 검토하는 것이 필요하다(Harlow, 2012). 행동주의는 도전자와 권력자 간에 이루어지는 상호작용을 통해 권력을 잡기 위한 지속적인 투쟁이며(Tarrow, 1998), 사회변화 달성이라는 목표와 관련되어 있다. 인터넷이 발달하기 전에 쓴 글에서 틸리(Tilly, 1978)는 성공적인 행동주의는 집단의 공통 관심사와 공유 정체성, 가용자원, 정치력, 기회 및 위협 요소들, 정부 억압 수준에 달려 있다고 주장했다. 소셜 미디어는 새로운 형태의 행동주의 및 집단주의의 출현을 가능하게 했는데, 경제여건 악화와 복지예산 삭감이라는 상황과 맞물리면서 장애인 운동과 관련하여 새로운 장애 정치가 부상하게 되었다(Morgan, 2013). 활동가들의 새로운 커뮤니티는 장애인 운동을 강화하고 장애 활동에서 이전에 배제되거나 소외되었던 많은 사람들을 포함할 수 있도록 참여기회를 확대했다(Ellis & Goggin, 2013; Morgan, 2013). 소셜 미디어는 장애인들에게 발언권을 제공했으며, 이들은 권력을 가진 사람들이 무시하기 어려울 정도로 커다란 집단을 형성하게 되었다.

> 그것은 마법의 총알이었다. 우리에게 정치적 영향력, 언론의 존경 그리고 국제적인 영향력을 가져다 주었다. 장애인과 만성질환자에게서 소셜 미디어는 주류 정치의 대상이 되면서 동시에 배제되기도 하는 하나의 사회 영역을 발견해 냈다. 소셜 미디어에서 장애인은 자신들을 위한 목소리를 발견했다.
>
> (Ryan, 2014a)

소셜 미디어를 활용하여 새로운 방식의 행동주의와 저항을 만들어 낼 수 있으며(Ellis & Goggin 2013; Morgan 2013; Van Laer & Van Aelst 2009), 보다 전통적인 방식들을 (예를 들어, 보다 빠르고 저렴한 커뮤니케이션 채널을 통해) 지원할 수도 있다. 그러나 행동주의 측면에서 인터넷을 활용하는 것과 관련해서는 약간의 주의가 필요하다. 소셜 미디어가 일종의 '슬랙티비즘Slacktivism'[2]을 조장하거나 활동가들의 헌신을 약화시킨다는 점(Morozov, 2009), 신뢰를 구축하는 데 있어 어려움을 수반한다는 점, 그리고 대면 관계가 더 오래 지속되며 유지하기 쉬울 것이라는 믿음이 계속되고 있다는 점(Diani, 2000)이 제시되고 있다. 전반적으로 이러한 우려는 소셜 미디어가 덜 효과적이며 덜 믿을 만한 참여 공간이라는 것으로 요약될 수 있다.

우리는 막을 수도 있었던 LB의 죽음에 대한 정의를 구현하기 위한 캠페인으로 #LB를위한정의를 시작했지만, 처음부터 학습장애인의 삶과 경험을 향상시키는 데 필요한 사회적 변화라는 목표에 대해서도 광범위하게 언급했다. #LB를위한정의 및 학습장애 이슈와 관련하여 소셜 미디어의 활용을 고려하는 한 가지 방법은 게르하르트와 루흐트(Gerhards & Rucht, 1992)가 제시한 세 가지 국면—진단, 예측, 동기부여—의 행동주의적 캠페인 관리의 틀에 따라 진행하는 것이다. 여기에는 문제를 정의하고 가능한 해결책을 제시하고 자원을 동원하는 것이 포함된다. 게르하르트와 루흐트가 제안한 동원 가능성과 활성화는 중간 수준과 미시 수준 모두에서 일어나야 한다. #LB를위한정의의 목표는 '코너 선언문Connor Manifesto'이라는 문서에 담겨 있으며 세 부분으로 나뉜다. 첫째, LB와 직접 관련된 사람들에게 그의 죽음에 대한 정의를 찾을 것을 요구하는데, 여기에는 직원에 대한 징계 조치, NHS 신탁재단 산하의 남부 보건 지부의 과실치사 혐의, 사망에 관한 조사에 적극적으로 참여할 것 등이 포함되어 있다. 둘째, 위원회 활동 및 NHS 신탁재단의 관리하에서 발생한 이전 사망 건들에 대한 의혹을 제기한다. 셋째, 보다 광범위한 목표들을 요구하는데, 여기에는 정신능력법Mental Capacity Act의 오용을 방지하는 것, 학습장애인을 NHS 규정에 통합하는 것, 그리고 학습장애인을 완전한 영국 시민으로 인정하는 것과 관련된 고지된 토론 등이 포함된다.

따라서 문제는 캠페인 초기에 명확하게 정의되었으며 선언문은 몇 가지 잠재적인 해결책을 제시했다. 그러나 동원에 대한 접근방식은 정의되지 않았는데, 특히 역사적으로 학습장애인들이 자신의 복지와 관련된 다양한 문제와 정책에 대한 의미 있는 참여로부터 사실상 사회적 · 경제적 · 정치적으로 소외되어 왔던 점을 고려

2) [역주] 슬랙티비즘slacktivism은 게으름뱅이slacker와 사회운동activism을 더한 복합어다. 노력이나 부담을 지지 않고 사회운동을 하는 행위를 가리킨다. ("슬랙티비즘", 위키백과, 2019년 12월 10일 수정, 2020년 9월 8일 검색, https://ko.wikipedia.org/wiki/%EC%8A%AC%EB%9E%99%ED%8B%B0%EB%B9%84%EC%A6%98)

할 필요가 있다. 우리는 중간 및 미시 수준의 동원을 위해 존재했던 잠재력에 대해 전혀 모르고 있었다.

초기 캠페인 활동: #107일을 위한 분위기 조성

LB가 사망한 후 7개월 동안 가족과 변호사는 LB의 치료를 담당했던 NHS 신탁 재단과의 싸움에 참여하여 LB의 사망에 대한 독립적인 조사를 요구했다. 끝없는 지연과 변명 후, 독립 컨설팅 업체인 베리타Verita가 조사를 수행했으며 그 결과는 2014년 2월 24일에 공개될 예정이었다.

GJ는 SR의 블로그를 읽고 LB 파이팅 펀드에서 엽서를 구입한 사람들 중 한 명인데 엽서가 얼마나 멀리까지 배달되었는지 기록하기 위해 구글 지도를 설정했다. 2월 초, GJ는 SR에게 연락하여 가족들이 해결책을 찾는 과정에서 무슨 일들이 벌어지고 있는지를 사람들에게 알릴 계획이 있는지에 대해 논의했다. 우리는 이메일로 연락을 주고받으며 공개 날짜 전에 캠페인을 공식화하기로 결정했다. 2월 중순에 #LB를위한정의 트위터 계정@JusticeforLB이 만들어졌으며 트윗에 #LB를위한정의 해시태그를 사용하기 시작했다.

이 단계에서 우리는 개인 블로그를 사용하여 사람들에게 무슨 일이 있었는지 알렸다. 보고서는 우리가 합리적으로 예상할 수 있는 것보다 늦은 시각에 공개되었다. #LB를위한정의에서는 오전 9시부터 많은 사람들이 온라인상에 모여 오후 6시 이후까지 병원 법인에 의해 곧 공개될 예정인 보고서를 기다리기 시작했다. 보고서는 LB의 사망을 미연에 방지할 수 있었다고 분명히 밝히고 있었다. 보고서 공개를 기다리는 막간에 지지자들의 온라인 네트워크가 형성되어 SR과 LB의 가족이 드러내는 기대감에 대해 우려하는 마음을 공유했다. 이 네트워크는 보고서 공개가 지연되는 것을 보고 자신들의 분노와 짜증을 트위터에 전송했다. 또한 부적절한 행동 및 이 사건에서의 권력관계에 공개적으로 이의를 제기하며, 비통해하면서 해답을 찾고 있는 가족의 처우에 대해 질문을 던졌다.

많은 사람이 학습장애 청년의 예방 가능했던 죽음을 통해 사회적 공분이 형성되기를 희망했음에도 불구하고, 이 시점까지는 그러한 분노가 LB의 가족과 친구 및 지역사회에 국한되었다. 그러나 2014년 2월 해당 주간의 소셜 미디어 활동을 분석

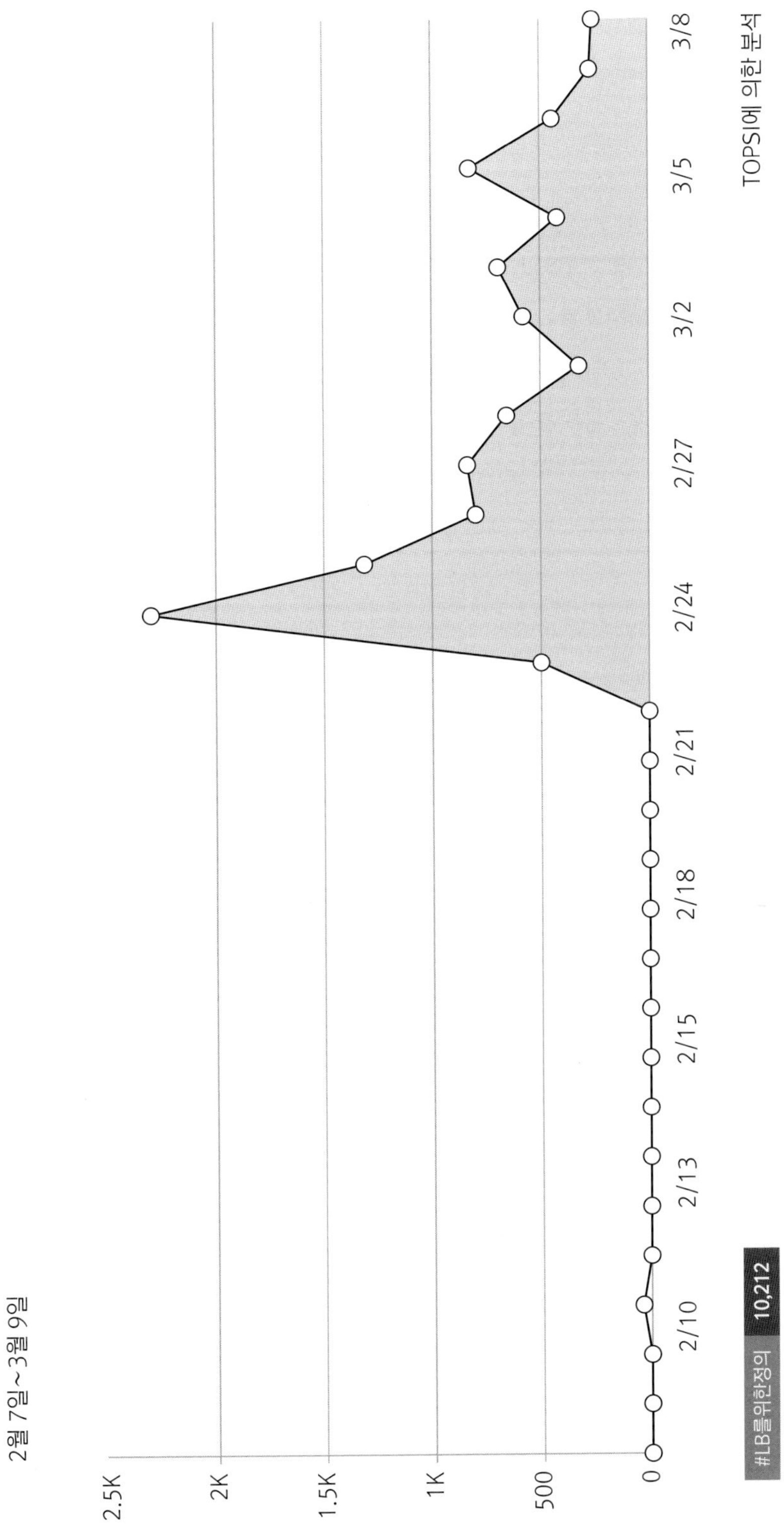

[그림 3-1] 일별 트윗 활동: #LB를위한정의

한 결과([그림 3-1] 참조)는 무슨 일이 발생했었는지 사람들이 알게 되면서 국영으로 운영되는 전문 의료 제공기관의 변명이 국제적인 공분을 불러일으켰음을 보여 준다.

> 지난 2주 동안 소셜 미디어에 수많은 분노와 신념이 표출되었다. 코너의 사망 조사 보고서가 발표되기 전날 트위터 계정(http://www.twitter.com/JusticeforLB)이 개설되었으며 2주도 지나지 않아 885명의 팔로워가 생겼다. 트위터 계정 외에도 해시태그와 더불어 하루에 약 300개의 트윗을 통해 3,929개의 트윗이 공유되었다. 이 트위터 계정과 더불어 #LB를위한정의 해시태그가 사용 중이다. 톱시topsy를 활용한 분석에 따르면, 남부 보건 지부의 보고서 공개 지연으로 인해 해시태그 사용이 급격히 증가했으며 이는 아마도 LB를위한정의 캠페인의 확산에 시동을 거는 계기가 되었을 것이다.
>
> 해시태그는 10,212번 사용되었으며 수많은 토론이 진행되었다. 더 많은 사람들을 참여시키고 트위터상에서 실시간으로 이루어지는 대화를 확대하기 위해 6일 전 #LB를위한정의 페이스북 페이지가 만들어졌다. 페이스북 인사이트 데이터에 따르면 지금까지 13,422번 조회되었으며 770명이 '좋아요'를 눌렀고 468명이 이에 대해 언급하고 있다.
>
> (Julian, 2014)

#107일의 배경

LB의 사망에 대한 독립 보고서 공개 이후 몇 주 동안 지지자들의 네트워크는 계속 확대되었다. 보고서가 공개된 후 지지자들이 작성한 수많은 블로그 게시물들이 올라왔다. 이 게시물들은 조사를 통해 발견된 내용에 대해 다양한 시각과 의견을 제시했으며, LB 사망 사건을 열악한 의료체계 및 학습장애인들의 조기 사망이라는 보다 큰 사회적 이슈의 틀로 조망할 수 있게 해 주었다. 초기 반응은 지지자들이 담당하는 역할, 영향, 네트워크, 연결된 지리적 분포 등의 측면에서 #LB를위한정의에 대한 지원 범위와 폭을 보여 주었다.

이 단계에서는 #LB를위한정의의 필요성에 대한 인식을 높이고 LB의 법적 비용을 충당하기 위한 기금을 모으는 두 가지 사안에 중점을 두었다. 지지자들 사이의 트위터 대화는 이 두 가지 사안에 어떻게 도움이 될 수 있는지에 초점이 맞춰졌으며, LB가 병동에 입원한 때부터 1년간 모금활동을 진행하는 것이 제안되었다. 이런 제안은 #107일#107days 블로그에 설명된 바와 같이 LB가 병동에서 보냈던 107일간의 시간을 107일의 행동으로 남기자는 아이디어로 발전했다.

> #107일은 #LB를위한정의와 모든 젊은이들을 지원하기 위해 취해지고 있는 긍정적인 행동들을 고취시키고, 그러한 행동들에 대한 정보를 수집하여 공유하고자 한다. 우리는 LB의 죽음에 대한 반응으로 인해 촉발된 에너지, 지지 및 분노를 활용하고 지속적인 변화와 개선이 이루어지길 바란다.
>
> #107일 행동은 0일차인 3월 19일 수요일에 시작하여 LB 사망 1주기인 2014년 7월 4일 금요일, 107일차까지 계속된다. 이 블로그는 크건 작건 간에 변화된 것에 대한 정보, 아이디어 및 증거를 공유하는 데 활용될 것이다.
>
> (#JusticeforLB, 2014)

블로그는 #107일 캠페인이 시작되기 1주일 전인 2014년 3월 13일에 개설되었다. 트위터, 페이스북 및 이메일을 통해 공유되어 사람들에게 캠페인의 진행과정에 대한 정보를 제공했다.

#107일 활동의 구조

우리는 "#107일에 참여해 주세요. 여러분의 행동이 크건 작건, 개인적이건 집단적이건 모두 괜찮습니다. 우리는 여러분이 이러한 행동에 동참하여 책임감을 갖고 도와주시길 바랍니다."라고 공개적으로 사람들을 초청했다. 사람들은 107일 중 한 날짜를 선택해 기금을 모으거나 인식을 제고하는 활동을 할 수도 있고, 107일 기간 내에 달성될 수 있는 목표를 설정할 수도 있었다.

우리는 사람들이 어떤 행동을 취해야 할지에 대해 지시하는 걸 원치 않았으므로 의도적으로 개방적인 입장을 취했다. 이를 통해 사람들은 창의력을 발휘하고 자신의 재능을 활용했으며 집단적으로 #107일 캠페인에 기여했다. 이는 특히 중요했는데, 우리가 가능한 한 포용적이기를 원했기 때문이다. 비장애인의 86%가 인터넷 접속이 가능한 집에서 살고 있는 데 비해 장애인의 경우 61%만이 인터넷 접속이 가능한 집에 살고 있다. 영국에서는 350만 명의 성인 장애인이 인터넷을 사용한 적이 없으며, 이는 장애가 있는 성인 인구의 30%에 이르는 수치다(ONS, 2014). 우리는 학습장애인이 온라인 활동에 반드시 참여할 것으로는 예상하지 않았다. 다시 말해, 우리가 바라던 바는 그들이 최대한 캠페인 활동에 참여할 수 있도록 하는 것이었다.

우리는 또한 캠페인이 하나의 집단, 예를 들어 학습장애인이나 활동가, 학자, 전문가, 부모나 돌봄제공자를 위한 것으로 인식되는 것을 원치 않았다. 우리는 사회가 학습장애인을 바라보고 그들과 관계하며 참여시키는 방식에 전반적인 변화가 필요하며, 이러한 변화는 결국 소셜 미디어와 연관된 새롭고도 협력적인 접근을 요구할 것이라고 믿는다.

우리가 유일하게 제공한 지침은 긍정적일 필요가 있다는 점이었다.

> 우리는 이 단계에서 긍정적 행동에 초점을 맞추길 원합니다. 여러분은 법적 비용을 지원하기 위해 기금 모금을 선택할 수도 있고 대화를 나누거나 편지 및 블로그 글을 작성할 수도 있습니다. 우리는 기금을 모금하는 사람, 대화를 나누는 사람, 그리고 글을 쓰는 사람이 필요합니다. 또한 소셜 미디어 전파자, 예술가 및 성찰자도 환영합니다.
>
> (#JusticeforLB, 2014)

이 기간 동안 우리가 취하는 행동들이 긍정적이어야 한다는 점이 중요했다. 이는 가족의 슬픔이 커지거나 배가되지 않도록 하기 위해서였고, 진정으로 LB가 기발하고 재미있는 사람으로서 긍정적인 방식으로 기억되도록 하기 위해서였으며, 또한 어려운 상황에서 긍정적인 접근방식을 취한다면 #JusticeforLB 자체가 발전하고 유지될 것이라고 믿었기 때문이다.

채택된 날들과 #107일 동안의 캠페인 활동

비교적 짧은 기간 내에 진행되었고 홍보도 거의 이루어지지 않았지만, 107일 내내 매일의 활동이 채택되었다. 캠페인이 중반을 향해 갈 무렵 남은 날들이 부족할 수 있다는 점이 명확해져 남아 있는 날들을 나누기로 결정했다. 끝까지 우리는 가능한 한 많은 사람들이 참여할 수 있도록 남은 날들을 두 배, 세 배로 쪼개어 활용했다.

사람들이 취한 행동은 놀라울 정도로 변화무쌍하고 다양했다. 일부 사례가 여기에 포함되어 있으며 'https://107daysofaction.wordpress.com/'에서 모든 활동을 확인할 수 있다. 세례 선물 대신 기부하기, 파티 행사 및 저녁 사교모임, 케이크, 예술품, 식물, 공책 및 필통의 판매, 크라우드 펀딩을 위한 머리 밀기head shave 등이 모금 활동에 포함되었다. 학습장애인으로서 또는 학습장애인과 함께 살아가는 관점을 공유하려는 일련의 시도들이 있었는데, 대부분은 블로그 게시글이나 형제자매들의 성명서 및 영상 등을 통해서 진행되었다. 또한 LB의 작품에서 영감을 받은 미용 경연 대회hair competition entry, 코미디의 밤, 만화, 벽걸이 및 저스티스 퀼트Justice Quilt와 같은 창조적인 활동이 포함되었다([그림 3-2] 및 [그림 3-3] 참조).

모든 장르를 소화하는 커뮤니티 음악 그룹인 퍼스트 노트 루턴First Note Luton은 LB를 추모하며 공연했고, 옥스퍼드에서는 추모곡이 불리었으며, LB를 위한 이피반EP[3]이 녹음되어 온라인상에서 발매되었다. '의료사고에 대항하는 행동Action against Medical Accidents'의 피터 월시Peter Walsh와의 영화 및 '옥스퍼드셔 가족 지원 네트워크Oxfordshire Family Support Network'의 건강 감시 보고서Health Watch report 착수를 포함하여 현재의 관행을 개선하고 문서화하는 데 중점을 둔 행사들과 행동들이 진행되었다.

학술적인 것에 초점을 맞춘 행사들이 켄트대학교, 랭커스터대학교, 카디프대학교, 애스턴대학교, 런던정치경제대학교, 맨체스터메트로폴리탄대학교 및 이스트앵글리아대학교에서 간호학, 심리학, 사회사업학, 교육학 및 장애학 분야의 학부생들을 대상으로 진행되었다. 스포츠 활동에는 사이클, 달리기, 철인 3종 경기 및 카약이 포함되었다. 정치적 차원의 행사로는 하원에서 간담회를 개최하는 것을 비롯하여 《가디언the Guardian》[4]에 600명 이상이 서명한 공개서한을 게재하거나 의원들에게 집단적으로 서한을 발송하는 활동이 진행되었다.

3) [역주] 이피반Extended Play: EP은 수록된 곡이 싱글보다 길고 보통의 음반과 LP보다 짧은 녹음물이다. 일반적으로 이피반 음반에는 4~8곡 정도가 수록되며, 길이는 12~30분인 경우가 많다. ("익스텐디드 플레이", 위키백과, 2020년 1월 9일 수정, 2020년 9월 9일 검색, https://ko.wikipedia.org/wiki/%EC%9D%B5%EC%8A%A4%ED%85%90%EB%94%94%EB%93%9C_%ED%94%8C%EB%A0%88%EC%9D%B4)

4) [역주] 영국의 대표적인 일간지 중 하나다.

LB는 버스와 교통수단에 특별한 애정을 보였는데 이것이 활동의 내용에 반영되었다. 3대의 스쿨버스와 1대의 어스라인Earthline 트럭이 LB의 이름으로 명명되었다. 런던 주변에서 후원 버스 타기 행사가 진행되었는데 어떤 기고자는 하루에 107대의 버스를 타기도 했다. 옥스퍼드 우드크라프트 포크Oxford Woodcraft Folk의 아이들은 버스를 그리는 활동을 했으며, 한 무리의 젊은 학습장애인들은 LB가 가장 좋아했던 장소 중 하나인 옥스퍼드 버스 박물관Oxford Bus Museum을 방문하기도 했다. 국제적으로는 프랑스, 뉴질랜드, 캐나다, 미국, 아일랜드에서 행동의 날이 채택되었다.

캠페인 기간 동안 많은 사람들이 매일의 행동에 동참했다. 병동에서 지내다가 지역사회로 나가는 사람들을 지원하는 이들로부터 배운 것을 매일 트윗하기, 아들이 병원에 입원해 있는 부모로부터 알게 된 것을 매일 블로그에 게시하기, 누군가의 직업으로부터 얻은 배움에 대해 성찰한 내용을 매일 블로그에 게시하기, LB 버스 엽서의 날에 사진 올리며 트윗하기 등이 매일의 행동으로 진행되었던 활동들이다.

107일의 시작과 끝

우리는 #107일을 시작하면서 학습장애인 당사자를 포함하여 주위에 학습장애인이 있는 경우, 이들이 지닌 '감탄할 만한 특성'을 부각해 주는 엽서를 보내 줄 것을 요청했다. 보내온 엽서들은 107일 동안 수집되어 나중에 공유되었다. 긍정적인 행동으로 시작하는 것이 중요했는데, 이는 온라인 미디어와 오프라인의 물리적 인공물을 융합할 수 있게 해 주었다. 사람들이 적극적으로 참여하도록 장려함으로써 네트워크를 더욱 발전시킬 수 있었다.

감탄 엽서Postcards of Awesome에 대한 요청은 전국 신문에 두 페이지 분량의 컬러 기사를 싣는 것과 병행해 진행되었다(Salman, 2014). 이 기사는 LB에게 일어난 일과 SR의 블로그(Ryan, 2014b)에서 발췌한 내용으로 구성된 개인적 관점을 담고 있었다. 이 전국적인 기사는 인쇄물 및 온라인으로 제공되어 #107일 캠페인이 시작될 때 긍정적인 추동력이 되었다.

캠페인 마지막 날이 LB 사망 1주기가 되는 날이라는 점을 고려할 때 이 날을 어떻게 보낼 것인지에 대한 과제가 남아 있었다. 한 가지 제안은 의회 앞에서 행진하는 것이었지만, LB의 가족이 원하는 경우 그들이 주목받지 않을 수 있는 활동을 선택하는 것이 중요하게 생각되었다.

캠페인 종료 약 일주일 전, 사람들에게 LB 사망 1주기 되는 날에 소셜 미디어 프로필 사진을 LB의 흑백 사진으로 변경해 달라는 요청을 공유했다. 수백 명의 사람들이 참여했는데, 자정 직전에 변경했던 사람들도 있고 아침부터 바꾼 사람들도 있었다.

> 금요일이 되었고 나는 뼛속까지 두려웠어요. 아침 일찍 일어났을 때, 사람들이 밤사이 트위터 프로필 사진을 바꾸고 있었다는 걸 알고 놀랐더랬지요. 어떤 사람들은 다음 날까지 기다릴 수 없었어요. 그날 하루 종일 수차례 트위터/페이스북을 훑어보면서 흑백사진으로 채워진 걸 보고 깜짝 놀랐습니다. 정말이지 굉장했고 참으로 감동적이었어요. 다음 날 아침, 나는 침대에 누워 모든 트윗 글들을 읽었어요. 수백 명이었죠. '이 자리에 있었어야 하는 기발했던 남자'와 연대하여 앞으로 나아가는 경험이었죠.
>
> (Ryan, 2014c)

마지막 날 캠페인 블로그의 방문건수는 7,000회 이상이었으며, 프로필 사진을 변경한 사람의 수를 정확히 알지는 못하지만 우리가 알기에 수백 명에 달했다. 동시에 우리는 지지자들로 하여금 캠페인을 통해 그들이 배운 것들에 대한 생각을 블로그에 남기도록 독려했다.

#107일의 영향력

#107일 캠페인 기간 동안 블로그는 하루 평균 550회의 조회와 총 63,000회의 방문을 기록했다. 지리적 범위에서, [그림 3-2]는 이 캠페인의 범위가 전 세계적으로 광범위하다는 것을 보여 준다.

이 글을 쓰는 시점인 2015년 10월, 49,381명의 방문자가 104,263회 블로그를 방문했다. 이 중 23,267명은 트위터를 통해, 21,805명은 페이스북을 통해 연계되었다.

이 통계에 따르면, 여러 소셜 미디어 채널을 활용하면 더 강력한 캠페인이 가능하다.

[그림 3-2] #107일 블로그의 지리적 영향력

#107일에 대한 지지자들의 평가

마지막 날 지지자들은 강렬했지만 상대적으로 짧았던 #107일 캠페인의 확산성과 영향력에 대해 언급했다. 이러한 평가는 이 캠페인이 장애권리운동에 미친 힘과 영감, 그리고 잠재적 영향력을 인정한 것이었다.

#107일 캠페인은 강력했고 감동적이었으며, 많은 사람들이 장애권리를 지지하도록 영감을 주었다.

어떤 사람들은 효과적인 캠페인의 수단으로서 소셜 미디어의 역할에 대해 구체적으로 언급했다.

저는 15년 동안 캠페인을 해 왔지만 107일 캠페인 같은 것은 본 적이 없습니다. 사라와 조지, 그리고 관련된 모든 사람들이 소셜 미디어 캠페인의 약속을 지켰습니다. 예방할 수도 있었던 비극에 대한 사람들의 의로운 분노를 아주 다양하며 상이한 차원에서 변화를 위한 실질적인 행동으로 끄집어내면서 말입니다.

LB의 죽음으로 인한 긍정적인 발전과 SR이 비슷한 상황에서 다른 부모에게 제공한 바람직한 역할 모델에 대해서도 언급했다.

젊고 활기 넘치는 남자의 막을 수 있었던 죽음과 같은 끔찍한 사건이 서로 다른 삶을 살아가는 수많은 사람들을 열정적이고 다정한 방식으로 함께 행동하게 했다는 것이 저에겐 큰 감동이었어요. 이 사람들과 이 캠페인은 사람들이 시스템의 변화를 바라며 수년간 기다려 왔던 것보다 ATU 대안적 치료 병동의 형편없는 운영을 변화시키는 데에 더욱 큰 영향을 미쳤습니다! 저의 경우 캠페인에서 가장 중요했던 것은 사라와 같은 상황에 있거나 ATU에서 자신들의 자녀와 지옥같이 살아가고 있는 가족들이 역경을 극복하고 앞으로 나와 자신감을 키움으로써 이제는 수용할 수 없고 더 이상은 쓰레기 같은 상황을 참지 않겠다고 이 세상에 외치는 모습을 보았다는 것입니다! 이 모든 일에 참여할 수 있게 해 주셔서 감사합니다.

샘 x

학습장애 아동을 둔 부모들도 LB의 죽음이 가져온 긍정적인 힘을 인정하며, 미래에 대한 자신들의 두려운 심경을 공유했다.

#LB를위한정의 및 #107일 캠페인은 놀라웠고 감동적이었습니다. 그렇게 많은 사람들이 하나의 대의를 위해 한데 모여 실제적이고 지속적인 유산을 남기기 위해 무엇을 할 수 있는지를 보여 주었습니다. 그로 인해 저는 학습장애인들이 대우받는 방식을 변화시키는 것이 가능할 수도 있겠다는 희망을 품게 되었습니다. '학습장애가 있는 아이'를 둔 엄마로서 앞으로도 아들이 안전하고 돌봄을 잘 받을 수 있는 방법을 끊임없이 생각하고 있습니다. 작년 코너의 죽음 이후 그 가족들이 얼마나 힘들었을지는 상상이 가지 않습니다. 저는 빨간 버스 엽서를 액자에 넣어 집 벽에 걸어 놓았습니다. 오늘 트위터 프로필에 올라온 굉장히 많은 LB의 사진들을 보면서 이것이 #107일을 마무리하는 데 매우 적합한 방법이라는 생각을 했습니다. 모든 일의 중심에 있는 사람을 기억하게 했으니까요. 잘생겼고, 기발했으며, 재미있었고, 독특했으며, 특별했던 18세 소년이 있었다는 것을 말입니다. 그는 죽지 않았어야 했습니다.

또한 캠페인의 집단적인 특성 때문에 많은 일들이 진행되었다. 네트워크로 사람들을 한데 모이게 함으로써 현재의 상황을 타개할 힘과 목소리를 얻었고, 일을 해내는 새로운 방식에 관한 낙관적 생각과 실제로 개선을 이루어 낼 수 있겠다는 희망을 갖게 되었음을 많은 사람들이 느낀 것으로 보였다.

지지자들이 떠올리는 어떤 영향력은 소셜 미디어 활용 덕분에 가능했다. 세게베르와 베넷(Segerberg & Bennett, 2011)에 따르면, 트위터, 페이스북 및 블로그는 이번 시위 생태계의 핵심적인 요소였는데, 특히 트위터는 두 가지 목적으로 활용되었다. 사람들을 연결하며 조직하는 기제로 활용되기도 했고, 이번 투쟁 공간에서 창window으로서의 역할도 했다. 소셜 미디어를 통해 주류 미디어가 짧게 다루기만 할 이슈에 대한 관심을 유지할 수 있었다. 이는 자원이 크게 요구되지 않았기에 가능하기도 했지만 소셜 미디어가 촉진한 커뮤니케이션의 연결적 특성 때문이기도 했다. 캠페인이 진행될수록 네트워크 내 활동가들이 점차 홍보하고 문제를 제기하는 역할을 감당함으로써 메시지들을 확장하고 이 이슈를 해결하도록 영국 정부에 대해 압력을 높이고 유지하도록 도왔다.

참여자들의 예술작품

59일째에는 손바느질 애호가 3명이 사람들로 하여금 LB 및 캠페인을 기념하는 작은 조각보를 만들어 보내도록 요청했는데, 이는 저스티스 퀼트Justice Quilt를 만들기 위해서였다. 자넷 리드Janet Read가 이끄는 이 트리오는 창의력에 걸맞은 조직 기술로 메일함을 운영하고 조각보 사이즈에 대한 지침을 내리는 등 퀼트를 완성하는 데 수개월을 보냈다. 이런 퀼트는 저항 손바느질resistance stitching의 전통에서 수없이 생산되었으며, 특히 에이즈 기념 퀼트Aids Memorial Qulit(Lewis & Fraser, 1996)는 비록 작은 규모이기는 하지만 많이 만들어졌다. 조각보에 대한 세부 요청사항은 소셜 미디어와 면대면 교류(그 예로 카디프대학교에서 조각보 만들기 워크숍이 개최되었다)를 통해 공유되었다. 학습장애인, 아동, 손바느질 전문가 및 예술가를 포함한 다양한 사람들이 여기에 참여했다. 1.22×2.74 미터 크기로 완성된 퀼트는 LB 및 캠페인을 시각적으로 보여 주는 굉장히 멋진 작품으로 버스, 참새, 매, 인권 인용문, 느낌표 및 질문 이미지들로 뒤덮여 있었다. 사람들이 만든 이 작품은 내년에 영국 전역 곳곳에서 전시될 예정으로 저항, 희망 및 단체행동의 주목할 만한 상징이다.

JUSTICE FOR LAUGHING BOY!
ENOUGH
Why?
SOCIAL JUSTICE
LB ROCKS
LOVE
Justice For LB
#JusticeforLB

[그림 3-3] 저스티스 퀼트

토론

#LB를위한정의는 학습장애와 소셜 미디어라는 예상 밖의 연관성을 갖는 이 두 가지를 한데 끌어내는 획기적이며 유기적인 사회운동으로 이어져갈 것이다. 켄트(2008)는 블로그가 조사 도구로 그리고 메시지 또는 이슈를 형성하고 설득하는 도구로 유용할 수 있음을 제시한다. 블로그 '좌충우돌 생활기'는 LB를 한 인간으로 이해하고 이전에는 학습장애에 관심을 갖지 않았던 사람들을 끌어들이는 캠페인 초기에 원동력이 되었다. 이 블로그는 동원 가능성을 넓혀 주었고, 학습장애가 장애행동주의 및 장애학 내에서조차 인기가 없으며 무시되곤 하는 영역으로 남는 것에 저항했다(Goodley & Moore, 2000; Walmsley, 2001). LB를 매우 인간적인 청년으로 묘사함으로써 블로그는 다양한 추종자와 독자를 얻게 되었다. 시간이 지나면서 블로그는 예방 가능했던 죽음과 관련하여 밝혀진 사건, 구조, 전개과정, 그리고 NHS 신탁재단의 부정적인 조치들을 기록하는 공간이 되었다.

우리가 취한 임시적인 방식에도 불구하고, 또는 어느 정도는 그러한 방식으로 인해, #LB를위한정의는 새로운 형태의 행동주의와 저항을 발전시켜 나가는 하나의 본보기가 되었다. 중범위 동원 행위자로서 우리는 (우연하게) 일정 수준의 조직적 유연성을 도입했는데, 게르하르트와 루흐트(1992)는 이를 동원 촉진제라고 부른다. 동시에, 우리는 소셜 미디어를 통해 보유하지 않은 기술, 경험 및 자원에 접근할 수 있었을 뿐만 아니라 우리가 이용할 수 있었던 연구와 지식 교류를 통해 상당한 경험을 쌓을 수 있었다.

앞에서 우리는 성공적인 행동이 집단의 공통 관심사와 공유 정체성, 가용자원, 정치권력, 기회 및 위협 요소, 정부의 억압 수준에 어떻게 의존하는지에 대해 논의했다(Tilly, 1978). #107일 캠페인은 전형적인 경계선과 담을 무너뜨리며 공통 관심사를 갖지 않는 다양한 범위의 사람들과 집단들을 한데 끌어 모았다. 여기에는 학술 네트워크, 자기옹호단체, 장애운동가, 인권운동가, 학습장애인, 돌봄제공자와 가족, 저널리스트, 환자 안전 캠페인 활동가, 정보전문가 등이 포함되어 있다. 우리는 법, 범죄 및 사회정의, 인권, 환자 안전, 장애, 시민권 및 차별 등 LB의 죽음으로 인해 야기된 교차 영역들을 예측하지 못했었는데 이러한 매개 요인들로 인해 동원 가능성이 크게 증가하였다.

우리는 사회적으로 자원을 동원할 수 있었고, 소셜 미디어의 민주적 특성을 통해 정치적 힘을 끌어들일 수 있었으며, 전통적인 경로를 통해서는 실패했었던 사회행동의 과정들을 피해 갈 수 있는 가능성을 제공하는 공간들을 활용할 수 있었다.

> 장애인이 사회로부터 배제되는 이유는 너무도 자주 그들이 자신들에게 행해지는 것에 저항할 전통적인 수단으로부터 배제되어 있기 때문이다. 트위터, 페이스북, 댓글 달기 및 블로그는 많은 장애인들에게 새로운 방식을 제시했다.
>
> (Ryan, 2014a)

더욱이, 우리는 #LB를위한정의와 #107일 캠페인이 '슬랙티비즘'이라는 어떤 단서도 없다고 생각한다. 무시되어 왔던 영역에 초점을 맞추고 지지자들을 동원하는 데에는 보다 적은 헌신이 아니라 보다 많은 헌신이 요구되기 때문이다. 우리는 학습장애를 잘 모르거나 학습장애와 연관 없는 사람들이 학습장애인에 대한 처우가 어떠한지 알게 되면서 질겁하고 격분하는 모습을 보아 왔다. '좌충우돌 생활기' 블로그는 이슈 구성과 설득을 위한 효과적인 도구였으며, 매개요소로 기능하여 LB 및 다른 이들의 인간으로서의 존엄을 위한 활동에 대한 이례적인 참여를 이끌어 냈다.

주요한 이슈는 소셜 미디어를 사용하지 못하는 학습장애인을 어떻게 효과적으로 참여시킬 수 있는지에 대한 것이었다. 이런 고민은 누구나 날짜별 이벤트에 참여할 수 있도록 하는 #107일의 유연한 디자인으로 어느 정도 해결될 수 있었다. 몇몇 날짜들이 학습장애인 또는 그들의 옹호자들에 의해 채택되었으며 캠페인 기간 내내 온라인과 오프라인 활동 간에 유동성이 있었다(Harlow, 2012). 우리는 '디지털 이원론'이 온라인과 오프라인 활동 간의 차이점을 설명하는 정확한 방법이 아니라는 유르겐슨(Jurgenson, 2012)의 주장에 동의한다. 우리의 경험상, 디지털 공간과 물리적 공간은 집단 공간을 생성하기 위한 어떤 노력도 기울이지 않는다. 감탄 엽서, 퀼트 패치 그리고 LB의 작품과 같은 물리적 인공물 사용에는 이점이 있는데, 가상의 공간에서 물리적 공간으로 옮겨 갈 수 있고 새로운 지지자들을 참여시킬 수 있다는 점이다. 저스티스 퀼트는 함께 바느질을 하며, 공예를 정치적인 저항의 활동으로 이용함으로써 놀랍도록 개인적이고 독특한 기여를 했다. 그것은 주류 미디어와 사회로부터 거부당한 LB의 삶을 인정할 수 있게 해 주었다(Newmeyer, 2008).

#107일 캠페인 종료 후 몇 달이 지나자, 신탁재단의 조치들 및 학습장애 조항과 관련하여 지속적이고 폭넓은 논의가 계속되었음에도 불구하고 활동은 다소 줄어들었다. 이러한 논의와 성찰의 일환으로, 자폐증 청년의 아버지인 마크 니어리Mark Neary는 주거시설들이 행동상의 '어려움'을 겪고 있는 것으로 보이는 사람들을 방관하지 못하도록 법이 개정되지 않는 이유에 대해 의문을 제기했다. 이러한 생각은 #LB법안#LBBill으로 알려진 '일반의원법안Private Members Bill'의 초안으로 발전했다. 캠페인이 발전하고 더욱 정교해짐에 따라 쉽게 읽을 수 있는 자료와 영화가 제작되었으며, 활동가들은 학습장애인들과 법안 초안을 논의하기 위한 모임들을 조직했다. 또한 새로운 형태의 온라인 행동주의가 (윈터본 뷰 스캔들의 여파로 고안된 대체적으로 비효율적인 많은 프로그램들과는 대조적으로) 어떻게 사회적 변화의 참된 잠재력을 창출할 수 있는지를 보여 주었다.

우리는 이 캠페인의 주창자로서 #107일 캠페인을 고무하고 포착하고 드러냄으로써 참여자들이 취하는 행동의 형태와 형식으로부터 도움을 받기도 하고, 어느 정도는 거기에 기여하기도 했다. 학습장애인들과 옹호자들과 협력자들을 연계하고 참여시키기 위해 적극적으로 노력하는 포용적인 캠페인 생태계를 구축해 나가면서, #LB를위한정의 캠페인의 목표를 달성하고 동시에 소셜 미디어와 학습장애를 결합시키는 데에 어느 정도 진전을 이루어 냈다고 믿는다.

참고문헌

Brindle, D. (2014). Post-winterbourne view transfer plan branded 'abject failure' by minister, *Guardian*, 25 May 2014, Retrieved from http://www.theguardian.com/society/2014/may/25/winterbourne-view-transfer-plan-branded-abject-failure-by-minister [12/01/15]

Diani, M. (2000). Social movement networks virtual and real. *Information, Communication & Society, 3*(3), 386-401.

Ellis, K., & Goggin, G. (2013). Disability and social media. *The Social Media Handbook*, 126-146.

Emerson, E., Hatton, C., Robertson, J., Baines, S., Christie, A., & Glover, G. (2013). *People with learning disabilities in England 2012*. Improving Health and Lives: Learning Disability Observatory.

Gerhards, J., & Rucht, D. (1992). Mesomobilization: Organizing and framing in two protest campaigns in West Germany. *American Journal of Sociology, 98*(3), 555-596.

Goodley, D., & Moore, M. (2000). Doing disability research: Activist lives and the academy. *Disability & Society, 15*(6), 861-882.

Harlow, S. (2012). Social media and social movements: Facebook and an online Guatemalan justice movement that moved offline. *New Media & Society, 14*(2), 225-243.

Julian, G. (2014). JusticeforLB: A movement for change, 9 March 2014. Retrieved from http://www.georgejulian.co.uk/2014/03/09/justiceforlb-a-movement-for-change/[11/01/15]

Jurgenson, N. (2012). When atoms meet bits: Social media, the mobile web and augmented revolution. *Future Internet, 4*(1), 83-91.

#JusticeforLB (2014). About #107Days, 13 March 2014. Retrieved from http://107daysofaction.wordpress.com/about-107days/ [11/01/15]

Kent, M. L. (2008). Critical analysis of blogging in public relations. *Public Relations Review, 34*(1), 32-40.

Lewis, J., & Fraser, M. R. (1996). Patches of grief and rage: Visitor responses to the names project AIDS memorial quilt. *Qualitative Sociology, 19*(4), 433-451.

Morgan, H. (2013). #disabilitysnotworking: The evolution of the disabled people's movement in an era of colonisation, disabling corporatism and austerity, Nordic Network on Disability Research, 12th Research Conference, Naantali Spa, Finland. 30-31 May 2013.

Morozov, E. (2009). Texting toward utopia: Does the internet spread democracy? *Boston Review*, March/April. Retrieved from http://bostonreview.net/BR34.2/morozov.php.

Newmeyer, T. S. (2008). Knit one, stitch two, protest three! Examining the historical and contemporary politics of crafting. *Leisure/Loisir, 32*(2), 437-460.

ONS (2014). *Internet Access Quarterly Update, Q1 2014*. Retrieved from http://www.ons.gov.uk/ons/rel/rdit2/internet-access-quarterly-update/q1-2014/stb-ia-q1-2014.html#tab-Disability [13.01.15]

Parish, C. (2014). Minister refuses to cover up lack of progress in rehousing: Winterbourne view concordat has failed to ensure clients have accommodation close to their families. *Learning Disability Practice, 17*(4), 7-7.

Ryan, F. (2014a). Social media means the voices of the disabled can no longer be ignored by those in power, *New Statesman,* 7 August 2014. Retrieved from http://www.newstatesman.com/2014/07/social-media-means-voices-disabled-can-no-longer-beignored-those-power [12/01/15]

Ryan, F. (2014b). My son died in an NHS residential unit: Every day I wake to the pain, *Guardian*, 17 March 2014. Retrieved from http://www.theguardian.com/society/2014/mar/19/connor-sparrowhawk-death-nhs-residential-unit-fight-justice [14/01/15].

Ryan, S. (2014c). Progress towards #JusticeforLB in #107days, 7 July 2014. Retrieved from http://107daysofaction.wordpress.com/2014/07/07/progress-towards-justiceforlbin-

107days/ [15/01/15].

Salman, S. (2014). Why did Connor Sparrowhawk die in specialist NHS Unit? *Guardian,* 17 March 2014. Retrieved from http://www.theguardian.com/society/2014/mar/19/connor-sparrowhawk-death-nhs-care-unit-slade-house-learning-disabilities [14/01/15].

Segerberg, A., & Bennett, W. L. (2011). Social media and the organization of collective action: Using Twitter to explore the ecologies of two climate change protests. *The Communication Review, 14* (3), 197-215.

Tarrow, S. (1998). *Power in movement: Social movements and contentious politics.* Cambridge, MA: Cambridge University Press.

Tilly, C. (1978). *From mobilization to revolution.* New York: McGraw-Hill.

Van Laer, J., & Van Aelst, P. (2009). Cyber-protest and civil society: The internet and action repertoires in social movements. *Handbook on Internet Crime,* 230-254.

Walmsley, J. (2001). Normalisation, emancipatory research and inclusive research in learning disability. *Disability & Society, 16* (2), 187-205.

4

정상성 확인하기

'감동 포르노'와 장애인 대상화

베스 할러, 제프리 프레스턴

도입

장애가 있는 몸은 길거리에서의 일시적인 응시이건 프릭쇼freak shows[1]에서의 의도적인 전시이건 간에 오래전부터 비장애인에게는 호기심의 원천이었으며, 보다 최근에는 장애에 대한 문화적 상상력이 비장애인에게 감동의 원천이 되어 왔다. 온라인과 오프라인에서는 장애가 있는 사람들(종종 아동들)이 직면하는 어려움, 그리고 부족함을 '극복'하고 '정상'이 되기 위해 분투할 정도로 충분히 강한 장애인(아동)들의 용기에 대해 묘사하는 이야기들과 이미지들이 유통된다. 소셜 미디어의 등장으로 생존에 대한 이러한 환상적 이야기들이 폭발적으로 퍼져 나갔으며, 장애인들의 개인적 이야기는 비장애인 이용자를 깊이 감동시켜 이러한 이야기들을 페이스북과 트위터에 공유하도록 자극한다. 이러한 이야기들은 인간의 힘을 은근히 칭송하며 회복resilience을 약속하는 것으로 인식되지만, 장애인을 희화화하며 대상화하는 역할을 하기도 한다. 이 장에서는 장애가 소셜 미디어상에서 '감동 포르노inspiration porn'라고 알려진 관습적 추세로 나타나는 방식을 드러내고자 하는데, 감동 포르노

1) [역주] 기괴한 사람이나 동물을 보여 주는 쇼를 말한다.

에서는 장애가 있는 대상을 비장애인을 위한 영감, 즉 패럴림픽Paralympic Games[2]과 같은 이벤트에서 일반적으로 홍보되는 장애에 대한 상상의 원천으로 나타낸다. 또한 이 장에서는 어떻게 소셜 미디어를 통해 장애인들이 반격에 나서며, 소셜 미디어 공간을 활용함으로써 칼레 라슨Kalle Lasn이 '전통적인 주지츠jujitsu'(Vaske, 2009)라고 별칭한 것에 참여하고 감동 포르노 밈에 저항할 수 있는지 살펴볼 것이다.

감동 포르노 정의하기

감동 포르노는 호주 장애인 활동가/편집자/작가이자 테드엑스TEDx에서 강연하기도 했던(2014) 스텔라 영Stella Young에 의해 널리 정의된 개념으로, "장애인, 흔히 장애아동이, 놀거나 이야기하거나 뛰거나, 그림을 그리거나, 테니스공을 치는 것과 같은 아주 일상적인 일을 해내는 이미지에 '당신의 변명은 타당하지 않다'거나 '그만두기 전에 시도하라' 등의 자막이 실리는 것"으로 언급된다(Young, 2012). 영은 휠체어 사용자이기도 했는데, 이러한 감동 포르노 밈이 가지는 문제들을 다음과 같이 설명한다.

> 이렇게 조정된 이미지는 그들이 나타낸다고 주장하는 우리의 이미지를 정상이 아닌 것으로 만들며 대상화한다. 이러한 이미지들에서 정말로 사랑스러운 이 장애아동들에게 결코 이름을 붙여주지 않는다는 것은 절대 우연이 아니다. 그 아이들의 이름이 무엇인지는 중요하지 않으며, 단지 감동의 대상으로 거기에 있는 것이기 때문이다.
>
> (Young, 2012)

감동 포르노는 여러 형식으로 나타날 수 있다. 그것은 장애인이 평범한 일을 하는 이미지가 감동을 주는 자막과 함께 표현된 온라인 포스터일 수도 있고, 비장애인에게 비범해 보이는 (그리고 시청자로 하여금 재게시하거나 제목을 붙이거나 댓글을 달도록 할 만큼 감동을 주는 것으로 보이는) 것을 장애인이 해내는 유튜브 비디오일 수도 있으며, '영감을 주는 내용'으로 불리는 이야기 카테고리를 가진 업워디Upworthy

2) [역주] 올림픽 대회 직후에 열리는 국제적인 신체장애인 체육대회다.

같은 웹사이트(Upworthy, 2014)에 게시된 글일 수도 있다. 이러한 형태의 감동 포르노는 소셜 미디어와 잘 들어맞는데, 클릭 한 번으로 게시, 공유, '좋아요' 및 트윗이 가능하기 때문이다.

미디어 프레임으로서의 감동 포르노

미디어 프레임은 청중들이 장애 이미지를 이해하는 방식을 형성하기 때문에 감동 포르노와 관련된다(Goffman, 1974; Davis & Kent, 2006; O'Malley, 2009; Haller, 2010). 오말리O'Malley는 세상에 대한 기대를 드러내는 것으로서 프레임 이론을 설명하는데, 이 기대는 "이전의 경험에 근거하고, 이에 대항하여 새로운 경험을 측정하고 해석하는" 것이다(2009, p. 21).

미디어는 종종 진부하며 장애차별주의ableism로 가득한 이미지와 글을 통해 장애를 구성하는데, 휠체어에 앉아 있는 직업적으로 성공한 백인 남성, 병들어 세상으로부터 분리된 조현병 환자, 또는 '휠체어에 묶여 있는' 등의 부정확하고 비하하는 용어의 사용 등이 여기에 속한다(Linton, 1998; Davis, 1999; Weeber, 1999; Ross, 2001; Schneider, 2003; Haller, Dorries, & Rahn, 2006). 감동 포르노와 교차하는 보다 중요한 미디어 프레임 중 하나는 '슈퍼장애인supercrip' 프레임이다. 클로그스톤Clogston이 제시한 프레임 카테고리(1989, 1990)에서는 뉴스에 등장하는 '슈퍼장애인' 프레임을 자신의 장애를 '극복하고' 일상적인 (또는 '정상적인') 삶을 살아가는 장애인들을 그려 내는 이야기로 정의한다. 다자니(Dajani, 2001)는 슈퍼장애인 프레임을 '장애 역할handicap role'이라 부르는데, 이는 누군가가 장애를 유발하는 상황으로부터 한계를 극복해 온 것으로 묘사될 때 자주 사용된다(p. 198).

로스(Ross, 2001, 1997)는 특정 장애에 대항하려는 한 개인의 시도가 기준 프레임이 되어, 그러한 장애를 가진 어느 누구라도 그렇게 투쟁해야 함을 암시하게 된다는 점을 지적한다. 할러(Haller, 2010)가 설명하듯이, 장애차별주의 문화에 의해 형성되는 지배적인 사회적 신념은 미디어 내용에 영향을 미치며, 이는 차례로 장애에 대한 전 세계적 이해에 영향을 미친다. 소셜 미디어에 게시된 감동 포르노 이미지는 장애에 대한 사회적 태도를 반영하기도 하고 형성하기도 할 뿐만 아니라 해당 미디어 공간을 채우는 장애차별주의를 드러내기도 한다.

감동 포르노 밈과 장애차별주의

많은 사람들이 이용자가 생산하는 이미지와 비디오처럼 인터넷상에서 발견되는 문화적 생산물은 본질적 가치가 거의 없다고 생각하지만, 새로운 미디어 전문가인 리모르 시프만Limor Shifman 박사는 인터넷 밈internet memes이 중요한 탐구 장소라고 믿는다. 시프만은 자신의 책 《디지털 문화에서의 밈Memes in disital culture》에서 다음과 같이 설명한다. "밈은 보기에는 사소하고 일상적인 생산물이지만, 실제로는 심오한 사회적 · 문화적 구조들을 반영한다. 많은 경우 인터넷 밈은 (포스트) 모던 민속학folklore에서 다루어질 수 있는데, 그 안에서 공유된 규범과 가치가 포토숍 기술로 처리된 이미지나 도시괴담urban legends과 같은 문화적 생산물을 통해 구성된다."(Shifman, 2013, Chapter 2)

이 장에서는 질적 텍스트 분석(McKee, 2003)을 활용하여 소셜 미디어에 게시된 감동 포르노에 나타나는 장애 프레임을 이해하고 더불어 장애인을 가르치려 들고 비하하는 것으로 보이는 이야기에 직면할 때에 장애인들이 어떻게 반응하는지를 평가하고자 한다. 이 장에서는 시프만의 디지털 밈에 대한 정의를 사용하는데, 그것은, "(a) 공통된 내용 특성을 공유하는 일군의 디지털 생산물로서, (b) 서로 영향을 주고받으며 생성되었으며, (c) 많은 이용자에 의해 인터넷을 통해 유통, 모방 그리고/또는 변형된다"(Shifman, 2013, Chapter 1). 밈은 단지 사회적 및 문화적 구조를 반영하는 것 이상으로 특정한 문화의 '내부'와 '외부'를 설명하며, 외부 사람들이 코드를 해독하고 담론에 참여하도록 촉진하기도 한다. 이 장에서 밝히고자 하는 것처럼, 밈 특히 장애인을 감동의 대상으로 보는 생각에 초점을 맞춘 밈들은 태생적으로 정치적이고 종종 환원주의적reductionist[3]이므로, 정형화된 미디어 프레임에 의존하며 반복과 참여를 통해 지배적인 장애차별적 이념을 강화한다.

3) [역주] 환원주의reductionism란 복잡하고 추상적인 사상이나 개념을 단일 수준의 더 기본적인 요소로부터 설명하려는 입장을 말한다. ("환원주의", 두산백과, 2020년 9월 7일 수정, 2020년 9월 9일 검색, https://terms.naver.com/entry.nhn?docId=1155462&cid=40942&categoryId=31519)

'내 상태처럼'

슈퍼장애인이나 감동 포르노와 같은 장애 표현은 연민 서사pity narratives와는 실제로 아주 다른 프레임이다. 즉, 비장애인은 누군가를 동정함으로써 좋은 기분을 느끼는데, 장애인이 감동을 주는 것으로 보이는 경우 더욱 좋은 기분을 느낀다. "장애인들이 일상적인 일들을 해 내는 것은 감동적인 자질로 받아들여지며 칭찬을 받는다. 그러나 사실상 이러한 칭찬은 그들을 얕잡아 보는 것으로 자선적 사고에 물든 것이다. 감동을 주는 사람으로 누군가를 묘사하는 것은 '운명의 비극'에 대해 그들을 동정하는 또 다른 방법일 뿐이다."(Haller, 2000) 이러한 밈은 서구의 수많은 자선사업 및 포스터에 등장하는 도움이 필요한 아동에 관한 이야기들을 추동하는 연민과 가부장주의의 오랜 전통에 뿌리박고 있다(Haller, 2010; Longmore, 2013). 기금 모금을 바라며 소셜 네트워크 사이트 이용자들에게 병든 아동의 이미지 및 팬 그룹을 공유하도록 요청하는 일련의 디지털 밈들에서 소셜 미디어 장애 프레임의 초기 징후를 발견할 수 있다. 에밀 프로탈린스키Emil Protalinski는 다음과 같이 설명한다.

> 이러한 유형의 거짓말에는 병원에 입원해 있는 병들고(병들거나) 장애를 입은 아동의 사진을 페이스북을 통해 널리 공유하는 것이 포함된다. 때로는 페이스북 이용자들에게 아동의 의료비를 기부하도록 요청하기도 하고, 다른 경우에는 사진 공유 자체가 페이스북으로부터 기부금을 받는 결과를 가져올 것이라 약속하기도 한다. 두 주장은 모두 거짓말이다. 당신이 돈을 기부하면 바로 사기꾼에게 돈이 넘어가게 되고, 사진을 공유하면 이런 거짓말이 널리 퍼지는 걸 돕는 것이 된다. 페이스북이 공유되는 횟수에 따라 돈을 기부하진 않을 것이기 때문이다.
>
> (Protalinski, 2012b)

이런 밈들은 인기가 높아지면서 수십만 명의 이용자들에게 전송되었으며, 게시물 전체가 가짜라는 사실이 밝혀지기 전까지 무수히 공유되곤 했다. 아픈 아이도 없었고, 기금 모금도 없었으며, 단지 정교한 거짓말일 뿐이었다. 이러한 거짓말을 만들고 확산시키는 가장 일반적인 동기는 돈이다. 거짓말을 만들어 내는 사람들은 다른 사람들의 자선에 의존하여 밈을 널리 퍼뜨리는데, 이를 위해 헌신적인 페이스북 그룹들에 수많은 팬들을 축적하여 그러한 그룹들을 다른 회사들에 팔아넘기고, 이 회사들은 자신들의 생산품을 새로 얻은 추종자들에게 홍보하기 위해 페이스북 페이지를 새롭게 바꾸어 활용한다(Findlay, 2013). 더구나 이 밈들의 제작자는 가짜 기부 페이지에 대한 링크를 제공하여 자신이 기부한 돈이 실제로 아픈 아이를 구하는 데 도움이 된다고 믿는 동정심 많은 사람들로부터 수천 달러를 모금하기도 한다.

예를 들어, 2012년에는 페이스북이 암이 있는 한 아동을 돕기 위해 매 공유 시마다 3센트를 개인적으로 기부할 것이라고 주장했던 거짓말이 등장했다. 이 호소에서는 얼굴에 반점이 있는 아동의 이미지가 사용되었다(Protalinski, 2012a). 때로는 돈이 아닌 '좋아요'를 얻기 위해 이런 일을 벌이기도 한다. 맬러리라는 이름을 가진 젊은 다운증후군 여성의 사진이 널리 퍼졌는데, 자막에 "내 여동생 맬러리예요. 다운증후군을 가지고 있는데 자신이 아름답지 않다고 생각하죠. 이 사진에 '좋아요'를 눌러 주시면 동생에게 자신이 진짜 아름답다는 걸 확인시켜 줄 수 있을 거예요"라고 요청해 350만 명 이상으로부터 '좋아요'를 얻었다(Findlay, 2013). 기부를 필요로 하는 아픈 아동의 이야기는 새로운 것이 아니며, 아동의 사진을 활용하여 돈을 요청하는 행위는 전 세계적으로 자선기관들에 의해 활용되어 다양한 수준의 성공을 거두어 왔다. 예를 들어, 가짜로 아픈 아이에 관한 밈은 인터넷 이전에는 연쇄식 행운의 편지 형태로 등장했었다(Kelley, 1999).

이러한 밈의 인기에도 불구하고, 최근에 이와 같은 사기행각으로부터 사람들을 보호하기 위해 반대 밈이 등장했다. 가장 주목할 만한 것으로는 주류 언론이 사기행각에 대해 보고하는 방식으로, 특히 장애가 있거나 질환이 있는 아동의 사진을 도용하여 추가적으로 희생시키는 '범죄'에 초점을 맞추어 보도한다. 프로탈린스키가 설명하듯이, "가족들은 아픈 친척들의 사진이 이러한 사기행각과 거짓말을 영속화하는 데 이용된다는 것을 알게 되면 매우 불안해한다"(Protalinski, 2012b). 핀들레이Findlay는 다음과 같이 동의한다. "이러한 페이스북 사진들은 심금을 울립니다. 그러나 그 사진들은 현실의 사람들에게는 상처를 주지요. 사진에 찍힌 아동과 그 가족들에게 말이죠."(Findlay, 2013) 희생된 장애아동에 관한 이러한 반대 서사counter narrative는 장애가 사적 영역에 속하는 것이며 비장애인이 장애를 공적 영역으로 끌어들여 드러내는 것은 부적절하거나 잘못된 것이라는 수잔 웬델Susan Wendell의 주장에서도 나타난다(Wendell, 1996). 이런 프레임은 또한 장애에 수반되는 명백한 수치심을 내포하는데, 일반 대중에게 드러나는 것이 마음 상하는 일이어서 장애인들은 이러한 경험으로부터 보호되어야 한다는 것이다. 최근 몇 년간 등장한 보다 급진적인 반대 밈은 풍자적인 사진 매크로macros[4]였는데, 페이스북에서 '좋아요'를 충분히 받지 못했다는 이유로 죽어 가는 사람들에 대해 농담하는 내용이었다. 인기 있었던 한 사례에서는 걱정하는 의사의 사진 밑에 "죄송합니다만 시간 내 '좋아요'를 충분히 얻지 못했습니다. 그래서 꼬마가 죽어가고 있어요."라는 자막이 달려 있었다(Jpegger Supreme [pseud], 2012). 이 밈은 아픈 아동의 심각성을 조작하는 거짓말을 공개적으로 비판하고, 누군가의 건강을 사회적 네트워크에서 받게 되는 '좋아요' 또는 공유 횟수에 연결시키는 어리석음을 보여 준다.

밈의 이러한 생산력과 지속성은 비장애인의 장애와의 전통적인 접촉에 대해 중요한 점을 시사한다. 사회가 이러한 아동을 불쌍히 여기고, 보기에는 그들이 정당한 이유 없이 고통당하고 있다고 생각하기 때문에 이런 밈이 전달된다. 소셜 미디어에서 사람들은 공유 버튼을 누르거나 몇 달러를 기부하는 간단한 활동을 통해 그들의 '고통'을 끝낼 수 있다면 기꺼이 무언가를 하려고 한다. 그러나 이 장에서 좀 더 중요하게 살펴보아야 할 것은 이러한 밈들이 내용을 공유하는 사람들로 인해 널리 유통될 때에는 장애와 장애를 가진 몸에 대해 몇 가지 가정을 깊이 확증한다는 것이다.

우선, 이 밈은 장애, 고통, 의존성 간의 연결을 확인해 준다. 둘째, 이 밈은 장애와 죽음 간의 연결을 확인해 주며, 비장애인들이 행동하도록 자극한다—지금 클릭하시오. 그렇지 않으면 이 아이는 죽을 것입니다! 이것은 결국 장애의 자선 모델을 공고히 하며, 장애인에 대한 의무적 돌봄제공자로서의 비장애인의 역할을 정당화하고, 오로지 비장애인만이 '도움이 필요한' 장애인 개인을 도울 힘을 가지고 있음을 보여 준다(Oliver, 1990). 비장애인들은 자신들의 시간과 돈을 기부함으로써 모든 인류에 대한 자신들의 인류애와 연민을 보여 줄 기회를 가지는데, 이로써 그들은 스스로에 대해 좋은 느낌을 갖게 된다. 그러므로 이 밈이 전통적인 의미에서는 감동을 주는 것이 아니지만 비장애인으로 하여금 구원자 역할을 맡도록 자극하며, 이는 결국 비장애인을 장애인 대상에 대해 권위(그리고 우월성)를 가지는 자리에 위치시킨다. 그리하여 마침내는 이러한 밈들이 장애의 의료적 모델 및 장애를 치료하는 것이야말로 궁극적 목표라는 믿음을 정당화한다. 이 모든 거짓말들은 치료야

4) [역주] 여러 개의 명령을 묶어 하나의 명령으로 만든 것으로, 여러 개의 명령을 수행하는 반복적인 작업에서 하나의 매크로 명령만으로 효과적인 작업을 수행할 수 있다.

말로 모든 종류의 장애에 대한 바람직한 해결책이며, 장애를 치료되어야 할 문제로 보는 생각에 의존한다. 제리 루이스 텔레톤Jerry Lewis Telethon과 같은 자선단체들이 기금 마련을 위해 질병과 절박함이라는 상투적인 생각에 의존하는 것과 같은 방식으로(Haller, 2010; Longmore, 2013), 이러한 밈들은 모든 장애는 치료되어야 하며 이 아동을 정상적인 기능 수준으로 되돌려 놓아야 한다는 일반적으로 받아들여지는 믿음에 의존한다.

잘 알려진 감동 포르노 밈

이렇듯 여러 감동 포르노 밈들이 인터넷상에서 널리 유통되는 추세다. 감동 포르노 메시지는 장애인의 성취를 비장애인에게 감동을 주는 동기부여 도구로 활용한다. 이 감동 포르노는 다양한 밈 전달매체를 통해 유통되지만 일반적으로 장애인 개인의 스톡 이미지stock image[5], 특히 어떤 종류의 스포츠 활동에 참여하는 이미지로 "삶에서 유일한 장애는 나쁜 태도입니다."라고 쓰인 자막이나 글과 함께 제공된다(Willitts, 2012). 흥미롭게도 이 유명한 인용문은 많은 감동 포르노에 사용되었으며, 실제로는 비장애인으로서 피겨 스케이트에서 올림픽 금메달을 획득한 미국 선수 스콧 해밀턴Scott Hamilton이 한 말이다. 1997년, 해밀턴은 고환암에 걸렸다는 것을 알게 되었고 화학치료 후에 빙상으로 돌아오겠다고 약속했다. 그것이 이 인용문이 등장한 맥락이었으며, 실제 인용문에는 다음과 같은 두 번째 문장이 포함되어 있다. "삶에서 유일한 장애는 나쁜 태도입니다. 저는 제가 이 암을 극복하고 몇 개월 안에 빙상으로 돌아올 수 있으리라 100% 확신합니다."(Scott Hamilton Cares Initiative, 2014) 이는 그것이 장애를 질병, 이 사례에서는 암과 직접적으로 연결하고, 신체적으로 최상의 상태에 있는 올림픽 메달리스트로서 열심히 자선활동을 하며 고난을 극복하는 과정을 담은 책 《행복을 위한 8가지 기본기The Great Eight》(2009)를 쓰기도 했던 누군가의 관점에서 나온 것이기 때문에 중요한 의미가 있다. 그의 배경은 사회가 인용문의 의미를 해석하고 그것이 유포되는 방식에 영향을 미친다. 이 인용문은 다양한 이미지로 확산되었는데 가장 흔하게는 패럴림픽에서 오스카 피스토리우

5) [역주] 특정한 용도로 사용이 허가된 이미지를 말한다.

스Oscar Pistorius가 자신과 같이 보철다리를 장착한 소녀 옆에서 뛰고 있는 이미지와 연결되며, 이 이미지와 인용문은 신체적 우월성에 대한 생각들로 한데 엮여 있다. 이 유명한 피스토리우스 밈은 한 단계 더 거슬러 올라가는데, 좀 더 이전 사진은 보철다리로 뛰고 있는 소년의 이미지 위에 "당신의 변명은 정당하지 않습니다."라는 자막으로 피토리우스에 의해 유명해졌다(Coble, 2012). 코블Coble은 다음과 같이 설명한다.

> 많은 사람들이 사진을 들여다보며 소년의 미소, 소년의 발이 보철로 대체되는 것을 보고는 '경기 마지막에 테이프를 끊을 승자는 누구인가'와 같은 슬로건을 통해 그 소년이 곧 뛰기 시작한다는 사실을 알아차린다. 자연스러운 반응으로서 사람들은 '정말 멋진 아이로군!' '이 소년이 발 없이도 뛸 수 있다면, 나도 5시까지 참고 일하며 귀찮게 하는 동료를 상대해 낼 수 있어!'라고 생각한다. 그래서 사람들은 이런 밈을 전달한다.
>
> (Coble, 2012)

이러한 밈의 중심에는 장애인은 삶 속에서 가혹한 장벽들과 마주하고 있으며, 그 장벽들을 극복하고 걷거나 뛰는 것과 같이 규범적으로 여겨지는 활동에 참여할 수 있는 그들의 능력이 비장애인에게 감동을 준다는 믿음이 자리하고 있다. "당신의 변명은 정당하지 않습니다."라는 밈은 피스토리우스[6]가 장애 소녀 옆에서 달리고 있는 이미지를 보여 주는 사진으로 확산되었는데, 이때에서야 이 밈이 정말로 널리 퍼져 나가게 되었다. 이 밈은 피스토리우스가 2012년 하계 패럴림픽에 역사적으로 출전했던 것과 같은 시기에 유포되기 시작했다(Willitts, 2012). 이러한 밈들은 진공 상태에서 만들어진 것이 아니라, 사실상 패럴림픽에 대하여 오프라인 및 온라인 마케팅에 활용되는 바로 그 메시지를 반영한다(이 책 18장 참조).

6) [역주] 오스카 레오나드 칼 피스토리우스Oscar Leonard Carl Pistorius(1986년 11월 22일 출생)는 남아프리카공화국의 육상 선수다. 선천적 장애로 생후 11개월 때 양다리를 절단하는 수술을 받았다. 이후 탄소 섬유 재질의 칼날 모양 의족을 장착하고 달려서 '의족 스프린터' '블레이드 러너'로 불렸다. 올림픽에도 출전해 계주에서 메달을 땄다. (출처: "오스카 레오나드 칼 피스토리우스", 위키백과, 2019년 3월 16일 수정, 2020년 9월 9일 검색, https://ko.wikipedia.org/wiki/%EC%98%A4%EC%8A%A4%EC%B9%B4_%ED%94%BC%EC%8A%A4%ED%86%A0%EB%A6%AC%EC%9A%B0%EC%8A%A4)

감동 포르노와 패럴림픽

엘리트 장애인 운동선수를 위한 경기는 최근 몇 년 동안 감동 포르노의 주요 원천이 되어 왔다. 국제패럴림픽위원회IPC는 2년마다 올림픽 후에 동계 및 하계 패럴림픽을 열고 있으며 '감동을 주는' 것을 사명에 포함하고 있다. IPC의 비전은 "패럴림픽 선수들이 스포츠에서 탁월함을 성취하고 사람들에게 감동을 주며 세상을 놀라게 하는 것"이라고 기술되어 있다(IPC, 2014). 흥미롭게도 감동이라는 IPC의 비전은 패럴림픽 선수들이 "보다 평등한 사회를 위해 모든 사람들의 마음을 감동시킴"으로써 평등을 실현하는 데 초점을 맞추고자 한다(IPC, 2014). IPC는 자신의 사명이 감동에 관한 것이라 말한다.

> **선수들과 패럴림픽은 우리 운동Movement의 중심에 있다. 그들의 경기력과 놀라운 이야기는 손상을 가진 사람들을 수용하고 이해하는 것이 가치 있는 일임을 가르친다. 패럴림픽 운동the Paralympic Movement은 스포츠를 사회적 인식과 연결시키는 가교를 구축함으로써 모든 사람에 대한 존경과 평등한 기회가 제공되는 보다 평등한 사회를 발전시켜 나가는 데 기여한다.**
>
> (IPC, 2014)

IPC는 장애인선수들의 '용기'에 대해 언급하길, "일반대중은 '예상 밖'으로 생각하나 선수들은 '진실'이라고 여기는 것을 성취하고자 하는 패럴림픽 선수들의 독특한 정신으로 정의한다. 패럴림픽의 브랜드와 가치는 누군가를 기대 이상으로 몰아붙이기 위해 의미하는 바를 분명히 드러내도록 표현한 것이다"(IPC, 2014). 표면상으로 IPC의 사명은 전 세계적으로 개최되는 다른 많은 운동 경기들과 잘 조화를 이루며 운동 경기를 통해 사람들을 행복하게 하며 더 나은 사회를 이루는 것이다. 예를 들어, 국제올림픽위원회IOC는 공식 웹사이트에 나미비아에서 만들어진 비디오를 게시하여 어떻게 "스포츠가 난민들에게 희망과 기쁨을 줄 수 있는지"를 보여 주고자 한다(IOC, 2011). 그러나 IPC의 목적은 마케팅 캠페인으로 변질되면서 원래 목적하던 바를 잃어버리곤 하며, 비디오로 제작되어 소셜 미디어에 게시되거나 인터넷 밈으로 개조된다. 패럴림픽에 대한 미디어 연구는 이러한 모순을 보여 준다. 패럴림픽에 대한 관심을 불러일으키는 이야기들에 관한 엘리스Ellis의 연구(2009)에 따르면, 그러한 이야기들은 슈퍼장애인이라는 장애 프레임을 드러내는데, 이 프레임 안에서 장애인들은 일상적인 삶을 영위하며 스포츠에 참여하거나 단순하게는 다리 절단의 상태를 멋진 할로윈 복장으로 승화해 냄으로써 장애를 '극복하는' 것으로 묘사된다(Clogstan, 1990, 1991; Barnes, 1992; Goggin & Newell, 2005; Haller, 2010; Thrastardottir, 2014). 엘리스가 말하길, "미디어에서의 그러한 표현이 장애인에게 새로운 정체성을 부여한다고 주장하지만 광범위하게는 장애를 결핍에 위치시킴으로써 실제로는 장애의 생의학적 모델을 영속화시키는 것이다. 이러한 이야기들은 장애를 몸에 위치시키고 장애에 대한 개인적 태도를 강조함으로써 장애를 개별화한다"(2009, p. 32).

영국의 장애 스포츠 연구자들인 퍼듀와 하우(Purdue & Howe, 2012)는 자신들이 패럴림픽의 패러독스라고 부르는 것을 "장애가 아닌 스포츠를 보라."라는 문구로 묘사한다(p. 189). 이들은 패럴림픽 커뮤니티에 연관된 사람들을 인터뷰하여 장애인 선수들에 관한 그들의 사회적 인식에 관해 물었다. 그들이 인터뷰했던 사람들 중 일부는 패럴림픽에 참여했던 중요한 이유로 감정을 언급했다. 흥미롭게도, IPC는 감정적 반응을 촉진하는 것을 중요한 가치의 하나로 꼽고 있다. "패럴림픽 선수들의 이야기와 성취는 강렬하고 사적인 감정을 끌어낸다."(Paralympic Committee of Punja, 2016) 이전에 시각장애인들을 지도했던 비장애인 코치 배리는 퍼듀와 하우(2012)에게 다음과 같이 설명했다. "패럴림픽에는 정말로 너무도 감동적이며 사람을 고무시키는 또 다른 매력이 있는데, 장애인들이 행위자 및 선수로 활약하기 위해 장애와 싸우는 굉장히 인상적인 광경을 볼 수 있다는 것이다. 그것은 매우 감동적일 것이다. 내 생각에는 올림픽에서 얻는 것보다 더 큰 감동을 줄 것이다."(p. 200)

인터뷰 대상자들 중 몇몇은 미디어가 패럴림픽 선수들을 깔보는 것을 느꼈다고 말했다. 척추장애를 가진 장애 연구자 네이던은 패럴림픽 이미지를 직설적으로 묘사했다. "제가 종종 느끼는 것은 패럴림픽이 '주요 행사가 끝난 후의 후속 행사'로 보인다는 겁니다. 이것은 버릇없게 들릴 수도 있겠지만, 때때로 일부 미디어를 읽거나 사람들이 패럴림픽에 대해 이야기하는 것을 들을 때면 푸들이 뒷다리로 걷고 있는 것에 대해 얘기할 것 같은 방식으로 대부분의 사람들이 얘기하고 있다는 거지요."(Purdue & Howe, 2012, p. 201) 이렇게 무시하는 구조가 감동 포르노에 영향을 미치기도 하지만, 이러한 이미지들이 감동적이라고 생각하는 사람들은 그들이 사진에 나온 장애인 선수를 칭찬하고 있다고 믿는다.

그들은 2000년 시드니 패럴림픽에서 휠체어 농구선수로 활약했던 애비게일과 인터뷰를 했는데 이 인터뷰 내용에 요점이 잘 드러나 있다. 애비게일은 미디어의 초점이 자신의 육체적 몸에 있었으며 스포츠에서의 성취에 있지 않다는 점에 대해 무척 모욕적으로 느꼈다고 말했다. "저는 제가 인터뷰했던 초기의 몇몇 보도자료들을 기억할 수 있어요. 그 내용들은 굉장히 무시하는 투였어요. '어떤 선수는 이러저러하게 용감했는데, 당신은 아닌 것 같더군요!'라는 식이었죠. 모든 것이 눈물을 짜내는 이야기들에 관한 것이었고, 저는 '아니야, 난 저런 걸 원치 않아. 난 스포츠를 하고 있고 열심히 연습하고 있어. 그게 메시지야.'라고 생각했어요."(2012, p. 202) 그러나 그녀가 자신의 장애가 아닌 자신의 스포츠 능력이 강조되는 걸 원했음에도 불구하고, 그녀는 다음과 같이 말했다. "저는 사람들이 그것이 단순하지만은 않다는 걸 이해할 필요가 있다고 생각해요. 그것은 비장애인 선수일 때만큼 쉽지는 않은데, 당신이 모든 종류의 것들을 고려해야만 하기 때문이죠…… 당신은 사람들이 장애에 대해 이해하기를 원하지만 스포츠를 먼저 봐 주길 원하지요."(p. 202) 드포(Depauw, 1997)의 설명에 의하면, 사실 장애가 있다는 것과 스포츠에 참여하는 것 사이에는 최고 수준에서는 어떠한 모순도 존재하지 않지만, 비장애인 관중은 이를 보지 못한다. 드포에 따르면, 장애인 스포츠는 관중이 그것이 실질적인 차이가 아니라 스타일의 차이일 뿐이라는 점을 이해하고 장애가 "손상된 운동 수행능력"을 의미한다는 것을 수용하지 않을 때에만 바뀔 수 있다(p. 428).

실바와 하우(Silva & Howe, 2012)의 연구는 영국과 포르투갈에서 미디어를 통해 펼쳐진 홍보 캠페인들을 살펴봄으로써 패럴림픽에서의 슈퍼장애인의 우상화에 대해 탐색했다. 그들은 슈퍼장애인 프레임이 장애인에 대해 부정적인 영향을 미칠 뿐만 아니라 미디어 이용자들에게 장애에 대한 부정확한 정보를 준다고 믿는다. 그들은 연구 결과를 다음과 같이 마무리한다.

> 장애 경험의 복잡성은 장애가 개인의 노력만으로 극복될 수 있다고 가정될 때 무시된다. 스포츠 세계에 존재하는 장애에 대한 정형화된 이미지들로 인해 수많은 차이를 인정할 수 있는 기회를 놓치게 된다. 몇몇 선수들의 예외적인 특성은 패럴림픽의 특정 정신을 존중하는 기준에 반하여 평가되어야 하며, 장애가 사람들을 특별하게 만든다는 전제에 기반을 두어서는 안 된다. 장애가 있는 선수들을 진정한 선수로 대하기 위해서는 미디어가 교육적으로 중요한 역할을 감당해야 한다. 즉, 장애등급, 새로운 스포츠, 기록 및 수행능력과 같은 패럴림픽의 특수성에 관한 대중의 지

식을 증진시킴으로써 관중은 정보와 지식에 기초해 패럴림픽을 관람할 수 있게 될 것이다.
(2012, p. 191)

그리하여 패럴림픽을 홍보하려는 노력은 슈퍼장애인 서사와 감동 포르노를 생산하는 자양분으로 작용하고 이렇게 만들어진 생산물들은 소셜 미디어를 통해 인터넷 전반에 떠돌아다니게 될 수도 있다.

패럴림픽 홍보

몇몇 국가에서 패럴림픽에 대한 홍보는 감동 포르노 및 선수들 간의 슈퍼장애인 지위를 홍보하는 것과 분명히 연관되어 있다. 런던에서 열린 2012 하계 패럴림픽에서 올림픽 공식 TV 네트워크였던 채널4는 '슈퍼인간을 만나다'라는 마케팅 캠페인을 기획했다(Channel 4, 2012). 이 프로그램은 영국 전역 78개 채널에서 방영되었다. 힙합 아티스트인 퍼블릭 에너미Public Enemy의 '당신이 생각하는 것보다 더 힘든Harder than you think'이라는 곡을 배경음악으로 하여 제작된 이 홍보용 영상은 패럴림픽에 참여하는 선수들이 해당 스포츠를 위해 훈련하고 경쟁하는 모습을 그리고 있다. 많은 장면들이 보철로 만들어진 인공장치, 휠체어, 그 밖에 손상을 보여 주는 다른 것들에 초점을 맞추었으며, 영상 중간에는 전쟁터에서 폭탄이 터지는 모습, 소노그램sonogram[7], 임신한 여성, 끔찍한 차 사고와 이와 관련해서 부서진 차 옆에 놓인 두 개의 의족을 보여 주는 충격적인 몽타주가 등장한다. 영상 자막에는, "힘에 대해 알고 있다고 행각했던 모든 것을 잊어라. 인간에 대해 알고 있다고 생각했던 모든 것을 잊어라. 전투에 임할 시간이다. 슈퍼인간들을 만나라."는 문구들이 나타난다('Meet the superhumans' video, 2012).

홍보 영상에 대한 언론보도에는, 이 영상이 "올림픽 게임을 준비하기 위해 엄청 힘들게 노력하는 모습을 보여 준다."고 언급되어 있다(Channel 4, 2012). 채널4의 마케팅 및 커뮤니케이션 책임자인 댄 브룩은 시청자들로부터 감정적인 반응을 얻기 위한 네트워크의 열망에 부합하도록 영상을 만들었다. "런던 2012는 패럴림픽이

7) [역주] 음원 신호의 시간 변화에 따른 주파수 성분 분석을 위한 그래프를 말한다.

성년이 되는 때이다. 이 캠페인은 완전히 새로운 시청자들을 패럴림픽으로 이끌어 와 그들에게 감동을 전할 것이다."(Channel 4, 2012)

홍보영상의 감동 포르노 프레임은 유튜브에 달린 댓글에 의해 추가로 확인되었다. 가이트 베이더Gaith Bader라는 논평인은 2014년 11월 6일에 다음과 같은 코멘트를 달았다. "놀랍다…… 이 광고는 절대 고리타분하지 않다. 그때는 굉장했고, 지금은 더욱 나아졌다…… 정말이지 감동적이다."(2014) 그리고 2014년 7월 한 논평인은 다음과 같이 썼다. "그 음악과 이 장면들을 연계해 온전하게 하나의 작품으로 만들어 낸 사람이 누구든 그 사람에게 경의를 표한다. 당신은 수백만을 감동시켰고 그들에게 영감을 주었다."(Stevenbadman, 2014)

패럴림픽 후원자인 영국 슈퍼마켓 체인 세인즈베리Sainsbury와 관련된 또 다른 홍보용 캠페인은 심지어 '2012 패럴림픽 영웅들—무엇이 당신을 감동시키는가?'로 불리기까지 했다. 흥미롭게도 이 홍보영상은 감동 포르노의 정의와 잘 맞아떨어지지는 않는데, 패럴림픽 참가자들 스스로 무엇이 영감을 주는지 묘사하고 있으며 그들의 대답이 어느 선수라도 답할 수 있는 것들인 '수영' '가족' 또는 '승리'이기 때문이다(Sainsbury, 2012).

많은 장애인들이 패럴림픽에서 볼 수 있는, 감동을 주는 슈퍼장애인 프레임에 반대하는 목소리를 냈다. 영국의 휠체어 사용자 로버트 존스(Robert Jones, 2012)는 장애 청년들이 스스로를 무능한 사람으로 느끼게 했을지도 모르는 런던 패럴림픽의 진행 기간 중에 장애수당을 대폭 삭감당한 것이 우려된다고 말했다. "저는 젊은이들이 걱정스러워요. 그들은 장애인이 되지 않기로 선택할 수도 없고 일을 선택할 수도 없는데, 어쨌든 간에 그들의 수당은 대폭 삭감되었어요. 대단한 볼거리로서 패럴림픽이 그들에게 감동을 줄 수도 있지만, 사회가 생각하는 장애가 의미하는 것에 대한 상징으로서 패럴림픽은 그들의 마음에 상처를 줄 것"이라고 설명했다. 한 미국인 대학생은 자신의 대학이 블레이크 리퍼라는 패럴림픽 참가자를 초청하면서 "블레이크 리퍼는 삶에서 유일한 장애는 나쁜 태도라고 믿으며 성장했다."라는 문구가 적힌 포스터를 게시했을 때, 다양성에 대한 대학의 잘못된 인식을 정면으로 비판했다. 시카고대학교 학생인 키란 미스라Kiran Misra는 다음과 같이 설명했다.

> 이 감동 포르노는 비장애인들이 자신들의 걱정을 그러한 시각으로 해석할 수 있을 때에만 존재한다. 감동 포르노는 비장애인의 삶에 어떤 나쁜 일이 일어나든 장애를 가지는 것만큼 나쁜 일

> 은 아닐 것이라는 가정을 이용한다. '감동'을 주어 기분 좋게 만드는 도구는 장애가 있는 사람들이 끔찍한 삶을 살고 있으며 그러한 삶을 살아가는 데는 추가적인 용기가 필요하다는 가정에 근거하고 있다. 사실 인기 있는 대중적 미디어에서 비하적인 언어를 사용하지 않으면서 장애를 드러내는 경우를 찾기는 매우 드문데, '고통당하다' '희생자' '역경에 도전하는' '휠체어에 묶인/감금된' 또는 지속적으로 잘못 사용되는 '장애를 극복하는' 등이 비하적인 언어로 사용된다.
>
> (2014)

호주의 장애옹호자이자 작가/편집자인 스텔라 영은 자신의 글과 테드엑스 강연을 통해 패럴림픽의 수많은 감동 포르노 사례들에 대해 논했다. 그녀는 다음과 같이 말한다.

> 감동 포르노는 장애인들을 부끄럽게 합니다. 감동 포르노는 우리가 행복하지 않거나, 미소를 짓지 않거나, 우리 주변의 사람들을 기분 좋게 하는 삶을 사는 데 실패한다면 그것은 우리가 충분히 노력하고 있지 않기 때문이라고 말하지요. 단지 우리의 태도가 충분히 긍정적이지 않기 때문이라고 말입니다. 즉, 우리의 잘못이 되는 거죠. 그러니 다음에 페이스북 친구들을 기분 좋게 하기 위해 장애가 있는 사랑스러운 아이의 사진을 공유하려는 마음이 들 때는 왜 그 버튼을 누르려고 하는지 잠깐 동안만이라도 생각해 보시기 바랍니다.
>
> (Young, 2012)

소셜 미디어상의 유명한 감동 포르노 밈의 결과로, 페이스북, 텀블러Tumblr, 레딧Reddit과 같은 디지털 공간은 장애인들과 그들이 일상 활동을 하는 이미지를 보면서 '좋은 기분'을 느끼며 감동받기 원하는 인터넷 이용자들 간에 서로 투쟁하는 대립의 장이 되었다(Hall, 1973).

소셜 미디어의 약속 – 조지 타케이 사건

장애인은 자신들의 삶을 빼앗고 비장애인들의 오락거리나 감동을 위해 자신들의 삶을 특정한 방식으로 제시하여 유포하는 감동 포르노 밈에 공개적으로 대응할 기회를 좀처럼 갖기 어렵다. 반면, 〈스타트랙〉 배우이자 소셜 미디어 유머 작가였던 조지 타케이George Takei가 관련된 2014년의 소셜 미디어 사건은 몇몇 장애활동가들에게 희망을 주었는데 마침내 유명한 장애 밈에 대해 비판적으로 생각하고 이야기할 수 있는 플랫폼 하나가 제공되었기 때문이다.

타케이의 사이버 공간에서 격화되었던 논쟁을 이해하기 위해서 이 장에서는 그 밈의 전개과정을 추적하고자 한다. 문제가 된 사진의 최초 복사본은 2011년 4월 이용자 'shotty1058'에 의해 어그리게이터aggregator[8] 링크 레딧Reddit[9]의 하위 포럼인 '/r/pics'에 게시되었다. 그 사진은 한 여성이 휠체어에서 일어나 가게 위쪽 선반에 있는 술병을 집으려고 하는 자연스러운 모습을 그대로 촬영한 사진이었다. 'shotty1058'은 그 사진에 '주를 찬양하라! 술이 일으킨 기적!'이라는 제목을 달았다. 그 게시물은 총 117표를 얻었고, 그중 69표는 게시물을 메인에 올리는 데 투표했다(shotty1058 [pseud], 2011). 게시판에 올라온 상위 댓글들은 모두 부정적이었는데, 최초 게시자의 둔감함을 비판하는 것이었다. 수개월 후 동일한 사진이 이용자 'kopo27'에 의해 '그것은 기적이다'라는 제목으로 하위 포럼인 '/r/pics'에 게시되어 76표를 받았으며, 이 중 44표는 게시물을 메인에 올리는 데 투표했다(kopo27 [pseud], 2011). 역시 상위 댓글들은 부정적이었다. 2011년과 2012년에 걸쳐 수차례 재게시된 후에 이 밈은 2013년 이용자 'miss_maryjane'에 의해 '주를 찬양하라, 할렐루야!'란 제목으로 하위 포럼인 the '/r/funny'에 게시되었으며 '술이 일으킨 기적'이라는 문구가 달려 있었다. 이 게시물은 1,499표를 얻었으며, 이 중 1,139표가 게시물을 메인에 올리는 데 투표했다(miss_maryjane [pseud], 2014). 이 게시물은 내리라는 이용자들보다 메인에 올리라는 이용자들이 훨씬 많아 인기가 있었음에도 불구하고, 상위를 차지한 댓글들은 모두 일부 휠체어 이용자들의 경우 일어서는 것이 가능하며 이 이미지가 장애에 관한 부정적 고정관념을 지속시키고 있음을 주장하는 사람들이 올린 것이었다.

타케이는 2014년 8월 페이스북 팬 페이지에, '그녀는 성(holy)…… 령(spirits)[10]으

8) [역주] 여러 회사의 상품이나 서비스에 대한 정보를 모아 하나의 웹사이트에서 제공하는 인터넷 회사 · 사이트다.

9) [역주] 레딧Reddit은 소셜 뉴스 웹사이트로 자신이 쓴 글을 등록하고 그 글을 다른 사용자들의 투표를 통해 'up' 혹은 'down'을 선택해 순위에 따라 주제별 섹션이나 메인 페이지에 올라가게 된다. 레딧의 서버는 미국의 캘리포니아 샌프란시스코에 있다. (출처: "레딧", 위키백과, 2020년 8월 16일 수정, 2020년 9월 9일 검색, https://ko.wikipedia.org/wiki/%EB%A0%88%EB%94%A7)

10) [역주] 'the Holy Spirit'은 성경에서 성령을 의미하는 것인데, 여기서는 spirits술을 사용하여 비꼬는 표현으로 사용되었다.

로 충만했다.'라는 자막과 더불어 글의 스타일과 단어 '통로aisle'를 표기할 때의 오타를 고려할 때 바로 그 밈이라고 짐작할 수 있는 게시물을 올렸다(Thompson, 2014). 많은 사람들이 이 게시물을 좋아하여 긍정적인 댓글을 달았지만, 장애를 가진 사람들을 향한 고정관념과 둔감함을 지속시킨다는 점과 관련하여 이전에 레딧에 댓글을 달았던 사람들과 유사하게 일련의 부정적 댓글들을 다는 이들도 있었다. 타케이는 결국 이러한 비판에 반응하여 페이스북 페이지에 "팬들은 때때로 제가 올린 게시물로 인해 '불쾌해' 합니다. 제가 게시하는 것이 논란을 야기하지 않는 적이 거의 하루도 없네요. 걱정하는 팬들은 하늘이 무너질지도 모른다고 걱정하면서 저에게 '게시물을 내릴 것'을 요청하고 있어요…… 그래서 저 또한 그들에게도 댓글을 내리라고 요청하려고 합니다—제발 진정해 주세요"(Alexander, 2014). 타케이가 그 밈을 제거하길 거부하자 논란은 커졌고, 점점 더 많은 이용자들이 몰려와 그의 페이지에 부정적인 댓글을 달기 시작했다. 이번에도 타케이는 비판을 묵살하며 자신의 게시물에 다음과 같은 댓글을 달았다.

> 만약 인터버스Interverse의 어떤 섹션에서 불쾌하다고 여겨지는 모든 것을 '내려야' 한다면 이 페이지는 사실상 사람들 간의 교류가 없고 황량한 페이지가 될 것입니다. 매트, 이렇게 생각해 보세요. 그 사진이 게시됨으로 인해 그렇지 않았다면 사람들이 모르고 지나쳤을 수도 있는 고정관념에 대해 대화를 나눌 수 있게 되었다고 말입니다. 장애인을 '조롱하는' 것이 아닙니다. 저는 장애인으로 보이는 누군가가 의자에서 일어나 술을 집어 들고 있다는 사실을 비웃는 것입니다. 그것이 의자에 앉아 있는 모든 사람이 일어날 수 없다는 것을 보여 주는 것은 아니지 않습니까?
>
> (Thompson, 2014)

바로 그 댓글에서, 타케이는 자신이 장애인을 '조롱하는' 것이 아니라 단순히 술을 얻기 위해 일어서는 사람들을 비웃는 것이라고 팬들을 확신시키면서 스스로 모순을 드러낸다.

타케이가 그 이미지의 제거를 지속적으로 거부함에도 불구하고, 그의 댓글은 밈의 게시를 통해 얻어진 바로 그 결과인 장애차별주의에 대한 대중적 대화 및 우리가 장애를 문화적으로 상상하고 생산하는 방식을 드러낸다. 타케이가 원래의 밈에서 무엇이 잘못되었는지 인정하길 거부할수록 장애인 활동가들은 더 많은 기회를 가지게 되었고 그의 팬 페이지의 댓글 섹션에서 장애에 관한 진부한 인식에 대해 대화를 시작해야만 했다. 만약 누군가 일어설 수 있다면 그녀는 자신의 장애를 거짓으로 꾸미고 있는 것이라는 고정관념과 같은 것에 대해서 말이다. 더욱이 그 밈은 장애차별주의가 작동하고 있다는 실제적 사례를 제공했다. 활동가 앤드류 풀랑Andrew Pulrang은 타케이가 장애차별적 태도를 명백히 인식하지 못하고 있다는 점을 지적했다.

> 그들은 장애차별주의가 무엇인지 아마도 알고 있을 테지만, 그것이 문자 그대로 자신들의 입에서 나올 때는 인정하지 않죠. 그리고 그들 자신이 장애차별주의로 인해 소환될 때의 첫 반응은, 누군가가 다른 편견들로 비판받을 때 일반적으로 보이는 종류의 방어적 태도입니다.
>
> (Alexander, 2014)

이 순간 장애 커뮤니티 밖에 있는 사람들에게 명백해진 것은 장애차별주의가 다른 편견들(성차별주의, 인종차별주의 등)과 아주 동일한 방식으로 작동하고 있으며 같은 수준의 진지한 고려를 요구한다는 점이다. 초기의 작은 충돌이 일어난 며칠 후, 타케이는 공식적인 사과문을 게시하며 자신이 누구에게도 상처를 줄 의도가 없었으며 이제는 장애차별주의 및 장애인들이 직면하는 차별의 형태에 대해 보다 깊이 인식하게 되었다고 언급했다(Thompson, 2014). 의도와 목적이 어떠하든 간에 이 사과문이 보여 주는 것은, 소셜 미디어 밈이 사회가 장애를 상상하는 방식을 형성할 수 있으며 밈과 관련하여 분투의 기회를 제공한다는 점이다. 이 과정에서 장애학의 관점들을 직접 활용함으로써 인기 있는 서구의 문화 속에 섞여 있는 구조적인 장애차별주의에 대항할 수 있을 것이다.

어디에서도 2012년 장애 커뮤니티 페이스북의 '이것은 장애가 어떻게 보이는지에 관한 것이다'라는 페이지에서보다 더 명백하게 이러한 저항이 이루어졌던 곳은 없다. 감동 포르노에 관한 스텔라 영의 글에 영감을 받아 회원 수가 6,900명 이상으로 성장한 이 페이스북 페이지는 소셜 미디어상에 공간을 제공했다. 그곳에서 장애인들은 그들 자신과 장애 영웅들의 사진을 '이것은 장애가 어떻게 보이는지에 관한 것이다.'라는 슬로건과 함께 게시하거나, 어린 아들을 둔 휠체어 사용자가 '육아parenting'라고 외치는 것과 같이 그 개인을 묘사하는 구호를 게시하기도 했다. 이 이미지들은 감동 포르노 밈에 내재된 감동과 질병sickness이라는 전형적 프레임을 반박한다(Hitt, 2013). 이 페이스북 페이지는 자신들의 활동에 대해 다음과 같이 언급하고 있다. "이것은 최근에 소셜 미디어를 통해 유포되는 많은 이미지들과는 다르게 지나친 감상주의, 감동 및 가부장주의에 영합하지 않으면서도 장애인의 이미지를 보여 주는 시각적인 문화 프로젝트다."(Stevens, 2013) 많은 측면에서 이 페이스북 페이지는 모든 것을 '장애화하라crip'는 맥루어(McRuer, 2006)의 부름을 구현하고 있으며, 동시에 소셜 미디어에 급진적 장애 담론을 불어넣음으로써 이 장의 앞부분에서 논의되었던 밈들을 통해 사실로 받아들여진 프레임들에 적극적으로 문제를 제기한다. 그렇게 해서 소셜 미디어를 통해 장애차별적인 감동 포르노가 유포될 기회가 제공되기도 하지만, 온라인 콘텐츠를 통해 이러한 이미지들에 저항하는 장애활동가들을 위한 플랫폼을 제공하기도 한다.

결론

인터넷은 주류 미디어를 통해 형성된 장애 프레임이 아닌 세상을 보는 다른 기회를 제공하겠다고 약속했지만, 온라인에서조차 장애에 대한 상상력은 오프라인의 주류 미디어 내에 존재하는 것과 동일한 유형의 장애차별주의적 콘텐츠에 깊이 물들어 있다. 오락용 미디어가 영웅과 악당에 초점을 맞추는 것처럼, 감동 포르노 밈도 이와 유사하게 질병, 생존 및 슈퍼장애인에 초점을 맞추며 아픈 어린이를 치료할 것이라고 약속하는 거짓말과 비장애인에게 나쁜 태도를 버리라고 촉구하는 인기 있는 장애인들의 이미지를 널리 퍼뜨린다.

이러한 상상은 긍정적인 것처럼 보일 수 있지만 여전히 장애인에게 해를 끼치고 있다. 이러한 소셜 미디어 밈 중 상당수는 장애인들을 어린아이로 취급하고, 보호가 필요한 아동처럼 나타내며, 비장애인들이 드러내는 가부장주의를 촉진하는 자선 모델을 강화한다(Oliver, 1990). 장애를 이분법적으로 제시하는 사람들도 있다. 장애를 극복해서 영웅이 되거나 장애에 굴복해서 악당이 되는 식으로 말이다. 패럴림픽으로 인해 더욱 고무된 감동 포르노는 장애인 주체를 감동의 객체로 바꾸어 버리기 때문에, 구조적 장벽에 대항하는 장애인들의 투쟁은 비장애인들이 자신을 개선하는 반성과 격려의 순간으로 전환된다. 더욱 심각한 것은 감동을 주는 이러한 이미지들이 장애 커뮤니티 내의 비판적인 목소리를 평가절하함으로써, 구조적 장벽에 대항하여 분투하는 장애인들은 '잘 해내는' 것으로 보여 감동을 주는 그런 장애인들에 비해 결함이 있는 것으로 표현한다. 소셜 미디어를 통해 감동 포르노가 유포되고 강화된다는 사실에도 불구하고, 특히 페이스북은 저항을 위한 플랫폼을 제공해 왔다. 장애활동가들은 '이것은 장애가 어떻게 보이는가에 관한 것이다.'와 같은 자신들의 페이스북 페이지를 활용하거나, 각자의 개인적인 페이지에 글을 올리거나, 다른 사람의 글에 댓글을 달기도 하면서 감동 포르노 밈에 정면으로 맞서고 있다. 또한 역량강화를 위한 밈을 제작하여 감동 포르노에 대응함으로써, 장애인들은 자신들의 방식으로 장애를 상상하고 장애권익활동가들이 난합을 요청하는 모든 곳에서 행동하고 있다. 장애인이 없는 곳에는 장애인에 대한 행동도 없다.

참고문헌

Alexander, E. (2014, August 11). George Takei branded 'offensive' and 'ignorant' for sharing controversial disabled meme-Not that he cares. *The Independent*. August 11. Retrieved from http://www.independent.co.uk/news/people/george-takei-branded-offensiveand-ignorant-after-sharing-controversial-disabled-meme—not-that-he-cares-mindyou-9661754.html.

Bader, G. (2014, November 6). Comment on meet the superhumans YouTube video. Retrieved from https://www.youtube.com/watch?v=kKTamH__xuQ&list=PLeiohMuCFIoFf8TzWfzGpnx3wVBNgvoqo&index=2.

Barnes, C. (1992). *Disabling imagery and the media: An exploration of the principles for media representations of disabled people*. Krumlin, Halifax: Ryburn Publishing Ltd.

Channel 4. (2012, July 18). Meet the superhumans. [Press release]. Retrieved from http://www.channel4.com/info/press/news/channel-4-takes-over-tv-with-meet-the-super-humans-campaign.

Clogston, J. S. (1989). *A theoretical framework for studying media portrayal of persons with disabilities*. Paper presented at the Annual Meeting of the Association for the Education in Journalism and Mass Communication, Washington, DC.

Clogston, J. S. (1990). *Disability coverage in 16 newspapers*. Louisville, KY: Advocado Press.

Clogston, J. S. (1991). *Reporters' attitudes toward and newspaper coverage of persons with disabilities*. Unpublished doctoral dissertation, Michigan State University.

Coble, K. (2012, January 27). Your excuse is invalid: Just another pretty farce. Retrieved from https://mycropht.wordpress.com/2012/01/27/your-excuse-is-invalid/.

Dajani, K. F. (2001, Summer). What's in a name? Terms used to refer to people with disabilities. *Disability Studies Quarterly, 21*(3), 196-209.

Davis, L. (1999). J'accuse: Cultural imperialism–Ableist style. *Social Alternatives, 18*, 36–41.

Davis, D., & Kent, K. (2006). *Framing theory and research: Exploring the implications for the practice of journalism*. Paper presented at the International Communication Association Conference, Dresden, Germany.

DePauw, K. (1997). The (in)visibility of disability: Cultural contexts and 'sporting bodies'. *Quest, 49*, 416–430.

Ellis, K. (2009). Beyond the aww factor: Human interest profiles of Paralympians and the media navigation of physical difference and social stigma. *Asia Pacific Media Educator, 19,* 23–36.

Findlay, C. (2013, July 1). Facebook's 'sick child hoaxes'. *Daily Life*. Retrieved from http://www.dailylife.com.au/life-and-love/real-life/facebooks-sick-child-hoaxes-20130701-2p77g.html.

Goffman, E. (1974). *Frame analysis: An essay on the organization of experience*. London, UK: Harper and Row.

Goggin, G., & Newell, C. (2005). *Disability in Australia: Exposing a social apartheid*. Sydney, Australia: UNSW Press.

Hall, S. (1973). *Encoding and decoding in the television discourse*. Birmingham, UK: Centre for Cultural Studies, University of Birmingham, pp. 507–517.

Haller, B. A. (2010). *Representing disability in an ableist world: Essays on mass media*. Louisville, KY: The Advocado Press.

Haller, B., Dorries, B., & Rahn, J. (2006, January). Media labeling versus the US disability community identity: A study of shifting cultural language. *Disability and Society, 21*(1), 61–75.

Hamilton, S. (2009). *The great eight* (2nd ed.). Nashville, TN: W Publishing Group.

Hitt, A. (2013, June 7). #cwcon 2013. *Accessing rhetoric*. Retrieved from https://allisonhitt.wordpress.com/2013/06/07/cwcon-2013/.

International Olympic Committee (IOC). (2011). See how sport can generate hope. [Video]. Retrieved from http://www.olympic.org/videos/see-how-sport-can-generate-hope.

International Paralympic Committee (IPC). (2014). The IPC – Who we are. Retrieved from http://www.paralympic.org/the-ipc/about-us.

Jones, R. (2012, August 30). Sorry, the Paralympic spirit insults disabled people like me. *The Guardian*. https://www.theguardian.com/commentisfree/2012/aug/30/paralympicspirit-insults-disabled-like-me

Jpegger Supreme (pseud). (2012). I'm sorry we didn't get enough Facebook 'likes.': Your boy is going to die. *JPEGY*. Retrieved from http://jpegy.com/lol/im-sorry-we-didntget-enough-facebook-likes-your-boy-is-going-to-die-3383.

Kelley, T. (1999, July 1). Internet's chain of foolery. *The New York Times*, sec. Technology.

Retrieved from http://www.nytimes.com/1999/07/01/technology/internet-s-chain-offoolery.html.

kopo27 (pseud). (2011, July 27). It's a miracle! • /r/pics. *Reddit*. Accessed July 27. Retrieved from https://www.reddit.com/r/pics/comments/j19f6/its_a_miracle/.

Linton, S. (1998). *Claiming disability: Knowledge and identity*. New York, NY: NYU Press.

Longmore, P. K. (2013). 'Heaven's special child': The making of poster children. In J. Davis Lennard (ed.) *The Disability Studies Reader* (4th ed., 34-41). New York, NY: Routledge.

McKee, A. (2003). *Textual analysis: A beginner's guide*. London, UK: Sage.

McRuer, R. (2006). *Crip theory: Cultural signs of queerness and disability* (Kindle ed.). New York, NY: New York University Press.

Meet the Superhumans. (2012). Channel 4 Paralympics-Meet the superhumans (annotated version). [YouTube video]. Retrieved from https://www.youtube.com/watch?v=kKTamH__xuQ&list=PLeiohMuCFIoFf8TzWfzGpnx3wVBNgvoqo&index=2.

Misra, K. (2014, October 17). Getting a rise out of RISE-Campus diversity initiative unknowingly reveals pervasiveness of ableism in our culture. *The Chicago Maroon*. Retrieved from http://chicagomaroon.com/2014/10/17/getting-a-rise-out-of-rise/.

miss_maryjane (pseud). 2014. Praise the Lord, Hallelujah! • /r/funny. *Reddit*. Accessed November 12. Retrieved from https://www.reddit.com/r/funny/comments/17vuz9/praise_the_lord_hallelujah/.

Oliver, M. (1990). *The politics of disablement*. Basingstoke, UK: Macmillans.

O'Malley, M. (2009). Falling between frames: Institutional discourse and disability in radio. *Journal of Pragmatics, 41,* 346-356.

Paralympic Committee of Punjab. (2016). Vision, Values, & Objectives. [Website] http://pcpunjab.org/our-objectives/

Protalinski, E. (2012a). Facebook hoax: This child's got a cancer. *ZDNet*. Accessed January 10 2012. Retrieved from http://www.zdnet.com/blog/facebook/facebook-hoax-thischilds-got-a-cancer/7137.

Protalinski, E. (2012b). Anti-Scam websites beg Facebook to remove sick baby hoaxes. *ZDNet*. Accessed February 5 2012. Retrieved from http://www.zdnet.com/blog/facebook/anti-scam-websites-beg-facebook-to-remove-sick-baby-hoaxes/8613.

Purdue, D. E. J., & Howe, P. D. (2012). See the sport, not the disability: Exploring the Paralympic paradox. *Qualitative Research in Sport, Exercise and Health, 2*(4), 189-205.

Ross, K. (1997). But where's me in it? Disability, broadcasting and the audience. *Media, Culture & Society, 19*(4), 669-677.

Ross, K. (2001). All ears: Radio, reception, and discourses of disability. *Media, Culture & Society, 23*(4), 419-437.

Sainsbury's YouTube channel. (2012, August 15). Paralympic heroes 2012 - What inspires you?

- Sainsbury's. [Video]. Retrieved from https://www.youtube.com/watch?v=haoJx3tWpZs&index=23&list=PLeiohMuCFIoFf8TzWfzGpnx3wVBNgvoqo.

Schneider, B. (2003). Narratives of schizophrenia: Constructing a positive identity. *Canadian Journal of Communication, 28*(2), 185-201.

Scott Hamilton CARES Initiative. (2014, November 11). About Scott Hamilton. [Cleveland Clinic website]. Retrieved from http://www.clevelandclinic.org/cancer/scottcares/scott/about.asp.

Shifman, L. (2013). Memes in digital culture [Kindle version]. Retrieved from http://www.Amazon.com.

shotty1058 (pseud). (2011, April 5). Praise the Lord! Miracle in the alcohol aisle! • /r/pics. *Reddit*. Retrieved from https://www.reddit.com/r/pics/comments/gjcdo/praise_the_lord_miracle_in_the_alcohol_aisle/.

Silva, C. F., & Howe, P. D. (2012). The (in)validity of *supercrip* representation of Paralympian athletes. *Journal of Sport and Social Issues, 36*(2), 174-194.

Stevenbadman. (2014, July). Commenter on meet the superhumans YouTube video. Retrieved from https://www.youtube.com/watch?v=kKTamH__xuQ&list=PLeiohMuCFIoFf8TzWfzGpnx3wVBNgvoqo&index=2.

Stevens, B. (2013). This is what disability looks like. [Facebook page]. Retrieved from https://www.facebook.com/ThisIsWhatDisabilityLooksLike.

Thompson, V. (2014). The George Takei disabled meme controversy: The offense, response and public apology. *Ramp Your Voice!* Accessed November 10 2014. Retrieved from http://rampyourvoice.com/2014/08/19/the-george-takei-disabled-meme-controversythe-offense-response-public-apology/.

Thrastardottir, A. (2014). Paralympian Josh Sundquist already has the best Halloween costume this year. *Business Insider*. Retrieved from http://www.businessinsider.com/josh-sundquist-halloween-costume-2014-2014-10#ixzz3IVp5TaTN

Upworthy. (2014). Topic. *Inspirational*. Retrieved from http://www.upworthy.com/inspirational.

Vaske, H. (2009, March). Adbusters. *Kalle Lasn: Clearing the mindscape*. Retrieved from https://www.adbusters.org/blogs/adbusters_blog/kalle_lasn_clearing_mindscape.html.

Weeber, J. (1999). What could I know of racism? *Journal of Counseling & Development, 77*, 20-24.

Wendell, S. (1996). *The rejected body: Feminist philosophical reflections on disability*. New York, NY: Routledge.

Willitts, P. (2012, August 1). Bad attitudes do not cause disability any more than good attitudes guarantee health: Independent Editor's choice blogs. *The Independent*. Retrieved from http://blogs.independent.co.uk/2012/08/01/bad-attitudes-do-not-causedisabilityany-more-than-good-attitudes-guarantee-health/.

Young, S. (2012, July 2). We're not here for your inspiration. *ABC Ramp Up website.* Retrieved from http://www.abc.net.au/news/2012-07-03/young-inspiration-porn/4107006.

Young, S. (2014, April). Stella Young: I'm not your inspiration, thank you very much. *TEDx-Sydney online video.* Retrieved from http://www.ted.com/talks/stella_young_i_m_not_your_inspiration_thank_you_very_much?language=en#t-539335.

5

베딩 아웃

예술, 행동주의 그리고 트위터

루시 버크, 리즈 크로우

@RGPLizCrow 장애에 관한 거짓말과 신화에 대항하여, 침대에 누워서라도 도전하고 저항할 것입니다. 와서 저와 합류하세요-재미있지만은 않습니다.

이 장의 주요 부분은 〈베딩 아웃Bedding Out〉의 순회공연에 뒤이어 2014년 2월 1일에 진행된 리즈 크로우와의 2시간 분량의 인터뷰에서 발췌한 내용을 담고 있다. 리즈가 창작하고 공연한 〈베딩 아웃〉(2012년 11월 · 입스위치 예술학교, 2013년 4월 · 솔즈베리 아트센터, 2013년 8월 · 에든버러 프린지 페스티벌)은 48시간 이상 생방송으로 진행된 공연작품이다. 리즈는 공연무대 중앙에 놓인 침대에 누워([그림 5-1] 참조) 자신의 삶 속에 보통은 감춰져 있는 측면에 대한 주의를 환기시켰는데, 이는 장애인으로서 자신이 경험한 삶의 복잡성을 드러내기 위한 것이었다.

이 공연은 당시 영국의 보수당과 자유민주당 연립정부가 복지재정 축소 의제를 꺼내 들고 수당지급시스템을 대대적으로 정비하며 장애수당 수급자에 대한 지원과 지급기준을 변경하는 상황에서 진행되었다. 연립정부는 2010년 구성되었는데, 총선에서 노동당과 보수당 중 어느 당도 의회 다수당이 되지 못했기에 보수 · 민주 연합ConDem coalition으로 알려지게 된 이 연립정부가 구성되어 복지재정을 축소하는 안건을 추진했다. 보수 · 민주 연합은 이전 노동당 정부의 공공지출 정책이 낭비적이고 복지에 의존하는 문화를 만들어 냈다고 주장하며, 세계 경제 침체로 인해 그 중요성이 증폭되었던 예산적자를 줄이는 것과 '감당할 수 없는 것으로' 보이는 공공지출을 삭감하겠다고 약속했다. 수당시스템 관리를 책임지는 노동연금부 장관이었던 아이언 던컨 스미스Iain Duncan Smith는 2010년에 했던 한 연설에서 재정적 책임의 하나로서 자신의 소임을 묘사했는데("우리는 말 그대로 더 이상 이렇게 지낼 수는 없습니다."), 도덕적 의무 측면에서 '일하지 않고 수당으로 살아가는' 사람들을 일하게끔 하는 것이 자신의 소임이라고 말했다.❶ 후속적으로 일련의 대대적인 복지예산 삭감이 진행되었는데 공공지출의 광범위한 삭감 및 제재조치의 도입을 포함하는 수당시스템의 변화와 더불어 단행되었다. 제재조치는 매우 처벌적이었는데, 한 예로 직업센터에서 평가받는 동안 심장발작을 일으킨 한 남자는 인터뷰를 마치지 못했다는 이유로 제재를 받기도 했다.❷ 장애인에 대한 이러한 변화가 누적되어 나타난 결과로 여러 캠페인이 전개되었으며, 여기에는 복지개혁이 장애인에게 미친 누적된 영향에 대한 평가를 요청하는 DPACDisabled People Against the Cuts, 예산삭감에 반대하는 장애인들의 활동과 WOWWar on Welfare, 복지를 위한 전쟁 캠페인도 포함되었다.❸ '일할 수 있다고' 여겨지는 장애나 질병을 가진 수급자 중 많은 이들의 죽음을 둘러싼 일련의 스캔들이 발생했고, 노동연금부에서 관련 서류를 조작했다는 증거가 나왔다. 이에 복지개혁이 장애인들의 인권을 '중대하고 조직적으로 침해'했는지 여부를 조사하기 위해 UN이 영국에 특별조사관을 파견할 계획이라는 조짐이 있었음에도 불구하고 아이언 던컨 스미스는 장관직을 유지하며 추가적인 변화를 위한 조치를 단행했다. 이러한 상황은 2016년 3월 그가 사임하며 정책기조가 180도 바뀔 때까지 지속되었다.❹

'베딩 아웃'의 중요한 목적은 2012년 버밍햄에서 열린 보수당 전당대회에서 이루어진 조지 오스본George Osborne 재무장관의 연설에 함축적으로 표현되어 있던 사기꾼, 약탈자, 게으름뱅이라는 수사rhetoric에서 의도하는 복지재정 축소 및 수당 삭감의 이념적 정당화에 도전하는 것이다. 이 연설에서 오스본은 '열심히 일해 생활을 꾸려 나가길 원하는 모든 사람'에게 다음과 같이 물었다.

> **교대근무자가 어두운 새벽 집을 나서면서 수당으로 편히 잘 수 있는 생활을 하는 이웃집 창문을 올려다 볼 때, 도대체 그들을 위한 정의는 어디에 있단 말입니까?❺**

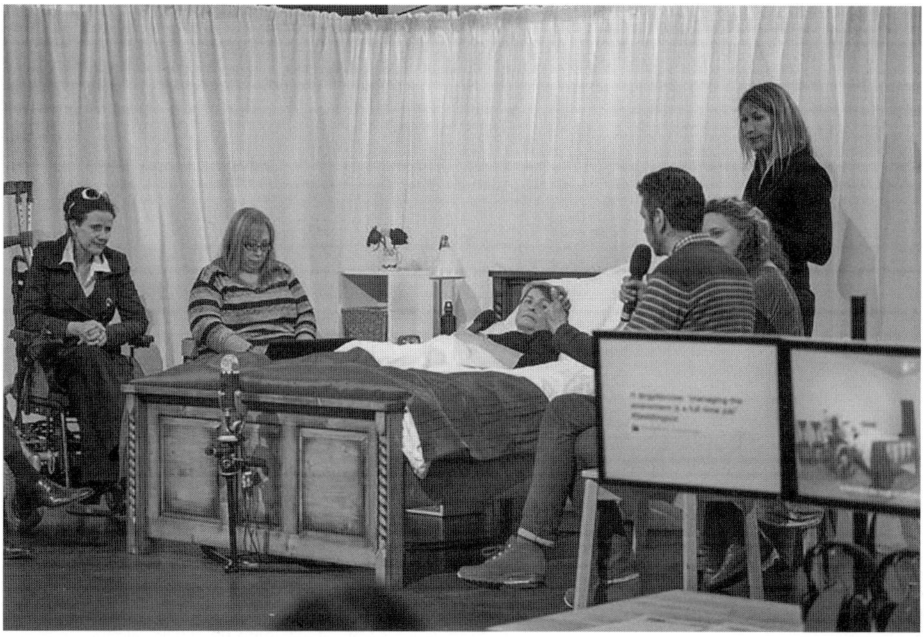

[그림 5-1] 리즈 크로우가 중앙 무대의 나무 침대에 누워 있고, 둘러싼 여섯 명 중 한 명이 마이크에 대고 말하고 있는 이미지

리즈 크로우의 <베딩 아웃> 공연의 정지 화상, 2013년 4월, 솔즈베리 아트센터, 로어링 걸 프로덕션/매튜 페시의 친절한 허락으로 복제된 것임❻

노력하는 자strivers와 게으른 자skivers, 열심히 일하는 가족과 수당으로 살아가는 가족 간의 차이를 수사적으로 주장함으로써 영국 내 복지 논쟁뿐만 아니라 〈베네핏 스트리트Benefits Street〉[1](영국, 채널4[2], 2014년 1~2월 방영) 및 〈온 베네핏 앤 프라우드On Benefits and Proud〉(영국, 채널5[3], 2013년 10월 방영) 등의 소위 빈곤 포르노poverty porn[4] 리얼리티 쇼에 등장하는 수급자에 대한 대중문화상의 재현을 계속해서 만들어 냈다. 이는 본질적으로는 19세기에 진행되었던 자격 있는deserving 빈민과 자격 없는undeserving 빈민에 대한 문화적 담론이 현시대에 재현된 것으로(O'Hara, 2015), 특히 장애인이 정말로 국가의 지원을 받을 자격이 있는지에 대한 질문을 정치적 및 문화적 논쟁의 한가운데에 던지는 데 있어 강력한 영향을 미쳤다. 약탈자와 사기

1) [역주] <베네핏 스트리트>는 빈민가 주민들 중 직업을 갖지 않고 복지 급여에만 의존해 살아가는 '복지병'의 대표적인 예를 뽑아 촬영한 5부작 다큐멘터리다.

2) [역주] 채널4는 영국의 지상파 방송국이다.

3) [역주] 채널5는 영국의 지상파 민영방송국이다.

4) [역주] 가난한 사람들의 생활을 엿보려는 대중의 욕구를 성적인 관음증에 빗대어 만들어진 신조어다.

꾼 류의 언어를 사용한 결과로 장애인에 대한 일종의 의심이 만들어졌으며, 이러한 의심은 《데일리메일Daily Mail》지의 헤드라인으로 표현되어 마치 증거가 있는 진실처럼 보였다. 다음과 같은 헤드라인—"휠체어에 묶여 있다고 거짓말하며 지난 10년간 100,000파운드 부당 수령한 수당 사기꾼 휴가 중 훌라춤 추다 붙잡혀"(《데일리메일》, 2012년 8월 12일) 및 "장애로 인해 밖에 나갈 때마다 공황발작으로 고통받는 '은둔자'가 되었다고 거짓말한 수당 사기꾼 68,000파운드 부당 청구하여 호화 유람선 19회 탑승"(《데일리메일》, 2015년 9월 1일)—이 등장했다. 그러나 영국에서 실제 부정수급의 비율은 (수당시스템 전체를 통틀어) 0.7%로 매우 낮다.[7]

이러한 맥락에서 〈베딩 아웃〉은 '긴축재정 주장' 및 그로 인한 결과들이 내포하고 있는 논리를 반박하기 위해 시작되었다. 이러한 결과들 중 한 가지는 장애 증오범죄의 심각한 증가인데, 검찰에 따르면 2007/2008년과 2014년 사이에 장애 증오범죄는 213% 증가했다.[8] 그리하여 리즈는 〈베딩 아웃〉 공연 중 침대 머리맡에서 이루어진 다양한 대화에 대중을 참여시켰다. 이 책의 전반적인 맥락을 고려하면, '베딩 아웃'에 대한 구상은 새로운 소셜 미디어의 잠재력 덕분에 가능할 수 있었다. 특히 트위터는 지속적인 실시간 방송과 더불어 긴축재정과 수당시스템의 변화가 장애인 수급자에게 초래한 결과를 탐색하는 데 핵심적인 도구로 사용되었다. 각 공연은 리즈, 관객, 그리고 트위터 이용자 간의 대화로 시작되었는데, 이러한 대화는 부수적인 요소나 보조적인 추가요소가 아니라 공연의 일부였다. 따라서 〈베딩 아웃〉은 트위터의 신속성 및 실시간으로 수많은 반응들을 보여 주고 기록할 수 있는 수용력 덕분에 진행될 수 있었다. 그러한 공연 방식으로 인해 이 작품은 예술기반의 정치적 행동주의, 예술적 실천의 정치·윤리, 그리고 세상을 변화시키는 이 둘의 영향력에 대해 우리가 상상하는 방식 및 그러한 방식을 변화시키는 새로운 소셜 미디어의 활용에 대해 몇 가지 중요한 질문들을 던진다.

트위터, 예술 그리고 행동주의 – 예비적 성찰

사회행동, 특히 예술기반의 장애 행동주의와 관련하여 트위터의 정치적 측면들을 이해하는 것은 그리 간단치 않다. 마누엘 카스텔(Manuel Castells, 2015)은 "경제적 어려움, 정치적 비관주의, 문화적 공허 그리고 개인적 절망"의 속박을 떨쳐 버리게 하는 "네트워크를 활용한 사회운동"을 강렬히 반겼음에도 불구하고(p. 1), 가상의 사회적 관계에 대한 이런 종류의 이상적인 생각은 네트워크 기반의 정보통신기술에서 민주주의와 자본주의가 더욱 복잡하게 수렴하면서 문제를 초래할 수 있다는 점을 예상하지 못했다(Dean, 2010). 반 다이크(Van Dijck, 2013)는 트위터와 페이스북과 같은 플랫폼의 발전을 추동하는 상업적 이익과 관련하여 "플랫폼이 네트워크 활동을 단순히 촉진"하는 것으로 상상하거나 "사람 간의 연결됨human connectedness"을 "자동화된 연결성automated connectivity"과 뒤섞는 오류를 범하지 말라고 경고한다(p. 13). 그가 주목한 점은 "소셜 미디어 서비스는 엄청난 힘을 얻게 할 수도 있고 심하게 착취적일 수도 있으며, 사회적 교류sociality는 금전적 이득을 위해 온라인 활동을 이용하기도 하는 바로 그 상업적 플랫폼들을 통해 향유되며 행사된다"(p. 18)는 것이다.

그러므로 소셜 미디어와 모든 것을 돈으로 환산하는 후기자본주의late capitalism의 결합은 카스텔(Castells, 2015), 자비스(Jarvis, 2011) 그리고 파파카리시(Papacharissi, 2010)와 같은 학자들이 표현한 정치적 낙관주의에 선을 긋는다. 적어도 그것은 새로운 형태의 사회성을 공적으로 표현하는 것과 관련하여 이러한 커뮤니케이션 기술의 역할을 이해하는 방식들에 대해 중요한 질문들을 던진다. 반 다이크(2013)는 공적인 것과 사적인 것 간의 경계가 점점 사라지는 과정을 다음과 같이 설명한다. "이전에는 즉석에서 표출되었던 발언들이 지금은 공적 영역으로 흘러들어 가서 커다란 영향을 끼치며 오래 지속되는 결과를 가져올 수도 있다."(p. 12) 만약 이로 인해 트윗과 상태 업데이트가 규제적이며 잠재적으로 징벌적인 정부의 감시하에 놓인다면, 그때는 이러한 플랫폼들 역시 그만큼 은밀하게 삶의 모든 측면에서 시장의 침투를 가능케 하는 방법을 찾아내어 감정 및 감정 노동조차도 수익화하려 할 것이다(Hardt & Negri, 2000).

사적 영역 개념의 붕괴는 자본의 논리 바깥에 어떤 '배후지hinterland'나 공간도 없다는 생각과 일맥상통하며(Jameson, 2005), 우리가 영국에서 목격하고 있는 복지국가와 수당시스템의 심각한 훼손이라는 측면에서 장애인에 대해 특정한 함의를 갖는다. 조지 오스본이 자신의 연설에서 언급했듯이, 닫힌 커튼 뒤에서 장애인 수급자는 장애가 있는 몸을 감출 수 있었다. 그런데 이 닫힌 커튼이 갈기갈기 찢어진다면 그들은 감추어 왔던 자신의 몸을 드러낼 수밖에 없다. 그러므로 이런 이미지에는 장애인 수급자가 국가의 지원을 받기 위해서는 자신의 사생활, 자율성 또는 선택에 대한 어떤 권리도 포기해야 한다는 생각이 내재되어 있다. 다시 말해, '근면한 노동' 및 고용과 같은 경제적 참여야말로 가치 있는 것이라는 개념을 이념적으로 융합함으로써, 정부의 지원에 의존하는 사람들은 본질적으로 기생적이며 완전히 취약한 것으로 그려 낸다. 이는 선호 공리주의자인 피터 싱어Peters Singer가 장애가 있는 유아는 이용 가능한 사회적 · 경제적 자원을 계속 '받기'만 할 것이라는 이유로 장애 유아의 살해를 지지하는 주장에서 보이는 그런 종류의 생각이다(Singer, 1996). 이와 같이 장애인 수급자는 점점 더 공격적이고 굴욕적인 맹비난과 개입의 대상이 되는데, 여기에는 '수당 사기'를 밝히는 수단으로써 「조사권규제법Regulation of Investigatory Power Act」(2000)에 담긴 감시 방식을 사용하는 것 등이 포함된다. 이와 더불어, DWP의 '근로 지원Help to Work' 프로그램은 매일 직업센터를 방문하거나 일정 기간 의무적으로 무급노동을 할 것을 요구한다—장애인, 만성질환자 그리고 말기 환자는 일할 수 없다는 것을 증명해야 하며, 직업센터 방문 약속을 지키지 않거나 지각하는 경우에는 제재를 받아 일정기간 동안 수당을 받지 못하게 된다.

이런 종류의 환경에서, "일상적인 말하기 행위"가 "공식화된 글"로 전환되고(Van Dijck, 2013, p. 7), 트위터와 같은 플랫폼에서 사적 및 공적 커뮤니케이션이 융합되는 데에는 위험이 따른다. @Kewryta를 쓰는 트위터 이용자는 "야, 은밀한 염탐 시간이다! 저봐요, 리즈가 방금 웃었어요. 장애인은 웃을 수 없는데 말이죠. 사기꾼!!!"이라는 글을 올렸다. 매우 역설적이긴 하지만, 이 트윗글은 장애 및 장애가 드러나는 방식에 대한 편협한 개념으로 인해 장애인들이 지속적인 감시의 대상이 되고 있음을 함축적으로 보여 준다. 후속적으로 진행된 인터뷰를 통해 우리는 현재의 긴축재정 기조와 관련하여 공적 공간과 사적 공간, 공적 자아와 사적 자아에 대한 관념적 측면에서 이 프로젝트에 내재된 몇 가지 위험들에 대해 논의하고자 한다.

또한 소셜 미디어 플랫폼이 태생적으로 '자율성'과 관련하여 민주화되어 있고 민주화하는 공간(Castells, 2015)이라는 가정으로 인해 장애차별주의가 제대로 인식되지 못하고 오히려 구성되고 강화된다는 사실을 주목할 필요가 있다. 다시 말해, 만약 접근성을 위한 기술이 없다면 장애인의 적극적인 참여와 표현 가능성은 애초에 불가능하고 이로 인해 장애인의 사회적 소외는 심화된다. 고긴과 뉴웰(Goggin & Newell, 2003)은 "갈등이 없어" 보이는 "사이버스페이스 유토피아"(p. 11)에서 장애인이 배제됨을 묘사하며, 장애인이 "사회적 세계의 다양한 부분에 접근"할 수 있게 하는 방식을 결정함에 있어 현대의 디지털 커뮤니케이션과 미디어 기술의 규제적 측면을 강조한다(p. 10). 최근 엘리스와 켄트(2011)는 정치적 동원의 도구로서 트위터가 접근성이 없다는 측면에 관심을 가졌다. 그들은 고긴과 뉴웰의 개념인 '생성하기doing production'의 사례로 특히 시각손상을 가진 사람들의 배제를 언급하는데, 이 개념은 "도덕 질서의 토대"가 "기술 및 문화"와 교차하는 방식 그리고 "특정한 몸을 가진 사람들을 디지털상에서 장애화하는" 방식을 묘사하는 개념이다(p. 52).

그러므로 〈베딩 아웃〉을 공연함에 있어, 우리는 트위터를 활용한다고 하더라도 긴축재정과 수당시스템의 변화로 인해 자신의 삶과 복지에 부정적인 영향을 받는 모든 사람들을 참여시키지 못한다는 한계점을 인정해야 한다. 시각장애인뿐만 아니라 인지손상으로 말하거나 쓰지 못하는 사람들이 커뮤니케이션을 위해 디지털 네트워크를 활용하는 것과 관련하여, 접근성 및 참여 민주주의의 문제를 다루기 위해서는 보다 많은 작업이 진행되어야 한다. 트위터가 비록 포괄적인 의미에서는 포용적이진 않다고 하더라도, 〈베딩 아웃〉 공연과 이 공연으로 촉발된 대화는 어느 정도는 자신들의 경험을 공유하고 상호 연결함으로써 커뮤니티적 연대감을 구축할 수 있도록 해 주었다는 측면에서 트위터 참여자들에게 중대한 영향을 미쳤다.

> @janeysian #베딩아웃#beddingout에 감사해요. 저 역시 '침대생활'을 하고 있는데 오늘 당신이 거기 있다는 것을 알게 되어 고립감을 덜 느꼈어요.
>
> @KathyOLeary 우리가 혼자가 아님을 아는 것은 언제나 좋죠. #침묵속에서-때때로고통스러운#oftensufferingin-silence

결정적으로, 트위터는 다른 접근 수단(물리적 공간과 가상의 공간, 글이나 말—원거리 참여는 이메일, 문자 그리고 전화가 포함된 원격 참여)의 맥락에서 이 프로젝트에 활용되었으며, 생방송 행사에 참여하는 것이 어렵거나 불가능한 침대생활자들을 참여시킬 수 있는 방법을 제공했다. 장애인 수급자가 경험하는 높은 수준의 사회적·경제적 어려움에 대해 대중의 관심을 지속시키는 것은 과제로 남아 있다. 2011년부터 2014년 2월 사이에 2,500명의 장애인 수급자가 근로가 가능하다고 평가된 후에 사망했음을 보여 주는 DWP 통계(2015년 8월)는 〈베딩 아웃〉이 제기하는 수당시스템에의 변화를 추동하는 구조적 폭력이 존재함을 보여 준다. 그러나 이러한 시스템은 장애인의 소외와 고립을 만들어 내고 강화하기 때문에 긴축재정이 장애인 집단에 초래하는 파괴적이고 종종 치명적이기까지 한 결과에 대해 대중으로부터의 광범위한 관심을 얻는 것은 더 어려워진다. 전직 군인인 데이비드 클랩슨은 2건의 직업센터 방문 약속을 놓쳐 수급이 완전히 끊긴 후 홀로 배고픔에 시달리다 당뇨병성 케톤산증diabetic ketoacidosis으로 사망했는데, 이런 식의 비극적인 이야기를 공유함으로써 구조적으로 취약한 위치에 있는 사람들에 대한 제재가 어떠한 영향을 미치는지를 보여 줄 수 있다(Guardian, 2014년 8월 3일). 그러나 이러한 이야기들은 정부의 도움이 필요한 사람들을 자격 있는(즉, 비극적인) 사람 및 자격 없는 사람 등으로 구분함으로써, 이들을 한정된 자원을 빼어 가는 사람들로 그려 내는 신자유주의의 이념적 틀에 근본적으로 도전하기보다는 개인적 비극, 희생자로서의 위치 그리고 절망을 강조한다. 〈베딩 아웃〉이 성취한 것은 장애에 관해 널리 퍼져 있는 개념을 처음부터 거부하고, 참여자들로 하여금 현재의 정치적 · 문화적 담론을 지배하는 분열적인 장애차별주의를 재생산하지 않으면서 자신들의 경험이 가지는 복잡성을 드러내도록 했다는 점이다.

@RGPLizCrow #베딩아웃 "이것은 비극에 대한 것이 아니라 장애와 복지개혁 내의 비가시성과 복잡성에 관한 것 입니다."

트위터 대화들을 살펴보면, 정부의 기조 및 에스더 맥베이Esther McVey(2012~2013 장애인부 원내 차관, 2013~2015 고용부 장관 역임)와 같은 장관들에 대한 조롱 섞인 유머 속에 새로운 수당 체계의 시행 및 결과에 관해 개인적 · 정서적 · 정치적으로 중요한 통찰력이 드러나 있음을 볼 수 있다.

@RGPLizCrow '장애인의 이야기를 들을 수 없고 듣지 않으려 하며 그들에게 이야기하지도 않는' @EstherMcVeyMP(에스더맥베이장관)에게 #베딩아웃이 말해 주었으면 하는 게 있나요?

@ian_beckett @RGPLizCrow(리즈크로우), 당신은 마담 맥베인Madam McVain[5]과는 다르게 많은 이들을 대변해 주는군요.

@RGPLizCrow 만약 지금 이 방에 @EstherMcVey(에스더맥베이가) 있다면 여러분은 그녀에게 뭐라고 하시겠습니까? #베딩아웃은 듣고 싶어요! 소리쳐 주세요.

@MisterNSandwich @RGPLizCrow(리즈크로우), @EstherMcVey(에스더맥베이) 그녀가

5) [역주] 에스더 맥베이McVey 장관의 성을 '허영심 강한vain'이 포함되도록 바꾸어 조롱의 뜻을 드러냈다.

왜 저를 트위터에서 차단했는지 묻고 싶어요. 제가 그녀의 터무니없는 주장에 반박하기 때문일까요, 그녀를 멍청한 인간이라고 불렀기 때문일까요?

@miltonorourke @EstherMcVey(에스더맥베이), '진단할' 때, 캡피타Capita(PIP 수급자를 평가하는 회사)의 의견과는 대조적으로 '사실에 기반을 둔' 의학적 증거에서 강조되는 것은 뭔가요?

@leonc1963 그녀에게 일주일만 저를 케어해 보라고 하고 싶어요!

@MyalgicEncephal 인지적이고 감정적인 것이 왜 신체적인 것을 의미하지 않는지 묻고 싶네요.

@bloomer71 왜 그녀가 거짓말하며 우기는지 알고 싶어요. 50% DLA 주장은 의학적 정보가 없어요. 정말 쓰레기 같은 소리예요.

이러한 대화에서 유머와 열정은 비웃고 조롱할 수 있는 능력으로 장애를 비참하고 절망적인 것으로 표현하는 것에 저항하는 것이다. 그러한 표현으로 인해 장애인들이 긴축재정의 결과로 인해 구조적으로 취약한 상태에 있는 것을 마치 본질적으로 취약한 상태에 있는 것으로 생각하게 할 여지가 있기 때문이다. 반대 주장(즉, 엄청나게 비판받고 있고 에스더 맥베이의 '완전한 거짓말'을 폭로하고 평가 기준에 의문을 제기하는 것)을 펼치는 것 역시 앞서 논의된 조지 오스본의 연설에서 언급된 '약탈하는 자'와 '노력하는 자'라는 이분법이 내포하는 이념적인 힘에 저항할 수 있는 개념적 · 정치적 논리를 발전시키는 데 도움이 된다. 트위터는 한계를 가지고 있긴 하지만, 트위터를 활용하는 것은 네트워크로 연결된 커뮤니케이션 플랫폼을 통해 대면 교류가 어려운 사람들 간의 연결을 촉진함으로써 지지층의 유대감과 공유된 저항의식을 구축하는 중요한 도구가 된다. 이것은 연계를 촉진하는 것으로 보이는 기술이 드러내는 규제적이며 종종 배제적인 결과를 강조하는 고긴과 뉴웰의 주장에 반대하는 것이 아니라, 저항의 공간들과 그 공간들 내에서 이루어지는 긍정적인 정치적 활용을 인정하는 것이다. 〈베딩 아웃〉에서 트위터를 활용하는 것에 대해서는 인터뷰의 마지막 부분에서 상세히 논의된다.

다음에 나오는 내용은 나(루시 버크)와 리즈 크로우와 간에 진행되었던 긴 인터뷰를 편집하고 발췌한 것이다. 명료성과 공간적 제약으로 인해 완료되지 않은 문장들, 음(소리) 그리고 반복들(주로 내가 사용했다)은 삭제했다. 또한 내용은 맥락, 공적/사적 자아에 대한 이슈들과 앞서 논의된 위험요소, 그리고 이 프로젝트의 참여적 성격을 탐색하는 내용들로 구성되었다. 주제와의 관련성으로 인해 내용들이 편집되고 삭제된 곳을 표시하기 위해 [……]를 사용했다.

리즈 크로우와의 인터뷰, 2014년 2월 2일, 브리스톨

맥락

루시: 〈베딩 아웃〉의 초기 계획단계에서 이루었으면 하고 희망했던 것은 무엇이었는지요?

리즈: 글쎄요. 공연을 시작하게 된 건 수당시스템의 변화에 대한 신문기사와 정치인들의 언급이었어요. 수급자를 게으름뱅이와 약탈자로 생각하는 것 같았죠. 마치 장애인들이 마음을 먹기라도 하면 당장 밖에 나가서 일할 수 있을 거라는 식이었어요. 내가 듣고 있는 그 모든 것들이 내가 알고 있는 것에 부합하지 않았죠. 그래서 이에 맞서기로 했어요. 특히 사람들이 공적으로 드러난 부분만 보고 그러한 판단을 하는 것에 대해 살펴보고 싶었죠. 그래서 내 자신이 믿을 수 없을 만큼 뚜렷하게 공적/사적 구분을 하면서 살아왔다는 걸 자각한다면, 그때는 어느 누구도 내가 슈퍼마켓에 있는 걸 봤다는 이유로 제 삶에 대해 판단할 수 없을 거라 생각했어요. 왜냐하면 그곳은 공연을 위한 장소가 아니라 내가 나다운 것과 가장 가까이 있는 곳이기 때문이죠. 그게 뭐든지 간에요.

그것이 30년간의 제 경험이었는데요, 갑자기 판돈이 엄청 올라갔어요. 수급자, 수당에 대한 부적격, 그들이 놓인 아주 위태로운 위치 그리고 그것과 연관되어 있는 증오 범죄의 증가에 대한 일련의 판단들 때문에 말이죠. 그러한 이유로 여태까지 계속 진행되어 왔으나 갑작스레 한층 더 위험해진 것에 대해 이야기하게 되었던 거예요. 나는 침대에 누워 그 생각을 발전시켰는데, 여기에 전력을 기울였던 것 같아요. 나는 공연이 그러한 대화가 이루어지는 플랫폼이 될 수 있을 거라고 봤죠. 그때는 이러한 대화가 얼마나 포괄적일지에 대해 깨닫지 못했어요. 그것은 단순히 우리가 잘 살아가고 있다는 걸 보여 주는 우리 스스로에 대한 대화가 아니었어요. 대화는 점점 심화되고 확대되어 갔어요. 결국 정치 전반에 대한 대화가 되었고, 우리가 살기 원하는 사회에 대한 대화가 되었으며, 인간으로 존재한다는 것이 무엇을 의미하는지에 대한 대화로까지 발전했죠.

내 작업은 장애에 초점을 맞춘 것으로 보이는데, 실제로 그런지는 모르겠어요. 내 영화에서는 항상 장애인이 등장하지만, 영화에서 제기되는 질문들은 단순하게 인간됨에 관한 것이죠. 진입이 쉽게 허락되지 않는 어떤 장소를 찾으려고 엄청나게 몸부림

치는 사람들 틈에서 그 장소를 찾기 위해 노력하는 것에 대한 거라고 할 수 있겠군요. 침대 주변에서 나눴던 어떤 대화들이 그 시점에 트위터를 통해 진행되었던 것 같은데, 어떤 종류의 세상에서 살고 싶은지에 관한 주제였어요. 가장 거대하고 가장 기본적인 질문들은 당신이 내가 누구인지 판단할 수 있으려면 나에 대해 더 많은 것을 이해할 필요가 있다는 초기의 주장에서 나왔어요. 여러분은 어떤 사람이 공개적으로 보여 주는 모습에 기초해서 그 사람에 대한 모든 것을 판단할 수는 없습니다. 내가 이해시키고자 했던 것들 중 하나는 나의 공적 자아는 애쓰는 것처럼 보일 거라는 생각이었어요. [……] 그러나 내가 만약 나의 사적인 측면을 드러낸다면, 그것이 비극으로 보일 수도 있는 실질적 위험이 있어요. 내가 말하고자 했던 것은 실제의 삶은 여러 요소들이 뒤죽박죽 복잡하게 얽혀 있는 것이고, 또한 완전히 다른 어떤 것이라는 겁니다. 삶은 복잡하며, 나에게도 역시 삶은 복잡하다는 생각을 전달하고 싶었어요. 사실 그 수준에서, 정말로 간단한 메시지는 삶은 쉽지 않다는 것이죠. 이것도 아니고 저것도 아니죠. 극단적이거나 절대적이거나 이분법적이 아니라는 겁니다. 삶은 엉망이고, 자신의 삶을 실제로 들여다보는 사람이라면 그것들이 모순으로 가득 차 있다는 걸 보게 될 거예요. 어느 날에는 이걸 할 수 있고, 다른 날에는 저걸 하려고 할 수도 있으며, 절충할 준비도 되어 있어요. 당신은 공개적으로는 내가 육체적으로 분투하는 걸 보게 될 테지만, 내가 뒤에서 준비하거나 회복하는 시간은 보지 못할 겁니다. 나에게 현실은 계속해서 저글링juggling[6] 해야 하고, 그것을 계산해야 하는 것이죠. 내가 만약 나의 사적인 측면을 공개한다면, "아, 맞아요. 그녀의 삶이 끔찍하다는 걸 알고 있었죠."라고 사람들이 말할 위험이 있어요. 어쨌건 제가 말하고 싶은 것은 삶은 우리에게 보이는 이미지들보다 훨씬 더 복잡하다는 거예요.

루시: 그런데 우리는 삶의 복잡성을 단순화하고 감소시키려 하는 일련의 정책들에 직면해 있습니다. 이런 정책들은 사람들의 삶을 마치 해당 항목에 체크하면 되는 설문지나, 합격 및 불합격으로 나눠지는 시험으로 축소하려는 것 같습니다. 그렇기 때문에 이러한 정책들에 대해 반대 목소리를 내는 것이 중요합니다. 그러나 반대 목소리를 내는 것에는 위험이 따르기도 할 것 같습니다. 왜냐하면 만약 크로우 씨께서 무언가를 할 수 있는 것으로 비춰진다면, 사람들은 "무언가를 할 수 있는데 정부 지원을 받을 자격이 되나?"와 같은 질문을 할 수도 있기 때문입니다.

6) **[역주]** 공 같은 물건을 세 개 이상 들고 공중으로 던져 가며 다양한 묘기를 보이는 기술이다.

리즈: 맞아요. 그건 우리가 고민해야 할 중요한 문제예요. 그러한 판단들이 매일 이뤄지고 있어요. 그래서 우리가 결정한 대로 잘 살아가기 위해 애쓰는 대신 우리가 그렇게 결정한 이유를 정당화하는 데 많은 시간을 보내게 될 위험이 있지요. 적용되는 기준에 대해 질문자께서 방금 말씀하셨던 것과 관련해서 보자면, 수당시스템의 변화는 이 모든 사적/공적 구분과 우리가 스스로를 드러내는 방법을 당장이라도 바꾸도록 강요하고 있어요. 왜냐하면 바뀐 시스템은 이전의 수급대상 적격여부 심사과정보다 훨씬 더 계량적 요소에 의존하고 있기 때문입니다. 그들이 사용하는 측정 방식은 패럴림픽에서 경기 참가 적격여부를 확인하는 방식과 유사해요. 그래서 당신이 무엇을 할 수 있는지, 특정한 행동을 할 때 얼마나 오래 할 수 있는지, 특정한 범위의 움직임을 할 수 있는지에 대해 측정합니다. 모든 것들이 측정될 수 있으나 대개는 오늘 기능하는 몸에 근거해서 이뤄지지요. 마치 몸이 오늘 기능한 것처럼 내일도 기능할 것이고 어제도 기능했던 것처럼 말이죠. 측정은 주로 신체적 손상이나 감각 손상에 기초한 것이어야 하고, 숫자로 매겨질 수 있어야 해요. 실제로 대부분의 패럴림픽 참가자들은 거의 참가규정에 들어맞을 거예요. 그러나 우리가 이야기하는 사람들은 장애가 있지만 근로수당 수령 대상에 해당되지 않을 것 같은 그런 사람들입니다. 이 사람들은 모호하고 변할 수 있으며 예측할 수 없는, 아마도 보이지 않는 종류의 장애를 가지고 있어요. 그들이 가진 장애는 측정할 수 있는 평가방식이 없기 때문에 계량화할 수 없고, 그렇기 때문에 보통 주관적인 보고에 의존해야 하죠. 그래서 측정되어야 할 사람들을 위한 목적으로 만들어진 평가방식이 완전히 부적절하다는 걸 발견하게 될 것이고, 그 이유는 이 평가방식이 실제 삶의 복잡성에 대해선 다루지 않기 때문입니다. 이렇게 해서 수당이 가장 필요한 사람들은 그물망에서 가장 잘 떨어질 것 같은 사람들이 되는 거죠. 시스템은 공적/사적 구분에서 뒤섞여 있음에도 불구하고, 한 집단의 사람들을 공적으로 드러나는 모습에 의해 판단하므로 그들의 욕구를 충족시키지 못하게 되죠.

루시: 수당시스템은 복잡합니다. 정부가 최소한 공정한 것으로 제시하는 절차인데, 일군의 사람들을 측정하고 평가하는 데 있어 표준적인 기준들을 적용한다는 이유를 대면서 말이죠. 그래서 외부에서 볼 땐 마치 공정하게 여겨지는 모든 것들이 진행되고 있는 것처럼 보이기도 합니다.

리즈: 그렇죠. 수당시스템은 [……] 사회에 존재하는 구조적 차별을 들여다볼 생각조차 하지 않고 있죠. 만약 누군가 심사과정을 통해 일하는 데 적합한 것으로 간주된다면,

이 사람은 직장을 구하기 위해 대학원 학위, 환상적인 건강, 탄탄한 재원 그리고 지지해 주는 가족이 있으며, 차별받을 만한 요소들이 전혀 없는 다른 누군가와 경쟁해야 하죠. 그래서 그 둘 중 한 사람은 사실상 다른 사람보다 구직수당에서 벗어날 가능성이 훨씬 클 수 있어요. 그러므로 그 두 사람에게 같은 기대와 요구를 하는 것은 삶을 드러내는 것도 아니고 공정한 것도 아니죠.

루시: 그렇습니다. 수당시스템은 근본적으로 불공정합니다. [……] 그리고 그것은 축소, 즉 우리가 이야기했던 것처럼 단순화로 [회귀]하게 되죠. 〈베딩 아웃〉에 대해 생각할 때 떠오르는 이미지는 영국의 '열심히 일하는 가족들'이 일하러 나갈 때 자신의 집 창문에 드리워진 커튼 뒤 침대에 누워 있는 사람에 관한 오스본의 이미지입니다. 정확하게는, 노력하는 자strivers와 약탈하는 자scrounger를 둘러싼 이러한 수사rhetoric를 압축한 이미지의 영향력입니다. 왜냐하면 그 이미지는 생산성이란 무엇인지, 일이란 무엇인지, 살아간다는 건 뭘 말하는지 등의 특정한 생각들과 관련하여 그러한 것들을 단순화함으로써 영향력을 발휘하기 때문이죠.

리즈: 내 생각엔, 커튼과 같은 표현처럼 우리와 같은 장애인들을 부정적으로 드러내는 데 사용되는 수많은 상징적 수사들이 있습니다. 〈베딩 아웃〉 공연을 통해 [……] 하려고 하는 것은 반대 상징을 만들어 내는 것입니다. 공연의 실제 세부사항이나 진행되는 실제 대화 이후에도 마음에 남는 강한 이미지 말이에요. [바라건대] 그 이미지는 다음 번 사람들이 드리워진 커튼과 같은 표현에 직면했을 때 그들의 마음에 남아 있을 거예요.

공적/사적 자아

루시: 〈베딩 아웃〉 공연에는, 어떤 형태의 행동주의에서는 제외되거나 혹은 추가로 설명되는 [사적 자아]를 탐색하고 이를 설명하려는 시도가 있었습니다. 크로우 씨께서는 그것을 표면화했지만, 그래도 그건 여전히 공연입니다. 〈베딩 아웃〉을 구상할 때 어떤 걸 공연할 것인지에 대해 어떻게 결정하셨나요? 이런 사적 공간이 있다는 사실에 대해 말하는 것만으로 충분했는지요? 아니면 어떤 식으로 그 장소에 있을 것인지 또는 그 장소에 있는 것이 무엇을 의미하는지에 대해 의식적인 선택을 했던 것인지요? 저는 드러난 것과 드러나지 않는 것에 대해 생각하고 있는데, 제 생각에 그러한 작업은 극히 힘든 일이기 때문이죠. 저는 당신이 보여 주는 48시간이 정말이지 너무나 힘든

작업이었다는 인상을 받았습니다.

리즈: 이 공연은 48시간 계속 이어지는 공연으로 알려져 있는데, 인내의 시간이라고 표현해도 될 만큼 힘들었어요. 많은 사람들이 어떻게 제 자신을 기꺼이 취약한 상태에 놓이게 할 수 있었는지 놀랐다고 말했죠. 이후에야 저는 제가 실감했던 것보다 더 많이 공연을 통해 스스로를 노출했었다는 걸 깨달았어요. 그래도 그건 공연이었기 때문에 편집을 할 수 있었죠. 그래서 사람들 앞에서 보여 주지 않았거나 보여 줄 준비가 되어 있지 않았던 사적 자아의 측면들이 있었어요. 제가 공연을 통해 이루고자 했던 것은 지나치게 구체적이지 않은 것을 보여 주는 것이었어요. 예를 들면, 만약 사람들이 내가 특정 약을 복용하거나 구체적 장애에 대해 이야기하거나 신체를 드러내는 것을 보았다면, 나는 훨씬 좁은 범위의 사람들만을 대표할 수 있었을 거예요. 그러나 나는 나의 사적 자아가 그런 식으로 이름 붙여지는 걸 원하지 않았죠. 내가 원했던 것은 하나의 이미지, 즉 대중의 시선 밖에서도 존재하는 삶이 있음을 증명하는 것이었어요. 대부분의 사람들은 삶의 대부분을 침대에서 보내는 이들이 있다는 생각에 경악하죠. 그런 삶이 있다는 것을 사람들은 정말이지 모르고 있어요. 저는 공연을 통해 그러한 삶을 상징적인 것으로 보여 주고자 했는데, 그 공연을 보자마자 나와는 다른 경험을 가진 수많은 장애인들이 나의 삶을 자신들의 삶으로 느꼈어요. 그들이 나처럼 침대에서 시간을 보냈던 것은 아니지만, 그들 역시 숨길 필요를 느꼈던 장애의 측면들을 가지고 있었던 거죠. 내가 뒤늦게 깨달은 것이 있었는데, 그것은 주요한 취약성은 공연 자체에 있었던 게 아니라 공연을 통해 다른 사람들의 상처를 '담아냈다'는 데 있었다는 점이죠.

루시: 그럼 그러한 점이 사람들로 하여금 자신들의 사적 자아에 대해 이야기하고 그러한 것들을 드러내도록 했던 것인지요? 일부 트위터 반응들은 크로우 씨로 인해 사람들이 이전에는 말할 수 없었던 것들을 공개적으로 말할 수 있을 것 같다고 언급하고 있습니다.

리즈: 이 공연이 단지 공적 공간에서 침대에 누워 있는 어떤 여자에 대한 것이었다면 그렇게까지 파급력이 있진 않았겠지요. 그러나 이 공연의 목적은 사람들로 하여금 공연이 촉발하는 대화에 참여할 수 있도록 플랫폼을 제공하는 것이었죠. 사람들은 그저 편안히 앉아 〈베딩 아웃〉이 촉발한 대화들이 무엇인지 볼 수 있어요. 그러나 그 공연에는 그러한 대화들이 진행되었던 맥락과 진실성에 대한 무언가가 있었죠. 제 생각에 이러한 것들이 더욱 깊은 대화를 이끌어 낼 수 있었던 것 같아요. 침대 주변에서 대화

가 진행되었을 때, 그곳에서의 대화는 믿을 수 없을 정도로 심오한 이야기들과 아주 개인적인 이야기들이었어요. 정치적으로 매우 통찰력 있는 이야기들도 오갔지요. 그렇기에 만약 우리가 탁자에 둘러앉아 이야기하거나 교육과정 중에 이야기했었더라도 그렇게 깊이 있게 대화를 나눌 수 있었을지에 대해서는 확신하지 못하겠네요.

[……]

몇몇 대화들을 통해, [침대 주위에서 진행되는] 대화에 참여하여 매우 도움이 되는 방식으로 반응해 주는 사람들이 있다는 걸 발견했어요. [몇몇 대화들에서는] 각 대화 참여자들 사이의 지지감이 너무도 특별하고 감동적이었죠. 침대에 누워 있는 그 누군가가 일반적으로 이야기되진 않지만 분명히 존재하는 이러한 이슈들에 대해 질문을 던지는 것과 같은 공연의 전체적인 구성에는 뭔가가 있었어요. 그래서 사람들이 침대 주위에 모였고, 장벽을 허물고 집단으로서 앞으로 나아갈 수 있게 해 주었죠.

예술, 창조 그리고 참여

루시: 저는 이 공연이 우리가 예술, 예술제작 그리고 예술작품에 대해 생각하는 방식들과 어떻게 관련되는지에 관심을 가지고 있습니다. 영화의 경우, 특정한 종류의 서사 구조, 지속시간, 줄거리 전개방식, 또는 사람들을 특정한 방식으로 움직이게 하는 표현을 구사할 수 있는 데 비해, [……] 공연은 매우 다른 방식으로 예술 자체와 예술적 실천에 대해 생각하게 하는 것 같습니다. 이 공연은 특정 시간 동안 공적 공간에 놓인 침대에 누워 있는 것에 관한 이야기입니다. 그래서 어떤 의미에서는 크로우 씨께서 이렇게 함으로써 그 공간에서 예술이란 무엇인지에 대한 생각을 바꾸어 놓습니다. 이 공연을 하고자 결정하게 된 과정에 대해 말씀해 주시겠습니까? 다시 말해, '베딩 아웃'이 이런 형태 및 형식으로 진행될 것이라는 점과, 예술작품을 창조하거나 또는 그것이 끄집어낼 대화, 논쟁 그리고 토론 등에서 주요한 관심이 어디까지였는지에 대해서 말입니다.

리즈: [……] 내가 하고 있는 공연 작업과 내가 해 온 영화 작업 간의 주요한 차이점들 중 하나는 위험과 일종의 믿음의 도약입니다. 영화 작업에서는 [모든 것]이 사전에 계획되죠. 질문자께서도 알다시피 영화는 예측에서 벗어날 순 있지만, 기본적으로 감독은 어떤 종류의 이야기를 들려줄 것인지, 어떤 종류의 메시지를 줄 것인지, 어떤 종류의 대화를 촉발하고자 하는지 알고 있고, 상당부분 그 영화가 어떻게 되어 가는지를 통

제하죠. 감독은 관객이 어떻게 반응하는지를 전적으로 통제할 순 없지만, 영화가 어떻게 해석되어야 하고 잠재적으로 작동되어야 하는지에 대해 강하게 끌고 나가게 되죠. 공연의 경우 대부분은 영화와 같은 방식으로 진행됩니다. 그러나 감독이 가지고 있는 것은 계획이 아니라 의도입니다. 공연에서 통제될 수 있는 요소들이 있다면, 본 공연의 경우에는 침대 세팅, 침대의 위치, 어떻게 무대 위에 놓일 것인지, 주어지는 큐사인cues의 종류 같은 것들이죠. 내가 설치해야 할 무대가 가정적인 공간이어야 할지 아니면 명백하게 공연 공간으로 보여야 할지, 그렇다면 조명은 어떻게 해야 되는지 등에 대해서 말이죠. 이러한 모든 것들이 사람들의 반응이 어떠할 것인지에 영향을 줍니다. 그렇지만 공연은 매우 즉흥적인 작업이고, 공연을 아주 다른 작품으로 만들어 줄 수도 있는 사람들과의 실시간 상호작용을 포함하게 되죠. 공연에 있어서의 위험이라고 하면, 공연을 통해 기대하는 바를 성취하지 못하는 거예요. 그 작품이 정치적으로 아주 분명한 입장을 드러내고 있는 곳에서조차 말이죠. 그렇게 되면 공연의 핵심에 놓인 가치를 약화시킬 수 있는 해석의 오류를 범하는 결과를 초래할 수 있어요. 그래서 공연은 영화라면 그렇게 많이 수반되지는 않을 위험을 안게 되죠. 또한 공연이 제대로 진행될 때에도 공연으로 인한 영향력이 지나치게 클 수 있다는 위험이 따릅니다. 〈플린트Plinth〉[9]나 〈베딩 아웃〉에서 그런 영향력을 봤죠. 공연이 제대로 되면 공연을 처음으로 계획했을 때는 감히 바랄 수도 없었던 무언가를 이루어내게 되죠.

[……]

루시: 크로우 씨께서는 공연[베딩 아웃]이 일종의 공통된 인식을 촉진했다고 생각하시는지요? 다시 말하면, 사람들이 집단적으로 무언가를 창조하기 위해 크로우 씨와 함께 참여했다는 생각을 했었는지요? 이 공연이 공연자와 관객 간의 차이를 무너뜨리고자 시도한다는 점이 갑자기 떠오르는데요, 공연의 전체적인 개념이 포용적이라는 점을 고려할 때 그것은 대화를 촉진하기 위해서인가요? 사람들은 [예술가와] 한자리에 있음으로써 권위에 대한 생각을 하지 않게 되는 것 같습니다.

리즈: 그렇죠. 그러나 그곳에는 이해의 충돌이 일어날 가능성이 있어요. 특히 공연이 생중계되었던 솔즈베리에서는, 침대 옆으로 오는 대화 참여자는 공연이 생중계 될 것이고, 영상으로 녹화될 것이며, 대화는 전송될 것이고, 대화 내용은 수어로 통역될 것이며, 자신들의 모습이 드러날 것이라는 점들을 알고 있었어요. 그러나 리얼리티 프로그램을 텔레비전에서 보듯이 대화가 함축하고 있는 의미들이 자동적으로 해석되

진 않죠. 사람들은 침대 옆으로 와서 ESA 평가를 받았던 자신들의 경험에 대해 이야기할 것이고, 누군가는 대화 중에 감정이 무너져 울기도 하겠죠. 나에게는 참여자들을 위해 대화가 안전하게 진행되고, 지지해 주는 방식으로 그들의 이야기에 반응하는 것과 같은 역할이 주어졌지요. 그런데 한편으로는, 특히 솔즈베리에서의 마지막 대화에서는 보다 많은 관객들이 공연에서의 대화를 보면서 이해해 주었으면 하는 아주 분명한 의제를 가지고 있었어요. 다섯 번의 침대 옆 대화를 무사히 진행해야 한다는 생각과 대화를 통해 나온 의견들을 모으는 계기가 있어야 한다는 생각이 충돌했어요. 다섯 번째 대화가 밖을 내다보고 앞으로 향할 수 있도록 하는 것, 상황이 얼마나 끔찍한지를 단순히 반복해서 이야기하는 것이 아니라 상황을 개선시킬 발판을 마련하는 것이 정말로 중요해졌죠. 난 이렇게 해야 할 필요가 있음을 알고 있었지만, 다섯 번째 대화에서 한 커플이 함께 와서는 가장 어려운 이야기, 정말로 힘든 이야기를 했어요. [……] 나는 충돌할 수도 있었던 이 두 가지 의제를 처리해야 한다는 걸 잘 알고 있었어요. 대화는 균형을 잘 맞추어 진행되었는데 참여 커플에 대해선 걱정이 되었죠. 이후 그들과 연락이 되었는데, 정말 힘들었지만 대화에 참여할 수 있어 좋았다고 이야기하는 걸 듣고 정말 안심이 됐어요. 그것이 그런 대화들 중에서, 특히 생중계 되는 상황에서는 가장 위험했던 대화들 중 하나였죠.

루시: 비극, 공적 자아와 사적 자아, 그리고 공연된 자아와 공연되지 않은 자아에 대한 생각들 사이에서 실제적인 균형을 잡는 것에 대한 것이군요. 진정성을 가지고 자아를 유지하고, 드러내며, 공유하는 것은 정말로 어려운 작업이라는 생각이 듭니다.

리즈: 그래요. 위험을 감수하는 것이죠. 실제적으로 그러한 종류의 대화들에서는 일이 아주 심하게 잘못 진행될 수도 있는데 그렇게 되지 않았어요. 믿음의 도약이라 할 수 있죠. 잘 진행될 것이라 믿으려고 노력하지만 잘 될 것이라는 단서는 가지고 있지 않은 거죠. 대화는 사람들이 가져온 개인적 이야기들로 만들어졌어요. 우리는 침대 옆에서 이 공연에 대한 거대 이론에 대해 논쟁했을 수도 있죠. 사람들은 정보를 얻고 깊은 생각을 하면서 돌아가지만 이 이슈들이 자신들과 연결되어 있으므로 자신들의 경험을 나누어야겠다는 생각까지는 하지 못했을 수도 있겠죠.

루시: [……] 달리 말해서, 대화는 사람들이 증언할 수 있도록, 공개적으로 그렇게 할 수 있도록 해 주는 방법을 찾는 것에 대한 거였군요. 이런 이야기들을 발굴하고 널리 알리는 것이 필요한 것 같습니다. [……] 〈베딩 아웃〉은 사람들에게 그렇게 할 수 있는 공간이면서도 그러한 이야기들이 보다 커다란 구조와 관련해서 이해될 수 있는 공간을

제공했습니다.

리즈: 나에게는 맥락화하는 것이야말로 공연의 핵심에 있는 것이었어요. 신문들이 인간적인 이슈를 담은 이야기들에 치우치는 데에는 이유가 있죠. 그 이야기들이 우리와 연결되어 있기 때문이에요. 어떤 사람의 비극에 대해 인간적인 관심을 끄는 피상적인 이야기를 하는 것은 정말 쉽지요. 그 이야기를 정치적 맥락에 놓고 보는 것은 훨씬 어려운 일이에요. 그런데 내가 하려는 일에서는 그렇게 하는 것이 대단히 중요합니다.

트위터의 활용

루시: 이 공연은 트위터 사용에 대한 관심과 트위터와 공연의 관련성에 대한 관심을 불러일으킵니다. 트위터에는 침대도 없고 사람들이 앉아 있을 수 있는 장소도 없기 때문이죠. 트위터를 사용하기로 한 결정에 대해 좀 더 얘기해 주시겠어요?

리즈: 그건 트위터에 있는 상당수의 사람들이 침대에서 생활하고 있기 때문이죠. 입스위치에서의 첫 공연에서는 트위터를 공연 홍보용으로만 사용했었지 이 작업의 필수적인 요소로 활용한 건 아니었어요. 그런데 누군가로부터 이메일을 받았는데, "저는 당신이 하고 있는 일을 사랑해요. 가서 보고 싶지만 침대에서 생활하기 때문에 그럴 수가 없어요. 하지만 그럼에도 정말로 이 공연이 진행되는 것이 좋고, 누군가 저를 대변해 주고 있는 것처럼 느껴져요."라는 내용이었죠. 그래서 입스위치에서의 대화들이 진행되는 중에 침대에 누워 이 문제에 대해 고민했죠. 난 트위터를 아주 조금 해 봤을 뿐이고, 한동안 계정을 가지고 있었지만 크게 사용하진 않았었죠. 그런데 갑자기 트위터 사용을 고려해 봐야겠다는 생각과 트위터를 통해 무언가 발전시켜 나갈 수 있는 가능성이 있는지 살펴봐야겠다는 생각이 떠올랐어요. 그 외에는 사람들을 실제로 참여시킬 수 있는 방법, 물리적으로 공연장에 오지 않고도 공연에 참여시킬 수 있는 방법에 대해 생각해 낼 수 없었기 때문이에요. 트위터와 생중계를 결합시키면 돌파구를 마련할 수 있겠다 싶었고, 그래서 트위터에 아주 능한 사람들을 추천받아 현재 나의 트위터 선생님인 던 윌리스Dawn Willis를 찾게 되었죠. 이 공연에는 헌신적으로 자신의 역할을 감당하면서 나와 아주 긴밀하게 작업할 수 있는 누군가가 절대적으로 필요했어요. 나라면 그 두 가지를 함께 해낼 수 없었을 거예요. 그런데 던은 소셜 미디어에 대한 경험을 토대로 정말이지 이 공연이 앞으로 나아갈 수 있게 해 줬어요.

루시: 그것은 사람들과 연결되는 경험이었나요, 아니면 가장 효과적인 방식으로 트윗하는 방법을 알게 되는 경험이었나요?

리즈: 둘 모두를 경험했어요. 다른 많은 것들도 경험했을 거예요. 던은 이미 자신의 계정에 상당히 많은 팔로워들을 두고 있었고 상당한 명성을 가지고 있었어요. 특히 정신건강 분야에서 그랬는데, 이는 정신건강 및 신체장애와 관련된 커뮤니티들과 함께 할 수 있다는 걸 의미했죠. 우리는 공동으로 정치적 투쟁을 하면서 그들의 다양한 관점을 활용할 수 있었어요. 그렇게 하면서 전통적으로 분리되어 있던 그 두 개의 커뮤니티를 화해시켰는데 이건 굉장한 일이었죠. 이 두 커뮤니티는 상당히 다양한 사람들이 동일한 대화에 참여하도록 했어요. 이로 인해 던은 명성을 얻었고 사람들로부터 인기가 있었죠. 그래서 던이 트위터에 정보를 올리면 우리의 공연에 대해 모르는 사람들도 들어왔죠. 물론 이미 우리가 하는 공연에 대해 알고 있는 사람들도 들어왔지만요.

루시: 진행하고자 했던 대화의 종류와 관련해서 트위터에 어떤 단점들이 있는지 생각해 보셨는지요?

리즈: 〈베딩 아웃〉 공연에서 진행되었던 대화들 및 '인 액추얼 팩트In Actual Fact'를 통해 이루어지는 작업과 관련하여 목격했던 게 하나 있습니다.[10] 〈베딩 아웃〉에서 트위터는 제 역할을 가장 잘 했었는데, 그건 트위터의 역할이 대화를 촉진하는 것이었기 때문이죠. '인 액추얼 팩트'에서는 트위터가 제 기능을 가장 못하는 것으로 보였는데, 그건 〈베네핏 스트리트Benefits Street〉와 같은 프로그램을 비난하는 엄청난 트윗글들이 올라왔기 때문이에요. 상반되는 두 가지 의견이 무질서하게 소리치는데 아무도 다른 사람의 이야기에 귀 기울이지 않고 어떤 대화도 진행되지 않는 걸 보았죠. 그렇게 보면 대화를 촉진하기 위해 트위터를 사용하는 것은 멋진 일이고 효과적이지만 한편으로는 끔찍한 일이 될 수도 있다고 생각해요. 그럼에도 불구하고 '인 액추얼 팩트'를 통해 깨닫게 된 건 상반된 두 의견들이 소리치기만 하는 것이 아니라, 이후에 전체 트윗 흐름 속에서 트윗글들이 리트윗되고 리트윗되며, 거기에 댓글이 달리고 그러면서 망이 넓어지게 되는 거죠. 각각의 사람이 트윗을 공유하면 그들의 팔로워는 나의 팔로워로부터 확대되어 이러한 이슈들에 대해 모르는 사람들에게까지 전달될 수 있는 기회가 늘어나게 되는 거죠.

루시: TV 프로그램과 관련하여 게시되는 많은 트윗들의 목적은 대화를 하기 위한 게 아닐 거예요. 아마도 그 TV 프로그램에 반대하기 위한 거라고 생각합니다. 크로우 씨의

저항 활동에 대해 함께 행동하고 있는 사람들이 변방에 많이 있지 않나요?

리즈: 그래요. 그건 내용보다는 함께한다는 것에 대한 거죠. 그것은 또한 우리가 생각하는 것과 같은 생각을 하는 다른 사람들과 연대하는 것에 대한 것이기도 해요. 우리 자신의 회복력과 행동주의가 지속되도록 하는 능력을 촉진하는 것에 대한 거예요. 나는 그 지점에서 트윗의 확산이 멈출 거라고 생각했어요. 일전에 '인 액추얼 팩트'에 대해 매우 낙담해서 이에 대해 누군가와 이야기를 나눴죠. 그런데 그는 사람들이 정말로 '인 액추얼 팩트'를 좋아하며 거기에 접속할 것이며 트위터를 이용할 거라고 말했죠. 자신 역시 두 달 전에 보냈던 트윗글들이 리트윗되고 있는 걸 보고 있다고 했어요. 즉, 그 트윗글들의 도달범위는 우리가 생각하는 것보다 훨씬 크다는 거죠. 우리가 프로그램에 대한 반응으로 트윗에 글을 올린다면 그것은 즉각적인 순간을 넘어서는 가치를 가지게 되는 거죠. 그러나 〈베딩 아웃〉에서 트위터 대화는 모든 종류의 방식에서 매우 강력했어요. 〈베딩 아웃〉은 우리가 일을 시작하게 만들었어요. 주제를 소개함으로써 사람들이 앞으로 진행될 공연에 대한 생각에 익숙해지도록 했죠. 그러나 사람들이 그들 자신의 생각을 전달하고 공연에 대한 개선방안을 제안하기 시작했던 지점이 있었어요. 예를 들자면, 사람들은 연대를 위해 그들 자신의 〈베딩 아웃〉 사진과 영상을 보낼 수 있었죠. 그래서 어느 정도 독립적인 프로젝트들이 진행되기도 했고, 또한 이에 대한 반응으로 다른 사람들에 의해 촉발된 대화들도 있었죠. 한 방향에서 시작된 대화들이 지속되면서 전방위로 확산되어 갔어요.

한편, 우리는 두 가지 방식으로 침대 주위에서의 대화를 진행했어요. 한 가지 방식은 던이 흥미로운 모든 트위터 댓글들과 질문들을 나에게 전달하고 이에 대한 나의 응답을 트위터에 올리는 것이었죠. 그렇게 해서 실시간으로 중계하면서 트윗 활동도 함께 하는 거죠. 다른 방식은 특정 집단들과 트위터 대화를 갖는 거였어요. 솔즈베리 공연 전날 밤에 우리는 OT 단체(작업치료사의 직업 발전 그룹)와 대화를 가졌어요. 그들은 공연 및 그들 자신의 실천에 대해 질문했고, 그것은 이후 모든 다른 대화들과 함께 기록으로 남겨진 매우 재미있는 대화였죠. 이 기록들은 현재 참고용으로 이용할 수 있어요.

루시: 그럼 트위터에서 주고받았던 대화들에 기초해서 뭔가 새로운 것들이 나타났나요?

리즈: 그건 알아채기 어려워요. 왜냐하면 대부분의 중요한 것들은 특정하게 감지될 수 있는 게 아니기 때문이죠. 많은 사람들이 공연을 통해 자신감을 얻었으며 우정을 쌓았다고 말했어요. 우리는 정말로 고립되어 있는 사람들에 대해서도 이야기하고 있으며

이를 통해 사회적 접촉을 만들어 내려고 하죠. 자신의 삶이나 정책 변화에 대해 정치적 관점을 갖게 된 사람들도 있는데 그것은 분명히 대화로 인한 결과죠. '인 액추얼 팩트'는 직접적으로 대화에서 시작된 거예요. 전체적인 수당 삭감 의제와 관련해서 장애인에 대한 미디어의 재현에 대해 이야기하며 트윗 활동을 진행했던 대화에서였죠. 그 대화에서 나는 부당수급 비율이 실제로는 0.7%인데, 이를 75%의 사람들이 부당수급을 하고 있다고 보도하는 《데일리 메일》을 언급했어요. 대화가 계속되면서 우리가 해야 할 일들 중 하나는 외부에 사실을 알리는 것이란 게 아주 명확해졌죠. 그래서 둘째 날 밤에 우리는 (즉흥적으로) 추가적인 해시태그 #실제사실#truefacts을 사용하기 시작했고, 그러한 사실들이 알려지도록 했어요. 이후에 나는 이 활동을 완전히 새로운 프로젝트로 만들었는데, 그것이 바로 #인액추얼팩트#InActualFact 프로젝트였죠. 이 프로젝트는 완전히 독립적인 것으로 출발했고, 공연으로부터의 가장 가시적인 성과라고 할 수 있어요. 이 프로젝트에는 지금도 활동하는 인턴들이 있는데, 이들의 활동 목표는 이 프로젝트를 진짜 영향력 있는 캠페인으로 만드는 거죠. 수많은 것들이 실제 공연으로부터 나왔어요. 내가 결코 예측할 수 없었던 방식으로 말이죠.

미주

❶ 아이언 던컨 스미스의 '21세기를 위한 복지' 연설(2010): https://www.gov.uk/government/speeches/welfare-for-the-21st-century [2015년 10월 2일 접속]

❷ 이것은 널리 알려진 사건이다. 다음 웹사이트 참조: http://www.mirror.co.uk/news/uk-news/sick-benefits-claimant-heart-attack-3098219 [2015년 10월 2일 접속]

❸ 다음 웹사이트 참조: http://dpac.uk.net/ [2015년 10월 2일 접속] 및 http://wowpetition.com/write-to-your-mp-now/ [2015년 10월 2일 접속]

❹ 사망 통계: https://www.gov.uk/government/uploads/system/uploads/attachment_data/file/459106/mortality-statistics-esa-ib-sda.pdf [2015년 10월 2일 접속], DWP 리플렛에 있는 수급자들의 경험: http://www.theguardian.com/society/2015/aug/18/dwp-admits-making-up-positive-quotes-from-benefits-claimants-for-leaflet [2015년 10월 2일 접속], UN 조사: http://www.independent.co.uk/news/uk/politics/un-to-investigate-uk-over-human-rights-abuses-against-disabled-people-caused-by-welfare-reform-10478536.html [2015년 10월 2일 접속], 아이언 던컨 스미스의 사임: http://www.bbc.co.uk/news/uk-politics-35848891 [2016년 9월 9일 접속]

❺ 조지 오스본의 보수당 연례 전당대회 연설(버밍햄, 2012년 10월 8일): http://www.newstatesman.com/blogs/politics/2012/10/george-osbornes-speech-conservative-conference-full-text

[2015년 8월 15일 접속]

❻ '베딩 아웃'의 오디오, 이미지, 트위터 피드: http://www.roaring-girl.com/work/bedding-out/

❼ 다음 웹사이트 참조: https://www.gov.uk/government/collections/fraud-and-error-in-the-benefit-system [2015년 8월 22일 접속]

❽ 다음 웹사이트 참조: http://www.cps.gov.uk/publications/prosecution/disability.html [2015년 8월 22일 접속]

❾ <Resistance on the Plinth>는 리즈 크로우의 2008년 공연으로 Antony Gormley의 <One & Other>의 일부로 트라팔가 광장 주각에서 열렸다.

❿ '인 액추얼 팩트' @InActualFact101은 리즈 크로우가 수당 삭감 주장의 부정확성에 저항하고자 조직한 웹 및 트위터 기반의 소셜 미디어 캠페인이다.

참고문헌

Castells, M. (2015). *Networks of outrage and hope: Social movements in the internet age* (2nd ed.). Cambridge, UK: Polity Press.

Dean, J. (2010). *Blog theory: Feedback and capture in the circuits of drive*. Cambridge, UK: Polity Press.

Ellis, K., & Kent, M. (2011). *Disability and new media*. London, UK: Routledge.

Goggin, G., & Newell, C. (2003). *Digital disability: The social construction of disability in new media*. Oxford, UK: Rowman and Littlefield.

Hardt, M., & Negri, A. (2000). *Empire*. Cambridge, MA: Harvard University Press.

Jameson, F. (2005). *Archaeologies of the future: The desire called utopia and other science fictions*. London, UK: Verso.

Jarvis, J. (2011). *Public parts: How sharing in the digital age improves the way we work and live*. New York, NY: Simon and Schuster.

O' Hara, M. (2015). *Austerity bites: A journey to the sharp end of cuts in the UK*. Bristol, UK: Policy Press.

Papacharissi, Z. (2010). *A private sphere: Democracy in a digital age*. Cambridge, UK: Polity Press.

Singer, P. (1996). *Rethinking life and death: The collapse of our traditional ethics*. New York, NY: St Martin's Press.

Smith, I. D. (2010) 'Welfare for the 21 st Century' speech See: https://www.gov.uk/government/speeches/welfare-for-the-21st-century [accessed 02/10/2015]

Van Dijck, J. (2013). *The culture of connectivity: A critical history of social media*. Oxford, UK: Oxford University Press.

텔레비전 프로그램

Benefi ts Street (fi rst shown January – February 2014) Channel 4 and Love Productions, UK.

On Benefi ts and Proud (fi rst shown October 2013), Channel 5, UK.

웹사이트

http://www.newstatesman.com/blogs/politics/2012/10/george-osbornes-speechconservative-conference-full-text

https://www.gov.uk/government/speeches/welfare-for-the-21st-century

https://www.gov.uk/government/collections/fraud-and-error-in-the-benefi t-system

https://www.gov.uk/government/uploads/system/uploads/attachment_data/fi le/459106/mortality-statistics-esa-ib-sda.pdf

http://www.cps.gov.uk/publications/prosecution/disability.html

http://www.roaring-girl.com/

http://dpac.uk.net/

PART

02

접근

Access

6

접근성 있는 소셜 미디어의 중요성 확대

스콧 홀리어

도입

최근에 진행된 소셜 미디어의 급속한 진화로 인해 웹은 단순히 수동적으로 정보를 저장하는 역할만 하는 것이 아니라 온라인상의 쌍방향 상호작용을 위한 통로임을 보여 주었다. 카플란과 헤어레인(Kaplan & Haenlein, 2010)이 강조했듯이, 소셜 미디어는 기술적 용어로 '웹 2.0의 이념적 · 기술적 기초 위에 구축되어 사용자가 만드는 콘텐츠의 창조 및 교환을 허용하는 일군의 인터넷 기반 적용기술applications'로 정의될 수 있으며, 사회적인 맥락에서는 '개방적이고 적극적인 대화에 사람들을 참여시키는' 것으로 정의될 수 있다.

대부분의 온라인 이용자들은 웹사이트, 앱 및 장치를 소셜 미디어 실행을 위한 기술 이상으로 고려하지 않으나, 장애인들이 실제로 온라인상에 참여하기 위해서는 이러한 기술과 동등하게 쌍방향 소통을 가능케 하는 추가적인 기술이 요구된다. 즉, 장애인들이 온라인상에서 다른 사람들과 독립적으로 상호작용을 하기 위해서는 보조기술assistive technology: AT이 필요하다.

이 장에서는 점점 더 많은 온라인상의 요소들이 서로 얽혀 사회참여 측면에서 새로운 문제점을 노정하고 있음에 착안하여, 주류 보조기술이 동시적으로 발전하는 주목할 만한 상황, 장애인을 위한 소셜 미디어 기술의 변화하는 특성, 접근성 이슈를 다루는 연구, 그리고 클라우드의 이점 및 장벽에 초점을 맞추어 논의를 진행하고자 한다.

주류 보조기술의 진화

장애인들이 넓게는 웹, 구체적으로는 소셜 미디어가 제공하는 이점을 누릴 수 있기 위해서는 소셜 미디어의 기술이 필수적이다. 컴퓨터에서 운영되는 장애인 지원 소프트웨어는 일반적으로 보조기술을 말한다. 인기 있는 보조기술에는 시각장애인을 위해 컴퓨터에서 오디오 내비게이션을 제공하는 화면 낭독 프로그램, 저시력 장애인들을 위해 콘텐츠를 확대시켜 주는 화면 확대 프로그램, 그리고 글자를 입력하기 위해 위치 지정을 지원하는 화면 키보드 등이 있다(Royal National Institute of Blind People, 2014; Microsoft, 2014a). 소프트웨어 기반의 보조기술은 윈도우 운영체제를 위한 JAWS 화면 낭독기와 같은 제품을 통해 1990년대에 유명세를 얻었지만, 초기의 보조기술 제품들에는 두 가지의 근본적인 문제가 있었다. 첫째는 운영시스템의 불안정성으로 인해 제품들을 신뢰할 수 없었으며, 둘째는 소프트웨어가 너무 비싸 데스크톱 컴퓨터까지 포함하면 수천 달러에 달했다(Hollier, 2006).

그러나 이 두 가지 문제는 미국에서 관련법이 제정되면서 해결되었다. 1973년에 만들어진 「재활법The Rehabilitation Act」 508조는 연방정부에 납품되는 ICT정보통신기술는 구매되는 제품 및 게시되는 웹 콘텐츠 측면 모두에서 접근성 표준에 부합해야 한다는 기념비적인 공공 조달 기준을 마련하였다(United States General Services Administration, 2014). 그 결과로 대중적인 운영 시스템을 개발할 책임이 있는 기업들은 접근성과 보조기술을 자신들의 주요한 제품에 통합시키기 시작했다. 그런 사례들로는 윈도우 2000에 제한된 기능을 가진 화면 낭독 프로그램 '내레이터Narrator'가 탑재된 것과 맥의 운영시스템인 X 10.4 타이거Tiger에 화면 낭독 프로그램 '보이스오버VoiceOver'가 탑재된 것을 꼽을 수 있다(Hollier, 2013). 현재 보조기술을 포함하는 주류 운영 시스템에서는 보조기술에 최적화된 플랫폼에서의 애플리케이션 프로그래밍 인터페이스APIs로 인해 안정성의 문제가 해결되었다. 더욱이 이러한 플랫폼들을 무료로 이용할 수 있다는 점은 비용 부담과 관련된 많은 문제를 해결해 주었다.

특히 소셜 미디어와 관련해서 중요한 영향을 미쳤던 것은 2009년 애플 아이폰 3GS에 접근성 기능이 포함되었다는 점이다(Hollier, 2013). 보이스오버 화면 낭독 프로그램이 터치 동작으로 화면상의 항목들을 탐색할 수 있는 기능에 통합됨으로써 대중적인 모바일 기기에서 시각장애인을 위한 접근성을 향상시켰다. 장애인들은 변화하는 환경에서 소셜 미디어 앱 및 주요 소셜 미디어 플랫폼을 이용할 수 있게 되었다. 구글 안드로이드 역시 접근성 기능을 도입함으로써 이 추세를 따랐는데, 이는 비용 및 접근성의 측면에서 끊임없이 계속되는 경쟁을 불러왔다.

접근성 있는 웹

주류 모바일 기기에서 발전한 보조기술을 통해 소셜 미디어가 부상하게 되면서, 장애인들은 소셜 미디어에 참여하고 연관된 도구들을 직접적으로 활용함으로써 혜택을 누리게 되었다. 이 때문에 보조기술이 접근성 향상을 위한 중요한 요소로 대두되었는데, 보조기술이 효과적으로 그 역할을 할 수 있기 위해서는 웹 콘텐츠 및 앱 또한 접근성 표준에 맞게 구축되어야 했다.

현재의 웹과 ISO 표준은 국제표준화기구World Wide Web Consortium: W3C의 '웹 콘텐츠 접근성 지침WCAG 2.0'으로 2008년 처음 공개되었다(World Wide Web Consortium, 2008a; International Standards Organization, 2012). '웹 콘텐츠 접근성 지침 2.0'은 12개의 지침으로 구성되어 있으며, 단순화된 '한 눈에 보기' 버전(World Wide Web Consortium, 2008b)은 다음과 같다.

인지할 수 있어야 함

- 텍스트가 아닌 콘텐츠에 대해 대체 텍스트를 제공해야 한다.
- 멀티미디어를 위해 자막 및 다른 대체 수단을 제공해야 한다.
- 보조기술을 포함하여 의미를 잃지 않고 다른 방식으로 표현될 수 있는 콘텐츠를 개발해야 한다.
- 이용자들이 콘텐츠를 보다 쉽게 보고 들을 수 있게 만들어야 한다.

작동할 수 있어야 함

- 모든 기능이 키보드를 사용하여 이용될 수 있어야 한다.
- 이용자들에게 콘텐츠를 읽고 활용할 수 있는 충분한 시간을 주어야 한다.
- 발작seizures을 유발할 수 있는 콘텐츠를 사용하지 않아야 한다.[1)]
- 이용자들이 콘텐츠를 검색하고 찾을 수 있도록 도와야 한다.

이해할 수 있어야 함

- 텍스트를 읽고 이해하기 쉽게 만들어야 한다.
- 콘텐츠가 예상 가능한 방식으로 표현되고 작동되게 만들어야 한다.
- 이용자들이 실수를 피하거나 바로잡을 수 있도록 도와야 한다.

견고해야 함

- 현재 및 미래 기술과의 호환성을 극대화해야 한다.

소셜 미디어와 관련하여, 장애인들이 대중적인 소셜 미디어 도구에서 웹 포털을 효과적으로 사용하기 위해서는 필수적으로 웹사이트가 '웹 콘텐츠 접근성 지침 2.0' 표준에 부합되어야 한다.

더 나아가 iOS 기반의 아이폰과 아이패드 및 안드로이드 기반의 스마트폰과 태블릿 같은 대중적 모바일 기기상의 소셜 미디어 앱 등의 웹 기반이 아닌 콘텐츠와 관련해서도 참고로 활용할 수 있는 문서가 있다. 이 문서는 '모바일 앱 콘텐츠 지침WCAG2ICT'으로, 소프트웨어 개발과 관련된 '웹 콘텐츠 접근성 지침 2.0'의 주요 항목이 무엇인지를 알려 준다(World Wide Web Consortium, 2013). 예를 들면, 대체 텍스트 제공을 언급하는 첫 번째 지침은 버튼 이름을 표시함으로써 이용자가 해당 버튼을 선택하는 경우 화면 낭독 프로그램을 통해 정확한 정보를 제공받을 있게 하는 것으로도 적용될 수도 있다.

1) **[역주]** 광과민성 환자가 발작을 유발하지 않도록 콘텐츠를 1초에 3회 이상 깜빡이지 않게 만든다.

소셜 미디어의 개인적 활용

보조기술이 웹 접근성 표준의 실행과 결합하는 것은 기술적인 관점에서 장애인의 접근성을 보장하는 데 중요하지만, 근본적으로 소셜 미디어의 활용 목적은 그 초점이 웹의 상호작용적 특성에 맞춰져 있다. 이는 소셜 미디어가 특정 상황에서 인터넷 콘텐츠를 생산·수정·공유·토론하고자 하는 기본적인 욕구에 기반하고 있기 때문이다(Kietzmann, Hermkens, McCarthy, & Silvestre, 2011).

이 분야에서 장애인들의 실제 경험을 이해하기 위해 나는 장애인의 미디어 접근성 향상과 관련한 호주 유일의 독립 비영리 기관인 '미디어 액세스 오스트레일리아 Media Access Australia'에서 연구 프로젝트를 진행했었다(Media Access Australia, 2014). 연구 보고서의 제목은 《사회적 교류: 장애인을 위한 소셜 미디어 Sociability: Social media for people with a disability》(Hollier, 2012)였으며, 다양한 연령, 경험, 그리고 장애를 망라해 소셜 미디어에 관심이 있는 장애인들과 왜 그들이 소셜 미디어를 이용하게 되었는지, 소셜 미디어를 보다 효과적으로 이용하기 위해 해결해야 할 주요 문제들은 무엇인지, 그리고 소셜 미디어를 이용하는 초보자를 도울 수 있는 방법으로 노련한 이용자가 찾아낸 비법과 요령은 무엇인지에 초점을 맞춰 연구를 진행했다.

이 질적 연구는 2011년 6월부터 2012년 2월 사이에 진행되었으며, 이메일, 트위터, 그리고 대면 인터뷰를 통해 49명의 응답 내용을 분석하였다. 연구의 재원은 '호주 커뮤니케이션 소비자 행동 네트워크 the Australian Communications Consumer Action Network: ACCAN'에서 제공했으며, 모든 인터뷰는 ACCAN 윤리와 서면동의 기준에 부합되게 이루어졌다(Australian Communications Consumer Action Network, 2011). 이 연구는 국제적인 찬사를 얻었는데, 미국 연방정부는 소셜 미디어 커뮤니케이션을 위한 중요한 지침으로 채택하기도 했다(United States DigitalGov, 2014).

온라인 이용자를 전반적으로 살펴보면, 사람들은 다양한 목적을 가지고 소셜 미디어를 이용한다. 페이스북과 같은 서비스를 통해 가족 및 친구와 연락하기도 하고, 링키드인과 같은 서비스를 일과 관련하여 이용하기도 하며, 블로그나 트위터와 같이 개인적 성찰을 위해 활용하기도 하며, 유튜브에서의 비디오 공유와 같이 오락을 위해 사용하기도 한다(International Telecommunication Union, 2010). 장애인 이용자들의 경우, 이유는 비슷하나 장애와 관련하여 적용될 수 있는 추가적인 이점이 있다.

내가 수행한 사회적 교류sociability 연구 과정에서(Hollier, 2012), 장애인에 대한 소셜 미디어의 힘을 압축해서 보여 주는 몇 가지 이야기들을 발견할 수 있었다. 첫 번째는 페이스북에 매우 의존했던 청각장애 여성에 관한 것이었다. 그 여성은 페이스북의 좋은 점으로 친구들과 일반적인 토론을 할 수 있게 해 주는 것을 언급했으며, 장애와 관련된 주요한 측면으로는 시끄러운 사회적 환경에서는 거의 듣지 못하는 자신의 어려움을 극복하는 데 페이스북이 도움이 되었다는 점을 밝혔다. 파티와 같은 사회적 행사가 있을 때에도 페이스북이 매우 도움이 되었으며, 파티에 가기 전 페이스북을 통해 친구들을 알게 되고 자신의 장애에 대해 설명함으로써 실제 파티에서 주변 사람들이 자신이 가진 장애의 특성을 고려하여 손동작이나 필담과 같은 대안적인 방식으로 소통이 이루어져 보다 편안함을 느꼈다고 언급했다.

또 다른 이야기는 당시 실직 상태였으나 소셜 미디어 활용 덕분에 낙관적일 수 있었던 대략 50세 정도의 시각장애 남성의 이야기다. 그 남성은 링키드인을 이용함으로써 자신의 자격사항을 홍보하기 위해 이력서를 온라인에 올릴 기회를 가질 수 있었으며, 또한 온라인상의 토론 포럼에 참여함으로써 자신이 선택한 업계에서 일어나고 있는 이슈들에 뒤처지지 않을 수 있었다고 언급했다. 시각장애인의 높은 실업률을 고려할 때(Vision Australia, 2012), 링키드인의 이용은 낙관적인 생각과 희망을 주었다.

연구에서 공유된 다른 사례들은 유머 또한 소셜 미디어를 통해 장애인이 중요한 정보를 공유하고 토론하는 데 있어 중요한 기제라는 점을 강조한다. 어떤 젊은 시각장애인은 유튜브를 즐겼는데, 그 이유는 유튜브를 통해 사무실에서 오가는 사회적 대화에 참여할 수 있었기 때문이었다. 실제 영상을 볼 수는 없지만 해당 영상에 관한 사회적 대화에 참여함으로써 그 영상에 대해 이해할 수 있었다고 언급했다. 이 외에도 운동장애가 있는 어떤 노인은 페이스북이 특히 유용했다고 이야기했는데, 그 이유는 자신이 운전할 수 없고 특히나 요리를 잘하지도 못해 현실적으로 대형 피자 회사의 페이스북 페이지에서 찾은 피자 쿠폰을 애용했기 때문이라고 언급했다.

이러한 경험들로부터 알 수 있는 것은, 장애인들은 특별하거나 장애에 특화된 소셜 미디어 서비스를 찾는 것이 아니라 일반적인 온라인 커뮤니티에서 대중적인 소셜 미디어 서비스를 이용하길 희망한다는 점이다. 그러나 소셜 미디어에 참여하기 위해 종종 장애에 특화된 서비스를 이용하기도 한다.

현재 소셜 미디어의 접근성 장벽

장애인들에게 소셜 미디어가 주는 이점이 심대할 수 있으나, 소셜 미디어 서비스를 성공적으로 활용하는 능력은 개인에게 맞는 보조기술 및 '웹 콘텐츠 접근성 지침 2.0'과 같은 접근성 표준에 부합하는 서비스들에 크게 의존한다. 대중적인 주류 서비스에서 보조기술에 대한 지원이 증가하면서, 소셜 미디어 웹 포털에서의 '웹 콘텐츠 접근성 지침 2.0' 준수 수준 및 대중적 모바일 플랫폼에서 사용되는 앱 접근성에 대한 관심이 커졌다.

《사회적 교류》 연구(Hollier, 2012)에서 장애인들에게 소셜 미디어를 효과적으로 이용하는 데 필요한 정보가 무엇인지를 물었을 때, 이 참여자들로부터 소셜 미디어를 효과적으로 활용하기 위해 필요한 정보가 무엇인지를 알아내기 위해 다음과 같이 구체적으로 질문을 던졌다.

- 소셜 미디어 서비스가 무엇을 할 수 있는가?
- 나에게 제공되는 구체적인 이점은 무엇인가?
- 접근성 문제를 해결하는 데 도움이 되는 요령과 비법은 무엇인가?
- 소셜 미디어 이용을 어떻게 처음 시작할 수 있는가?
- 처리해야 하는 매일의 과업을 어떻게 수행하는가?
- 어떻게 자신의 콘텐츠를 접근성 있게 만드는가?
- 도움이 필요할 때 어디로 가는가?

대중적 소셜 미디어 서비스의 목적, 구성 그리고 특징과 관련한 정보를 온라인에서 쉽게 찾아볼 수 있지만, 접근성과 관련하여 어떤 문제들이 나타날 것인지, 장애인들이 어떻게 그 문제들을 해결해 나갈 수 있는지, 그리고 어디서 도움을 구할 것인지에 관한 정보는 효과적인 소셜 미디어 참여를 위해 계속해서 중요할 것이다.

접근성 장벽과 이에 대한 해결방안을 제시하기 위해서는 '웹 콘텐츠 접근성 지침 2.0'의 어떤 요소들이 대중적 소셜 미디어 플랫폼에서 실행되지 않고 있는지를 밝히는 것이 필요하다. '접근성 있는 웹Accessibilité Web'의 대표 데니스 부드로Denis Boudreau는 대중적 소셜 미디어의 접근성에 대한 기념비적인 평가 연구를 수행하여

'2012 CSUN 기술과 장애인 콘퍼런스'에서 발표되기도 했는데, 이 연구를 통해 '웹 콘텐츠 접근성 지침 2.0'에 반하는 다섯 가지 소셜 미디어 서비스들을 비교하고 개별화된 접근성 점수를 개발했다(Boudreau, 2012). 다섯 가지 서비스들—페이스북, 트위터, 링키드인, 유튜브, 그리고 당시 새롭게 시작된 구글플러스—중에서 링키드인이 가장 높은 29점의 점수를 받았고, 다음으로는 유튜브가 18점, 구글플러스가 9점, 페이스북이 9점, 그리고 트위터는 접근성의 문제가 많아 점수를 받지 못했다. 접근성 측면에서의 많은 문제들이 몇 년 후에도 이 서비스들에 남아 있었지만, 페이스북, 트위터, 그리고 구글은 구체적인 접근성 향상 계획을 통해 이를 증진함으로써 실제적인 개선을 이루었다.

페이스북은 전 세계에서 가장 인기 있는 소셜 미디어 서비스들 중 하나로 성장하면서 웹사이트의 접근성을 개선하기 위해 미국시각장애인재단the American Foundation for the Blind과의 작업을 진행했다(Crum, 2009). 당시 상당한 진전이 이루어졌지만, BITV 테스트(2011)에 의해 수행된 평가에서는 수년이 지난 후에도 주요한 페이스북 웹사이트에 접근성 문제가 많다는 점이 확인되었다. 2011년 '미디어 액세스 오스트레일리아'가 수행한 추가적인 이용자 평가(Hollier, 2012)에서는 당시의 접근성 문제들로 가입 과정 중의 캡차CAPTCHA[2] 문제, 키보드 내비게이션이 가진 불편함, 대체 텍스트 서비스의 누락 등이 제시되었다. 게다가 페이스북에 게시된 영상들은 청각장애인 이용자들에게 자막 서비스를 직접적으로 제공하지 않았다. 그러나 지난 2년 동안 페이스북은 접근성 문제를 보다 심각하게 받아들여 웹 포털 및 앱에 대한 접근성을 개선해 나가면서 접근성 개선사항에 대한 월별 업데이트를 제공하기 시작했다(Facebook, 2014).

접근성 문제들이 남아 있긴 하지만 문제를 해결하려는 선제적인 접근은 성공적인 것으로 보인다. 최근에 진행된 접근성 개선과 관련하여 몇 가지 주목할 만한 사례들로는 청각장애인을 위해 영상에 자막을 추가하는 것과 아이폰 및 아이패드와 같은 애플 iOS 기반의 페이스북 앱에 '보이스오버' 화면 낭독 프로그램을 포함한 것 등을 들 수 있다. 더 나아가 페이스북은 특정 접근성 문제들과 관련하여 이용자의 검색을 돕기 위해 보조기술 헬프데스크를 제공했다(Facebook, 2012). 페이스북은 접근성 문제들이 남아 있음을 인정했지만 페이스북이 '웹 콘텐츠 접근성 지침 2.0'

2) **[역주]** 사람과 컴퓨터를 구별하기 위한 '자동 계정 생성 방지 기술'을 말한다.

에 부합하기 위해 노력한 점과 통합된 앱 접근성 개선에 진보를 보인 점은 고무적인 일이다.

부드로(2012)가 언급했듯이 트위터는 가장 접근성이 떨어지는 소셜 미디어 도구들 중 하나였는데, 이는 트위터의 문자 기반 특성 때문이다. 다루기 힘든 인터페이스, 접근을 어렵게 하는 요인들, 그리고 키보드 단축키 지원의 부족은 사용상의 어려움을 초래한다. 이로 인해 장애인들은 트위터의 주요 웹사이트를 이용하지 않고도 트위터를 이용할 수 있는 새롭고 창조적인 방식을 찾아냈다. 즉, 장애인들의 접근이 용이한 인터페이스를 제공하기 위해 '쉬운 트위터Easy Chirp(2014)'라는 대안적인 포털을 개발하게 되었다. 이 외에도 트위테리픽Twitterrific, 트위텔레이터Twittelator for iPad, 트위토사우루스Tweetosaurus, 트위테로Tweetero, 트위트리스트 프로TweetList Pro와 같은 수많은 제3의 앱들이 애플 iOS 기반의 기기들을 위해 개발되어 접근성 있는 크라우드 소스 앱 평가 웹사이트인 '애플비스AppleVis'에 의해 평가되었다(2014).

그러나 페이스북과 마찬가지로, 트위터의 접근성은 타임라인에의 접근성 향상, 키보드 내비게이션에서의 상당한 개선, 화면 낭독 프로그램의 호환성, 그리고 트위터 접근성 개선 팀의 발족을 포함하여 새로운 인터페이스를 기초로 한 주요 트위터 웹사이트에서의 접근성이 상당히 개선되었음을 트위터 기술팀이 공식 발표하면서(Twitter, 2013) 극적으로 향상되었다(Twitter, 2014). 최근에 기술팀이 보낸 트윗들은 페이스북의 월간 업데이트와 비슷했는데, 주요 트위터 웹사이트에서의 주목할 만한 접근성 개선 작업이 진행되어 왔다는 점과 특히 내장된 화면 확대 프로그램 및 화면 낭독 프로그램의 접근성 측면들의 통합성과 관련되어 iOS 상의 트위터 앱이 향상되었다고 발표했다.

유튜브는 접근성과 관련하여 심각한 문제를 가진 또 다른 서비스지만 최근 몇 년 사이에 상당히 개선되었다. 그러나 중요한 차이점은 구글이 비디오의 기능 측면에서 유튜브의 접근성 개선에 많은 기여를 했다는 점인데, 여기에는 구글 보이스 시스템Google Voice system을 기반으로 하여 2009년에 도입된 자막 재생 기능과 최첨단 자막 자동 생성 서비스와 같은 것들이 포함된다(Google, 2009). 그러나 부드로의 보고서(2012)와 '미디어 액세스 오스트레일리아'가 수행했던 이용자 평가(Hollier, 2012)에서 지적되었듯이, 당시에는 키보드를 이용하는 재생장치 기능과 관련한 검색 불가능, 재생장치의 제목이 달리지 않은 버튼들, 보조기술에 불안정성을 일으키는 플래시 비디오의 재생 문제, 그리고 자동 자막 생성 등과 같은 많은 문제가 있었다. 후자는 사람들이 자신의 비디오에 쉽게 자막을 넣을 수 있도록 지원하는 유용한 기술이었지만 널리 알려진 대로 부정확했다. 이에 유튜브 자체에서도 부정확한 자막이 생성되는 안 좋은 사례들을 강조하곤 했다. 이러한 문제점들을 극복하기 위해 트위터의 경우에서와 같이 해당 커뮤니티는 '접근성 있는 유튜브Accessible YouTube' 및 '쉬운 유튜브Easy YouTube' 등의 대안적인 포털을 개발하여 효과적인 비디오 재생이 가능한 접근성 있는 인터페이스를 만들어 냈다.

다른 소셜 미디어 서비스들이 그랬듯이, 부분적으로는 유튜브 재생장치 인터페이스에서의 접근성 문제는 구글의 의도적인 개선 작업과 이로 인한 화면 낭독 프로그램의 호환성 향상 덕분에 2012년 이후 상당히 향상되었다(Google, 2014). 비디오 재생에서의 개선은 유튜브의 재생이 플래시 같은 제3의 플러그인에 의존할 필요가 없음을 의미하는 HTML5[3] 발전의 결과다. HTML5를 통합하려는 움직임이 2010년에 시작되었으나 HTML5 기준은 최근에서야 국제표준화기구의 권고사항이 되었으며(World Wide Web Consortium, 2014), 이는 접근성 있는 비디오 재생이 개선됨으로써 가까운 장래에 브라우저 전체의 표준이 된다는 것을 의미했다. 여전히 질적인 문제와 정확성의 문제가 유튜브의 자동 자막 생성 프로그램 전반에 걸쳐 남아 있지만, 구글은 이용자들이 정확성을 개선하도록 자막 파일의 수정을 보다 용이하게 하는 통합된 자막 생성 도구를 제공했다.

페이스북, 트위터 그리고 유튜브의 경우에는 최근 몇 년 간 접근성 향상 측면에서 상당한 진전을 보인 반면, 링키드인의 경우 부드로(2012)에 의해 당시 가장 접근성 있는 인터페이스로 검토되었음에도 불구하고 접근성 측면에서의 변화가 거의 진행되지 않았다.

이 서비스들은 다양한 소셜 미디어 서비스들과 이용할 수 있는 플랫폼들 중 일부에 불과하다. 그러나 '웹 콘텐츠 접근성 지침 2.0' 표준에 부합하지 못해 접근성 문제들이 나타났을 때, 장애인들은 이러한 장벽을 극복하기 위한 방법을 찾아내거나 개발했으며 소셜 미디어 제공자들 역시 자신들의 콘텐츠에의 접근성을 개선하고자 계속해서 노력했다는 점은 고무적이다.

---

3) [역주] 국제표준화기구인 월드와이드 웹 컨소시엄W3C이 만들고 있는 차세대 웹 언어 규격이다. HTML5는 문서 작성 중심으로 구성된 기존 표준에 그림, 동영상, 음악 등을 실행하는 기능까지 포함시켰다. ("HTML5", 한경 경제용어사전, 2010년 2월 24일 수정, 2020년 9월 9일 접속, https://terms.naver.com/entry.nhn?docId=2079845&cid=42107&categoryId=42107)

소셜 미디어의 클라우드 통합

소셜 미디어의 접근성 향상이 접근성 표준에 부합하는 관련 서비스와 결합된 보조기술의 접근성에 의존하고 있는 상황에서 소셜 미디어가 클라우드 저장 서비스로 통합되어 가는 움직임에 주목할 필요가 있다. 이에 장애인을 위한 미래의 소셜 미디어를 고려할 때에는 클라우드와 관련된 접근성이 가져올 이점, 장벽 그리고 장애와 관련된 계획들 또한 고려해야 한다.

클라우드에 대한 필요성은 스마트폰 및 태블릿이 가지는 제한된 저장공간 때문에 빠른 속도로 필수적인 서비스가 되고 있다. 첫 번째 애플 아이폰의 등장 이후 스마트폰의 사용은 세계적으로 약 22퍼센트에 이르렀고, 증가의 대부분은 지난 4년 동안 약 1.3억 개의 스마트폰이 공급된 것에 기인한 것이다. 비교하자면, 태블릿은 스마트폰이 4년에 걸쳐 성취했던 비슷한 수준의 세계시장 점유율을 2년 만에 달성했다. 이것은 5명 중 한 명이 스마트폰을 가지고 있으며 17명 중 1명이 태블릿을 가지고 있는 셈이라는 것을 말해 준다(Heggestuen, 2013).

보다 많은 콘텐츠에 접근할 필요성 때문에 페이스북 등은 더 이상 소셜 미디어 서비스만 제공하는 것이 아니라 클라우드 저장 서비스도 함께 제공한다. 사진이나 비디오를 생산하고, 수정하고, 공유하고, 토론할 수 있다는 이점과 상시적으로 저장할 수 있는 능력을 결합함으로써, 페이스북 및 유튜브 등의 소셜 미디어 서비스를 통해 사적인 자료와 공적인 자료 간의 경계가 불분명하게 될 수도 있지만 궁극적으로는 사회적 교류를 보다 확대할 수 있는 기회를 제공한다. 구글독스Google Docs 및 드롭박스Dropbox 등의 클라우드 기반의 애플리케이션 또한 소셜 미디어처럼 경계를 무너뜨리는데, 이는 특정 집단과 정보를 공유하는 능력과 이로 인해 가능해진 온라인 협력 때문이다.

장애인들에게는 모바일 기기, 클라우드 그리고 소셜 미디어의 통합이 특히 중요한데, 그 이유는 이 세 가지 모두에 접근할 필요가 있기 때문이다. 국제표준화기구의 기준인 '웹 콘텐츠 접근성 지침 2.0' 및 '모바일 앱 콘텐츠 지침'과 함께 추가적인 접근성 지원 요소인 '저작도구 접근성 지침 2.0Authoring Tool Accessibility Guidelines: ATAG 2.0'을 고려하는 것도 필요하다(World Wide Web Consortium, 2015). '저작도구 접근성 지침 2.0'은 웹 콘텐츠의 생산을 지원하는 어떤 글쓰기 프로그램도 장애인이 이용할 수 있어야 하며, 장애인이 접근할 수 있는 콘텐츠를 생산할 수 있어야 한다는 두 가지 요구사항을 제시한다. 장애인들에게 공유되어 장애인들이 접근할 수 있는 콘텐츠를 생산할 수 있어야 하므로 특히 클라우드에 결합된 소프트웨어와 연관된다. 소셜 미디어와 클라우드 서비스는 접근성 있는 웹 콘텐츠와 앱이 만들어지도록 '웹 콘텐츠 접근성 지침 2.0' '저작도구 접근성 지침 2.0' 그리고 '모바일 앱 콘텐츠 접근성 지침'을 고려해야 하는데, 그것은 소셜 미디어 서비스 접근 측면에서 장애인들에게 보다 중요한 가능성을 제공할 수 있는 클라우드에 초점을 맞춘 계획이다.

'바닥 끌어올리기Raising the floor'로 알려져 있는 학계, 업계 그리고 비정부 조직들로 구성된 컨소시엄은 '글로벌 공공 통합 기반시설global public inclusive infrastructure: GPII'을 만들었다. '글로벌 공공 통합 기반시설'의 목적은 소프트웨어를 생산하고 광대역 기반시설에 대한 서비스를 향상시켜 이용자들이 어디서나, 언제나, 어느 기기에서라도 자신들이 필요할 때 접근하여 이용할 수 있게 하는 것이다(Raising the Floor, 2014).

진행되고 있는 '글로벌 공공 통합 기반시설'의 사례는 다음과 같다. 저시력을 가진 사람이 역에서 기차표를 구매할 때, 기차표 발행 기계는 이용자의 요구사항을 확인하는 과정을 거쳐 이용자에게 필요한 접근성 프로그램을 다운로드하여, 화면 낭독, 고대비high contrast 및 텍스트 확대 등의 보조기술을 제공하는 등 클라우드를 기반으로 하여 개인별 선호에 따라 준비된다. 만약 다른 장애를 가진 휠체어 사용자가 동일한 기계를 사용한다면 인터페이스는 이용자가 작동 버튼을 이용할 수 있도록 버튼을 낮은 곳에 위치시키는 등 개인의 선호를 반영하여 바뀌게 된다.

만약 클라우드 기반의 선호가 어느 장치에나 적용될 수 있어 표 발행 기계, 스마트폰, 태블릿, 데스크톱 컴퓨터 그리고 기내 오락 시스템 등이 이용자의 욕구에 따라 스스로 인터페이스를 변경할 수 있다면, '글로벌 공공 통합 기반시설'의 가능성은 엄청날 것이다. 사례에서와 같이 기기와 콘텐츠에의 접근성에 의존하는 대신 접근성 있는 소프트웨어가 이용자의 요구에 따라 콘텐츠를 바꿀 수 있을 것이다.

소셜 미디어에는 '글로벌 공공 통합 기반시설'과 유사하게 클라우드 기반의 시나리오와 연관된 두 가지 이점이 있다. 첫째, '글로벌 공공 통합 기반시설' 자체가 장애인을 위한 주요한 소셜 미디어 서비스에의 접근성을 지원하게 되면, 상시적으로 이용할 수 있고 접근할 수 있는 환경이 창출되어 장벽이 없는 진정한 사회적 참여가 성취될 수 있다. 둘째, 소셜 미디어가 가족 및 친구들로부터의 크라우드 소스의

crowd-sourced 소셜 미디어 피드백에 기초해 이용자가 어떤 선호를 가장 필요로 할 것인지 결정하도록 도울 수 있다. 소셜 미디어 콘텐츠를 분석함으로써 특히 장애인이 자신의 욕구를 온전히 인식하지 못하는 경우, 궁극적으로 그 장애인을 위해 보다 나은 지원을 가능하게 하는 다양한 방식을 검토하기 위해 '글로벌 공공 통합 기반시설'과 인터페이스로 접속할 수 있다.

하지만 '글로벌 공공 통합 기반시설'과 관련된 몇 가지 중요한 문제들이 있다. '글로벌 공공 통합 기반시설'을 실제적으로 실행하기 위해서는 자료를 뽑아내는 데 엄청난 기반시설을 요구하며, 모든 장치와 콘텐츠가 일관성 있고 접근할 수 있는 인터페이스를 가지고 있어야 한다. 이 때문에 '글로벌 공공 통합 기반시설'을 실행하는 과정은 어려울 수 있으며, 장애인의 욕구와 관련된 개인적 데이터를 저장하고 크라우드 소싱한다는 개념은 보안 및 안전상 중요한 문제를 야기할 수 있다. 장애인들이 소유권—특히 특정한 종류의 장애가 상대적으로 드문 경우 누가 그러한 정보와 개인적 세부사항을 볼 수 있을 것인가—에 대한 우려 때문에 자신들의 세부정보가 클라우드에 저장되는 것을 바라지 않을 수 있다. 크라우드 소싱하는 사항은 잠재적으로 도움이 될 수 있는 반면, 오히려 보다 큰 우려—장애에 대한 개인 정보가 온라인 대화 중에 자유롭게 제한 없이 유통되어 잠재적으로 '글로벌 공공 통합 기반시설'에 유용할 수는 있지만 광고 또는 좀 더 해로운 목적 등 다른 다양한 목적으로도 사용될 수 있지 않을지?—를 야기할 수도 있다. 미디어와 클라우드가 지속적으로 섞이게 되면 이러한 문제들을 고려하는 것이 중요해진다. '글로벌 공공 통합 기반시설' 식의 해결책이 이용될 수도 있지만, 개인적인 보안과 안전을 보다 중요하게 생각하는 많은 사람들을 배제하게 된다면 미래에는 디지털 격차가 더욱 심화되고 접근성 장벽이 보다 높아질 가능성도 있다.

'글로벌 공공 통합 기반시설' 개념이 멀리 있는 것처럼 보이지만, 마이크로소프트는 이미 클라우드 기반의 접근성 기술을 윈도우 8.x 운영체제에 통합하고 있으며, 이용자는 여러 컴퓨터에 동일한 로그인 비밀정보를 공유하는 경우 그 컴퓨터들을 통해 실시간으로 접근성 프로그램을 변화시킬 수 있다(Microsoft, 2014b). 이상에서 보는 바와 같이, 클라우드 기반의 서비스들 간의 상호작용으로 인한 이점과 영향을 모두 고려하는 것이 필요하다.

결론

소셜 미디어는 장애인들이 자신이 선택한 프로그램을 이용해 생산하고, 수정하고, 공유하고, 토론할 수 있는 기회를 갖도록 보장하는 데 매우 중요한 영향을 미친다. 보조기술과 접근성 기술은 현재 대부분의 모바일 플랫폼에서 이용할 수 있지만, 웹 콘텐츠는 여전히 접근성과 관련된 문제들을 가지고 있다.

본 저자가 작성한《사회적 교류》보고서와 같은 연구들이 강조하는 것은, 장애물이 많음에도 불구하고 소셜 미디어 서비스의 이점을 얻고자 하는 장애인들의 의지는 강력하며, 그러한 이점은 자립 및 고용의 획득과 같은 심오한 것에서부터 음식 및 오락의 향유와 같은 단순한 것에 이르기까지 다양하다. 웹 접근성 문제들이 존재해 왔지만 온라인 이용자들은 이를 해결하기 위해 동일한 소셜 미디어 콘텐츠에 대한 대안적인 포털을 만들어 왔다. 또한 최근 몇 년간은 페이스북, 트위터 그리고 유튜브 등의 대중적 소셜 미디어 서비스들이 문제를 지속해서 개선함으로써 궁극적으로는 장애인들이 서비스를 이용할 수 있게 발전해 왔다.

소셜 미디어의 접근성이 향상되고 있는 것으로 보이지만, 모바일 기기의 제한된 저장 기능으로 인해 등장하게 된 클라우드 저장 서비스로의 주목할 만한 통합은 추가적인 접근성 과제들을 제기한다. 더불어 웹 콘텐츠, 저작도구, 그리고 모바일 기기 기반의 앱 개발자들로 하여금 소셜 미디어의 접근성과 이용자들로 하여금 콘텐츠를 공유할 수 있게 하는 클라우드 서비스를 계속해서 개선해 나갈 것을 요구한다. 소셜 미디어의 접근성은 여전히 중요한 문제로 남아 있긴 하지만, '글로벌 공공 통합 기반시설'은 다양한 기기에 접근할 수 있는 인터페이스 개발을 지원하는 클라우드 기반의 선호를 활용함으로써 미래에는 이에 대한 해결책을 제공할 수도 있을 것이다.

기술의 이점으로 인해 장애인에 대한 지원이 계속해서 확대되어 왔지만, 그러한 이점이 사생활 및 보안상의 문제를 노정할 수 있다는 점을 인식하는 것이 중요하다.

참고문헌

AppleVis. (2014). AppleVis: Empowering blind and low vision users of Apple products and related applications. Retrieved November 6, 2014, from http://www.applevis.com

Australian Communications Consumer Action Network. (2011). 2011 ACCAN Grants Scheme projects announced. Retrieved November 6, 2014, from https://accan.org.au/news-items/media-releases/332-2011-accan-grants-scheme-projects-announced

BITV Test. (2011). The accessibility of Facebook. Retrieved November 6, 2014, from http://www.bitvtest.de/infothek/artikel/lesen/facebook-1-en.html

Boudreau, D. (2012). Social Media Accessibility: Where Are We Today? CSUN Technology and Persons with Disability Conference 2012. San Diego. Retrieved November 6, 2014, from http://www.slideshare.net/AccessibiliteWeb/20120301-web041socialmedia

Crum, C. (2009). Facebook works with the blind on accessibility. *Web Pro News*. Retrieved August 3, 2011, from www.webpronews.com/Facebook-works-with-the-blind-onaccessibility-2009-04

Easy Chirp. (2014). Easy chirp-web accessibility for the Twitter website application. Retrieved November 6, 2014, from http://www.easychirp.com

Facebook. (2012). Accessibility for people with disabilities. Retrieved January 21, 2012, from https://www.facebook.com/help/contact/169372943117927

Facebook. (2014). Facebook accessibility. Retrieved November 6, 2014, from https://www.facebook.com/accessibility

Google. (2009). Automatic captions in YouTube. Retrieved November 6, 2014, from http://googleblog.blogspot.com.au/2009/11/automatic-captions-in-youtube.html

Google. (2010). YouTube offi cial blog-introducing YouTube HTML5 supported videos. Retrieved November 6, 2014, from http://youtube-global.blogspot.com.au/2010/01/introducing-youtube-html5-supported.html

Google. (2014). Using YouTube with a screen reader. Retrieved November 6, 2014, from https://support.google.com/youtube/answer/189278?hl=en

Heggestuen, J. (2013). One in every 5 people in the world own a smartphone, one in every 17 own a tablet. *Business Insider*. Retrieved March 19, 2014, from http://www.businessinsider.com.au/smartphone-and-tablet-penetration-2013-10

Hollier, S. (2006). *The disability divide: A study into the impact of computing and internetrelated technologies on people who are blind or vision impaired*. Curtin University of Technology. Perth. Retrieved November 6, 2014, from http://espace.library.curtin.edu.au/R/?func=dbin-jump-full&object_id=17109&local_base=GEN01-ERA02

Hollier, S. (2012). *Sociability: Social media for people with a disability*. Media Access Australia. Sydney. Retrieved November 6, 2014, from http://www.mediaaccess.org.au/

web/social-media-for-people-with-a-disability
Hollier, S. (2013). 10 milestones in the mainstreaming of accessibility.. *net Magazine Online*. Creativebloq. Retrieved November 6, 2014, from http://www.creativebloq.com/netmag/10-milestones-mainstreaming-accessibility-7135541

International Standards Organization. (2012). ISO/IEC 40500: 2012 Information technology-W3C Web Content Accessibility Guidelines (WCAG) 2.0. Retrieved November 6, 2014, from http://www.iso.org/iso/iso_catalogue/catalogue_tc/catalogue_detail.htm?csnumber=58625

International Telecommunication Union. (2010). The rise of social networking. Retrieved November 6, 2014, from http://www.itu.int/net/itunews/issues/2010/06/35.aspx

Kaplan, A., & Haenlein, M. (2010). Users of the world unite! Retrieved November 10, 2011, from openmediart.com/log/pics/sdarticle.pdf

Kietzmann, J., Hermkens, K., McCarthy, I., & Silvestre, B. (2011). Social media? Get serious! Retrieved November 12, 2014, from www.sciencedirect.com/science/article/pii/S0007681311000061

Media Access Australia. (2014). About us: Media access Australia-Inclusion through technology. Retrieved November 6, 2014, from http://www.mediaaccess.org.au/about/about-us

Microsoft. (2014a). Types of assistive technology products. Retrieved November 6, 2014, from http://www.microsoft.com/enable/at/types.aspx

Microsoft. (2014b). Top 5 benefits of cloud computing. Retrieved April 2, 2014, from http://www.microsoft.com/en-gb/business/community/hints-and-tips/top-5-benefits-ofcloudcomputing?WT.mc_id=Twitter_Small+Business_Vue+Sit_Awareness_Nov+2013_Offi ce+365SMBPCA

Raising the Floor. (2014). GPII - how it will work. Retrieved April 16, 2014, from http://www.gpii.net/content/how-gpii-will-work

Royal National Institute of Blind People. (2014). Assistive technology. Retrieved November 6, 2014, from http://www.rnib.org.uk/information-everyday-living-work-andemployment-staying-work/assistive-technology

Twitter. (2013). Improving accessibility of twitter.com. Retrieved November 6, 2014, from https://blog.twitter.com/2013/improving-accessibility-of-twittercom

Twitter. (2014). Twittera11y team. Retrieved November 6, 2014, from https://twitter.com/a11yteam

United States DigitalGov. (2014). Federal social media accessibility toolkit hackpad: Federal social media accessibility toolkit. Retrieved November 6, 2014, from http://www.digitalgov.gov/resources/federal-social-media-accessibility-toolkit-hackpad/

United States General Services Administration. (2014). United States Rehabilitation Act of 1973,

Section 508. Retrieved November 6, 2014, from http://www.section508.gov

Vision Australia. (2012). Launch of vision Australia's Employment Report 2012. Retrieved November 6, 2014, from http://www.visionaustralia.org/about-us/news-and-media/latest-news/news/2012/10/09/launch-of-vision-australia-s-employment-report-2012

World Wide Web Consortium. (2008a). Web Content Accessibility Guidelines 2.0. Retrieved November 6, 2014, from http://www.w3.org/TR/WCAG20/

World Wide Web Consortium. (2008b). Web Content Accessibility Guidelines 2.0 at a glance. Retrieved November 6, 2014, from http://www.w3.org/WAI/WCAG20/glance/

World Wide Web Consortium. (2013). Guidance on applying WCAG 2.0 to non-web information and communications technologies (WCAG2ICT). Retrieved November 6, 2014, from http://www.w3.org/TR/wcag2ict/

World Wide Web Consortium. (2014). HTML5. Retrieved November 5, 2014, from http://www.w3.org/TR/html5/

World Wide Web Consortium. (2015). Authoring tool accessibility guidelines - W3C candidate recommendation. Retrieved November 5, 2015, from http://www.w3.org/TR/ATAG20/

7

트랑스뽀르 메자다쁘떼

몬트리올 온라인 장애운동 탐색

로렌스 페어런트, 마리-이브 베이유

2013년 12월, 몬트리올 공공 운송회사 '몬트리올 운송협회the Société de Transport de Montréal: STM'는 보조 교통수단 이용자들을 위한 뉴스레터를 발행하며, 94퍼센트의 이용자들이 서비스에 만족하고 있음을 자랑스레 발표했다. 이에 대해 공공 운송 문제를 다루는 몬트리올 장애권리조직인 '몬트리올 교통 편의성 및 접근성 향상을 위한 이용자 단체Regroupement des usagers du transport adapté et accessible de l'Île de Montréal: RUTA'는 이 통계에 아무런 이의도 제기하지 않았다. 보조 교통수단 이용자들이 장애 커뮤니티에 참여하면서 우리는 이 통계가 장애인의 경험을 반영하지 못했음을 알게 되었다. 또한 우리는 소셜 미디어의 정기적인 이용자로서 STM이 자신들의 서비스를 홍보하고 고객들과 교류하기 위해 보다 자주 페이스북과 트위터를 이용하고 있으나,[1] 장애인 고객 및 이들에 대한 서비스 접근성 측면은 고려하지 않고 있음에 주목했다.[2] 즉, STM의 디지털 측면에서의 변화 과정에서 장애인 이용자들은 배제되었다. 더욱이 몬트리올 장애권리운동 자체도 공공 운송 서비스 향상을 위한 활동에 소셜 미디어를 사용하지 않았다. 역사는 반복되고 있었다. 장애인에 의한 소셜 미디어의 이용이 장애 행동의 통합적 부분이어야 함을 확신하면서 우리는 '장애를 만들어 내는 운송 서비스-트랑스뽀르 메자다쁘떼Transport mésadapté: TM'라 불리는 페이스북 그룹을 만들었다.[3] 장애인들은 자신들에 관한 이야기를 거의 하지 않는다는 스텔라 영Stella Young(2013)의 관찰에 동의하면서 우리는 장애인들과 그들의 동지들이 자신들의 경험을 공유하고 퀘벡 지방의 공공 교통과 관련된 차별을 철폐할 전략을 논의할 수 있는 온라인 공간을 만들어 내길 희망했다.

이 장에서 우리는 'TM'이 장애 행동을 위한 새로운 공간을 만들고, 여기에서 회원들이 공공 운송 조직들, 특히 STM에 관해 그리고 주류 몬트리올 장애권리운동에 대해 비판할 수 있는 계기를 마련해 주었던 사례를 보여 주고자 한다. 우리는 전통적인 장애 행동주의와 온라인 장애 행동주의 간의 긴장과 차이를 지적하고자 한다. 추가적으로는 이 온라인 단체가 몬트리올과 그 너머에 있는 장애인들 사이에 새로운 커뮤니티성을 만들어 냈다는 점을 제시하고자 한다.

본 연구에서 저자들의 위치

우리 둘은 2002년 몬트리올 공공 운송 서비스를 이용하기 시작했다. 소도시에서 온 로렌스는 매우 들떠서 자신이 마침내 그 많은 몬트리올 시민들이 당연하게 여기는 이동의 자유를 누릴 수 있게 되었다고 생각했다. 그러나 지하철역에 가까이 살았던 로렌스는 전동 휠체어를 이용했는데, 그 당시 어떤 지하철역에도 엘리베이터가 없었다. 버스를 이용하려고 노력했지만 경사로 기계 작동 오류, 훈련 부족, 또는 버스에 경사로가 없다는 단순한 이유로 빈번하게 서비스 이용을 거부당하곤 했다. 그녀는 모든 젊은 여성들이 바라는 이동의 자유가 자신에게는 해당되지 않는다는 것을 곧 깨닫게 되었다. 그녀는 별도의 운송 시스템을 이용해야만 했다. 그 당시를 회상하면, 보조 교통수단을 이용하기 위해 차량 예약에 많은 시간을 보내야 했고, 차량의 부족으로 인해 이용을 거부당하는 경우도 종종 있었다. 보조 교통수단 이용자들은 빈번히 발생하는 차량의 도착 지연에 대비하기 위해 휴대폰을 구비해야만 했다.

마리-이브는 교외 지역에서 성장했는데 그곳에서는 가족과 친구들이 태워 주는 것에 전적으로 의존했었기에 몬트리올로 이사하면서 독립적으로 살아갈 수 있길 희망했다. 그러나 접근성 부족으로 인해 정규 교통수단을 이용하는 것이 신체적으로 힘이 들었다. 그녀는 걷기 위해, 계단을 오르기 위해, 또는 버스에서 균형을 잡기 위해 힘써야 했다. 지하철을 타는 것 또한 수많은 계단들, 무거운 자동 및 수동문들, 거칠게 밀치며 다니는 사람들 그리고 장시간 서 있어야 하는 상황 때문에 어려움을 겪었다. 그녀는 결국 로렌스처럼 낙담해서 보조 교통수단 서비스를 이용하게 되었다. 매일 직면하게 되는 한계상황 속에서 몬트리올 보조 교통 서비스로 인해 자신 및 수천의 다른 이용자들이 느꼈던 어려움과 좌절은 마리-이브에게 분노와 스트레스를 유발했고, 학교와 직장, 그리고 여러 관계들에 영향을 미쳤다.

우리 둘 모두 자유를 위해 전동 휠체어 이용법을 배웠다. 종종 극단적인 상황에서 휠체어를 움직이기도 하고, 눈 속에 갇히기도 하며, 한밤중에 아파트에서 수 킬로미터 떨어진 곳에서 휠체어가 방전되기도 하는 등 다양한 위험에 노출되었다. 우리는 이 장에서 제기할 문제들 중 많은 것들을 실제로 경험했다. 우리가 경험했던 것은 그뿐만이 아니었다. 건물이나 살고 있는 아파트 밖에서 예약한 차량이 나타나길 홀로 기다려야 했고, 차량, 버스 또는 지하철에서의 무례한 행동을 홀로 감당해야 했으며, 계속 불만을 제기하지만 아무것도 바뀌지 않는 서비스로 인해 전화민원 고객서비스팀과 언쟁을 벌이기도 했다. 우리는 장애 권리 조직들에 참여하기 위해 노력했으나 그들이 공공 운송 서비스와 관련된 차별문제에 끼어드는 걸 주저한다고 느꼈다. 우리는 또한 장애 커뮤니티와 온라인으로 소통하는 것에 대한 관심 부족에 실망하기도 했다. 우리는 이런 마음 상태에서 'TM'을 만들었다.

장애 행동주의와 소셜 미디어

많은 장애학자들은 인터넷이 긍정적인 변화뿐만 아니라 새로운 장벽 또한 만들어 낸다는 점을 지적하는데, 이는 경제적인 이유로 웹사이트가 접근성이 없게 만들어질 수 있기 때문이다(Goggin & Newell, 2003; Jaeger, 2011). 후앙과 구오(Huang & Guo, 2005)는 "인터넷은 기존의 사회 환경과 불평등 내에서 기능하기 때문에 그것이 언제나 장애인들을 위한 동등한 기회를 만들어 내는 것은 아니다."라고 주장한다(para. 4). 인터넷이 한계를 가진다는 점을 인식하는 것과 더불어 많은 장애인들이 평등과 정의를 위한 투쟁에서 인터넷을 활용하여 변화를 만들어 내고 있다는 점 또한 인정해야 한다. 미디어와 커뮤니케이션 영역의 장애학자인 베스 할러Beth Haller는 "소셜 미디어는 정치적 커뮤니케이션에 있어 필수적인 것이 되었다."(2010, p. 4)고 주장한다. 그녀는 "페이스북은 장애 권리 행동을 조직하는 하나의 방식으로서,

사람들에게 장애와 관련된 뉴스를 알리고, 행사를 홍보하거나, 단순히 같은 뜻을 가진 장애 권리 옹호자들을 찾는 데에도 활용된다."고 언급한다(p. 5). 실제로 지난 몇 년 사이에 영어를 사용하는 장애활동가들은 소셜 미디어를 사용함으로써 성공적으로 장애차별주의적 생각에 도전해 왔다. 예를 들면, 2015년 봄에 골다공증 예방에 관한 공익광고가 미국에서 방영되었다. 그 광고는 쇼핑몰에서 수동 휠체어가 보행자들을 쫓고 있는 모습을 보여 주었다. 으스스한 공포영화 음악이 배경음악으로 사용되었다. 메시지는 "골다공증에 맞서세요. 그럴 수 없기 전에요."였다(Ladau, 2015).

이 캠페인은 미국 장애활동가 커뮤니티를 포함한 많은 사람들의 공분을 샀다. 장애인과 장애옹호자들은 페이스북과 트위터를 활용하여 이 광고를 비판했다. 광고는 장애 온라인 커뮤니티의 이러한 행동에 힘입어 방송에서 퇴출되었다. 과학 및 기술 분야의 박사과정 학생인 카트린 뒤샤텔Catherine Duschatel은 우리가 인식할 필요가 있는 것은 "혁명이 장애인들에 의해 미디어화되고 있다. 페이스북 상태 메시지, 트위터의 해시태그, 그리고 핀터레스트의 네트워크를 통해서."(2014)라고 주장한다.

퀘벡 지방에서는 장애인들의 일상생활에서 인터넷의 중요성이 커지고 있음에도 불구하고, 장애 옹호에 대한 인터넷의 영향을 살펴보는 연구는 찾아볼 수 없다. 가장 최근 자료인 퀘벡통계청의 2005년 자료에 따르면, 성인 장애인 중 39%가 일상생활에서 인터넷을 사용했다. 캐나다 전역의 장애를 가진 723명의 학생 및 최근 졸업생을 대상으로 진행된 2009년의 아답테크Adaptech 연구에서는 74%가 소셜 미디어를 빈번하게 이용한다고 답했으며, 이들 중 85%는 페이스북을 이용했다고 응답했다(Asuncion et al., 2012). 또한 몬트리올 장애권리운동 내 젊은 장애인들의 참여에 대해 연구한 2014년 보고서에 따르면, 참여자들의 32%가 블로그 및 소셜 미디어에 정치적이거나 사회적인 성격의 댓글을 게시하였다. 이러한 통계들이 보여 주는 것은 장애가 있는 많은 퀘벡 시민들이 인터넷을 사용하고 있다는 점이다. 그러나 인터넷을 이용함으로써 장애인들이 소셜 미디어를 통해 장애 행동주의에 참여하는 방식이 어떤 식으로 영향을 받았는지는 알려져 있지 않다. 'TM'과 관련한 우리의 경험을 통해 몇 가지 답을 제시하고, 생각을 발전시켜 나가고자 한다.

'TM'은 발족한 지 3년이 지나면서 회원 수가 500명 이상으로 확대되었다. 이 단체는 회원에 대한 개인정보를 요구하지 않으므로 회원들의 성별, 연령, 장애, 성적 지향이나 인종 등과 같은 통계를 가지고 있지 않다. 대부분의 게시물은 불어로 되어 있으며 영어를 사용하는 회원들이 토론에 참여하긴 하지만 불어 사용 회원들의 참여율보다는 낮다. 대부분의 단체 회원들은 몬트리올에 살고 있으나 일부는 퀘벡 지방에 있는 다른 도시들에 거주하고 있다. 단체 토론에 참여하기 위해서 페이스북 이용자들은 'TM'에 가입해야 한다. 그러나 개방된 단체이기 때문에, 게시된 글들이 공개되어 있어 페이스북 이용자라면 누구나 토론 내용을 읽을 수 있으며 이를 통해 장애인들의 경험을 적극적으로 공유할 수 있다.

퀘벡 장애권리운동: 간략한 개요

오늘날의 퀘벡 장애 정치에서 장애 조직들의 중요성을 이해하기 위해서는 퀘벡 장애권리운동의 역사를 살펴보는 것이 필요하다. 1970년대 이전에 퀘벡에 살고 있었던 많은 장애인들은 시설에 수용되어 있었고 가장 끔찍한 처우에 노출되어 있었다(OPHQ, 1983). 종교적이며 몇몇 자선적인 단체들이 이 지역에서 다양한 시설을 운영했다. 1960년대 퀘벡 사회복지제도의 등장은 장애인들이 자신들의 권리를 위해 조직하고 투쟁할 수 있는 호의적인 사회적 · 정치적 환경을 만들어 내어 많은 장애 권리 조직들이 1970년대에 설립되었다(Boucher, Fougeyrollas, & Gaucher, 2003). 최근의 장애 권리 활동가들은 자신들이 장애 이슈 전문가들이므로 이러한 이슈들에 관련된 결정과정에 참여해야 한다고 주장했다. 그들은 수많은 시위를 주도했다. 수년에 걸쳐 장애 권리 조직들은 중요성과 수적인 면에서 명성을 얻었다.

1978년 퀘벡 정부는 장애인의 권리 보장을 목적으로 하는 법안을 채택했다. 이 법은 장애인을 위한 정부기관인 '퀘벡 장애인 기구Office des personnes handicapées du Québec: OPHQ' 설립의 근거가 되었다. 이 기관이 정부의 장애운동 약화 및 장애 이슈 의제 독식에 이용될 것이라는 우려를 표명하며 많은 활동가들이 기관 설립에 반대했다. 장애 권리 활동가인 뮤리엘 라리비에르Murielle Larivière에 따르면 그들의 우려는 사실로 드러났다. 그녀는 장벽 제거 및 퀘벡 내 장애인의 참여 촉진을 목적으로 했던 OPHQ의 첫 번째 정책 '동등한 권리À part égale'의 채택 후 장애 권리 조직들이 요구 수준을 낮추었다고 기억한다. 그녀는 다음과 같이 말한다.

나는 이 정책이 장애 권리 옹호자들에게 최면을 거는 효과가 있었다는 생각이 든다. 정책 채택 이후 많은 옹호자들이 침묵하게 되었다. 1984년 이전에 우리는 거리로 나가곤 했으며 미디어를 이용함으로써 대중에게 메시지를 전달했다. 1984년 이후 우리의 투쟁 열기는 상당부분 약화되었다. [……] 주정부의 보조금은 이전에 비해 받기 쉬워졌다. 상황은 좀 더 나아지기 시작했다. 자, 누가 당신에게 먹이를 주는 손을 물어뜯길 원하겠는가? [……] 장애 권리 조직의 대표들은 서비스가 곧 향상될 테니 기다리라고 계속해서 요구하는 정부와 협력하여 일하기 시작했다.

(Parent, 2010)

OPHQ는 장애인들의 욕구에 대응하는 정책들을 개발하는 데 장애 권리 조직들을 참여시켰다. 장애 행동주의에 대한 OPHQ의 영향에 대해서 부쉐, 푸게이롤라 및 고쉐(Bucher, Fougeyrollas, & Gaucher, 2003)는 "전반적으로 장애운동에서의 옹호 역할은 글로벌 정책 목표의 영향을 받아 이를 달성하는 것에 초점이 맞춰졌다."(p. 154)고 설명한다. 이는 장애 권리 조직들에게 정치적 과정과 정책 개발에 대한 전문지식을 개발할 수 있는 기회를 제공했다(p. 152). 이 조직들은 정부의 방향을 따라 자신들의 행동 방향을 조정했다.

지난 7년간 우리는 몬트리올에서 총 여섯 개의 다양한 장애 권리 조직들에서 자원봉사를 했다. 이사회 구성원으로서 우리는 어떻게 장애 권리 조직들이 시 및 정부기관들에 대해 요구사항의 틀을 정하고 제시하는지 지켜볼 수 있었다. 그들 대부분은 현재의 이슈에 대한 자신들의 의견을 체험기 및 편지 형식으로 작성하여 전달하였고, 커뮤니티 및 정부기관들이 주최하는 수많은 위원회와 워킹그룹에 참여했다. 우리는 장애권리운동에 참여하기 위해서는 특정한 종류의 기술이 필요하다는 점에 주목했다. 장애인들의 전문지식은 자신들의 생생한 경험에 기반을 둔 것이 아니라 정부의 특수용어를 분석하고 이해하는 능력에 기초한다. 우리는 많은 장애 권리 조직들에 의해 이용되는 지식 생산과 전수의 방식들이 소셜 미디어와 같은 새로운 기술이 등장했음에도 변하지 않았다는 점을 알 수 있었다. 이 조직들에 의해 생산된 서류와 자료들은 온라인상에서는 거의 이용할 수 없다. 예를 들면, 'RUTA'는 페이스북 페이지를 가지고 있는데 그곳에는 거의 STM에서 발행한 뉴스들이 게시된다. 페이스북 담벼락에 메시지를 게시하는 기능은 사용되지 않고 있어 장애인들과 장애옹호자들이 해당 단체와 공개적으로 상호작용하는 것을 방해한다.

전통적인 장애 행동주의와 온라인 장애 행동주의의 만남

'TM'이 발족된 후 처음 몇 개월 동안, '퀘벡 통합을 위한 활동가 연대Ex aequo, Regroupement des activistes pour l'inclusion au Québec' 그리고 '몬트리올 자립생활Independent Living Montréal' 등의 몇몇 장애 권리 조직의 직원 겸 회원들이 자신들의 행사와 활동을 홍보하거나 토론에 참여하기 위해 산발적으로 대화에 참여했다. 그러나 몬트리올에서의 접근성 있는 공공 운송 서비스 제공을 사명으로 하는 주요 조직 'RUTA'는 마치 'TM'에는 아무 관심도 없는 것처럼 논의와 토론에 거의 불참했다. 2014년 3월 'RUTA'의 침묵은 몇몇 사람들로부터 비판을 받았다. 그때서야 이 조직은 자신들의 존재를 드러냈다. 며칠 후 'TM'의 회원 한 사람이 'RUTA'에게 특정 이슈에 관해 참여할 것을 요청했다. 그러나 그들의 반응은 그녀가 전화나 이메일을 이용해 직접적으로 자신들에게 연락하는 경우에만 도움을 줄 수 있다는 것이었다. 이것은 'TM'의 많은 회원들로부터 분노를 유발했다. 심지어 'TM'의 회원들이 'RUTA'의 제공 정보가 그 질문을 한 당사자 한 사람보다 더 많은 사람들에게 혜택을 줄 것이라고 말했음에도 불구하고 그들은 여전히 페이스북 그룹에서 공개적으로 질문들에 답하지 않았다. 그 열띤 논의에 참여했던 'TM'의 회원들은 일대일 지원이 이용자들에게 어느 정도 위안을 줄 수는 있지만, 반대로 일대일 방식으로 개인적인 이슈를 해결하는 것은 잠재적으로 문제의 구조적 측면을 가리는 결과를 초래할 수 있다고 주장했다.

2014년 4월에 우리들 중 한 명이 'RUTA' 상임이사와의 개인적 만남에 참석했는데, 그녀는 자신들이 어떤 게시물에도 답하지 않을 것이며 게시물을 읽는 것조차 그만둘 것이라고 말했다. 그녀는 게시물들이 거짓말로 가득 차 있기 때문에 그것들을 읽는 것이 자신들을 '미치게' 한다고 주장했다. 이것은 우리로 하여금 'TM'에 공유된 이야기들에 대해 자문하게 했다. 그 상임이사는 어떤 거짓말을 언급하는 것인가? 무엇이 거짓말로 가득한 이야기로 간주될 수 있는가? 우리 스스로 인식하지 못한 채 거짓말을 공유했던 것인가? 많은 생각 후에 우리는 'RUTA'가 'TM'에의 참여를 거절한 것은 전통적인 장애 행동주의와 온라인 장애 행동주의 간의 긴장과 차이를 드러내는 것이라는 가정에 이르렀다.

누가 참여하는가?

'RUTA'와 'TM' 양측 모두 장애인들과 지지자들을 회원으로 두고 있다. 단체별로 회원이 되는 과정은 다르다. 'RUTA'의 회원이 되기 위해서는, 기관에 연락하여 적절한 신청서를 작성하고 회원 자격요건을 만족시켜야 하며 장애인은 5달러, 비장애인은 10달러의 회비를 납부해야 한다. 회원 중 보조 교통수단 이용자들만이 의결권을 행사할 수 있다. 한편, 'TM'의 회원이 되기 위해서는 페이스북 계정이 필요하며 행정담당자에게 요청 메시지를 보내야 한다. 페이스북 로그인이 필요하지만 이미 활동적인 페이스북 이용자에게는 많은 수고를 요구하지 않는다.

'RUTA'는 회원들이 선출한 이사들로 구성되며 임금 근로자를 고용하고 있다. 'TM'은 그러한 구조를 가지고 있지 않으며 다르게 운영된다. 등록된 조직이 아니기 때문에 법적인 실체를 갖진 않는다. 각 페이스북 그룹들은 최소한 한 명 이상에 의해 운영되어야 하며, 그룹 구성에 요구되는 최소 인원은 없다. 'TM'의 게시판이나 다른 사람들의 게시글에 댓글을 달려면 해당 그룹에 참여해야 한다. 해당 그룹의 게시판은 지속적인 정보의 원천이며 주요 정보 제공자는 장애인들이다. 'TM'의 회원들은 정기적으로 공공 운송 서비스의 접근성에 대해 질문한다. 질문들은 18세 미만의 누군가가 보조 운송 서비스를 이용하기 위해서는 정기적인 요금을 납부해야 하는지, 또는 버스 기사들은 장애인이 요청하는 경우 버스의 속도를 줄일 의무가 있는지 등 매우 다양하다. 이러한 질문들에 대해 회원들은 자신의 경험에 기초해 답변하게 된다. 잘못된 답변들이 달릴 수도 있으나 그런 경우 다른 회원들이 정정해 줄 것이다. 이런 집단적인 공간으로 인해 회원들은 공공 운송 시스템에 대한 서로의 지식에 신속하며 공개적으로 접근할 수 있다. 이는 동일한 질문을 했던 다른 회원들의 게시글을 볼 수 있기 때문이다. 단체의 활동에 개입할 필요가 거의 없기 때문에 기본적으로 회원에 의해 운영될 수 있다. 게다가 단체는 어떤 이야기들이 공개적으로 공유되어야 하는지 통제하지 않으며 그렇기 때문에 모든 사람이 공공 운송 서비스에 대한 이야기들에 접근할 수 있다.

또한 'TM'의 회원들은 자신들이 누군가의 관점에 동의하지 않을 경우 댓글을 달 수 있다. 종종 사람들은 이용할 수 있는 지식의 부재로 인해 구체적인 상황에 대한 설명을 찾으려고 애쓴다. 그들은 자신들이 알고 있는 한에서 최대한 설명하는데 대부분은 시스템 속에서의 경험을 통해 얻은 것이다. 예를 들면, 보조 교통 서비스에 대한 지불 과정이 최근에 변경되었다. 지불 옵션은 정확한 운송비용을 현금이나 주간/월간 교통카드를 이용해 지불하는 것으로 제한되어 왔는데, 이는 정규 운송 서비스 이용자들이 티켓을 구매하거나, 무제한 저녁 교통카드/무제한 주말 교통카드/무제한 3일 이용 교통카드 등으로 가격 할인 혜택을 얻을 수 있는 것과는 대조적이다. 지난 2년에 걸쳐 STM은 보조 교통수단에 대한 ID 카드를 도입했으며, 이 카드를 통해 이용자가 보조 교통 서비스에 대해 정확한 지불 옵션을 가지고 있는지를 원격으로 모니터할 수 있다. 새로운 절차 도입 후 수많은 질문들이 제기되었으며 'TM'에도 많은 게시물들이 이 주제로 게시되었다. 이전에는 '익명의' 카드로 지불했던 장애인들은 ID 카드 도입 후 보조 교통 서비스 기사들에 의해 질문을 받기 시작했다. 기사들이 가지고 있는 상황표에 고객이 정확한 요금을 현금으로 지불해야 한다고 기재되어 있었기 때문이다. 'TM'의 한 회원은 자신의 동행인도 기사로부터 질문을 받아야만 했던 상황에 대해 이의를 제기했다. STM은 이 동행인이 사용하고자 하는 월간 교통카드를 원격으로 확인할 수 없었기 때문에, 이미 월간 교통카드에 대한 비용을 지불했다 하더라도 요금에 해당하는 정확한 금액의 현금으로 지불하도록 요구했다. 이 게시글은 새로운 절차를 알지 못하고 비밀엄수 및 정보수집에 대해 궁금해하는 회원들로부터 많은 댓글을 받았다. 어떤 모임에서 'RUTA'를 향해 보조 교통 서비스 이용자들에게 새로운 절차를 설명했는지 물었는데, 'RUTA'는 이용자들이 어떤 차이도 발견하지 못할 것으로 예상되었기 때문에 설명 절차를 갖지 않았다고 답했다. 그러나 이용자들은 얼마 지나지 않아 실제 경험에서 차이가 있음을 발견하게 되었고 이에 대해 질문하기 시작했다. 안타깝게도 STM이나 'RUTA' 어느 쪽도 그러한 질문에 답변할 준비가 되어 있지 않았다.

진전되고 있는 행동주의

'TM'과 'RUTA'는 서로 다른 역사적 및 기술적 맥락에서 만들어졌다. 'RUTA'는 1981년 설립되었다. 그 당시는 장애인들이 막 주류 사회에 통합되기 시작하던 시기였고, 몬트리올 공공 보조 교통 시스템은 1년밖에 지나지 않은 때였다. 반면에 'TM'은 'RUTA'가 설립된 지 32년이 흘러 많은 장애인들이 모바일 기술과 인터넷을 사용하는 역사적인 시기에 만들어졌다.

안데르베르크와 욘손(Anderberg & Jönsson, 2005)은 인터넷으로 인해 장애인들이 이동 지원 장치를 이용하여 물리적 · 사회적 장벽을 극복할 수 있다고 주장한다. 접근성 있는 공공 교통 서비스를 신뢰할 수 없기에 겨울이 추운 도시에서 장애인들은 많은 시간을 집에 갇혀서 보낸다. 모바일 기기와 컴퓨터를 통해 논쟁에 참여하고 이야기를 할 수 있다는 것은 특정한 장소(예를 들면, 장애 권리 조직의 모임에 참여하는 것)에 가야 하며, 어떤 경우에는 다른 참여자의 사적인 지원에 의존해야 하는 부담을 제거한다. 'TM'이 창설되어 소셜 미디어상에서 교통 차별에 대한 이야기를 공유하게 된 것은 퀘벡 지방의 장애 커뮤니티에게는 새로운 상황이었다. 몇 주 지나지 않아 'TM'은 이미 수십 가지의 사례들을 수집하여 장애인의 삶에 미치는 교통 차별의 영향을 드러낼 수 있었다. 이러한 사례들은 장애인들이 다양한 장소와 다양한 시간대에 교통 차별을 경험한다는 사실을 드러냈다.

《무선 스펙트럼The wireless spectrum》의 저자 크로우, 롱포드 및 소척(Crow, Longford, & Sawchuk, 2010)이 주장하듯이, "무선 기술은 개인적인 삶과 공적인 삶을 조정함으로써 공간, 시간 그리고 장소에 대한 우리의 경험을 변화시키고 매일의 상호작용을 재형성한다"(p. 3). 기술이 이러한 상황의 일부가 되면서 장애인 운송 서비스 이용자들의 생생한 경험도 변화되었다. 물리적 세계와 가상의 세계는 두 개의 분리된 세계가 아니며 서로 통합되어 있다. 프리트(Frith, 2012)는 기술이 이용자의 이동 경험을 변화시켜 혼성의 공간을 창조한다고 주장한다. 모바일 기술과 소셜 미디어가 확산되기 전에는 장애인들 대부분이 장애 권리 조직의 모임에 참여하고 불만에 대해 편지를 쓰는 것으로 자신들의 경험을 공유하곤 했다. 이러한 형태의 표현은 그들의 생생한 경험과는 동떨어져 있었다. 예를 들면, 운송 서비스에서의 차별 사건이 발생할 때 이에 대한 불만 편지를 쓰는 것이 신체적으로 가능한 사람들은 많지 않다. 불만 편지를 접수하기 위해 그들은 자신들의 경험에 대해 쓰기 위해 집에 머물러야만 하고 편지를 작성한 후에는 우편으로 보내야 하며 결국 소수의 사람들만이 그 편지를 읽게 될 것이다.

반면, 모바일 기술과 소셜 미디어는 그러한 장벽을 깨고 실제 경험한 것과 이러한 경험을 이야기하고 공유하는 것 사이의 격차를 없앤다. 그것은 운송수단 차별 경험을 변화시키고 있다. 뷔쉐, 어리 및 위치거(Büscher, Urry, & Witchger, 2011)는 "몸은 세계 안에서 그리고 세계를 통해 힘껏 움직이면서 세계를 느끼고 이해함으로써, 사회적 취향과 구별, 이념과 의미를 나타내는 조정된 센스케이프sensecapes[1])를 창조한다."고 주장했다(p. 6). 'TM'을 발족한 이래 우리는 대부분의 이야기들이 실시간으로 일어나고 있거나 방금 종결된 내용을 담고 있음에 주목했다. 휴대폰을 가지고 있는 'TM' 회원들은 그 일들이 일어나고 있을 때 자신들의 경험을 추적하거나 공유할 수 있다. 회원들이 자신들의 이야기를 공유함에 따라 그들은 스스로를 상상의 공간에 투영할 필요가 없다. 그들이 이미 그 안에 있기 때문이다. 'TM'에서 자신의 이야기를 드러냄으로써 그들은 동시에 두 개의 공간—억압적 공간과 장애 행동주의의 공간—을 차지한다.

대조적으로, 'RUTA'는 특정한 영업시간에만 운영되며 사람들은 그들의 활동, 자문, 이사회 그리고 회합에 참여하기 위해 물리적으로 그곳에 있어야만 한다. 'TM'은 영업시간이나 특정 시간 및 공간의 제약을 가진 물리적 공간이 아니다. 'TM'의 회원들은 자신들의 이야기를 공유하며 다른 회원들로부터 정보를 얻는 방식에 있어 보다 큰 융통성 및 통제력을 갖는다. 그들은 자신의 이야기를 공유할 순간을 선택할 수 있으며 그럼에도 여전히 자신들의 이야기가 사람들에게 전해질 것이라고 확신할 수 있다. 그들은 자신들의 이야기에 대해 완벽하게 통제할 수 있다. 게시한 글은 쉽게 수정하거나 삭제할 수 있기 때문이다.

보다 쉽게 다른 회원들의 이야기, 정보 그리고 피드백에 접근할 수 있게 함으로써 'TM' 회원들의 역량강화에 기여할 수 있다. 안데르베르크와 욘손(2005)은 "인터넷은 다양한 사실과 의견에 대한 즉각적인 접근을 제공함으로써 사고과정을 넓히고 강화할 기회를 제공한다. 이전에는 이용할 수 없었거나 접근이 어려웠던 정보에 대해 이제는 운동능력이 손상된 장애인들을 포함하여 모든 사람들이 접근할 수 있다. 질문에 대한 즉각적인 답변을 받을 수 있고, 동시에 다른 사람들의 사고 양식을 따를 수도 있다"(p. 720). 더 나아가 행정가들은 어떤 것들이 게시될 것인지, 또는 어떤 것들이 많은 '좋아요' 및 댓글을 끌어들일지에 대해 어떠한 통제도 할 수 없다. 이것은 어떤 이야기들이 회원들의 욕구를 드러내는지를 조직 차원에서 선택하는 전통적인 장애 권리 조직들과는 크게 다르다. 만약 어떤 이슈가 그 조직에 의해 우선순위로 고려되지 않는 경우, 그 이슈에 대해 회원들이 말하는 이야기들은 무시

1) [역주] 센스케이프sensecapes는 데이비드 하우스David Howes의 《감각의 인류학Anthropology of Senses》에 등장한 단어로, "환경에 대한 경험과 그 환경에 있는 다른 사람들 및 사물들에 대한 경험이 문화 내에서 감각을 구별하고 평가하고 결합하는 특정 방식에 의해 생성된다는 생각"으로 정의된다(Howes, 2005: 143).

될 수 있다. 조직이 이야기들을 선택하고, 그것들을 우선적으로 처리하기 때문이다. 'TM'에서는 대부분의 인기 있는 이야기들이 페이스북 페이지 상단에 남아 있게 되는데 그 이야기들에 가장 최근의 댓글들이 달리기 때문이다. 어떤 이야기들이 더 주목받을 것인지는 선출직 회원들 및 고용된 직원들에 의해 통제되지 않으며 모든 회원들의 손에 달려 있다.

온라인 커뮤니티 구축

몬트리올에 있는 다양한 장애 권리 조직들의 참여자 및 이사로서, 우리는 이 조직들이 보다 젊은 세대의 자원활동가들에게 다가가는 데 어려움을 겪는 상황을 목격했다. 2014년 진행된 몬트리올 장애권리운동 내의 젊은 장애인들의 참여에 대한 기슬러와 라세트(Gysler & Racette)의 연구 결과에 따르면, 장애 청년들의 목소리는 장애 권리 조직들 내에서 잘 대변되고 있지 않았다. 또한 다수의 청년들은 보다 많이 참여하길 원하지만 그렇게 할 수 있는 시간이 없으며 자신들이 가진 장애와 관련된 장애물들로 인해 참여할 수 없었다. 이러한 연구 결과는 젊은 장애 여성으로서의 우리의 경험을 반영한다. 우리가 관여했던 대부분의 조직들에서 청년들은 소수였으며 그들의 의견은 좀처럼 고려되지 않았다. 이것이 장애 권리 커뮤니티에 대한 소속감을 발전시켜 나가는 것을 방해한다. 더욱이 많은 조직들이 주중에 회의를 개최한다. 학생 및 파트타임 근로자들은 이런 스케줄을 감당하기 어렵다.

'TM'의 빠른 성장이 보여 주는 것은 장애인들이 다른 장애인들과 온라인으로 연결되는 것에 정말 관심이 많다는 것이다. 설립 후 1년 내에 이 단체는 활동적인 회원들 간에 커뮤니티성을 만들어 내는 데 성공했다. 예를 들면, 2014년 12월 1일부터 14일 사이에 41개의 글이 'TM'에 게시되었다. 평균적으로 각 게시물은 5개의 '좋아요'와 7개의 댓글을 받았으며 일부 게시 글은 48개까지 많은 댓글을 받았다. 이 기간 동안 약 60명이 하나 이상의 게시 글에 댓글을 달았다. 이러한 수치는 이 단체에 지속적으로 정보가 모이고 있음을 보여 준다.

많은 사람들이 몇 년 동안 자신들이 고립되어 있었으며, 누구와도 자신들의 공공운송수단 이용 경험에 관한 이야기를 나누지 않았음을 인정했다. 그들에게는 이용할 수 있는 공간이 없었다. 어떤 커뮤니티도 존재하지 않았다. 이것은 서구 문화에서 여전히 지배적인 장애에 대한 하나의 이해를 드러낸다. 임리(Imrie, 1996)는 다음과 같이 언급한다.

> 지배적인 이론의 흐름은 장애의 본질과 경험을 개별화하며, 그것이 치료 그리고(또는) 치유를 요구하는 의학적 상태와 유사함을 나타낸다. 이런 방식에서는 예를 들어, 자주 이사 다니거나 고용되는 데 실패하는 등 장애인이 마주치는 어떤 부정적인 경험이 사회적 및 정치적 차별로 인한 것이라기보다는 개인이 가진 장애와 연계되어 개념화된다.
>
> (p. 397)

'TM'에 공유된 이야기들은 거의 예외 없이 개인이 아닌 시스템을 문제로 본다. 많은 이야기들은 그들이 어떻게 느끼며, 어떤 방식으로 서로의 경험을 인식하는지에 대해 회원들 간의 대화를 촉발한다. 그들은 'TM'을 발견한 것이 자신들의 이야기가 환영받고 서로 지지할 수 있는 공간을 찾은 것과 같았다고 주장한다. 예를 들어, 2014년 12월 초 몬트리올에는 그 겨울 첫 눈보라가 발생하여 보조 교통수단 서비스가 제한되었고, 우선순위는 '병원' '직장' 그리고 '학교'에 가는 것에 주어졌다. 'TM'의 한 회원은 이 기간 동안 아버지의 장례식에 참석해야 했다. 그녀는 차량을 예약할 수 있었지만 STM 고객 서비스 근무자는 그녀의 탑승 목적이 세 가지 우선순위에 해당하지 않는다는 이유로 그녀의 서비스 이용 가능 여부를 확정해 줄 수 없었다. 그녀의 탑승 목적은 사실상 네 번째 (그리고 마지막) 우선순위인 여가활동으로 분류되었다. 그녀는 'TM'에 위로와 설명을 요청했다. 회원들은 보조 교통수단 담당자 또는 책임자, STM 사장에 이르기까지 그들 중 누군가와 연락해 볼 것을 제안했다. 또 다른 회원은 그녀가 탑승 목적을 직장이나 학교에 가는 것이라고 거짓말을 할 수밖에 없다고 말했다. 또한 어떤 사람들은 대안적인 우선순위에 대해 논의하거나 고객 서비스 근무자들이 보인 공감의 부족에 대해 비판하기 시작했다. 모든 사람이 그녀에게 조의를 표했으며 힘들고 스트레스를 유발하는 기간 동안 그녀를 지지해주었다. 후에 그 회원은 직장 동료에게 자신에게 보내 준 지지에 감사하며 결국 장례식에 갈 수 있게 차량 탑승을 확정할 수 있었음을 알리는 게시글을 써 달라고 요청할 수 있었다.

이 사례는 그들이 있는 그대로 자신을 느낄 수 있는 공간에서 함께하는 커뮤니티를 보여 준다. 드 서토(De Certeau, 1984)는 《일상생활의 실천The pratices of everyday life》에서 소속감을 "일상의 활동과 공간의 이용으로부터 시간이 흐름에 따라 생겨나 자라나는 감정"으로 묘사한다. 어떤 공간을 보다 많이 이용할수록, 그 공간에 대한 감정도 발전한다. 장애 행동주의의 공간으로서 'TM'은 확실히 많은 회원들에게 가장 자주 머무르는 장소가 되었는데, 이는 이 공간이 일상적인 소셜 미디어 활동에 뿌리박고 있기 때문이다.

또한 'TM'은 물리적으로도 행사를 조직하는 데 성공했다. 우리는 2014년 7월 비공식적인 대면 회의를 개최했는데 15명 정도의 회원들이 참여하여 몬트리올 장애 행동주의의 현 상황과 그들이 어떤 행동을 취하길 바라는지에 대해 논의했다. 2014년 9월에는 'TM' 회원들이 퀘벡 인권위원회와 협력하여 장애 기반의 차별에 대해 운영한 훈련과정에 참여했다. 또한 교통 및 접근성과 관련된 다른 행사들을 홍보하곤 했다. 몇몇 경우에는 회원들이 STM의 공공 회합에 참여하기 위해 'TM'을 통해 참여 모임을 조직하기도 했다.

결론

창립 후 20개월 후에도 여전히 'TM'의 회원 규모는 확대되고 있다. 많은 회원들이 '우리는 여태까지 배제되어 왔으며 이를 해결하기 위해 나서야 한다'는 집합적 인식을 드러냈으며, 점점 더 많은 회원들이 여기에 힘을 보태고 있다. 거의 매일 단체의 페이스북에 방문하여 글을 게시하는 사람들도 있는 반면, 자신들의 관심을 끄는 이슈들에 비중을 두어 활동하는 사람들도 있다. 'RUTA'는 회원이 특정 질문에 답변할 것을 요구하지 않는 한 토론에 참여하지 않는다. 페이스북 단체를 관리하는 활동가로서 우리는 잘못된 이야기는 없다는 것을 배웠다. 누군가 보조 교통 서비스에 대해 STM이 공식적으로 제공하는 것과는 다른 정보를 공유한다면, 그것은 정보가 어떻게 장애인들에게 잘못 전달되는지에 대한 실마리를 제공해 준다. 즉, 그것은 잘못된 것에 대해 알려 주는 것이다.

사람들이 무엇을 생각하고 느끼는지도 중요하다. 아이디어, 생각 그리고 감정을 위한 공간을 제공함으로써 장애인의 경험에 대한 보다 의미 있는 이해를 할 수 있게 되었다. 우리는 'TM'이 몬트리올 행동주의의 모델에서의 균열을 보여 준다고 생각한다. 소셜 미디어 플랫폼을 통해 활동하고 어느 때나 가상공간에서 접속할 수 있다는 점 때문에 'TM'은 장애인들이 자주 직면하는 사회적 참여에의 방해물 일부를 제거할 수 있었다. 그렇게 함으로써 질문하고, 뉴스 및 개인적 이야기를 공유하며, 의견들에 대해 논쟁하는 등 회원들 간에 지속적인 정보의 흐름이 가능해졌다. 이 단체는 장애인들이 운송 서비스 차별과 관련하여 머리를 맞대고 논의할 수 있는 새로운 공간이 되었다. 한편, 우리는 모든 장애인들이 페이스북에 접근할 수 있는 건 아니므로, 그것이 가지고 있는 현재의 한계에 대해서도 인식하고 있다. 이에 더하여, 사진 및 비디오 게시 등 모바일 미디어와 페이스북의 몇몇 특징들이 'TM' 회원들에 의해서는 거의 이용되지 않는다는 점도 주목한다. 'TM' 회원들이 생산하고 수정한 자료들에 대해 추가적으로 연구하는 것은 흥미로운 작업이 될 것이다. 종합적으로 보면, 'TM'의 인기는 온라인 행동주의가 'RUTA'와 같은 장애 권리 조직들이 고려할 필요가 있는 새로운 현실임을 보여 준다.

미주

❶ STM은 2010년 3월부터 소셜 미디어를 사용하기 시작했다. 이 조직은 트위터와 페이스북에서 활동 중이다. 2015년 9월 26일 기준 STM 페이스북 회원 수는 49,136명으로 집계되었다.

❷ 예를 들어, 장-탈롱Jean-Talon 지하철역에서 엘리베이터 서비스가 시작되었을 때, STM은 고객에게 알리기 위한 용도로 소셜 미디어를 사용하지 않았다. STM은 나중에 이 소식이 STM 페이스북 이용자들이 관심을 가질 만한 것이 아니라고 주장했다. 우리는 STM은 공공 보조 교통 서비스에 대한 정보를 공유하는 용도로 소셜 미디어를 사용하지 않는다는 점도 주목했다.

❸ 단체 이름을 '장애를 만들어 내는 운송 서비스-트랑스뽀르 메자다쁘떼Transport mésadapté'로 선택한 이유는, 몬트리올 교통 시스템이 우리의 이동을 가능하게 하는 것이 아니라 불가능하게 한다는 사실을 강조하고자 함이다. 이 비판적 관점은 1970년대 중반 이후 수많은 장애학자들이 주장한 장애인 의료화에 대한 비판에 뿌리를 두고 있다(Oliver, 1990; Shakespeare, 2006). 많은 장애인들처럼 우리도 장애의 사회적 모델에 대해 알게 되고, 장애인이 겪는 차별이 장애가 아니라 장애를 만드는 사회에 의한 것임을 인식하게 된 깨달음의 순간이 있었다.

참고문헌

Anderberg, P., & Jönsson, B. (2005). Being there. *Disability & Society, 20*(7), 719-733.

Asuncion, J. V., Budd, J., Fichten, C. S., Nguyen, M. N., Barile, M., & Amsel, R. (2012). Social media use by students with disabilities. *Academic Exchange Quarterly, 16* (1), 30-35.

Boucher, N., Fougeyrollas, P., & Gaucher, C. (2003). Development and transformation of advocacy in the disability movement of Quebec. In A. Wight-Felske & D. Stienstra (Eds.), *Speaking of equality: History of advocacy and persons with disability in Canada* (pp. 137-162). Toronto, ON: Captus Press.

Büscher, M., Urry, J., & Witchger, K. (2011). *Mobile methods*. London, UK: Routledge.

Crow, B. A., Longford, M., & Sawchuk, K. (2010). *The wireless spectrum: The politics, practices, and poetics of mobile media*. Toronto: University of Toronto Press.

De Certeau, M. (1984). *The practice of everyday life*. Translated by S. Rendall. Berkeley, CA: University of California Press.

Duchastel de Montrouge, C. (2014). Review of the book *disability and new media* by K. Ellis & Kent, M. *Canadian Journal of Disability Studies, 3*(2), 144-150.

Frith, J. (2012). Splintered space: Hybrid spaces and differential mobility. *Mobilities, 7*(1), 131-149.

Goggin, G., & Newell, C. (2003). *Digital disability: The social construction of disability in new media*. Lanham, MD: Rowman and Littlefi eld.

Gysler, D., & Racette, B. (2014). Rapport de recherche II – 'Vers où' s'engagent les jeunes en situation de handicap. Conference: *S'engager pour une voie sans obstacle* from Ex aequo, Montréal.

Haller, B. (2010). *Representing disability in an ableist world: Essays on mass media*. Louisville, KY: The Advocado Press.

Huang, J., & Guo, B. (2005). Building social capital: A study of the online disability community. *Disability Studies Quarterly, 25*(2). Retrieved September 11, 2016, from http://dsq-sds.org/article/view/554/731

Imrie, R. (1996). *Disability and the city: International perspectives*. New York, NY: St. Martin's Press.

Jaeger, P. (2011). *Disability and the internet: Confronting a digital divide*. Boulder, CO: Lynne Rienner Publishers.

Ladau, E. (2015). Beware the scare tactics: Stop negative portrayals of disability in PSAs. *Huffington Post*. Retrieved June 29, 2015, from http://www.huffingtonpost.com/emilyladau/beware-the-scare-tactics-_b_7157054.html

Office des personnes handicapées du Québec (Producer & Director). (1983). *La grande sortie* [Motion picture]. Québec: OPHQ.

Oliver, M. (1990). *The politics of disablement*. London, UK: Palgrave Macmillan.

Parent, L. (2010). *The hegemony of stairs in the Montréal métro* (Master major research paper). Toronto, Ontario: York University.

Shakespeare, T. (2006). *Disability rights and wrongs*. London, UK: Routledge.

Young, S. (2013). Disability-a fate worse than death? *ABC Ramp Up*. Retrieved December 15, 2014, from http://www.abc.net.au/rampup/articles/2013/10/18/3872088.htm

8

상호작용 포함하기

행동주의 및 역량강화를 위한 도구 디자인

톰 비엘링, 티아고 마틴즈, 게슈 주스트

도입

정보통신기술의 개념화 및 개발에서뿐만 아니라 정책 결정과정에서도 사회적으로 소외된 사람들, 특히 장애인들의 욕구, 경험 그리고 지식은 여전히 고려되거나 통합되지 않는 경우가 종종 발생한다. 장애인이 아닌 다수에 초점을 맞추는 것은 사회적 배제의 과정을 더욱 심화시킨다.

시청각중복장애인과 같이 심하게 소외된 커뮤니티는 여러 가지 의사소통 방식에서 배제된다. 지배적인 소셜 미디어 기술을 활용하는 데 있어 시청각중복장애인들이 겪는 어려움을 해소하기 위해 착용할 수 있는 번역 및 의사소통 장치인 롬 장갑 Lorm glove이 개발되었다. 롬 장갑의 원형은 장갑 손바닥에 위치한 민감한 부위를 사용하여 착용자의 터치를 인식하고, 롬[1] 알파벳 사인을 확인할 수 있게 함으로써 스마트폰이나 태블릿과 같은 모바일 기기에 무선으로 전달될 수 있는 메시지를 만들어 낸다. 반대로, 모바일 기기를 통해 수령된 메시지는 롬 장갑에 무선으로 전달되어 장갑에 위치한 촉각 활성장치를 통해 롬 알파벳 사인으로 재생된다.

이 장에서는 디자인과 기술에 관한 비판적 이론들로부터 본 연구단과 시청각중복장애인들이 함께 롬 장갑과 롬 손을 개발하고 일련의 대중적 시위와 공연 행사들을 조직했던 프로젝트를 통해 참여적 행동 연구 과정을 살펴보고자 한다. 이 장은 소셜 미디어에 관한 것이라기보다는 소셜 미디어의 행동유도성affordances에 관한 것이라고 할 수 있다. 이는 가상의 네트워크에서의 적극적인 정보 접근과 교환을 위해 온라인을 매개로 하는 도구들로 인해 이 프로젝트가 특정한 방식으로 운영될 수 있게 해 주었기 때문이다.

배경

최근 몇 년 사이에 디자인의 사회적❷ 및 정치적 측면들이 점점 중요해졌다(Bieling, Joost, & Sametinger, 2014a). 비판적이고 문화적인 측면을 강조하는 디자인 접근방식이 있는 반면, 통합적이고 사회적인 측면을 강조하는 디자인 접근방식도 있는데, 이러한 접근방식들을 통해 디자인이 사회 변혁을 가져올 수 있는 커다란 잠재력을 가진 실천 행위로 이해될 수 있게 되었다. 이러한 접근방식들의 강력한 특성은 사회적으로 적절히 대우받지 못하거나 소외된 인구집단의 욕구를 충족시킬 뿐만 아니라(Margolin & Margolin, 2002), 인간의 행복, 참여, 자기 조직화 또는 대안적 형태의 정치 행동을 증진하고 이에 기여하고자 하는 의도를 가진다는 점이다.

우리는 이전의 출판물에서 소외된 커뮤니티들이 잠재적 소비자라는 측면에서 '대상 집단'으로 간주될 때와 이 커뮤니티들이 혁신적이며 사회적으로 지속가능한 발전의 적극적 행위자로 간주될 때의 상이한 결과를 논의했는데, 후자의 경우 의도하지 않았던 광범위한 이용 및 애초에는 고려되지 않았던 사용자들에게 부가적인 가치를 가져다주었다❸(Bieling, Gollner, & Joost, 2012a, 2012b; Joost & Bieling, 2012).

베를린예술대학교 디자인연구소의 '사회적 혁신' 연구단은 사회적, 문화적, 경제적, 정치적, 생태적 그리고 윤리적 변인들 내에서 조력하고 협상하는 디자인의 역할에 초점을 맞추어, 디자인의 사회적 · 정치적 측면을 밝히고자 한다. 본 연구단은 잘 드러나지 않고 억압받는 커뮤니티들에서 진행되는 변혁적인 변화 및 행동주의에 대한 통합적이며 다양성 기반의❹ 접근방식을 통해, (비)장애, 빈곤, 노화, 건강, 젠더, 사회운동, 시위 또는 지적 대화와 같은 이슈들을 다루고자 한다. '사회적 혁신' 연구단의 연구 틀 내에서 본 연구 프로젝트 '상호작용 포함하기Interaktiv Inklusiv'가 진행되었으며, 시청각중복장애가 있는 사람들이 정보 습득 통로 및 의사소통 체계에 접근할 때 경험하는 어려움들에 초점을 맞추었다. 본 연구는 이 영역에서의 발전이 다양한 다른 이용자들에게도 부가적인 혜택을 가져다줄 수 있다는 가정에 기반을 두고 있다(Bieling, Sametinger, & Joost, 2014b).

사례연구

☆ 상호작용 포함하기

'상호작용 포함하기' 프로젝트에서 연구단[5]은 시청각중복장애인들과의 의사소통 또는 그들 간의 의사소통 맥락에서 보조기술 설계의 가능성과 과제를 탐색해 왔다. 이 참여적 디자인 연구 프로젝트의 초기 접근방식은 사전에 정의된 '문제'(예: 특정 장애)에 대한 '해결책'(예: 기술 장치)을 제시하는 것이 아니라, 처음에는 시청각중복장애인의 관점에서 인공적인 세계[6]를 탐구하고 관찰하며 이해하는 것이었다. 시청각중복장애인들과 관련 조직들, 그리고 그들과 함께 일하거나 생활하는 사람들과 함께 일상적으로 벌어지는 상황들을 탐색하되,[7] 특정 형태의 시청각중복장애인들의 의사소통에 초점을 맞추었다.

시청각중복장애는 청력과 시력 상실이 결합된 이중의 감각장애다. 공통된 언어가 없기 때문에 이들이 외부 세계와 연결되기는 어렵다. 그러나 이들 중 인생 후반에 장애인이 된 경우에는 의사소통을 위해 롬 알파벳Lorm alphabet[8] 사용법을 배울 수 있는 기회를 갖게 되는데, 이는 독일(오스트리아, 폴란드, 네덜란드 및 체코공화국에서도 그렇다)의 시청각중복장애인들이 사용하는 주요 의사소통 방법이다. 19세기 시청각중복장애인 발명가 히에로니무스 롬Hieronymus Lorm[9]이 개발한 롬 알파벳은 촉각적인 손 터치 알파벳으로, 모든 문자가 손의 특정 영역에 할당되며 의사소통을 하는 두 사람은 롬 알파벳에 익숙해야 한다. '화자speaker'가 '독자reader'의 손바닥을 터치하여 점, 선 및 모양을 만들며 롬 알파벳 표시를 그린다. 롬 알파벳에는 손가락 끝을 쥐거나 손바닥에 두드리는 것과 같은 제스처가 포함되어 있으므로 신체 접촉이 필수적이다. 이러한 제한적인 전제 조건으로 인해 이들은 사회적으로 고립되고 주변 사람들이 전달한 정보에 의존하게 된다. 또한 정보에 독립적으로 접근하는 것이 어려울 뿐만 아니라 온 · 오프라인 소셜 네트워크에 참여하는 것도 어렵거나 불가능하다.

롬 알파벳([그림 8-1] 참조)은 잘 정의된 단일한 표준으로 엄격하게 제한되지 않는다. 특정 제스처에 대해 지역별로 차이가 있으며 각 제스처의 정확한 형태는 개인 간에 매우 다양할 수 있다. 숫자의 부호는 일반적으로 상세하게 만들어지거나 숫자의 모양을 재현하는데, 다시 말해 손바닥[10]에 숫자를 그리는 것이다. 일부 사용자는 개인 약어 또는 변형된 제스처를 선택하기도 한다. 또한 단어의 끝을 나타내거나 '기다려 주세요.'라는 신호를 보내기 위해 손을 잡거나 사람, 사물 또는 행동이 일어난 곳의 정확한 위치를 찾아내기 위해 손을 잡고 가리키는 등의 보조적이며 초커뮤니케이션meta-communicative[1] 제스처들이 공통적으로 사용된다.

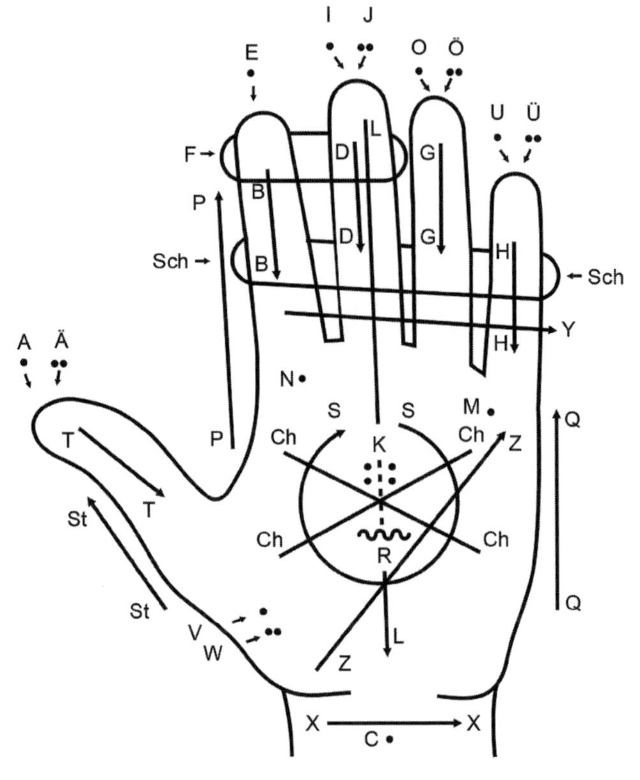

[그림 8-1] 롬 알파벳

앞서 언급했듯이 롬 알파벳을 사용하는 것은 참여자 간의 신체 접촉을 수반한다. 즉, 롬 알파벳을 사용하는 대화는 가까이에 있는 사람과의 대화 및 일대일로 진행되는 대화로 제한된다. 여러 명의 시청각중복장애인들과 대화하거나 그들 간의 단체 대화는 매우

1) [역주] 초커뮤니케이션meta-communication이란 말이 아닌 시선, 동작, 몸짓, 태도 등에 의한 커뮤니케이션을 뜻한다.

어렵다. 통역사의 도움 없이는 몇 미터 거리에서조차 대화가 불가능하다. 먼 거리에서 대화를 하거나 디지털 미디어를 사용하여 자신을 표현하기 위해서 시청각중복장애인은 통역사의 도움에 의존해야 한다.

연구 프로젝트 '상호작용 포함하기Interaktiv Inklusiv'는 기술 설계의 발전으로 인해 촉발될 수 있는 고령 인구에의 영향을 염두에 두면서 이러한 문제들을 검토하였다. 접근성 있는 디자인과 기술에 대한 인식 제고는 지구적 차원의 인구 변화로 인해 점점 고령화되는 인구가 노화와 관련된 시각 또는 청각 장애와 같은 신체적 한계에 직면하게 될 것이라는 사실과도 관련되어 있다.

공동 연구 및 디자인 과정의 물리적 결과와 반영적 실습reflective-practice의 대상으로서(Schön, 1984) 롬 손이 개발되었다. 그것은 시청각중복장애인을 위한 촉각적 롬 알파벳을 텍스트로 번역하거나 또는 그 반대로 번역하기 위해 착용할 수 있는 인터페이스인 롬 장갑⑪에 대한 이전의 연구에서 도출된 결론에 기초한다(Bieling, Gollner, & Joost, 2012b). 롬 알파벳이 글자를 촉각적 제스처로 변환시킨다는 점에서 그것은 문자로 이루어진 콘텐츠와 문자 기반 미디어를 시청각중복장애가 있는 이용자가 이해할 수 있는 형태로 번역할 수 있는 적절한 수단이다.

정기적인 회의를 통한 반복적인 과정에서 참여자들은 프로젝트의 모든 단계에 참여했다. 시청각중복장애인의 일상생활 또는 그들이 의사소통에서 경험하는 일상적 어려움에 대해 탐색하는 것으로 시작하여 가설과 연구질문을 공동으로 만들어 냈고, 잠재적인 디자인 접근방식을 상상하고 해결방안을 모색했으며, 과정, 방법 그리고 결과를 평가하는 데에도 참여했다.

모바일 및 웹 기반 기술은 커뮤니티와 개인이 콘텐츠를 생성하고 공유할 수 있는 상호 교류적인 플랫폼을 만드는 데 도움이 될 수 있기 때문에 시청각중복장애의 맥락에서 디지털 소셜 미디어의 중요성이 점점 커질 것이라는 점은 분명해 보인다(Agichtein et al., 2008).

롬 장갑

롬 장갑Lorm glove 개발의 전반적인 목적은 롬 알파벳 사용자를 위한 휴대용 의사소통 장치를 만들어 내는 것인데, 사용자가 시청각중복장애를 가진 개인들에게만 엄격히 국한된 것은 아니다. 이러한 장치는 시청각중복장애인들의 디지털 정보 및 통신 매체에 대한 접근성을 높임으로써 온라인과 오프라인 모두에서 자율성과 참여를 촉진한다.

롬 장갑은 착용 가능한 장치로서 촉각적 자극을 감지하고 생성할 수 있다. 마이크로프로세서는 문자를 수신하여 그것들을 사용자 정의 패턴[12]에 따라 롬 제스처로 재생하는데, 이는 롬 알파벳과 일치하는 일련의 연속적인 순서들에 따라 장치를 작동시키는 것이다. 같은 방식으로, 센서 데이터에 기초한 동작의 인식은 마이크로컨트롤러에 의해 수행되어 읽을 수 있는 문자로 연속해서 전송된다.[13]

따라서 이 장치([그림 8-2] 참조)는 롬 알파벳에 능숙하지 않은 사람들을 위한 번역기 역할을 할 수 있다. 장갑 착용자가 또 다른 이용자에게 장치를 빌려줌으로써 이용자가 메시지를 입력하여 장갑에 전송되도록 할 수 있다. 또는 장갑 착용자에게서 빌린 장치를 이용해서 이용자가 장갑 착용자의 동작으로부터 인식된 메시지를 시각화할 수도 있다. 태블릿 또는 휴대폰 사용자는 키보드를 이용해 메시지를 입력하거나 장치를 이용해 메시지를 받아쓰게 하는 것 중에서 선택할 수 있다. 더 나아가 문자 메시지 서비스를 통해 짧은 메시지를 주고받는 기능이 추가되었다. 수신된 메시지는 롬 장갑을 통해 자동적으로 차례대로 기억되어 재생된다. 메시지를 보내려면 먼저 수신자를 선택해야 한다. 장갑 표면에 '로밍lorming'으로 메시지가 작성된 후 제출 버튼을 누르면 메시지가 선택된 수신자에게 문자 또는 음성 메시지로 발송된다.

[그림 8-2] 롬 장갑의 두 번째 시제품

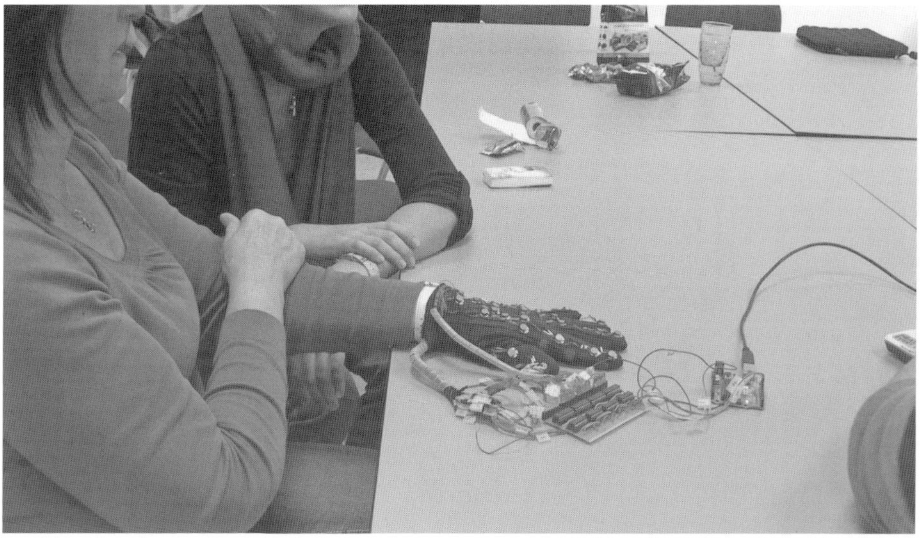

[그림 8-3] 첫 번째 롬 장갑 시제품에 대한 시청각중복장애인 테스트

롬 장갑은 개발 중에 시청각중복장애인 이용자들 및 롬 전문가들에 의해 자주 테스트 되었으며 이 과정에서 질적 특성이 관찰되었다. 개조된 롬 장갑의 유용성에 관해 가장 중요하게 관찰된 내용 중 일부는 양적 문제에 초점을 맞춘 공개 및 준 공개 행사가 진행되는 동안 수집되었다. 이러한 관찰은 최초의 롬 장갑을 개선하기 위한 추가 노력의 방향 설정에 도움이 되었다. 행사 중에 장치를 쉽게 착용할 수 있었기 때문에([그림 8-3] 참조) 다양한 상황에서 사용자의 피드백을 관찰하고 수집할 수 있었을 뿐만 아니라 프로젝트를 알리고 사람들의 인식을 제고할 수 있었다. 즉, 시청각중복장애인을 위한 기술의 활용, 그리고 상호적이며 사회적인 디지털 미디어에서의 접근성 서비스가 디자인 및 기술 측면에서 가능하다는 점에 대한 인식 향상에 기여했다.

롬 손

롬 장갑에 대한 작업을 진행하는 것과 동시에 시청각중복장애인을 위해 대화를 가능케 하는 장치가 설계되어 제작되었는데, 사용자가 롬 알파벳을 그 위에 표시할 수 있는 물리적 손 모양을 만들어 냄으로써 온라인상에 게시될 수 있는 메시지

[그림 8-4] 베를린 포츠담 광장의 '시청각중복장애인 행동' 시위행진에서의 롬 손. 시각장애가 없는 사용자를 위해 스크린에서도 작성된 자막을 보여 준다.

를 작성할 수 있게 하는 것이었다. 이 장치는 롬 손Lorm hand이라고 이름 지어졌으며, 처음에는 2013년 10월 4일 베를린에서 개최되어 포츠담 광장에서 막을 내린 '시청각중복장애인 행동Aktion Taubblind'의 시위행진—고립된 시청각중복장애인Taubblinde in Isolationshaft[14]—에서 활용될 수 있게 개발되었다([그림 8-4] 참조).

이 장치는 시청각중복장애인 및 그 밖의 롬 알파벳 사용자가 트위터 및 페이스북에 메시지를 게시할 수 있도록 설계되었다. 이로 인해 시청각중복장애인들 및 다른 참가자들이 자신의 생각, 의견 및 정치적 요구를 더 많은 청중과 공유할 수 있는 기회가 생겨나, 청중으로 하여금 시위의 핵심 주제, 즉 시청각중복장애 상태에 자주 동반되는 고립의 경험에 대해 인식하게 하며 이와 동시에 이에 반대하는 활동에 참여하게 했다. 또한 롬 손 설치를 통해 롬 알파벳에 익숙지 않은 사람들도 이 장치에 대해 알게 됨으로써 이러한 형태의 의사소통과 그것이 제공하는 가능성에 대한 인식을 만들어 낼 수 있었다([그림 8-5] 참조).

웹상에서 '풍부한' 시청각 미디어가 확산되는 것과 달리 트위터는 본질적인 단순성에도 불구하고(또는 그 덕분에) 상당히 대중적인 온라인 SNS로 자리매김할 수 있

[그림 8-5] 앞을 볼 수 있는 한 청각장애 참가자가 롬 알파벳을 학습하고 훈련하기 위한 도구로 두 번째 롬 손 시제품을 사용하고 있다. 그녀는 이 사진을 보고 "좋았어. 흥분되는 걸!" 이라고 외쳤다.

었다. 트위터는 다른 미디어들과는 달리 문자 콘텐츠를 기반으로 하며, 청각 및(또는) 시각 장애가 있는 개인들을 위해 설계된 알파벳을 포함하여 다른 알파벳(및 언어)으로 또는 그로부터 쉽게 변환될 수 있다.

롬 장갑은 사적 및 보편적으로 사용된다는 가정하에 설계되었지만 롬 손은 행사 기간 동안 한곳에 고정으로 설치되어 많은 사람들이 사용하도록 개발되었다. 그러한 경우 장갑이나 착용이 가능하도록 하는 기술은 부적절했을 것이다. 이러한 이유로 롬 손은 공적 장치에 보다 적합한 형태로 만들어졌으며 느끼고 만질 수 있어 시각장애인을 위한 조각품이나 전시물과 비슷했다.

[그림 8-6] 시청각중복장애인 시위행진에서 사회자가 흰색 장갑을 끼고 있어 (제한적으로) 볼 수 있는 관중은 그의 몸짓을 보다 쉽게 인식할 수 있다.

사용자는 다른 사람에게 로밍하는lorming 것처럼 롬 손에 롬 알파벳 표시를 쓰고 각 단어의 끝(여백)을 알리기 위해 손을 짧게 잡는다. 롬 손에는 사용자의 터치를 감지하기 위한 센서가 내장되어 있다. 사용자에게 메시지가 표시될 때 롬 손의 손바닥을 몇 초 동안 누르거나 메시지가 140자 한도에 도달하면 메시지는 쪼개져 롬 손 트위터 계정에 게시된다. 응용 프로그램은 센서 데이터를 기반으로 롬 동작을 인식하여 메시지를 화면에 표시하고(특히 시청각중복장애인이 아닌 학습자들에게 유용하다), 트위터 계정인 @LormHand에 메시지를 게시하도록 처리한다. 트위터 계정은 페이스북[15] 계정(www.facebook.com/LormHand)과 연결되어 있어 메시지는 인기 있는 온라인 소셜 네트워크 양쪽 모두에 게시된다.

롬 손은 이러한 형태, 외양 및 기능들을 통해 시위행진의 핵심 요구사항과 기본의제를 이상적으로 드러낼 수 있었는데, 이는 사회적 또는 정치적 대의를 위해 일반적으로 신체적 행동(예: 시위행진, 지정된 장소 집합), 청각적 요소(예: 구호, 외침, 노래, 인공적이거나 음성 기반의 소리) 그리고 시각적 요소(예: 배너, 포스터, 전단지)를 활용하는 것과 비슷한 의미로 활용되었다.

미학적 형태의 행동주의로서 이러한 것들은 시위 목표를 공식화하고 드러내기 위해 사용되는 가장 대중적이며 성공적인 요소들이 될 수 있다. 그러나 시청각중복장애 맥락에서는 사실상 그러한 도구들이 존재하지 않는다. 따라서 다른 시위행진 및 활동가 집회들에 비해 '시청각중복장애인 행동'은 다소 조용한 시위행진으로 보였다([그림 8-6] 참조).[16] 시위행진 중에는 단지 소수의 현수막과 포스터들만이 게시되었고, 그것들 대부분은 시청각중복장애인들이 쓴 것도 아니고 그들이 읽을 수 있

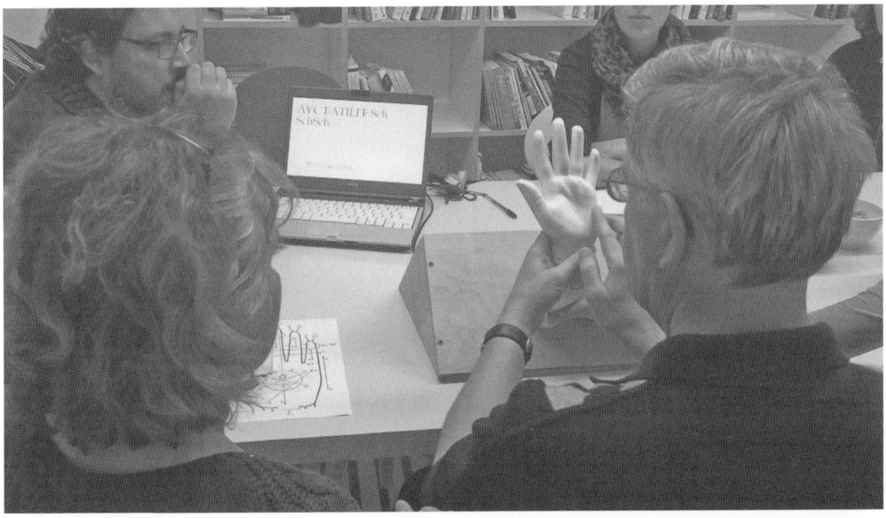

[그림 8-7]과 [그림 8-8] 시청각중복장애가 있는 한 참가자가 다른 방향에서 롬 손을 시도해 본다.

는 것도 아니었다.

롬 손은 모든 참가자들(시청각중복장애인 및 시각/청각을 가진 사람들 양쪽 모두)이 이용할 수 있는 플랫폼을 제공하기 위한 (성공적인) 접근방식이었다. 메시지를 널리 알리고 홍보하며 더 많은 사람들—심지어 특정한 행사에 참여할 수 없었던 사람들을 포함하여—과 메시지를 공유하는 플랫폼이었다. 그리고 보다 많은 사람들이 참여하면서 시위행진이 물리적 공간(포츠담 광장) 너머로 확대되었으며, 여전히 진행 중인 온라인상의 담론을 통해 시간적인 한계를 극복할 수 있었다.

롬 손은 접근성과 통합성의 개념을 구현하면서 자연스러운 모양을 주요한 특징으로 하는 상호작용 촉진 장치로서, 롬 손의 개념은 물리적으로나 또는 온라인상으로나 양쪽 모두에서 받아들여질 수 있었다. 그렇기 때문에 롬 손은 빠르게 주목을 받았으며 특히 온라인 소셜 네트워크 및 관련 미디어에서 그러했다. 롬 손은 참여적 개발, 공적 장치[17]로서 행사에서의 존재감 및 소셜 미디어에서의 존재감을 통해 롬 알파벳을 소개하고, 시청각중복장애인들과의 의사소통 가능성을 이해하기 쉽게 보여 주는 교육적 도구로서뿐만이 아니라 새로운 기술에서의 접근성 문제(그리고 고립을 피할 수 있도록 기술이 할 수 있는 역할)에 대한 인식을 제고하는 매체로서도 입증되었다([그림 8-7]과 [그림 8-8] 참조).

장애: 관점의 문제

이 사례연구는 기술에 의해 제기된 사회적 배제 및 통합의 과정과 관련된 문제를 다루며, 디자인, 연구 그리고 기술 개발의 정치에 관한 중요한 질문들을 제기한다. 이러한 질문들 중 하나는 디자인 및 디자인 연구의 사회적 영역 및 사회적 구성 측면에서의 역할, 그리고 사회를 조직하는 측면에서의 역할을 명확히 하는 것이다. 한 가지 접근방식은 디자인 과정을 통해 불이익, 무시 또는 소외당하는 집단을 보다 완전하게 통합하는 것이다. 이러한 의미에서 디자인은 과정, 환경 그리고 절차 및 참여에 관해 결정하는 것을 의미한다.

디자인과 기술은 오랫동안 광범위한 영역의 인간 생태학에서 없어서는 안 될 필수 요소가 되었다. 둘 다 일상생활 어느 곳에서나 존재하지만, 일단 우리가 그것들에 익숙해지고 의존하게 되면 의식하지 못하는 경우가 종종 있다(Goggin & Newell,

2003, p. 3). 둘 다 정체성의 개발 · 이해 · 유지에 근본적인 역할을 한다. 둘 다(심지어 동시에) 접근을 허용하거나 거부할 수 있으므로 종종(일반적이지는 않지만) 사회적 · 문화적 통합 및 배제에 대한 책임이 있다.

따라서 디자인과 기술은 결코 사회적으로 중립적이지 않다. 또한 혁신적인 기술을 개발하는 것뿐만 아니라 특정 사용자의 욕구를 이해하고 해결하기 위한 디자인 과정은 "그 과정에 참여하여 대상과 시스템을 다루는 다양한 사회집단 간의 이해관계의 균형에 영향을 미치기도 하고 영향을 받기도 하는 활동"으로 설명할 수 있다(Couto & Ribeiro, 2002). 더 나아가 "기술적인 생산품[……]은 특정 목적을 위해 사용될 수 있지만 다른 목적을 위해서는 사용될 수 없거나 사용될 수 있다 할지라도 훨씬 더 어렵거나 덜 효과적"일 수 있으므로 기술은 결코 중립적이지 않다(Stanford Encyclopedia of Philosophy, 2013).[18] 그러므로 기술은 인간이 영향력을 행사하는 것으로 간주되며,[19] 이는 한스 조나스Hans Jonas가 도덕적 검증에 지속적으로 노출되는 행동의 한 형태로 묘사한 것이다(Jonas, 1993).

인간이 만든 구조물과 기술이 개인에게 영향을 미친다고 가정하면 기술이 "정상성을 강화한다."[20](Davis, 2002)는 것이 이해된다. 그러므로 그것들은 "차이와 다양성을 포용하는 새로운 생활방식을 구축하고, 창조하며, 이에 기여하기보다는 장애차별주의의 틀을 재생산하는 데" 영향을 미친다(Goggin, 2008, p. 11). 이러한 측면에서 '디자인 관점'은 이러한 틀을 변경하고 다양성을 허용하는 데 중요한 역할을 할 수 있다. 디자인은 그러한 과업들과 관련되는데, 이는 디자인이 사회적으로 정해지고 인공물을 통해 매개되는 인간 활동으로서의 학습에 자동적으로 영향을 미치기 때문이다.

고긴과 뉴웰(2003, p. 147)은 사회가 어떻게 "의식적으로 그리고 무의식적으로 디지털 기술 안에 장애를 끼워 넣는지"와 어떻게 장애가 "기술 내에서 그리고 기술을 통해 구성되는지"를 보여 주었다(p. 12). 기술이 촉발하고 대표하는 가능화enabling 및 무능화disabling의 실천들과 관련하여, 장애인의 지식 및 관점은 고부가가치의 (사회적, 정서적, 특히 경제적) 이점을 가지는 것으로 보인다. 광범위하고 다양한 시민들과 커뮤니티들이 비판적이고 지속적인 성찰과 발전의 과정에 참여한다면 사회와 산업 모두에게 도움이 될 수 있다. 그리고 대안적인 방식의 정책 교환과 관련해서, 고긴과 뉴웰은 "이러한 하위 지식이 중요한 기여를 할 수 있으며 [……] 새롭게 현재와 미래의 규범이 되어 가고 있는 사회적 · 기술적 시스템을 형성하는 데 도움이 될 것"이라고 기술한다(p. 80).

디자인: 대상과 이용자 간의 통역사

디자인은 그것의 생산물이 제품, 서비스 또는 개입의 형태로 인식을 만들어 내고 대안적인 행동 양식을 유발할 수 있다는 점에서 중요한 역할을 할 수 있다. 그렇기에 디자인은 그 행위의 범위와 디자인된 생산물의 잠재적 영향에 대한 책임을 성찰하도록 요구한다. 그것은 디자인의 사회적 책임과 사회적 책임을 디자인할 수 있는 가능성의 문제다.

따라서 최근 몇 년간 다양한 연구, 디자인 및 개발 분야에서 관찰할 수 있었던 참여적 전환이 핵심적인 역할을 한다. 참여적 디자인의 주요한 방향은 디자인 과정에 서로 다른 참여자 집단들을 통합함으로써 디자이너와 '비디자이너'가 동등한 역할을 하도록 하는 것이다. '비디자이너'에는 최종 사용자, 고용주, 기타 이익집단의 대표자 또는 구성원이 포함된다. 이러한 참여자들은 '이해관계자'라는 개념하에 포함될 수 있는데, 이 개념에 따르면 모든 참여자들은 디자인 과정, 개념, 실현, 실행 또는 결과에 대해 특정한 (직)간접적 관심을 갖고 있다. 아이디어 생성 및 실현에 관한 질문 개발에서부터 제품 마케팅에 이르기까지 참여자들은 디자인 과정에 다양한 방식으로 밀접하게 통합될 수 있다(Sanders, 2013). 펠레 엔(Pelle Ehn, 2001)과 에지오 만지니(Ezio Manzini, 2007)는 보다 정치적인 지향을 가진 변형된 참여적 디자인을 제시한다. 여기서 초점은 사회적 과정에 시민을 포함하는 것뿐만 아니라 생활 조건을 독자적으로 향상시킬 수 있는 디자인을 허용하는 것이다.

가능하게 하기도 하고 불가능하게 하기도 하는 기술의 측면에서 이해관계자의 참여 수준은 의심할 여지없이 기술이 가져올 미래에 대한 영향을 결정할 것이다. 특히 "정보화 시대에 장애disablement를 일으키는 힘"(Sapey, 2000, p. 634)과 관련해서 그렇다. 소셜 미디어는 "모든 사람이 정보를 게시하고 이에 접근하며 공동의 노력으로 협력하거나 관계를 구축할 수 있는 광범위한 접근성을 가진 전자 도구"를 언급하는 것으로 넓게 정의된다(Murthy, 2013). 활동과 참여를 위한 플랫폼을 활성화하고 지원함으로써 그것은 불가피하게 통합성이라는 개념을 내포한다.

디자인: 장애와 '정상' 간의 경계

정상성의 문화적 생산이 순수한 생물학적 소인에 근거하지 않은 창조 행위라고 가정한다면 디자인과 정상성은 밀접하게 관련된다. 정상성에 대한 우리의 공통적 이해는 매일 협상되며 그 안에 디자인의 가능성이 있다. 더욱이 디자인 생산물이 스스로를 드러내는 정도 또는 정상성이라는 상투적인 표현으로부터 거리를 두는 정도 등과 같은 실천적인 참고사항들이 존재한다.

'정상'이라는 개념[21]은, 광고에 의해 생성된 이미지라는 수단으로뿐만 아니라 디자인 자체가 특정 사용자를 특정 서비스 및 기술을 사용하지 못하게 배제한다는 사실 때문에 디자인에 의해 강화되는 경우가 흔하다.

디자인 연구의 경우, 기존의 '장애'와 '정상'의 고정관념을 극복하는 방법에 대한 질문이 제기된다. 이 질문에 대한 답변 중 하나는 참여적 디자인을 통해서 가능하다. 그 가설은 참여적 디자인 접근방식이 참여자들의 다양한 관점이 통합된다는 단순한 사실로 인해 디자인에서 '정상적'이라는 진부한 표현을 재확인하는 것을 방지해 준다는 것이다.

기술은 장애와 정상 사이의 경계를 표시하며 참여자들의 사회적, 제도적 또는 개인적 해석뿐만 아니라 결국 그들의 문화적 생산과도 관련된다(Dederich, 2013 참조). 따라서 '정상'에 대한 공통의 이해와 정의에 관한 기술의 개발 및 실행에서의 비판적 성찰이 요구되며, 특히 장애인 자신들의 관점을 강화하는 것에 목적을 두어야 한다(Behrisch & Bieling, 2015). 이에 참여적이고 통합적인 기술의 디자인 및 개발에 대한 몇몇 성찰점들에 대해 논의할 필요가 있다. 또한 정보통신기술 및 관련 미디어 문화의 맥락에서의 비판적 관점이 필요하다. 고긴과 뉴웰이 언급한 바와 같이, 장애는 정보통신기술 및 관련 미디어 문화의 맥락에서 형성되거나 "만들어"진다(Goggin & Newell, 2003, p. 4). 이는 디자인을 사회적 (관련) 활동으로 정의하고 디자인을 사회적 상호작용의 과정으로 제안하는 방법에 대한 질문을 제기한다.

논의

고긴과 뉴웰은 다음과 같이 주장한다.

> 전자통신에서의 보편적 서비스를 역동적으로 재정의하기 위한 명확한 과정이 필요하며, 여기에는 소비자와 기술을 포함하는 사회정치적 공간의 변화를 고려하는 것이 요구된다. 이는 시민들과 소비자들뿐만 아니라 장애인들 또한 새로운 미디어에 대한 정책 결정, 연구 그리고 지식 구축에 참여할 수 있어야 함을 의미한다.
>
> (Goggin & Newell, 2003, p. xviii)

이네 게베르Ine Gevers는 사회의 변방을 '민주적 개선을 위한 최고의 실험실'이라고 주장한다. 그녀는 이 변방에서 민주주의가 어떻게 발전하고 있는지를 설명함으로써, "현재의 쇠퇴가 아마도 부분적으로는 우리 사회에서 '타자'를 볼 수 있는 기회가 점점 줄어들고 있기 때문"이라고 말한다(Gevers, Addlahka, & Callon, 2010). 그녀는 '민주주의 이후의 스펙터클 사회'에 대해 이야기한 조르지오 아감벤Giorgio Agamben을 언급하며 다음과 같은 근본적인 질문을 제기한다.

> 어떠한 민주적 실천이 오늘날의 탈정치적post-political 분위기에서도 여전히 이야기할 권리를 가지는가? 계속 증가하는 새로운 소수자들과 [……] 아직까지 알려지지 않은 이야기들이 제 목소리를 내는 그러한 방식으로 사회를 [……] 재구조화하기 원한다면 누구를 그리고 무엇을 경청해야 하는가? 이러한 생각들은 질서와 완전함을 달성하려는 목표를 가지고 시민과 '다른other' 시민, 즉 시민이라는 지위가 그들에게 부여해야 하는 권리를 주장하는 위치에 자동적으로 놓이지 않는 시민을 점점 더 구별하는 것처럼 보이는 사회와 어떻게 관련되는가? 다양성, 상호의존, 다름이라는 우리 사회의 가장 근본적인 가치에 등을 돌리지 않는 사회를 어떻게 만들어 낼 수 있는가?

롬 장갑과 롬 손은 접근성에 대한 디자인 개념으로서, 행동주의 및 사회운동을 강화하기 위한 플랫폼으로서, 교육 도구로서, 그리고 상호작용하는 조형물 또는 대의를 드러내는 공공 장치로서 몇 가지 응집력을 가지는 수준에서 기능한다. 롬 손의 사용은 시청각중복장애인 사용자들로 하여금 광범위한 청중에게 다가갈 수 있게 하는데, 이는 롬 손 메시지가 가장 대중적인 온라인 SNS 중 두 곳에 게시되기 때문이다. 또한 롬 손은 시력이 있는 참여자들에게 롬 알파벳을 소개하거나 이들이 로밍 기술을 연습할 기회를 제공한다. 전시회와 시연 기간 동안뿐만 아니라 온라인 상에서도 롬 손과 롬 장갑은 시청각중복장애인이 겪는 어려움에 대한 인식을 높이며, 디지털 미디어 및 온라인 커뮤니티의 접근성에 관한 토론을 촉진했다.

기술 개발자, 최종 사용자 그리고 장치 그 자체 사이의 협업은 시청각중복장애인의 의사소통, 상호작용, 행동주의 그리고 역량강화의 맥락에서 발전되었으며 향후의 연구에서 중심적인 역할을 수행해야 한다. 특히 이러한 협력 활동이 어떻게 기술적인 구체화와 관련되는지 검토하면서 이 발전과정에서 협업 방식의 정치적 영향을 이해하는 것은 매우 흥미로운 연구가 될 것이다.

디자이너뿐 아니라 더 많은 당사자가 참여하는 디자인 놀이터로서 정상성을 이해하는 것은 간접적으로나마 '정상'에 대한 일반적인 사회적 평가 및 이해를 근본적으로 재해석할 수 있게 하는 특별한 관점이다.

전망

디자인 관점을 채택한 본 사례연구는 장애와 소셜 미디어를 연결하는 주제들을 통해 어떻게 개인적 · 사회적 이해가 수렴하는 시스템 혁신이 일어날 수 있는지를 보여 준다.

소셜 미디어가 장애인의 사회적 통합에 대해 드러내는 기회와 도전을 탐색함으로써 순수하게 기술적으로만 초래된 혁신에 대응하는 참여적이고 통합적인 접근방식의 의미와 가치를 회복할 수 있는 새로운 기회를 제공할 수 있다.

장애인을 위한 의사소통, 교환 그리고 행동주의를 위한 자원으로서의 소셜 미디어의 향후 발전을 위해서, 가능하게도 하고 불가능하게도 하는 기술의 실행은 물리적 세계에서 디지털 세계로의 접근 불능을 복제하고 전파하지 못하도록 비판적으로 성찰될 필요가 있다.

롬 장치는 시청각중복장애인이 고립과 싸우고 자신의 주변 환경을 넘어 세계에 대한 지식과 접촉을 유지할 수 있게 하는 기회를 제공하며, 결국 장애가 디지털 기술을 통해 사회 혁신 및 지속가능한 실천으로 전개될 수 있다는 변화의 잠재력을 보여 준다.

의심할 여지없이 기술은 사회 외부에 존재했던 사람들에게 그것에 접근할 수 있는 수단을 제공할 수 있다(Gevers, Addlahka, & Callon, 2010, p. 212). 그러나 '장애가 있는disabled' 또는 '장애가 없는non-disabled' 사람들이 어떻게 특정 제품을 사용하게 되는지에 대한 진부한 인식을 뛰어넘어 실제 개인들이 이야기하는 것을 듣는다면, 때로는 새롭고, 예상치 못한, 잠재적으로 더 공정한 해결책이 등장할 수도 있다. '정상성normality' 이슈에 집중한다는 것은 얼마나 많은 표준적 역할들이 그로 인해 암묵적으로 강화되는지에 대해 반복적으로 성찰해야 한다는 것을 의미한다. 그러나 그렇다고 하더라도 파생된 개념들이 원래의 개념에 얽매이지 않는, 통합적인 역할 이해 자체에 기여한다고는 확언할 수 없다.

이것은 확실히 중요한 교차점인데, 역할에 대한 이해가 참여의 한계를 명확히 하고 또한 디자이너에게 제품에 대한 책임을 상기시키기 때문이다. 그러므로 참여적 디자인 과정 및 통합적 디자인 결과물로부터 성과를 얻기 위해서는 이런 방식에서 유래된 제품이나 서비스를 통해 달성할 수 있는 것에 대한 공감과 성찰이 요구된다.

그럼에도 불구하고 다양한 맥락(문화적, 사회적 또는 인구학적)의 사람들을 기술 및/또는 사회 혁신의 과정에 참여시킴으로써 커다란 가능성이 열린다. 특히 사회가 다양하다는 인식은 소위 표준 또는 기준 사용자에 대한 틀에 박힌 이미지를 훨씬 뛰어넘는 대안적인 개념을 발전시키는 데 도움이 될 수 있다.

한편, 우리는 현재의 기술과 미래의 기술을 검토함으로써 사회적 가치 및 정책을 성찰하고(Goggin & Newell, 2003, p. 154), 더불어 '정상'에 대한 관련 해석이 어떻게 수정되고 재설계될 수 있는지 이해할 수 있게 될 것이다. 결국 이것은 장애 맥락에서만이 아니라 다른 소외집단에 대해서도 유효하다. 따라서 네트워크화 된 디지털 사회에서 장애인의 관점을 포함하는 것은 기술적 문제이기도 하지만 정치적 문제이기도 하다.

비디오: 이 프로젝트의 과정과 결과는 짧은 비디오(3분)로 기록되어 있다.

https://www.youtube.com/watch?v=TW2FoVVrkEg

미주

❶ 본문의 뒷부분에서 설명하는 롬 알파벳은 많은 시청각중복장애인이 사용하는 주요 의사소통 방법이다.

❷ 여기서 '사회적' 개념은 인간의 동거cohabitation 또는 집단적 공존coexistence의 측면들, 상호 간의 의도적 또는 비의도적 상호작용, 그리고 이에 따르는 조직적 양식과 관련된 일반적인 의미로 이해할 수 있다.

❸ 우리가 이전 연구에서 설명한 관점은 중요한 사회적 도전, 즉 일상생활에서 다양성을 다루는 방법에 기초한다. 인간의 강력한 특징은 다양성이다. 이러한 다양성은 인간이 만든 인공물에도 반영되기 때문에 그러한 인공물의 디자인을 살펴봄으로써 함축적으로 다양성에 대해서도 이해할 수 있다. 특히 마케팅, 혁신 및 기술 개발 분야에서 널리 퍼져 있는 '정상적' 사용자에 대한 일반적인 가정은 다양성과 모순되며 현실과 동떨어져 있다. 우리는 일반적인 디자인 접근방식의 지침 원칙으로 다수를 위하여 디자인된 인공물을 옹호하는 입장을 비판한다. 결과적으로 우리는 다양성을 인정하면서, 디자인 및 디자인 연구 과정에 '비다수non-majority'를 (적극적 파트너로서) 포함하는 것의 가치에 대해 논의하고자 한다.

❹ 우리는 성별, 계급, 인종, 능력 등 다양한 인구통계학적 특성을 포함하는 다양성의 개념을 따른다. 최근 여러 다양성 모델이 다양성 연구 영역에서 논의되었으며, 종종 사회를 구성하는 이러한 사회적 및 문화적 범주에 대한 비판적 사고와 일치한다. 이들의 핵심적인 특징 중 하나는 특히 제도화된 억압, 사회적 불평등 또는 지배집단 특권의 과정과 영향을 식별하고 비판하는 데 있어서 사회정의와 변화에 대한 헌신 또는 목표로 구체화된다. 베싱과 루코스챗(Bessing & Lukoschat, 2013)이 지적했듯이 다양성은 점점 더 많이 논의되고 있으며 '혁신' 영역에 기여하는 것으로 나타났다.

❺ 연구단은 베를린예술대학교 산하의 디자인연구소의 연구원들 및 학생들, 그리고 두 곳의 시청각중복장애인 기관들인 오벌린하우스와 베를린시각장애인협회의 회원들로 구성되었다. 오벌린하우스는 요한 프리드리히 오벌린Johann Friedrich Oberlin 목사(1871)의 이름을 따서 명명되었으며, 베를린 인근 포츠담-바벨스베르크에 있는 장애인 돌봄 및 교육에 중점을 둔 기관이다.

❻ 여기서 쓰인 the world of 'things'는 인간 및 비인간 행위자와 네트워크를 포함한다.

❼ 예를 들어, 참여자들의 일과를 '그림자처럼 따라다니고', 그들이 일상에서 겪는 어려움들을 함께 경험했다.

❽ 줄여서 '롬'으로 사용된다.

❾ 오스트리아의 시인이자 철학자인 히에로니무스 롬은 십대 때 시각과 청각을 잃었다. 구어 및 문어에 익숙했던 그는 나중에 자신의 이름을 딴 이러한 형태의 촉각 표현을 개발했다.

❿ 또한 수신자가 롬 알파벳에 익숙하지 않은 경우 발신자가 각각의 문자(로마 알파벳에 따라)를 손바닥에 그리는 방법이 있다고 보고되어 왔다.

⓫ 역시 디자인연구소에서 개발한 롬 장갑은 착용 가능한 인터페이스/장치다. 장갑의 손바닥에 있는 민감한 영역을 사용하여 착용자의 터치를 감지하고 롬 알파벳 기호를 식별하여 스마트폰이나 태블릿과 같은 모바일 기기에 무선으로 전달할 메시지를 작성한다. 반대로, 모바일 기기를 통해 수신된 메시지는 롬 장갑에 무선으로 전달되고 장갑에 있는 촉각 활성장치를 통해 시뮬레이션 된 롬 알파벳 기호로 재생된다. 따라서 의사소통은 양방향으로 진행되며 사용자가 메시지를 주고받을 수 있다. 초

기 버전(기능적 원형)은 짧은 동영상(https://www.youtube.com/watch?v=FLfa9ni7X3I)으로 기록되어 있다.

⑫ 다양한 사용자/사용법에 형상화되거나 변형될 수 있다.

⑬ 보다 구체적인 제스처 인식 및 양식 재생은 모바일 기기에서 수행된다. 마이크로컨트롤러는 센서의 압력을 감지하고 센서를 활성화하라는 메시지를 수신한다.

⑭ 영어로는 'Mission deaf-blind시청각중복장애인을 위한 미션-Deaf-blind people in isolation고립되어 있는 시청각중복장애인으로 번역될 수 있다. www.aktion-taubblind.de

⑮ 처음에 트위터를 선택한 이유는 트위터의 대중성, 이용가능성, 그리고 보다 중요한 점으로는 단순성을 고려한 것이다. 트위터는 짧은 문자 기반 메시지에 의존하기 때문에 단순성을 갖는다.

⑯ 포츠담 광장에서 열린 폐막 집회에서만 수어 통역사 및 그 밖의 통역사들이 중앙 무대에 배치되어 연설을 일부 청중에게 통역하였다.

⑰ 다른 버전의 롬 손이 공개적으로 전시되었다. 전시되었던 곳들은 포츠담에 있는 시청각중복장애인의 집, 독일 시청각중복장애인의 날 행사 및 2025 미래 의회 행사 등이다.

⑱ 기술적 인공물, 기능 및 목표 간의 이러한 개념적 연결은 기술이 가치중립적이라는 것을 주장하기 어렵게 한다.

⑲ 독일어: Macht

⑳ 레너드 데이비스Lennard Davis는 '정상적'이라는 용어가 19세기 중반의 통계 및 우생학의 탄생과 어떻게 연결되는지, 그리고 신체 관련 패러다임으로서의 '이상적'이라는 이전의 개념을 대체하는지를 드러낸다(Davis, 2005). 그는 또한 "정상 개념의 도입이 [……] 반드시 정상적이어야 한다는 관념을 만들어 냈다."고 주장한다. 인공적인 환경built environment이 장애를 구성하는 장벽을 만들어 냄으로써 특정한 몸을 가진 사람들에게는 특권을 주며 이와는 다른 몸을 가진 사람들은 배제하는 주요한 행위자가 된다는 점을 이해하는 것이 중요하다(Davis, 2002, p. 31; Wendell, 1996, p. 55). 이러한 이해는 '정상성normalcy의 이데올로기로부터 몸을 변할 수 있고 완전할 수 없는 것으로 보는 시각으로 몸에 대한 이해의 틀을 전환'시키는 기초를 마련했다(Davis, 2005).

㉑ '정상적'이라고 간주되는 것은 문화적 관습, 정의 그리고 사회적 상호작용이 발생하는 장소에 따라 달라지므로, 이 용어는 본 장을 기술하는 내내 인용 부호에 넣어 표시했다.

참고문헌

Agichtein, E., Castillo, C., Donato, D., Gionis, A., & Mishne, G. (2008). Finding highquality content in social media. *WISDOM-Proceedings of the 2008 International Conference on Web Search and Data Mining,* Palo Alto, CA, USA (pp. 183-193).

Behrisch, B., & Bieling, T. (2015). Partizipative und inklusive Mensch-Technik-Interaktion: Technikunterstützung im Rahmen Sozialer Bewegungen. *Lecture at Friedrichshainer Kolloquium 2015: Technikgestaltung-Die Perspektive Behinderung im Kontext der Innovations-und Technikentwicklung.* Institut Mensch, Ethik und Wissenschaft.

Berlin.

Bessing, N., & Lukoschat, H. (Ed.). (2013). *Innovation durch Perspektivenvielfalt-Impulse für die industrielle Praxis aus der Gender- und Diversity-Forschung. (Innovation through a diversity of perspectives: Impulses from gender-and diversity studies for the industrial practice).* Opladen: Verlag Barbara Budrich.

Bieling, T., Gollner, U., & Joost, G. (2012a). Information und Inklusion begreifen. In J. Sieck, & R. Franken-Wendelstorf. *Kultur und Informatik: Aus der Vergangenheit in die Zukunft.* VWH Verlag, Fachverlag für Medientechnik und-Wirtschaft. Bolzenburg. ISBN 3-864880165.

Bieling, T., Gollner, U., & Joost, G. (2012b). Schnittstelle Hand-Kommunikation mit Gefühl: Feeling communication-The hand as an interface. *i-com-Zeitschrift für interactive und kooperative Medien, August, 11*(2), 32-36; Oldenbourg Wissenschaftsverlag, München. ISSN 1618-162x.

Bieling, T., Goellner, S., & Joost, G. (2013). Design driven diversity - Diversity driven Design. *Proceedings of IASDR 2013-5th International Congress of International Association of Societies of Design Research: Consilience and Innovation in Design, Shibaura Institute of Technology.* Tokyo, Japan. ISBN 978-4-9980776-3-3 C3072.

Bieling, T., Joost, G., & Sametinger, F. (2014a). Die soziale Dimension. In K. Fuhs, D. Brocchi, M. Maxein, & B. Draser (Hg.). *Die Geschichte des nachhaltigen Designs.* VAS. Bad Homburg, (pp. 218-229).

Bieling, T., Sametinger, F., & Joost, G. (2014b). Social dimensions of design research. *Baltic Horizons, 21*(118), 35-40.

Couto, R., & Ribeiro, F. (2002). Projeto em Curso des Design sob o Enfoque do Design em Parceria. Retrieved February 5, 2007, from http://www.puc-rio.br/sobrepuc/depto/dad/lpd/download/designemparceria.rtf

Davis, L. J. (2002). *Bending over backwards: Disability, dismodernism, and other difficult positions.* New York, NY: New York University Press.

Davis, L. J. (2005). The tyranny of normalcy: Diverse ability. *SGI Quarterly,* http://www.sgiquarterly.org/feature2005Jly-2.html, Accessed May 7, 2015.

Dederich, M. (2013). *Philosophie in der Heil-und Sonderpädagogik.* Stuttgart: Kohlhammer.

Ehn, P. (2001). On the collective designer. *Keynote lecture at Cultural Usability Seminar, UIAH Helsinki,* April 2001; as quoted in Diaz-Kommonen (2002). Art, Fact and Artifact Production; UIAH A37, Helsinki (p. 41).

Gevers, I., Addlahka, R., & Callon, M. (2010). *Difference on Display-Diversity in Art, Science and Society.* Rotterdam, The Netherlands: Nai010 Publishers.

Goggin, G. (2008). Innovation and disability. *M/C Journal of Media and Culture, 11*(3). Queensland University of Technology, Australia. Retrieved September 2, 2016, from http://journal.media-culture.org.au/index.php/mcjournal/article/view/56

Goggin, G., & Newell, C. (2003). *Digital disability: The social construction of disability in new media*. Maryland: Rowmann & Littlefield.

Jonas, H. (1993). Warum die Technik ein Gegenstand für die Ethik ist: Fünf Gründe. In H. Lenk & G. Ropohl (Hrsg.), *Technik und Ethik*. Reclam: Stuttgart (pp. 81-91).

Joost, G., & Bieling, T. (2012). Design contra a Normalidade. Traduzido do inglês por Paulo Ortega. in: V!RUS, Sao Carlos, n. 7, Jun. 2012. "ações culturais e meios digitais" NOMADS. USP journal. ISSN 2175-974x. Disponível em [pdf]

Manzini, E. (2007). Design research for sustainable social innovation. In R. Michel. *Design research now*. Birkhäuser. Basel (pp. 233-251).

Margolin, V., & Margolin, S. (2002). A 'social model' of design: Issues of practice and research. *Design Issues, 18*(4), 24-30.

Murthy, D. (2013). *Twitter: Social communication in the Twitter age*. Cambridge: Polity, pp. 7-8.

Sanders, E. (2013). Perspectives on participation in design. In C. Mareis, M. Held, & G. Joost (Hg.) *Wer gestaltet die Gestaltung?* Tagungsband DGTF-Jahrestagung, transcript. Verlag. Bielefeld (pp. 65-79).

Sapey, B. (2000). Disablement in the informational age. *Disability and Society, 15*, 619-636.

Schön, D. (1984). *The reflective practitioner: How professionals think in action*. New York: Basic Books.

Stanford Encyclopedia of Philosophy. (2013). Philosophy of Technology. http://plato.stanford.edu/entries/technology/ [22.04.2015].

9

새로운 미디어와 접근성 있는 위기관리 커뮤니케이션

미국 기반의 메타 분석

디디 베넷, 폴 베이커, 헬레나 미첼

비상사태와 자연재해가 일어나는 동안 다수의 주요 인구 집단들은 불균형적으로 영향을 받는다. 이는 정책설계자, 1차 대응인력, 그리고 이들 집단의 구성원들에게 돌봄을 제공하는 인력이 지속적으로 관심을 기울여야 하는 문제다. 예를 들어, 미국에는 일상적인 활동에 어느 정도 어려움이 있는 약 5,670만 명의 남성, 여성 및 장애 아동이 있다(Brault, 2012). 아동, 노인, 그 밖의 소수집단, 영어가 제2의 언어인 사람들을 포함하고 문해력이 낮으며(또는 낮거나) 소득이 낮은 사람들까지 합하면 그 수는 거의 인구의 50%를 차지한다(Kailes & Enders, 2007). 연구자들은 다수의 중요한 구성 요소(통신, 피난처, 대피 및 계획)가 장애인의 욕구를 구체적으로 고려하지 않는다는 것을 밝혀냈는데 이는 특히 우려되는 사항이다(Kailes & Enders, 2007; Mitchell et al., 2011; NCD, 2014). 위기관리 커뮤니케이션 연구자들은 장애인들에게 제공되는 정보의 접근성과 효율성을 조사하기 시작했다. 그들이 스스로 보호조치를 취할 수 없게 만드는 요인은 긴급재난 경보 또는 긴급재난 커뮤니케이션을 수신할 수 없기 때문이다. 긴급재난 커뮤니케이션은 보다 융통성 있는 메시지부터 온라인 및 소셜 미디어 플랫폼 활용에 이르기까지 다양하다. 이러한 맥락에서 '융통성 있는adaptable'이라는 단어는 개별 사용자에게 적합하거나 개별화될 수 있는 착용 가능한wearable 기술을 말한다. 이 장에서는 사회학적 문제와 관련하여 메시지가 감각장애를 가진 사람들에게 접근할 수 있고 도움이 될 수 있도록 새로운 미디어의 역할을 어떻게 통합할 수 있는지를 구체적으로 살펴보고자 한다.

'위기관리 커뮤니케이션emergency communications'이라는 용어는 일반적으로 비상사태 및 재난 발생 전이나 발생 중 그리고 발생 직후에 사용되는 정보 전달 방식을 의미한다. 역사적으로 이것은 방송 알림의 형태를 취했다. 비상상황이 발생했을 때 결정적인 정보를 전달하는 것이 중요하다는 점 때문에 비상상황 발생 시의 커뮤니케이션에 대한 연구는 지속적으로 이루어져 왔다. 반면, 비상사태 및 재난이 발생되는 동안 또는 발생된 후 취약한 인구를 보호하기 위한 효과적인 접근방법에 대한 연구는 상대적으로 적었다. 지난 20년 동안 위기관리 커뮤니케이션 기능을 향상시켜 접근성 있는 긴급재난 경보 및 긴급재난 커뮤니케이션을 포함하도록 확대되었다. 실제로 긴급재난 경보에의 접근성을 높이는 것은 미국 정부의 정책 목표들 중 하나이며, 장애인을 포함하여 모든 시민에게 효과적인 긴급재난 경보를 제공하는 기관에서는 이러한 정책 목표들이 더욱 중요하게 다루어진다(2006년에 제정된 대통령령 13407 및 1996년 초의 연방통신위원회 규칙 제정).

많은 공공 및 민간 부문 활동과 마찬가지로 위기관리 커뮤니케이션의 제공은 다음과 같은 어려움에 직면한다. ① 1차 대응인력들 간의 원활한 커뮤니케이션을 저해하는 **기술적 요인들**, ② 정부기관, 기업 및 그 밖의 조직 내부적으로 또는 이 기관들 상호 간에 명확하고 일관성 있으며 정확한 정보의 흐름을 방해하는 **조직 차원의 요인들**, ③ 대상집단이 효과적으로 대응할 수 있도록 명확히 이해할 수 있는 메시지 작성을 방해하는 **사회적 및 문화적 요인들**이 존재한다(Manoj & Baker, 2007). 긴급재난 경보 또는 그 밖의 긴급재난 메시지를 전파할 때 가장 문제가 될 수 있는 요인들은 사회적 요인들이다. 이 요인들이 격상된 비상상황에 대비하고 올바른 조치를 취하며 대처하는 방법에 대한 정보를 전송하는 데 복잡성을 드러낼 수 있기 때문이다.

비상사태 및 재난이 발생했을 때 위기관리 커뮤니케이션은 시민들이 적절하게 준비하고 피난처를 찾거나 대피하는 데 도움이 될 수 있다. 따라서 명확하고 정확하며 이해할 수 있는 긴급재난 메시지는 생명을 구하는 데 기여할 수 있다. 그러나 이러한 메시지들이 수많은 사람들에게 전달될 수는 있지만, 이 메시지들 중 특정한 인구 집단에게 아무런 **정보**도 제공하지 못하는 메시지들도 많다. 왜냐하면 메시지를 받아야 하는 사람들이 해당 메시지에 접근할 수 없거나 메시지 내용을 이해하지 못하기 때문이다. 이 경우 단순하게 지역별로 정보를 전달하는 것은 효과적인 커뮤니케이션이라고 할 수 없다.

역사적으로, 장애인들 및 그 밖에 사회적으로 취약한 사람들은 재난이 발생했을 때 정보 전달에 있어 불이익을 받아 왔는데, 이는 정보 전달이 사람들에게 불균형하게 영향을 미친다는 것을 의미한다(Engelman et al., 2013). 위기관리 계획은 종종 자연재해 또는 인재 발생에 대비해 시민들을 준비시키는 과정에 장애인들을 참여시키는 것에 소홀했다(Bennett, 2010; Gooden et al., 2009). 국립장애위원회(National Council on Disability: NCD, 2009)는 공개적으로 발령된 긴급재난 메시지가 감각장애가 있는 사람들에게는 적합하지 않다는 것을 발견했다. 2014년 현시점에서도 장애인을 위한 위기관리 커뮤니케이션에 대한 우려가 여전히 존재한다. 예를 들어, 위기관리 계획과 관련된 적어도 두 건의 소송(캘리포니아주 로스앤젤레스 및 뉴욕주 뉴욕)은 위기관리 서비스가 장애인에게 적절하게 정보를 제공하는 데 실패했음을 구체적으로 보여 주었다(Kim, 2011; Santora & Weiser 2013).

긴급재난 메시지는 의도된 대상에게 도달해야 할 뿐만 아니라 의미 있는 정보를 제공해야 하며, 메시지를 받은 사람이 이해하고 신뢰할 수 있어야 한다. 메시지 수신자는 취약성과 관계없이 긴급재난 경보 출처의 신뢰성을 인정하는지에 기초해서 자신이 취할 행동을 결정한다(Mileti, 1999). 그들의 결정은 긴급 경보 메시지 수령 후에 적절한 보호조치를 취하는지의 여부에 영향을 미친다(Mileti & Peek, 2000). 일반적으로 긴급 경보 메시지를 받은 개인은 해당 경보의 출처를 신뢰하는지, 즉 해당 메시지의 유효성을 신뢰하는지를 결정하는 과정을 거친다. 잘 구축된 커뮤니케이션, 적절한 번역 또는 다양한 커뮤니케이션 통로가 준비되어 있지 않다면 장애인들이 공식적인 재난 경고에 의존할 가능성은 낮아진다(NCD, 2009). 장애인들에게 "친구, 가족, 이웃 및 동료는 정보 취득을 위한 중요한 통로다"(NCD, 2009). 긴급재난 경보가 접근성 있는 방식으로 신뢰할 수 있는 출처로부터 위치 기반 정보를 통해 전달된다면 장애인이 경험하는 취약성은 크게 줄어들 것이다.

최근에는 새로운 미디어 형식(예: 소셜 미디어, 메시지를 주고받는 시스템 그리고 이용자 중심 콘텐츠 플랫폼)이 긴급재난 정보를 제공하는 추가적 방식으로 이용되어 개별 맞춤형 메시지를 통해 거의 실시간 메시지 전송, 쌍방향 통신 및 접근성을 향상시킬 수 있는 대안들을 가능케 했다. 경보 발령 당국은 일반 대중이 쉽게 이용하는 통로를 통해 대비 안내 및 경보발령 메시지를 전달하는 수단으로 소셜 미디어를 채택했다(Bennett, 2014; Virtual Social Media Working Group: VSMWG, 2013). 소셜 미디어는 장애인들에게 일반적인 커뮤니케이션 및 고용과 관련하여 자립을 높이는 것으로 나타났다(Media Access Australia & Hollier, 2012). 문자, 비디오, 자막 및 기타 다양한 형식을 포함한 소셜 미디어는 기존 통로를 대체할 수 있는 신뢰성 있는 대안으로서 정보 취득을 위해 장애인들이 점점 더 의존하는 매체가 되었다(Baker et al., 2010; Bertot et al., 2012; Bricout & Baker, 2010a). 소셜 미디어는 장애인들과 관련된 위기관리 커뮤니케이션 및 복구를 위해 커뮤니티 및 소셜 네트워크를 활용하는 중요한 방법이다(Bricout et al., 2013; Bricout & Baker, 2010b). 많은 소셜 미디어 플랫폼들이 상대적으로 접근성이 떨어져 여전히 널리 보급되는 데 장애가 되고 있다(NCD, 2014). 그러나 소셜 미디어가 효과적으로 커뮤니케이션을 향상시킬 수 있는 경우, 위기관리 커뮤니케이션을 위한 새로운 미디어 도구를 활용하면 장애인들이 이전보다 위기에 잘 대비하며 제공된 정보를 통해 생명을 구하기 위한 적절한 보호 조치를 취할 가능성이 높아진다.

비상사태와 위기관리 커뮤니케이션

미국의 다양한 입법, 규제 및 정책 문서는 재난 시 접근성 있는 긴급재난 경보 및 커뮤니케이션을 제공하는 것에 대한 중요성을 다룬다. 긴급재난 경보 체계에 장애인들을 포함시킬 수 있도록 하기 위해 12개 이상의 연방 수준의 대통령령, 법령, 규칙, 조례 등이 시행되었다. 예를 들어, 1973년 「재활법」 504조는 정부의 활동 및 정보에 대한 장애인의 동등한 접근을 보장하는 폭넓은 기준을 만들었는데 상기 정보에는 소셜 미디어를 통해 유포된 콘텐츠도 포함된다. 또한 「재활법」 504조는 정보통신기술에 접근할 수 있는 보편적인 권리를 명확히 제시하고 있는데, 상기 정보통신기술에는 소셜 미디어도 포함된다(Bertot et al., 2012, p. 32). 2014년 국립장애위원회는 소셜 미디어의 접근성을 높이고 접근성 있는 기능에 대한 권고 사항을 제시하는 해결방안에 대해 자세히 보고하였다. 또한 미국 의회는 소셜 미디어를 통한 긴급재난 경보에 대한 접근성에 관심을 가지게 되었다. 2014년 7월 미국 하원은 소셜 미디어 긴급재난 대응 법안(HR4263)을 통과시켜 소셜 미디어 사용 기준을 설정하고 연방정부가 긴급재난 지원 기술을 활용하여 시민들과 소통하도록 장려했다.

정부기관이 서비스를 제공하고 일반 대중에게 정보를 제공하기 위해 소셜 미디어를 사용하는 경우가 증가함에 따라 미국 노동부와 미국 일반서비스관리국이 소셜 미디어 툴킷을 개발했다. 또한 연방통신위원회Federal Communications Commission: FCC는 장애인을 위한 접근성 있는 소셜 미디어 도구 및 콘텐츠 사용에 관한 웹 세미나 심화과정, 회의 및 학제 간 전문가 팀과의 토론을 진행했다. 미국 법무부DOJ와 연방재난관리청FEMA은 장애인들을 포함한 모든 시민이 긴급재난 정보 및 경보에 접근할 수 있도록 접근 과정을 쉽게 만들었다.

기존의 방송 형식을 통해 전달된 메시지는 잠재적으로 영향을 받는 지역의 가정 및 개인에게 중요하고 자세한 정보를 제공하지만 본질적으로 쌍방형 방식은 아니다. 따라서 상대방은 질문을 하거나 확인을 할 수 없다. 또한 많은 기존 방송 채널의 이용이 감소하고 있다는 증거도 있다. 더 나아가 미국에서는 사람들이 이동(무선) 전화로 전환함에 따라 가정용 유선전화 가입이 1998년 96%에서 2011년에는 71%로 감소했다(Siebens, 2013).

한편, 같은 기간 동안 스마트(인터넷 가능한) 휴대폰 가입은 증가했다. 스마트폰은 웹사이트, 소셜 미디어 그리고 모바일 애플리케이션과 같은 인터넷 기반 플랫폼의 가용성을 확대했으며, 재난관리청을 포함한 정부기관에서 중요하고 때로는 결정적인 정보를 제공하는 데 널리 사용하고 있다(Bricout & Baker, 2010b). 예를 들어, 재난관리청은 웹사이트를 이용하여 재난 지원 양식 또는 연락처 정보를 준비하는 방법과 같은 기본적인 정보와 소셜 미디어 콘텐츠 및 모바일 앱 링크를 제공할 수 있다. 마찬가지로 소셜 미디어 콘텐츠를 제공하는 미국 공공기관은 웹사이트로 다시 연결되는 하이퍼텍스트 링크와 함께 정보를 게시한다. 소셜 미디어는 업데이트 되는 정보가 실시간으로 전달될 수 있는 기회를 제공한다. 소셜 미디어의 활용은 재난에 대비하고 대응하며 복구를 지원하는 데 상당히 유리할 수 있다. 재난 상황에서의 소셜 미디어의 활용을 설명하기 위해, 프로스티노와 동료들(Fraustino et al., 2012)은 재난 상황과 관련하여 소셜 미디어의 도달 범위를 강조하였다. 또한 긴급재난 상황이 지속되는 동안 대중들이 재난관리청 및 다른 소셜 미디어 이용자들로부터 시의적절한 정보를 얻고자 했기 때문에 동 기간에 소셜 미디어의 이용이 증가했음을 밝혀냈다. 재난관리조직들과 대중들 간의 쌍방향 대화형 커뮤니케이션의 기회는 긴급재난 상황에서 전통적인 커뮤니케이션 수단이 쉽게 제공하지 못하는 소셜 미디어의 또 다른 강점이다(Bortree & Seltzer, 2009). 예를 들어, 쌍방향 커뮤니케이션의 고유한 능력은 개인들이 재난지역에서 벗어나게 하는 데, 그리고 재난 발생 후의 여파를 당국에 통지하는 데 도움이 되었다. 긴급재난 시 소셜 미디어 활용의 다른 이점들로는 피해와 위험의 정도를 측정할 수 있다는 것, 커뮤니케이션의 범위를 확장할 수 있다는 것, 자기 동원이 가능하다는 것, 커뮤니티 의식을 유지하고 정서적 지원을 찾게 할 수 있다는 것, 그리고 흔하지 않은 욕구에 대해 자세한 정보를 제공할 수 있다는 점이 포함된다(Bennett, 2014; Fraustino et al., 2012).

소셜 미디어 플랫폼은 긴급재난 경보 메시지를 전달 및 수신하며(Bricout & Baker, 2010b; White et al., 2011), 대응 및 복구 노력을 지원하는(Bennett, 2014; Mileti, 2010; Mitchell et al., 2011) 강화된 수단을 제공함에 따라 대중 및 긴급재난관리 담당자들 사이에서 점점 인기를 얻고 있다. 한 연구에 따르면, 주의 74%(도시의 45%)가 소셜 미디어를 활용하여 긴급재난 정보를 전달한다고 보고했다(LaForce, 2011). 사람들은 페이스북, 트위터 및 유튜브를 포함한 소셜 미디어 플랫폼이 수색 및 구조에 활용됨으로써 사랑하는 사람과 다시 연결되고 자원, 자원봉사자 및 성금을 조정하는 데 도움을 받을 수 있었다(Bennett, 2014; Gao et al., 2011). 전 세계적으로 사람들은 2011년 도호쿠 지진과 쓰나미, 2010년 아이티 지진, 그리고 미얀마 사이클론 이후 소셜 미디어 플랫폼을 사용했다(Gao et al., 2011; Mills et al., 2009; Yates & Paquette, 2011).

장애인들에 대한 전국적인 이용자 욕구조사에서 무선기술 재활공학연구센터 Wireless RERC는 공공 긴급재난 경보를 수신하고 확인하기 위한 수단으로서 장애인들 사이에서 소셜 미디어 플랫폼의 이용이 점차 일반화되고 있음을 발견했다(Wireless RERC, 2010). 장애인들은 종종 자신이 선호하는 기술을 기반으로 정보를 입수하며, 특히 청각장애인 커뮤니티에서는 빠르게 표준으로 자리 잡았다(Mitchell et al., 2011). 휴대용 컴퓨터, 휴대폰 및 태블릿과 같은 무선, 정보통신 기반 기술ICT을 통해 소셜 미디어 플랫폼과 긴급재난 상황 관련 모바일 소프트웨어 응용 프로그램에 대한 접근이 점점 증가하고 있다.

새로운 미디어와 접근성

이러한 새로운 미디어 인터넷 기반 플랫폼은 융통성 있고 개별화된 특성들(기존의 다른 방식들에서는 가능하지 않다)로 인해 장애인들도 이용할 수 있다. 한편, 인터넷 기반 플랫폼과 ICT의 상호 연결성 때문에 플랫폼의 디자인 및 콘텐츠에서는 이용 가능성과 더불어 접근 가능성도 핵심적인 고려사항이 된다.

소셜 콘텐츠, 데이터 및 플랫폼이 더욱 다양해짐에 따라 정부기관들에게는 장애인을 포함한 모든 시민이 이러한 디지털 서비스에 접근할 수 있도록 하는 책임이 있다. 예를 들어, 2007년 남부 캘리포니아에 산불이 발생했을 때 긴급재난 정보를 수신하고 공유하기 위해 인터넷 기반 플랫폼이 새롭게 활용되었는데, 이 경우 주요 플랫폼 이용자는 일반 시민들이었으며 재난관리기관들은 상대적으로 플랫폼 이용률이 낮았다는 점에 주목할 필요가 있다(Sutton et al., 2008). 허리케인 구스타브가 발생했을 때, 2008년 8월 8일부터 9월 4일까지 트위터 사용을 모니터링하여 38,373개 이상의 트윗을 찾았는데, 일평균 14,478명의 개별 사용자가 3,488개의 트윗을 올렸다는 내용이 보고되었다(Palen & Hughes, 2009). 이와 같은 연구에 따르면, 약 5.8%의 이용자가 원래의 게시물과 리트윗된 게시물에 응답하여 쌍방향 통신이 긴급재난 상황에서 대중의 관심사임을 입증했다(Palen & Hughes, 2009). 소셜 미디어는 2011년 허리케인 샌디에 이어 여러 재난관리기관에서 이용되었다.

미국에서 소셜 미디어의 주요 소비자는 개인이지만 재난관리기관은 여러 가지 새로운 미디어 플랫폼을 통해 대중과 보다 효과적으로 소통하기 위해 노력하고 있다. 소셜 미디어 이용자(74%)는 재난관리기관이 소셜 미디어 사이트를 모니터링하고 1시간 이내에 응답할 것으로 예상한다(American Red Cross, 2010). 연방통신위원회와 연방재난관리청의 지도자들은 이러한 디지털 기술을 사용하여 대중과 소통하는 것의 중요성을 인식했다. 연방통신위원회의 데이비드 퍼트(David Furth, 2009)는 "우리가 한 국가로서 직면한 과제 중 하나는 우리의 기술력이 모든 미국인이 더 나은 생산적인 삶을 영위할 수 있도록 할 뿐만 아니라 이러한 도구를 활용하여 시민의 삶, 재산 그리고 공공의 안전을 보존하고 보호하는 것"이라고 언급했다. 연방재난관리청의 관리자인 크레이그 퍼게이트(Craig Fugate, 2011)는 "일반 대중이 우리 연방재난관리청의 소통 방식에 적응하도록 설득하기보다는 대중이 소통하는 방식에 우리가 적응해야 한다."고 말했다.

연구에 따르면 소셜 미디어 플랫폼에서 재난대응 커뮤니케이션이 점점 더 많이 이루어지고 있다(Fraustino et al., 2012; NCD, 2014). 2012년 인터넷은 긴급재난 정보를 얻기 위해 세 번째로 많이 이용되는 방식이었고, 소셜 미디어와 모바일 앱이 4위를 차지했다(American Red Cross, 2012). 긴급재난 관리자는 새로운 미디어 플랫폼을 통해 취약한 집단(장애인, 노인 및 아동)에게 보다 효과적으로 접근할 수 있음을 인식하고 있다. 앞에서 언급했듯이 미국 인구의 50%가 비상사태 발생 시 특별한 주의가 필요한 대상이라는 점을 감안한다면 새로운 미디어 플랫폼의 활용은 매우 적절할 것이다(Kailes & Enders, 2007).

장애인들이 새로운 미디어 플랫폼을 사용하는 데 어려움을 겪는 이유는 다양하다. 미디어 및 기기에 대한 기술 및 친숙함 부족, 경제적 한계, 새로운 기술의 습득을 꺼리는 경우 등이 있다. 사용을 저해하는 기술적 장벽에는 디자인 과정상의 결함, 대상집단의 부적절한 평가 및 피드백 메커니즘, 그리고 잘못된 정보 전달 우선순위가 포함된다(Bricout et al., 2013). 장애인들이 인지적, 사회적, 감각적, 정서적 능력 및 의사소통 측면에서 다양한 이질적 집단이라는 점을 감안한다면 효과적인 긴급재난 커뮤니케이션을 제공하기 위해서는 이 대상 집단의 특성에 대한 민감도가 높아져야 한다. 긴급재난 관리자가 효과적으로 소통하기 위해서는, 자신이 선호하는 통로를 통해 이용자에게 메시지를 전달할 수 있어야 할 뿐만 아니라 수신자가 이해할 수 있고 실행할 수 있는 정보를 생산하고 전달해야 한다.

따라서 새로운 미디어 플랫폼은 긴급재난 상황에서 실행 가능한 전달자 역할뿐만 아니라 특정 재난상황 기간에 대응인력responders과 피해자들victims로 이루어진 새로운 커뮤니티에 특정 정보 전달 통로를 제공할 수 있다(Bricout & Baker, 2010a). 소셜 미디어 및 기존의 지역 커뮤니티 네트워크를 통한 정보 공유 계획은 공공, 민간 및 비영리 부문을 망라하여 재난 대응을 크게 개선할 것이다(Kapucu, 2006). 그러나 비상사태가 진행되는 동안 친숙한 지역 소셜 네크워크가 붕괴되거나 이에 접근할 수 없어 장애인들이 대피하지 못하거나 대피하더라도 주거지로부터 멀어질 수도 있다. 실제로 커뮤니티는 장소, 집단 또는 관심과 소속감이라는 정체성으로 묶인 물리적 소셜 네트워크의 예로 볼 수 있다(Bricout & Baker, 2010a). 소셜 미디어의 커뮤니티 네트워크 측면은 앞서 언급한 바와 같이 어느 정도 주목을 받았지만, 장애인에 의한 보호조치 결정 및 긴급재난 메시지 수령 통로가 이러한 결정과정에 어떻게 영향을 미치는지에 대한 연구는 거의 없다(Lindell & Perry, 2012). 정보 출처는 방송 뉴스 기자, 긴급재난 관리 서비스 공무원 및 가족 구성원을 포함하며, 정보 통로는 텔레비전에서의 알림, 라디오에서의 알림 및 소셜 미디어를 포함한다(Lindell & Perry, 2004; Mileti, 1999). 이는 연구 및 정책 의제 개발과 관련하여 또 다른 필요성을 시사한다.

접근성 있는 커뮤니케이션을 위한 전략

2009년 무선 RERC Wireless RERC는 1,600명의 장애인을 대상으로 설문조사를 실시했다. 조사 결과에 따르면, 85%의 응답자가 무선기기를 사용하며, 65%의 응답자는 무선기기를 매일 사용하는 것으로 나타났다(Wireless RERC, 2010). 또한 63%의 응답자는 소셜 미디어를 사용하고 있으며, 31~41%는 데스크톱 및 노트북을 이용해 소셜 미디어에 접근하고, 22%는 휴대폰에서 소셜 미디어에 접속하며, 25%는 여러 유형의 플랫폼을 사용하는 것으로 조사되었다. 소셜 미디어는 소수의 장애인이 공공 긴급재난 경보를 수신하고 확인하는 데 사용되었으며, 실제로 장애인의 22%가 소셜 미디어를 통해 공공 긴급재난 경보를 수신했고, 16%는 소셜 미디어를 통해 긴급재난 경보를 확인했다(Wireless RERC, 2010).

다른 연구자들은 미국에 거주하는 성인 청각장애인들 사이에서 기술 사용에 대한 20개의 질문을 담은 설문조사를 실시했다. 설문조사에 따르면, 청각장애인 커뮤니티와 일반 인구 집단은 일반적으로 생각하는 것보다 밀접하게 연결되어 있으며, 스마트폰과 소셜 미디어와 같은 기술을 통해 청각상의 어려움을 가진 사람들의 사회적 불이익을 막을 수 있다(Maiorana-Basas & Pagliaro, 2014). 동일한 조사에서 278명의 청각장애인들 중 71.6%는 스마트폰을 사용하고 70.9%는 개인용 컴퓨터를 사용하는 것으로 나타났는데, 이 비율 중 32.9%가 페이스북, 특히 소셜 미디어를 방문했다(Maiorana-Basas & Pagliaro, 2014).

재난관리기관들은 긴급재난 커뮤니케이션과 관련하여 소셜 미디어를 보다 잘 활용하기 위한 다양한 수단을 동원하는데, 이때 장애인이 가장 일반적으로 사용하는 플랫폼에서 콘텐츠에 접근할 수 있도록 지원해야 한다. 이는 장애인들이 재난상황 동안 소셜 미디어 플랫폼을 활용함으로써 전통적인 방법으로는 접근할 수 없으며 잠재적으로 생명을 구할 수 있는 정보를 얻고 있다는 점에서 중요하다(Bricout & Baker, 2010b). 요컨대, 정보에의 접근성도 필요하지만 새롭게 등장한 다양한 미디어 플랫폼상의 정보가 활용될 수 있고 이해될 수 있어야 한다는 점이 더욱 중요하다.

긴급재난관리 담당자는 새로운 미디어 플랫폼이 비상상황에서 시의적절하고 정확한 정보를 공유하기 위한 효과적인 메커니즘이어야 한다는 데 동의한다(NCD,

2014). 매년 더 많은 사람들이 인터넷을 통해 연결되고 있으며 보다 많은 사람들이 소셜 미디어에 익숙해지고 접근할 수 있게 된다. 소셜 미디어 이용이 계속 증가함에 따라 전 세계 사람들이 새로운 미디어 플랫폼에 접근하고 이용하기 쉽게 만드는 것이 중요하다.

긴급재난 상황에서 모든 새로운 미디어 사이트에 접근할 수 있거나 그러한 사이트를 이용할 수 있는 것은 아니다. 예를 들어, 연구에 따르면 현재의 페이스북 버전은 접근성을 높이기 위해 노력하고 있음에도 불구하고 장애인들에게 도움이 되는 기능이 거의 없어 유용성이 떨어졌다(Bertot, 2014). 2014년 10월 페이스북은 비디오에 자막을 추가할 수 있도록 개선했다. 그러나 장애인들은 그 밖의 새로운 미디어에는 접근할 수 없었으며 웹사이트 프로그래밍이 기술적으로 복잡해짐에 따라 웹사이트에의 접근성 또한 꾸준히 감소했다(Bertot, 2014). 자신이 사용하기에 가장 편한 방식으로 긴급재난 경보 및 커뮤니케이션에 접근하는 것이 필요한 장애인들은 이러한 상황에 대해 우려를 나타낸다.

미국 의회 또한 소셜 미디어를 통한 긴급재난 경보에의 접근에 관심을 가지게 되었다. 2014년 7월 미국 하원은 소셜 미디어 긴급재난 대응 법안HR4263을 통과시켜 소셜 미디어 활용의 기준을 설정하고, 연방정부가 긴급재난 지원 기술을 활용하여 시민들과 소통하도록 독려했다. 새로운 미디어, 특히 인터넷을 통한 소셜 미디어, 스마트폰, 노트북, 보조기술 및 디지털 기기가 빠르게 성장하여 새로운 서비스로 변모했다. 그러나 긴급재난 경보 및 알림에 대한 이러한 커뮤니케이션의 접근성은 그만큼 빠르게 증가하지 않았다(이 책 6장 참조). 또한 게시된 콘텐츠의 메시지들이 생명을 지키기 위한 예방적 조치방법에 대해 정확한 세부사항을 포함하고 있는지도 확실치 않다.

재난관리기관은 재난상황 발생 시 긴급재난 대비, 적극적 참여 및 정확한 정보를 제공하는 주요 기관이다. 따라서 이들 기관이 신뢰할 수 있는 정보 출처로 인식되려면 새로운 미디어 플랫폼을 활용할 때 명확성, 적시성 및 접근성이 있어야 한다. 새로운 미디어 플랫폼의 효율성을 높이고 소셜 미디어 기반의 긴급재난 경보 및 커뮤니케이션의 실행 가능성을 보장하는 방법을 탐색하기 위해서는 추가적인 연구가 필요하다. 종단 연구, 이용자의 욕구에 대한 자료 수집, 증거에 기반을 둔 연구결과 및 긴급재난 경보에 관한 포괄적인 실천에 대한 강조는 모든 집단에게 이익이 될 것이다.

미국과 전 세계에서 접근성 있는 긴급재난 커뮤니케이션을 위해 실행 가능한 전략에 대한 권장사항 목록은 광범위하지만 추가적인 연구가 즉시 필요한 몇 가지 사항들이 있다.

① 장애인들에 의해 이루어지는 보호조치 결정과 관련된 요인(예: 출처 및 메시지 내용)을 탐색하고 이해하는 데 초점을 맞춘 연구를 장려해야 한다. 연구 결과는 긴급재난 상황에서 장애인의 안전을 강화하기 위한 효과적인 접근방법을 확인하는 데 사용될 수 있다.

② 비상사태 및 재난 발생 시 장애인이 소셜 미디어를 사용하는 방식을 문서화하기 위한 조사를 후원하거나 지원해야 한다. 더 나아가 비상사태 및 재난 발생 시에 소셜 미디어를 사용하는 대다수의 사람들이 1차 대응인력들은 적어도 해당 사이트를 모니터링하고 있다고 기대하는지를 추가적으로 조사해야 한다. 이것이 통계적으로 바람직한 접근방식이 되려면 정부기관은 장애 및 언어상의 차이를 가진 사람들에게 서비스를 제공할 수 있는 자료를 만들어 제공해야 한다.

③ 새로운 미디어의 모든 관련 기능을 탐색해야 한다. 예를 들어, 긴급재난 경보 및 소통을 위한 쌍방향 커뮤니케이션을 구축할 수 있는 기회와 장벽은 무엇인가? 쌍방향 커뮤니케이션은 장애인들과 응급 구조대원/관리자 모두에게 유용할 수 있지만, 새로운 미디어 환경에서의 쌍방향 커뮤니케이션은 미국 의회, 연방정부 규칙 및 규정에 따라 가능한 한 접근할 수 있어야 하며, 제조업체가 접근성 기능을 새로운 미디어 비상경보 기능 장치에 통합한 수준이어야 한다. 긍정적인 결과를 얻으려면 장기 및 단기 결과에 대한 연구 및 비용 편익 분석이 필요하며 기존 법률 및 전략에 대한 체계적인 변경이 필요하다.

④ 기술은 포괄적이고 참여적인 디자인 접근방식을 사용하여 개발되어야 한다. 미국뿐만 아니라 전 세계적으로 진행 중인 연구에서 포괄적이고 참여적인 디자인 접근방식은 여러 플랫폼에 동시에 제공될 수 있는 보다 강력하고 접근성 있는 기술을 만드는 데 중요한 것으로 확인되었다. 이를 위해 업계와 정부는 장애인을 위한 접근성 향상 방안을 최대한 포함하도록 주의를 기울여야 한다. 이를 위해 장애인들은 항상 새로운 또는 변화하는 기술 및 서비스의 디자인 및 개발 단계에 포함되어야 하고, 기술 개발을 계획할 때 미래 기술의 접

근성에 대한 영향이 충분히 고려되어야 한다.

⑤ 긴급재난 경보 및 커뮤니케이션을 위한 다양한 언어의 포함을 지원하는 연구를 수행해야 한다. 예를 들어, 미국 수어American Sign Language: ASL는 고유한 언어다. 미국 수어로만 대화할 수 있고 영어로 쓰인 것은 잘 이해하지 못하는 청각장애인들이 있다. 현재 미국 수어를 사용하는 사람들은 긴급재난 경보 메시지에 접근할 수 없다. 이는 수백만의 미국인이 긴급재난 메시지를 적절하게 수령하고 이해하며 반응하지 못함을 나타낸다. 앞으로 정책 분석가는 이러한 인구 집단을 확인하여 긴급재난 경보에 접근할 수 있도록 해야 한다. 이러한 실천은 또한 다른 언어들을 포함하는 것으로 확장되어야 할 것이다.

새로운 미디어 도구 및 소셜 미디어를 포함한 여러 플랫폼에서 접근성 있는 알림이 점차 보급되고 일반 대중의 참여가 증가함에 따라 위기관리 커뮤니케이션의 범위와 효율성이 향상될 것이다. 그러나 산업계, 정부, 재난관리기관 및 옹호단체가 장애인을 포함하여 대중에게 가장 적합한 해결책을 찾기 위해 협력하는 경우에만 변화가 일어날 것이다. 소셜 미디어와 접근성 있는 위기관리 커뮤니케이션은 우리 모두에게 보다 포용적인 미래를 여는 문이 될 수 있다.

참고문헌

American Red Cross. (2010). *Social Media in Disasters and Emergencies*. Retrieved from: http://www.redcross.org/wwwfi les/Documents/pdf/other/SocialMediaSlideDeck.pdf

American Red Cross. (2012). *More Americans Using Mobile Apps in Emergencies*. Retrieved on September 14, 2014, from: http://www.redcross.org/news/press-release/More-Americans-Using-Mobile-Apps-in-Emergencies

Baker, P. M. A., Fairchild, A. M., & Pater, J. (2010). E-Accessibility and municipal wifi: Exploring a model for inclusivity and implementation. *International Journal of Information Communication Technologies and Human Development, 2*(2), 52-66.

Bennett, D. (2010). State emergency plans: Assessing the inclusiveness of vulnerable populations. *International Journal of Emergency Management, 7*(1), 110-110.

Bennett, D. (2014). How do emergency managers use social media? *Journal of Emergency Management, 12*(3), 251-256.

Bertot, J. C., Jaeger, P. T., & Hansen, D. (2012). The impact of polices on government social media usage: Issues, challenges, and recommendations. *Government Information Quarterly, 29*(1), 30-40.

Brault, M. W. (2012). Americans with Disabilities: 2010 Household Economic Studies. *Current Population Studies, 70-131, U.S. Census Bureau*. Retrieved from www.census.gov/prod/2012pubs/p70-131.pdf

Bricout, J. C., Agiro, A., & Casiano, A. (2013). Systematic considerations for addressing 'online dead zones' impeding the social engagement of persons with a disability: Policy and practice implications. In Baker, P. M. A., Hanson, J., & Hunsinger, J. (Eds.), *The Unconnected: Social Justice Participation, and Engagement in the Information Society,* 48-57. New York: Peter Lang Publishing Group.

Bricout, J. C., & Baker, P. M. A. (2010a). Deploying Information and Communication Technologies (ICT) to enhance participation in local governance for citizens with disabilities. *International Journal of Information Communication Technologies and Human Development, 2*(2), 34-51.

Bricout, J. C., & Baker, P. M. A. (2010b). Leveraging online social networks for people with disabilities in emergency communications and recovery. *International Journal of Emergency Management, 7*(1), 59-74.

Bortree, D. S., & Seltzer, T. (2009). Dialogic strategies and outcomes: An analysis of environmental advocacy groups' Facebook profiles. *Public Relations Review, 35*(3), 317-319.

Engelman, A. A., Ivey, S. I., Tseng, W., Dahrouge, D., Brune, J., & Neuhauser, L. (2013). Responding to the deaf in disasters: Establishing the need for systematic training for state-level emergency management agencies and community organizations. *BMC Health Services Research, 13*(84).

Fraustino, J. D., Liu, B., & Jin, Y. (2012). Social Media Use during Disasters: A Review of the Knowledge Base and Gaps. *Final Report to Human Factors/Behavioural Sciences Division, Science and Technology Directorate, U.S. Department of Homeland Security*. College Park, MD: START. Retrieved from http://www.start.umd.edu/sites/default/files/files/publications/START_SocialMediaUseduringDisasters_LitReview.pdf

Fugate, C. (2011). Testimony of Craig Fugate, Administrator, Federal Emergency Management Agency. *Catastrophic preparedness: How ready is FEMA for the next big disaster? US Homeland Security and Government Affairs Committee,* March 17.

Furth, D. (2009). Keynote Address: Accessible Emergency Communications Over Wireless Platforms. *Wireless RERC State of Technology Conference,* Atlanta, Georgia.

Gao, H., Barbier, G., & Goolsby, R. (2011). Harnessing the crowdsourcing power of social media for disaster relief. *IEEE Intelligent Systems* .

Gooden, S., Jones, D., Martin, K. J., & Boyd, M. (2009). Social equity in local emergency management planning. *State & Local Government Review, 41*(1), 1-12.

Kailes, J. I., & Enders, A. (2007). Moving beyond 'special needs' a function-based framework for emergency management and planning. *Journal of Disability Policy Studies, 17*(4), 230-237.

Kapucu, N. (2006). Interagency communication networks during emergencies. *American Review of Public Administration, 36*(2), 207-225.

Kim, V. (2011). Los Angeles' disaster plans discriminate against people with disabilities, judge rules. *Los Angeles Times*. February 11. Retrieved on January 6, 2014 from: http://articles.latimes.com/print/2011/feb/12/local/la-me-disabled-ruling-20110212

LaForce, S. (2011). *Social Media, Emergency Communications and People with Disabilities*. Paper presented at National Emergency Number Association (NENA). 2011 Conference, Minneapolis, MN June 22, 2011.

Lindell, M. K., & Perry, R. W. (2004). *Communicating Environmental Risk to Multiethnic Communities*. Thousand Oaks, CA: Sage Publications.

Lindell, M. K., & Perry, R. W. (2012). The protective action decision model: Theoretical modifications and additional evidence. *Risk Analysis, 32*(4), 616-632.

Maiorana-Basas, M., & Pagliaro, C. M. (2014). Technology use among adults who are deaf and hard of hearing: A national survey. *Journal of Deaf Studies and Deaf Education, 20*(4).

Manoj, B. S., & Baker, A. H. (2007). Communication challenges in emergency response. *Communications of the ACM, 50*(3), 51-53.

Media Access Australia, & Hollier, S. (2012). *SociABILITY: Social media for people with a disability*. Sydney, Australia: Media Access Australia.

Mills, A., Chen, R., Kee, J., & Rao, H. R. (2009). Web 2.0 emergency applications: How useful can Twitter be for emergency response? *Journal of Information Privacy & Security, 5*(3), 3-26.

Mileti, D. S. (1999). *Disasters by Design: A Reassessment of Natural Hazards in the United States*. Washington, DC: Joseph Henry Press.

Mileti, D. S. (2010). Social Media and Public Warnings. *Denver UASI Conference on Shared Strategies for Homeland Security*. Boulder Colorado.

Mileti, D. S., & Peek, L. (2000). The social psychology of public response to warnings of a nuclear power plant accident. *Journal of Hazardous Materials*, 75, 181-194.

Mitchell, H., Bennett, D., & LaForce, S. (2011). Planning for Accessible Emergency Communications: Mobile Technology and Social Media. *In 2nd International AEGIS Conference*. Brussels.

National Council on Disabilities (NCD). (2009). *Effective Emergency Management: Making Improvements for Communities and People with Disabilities*. Washington, DC:

National Council on Disabilities.

National Council on Disability (NCD). (2014). *Effective Communications for People with Disabilities: Before, During, and after Emergencies.* Washington, DC: National Council on Disability. May 27.

Palen, L., & Hughes, A.L. (2009). Twitter Adoption and Use in Mass Convergence and Emergency Events. *In Proceedings 6th International Conference on Information Systems for Crisis Response and Management,* Gothenburg, Sweden (ISCRAM 2009).

Santora, M., & Weiser, B. (2013). Court says New York neglected disabled in emergencies. *The New York Times.* November 7. Retrieved from: http://www.nytimes.com/2013/11/08/nyregion/new-yorks-emergency-plans-violate-disabilities-act-judge-says.html?_r=0

Sutton, J., Palen, L., & Shklovski, I. (2008). Backchannels on the Front Lines: Emergent Use of Social Media in the 2007 Southern California Fires. *In Proceedings of 5th Information Systems for Crisis Response and Management Conference* (ISCRAM 2008), Washington, DC, USA, May 4-7.

Siebens, J. (2013). Extended measures of well-being: Living conditions in the United States: 2011. *Household Economic Studies,* U.S. Census Bureau, 70-136.

U.S. Department of Labor, & U.S. General Services Administration. (n.d.). Improving the Accessibility of Social Media. *DigitalGov.* Retrieved from: https://www.digitalgov.gov/resources/improving-the-accessibility-of-social-media-in-government/

Virtual Social Media Working Group (VSMWG), & the DHS First Responders Group. (2013). *Lessons Learned: Social Media and Hurricane Sandy.* Washington, DC: Department of Homeland Security (DHS).

White, J., King-wa, F., & Benson, B. (2011). Social media: An ill-defined phenomenon. *Online Communities and Social Computing: Lecture Notes in Computer Science,* 8029, 422-431.

Wireless RERC. (2010). *SUN: About Wireless Users with Disabilities.* Retrieved from: http://www.wirelessrerc.org/publications/sunspot-latest-findings-from-our-survey-ofuserneeds/SUNspot_Wireless%20Use%20by%20People%20with%20Disabilities_2010-08-10.doc/view

Yates, D., & Paquette, S. (2011). Emergency knowledge management and social media technologies: A case study of the 2010 Haitian Earthquake. *International Journal of Information Management, 31*(1), 6-13.

PART

03

커뮤니케이션

Communications

10

디지털 시대 의사소통장애를 가진 개인들의 소셜 미디어 활용과 매개된 사회적 교류

메릴 알퍼, 베스 할러

도입

역사를 통틀어 인쇄된 책이건 전자 또는 인터넷이건 간에 커뮤니케이션의 혁신은 사람들이 사회적 관계를 맺고 미디어를 통해 자신을 표현할 수 있는 새로운 기회를 제공했다(Marvin, 1988; Peters, 1999). 이 주제에 대한 연구들은 대부분 '커뮤니케이션학communication studies' 학자들에 의해 수행되었는데(예: Baym, 2010), 이와는 다르지만 연관성 있는 학문분야인 '커뮤니케이션 과학 및 장애communication sciences and disorders' 또한 기술을 통해 대인 간 커뮤니케이션 및 자기표현이 어떻게 촉진되는지를 연구하고, 말하기, 언어 및 청각 장애의 평가 및 해결을 주요한 목적으로 하고 있다(Plante & Beeson, 2013). 그러한 임상적인 활동은 '보조기술assistive technologies' 범주에 속하는 커뮤니케이션 기술을 명시적으로 포함하고 있는데, 「미국 보조기술법」(2004)에서는 이를 "상업적으로 획득되었건, 변형되었건, 또는 맞춤형이건 간에 장애가 있는 개인의 기능적인 가능성을 증진, 유지, 향상시키기 위해 사용되는 장치 또는 생산 시스템"으로 정의하고 있다.

보완대체의사소통Augmentative and Alternative Communication: AAC 시스템으로 알려진 보조기술은 말할 수 없거나 말하는 데 심각한 어려움을 가진 사람들로 하여금 자신의 욕구, 원하는 것, 감정과 선호를 대화 상대방이 즉시 이해할 수 있는 방식, 혹은 언어병리학자들이 '기능적 의사소통'으로 언급하는 방식으로 표현할 수 있게 한다(Kaiser & Grim, 2006). 보완대체의사소통은 다른 형태의 의사소통(예: 비언어적 몸짓, 웃음과 같은 비어휘적 소리)을 강화하고 말하기의 대안으로 사용된다(Beukelman & Mirenda, 2013). 성인과 어린이는 발달장애(예: 자폐증), 부상 및 질병(예: 뇌졸중) 또는 진행성 신경학적 상태(예: 다발성 경화증)로 인해 보완대체의사소통을 활용할 수 있다. 보완대체의사소통 기술은 단어와 부호가 있는 저차원 기술의 그림 카드에서부터 영국 물리학자 스티븐 호킹이 사용하여 아주 유명해진 말하기 출력이 가능한 최첨단 컴퓨터(말하기 생성기기로 알려짐)까지 다양하다.

지난 5년 동안 컴퓨터를 모방한 스마트폰, 태블릿 및 앱 등이 독점적으로 또는 주로 말하기 보조 도구로 사용되었으며, 이러한 기술 발전으로 인해 보완대체의사소통 장치들은 전체적으로 볼 때 극적으로 접근하기 쉬워졌고 비용적으로 감당할 만하게 되었으며 사회적으로 수용될 수 있게 되었다(Haller, Blaser, Jones, & Naidoo, 2016; McNaughton & Light, 2013). 노트북과 개인용 디지털 보조 기기가 수년간 손쉽게 구매할 수 있는 휴대용 보완대체의사소통 장치로 사용되어 왔으나(Chapple, 2011), 오늘날의 이동통신 기술은 비교적 보다 강력하고 치밀하며 배터리 수명도 길기 때문에 기기 사용을 중단하고 재충전할 필요가 없어 의사소통에 필수적인 것이 되었다.

이동통신 기기는 보완대체의사소통용 앱 외에도 의사소통상의 다른 이점을 제공한다. 장애인들을 서로 연결할 수 있게 하는 인기 있는 다양한 소셜 미디어 앱(예: 유튜브, 페이스북, 트위터)에 편리하게 접근할 수 있게 해 준다. 셰인과 동료들(Shane et al., 2012, p. 5)은 "친구와 대화하기 위해 [말하기 생성기기]를 사용할 수도 있고, 도시 저편에 있는 개인 돌봄제공자에게 문자 메시지를 보내기 위해 스마트폰을 사용할 수도 있으며, 스포츠팀을 응원하거나 야유하는 메시지를 페이스북에 게시할 수도 있다."고 기술한다. 소셜 미디어 및 네트워크상의 커뮤니케이션 기술은 말하기 및 언어 표현에 있어 심각한 장애가 있는 개인들에게 일상적인 상황에서, 대화 상대방이 장애가 있건 없건, 동시적이건 아니건, 대면이건 비대면이건, 커뮤니케이션을 '증진, 유지, 개선'할 수 있는 기회를 제공한다(Caron & Light, 2016; Light & McNaughton, 2014).

이 장에서 우리는 '주류' 기술과 '보조' 기술 사이의 문화적 융합(일부 주장은 임의적 구별이다; Hendren, 2013; Pullin, 2009 참조)은 보완대체의사소통 장치의 목적을 이해하기 위한 새로운 이론적 접근법과 커뮤니케이션학과 커뮤니케이션 과학 사이의 교차점을 재검토하는 것이 필요하다고 주장한다. 우리는 보완대체의사소통을 전송transmission, 절차ritual 그리고 대상object으로 통합하는 이론화를 제시한다. 보완대체의사소통에 대한 임상적 및 재활적 관점을 뒷받침하는 선형적 커뮤니케이션 '전송 모형'[1](Berlo, 1960; Schramm, 1954; Shannon & & Weaver, 1949)은 제한적이다. 우리는 보완대체의사소통에 대한 보다 광범위한 개념을 제안하는데, 이 개념은 '절차'(Carey, 1989)와 '대상'(Silverstone, Hirsch, & Morley, 1992)으로서의 커뮤니케이션의 통합과 미디어 및 커뮤니케이션 연구에서 기원한 개념들을 아우르는 것이다.

우리는 심각한 의사소통장애를 가진 개인들이 커뮤니케이션 기술을 사용하는 두 가지 사례를 통해 이론화를 진전시키고자 한다. 우리는 각각의 질적 현장연구(예: Alper, 2017 참조)에서 사례들을 끌어왔는데, 한 저자(Apler)는 공통된 곳에서의co-located 미디어 경험을 공유함으로써 사회적 교류sociality에 초점을 맞춘 사례를 가져왔고, 다른 저자(Haller)는 소셜 미디어 플랫폼에서의 큐레이션curation[2]에 초점을 맞춘 사례를 담당했다. 다음 절에서는 미국(저자 두 명 모두가 일하며 살아가고 있는 곳)에 살고 있는 의사소통장애가 있는 개인들에 대한 다목적 컴퓨터 기반의 보완대체의사소통 기기 제공의 현 상황에 대한 배경을 설명하고자 한다.

1) [역주] 선형적 커뮤니케이션 전송 모형은 단방향 커뮤니케이션 모형으로, 메시지를 부호화하는 발신자와 그 메시지를 잡음이 존재하는 상황을 포함하여 수신자에게 전달하는 것으로 구성된다. 이 모형에는 정보의 지속적인 교환을 가능하게 할 피드백 과정이 없으며, 커뮤니케이션은 어떠한 피드백이나 응답, 잡음을 고려하지 않은 단방향이다(F. N. S. Palma, 1993). ("커뮤니케이션 모형", 위키백과, 2019년 5월 12일 수정, 2020년 9월 9일 접속, https://ko.wikipedia.org/wiki/%EC%BB%A4%EB%AE%A4%EB%8B%88%EC%BC%80%EC%9D%B4%EC%85%98_%EB%AA%A8%ED%98%95)

2) [역주] 추천이라는 뜻으로 빅데이터 분석을 통해 개인 맞춤 정보를 제공하는 행위로, 다른 사람이 만들어 놓은 콘텐츠를 개별 목적에 따라 분류하고 배포하는 것을 말한다. 콘텐츠가 많아질수록 선별된 양질의 정보에 대한 수요가 느는데 큐레이션은 이런 수요를 충족시키기 위한 것으로 신규 비즈니스로 급부상하고 있다. 다양하고 많은 정보를 자기만의 스타일로 조합해 내는 파워블로거, 각계각층의 사람들이 거대한 집단지성을 형성한 위키피디아, 스마트폰을 통해 주제에 따라 유용한 정보를 모아 제공하는 애플리케이션 등이 큐레이션의 한 형태라고 볼 수 있다. ("큐레이션", [네이버 지식백과] ICT 시사상식, 2015, 2014년 12월 31일 수정, 2020년 9월 9일 접속, https://terms.naver.com/entry.nhn?docId=3586052&cid=59277&categoryId=59282)

배경

제3자 비용 지급처(예: 메디케어, 메디케이드, 건강보험)는 미국 내 보완대체의사소통 기기 구입의 대부분을 책임지고 있으며(Seelman, 1993), 메디케어는 매년 약 2,000~3,000개의 기기 구입 건에 대해 비용을 지불해 주고 있다(Stockton, 2014).

말하기 생성기기에 대한 보험 적용 범위와 관련해서 지난 20년 동안 커다란 변동이 있었으며, 최근 몇 년 동안에는 상당한 격변이 진행되었다. 2001년 말하기 생성기기는 메디케어에 의해 '보장되는 혜택'이 되었으며 '내구성 있는 의료 장비'로 간주되었는데, 이러한 범주에는 휠체어, 철제 호흡 보조 장치iron lungs 및 가정용 병원 침대도 포함된다. 그러나 보장 범위의 이러한 확대에는 제한이 따랐다. 보완대체의사소통 장치가 개인용 컴퓨터의 기능(예: 이메일, 문자 메시지, 웹 검색)을 함께 제공하는 경우에는 메디케어를 통해 보장되지 않았다.

이러한 제한사항을 준수하기 위해 기기 제조업체는 자동적으로 보험이 적용되는 말하기 생성기기에서 이와 같은 커뮤니케이션 기능을 '잠가 놓았다.' 보완대체의사소통 사용자는 기기를 소유한 후에 제조업체에 비용을 지불함으로써 추가 기능을 '잠금해제' 할 수 있었다(Tobii DynaVox, 2014). 이 시스템은 보완대체의사소통 사용자의 자율성을 보다 향상시킬 수 있었으나, 그렇게 만들어진 시스템으로 인해 온전한 커뮤니케이션 기능을 사용하기 위해 본인 부담 비용을 부담할 수 있는 개인들과 그 가족들에게 특권을 주는 것이 되었다(Abbott & McBride, 2014).

2014년 2월 메디케어 및 메디케이드 서비스 센터Centers for Medicare and Medicaid Services: CMS의 말하기 생성기기 정책에 대한 갑작스런 변경으로 인해 의사소통장애가 있는 사람들은 이러한 비언어적 의사소통 방식에 대한 미래의 접근성에 대해 걱정하게 되었다(Bardach, 2014). CMS는 보완대체의사소통 이외의 기능이 장착된 새로운 보완대체의사소통 장치 및 향상된 보완대체의사소통 장치에 대해 더 이상 비용 지불을 승인하지 않을 것이라는 점을 밝혔다(Center for Medicare Advocacy, 2014). 이러한 변경으로 인해 보완대체의사소통 사용자들 및 연구원 마이클 윌리엄스Michael B. Williams와 같은 개인들은 사회와의 관계를 유지하는 방식에 있어 심각한 제한을 갖게 되었다. 윌리엄스는 자신이 수십 년간 "대면 의사소통을 통해 대인관계를 구축하려고 노력"해 왔음에도 불구하고 인간관계는 점점 더 원격으로 매개되고 있다고 지적했다.

> 나는 매일 인터넷을 사용하여 연구를 하고, 뉴스를 읽고, 다양한 소셜 네트워크 사이트를 통해 친구나 가족과 교류하고, 일주일에 한 번 대학에 있는 딸과 화상 대화를 하고, 수많은 제품과 서비스를 온라인으로 쇼핑합니다. [……] 이러한 도구들과 기술들을 복잡한 의사소통이 필요한 모든 사람이 이용할 수 있도록 하는 것은 정말로 중요합니다.
>
> (Shane et al., 2012, p. 4 인용)

비영리단체 뇌성마비연합United Cerebral Palsy은 의사소통장애를 가진 사람들에게 CMS 정책의 변화가 얼마나 치명적일 수 있는지를 설명하면서 소셜 미디어를 사소한 것으로 잘못 인식하는 것에 대해, "그들에게 보완대체의사소통 장치는 장난감이 아니다. 그것은 생명선이나 마찬가지이며 절대 사소한 것이 아니다"(Stockton, 2014, para. 25 인용)라는 의견을 냈다. 사실상 메디케어 변경으로 인해 지난 20년 동안 기술적, 사회적 및 문화적 변동과 발맞추어 발전해 왔던 보완대체의사소통 장치들은 머지않아 성장을 멈출 수도 있을 것이다.

CMS는 미국언어협회American Speech-Language-Hearing Association, 보완대체의사소통 사용자 및 기타 이해관계자들의 공동 옹호 노력 덕분에 2014년 말 정책 변경을 철회했을 뿐만 아니라(Duggirala, 2014), 2015년 7월 보장 범위를 확대했다(Wilson, Kaiser, & Simpson, 2015). 주요한 출발로서 메디케어가 이제 전화와 인터넷에 연결된 말하기 생성기기에 대한 적용을 보장할 것인데, 이로 인해 사용자는 자신의 소프트웨어를 업데이트하고 문자 또는 음성 메시지를 통해 원격으로 소통할 수 있게 되었다(필요한 텔레커뮤니케이션 서비스에 대해 스스로 비용을 부담할 수 있는 경우에 한해서 그렇다).

CMS 정책이 변경되면서 기기 잠금해제 비용을 지불할 필요가 없어졌지만 여전히 여러 면에서 제한적이다. 첫째, 보장 적용 범위가 주로 말하기를 생성하고 부차적으로만 비언어적 의사소통을 가능케 하는 기능을 가진 컴퓨터에만 국한된다(Satterfield, 2015). 다시 말해, 아이패드가 말하기 생성기기로 활용될 수 있도록 지원해 주는 보완대체의사소통 앱들에 대해서는 메디케어의 보장이 적용될 수 있으나, 말하기 생성기기로 사용하기 위한 아이패드와 같은 태블릿 컴퓨터에 대해서는 보장하지 않는다는 것이다. 태블릿은 '질병이나 부상이 없는 경우에 유용'하며, '내

구성 있는 의료 기기'로 분류될 수 없기 때문이라는 것이 메디케어가 밝힌 이유다(Wilson, Kaiser, & Simpson, 2015). 둘째, CMS 정책은 다른 형태의 의사소통(예: 시각적 의사소통)에 비해 청각적/구어적 말하기, 이메일, 문자 및 전화 메시지를 이용할 때 이점이 있다. 메디케어는 "문서 및 엑셀 자료 제작, 게임 및 음악 청취, 그리고 [……] 화상 연락 및 화상회의 진행에 이용되는 하드웨어 또는 소프트웨어"는 보장하지 않을 것이다(Wilson, Kaiser, & Simpson, 2015).

이러한 커뮤니케이션 기술에 대해 메디케어가 비용을 지불해야 하는지 여부는 논쟁의 여지가 있다. 그러나 다음 장에서 설명하듯이, 이러한 지속적인 제한과 커뮤니케이션에 대한 좁은 정의는 심각한 말하기 장애가 있는 개인이 일상생활 속에서 소프트웨어(예: 아이튠즈) 및 소셜 미디어(예: 핀터레스트)를 통해 사회적으로 관계를 맺는 방식, 그리고 그들이 손쉽게 구입할 수 있는 이동통신 기기를 통해 그렇게 해 나가는 방식과는 본질적으로 동떨어져 있다.

사례연구

☆ 아이튠즈iTunes

내(메릴)가 처음으로 내쉬[1](뇌성마비로 말할 수 없고 걸을 수 없는 세 살의 중상층 백인 소년)의 집을 방문했을 때, 거실에 있는 서라운드 사운드 스피커에서 시끄러운 펑크 음악이 흘러나오고 있었다. 레이첼은 언어병리학자인데, 나는 그녀가 가족들을 대상으로 보완대체의사소통 기기에 대한 자문을 해 줄 때 그림자처럼 따라다니고 있었다. 그녀는 내쉬의 엄마 테일러가 음악인이며, 테일러와 그녀의 남편 토드는 내쉬가 갓난아이였을 때부터 음악을 틀어 주었다고 설명했다. 테일러가 급식 튜브를 통해 내쉬에게 음식을 공급했을 때, 그녀는 자신의 무릎에 앉아 있는 내쉬와 함께 음악에 맞춰 고개를 끄덕거렸다. 토드는 내쉬가 음악적 취향에서는 아이보다는 성인 취향을 가지고 있다고 말하며, "내쉬는 전형적이지 않죠. 말하자면 우리는 함께 마일스 데이비스Miles Davis를 들어요."라고 말했다. 이례적이라는 단어 사용에 있어 토드는 내쉬의 신체적 발달상태, 즉 휠체어를 사용해야 하고 24시간 계속적인 돌봄을 필요로 한다는 점을 언급한 것이 아니라 내쉬의 음악적 취향에 대해 언급한 것이었다.

내쉬는 음악을 너무 좋아해서 아이패드(부모가 직접 구매)에 보완대체의사소통 앱 Proloquo2Go를 설치했을 뿐만 아니라 방대한 아이튠즈 mp3 목록을 보유하고 있었다.

내쉬의 집을 다시 방문했을 때 레이첼과 테일러는 Proloquo2Go 앱에 저장된 어구들을 재구성하여 내쉬가 아이튠즈에서 특정 음악인(예: 빌 위더스Bill Withers, 아레사 프랭클린Aretha Franklin)을 선택할 수 있도록 했다. 내쉬는 Proloquo2Go를 사용하여 직접 아이튠즈에 있는 음악을 재생할 순 없었지만, 그 앱을 사용하여 다른 사람이 자기 대신 곡을 선택하도록 요청할 수 있었다. 내쉬가 선택한 곡들은 자신을 드러내는 중요한 방법이었다. 내쉬는 자신의 아이패드 및 가족과 공유하는 아이튠즈 계정을 이용함으로써 Proloquo2Go를 일상적으로 활용하고 아이튠즈 음악 카탈로그를 통해 빈번하게 자신을 표현할 수 있었다.

이러한 부분적 중복은 내쉬의 가족과 학교 사이에 긴장을 야기하는 원인이 되기도 했다. 처음으로 그 집을 방문한 이래 두 번째로 테일러를 만난 것은 한 달 후 지역 보조기술 콘퍼런스에서였다. 테일러는 보완대체의사소통 기기를 사용하는 아동들의 부모들과 함께한 질의응답 시간에 손을 들고 패널들에게 조언을 구했다. 그녀는 내쉬의 아이패드를 거의 쓸모없는 1세대에서 3세대로 업그레이드 하고 싶은데 학교 측에 내쉬의 개별교육계획IEP의 일환으로 새로운 아이패드를 제공하도록 요청하는 것과 가족 소유 아이패드를 유지하는 것의 장단점이 궁금하다고 말했다. 그녀는 내쉬가 자신의 음악 목록에 계속 접근할 수 있길 원했지만 두 개의 아이튠즈 계정(집과 학교)을 가지고 같은 기기에 미디어와 앱을 다운로드 하는 것에 문제가 있을지도 모른다고 걱정했다. 또한 테일러는 "내쉬가 듣는 음악에는 욕설이 포함되어 있어요."라며 학교에서 적절하다고 생각하지 않을 만한 것이라고 말했다. 패널로 참여했던 모든 부모들이 테일러가 새로운 기기를 구매해야 한다는 것에 동의했다. "가장 이상적인 것은 구매하는 경우 개별교육계획에 기록되는 것"이라고 한 어머니가 말했다.

테일러는 자신의 사회적, 문화적 그리고 경제적 자원을 사용하여(모든 장애 아동 부모가 이런 특권을 가질 수 있는 것은 아니다) 내쉬가 학교에서 가족 소유의 아이패드를 사용하도록 할 수 있었다. 몇 달 후 레이첼과 내가 내쉬와 그의 가족을 자문하기 위해 추가적인 방문을 했는데, 방문 말미에 테일러가 내쉬에게 스스로 하고 싶은 활동을 선택하도록 했다. 그가 오른쪽 팔을 들어 올리며 "네"라고 말한 것은 테일러가 가족이 좋아하는 일과인 "댄스파티를 하자"고 제안했을 때였다. 테일러는 컴퓨터 앞에서 일하고 있는 토드를 곁눈질로 흘깃 쳐다보며 불렀다. 그는 장난스럽게 피하다가 의자에서 일어났다. "자, 내쉬, 커뮤니케이션의 힘을 보여 줘!"라고 테일러가 우리에 윙크하며 자신의 아들에게 말했다.

토드는 거실 스피커에 연결된 아이팟에서 노래를 선택했고, 해리 벨라폰테Harry Belafonte의 곡 〈끼어들어Jump in the Line, Shake, Señora〉가 벽에서 흘러나왔다. 그는 내쉬의 겨드랑이에 손을 집어넣고 위로 끌어올려 발이 바닥에 닿을락 말락한 상태로 만든 후 자신의 댄스 파트너를 빙빙 돌렸다. 내쉬는 크게 웃었고, 토드가 칼립소 박자에 발을 구르자 더욱 크게 미소 지었다. 테일러는 레이첼과 나에게 돌아서면서 내쉬가 댄스파티를 제안하고 춤을 추기 위해 음악에 접근할 수 있는 방법이 있다는 것이 기쁘다고 말했다. "원하는 것을 요청하면 갑자기 뭔가 멋진 것을 할 수 있다는 것을 토드가 배우고 있다."고 테일러가 부연했다. 내쉬의 음악 선호도는 그의 정체성 및 가족 유대감과 깊은 관련이 있었다. Proloquo2Go 보완대체의사소통 앱 외에도 그의 아이패드와 가족의 아이튠즈 계정에서 개인적 선호를 반영해 선곡된 디지털 음악 목록으로 인해 토드는 자신을 표현하고 사회적 파트너들과 함께 커뮤니케이션 선택지를 확장할 수 있었다.

☆≡ 핀터레스트Pinterest

의사소통장애의 일종인 실어증을 가진 사람들을 지원하려면 소셜 미디어뿐만 아니라 많은 새로운 기술이 필요하다. 실어증은 거의 논의되지 않지만 실제로 뇌졸중이나 외상성 뇌손상으로 유발된 의사소통장애이며 널리 퍼져 있다. 볼티모어 스나이더 실어증 삶의 질 증진 센터the Snyder Center for Aphasia Life Enhancement: SCALE의 프로그램 책임자인 데니스 맥콜Denise McCall은 "전국적으로 백만 명이 넘는 미국인들이 실어증과 더불어 살아가고 있다."고 설명했다. 실어증은 파킨슨병, 뇌성마비 또는 근이영양증보다 더 널리 퍼져 있지만 공개 설문조사에 따르면 100명 중 1명만이 실어증에 대해 알고 있는 것으로 나타났다(Code et al., 2001; McCall, 2013a 참조). SCALE은 미국에 있는 8개의 독립적인 실어증 센터 중 하나이며(Elman, 2011), 더 이상 재활 자격은 없지만 의사소통장애로 인해 일상생활에 참여하는 데 어려움을 겪고 있는 실어증 환자의 욕구를 해결한다.

나(베스)는 실어증 환자를 위해 소셜 미디어가 혁신적으로 활용되는 것을 보기 위해 SCALE에서 진행되는 프로그램들을 여러 차례 관찰했다. 맥콜은 실어증을 앓고 있는 대부분의 사람들이 50세 이상이기 때문에 자신보다 어린 가족 구성원들과 계속해서 소통할 수 있는 방법을 찾고 있는데, 이는 그들이 말하지 못하거나 말하기 어려워졌을 때 관계를 계속해서 유지하는 법을 모르는 경우가 많기 때문이라고 말했다(B. Haller, personal communication, November 25, 2014). 또한 실어증 환자는 새로운 방식으로 스스로를 옹호해야 한다고 덧붙였다. SCALE은 사진, 예술 및 원예 과정 외에도 실어증을 가진 사람들이 역량강화를 통해 옹호하고 교육할 수 있도록 핀터레스트, 스카이프, 페이스북, 트위터 및 유튜브를 사용하는 방법에 대한 수업을 제공한다(McCall, 2013b).

2008년에 설립된 핀터레스트는 개인화된 핀터레스트 페이지 또는 '보드'에서 시각적 북마크 또는 '핀'을 만들고 공유하기 위한 웹 및 이동통신 애플리케이션이다. 핀터레스트가 사용되는 방식은 실어증 환자를 위한 SCALE의 커뮤니케이션 교육을 지원하는 가장 혁신적인 방법 중 하나다. 언어병리학자인 맥콜은 핀터레스트가 실어증 환자에게 특히 유용한데, 이는 일부 연구들이 보여 주듯이 핀터레스트가 아이콘이나 그림보다 사실적인 사진을 훨씬 잘 처리할 수 있기 때문이라고 언급했다(Rose, Worrall, Hickson, & Hoffmann, 2011). 핀터레스트의 사진은 대화 촉진을 위해 실어증이 있는 개인의 두뇌를 자극하고, 개인은 커뮤니케이션을 위해 자신이 어떤 촉진물을 사용할 것인지와 어떻게 사진들을 활용할 것인지를 통제한다. 이것은 실어증을 가진 개인들에게 자신의 생각을 강요하는 의료 전문가들과는 대조적이다. 또한 실어증 환자는 주제를 중심으로 생각을 정리할 수 있어 핀터레스트는 스스로 의사소통 구조를 구축할 수 있는 능력을 향상시킨다고 맥콜은 설명했다(B. Haller, personal communication, November 25, 2014). 핀터레스트는 페이스북 및 트위터에 비해 소셜 미디어 플랫폼으로서 연구원들로부터 많은 관심을 받지는 않지만(Chang, Kumar, Gilbert, & Terveen, 2014), 여전히 많은 사람들, 특히 여성들에 의해 사용되고 있다. 퓨 리서치 센터the Pew Research Center의 인터넷 프로젝트에 따르면 핀터레스트를 사용하는 온라인 성인의 비율이 2012년 15%에서 2013년 21%로 증가했다(Duggan & Smith, 2013). 핀터레스트는 성별이 반영된gendered 소셜 미디어 공간이 되었고, 여성이 남성보다 핀터레스트를 4배 더 많이 이용하는 것으로 나타났다(Duggan & Smith, 2013). 인구통계학적으로 핀터레스트는 백인 온라인 성인이 훨씬 더 많이 이용하는데, 백인의 18%가 이 사이트를 이용하고 상대적으로 흑인은 8%, 라틴계는 10%가 이 사이트를 이용한다(Delo, 2013). 그러나 이러한 전국적 통계는 지역별 인구통계는 고려하지 않는다. 예를 들어, 볼티모어시에서는 주민의 약 63%가 흑인이다(US Census Bureau, 2010).

언젠가 SCALE을 방문하면서 장애인의 역량강화를 위해 어떤 식으로 소셜 미디어가 활용될 수 있는지에 관심이 있는 몇몇 해외 방문객들을 데려갔는데 이때 다른 연구자들 또한 여기에 참여했다(예: Dobbs, 2009; Shpigelman & Gill, 2014). 실어증이 있는 사람들은 다양한 방법으로 자신을 소개했는데, 일부는 아이패드에서 오디오 프롬프트를 활용하고 일부는 화면에 투사된 핀터레스트 페이지를 활용했다. 마이라는 핀터레스트 페이지를 활용하여 자신의 관심사를 심층적으로 소개했다. 마이라는 50세가 넘은 흑인으로 뇌졸중으로 쓰러졌지만 살아남았다. 뇌졸중은 그녀의 성대에 영향을 미쳐 더 이상 소리를 낼 수 없게 만들었다. 마이라는 자신의 핀터레스트 페이지를 사용하여 자신이 선택한 이미지와 자막을 통해 나와 해외 방문객들에게 자신을 소개했다. 그녀의 30개 핀 중 첫 10개는 SCALE 활동, 가족, 개에 관한 것이었지만, 나머지 20개 핀은 그녀가 사랑하는 영화와 TV드라마에서 상영된 서부극에 관한 것으로 1950년대와 1960년대 서부극 영화에 출연한 배우 로리 칼훈Rory Calhoun에 관한 핀도 몇 개 있었다. 핀터레스트를 활용한 마이라의 소개가 보여주는 강력한 메시지는, 만약 그녀와 구두로 대화했다면 서부극에 대한 그녀의 관심에 대해서는 알기 어려웠을 거라는 점이다. 구두 대화로 진행이 되었다면 우리는 처음 10개의 핀에 해당하는 정보만 알게 되었을 것이다. 마이라가 관심을 보인 것에 대한 핀터레스트의 이미지 기반 큐레이션은 모든 사람이 그녀에 대해 깊이 있는 정보를 마주하고 그녀의 진정한 열정을 엿볼 수 있게 해 주었다.

SCALE은 자체 그룹 핀터레스트 페이지를 가지고 있으며, 29명의 실어증이 있는 개인들이 이 소셜 미디어 플랫폼을 이용하고 있다. 고정된 이미지의 수는 1개에서 82개까지이며, 세 명의 흑인 여성이 가장 많은 이미지들을 가지고 있다. 다른 SCALE 회원들은 미셸 오바마Michelle Obama에 대한 팬덤fandom 또는 TV 게임 쇼 및 세련된 여성 모자에 대한 애정을 드러냈다. 맥콜은 일부 SCALE 회원들은 식당에서 주문하고 싶은 음식 사진을 가리키는 것과 같이 커뮤니티에서의 의사소통을 위해 핀터레스트를 사용한다고 말했다(B. Haller, personal communication, November 25, 2014). 다른 SCALE 회원들은 공유 관심사 또는 과거 여행에 대해 핀터레스트 페이지에서 협업함으로써 배우자와의 유대를 강화했다. 맥콜은 많은 경우 실어증이 있는 개인들이 다양한 소셜 미디어 앱에 능숙한 모습을 보여 주고 그것들을 사용해서 의사소통할 때 그들의 가족들 또한 그들에 대해 새롭게 생겨난 존경심을 갖는다고 설명했다(B. Haller, personal communication, November 25, 2014).

맥콜은 핀터레스트가 실어증이 있는 개인들에게 특히 유용한데, 이는 의사소통장애와 더불어 뇌졸중도 함께 가지고 있는 사람은 손의 한쪽 또는 양쪽이 손상되어 타이핑이 어려워질 수 있기 때문이라고 말했다(B. Haller, personal communication, November 25, 2014). 핀터레스트는 이미지 기반이며 그림의 타이핑 자막은 선택사항이기 때문에 일부 뇌졸중 생존자에게는 매우 훌륭한 플랫폼이다. 메디케어와 같은 정부 프로그램들, 그리고 많은 언어병리학자들은 핀터레스트와 같이 소셜 미디어에서 사용할 수 있는 큐레이션 기능이 어떻게 의사소통장애가 있는 사람들의 역량강화에 도움이 되는지에 대해 명확하게 알지 못한다. 이뿐만 아니라 그들의 이미지 큐레이션이 어떻게 그들의 가족 구성원, 친구 및 지역사회와의 소통을 만들어 내는지에 대해서도 명확히 알지 못한다.

논의

심각한 언어장애가 있는 사람들에게 의미 있는 의사소통 기술을 제공하는 아이튠즈와 핀터레스트의 사례는 '기능적 의사소통'을 구성하는 요소 및 메디케어 보험의 적용 범위를 결정하는 요인에 대한 보다 폭넓은 해석이 필요함을 보여 준다. 1970년대와 1980년대에 보완대체의사소통 기술의 초기 초점은 동시 발생하는 대면 상호작용이었던 반면(Shane et al., 2012), 대인 간 의사소통은 이후 몇 십 년간 확대되어 더 많은 네트워크 및 원격 형태를 포함하게 되었다(Baym, Zhang, & Lin, 2004). 반대로 장애인과 비장애인에 의해 사용된 모든 의사소통 기술은 구술 말하기에 대한 보완적이고 대체적인 기술 간의 스펙트럼상에 존재하는 것으로 재검토될 수 있으며(Alper, 인쇄 중), 이는 모든 기술은 어느 정도 '보조적'이라는 생각을 반영한다.

보조기술에 대한 정부 정책은 오랫동안 장애인에 대한 차별로 이어질 수 있는 문제를 가지고 있었다. 예를 들어, 실먼(Seelman, 1993)은 좀 더 평등한 정책을 주장하는데, 이러한 정책이 장애인의 역량강화, 자립 및 지역사회 통합으로 이어질 것으로 생각하기 때문이다. 내쉬와 마이라가 디지털 또는 합성 음성을 제작하는 데 사용하는 것과 같은 커뮤니케이션 기술은 부차적으로만 그 기능을 담당할 수 있어야 한다는 메디케어의 주장은 장애의 의료 모델에 근거한다. 이러한 견해는 장애를 치료할 수 있는 것으로 잘못 규정하고 있어(Linton, 1998), 손상된 말하기를 하는 '고장난broken' 사람을 고침으로써 커뮤니케이션 기술이 의사소통상의 실패를 바로잡아야 한다는 결론을 도출할 수 있다. 엔겔케(Engelke, 2013)는 '보완대체의사소통 사용자'라는 용어 자체가 본질적으로 화자 및 화자가 보내는 모호하지 않은 메시지를 보다 강조함으로써, 청자 및 사회적 의미 구성 과정에서의 청자의 역할에 대해서는 덜 강조하게 된다고 주장한다.

커뮤니케이션학과 커뮤니케이션 과학의 교차점을 탐구하는 최근의 중요한 연구에서는 커뮤니케이션 및 표현의 '자연적인' 형태로 간주되는 것이 어떻게 사회적으로 구성되는지를 보여 준다(Axel, 2006; Mills, 2009; Sterne, 2003). 보완대체의사소통과 관련하여 임상전문가들은 심각한 언어장애가 있는 개인들이 보완대체의사소통기기를 사용하여 일상의 의사소통 욕구를 충족할 수 있도록 안내해 주는데, 그렇지 않다면 그들의 욕구는 '자연적인' 의사소통 방식(즉, 구두로 말하기)을 통해서 충족되어야만 했을 것이다(Beukelman, 1991). 이러한 정의에 따르면, 소셜 미디어는 일상의 모든 측면에 깊이 새겨져 있음에도 불구하고 '비자연적'이라고 간주된다.

의사소통장애가 있는 개인들에 의해 적절하고 매개된 의사소통으로 간주되는 것에 대한 논쟁의 핵심에는 이 장의 범위를 벗어난 각각의 고유하고 복잡한 기원과 유산을 가진 세 가지 커뮤니케이션 이론이 있다. 첫째, 의사소통장애가 있는 개인의 의사소통 기술 사용을 '기능적' 목적으로 제한하는 것은 커뮤니케이션의 전송 또는 '발신자-수신자' 모형을 반영한다. 섀넌과 위버(Shannon & Weaver, 1949)가 벨 연구소Bell Labs에서 전화통신에 대해 연구하면서 개발한 이 모델은 언어병리학뿐만 아니라 사이버네틱스, 언어학 및 현대 커뮤니케이션 이론에 심대한 영향을 미쳤다(Axel, 2006). 이 모델에서 '성공적인' 커뮤니케이션 행위란 메시지가 A지점에서 B지점으로 C통로를 통해 단일 의미로 온전히 전송되는 것으로 특징지어진다. 이러한 관점에서 언어와 정보는 양과 빈도로 수량화할 수 있으며, 언어병리학자에 의해 측정될 수 있다.

그러나 커뮤니케이션 이론가 제임스 캐리(James Carey, 1989)가 자신의 획기적인 에세이 《커뮤니케이션에 대한 문화적 접근방식A cultural approach to communication》에서 지적한 것처럼, 커뮤니케이션의 전송 모델은 사회적 · 문화적 역동이 메시지의 의미를 어떻게 형성하는지 또는 캐리가 "커뮤니케이션에 관한 의식적 견해"(p. 15)라고 명명한 것을 고려하지 않는다는 점에서 제한적이다. 캐리(Careord, 1989, p. 23)는 인류학자인 클리퍼드 기어츠(Clifford Geertz, 1973)의 연구를 바탕으로 "커뮤니케이션은 현실이 생산, 유지, 수정 및 변형되는 상징적 과정"이라고 주장했다. 커뮤니케이션의 양적 측정은 그 행위가 성공했는지 여부를 완전히 파악하지 못한다. 예를 들어, 게시물의 페이스북 '좋아요' 수는 좋아요 아이콘을 클릭한 각 사람에게 페이스북 '좋아요'가 무엇을 의미하는지 말해 줄 수 없다. 이러한 관점에서 보완대체의사소통 소프트웨어에서 소셜 네트워크 사이트에 이르기까지 말하기를 보완해 주고 대안을 제공해 주는 모든 미디어는 이러한 해석 과정을 통해 의미를 갖게 된다. 보완대체의사소통이 메시지를 투명하게 전송하기 위한 도구로서만 간주되는 한, 미디어 및 커뮤니케이션 기술을 통해 의사소통장애가 있는 개인들 간의 보다 창의적이고 다양한 방식의 표현을 지원할 기회가 간과될 수 있다(Pullin, 2009).

커뮤니케이션의 전송 및 의식적 관점뿐만 아니라 효과와 의미 각각에 중점을 둔 세 번째 이론—교화domestication(Silverstone, Hirsch, & Morley, 1992)—역시 보완대체의사소통 기기에 대한 개념적 분리에 일정부분 근거를 제공한다. 교화 이론은 미디어와 커뮤니케이션 기술은 물리적 실재를 가진 물질적 개체이기 때문에 평생 동안 개인과 동반하면서 자신의 '전기biographies'를 발전시킨다고 가정한다. 의사소통장애가 있는 사람들은 특정 미디어 플랫폼과 그들이 사용하는 특정 보완대체의사소통 기기(그것들이 소유되거나, 대여되거나 또는 대여하는지와 관계없이)에 소속된다. 메디케어 정책에 대한 제안된 변경사항은 커뮤니케이션을 위한 이동통신 기술 자체가 표현적이며 기존 말하기 생성기기와 호환되지 않는다는 점을 고려하지 않는다.

결론

인종, 민족, 계급, 성별, 성적 지향 및 국적과 관계없이 심각한 언어장애가 있는 성인과 아동은 아이튠즈 재생 목록 생성으로부터 핀터레스트에서의 사진 큐레이팅에 이르기까지, 다양한 소셜 미디어 및 새로운 미디어 플랫폼을 혁신적으로 소통할 수 있는 방법으로 채택하고 있다. 새로운 커뮤니케이션 기술과 소셜 미디어를 변혁적으로 사용함으로써 우리는 인간의 커뮤니케이션이 실제로 무엇인지에 대한 보다 폭넓은 정의를 이해하게 된다. 심각한 언어장애가 있는 사람들의 접근을 거부하거나 소셜 미디어에 대한 접근을 매우 어렵게 만드는 보조기술 정책은 개인적 관계형성 및 사회적 참여를 제한하며, 또한 고유한 방식으로 커뮤니케이션을 하는 사람들로부터 우리가 배울 수 기회를 빼앗는다. 의사소통장애가 있는 사람들은 어떻게 새로운 미디어가 예상치 못한 수많은 방식으로 이용될 수 있는지를 보여 줌으로써 단순히 심각한 언어장애를 가진 개인들에게만이 아니라 사회 전반에 이익을 준다는 점에서 선구적이라고 할 수 있다. 의사소통장애가 있는 성인과 아동이 사회적으로 매일 소셜 미디어와 기술을 사용하는 수많은 방법을 검증하려면 커뮤니케이션을 전송, 의식 및 대상으로 이해하는 보완대체의사소통에 대한 통합된 이론화가 필요하다.

미주

❶ 의사소통장애를 가진 아동들의 이름, 그들의 부모들와 치료사들의 이름 그리고 실어증을 가진 성인들의 이름은 프라이버시를 보호하기 위해 변경되었다.

참고문헌

Abbott, M. A., & McBride, D. (2014). AAC decision-making and mobile technology: Points to ponder. *Perspectives on Augmentative and Alternative Communication, 23,* 104-111.

Alper, M. (in press). When face-to-face is screen-to-screen: Reconsidering mobile media as communication augmentations and alternatives. In K. Ellis, G. Goggin, & B. Haller (Eds.), *Routledge companion to disability and media.* London: Routledge.

Alper, M. (2017). *Giving voice: Mobile communication, disability, and inequality.* Cambridge, MA: MIT Press.

Axel, B. K. (2006). Anthropology and the new technologies of communication. *Cultural Anthropology, 21*(3), 354-384.

Bardach, L. G. (2014). Medicare rules leave patients speechless. *The ASHA Leader, 19,* 30-31.

Baym, N. (2010). *Personal connections in the digital age.* Cambridge and Malden, MA: Polity.

Baym, N., Zhang, Y., & Lin, M. C. (2004). Social interactions across media: Interpersonal communication on the internet, telephone and face-to-face. *New Media & Society, 6*(3), 299-318.

Berlo, D. K. (1960). *The process of communication: An introduction to theory and practice.* New York: Holt, Rinehart & Winston.

Beukelman, D. (1991). Magic and cost of communicative competence. *Augmentative and Alternative Communication, 7*(1), 2-10.

Beukelman, D., & Mirenda, P. (2013). *Augmentative and alternative communication: Supporting children and adults with complex communication needs* (4th ed.). Baltimore, MD: Brookes Publishing.

Carey, J. W. (1989). *Communication as culture: Essays on media and society.* New York: Routledge.

Caron, J., & Light, J. (2016). Social media has opened a world of 'open communication': Experiences of adults with cerebral palsy who use augmentative and alternative communication and social media. *Augmentative and Alternative Communication, 32*(1), 25-40.

Center for Medicare Advocacy. (2014, November 19). Medicare's reluctance to embrace technology: Effects on the coverage of speech generating devices. Retrieved from http://www.medicareadvocacy.org/medicares-reluctance-to-embrace-technology-effectson-the-coverage-of-speech-generating-devices/.

Chang, S., Kumar, V., Gilbert, E., & Terveen, L. (2014). Specialization, homophily, and gender in a social curation site: Findings from Pinterest. In *Proceedings of ACM Conference on Computer-Supported Cooperative Work and Social Computing (CSCW)* (pp. 674-686). New York: ACM.

Chapple, D. (2011). The evolution of augmentative communication and the importance of alternate access. *Perspectives on Augmentative and Alternative Communication, 20* (1), 34-37.

Clifford Geertz, G. (1973). *The interpretation of cultures*. New York: Basic Books.

Code, C., Mackie, N. S., Armstrong, E., Stiegler, L., Armstrong, J., Bushby, E.,. .. Webber, A. (2001). The public awareness of aphasia: An international survey. *International Journal of Language & Communication Disorders, 36,* 1-6.

Delo, C. (2013, February 14). Pew study: Blacks over-index on Twitter; whites on Pinterest. *Advertising Age*. Retrieved from http://adage.com/article/digital/pew-study-blacks-indextwitter-whites-pinterest/239810/.

Dobbs, J. (2009, August). Why Facebook matters. *New Mobility*. Retrieved from http://www.newmobility.com/2009/08/why-does-facebook-matter/.

Duggan, M., & Smith, A. (2013). Social media update 2013. *Pew Research Center's Internet Project*. Retrieved from http://www.pewinternet.org/2013/12/30/social-mediaupdate-2013/.

Duggirala, S. (2014, November 6). Speech generating devices. *Centers for Medicare and Medicaid Coverage*. Retrieved from http://www.cms.gov/medicare-coverage-database/details/medicare-coverage-document-details.aspx?MCDId=26.

Elman, R. (2011, June 15). A brief history of aphasia centers. *Aphasia Corner* [Blog]. Retrieved from http://aphasiacorner.com/blog/experts-talk/a-brief-history-of-aphasiacenters-1227.

Engelke, C. R. (2013). *Technically speaking: On the structure and experience of interaction involving augmentative alternative communications* (Unpublished dissertation). UCLA: Los Angeles, CA.

Haller, B., Blaser, A., Jones, C. T., & Naidoo, V. (2016). iTechnology as cure or iTechnology as empowerment: What do North American news media report? *Disability Studies Quarterly, 36*(1). Retrieved from http://dsq-sds.org/article/view/3857.

Hendren, S. (2013, September 20). All technology is assistive technology. *Medium*. Retrieved from https://medium.com/thoughtful-design/a8b9a581eb62/.

Kaiser, A., & Grim, J. (2006). Teaching functional communication skills. In M. E. Snell & F.

Brown (Eds.), *Instruction of students with severe disabilities* (6th ed., pp. 447–488). Upper Saddle River, NJ: Pearson.

Light, J., & McNaughton, D. (2014). Communicative competence for individuals who require augmentative and alternative communication: A new definition for a new era of communication? *Augmentative and Alternative Communication, 30* (1), 1–18.

Linton, S. (1998). *Claiming disability: Knowledge and identity.* New York: NYU Press.

Marvin, C. (1988). *When old technologies were new.* New York: Oxford University Press.

McCall, D. (2013a). Giving aphasia a voice in Baltimore. *ASHA Sphere* [Blog]. Retrieved from http://blog.asha.org/2013/06/27/giving-aphasia-a-voice-in-baltimore/.

McCall, D. (2013b). *Aphasia, the internet, & social media: Powerful tools for advocacy, education, & community-building.* Conference presentation at ASHA Convention, Chicago.

McNaughton, D., & Light, J. (2013). The iPad and mobile technology revolution: Benefits and challenges for individuals who require augmentative and alternative communication. *Augmentative and Alternative Communication, 29,* 107–116.

Mills, M. (2009). When mobile communication technologies were new. *Endeavour, 33,* 140–146.

Peters, J. D. (1999). *Speaking into the air: A history of the idea of communication.* Chicago, IL: University of Chicago Press.

Plante, E. M., & Beeson, P. M. (2013). *Communication and communication disorders: A clinical introduction* (4th ed.). Boston, MA: Pearson.

Pullin, G. (2009). *Design meets disability.* Cambridge, MA: MIT Press.

Rose, T. A., Worrall, L. E., Hickson, L. M., & Hoffmann, T. C. (2011). Exploring the use of graphics in written health information for people with aphasia. *Aphasiology, 25*(12), 1579–1599.

Satterfield, L. (2015). The latest on Medicare coverage of SGDs. *The ASHA Leader, 20,* 28–29.

SCALE Baltimore. (2014, November 19). 68 boards. [Pinterest page.] Retrieved from https://www.pinterest.com/scalebaltimore/.

Schramm, W. (1954). *How communication works: The process and effects of mass communication.* Urbana, IL: University of Illinois Press.

Seelman, K. (1993). Assistive technology policy: A road to independence for individuals with disabilities. *Journal of Social Issues, 29*(2), 115–136.

Shane, H. C., Blackstone, S., Vanderheiden, G., Williams, M., & DeRuyter, F. (2012). Using AAC technology to access the world. *Assistive Technology: The Official Journal of RESNA, 24*(1), 3–13.

Shannon, C. E., & Weaver, W. (1949). *The mathematical theory of communication.* Urbana, IL: University of Illinois Press.

Shpigelman, C. N., & Gill, C. J. (2014). Facebook use by persons with disabilities. *Journal of Computer-Mediated Communication, 19,* 610-624.

Silverstone, R., Hirsch, E., & Morley, D. (1992). Information and communication technologies and the moral economy of the household. In R. Silverstone & E. Hirsch (Eds.), *Consuming technologies: Media and information in domestic spaces* (pp. 15-31). London: Routledge.

Sterne, J. (2003). *The audible past: Cultural origins of sound reproduction*. Durham, NC: Duke University Press.

Stockton, H. (2014, November 16). A silent community speaks out about communications technology. *Public Source*. Retrieved from http://publicsource.org/investigations/silent-community-speaks-out-about-communications-technology.

Tobii Dynavox. (2014). Funding. [Website]. Retrieved from http://www.tobiidynavox.com/funding/.

US Assistive Technology Act of 2004, Pub. L. No. 108-364 (2004).

US Census Bureau. (2010). The black population: 2010. Retrieved from http://www.censusgov/prod/cen2010/briefs/c2010br-06.pdf.

Wilson, L., Kaiser, J., & Simpson, C. (2015, July 29). Final scope of benefit NCD: Speech generating devices. *Centers for Medicare & Medicaid Services*. Retrieved from https://www.cms.gov/medicare-coverage-database/details/medicare-coverage-documentdetails.aspx?MCDId=26&TimeFrame=7&DocType=All&bc=AgAAYAAAAAAAAA%3D%3D&.

11

#사회적대화

마블사 데어데블 속의 장애 재현과 화면해설

케이티 엘리스

도입: 텔레비전, 소셜 미디어 및 장애를 통해 세상을 이해하기

1978년에 텔레비전 학자 존 하틀리John Hartley와 존 피스크John Fiske는 텔레비전이 "우리가 말하는 언어와 비슷하며 당연한 것으로 여겨지지만, 복잡하면서도 인간이 세상을 창조하는 방식을 이해하는 데 필수적이다."라고 주장했다(Fiske, 2003, p. 16). 장애이론가들은 마찬가지로 장애가 인간이 세상을 창조하는 방식의 부산물이라고 인식한다(Ellis & Kent, 2011; Finkelstein, 1981; Mitchell & Snyder, 2000; Oliver, 1996). 해링턴Harrington과 동료 연구자들은 소셜 미디어, 특히 트위터가 어떻게 "사람들이 세상을 이해하는지"를 알 수 있는 기회를 제공해 준다고 생각한다(Harrington, Highfield, & Bruns, 2013, p. 406). 이 장에서는 텔레비전, 장애인 및 소셜 미디어에 대한 이러한 관찰을 출발점으로 삼아 특히 초기의 주문형 비디오VOD 넷플릭스 시리즈 〈데어데블Daredevil〉에 초점을 맞추어 텔레비전에서의 재현과 접근성에 관하여 소셜 미디어상에서 일어나는 장애에 대한 '사회적 대화'(Nielsen, 2014)를 탐색한다. 〈데어데블〉은 동명의 '마블Marvel 만화'를 텔레비전 시리즈로 만든 것이다. 마블 세계를 배경으로 하여 낮에는 시각장애인 변호사로, 밤에는 슈퍼히어로 자경단으로 활동하는 매트 머독Matt Murdock을 주인공으로 하는 이 시리즈를 통해 장애 재현으로 촉발된 소셜 미디어 행동주의는 장애인들이 텔레비전에 접근할 수 있게 하는 중요한 결과를 성취했다.

매트 머독 〈데어데블〉은 어린 시절 화학물질 유출 사고로 시력을 잃었다. 시력을 잃고 시각장애를 가진 멘토 스틱의 훈련으로 매트는 다른 감각을 개발하고 다른 방식으로 세상을 탐색하기 시작했다. 싸우기보다는 지능을 사용하도록 아버지의 격려를 받고 자란 매트는 변호사가 되었다. 그러나 대형 법무법인에서 인턴을 하면서 법인의 도덕적 부패를 목격하고 이웃해 있는 헬스 키친에서 곤경에 처한 사람들의 울음소리를 듣게 되면서 매트는 다른 마블 슈퍼히어로처럼 세상을 구하기 위해서가 아니라 '모퉁이를 깨끗하게 지키기 위해' 자경활동을 하게 된다(Vejvoda, 2015).

〈데어데블〉은 장애를 재현했다는 점과 넷플릭스에서 화면해설이 제공되는 첫 번째 시리즈라는 점에서 장애 포용의 맥락상 중요한 텔레비전 시리즈다. 본 장은 넷플릭스에서 에피소드가 공개될 때 #데어데블DVP#DaredevilDVP를 중심으로 한 장애 가시성 프로젝트Disability Visibility Project: DVP의 실시간 트윗에 대한 분석을 제공한다. 또한 넷플릭스를 성공적으로 설득하여 카탈로그 및 특히 데어데블에 화면해설을 도입하게 했던 '접근성 있는 넷플릭스 프로젝트ANP'의 행동주의에 대해 설명한다.

《장애와 대중문화Disability and Popular Culture》(Ellis, 2015a)에서 저자는 소셜 미디어, 인기 블로그 및 후원받은 인터넷 포럼을 통해 텔레비전 프로그램에 대한 온라인 토론에서 장애인들이 실제로 원하는 사회를 이야기할 수 있는 기회를 얻을 수 있다고 주장했다(p. 82). 이 장에서 주장하는 바와 같이, 장애인들의 이야기는 장애에 대한 재현과 폐쇄 자막 및 화면해설과 같은 대안적인 방식을 통해 텔레비전에 접근할 수 있는 기회 양쪽에 초점을 맞추고 있다. 그것은 협력적 이야기로서 생산, 소비 및 디자인을 포괄한다.

협력적 미디어

요나스 뢰브르겐과 보 라이머(Jonas Löwgren & Bo Reimer, 2013)는 협업을 소셜 미디어의 주요 기능으로 인식한다. 사람들이 "메시지, 콘텐츠 및 의미에 대해 공동으로 작업"(p. 4)할 수 있게 하는 미디어는 근본적으로 커뮤니케이션을 변화시켰다.

이전에는 시청자로 알려진 사람들이 이제 소비 활동의 일부로 생산 역할을 담당한다. 접근성, 창의성 그리고 잠재적으로 전 지구적 협력은 미디어 및 사람들이 협력적 미디어 환경에서 사용하는 미디어 활동 양쪽 모두의 중요한 특성들이다(p. 14). 많은 이론가들은 사회적(또는 협력적) 미디어가 생산자와 소비자 사이의 경계를 흐리게 한다고 주장하지만(Bruns & Jacobs, 2006), 뢰브르겐과 라이머는 이 구분이 계속 유용하다고 주장하는데 특히 협력적 미디어는 사람들에게 미디어 텍스트를 생산하고 이를 유통시키는 '기반구조 디자인'에 참여할 기회를 열어 주기 때문이다(p. 18). 협력적 미디어 서비스는 사람들이 보다 개별화된 경험을 가능케 하는 변화를 추구한다고 인식한다(p. 18). 결과적으로 아마추어와 전문가 모두 동시에 시스템을 재디자인한다.

새로운 형태의 텔레비전은 협력적 미디어 연구를 위한 주요한 장소다. 이것은 두 가지 이유 때문이다. 첫째, 유튜브 및 새로운 형태의 주문형 텔레비전 플랫폼과 같이 이용자가 생산하는 콘텐츠의 출현, 그리고 소셜 미디어 '오버플로우overflow'[1](Gray, 2008) 및 시청자의 '텔레비전 참여teleparticipation'(Ross, 2009)의 중요성 확대로 인해, 관련된 시청각적 자료의 양이 기하급수적으로 증가하고 있다. 둘째, 뢰브르겐과 라이머(2013)가 주장하는 것처럼, 이 새로운 형태는 "집단별 힘의 연합을 촉진"시킨다(p. 99). 앞서 언급한 내용은 전반적으로 협력적 미디어의 이용과 관련된 것이지만, 장애 분야에서 협력적 미디어 이용에 대해 논의할 때는 구체적인 의미를 갖는다. DVP와 ANP는 모두 이용 가능한 자료의 양에 기여했으며 텔레비전에의 접근성과 더 나은 장애 재현을 옹호하는 장애인 커뮤니티가 만들어지도록 촉진했다.

두 번째 스크린과 트랜스미디어[2] 패러텍스트

텔레비전은 시청자와 영상물 사이의 경험으로 존재하는 것을 중단하고(Nielsen, 2014), 지금은 소셜 미디어를 통해 이질적인 사람들과의 '실시간 대화'를 포괄한다(Hsia, 2010). 이러한 소셜 미디어 참여는 종종 '두 번째 화면'으로 묘사되며, TV 시

1) **[역주]** 사전적으로 넘쳐 흐른다는 뜻의 용어로, 컴퓨터 분야에서 특히 많이 사용되는 용어다.
2) **[역주]** 트랜스미디어란 '헨리 젠킨스'에 의해 제시된 개념으로, 다양한 미디어 플랫폼을 통해 이야기를 풀어내 청자의 이해를 돕도록 하는 스토리텔링을 뜻한다.

청은 더 이상 단일 화면으로 제한되지 않는다. 텔레비전 시청의 구성 요소로서 소셜 미디어와의 이러한 상호작용과 참여는 프로그램 개발에 영향을 미쳤으며 사회적 대화를 가능케 하는 기회를 제공한다(Nielsen, 2014).

텔레비전은 시청자가 텔레비전 텍스트 자체, 공식 및 비공식 소셜 미디어 토론, 원본 텍스트(책, 만화 또는 영화 포함), 상품화(예: 장난감) 그리고 팬픽션fanfiction[3]을 포함한 여러 가지 상이한 지점에서 서술적 세계에 진입하는 트랜스미디어 환경 내에 존재한다. 또한 텍스트를 반복할 때마다 텍스트를 이해하는 데 고유한 기여를 한다. 트랜스미디어 스토리텔링에 대한 헨리 젠킨스(Henry Jenkins, 2006)의 관찰은 특히 장애인의 접근성 및 재현 측면에서 VOD를 협력적 미디어로 이해하는 데 유용하다. 젠킨스는 소비자를 "사냥꾼 및 수집가"라고 묘사하는데, 여러 미디어 채널의 스토리에 대한 정보를 추적하고 서로 협력함으로써 "더 풍부한 오락 경험"을 보장한다(p. 21). 젠킨스는 이 새로운 미적이며 텍스트적인 경험을 설명하고 소비자가 '지식 커뮤니티'에 참여할 것을 요구한다.

지식 커뮤니티 또는 공간

프랑스 사이버 이론가 피에르 레비(Pierre Lévy, 1997)는 사회의 컴퓨터화가 "우리의 사회적 · 인지적 잠재력이 상호 발전하고 향상될 수 있는 지능형 커뮤니티 건설을 촉진"하는 방식들에 대한 유토피아적 비전을 가지고 협력의 중요성을 강조한다(p. 17). 지식 공간은 다양한 수준의 지식, 정보, 기술 및 무지를 가진 사람들 간의 협력적 교환에 대한 그의 비전의 핵심이다. 레비에게는 지식 공간에 연결되고 공동의 집단 지성에 참여하여 정보 공유에 참여하는 사람들이 많을수록 더 많이 배울 수 있다. 이러한 온라인 지식 공간은 사용자가 장애의 정의와 장애에 대한 사람들의 개인적인 경험을 논의하고 토론하기 위해 함께 모이기 때문에 장애의 재현과 장애의 포용에 대한 광범위한 사회적 이해에 특히 중요하다(Ellis, 2014c). 텔레비전과 대중문화는 이러한 토론을 위한 접근성 있는 공간을 제공한다.

3) [역주] 팬 문화의 일환으로, 팬Fan이 만들어 낸 허구Fiction를 뜻한다.

협력적 미디어로서의 주문형 비디오

VOD 시스템을 통해 사용자는 배정된 방영 일정에 따라 프로그램을 시청하기보다는 원할 때마다 시청각 콘텐츠에 접근할 수 있다. 프로그램은 실시간으로 시청하거나 다운로드하여 나중에 볼 수도 있다. 콘텐츠는 일반적으로 텔레비전이나 컴퓨터 화면에서 볼 수 있다. TV 시청과 같은 일부 서비스는 무료로 이용할 수 있으며 수익을 광고에 의존한다. 넷플릭스와 같은 시스템은 이용자가 다양한 비디오 콘텐츠에 접근하기 위해 요금을 지불하는 가입자 모델을 채택한다. VOD 구독 서비스로 인해 텔레비전 이용 및 소비 방식이 크게 바뀌었다.

뢰브르겐과 라이머(2013)의 세 가지 원칙은 협력적 미디어의 핵심(생산, 소비 및 디자인)이 VOD 기능과 이용에 크게 영향을 미친다는 점을 보여 준다. 트랜스미디어 스토리텔링의 맥락에서 텔레비전에 대한 소셜 미디어상의 대화는 완전한 이야기 세계로의 또 다른 진입점을 허용하면서 동시에 적극적이고 창의적인 형태의 텔레비전 소비를 보여 줌으로써 제작 부문의 일부를 형성한다. 또한 시청자가 VOD 디자인에 영향을 미치는데, 특히 장애인 시청자는 접근성을 옹호하며 디자인에 영향을 미치고 시청 경험을 개별화하는 협력적 미디어 정신에 부합한다. 이는 일반적으로 이용자가 이전에 시청한 내용을 기반으로 나중에 볼 수 있도록 맞춤화된 추천 목록을 만들어 내는 VOD의 경우에도 마찬가지다.

장애 텔레비전 연구 – 내용분석에서 접근성으로

장애이론가들은 텔레비전 연구에 자주 관심을 기울였으며, 특히 재현이 어떻게 장애인들의 실제 경험에 부정적인 영향을 줄 수 있는지에 관심을 보였다(Barnes, 1992; Cumberbatch & Negrine, 1992). 링링 장과 베스 할러(Lingling Zhang & Beth Haller, 2013)는 지난 30년 동안 장애 미디어 이론가들이 '장애인과 장애인 이슈에 대한 문제 많은 미디어상의 재현'(p. 321)을 드러내는 콘텐츠 분석에 의존해 왔다는 것을 관찰했는데, 이러한 문제는 당연하게도 텔레비전에도 적용된다. 그러나 텔레비전이 온라인 미디어와 점차 통합되면서 이론가들은 온라인상의 사회적 대화

(Ellis, 2014a, 2014c, 2015a; Quinlan & Bates, 2008; Quinlan & Bates, 2009; Rodan, Ellis, & Lebeck, 2014) 및 새로운 관심 영역으로서의 대안적 접근방식(Ellis, 2014b; Jaeger, 2012)을 발견했다.

예를 들어, 이론가인 퀸란과 베이츠Quinlan and Bates는 〈스타와 함께 춤을Dancing with the Stars〉(2008)과 〈바이오닉 우먼The bionic woman〉(2009)을 포함한 인기 TV 쇼를 둘러싼 블로그상의 논쟁에 대한 두 가지 연구를 제시한다. 2008년 〈스타와 함께 춤을〉에 대한 연구는 시청자들이 헤더 밀스Heather Mills의 공연과 장애 경험에 관한 세 가지 측면, 즉 '슈퍼장애인'으로서의 지위, 그녀가 '아픈 역할을 이용하고 있는지', 장애가 있는 몸에 대한 명백한 성적 대상화에 대해 우려되는 점을 발견했다. 그들의 분석에 따르면 사람들은 고정관념을 뛰어넘기 위해 분투했다. 더 나아가 2009년 '바이오닉 우먼'에 대한 연구는 장애, 텔레비전 및 소셜 미디어상의 논쟁에 대한 이론화, 즉 사회변화에 부합하는 장애 재현 및 해석에서의 변화에 대해 중요한 통찰력을 더했다. 〈왕좌의 게임Game of Thrones〉에 대한 저자의 2014년 연구에서, 장애가 있는 시청자가 텔레비전의 장애에 대한 역사적 재현과 〈왕좌의 게임〉 등장인물 티리온 라니스터가 이에 도전하는 방식에 대해 적극적이고 참여적이며 지식이 있음을 발견했다. 이 연구는 장애인 TV 시청자의 주요 관심사가 접근성임을 확인했다. 일부 시청자들은 텔레비전 자체에 대한 접근에 초점을 두었으며 특히 호주에서 〈왕좌의 게임〉이 첫 방송되었을 때 자막이 없었다는 점에 집중했다(Miles, 2013; Stombat, 2013).

텔레비전의 재현 내용과 더불어 텔레비전에의 접근성은 사회적 장애가 발생하는 장소로 부상하고 있다(Ellcessor, 2011; Ellis & Kent, 2011; Goggin & Newell, 2003; Jaeger, 2012). 고긴과 뉴웰(2003)이 관찰했듯이, "많은 장애인들에게 [텔레비전]은 보거나 듣기 어렵고, 보거나 듣기 불가능하며, 문화적 기술이 결여되어 왔다."(p. 90) 청각 및 시각 장애가 있는 사람들을 위해 중요한 청각 정보를 전달하는 자막 그리고 시각 정보를 전달하는 화면해설과 같은 접근성 있는 기술들은 각각 이를 완화한다. 그러나 디지털화로 인한 변화의 가능성에도 불구하고(Ellis, 2014b; Goggin & Newell, 2003), VOD와 같은 새로운 형태의 텔레비전은 법적으로 강제되는 경우에만 접근성의 개선을 시도하는 접근성 없는 기술을 실행하는 '익숙한' 궤적을 따라왔다(Ellcessor, 2011; Ellis, 2015b).

텔레비전에 접근하기/접근성 있는 텔레비전

2013년 341명의 장애가 있는 호주인들을 대상으로 텔레비전 사용에 대해 진행된 설문조사에서는 온라인으로 텔레비전을 시청한 사람이 71명에 불과했지만(Ellis, 2015b 참조), 후속적인 연구에 따르면 이러한 유형의 시청은 접근성을 추구하면서 이 집단에게 점차 중요해졌다(Ellis, 2014a, 2015b). VOD 구독은 텔레비전 시청을 위해 선호되는 방식으로 방송 텔레비전을 빠르게 대체하고 있다(Sifferlin, 2015). 대중적인 수사rhetoric와 연구 모두 텔레비전을 시청하는 것보다 이러한 형태의 시청이 보다 접근성이 있음을 보여 준다. 예를 들어, '스크린 오스트레일리아Screen Australia'(2014)의 연구에서는 VOD를 "모든 사람을 위한" 것이며 "인터넷에 연결된 모든 사람이 접근할 수 있는" 것으로 묘사했다(p. 2). 그러나 호주 넷플릭스Netflix Australia, 스탄STAN, 프레스토Presto 및 팍스텔 플레이Foxtel Play와 같은 호주 VOD 제공업체들 중 어떤 기업도 이러한 사이트들이 개별화된 시청 경험의 핵심으로 특징지어지고 있음에도 불구하고 장애인을 위한 접근성 정책을 가지고 있지 않다.

넷플릭스

VOD 구독 제공업체인 넷플릭스는 종종 텔레비전에 근본적인 변화를 가져온 것으로 묘사된다(Barr, 2011; Lotz, 2007; Morsillo & Barr, 2013). 넷플릭스 회원은 인터넷을 사용하는 기기에서 원하는 시간에 원하는 만큼 시청할 수 있는 주간 요금으로 플랫폼에 가입한다. 넷플릭스는 온라인 스트리밍 서비스를 진행하기 전에 DVD 서비스로 시작했지만 이제는 영상물을 제작하는 것으로까지 발전했다.

넷플릭스는 보다 접근성이 높은 텔레비전 경험을 추구하는 장애인 시청자들의 활동 개입의 목표가 되어 왔다(Ellis, 2015b). 예를 들어, 넷플릭스가 영화 개봉 70주년 기념행사의 일환으로 자막 없이 〈오즈의 마법사〉를 상영했을 때, 자막이 있는 DVD와 방송 버전의 상영본이 널리 이용 가능했었다는 점에 주목했던 청각장애인 활동가들로부터 크게 비판받았다(Ellis & Kent, 2011). 청각장애인 활동가들은 소송을 통해 넷플릭스의 자막 부족에 대한 캠페인을 계속해 나갔다. 청각장애인 활동가들의 성공적인 「미국장애인법Americans with Disabilities: ADA」 제정에 불평을 하면서도 넷플릭스는 자신들이 제공하는 모든 영화에 100% 자막을 포함하는 것에 동의했다(Mullin, 2012). 그러나 연방항소법원은 이후 넷플릭스가 '어떤 물리적인 장소'와도 연결되어 있지 않으므로 「미국장애인법」을 따를 필요가 없음을 밝혔다(Hattem, 2015).

법원과 미디어, 그리고 점점 더 많은 소셜 미디어에서의 이러한 투쟁은 장애인을 위한 접근성 있는 VOD 제공에 관한 것을 넘어, 정부, 입법부 및 기업들로 하여금 최근의 역사에서 가장 거대한 커뮤니케이션 변동이라고 간주되는 인터넷이 공론장으로서의 역할을 하고 있는지에 대해 성찰하도록 촉구한다. 교육에서 고용, 여가에 이르기까지 생활상의 모든 형태의 참여에 있어 인터넷이 점점 더 중요해짐에 따라 이미 사회생활에서 불균형적으로 소외된 사람들을 포함하여 모든 사람들이 인터넷에 접근할 수 있어야 한다(Jaeger, 2015).

장애 데어데블

〈데어데블〉 시리즈가 넷플릭스에서 이용 가능하게 되자마자, 시청자들은 〈데어데블〉 서사를 활용하여 블로그 및 소셜 미디어에서 장애에 대한 사회적 대화를 시작했다. 일부는 〈데어데블〉 서사가 일차원적 고정관념을 낙인찍는 것으로 후퇴했다고 주장하는 반면, 다른 사람들은 장애 재현에서의 새로운 방향을 인식하며 찬사를 보냈다. 시각장애인 블로거인 엘사 헨리Elsa Henry는 매트 머독이 장애를 입은 자신의 몸과 관계 맺는 방식과 흰 지팡이와 같이 접근성을 높이는 장비들이 '포악하다'고 주장한다.

> 매트 머독은 시각장애인처럼 행동하지 않으며 시각장애인처럼 키스하지 않으며, 시각장애인처럼 파르쿠르Parkour[4]를 하지 않으며, 또한 흰 지팡이를 시각장애인처럼 다루지도 않는다, 또한 자신의 몸을 장애가 있는 몸처럼 다루지도 않는다. 흰 지팡이는 비록 그것이 나에게는 가장 유용한 도구임에도 그에게는 단순한 도구가 아니라 몸의 확장이기도 하다.
>
> (Henry, 2015)

4) [역주] 파르쿠르는 지형 및 사물을 효율적으로 이용하여 A지점에서 B지점까지 맨몸으로 이동하는 것을 지칭한다.

대조적으로, 데이비드 페리David Perry는 시각장애에 대한 데어데블의 일상적 묘사에서 '좋아하는 많은 것들'을 찾아냈다.

> 머독은 촉각을 사용하여 공간과 협상한다. 그의 전자 기기들, 전화, 알람시계는 그에게 이야기한다. 그는 종종 대화를 하는데 대화 상대방들은 자신들이 시각적 신호, 머리 끄덕임, 어깨 으쓱하는 행동 등을 사용하는 걸 깨닫고는 다른 방식으로 대화한다.
>
> (Perry, 2015)

매트는 자주 '골목길에서 지팡이를 홱 던져 버리지만'(Henry, 2015) 점자 표기, 말하는 알람시계, 음성인식으로 작동되는 휴대폰과 같이 하루를 보내는 데 이용되는 많은 보조 기기들이 매트로 하여금 고용상태와 인간관계를 유지할 수 있도록 해 주는 것으로서 그 중요성이 강조된다. 또한 그가 접촉하는 사람들은 계속해서 시각적 형태의 신체적 언어를 사용한다. 영화 속 부동산중개인은 어떻게 인사하는지 몰라서 결국 머리를 숙여 인사하는 모습을 보이기도 하고, 다른 사람들도 고개를 끄덕이거나 어깨를 으쓱하는 모습을 보인다. 매트는 이러한 신호를 놓치지만 청각과 같이 강화된 다른 감각에 의존한다. 그가 캐런의 심장박동을 듣고는 반대되는 증거에도 불구하고 그녀가 동료를 살해하지 않았다고 주장하는 것이 진실임을 알게 되는 것이 좋은 사례에 속한다.

강화된 감각과 실제 시각장애 경험의 신빙성에 대한 이러한 개념도 과학자와 장애인 양쪽에 의해 온라인상에서 논의되었다.

> 〈데어데블〉은 단지 성공한 또 다른 슈퍼히어로 이야기처럼 보일지 모르지만, 시각장애인들이 비시각장애인들에 비해 자신들의 다른 감각을 강화하여 능숙하게 발전시킨다는 생각에는 최소한의 진실이 존재한다. 시각장애와 감각에 대한 연구에 따르면, 마블의 슈퍼히어로는 실제 세계로부터 데려온 것은 아니지만 시각장애인이 시력 없이 어떻게 세상에 적응하는지에 대해 한두 가지는 가르쳐 줄 수 있다.
>
> (Keller, 2015)

켈러(Keller, 2015)는 시각장애를 가진 사람들과 가지고 있지 않은 사람들이 공간을 탐색하기 위해 진동에 의존하는 법을 보여 주는 수많은 연구 프로젝트와 입증되지 않은 주장을 계속 설명하며, 궁극적으로 촉각적 · 청각적 · 감각적 이점에 관한 것과 관련하여 '그것'은 인체의 근육을 지배하는 것과 동일한 원리라고 주장한다. 즉, 근육을 많이 사용하면 할수록 좋다는 것이다. 궁극적으로 켈러에게는 〈데어데블〉이 올바른 것들을 말하고 있지만, 다른 것들을 과장하기도 한다.

#데어데블: 트랜스미디어 트윗업[5]에서의 장애에 대한 사회적 대화

넷플릭스에서 〈데어데블〉의 출시를 고대하면서 DVP의 앨리스 웡Alice Wong은 첫 번째 에피소드의 실시간 트윗업을 조직하고 관심 있는 시청자들이 #데어데블DVP를 사용하여 대화에 참여하도록 초대했다. 트윗업에 이어 웡은 스토리파이를 이용해 트윗을 시각화하고 주요 주제를 '시각적 설명 및 장애 재현 부족'으로 구분했다(Wong, 2015). 웡의 스토리파이는 10명의 사람들이 총 130개에 이르는 트윗을 게시했던 역동적인 대화를 기록하고 있다. 이러한 트윗들을 분석하여 다음과 같은 주요 주제들을 도출했다.

- 기대/흥미
- 청각 묘사 캠페인
- 추가 소셜 미디어 대화 요청
- 장애 코미디
- 장애 이야기
- 장애 고정관념
- 서사에 대한 토론
- 도움을 주는 포기Foggy
- 텍스트 간의 관계에 관한 참고문헌
- 타자의 소외
- 마블 참고문헌
- 종교

5) [역주] 트윗업tweetup은 트위터를 통해 서로 알게 된 사람들의 만남을 뜻한다.

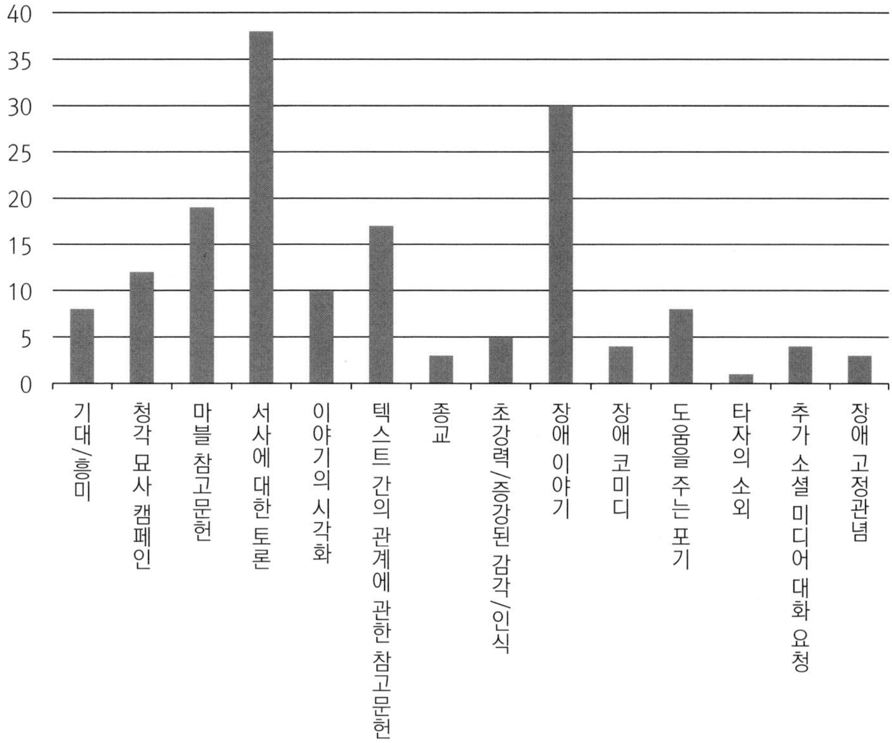

[그림 11-1] #데어데블DVP 내용 분석

- 초강력/증강된 감각/인식
- 이야기의 시각화

[그림 11-1]이 보여 주듯이 트위터는 일반적으로 이야기에 대한 토론에 압도적으로 초점을 맞췄다. 그러나 이것은 주로 장애 관점을 통한 것이다. 예를 들어, 매트가 세상을 탐색하는 데 도움을 주는 보조자로서 포기Foggy의 성격에 대한 열띤 토론에서 어떤 사람들은 그를 도움이 되는 존재로 봤으며 다른 사람들은 가르치려 드는 존재로 봤는데, 한 트위터는 그를 단순히 '이상한 친구'라고 언급하기도 했다(Rebecca Cokley tweet on Wong, 2015). 어쨌든 논의는 상호의존이라는 개념에 대한 흥미로운 통찰을 불러일으켰다.

매트가 클레어의 얼굴을 만지며 하늘이 그립다고 말하는 장면에 대한 반응으로 장애 고정관념에 관한 작은 토론이 진행되었다.

농담해요?! 시각장애에 대한 어리석은 고정관념! 사람들의 기름기 번지르르하고 여드름 가득한 얼굴을 만지고 싶진 않아요!

(Dayin Washington tweet on Wong, 2015)

"하늘을 다시 보기 위해선 무엇이든 줄 수 있어요." 아주 낡은 비유지만 공감이 가네요.

(Andrew Pulrang tweet on Wong, 2015)

하늘 언급 좋아요 - 실제로 이해가 됩니다.

(Lead On Update tweet on Wong, 2015)

시청자들은 다음 에피소드에서는 시각장애에 대한 초점이 사라질 것이라고 예측했다.

시각장애와 관련된 많은 것들이 빠르게 없어지고 있네요. 다음에는 그들이 그것에 대해 이야기하지 않을 거라는 걸 의미하는 걸까요?

(Andrew Pulrang tweet on Wong, 2015)

시각장애인이 아닌 사람들을 달래기 위해 그것이 일회성이었기를 희망합시다!

(Alice Wong tweet on Wong, 2015)

마찬가지로 이야기가 시각화되었던 방식이 트윗업 동안 관심을 끌었다. 〈데어데블〉의 이러한 측면은 광범위한 호평을 받았는데, 이에 대해 과학 및 엔터테인먼트 연구소의 에이미 체임버스Amy Chambers는 다음과 같이 관찰한 바를 언급한다.

텔레비전, 영화 및 비디오 게임을 포함한 동영상 미디어는 다중감각적이기 때문에 스토리텔링 방식으로서 단순히 비주얼에만 의존하지는 않는다. 〈데어데블〉의 제작자는 머독의 향상된 감각을 나타내는 시각적 분위기를 발전시킴으로써 비시각적 경험을 만들어 내야 했다.

(Chambers, 2015)

체임버스는 자신의 글에서 다양한 장애를 가진 사람들이 동영상에 접근하는 방식과 다양한 접근법을 제공하는 것의 중요성에 대하여 수많은 연관 사항들을 제기한다. 트위터들은 오프닝 크레디트opening credits, 조명, 특히 매트의 관점과 이전의 시리즈에 비해 절제된 미장센으로부터 넷플릭스가 마블 세계를 시각화하는 방식에 대한 토론을 통해 이러한 주제를 선택했다.

> 매트가 캐런을 볼 때 그녀의 이미지가 그의 안경에 반사되는 방식과 그녀의 이미지가 흐릿해지는 방식이 마음에 들어요.
>
> (Alice Wong tweet on Wong, 2015)

> 넷플릭스의 마블은 훨씬 어두운 톤이네요!
>
> (Jihan Abbas tweet on Wong, 2015)

장애 재현에 대한 토론이 핵심 주제이고 화면해설의 부족이 분명히 문제라는 웡의 지적은 정확하지만, 사회적 대화에 참여하는 사람들은 더 넓은 마블 세계에 대하여 그리고 특정 배우 이전 작품이 이 시리즈에 대한 그들의 해석에 미친 영향에 대하여 통찰력을 제공함으로써 이야기에 대한 자신들의 지식에 기여하기도 했다.

> 빈센트 도노프리오Vincent D'Onofrio가 맡은 고용주 킹핀에 대한 소개를 기대합니다.
>
> (Alice Wong tweet on Wong, 2015)

트랜스미디어를 통해 시청자들은 다양한 지점에서 서사적 세계 안으로 들어갈 수 있으며, 트위터 및 스토리파이와 같은 지식 공간을 통해 함께 정보를 수집하며 경험을 확장할 수 있다.

> 나는 복수자들의 행위가 선과 악 양쪽 모두에게 이익을 가져다준다는 이해가 너무 좋아요.
>
> (Lead On Update tweet on Wong, 2015)

> 재건? 사건? 놀라운 이야기? 마블 세계의 배경이 되는 이야기인가요? 잘 만들어졌네요. 그것에 대한 모든 것을 알고 있지 않다는 건 별로 중요하지 않죠.
>
> (Andrew Purlang tweet on Wong, 2015)

그러나 트위터들은 장애 커뮤니티의 일부, 모순적이게도 〈데어데블〉의 주인공 매트 머독과 같이 시각장애가 있는 사람들이 이 시리즈를 충분히 이해할 수 없다는 점으로 인해 갈등을 겪었다.

> 줄곧 @Netflix 접근성 향상을 기대했는데, 그들은 원하지 않네요. #데어데블 시사회에 대한 생각은요?
>
> (Alice Wong tweet on Wong, 2015)

> 나는 우리의 시각장애인 친구들이 화면해설이 없어 이 즐거움을 완전히 누리지 못한다는 데 약간의 죄책감/분노를 느낍니다.
>
> (Alice Wong tweet on Wong, 2015)

> 그들은 그것을 3개의 다른 언어로 번역했는데 [cc], 화면해설은 없네요. 뭐죠?!
>
> (Amanda Koski tweet on Wong, 2015)

◉ 접근성 있는 넷플릭스 프로젝트(ANP)

로버트 킨젯Robert Kingett은 2013년 ANP를 시작하며 넷플릭스 및 다른 VOD 제공업체가 자신들의 플랫폼에 화면해설을 도입하도록 독려했다. 그들은 자신들의 사명을 다음과 같이 묘사한다.

- 넷플릭스 이용자들에게 접근성 있는 소프트웨어 및 인터페이스를 제공한다.
- 향후 접근성을 위한 행동과 배려를 실행하고 보장한다.
- 상대적으로 모든 유형의 장애가 항상 신중하게 고려되도록 보장한다.

(Kingett, 2014)

이 단체는 페이스북, 트위터, 유튜브 및 ANP 공식 웹사이트를 포함한 다양한 소셜 미디어 플랫폼을 망라하며, 토론을 위한 정보센터의 역할을 한다. 이 단체는 세 가지 목표를 설정했다.

- 화면낭독 프로그램이 장착된 모든 PC 및 이동통신 기기에서는 모든 넷플릭스

기능들에 대해 화면낭독 프로그램 친화적인 경험을 제공한다.

- 적응형 기술을 사용하여 운동기능 장애가 있는 사용자들이 쉽게 탐색할 수 있게 해 주는 인터페이스를 제공한다.
- 현재 및 미래의 DVD 선택뿐만 아니라 시각장애인을 위한 화면해설이 포함된 콘텐츠에의 용이한 접근성을 제공한다.

적극적인 옹호, 특히 원래의 넷플릭스 프로그램 〈데어데블〉과 관련하여 ANP는 넷플릭스가 발표한 새로운 제목인 '마블의 데어데블Marvel's Daredevil'을 시작으로 일부 제목에 화면해설을 추가함으로써 접근성 옵션을 확장한다고 발표하면서 세 번째 사명을 달성했다(Wright, 2015). 넷플릭스 운영 관리자인 트레이시 라이트Tracy Wright는 시청자가 "다른 언어로 사운드트랙을 선택하는 것처럼 화면해설을 선택할 수 있다."고 설명했다. 이전에 넷플릭스는 ANP에 "서비스에 화면해설을 추가할 즉각적인 계획이 없다."고 발표했었다(Kingett, 2014).

ANP는 2013년 이후 이를 옹호해 왔지만, 마블과 함께 넷플릭스가 〈데어데블〉을 제작할 것이라는 발표는 화면해설이 중요한 이유를 설명할 수 있는 명확한 초점과 사례를 커뮤니티에 제공했다.

> 〈데어데블〉은 시각장애인 만화 팬을 포함하여 모두에게 사랑받는 영웅이에요. 온라인에서 확실한 해답을 찾을 수 없었기 때문에 시각장애인과 비시각장애인이 함께 이 영웅물을 즐길 수 있도록 그 시리즈에 화면해설을 추가할 계획이 있다면 이에 대해 자세히 설명해 줄 수 있나요?
>
> (Hannah cited on Katie, 2014)

〈데어데블〉이 화면해설 없이 처음 상영되었을 때 ANP는 추진력을 얻었고 넷플릭스 시리즈의 화면해설에 동의한 '두려움 없는 사람Man Without Fear'의 웹 마스터를 포함한 여러 주요 동맹군을 얻었다(Daredevil, 2014). 넷플릭스가 디자인을 변경하는 데 동의하며 미디어와 소셜 미디어가 화면해설의 중요성에 중점을 두도록 하는 데는 5일밖에 걸리지 않았다. 킨젯은 소셜 미디어가 장애를 포함하는 것의 중요성에 대해 성찰한다.

> 사람들은 '접근성 있는 넷플릭스 프로젝트Accessible Netflix Project'를 모든 것—전 세계적인 접근

성과 전 세계적인 화면해설—이 시작되게 했던 것으로 기억할 것이다. 인터넷상 실시간으로 멀티미디어 파일을 전송하고 재생하는 플랫폼에서 이제 접근성과 화면해설은 보편적으로 이용된다. 나는 그 어느 때보다 지금 일어나고 있는 일들을 관찰하고 있다. 이러한 일이 가능해지게 되는 이유는, 첫째, 더 이상 변명의 여지가 없기 때문이며, 둘째, 누군가 이메일, 트윗 또는 다른 형태의 글이 가진 힘으로 그 일이 일어나게 만들 것이기 때문이다.

(Kingett, 2015)

결론

킨젯은 협력적 미디어 환경에서 소셜 미디어상의 장애 옹호의 중요성을 인정한다. 본 장에서는 넷플릭스 프로덕션의 〈데어데블〉을 둘러싸고 벌어진 사회적 대화를 활용하여 협력적 미디어의 관점에서 장애, TV 및 소셜 미디어 주제에 접근했다. 트랜스미디어 텍스트인 〈데어데블〉은 접근성, 창의성 및 잠재적 글로벌 협력이 어떻게 장애인들에게 혜택을 줄 수 있는지를 보여 준다.

이 책의 다른 장들에서는 트위터를 재난 커뮤니케이션에서의 메시지 전달 수단으로 활용하는 것에서부터(Bennett et al., Chapter 9) 옹호 활동(Xu et al., Chapter 23; Ryan & Julian, Chapter 3) 및 사회변화를 위한 상호작용적 트랜스미디어 탐구에 장애 커뮤니티를 참여시키는 도구로 활용하는 것(Burke & Crow, Chapter 5)에 이르기까지 다양한 이유로 장애인을 위한 중요한 소셜 미디어 커뮤니케이션 통로로 인정했다. TV와 두 번째 화면의 연계와 관련하여 〈데어데블〉의 첫 번째 에피소드에 대한 DVP 실시간 트윗업은 사람들이 세상을 해석하는 방법에 대한 '실증적 증거'를 제공하며, 사람들이 지식 공간에서 '풍부한 오락 경험'을 생산하고 소비하는 방법을 보여 준다(Harrington, Highfield, & Bruns, 2013).

#데어데블DVP를 중심으로 진행되었던 대화는 실시간 장애 경험과 같은 주제에 대해 다양한 지식을 가진 시청자들이 함께 모여 의미 형성 과정에서 서로를 지원하고 관련 장애 이슈를 인식하는 방법을 보여 준다. TV 시리즈에 장애인 주인공이 등장하는 것은 기념할 만했지만, 주인공과 동일한 장애가 있는 사람들이 시리즈 자체에 접근할 수 없다는 것이 강조되어 논의되었다. 이러한 행동에 대한 요청은 ANP의 활동과 함께 넷플릭스가 시각장애인 시청자들에게 텔레비전을 통해 전달하는

방식을 성공적으로 변화시켰다. 넷플릭스는 개별화의 정신을 수용하고 트위터 등을 통한 두 번째 화면의 소비를 장려하지만, VOD는 장애인 시청자를 위한 접근성 기능 구현을 거부해 왔다(Ellis, 2015b).

텔레비전에 접근하는 방식의 변화는 텔레비전을 근본적으로 바꾸어 놓았다(Ellis & Goggin, 2015; Gray, 2008; Napoli, 2011; Sepinwall, 2012). 온라인 위키와 포럼을 통해 다른 팬들의 시각에 접근할 수 있는 VOD와 같은 디지털 접근방식은 텔레비전의 성격과 전달방식이 전례가 없을 정도로 진화하고 변화하는 것을 보여 주었다. 이러한 커뮤니티가 협업을 통해 함께 엮이는 것은 우연이 아니다. 협력적 미디어는 이전에는 시청자로 알려진 사람들이 생산, 소비 및 디자인 실천에 참여하는 환경을 특징으로 한다. 점점 더 많은 텔레비전 텍스트가 시청자들이 여러 가지 관점에서 이야기 세계에 진입하는 트랜스미디어 텍스트가 되어 가고 있다. 이 장에서는 트랜스미디어 및 협업이 장애가 있는 시청자들로 하여금 텔레비전 화면을 넘어 장애 통합에 대한 보다 광범위한 사회적 대화에 참여할 수 있는 효과적인 방법이라고 주장한다.

참고문헌

Barnes, C. (1992). Disabling imagery and the media: An exploration of the principles for media representations of disabled people. Retrieved from http://www.leeds.ac.uk/disability-studies/archiveuk/Barnes/disabling%20imagery.pdf Retrieved from http://www.leeds.ac.uk/disability-studies/archiveuk/Barnes/disabling%20imagery.pdf

Barr, T. (2011). Television's newcomers: Netflix, Apple, Google and Facebook. *Telecommunications Journal Australia, 61*(4), 60.61-60.10. Retrieved from http://tja.org.au

Bruns, A., & Jacobs, J. (2006). *Use of Blogs*. New York: Peter Lang.

Chambers, A. (2015, 20 April). You're blind, but you see so much: Netflix's Daredevil and blindness. Retrieved from http://thescienceandentertainmentlab.com/daredevil/

Cumberbatch, G., & Negrine, R. (1992). *Images of Disability on Television*. London: Routledge.

Daredevil. (2014, 6 July). @manwithoutfear. Retrieved from https://twitter.com/manwithoutfear/status/485904399038836736

Ellcessor, E. (2011). Captions on, off on TV, online: Accessibility and search engine optimization in online closed captioning. *Television & New Media, Published*

Online before Print. Retrieved from http://tvn.sagepub.com/content/early/2011/2010/2024/1527476411425251.abstract?patientinform-links=yes&legid=sptvn;1527476411425251v1527476411425251

Ellis, K. (2014a). Cripples, bastards and broken things: Disability in game of thrones. *Media Culture, 17*(5). Retrieved from http://journal.media-culture.org.au/index.php/mcjournal/article/viewArticle/895. Retrieved from http://journal.media-culture.org.au/index.php/mcjournal/article/viewArticle/895

Ellis, K. (2014b). Digital television flexibility: A survey of Australians with disability (Report). *Media International Australia Incorporating Culture and Policy,* (150), 96.

Ellis, K. (2014c). The voice Australia (2012): Disability, social media and collective intelligence. *Continuum, 28*(4), 482-494. doi:10.1080/10304312.2014.907874

Ellis, K. (2015a). *Disability and Popular Culture: Focusing Passion, Creating Community and Expressing Defiance*. Surrey: Ashgate.

Ellis, K. (2015b). Netflix closed captions offer an accessible model for the streaming video industry, but what about audio description? *Communication, Politics & Culture, 47*(3) 3-20.

Ellis, K., & Goggin, G. (2015). *Disability and the Media*. New York: Palgrave Macmillan.

Ellis, K., & Kent, M. (2011). *Disability and New Media*. New York: Routledge.

Finkelstein, V. (1981). Disability and the helper/helped relationship: A historical view. *Disability Archive UK*. Retrieved from http://www.leeds.ac.uk/disability-studies/archiveuk/finkelstein/Helper-Helped%20Relationship.pdf

Fiske, J. (2003). *Reading Television / John Fiske, John Hartley* (2nd ed./with a new foreword by John Hartley. ed.). London: Routledge.

Goggin, G., & Newell, C. (2003). *Digital Disability: The Social Construction of Disability in New Media*. Lanham: Rowman and Littlefield Publishers Inc.

Gray, J. (2008). *Television Entertainment*. New York: Routledge.

Harrington, S., Highfield, T., & Bruns, A. (2013). More than a backchannel: Twitter and television. *Participations: Journal of Audience & Reception Studies, 10*(1), 405-409.

Hattem, J. (2015, 3 April). Court: Netflix doesn't have to comply with disability law. Retrieved from http://thehill.com/policy/technology/237829-court-netflix-doesnthave-to-comply-with-disability-law

Henry, E. (2015, 1 May). Daredevil and disability politics. Retrieved from http://herstoryarc.com/2015/05/01/daredevil-and-disability-politics-2/

Hsia, L. (2010, 2 December). How social media is changing the business of television. Retrieved from http://mashable.com/2010/12/10/social-media-business-tv/#SLf7oHc3Caqa

Jaeger, P. (2012). *Disability and the Internet: Confronting a Digital Divide*. Boulder, London: Lynne Rienner Publishers.

Jaeger, P. (2015). Disability, human rights, and social justice: The ongoing struggle for online accessibility and equality. *First Monday, 20*(9). Retrieved from http://fi rstmonday.org/ojs/index.php/fm/article/view/6164/4898

Jenkins, H. (2006). *Convergence Culture: Where Old and New Media Collide*. New York: New York University Press.

Katie. (2014, 6 July). Advocating for audio description on Netflix's Daredevil series. Retrieved from https://netfl ixproject.wordpress.com/tag/daredevil/

Keller, J. (2015, 15 April). What Daredevil gets (Kinda) right about blindness and heightened senses. Retrieved from http://nymag.com/scienceofus/2015/04/what-daredevilgets-right-about-being-blind.html#

Kingett, R. (2014). The accessible Netflix project advocates taking steps to ensure Netflix accessibility for everyone. Retrieved from http://netfl ixproject.wordpress.com/

Kingett, R. (2015, 1 June). "Daredevil", audio description and the accessible Netflix project. Retrieved from https://usodep.blogs.govdelivery.com/2015/06/01/daredevil-audiodescription-and-the-accessible-netfl ix-project/

Lévy, P. (1997). *Collective Intelligence: Mankind's Emerging World in Cyberspace* (R. Bononno, Trans.). New York and London: Plenum Press.

Lotz, A. D. (2007). *The Television Will be Revolutionized*. New York: New York University Press.

Löwgren, J. A., & Reimer, B. (2013). *Collaborative Media: Production, Consumption, and Design Interventions*. Cambridge, MA, USA: The MIT Press.

Miles, C. (2013). Facebook post. Retrieved from https://www.facebook.com/FOXTEL/posts/10152863155815074

Mitchell, D., & Snyder, S. (2000). *Narrative Prosthesis: Disability and the Dependencies of Discourse*. Ann Arbor: The University of Michigan Press.

Morsillo, R., & Barr, T. (2013). Innovation or Disruption? The national broadband network comes to Australian TV. *International Journal of Digital Television, 4*(3), 239-260.

Mullin, J. (2012, 11 October). Netflix settles with deaf-rights group, agrees to caption all videos by 2014. Retrieved from http://arstechnica.com/tech-policy/2012/10/netflixsettles-with-deaf-rights-group-agrees-to-caption-all-videos-by-2014/

Napoli, P. M. (2011). *Audience Evolution: New Technologies and the Transformation of Media Audiences / Philip M. Napoli*. New York: Columbia University Press.

Nielsen. (2014, 4 August). Living social: How second screens are helping TV make fans. Retrieved from http://www.nielsen.com/us/en/insights/news/2014/living-social-howsecond-screens-are-helping-tv-make-fans.html

Oliver, M. (1996). *Understanding Disability: From Theory to Practice*. Houndsmill, Basingstoke: Macmillan.

Perry, D. (2015, 20 April). How well does 'Daredevil' handle disability issues? Retrieved from http://www.vice.com/read/how-well-does-daredevil-handle-disability-issues-320

Quinlan, M. M., & Bates, B. R. (2008). Dances and discourses of (Dis)ability: Heather Mills's embodiment of disability on dancing with the stars. *Text and Performance Quarterly, 28* (1-2), 64-80.

Quinlan, M. M., & Bates, B. R. (2009). Bionic woman (2007): Gender, disability and cyborgs. *Journal of Research in Special Educational Needs, 9*(1), 48-58. doi:10.1111/j.1471-3802.2009.01115.x

Rodan, D., Ellis, K., & Lebeck, P. (2014). *Disability, Obesity and Ageing: Popular Media Identifications*. Surrey: Ashgate.

Ross, S. (2009). *Beyond the Box: Television and the Internet*. Hoboken, NJ: Whiley-Blackwell.

Screen Australia. (2014). Online and on Demand: Trends in Australian online video use. Retrieved from https://www.screenaustralia.gov.au/getmedia/d61a7c4b-3abf-444c-9367-aa8dc8b1b8f6/OnlineOnDemand_2014.pdf

Sepinwall, A. (2012). *The Revolution Was Televised: The Cops, Crooks, Slingers and Slayers Who Changed TV Drama Forever.* Austin, TX: Touchstone.

Sifferlin, A. (2015, 11 March). Americans are watching more streaming video and less live TV. Retrieved from http://time.com/3740865/more-americans-streaming-television/

Stombat. (2013, 16 April). No closed captions on new programs. Retrieved from http://crowdsupport.telstra.com.au/t5/Foxtel/No-closed-captions-on-new-programs/td-p/148074

Vejvoda, J. (2015, 29 September). Drew Goddard on how he would've made the sinister six movie and comparisons to suicide squad. Retrieved from http://au.ign.com/articles/2015/09/29/drew-goddard-on-how-he-wouldve-made-the-sinister-six-movie-andcomparisons-to-suicide-squad?%20hub%20page&utm_content=1

Wong, A. (2015). #Daredevil & disability: #DaredevilDVP. Retrieved from https://storify.com/SFdirewolf/daredevil-and-disability#publicize

Wright, T. (2015, 14 April). Netflix begins audio description for visually impaired. Retrieved from http://blog.netfl ix.com/2015/04/netflix-begins-audio-description-for.html

Zhang, L., & Haller, B. (2013). Consuming image: How mass media impact the identity of people with disabilities. *Communication Quarterly, 61* (3), 319-334. doi:10.1080/01463373.2013.776988

12

연결된 사회 공간에서 취약성과 상호의존성 이해하기

브라이언 골드파브, 존 아멘타

이 장에서 우리는 미국에서 특정 소셜 미디어들이 서로 어떻게 영향을 주고받으며 연결되어 있는지에 대해 탐색하고자 하며, 이와 더불어 상호의존성, 취약성 그리고 장애가 문화적으로 어떻게 이해되며 경험되고 있는지를 살펴보고자 한다. 페미니스트 돌봄 윤리[1] 및 종속 이론에서 끌어온 최근의 장애학 사조를 따르면서, 어떻게 특정 소셜 미디어들이 취약성의 윤리 형성에 기여할 수 있으며, 상호의존성에 관한 문화적 이해를 재구성할 수 있는지에 대해 고찰하고자 한다. 이러한 이론적 관점들은 개인의 자율성이라는 자유주의적 이상보다는 인간의 상호연결성을 강조하고 있기에, 구현embodiment 및 능력ability에서의 다양성을 이해하고 이에 대응하기 위한 대안들을 찾는 데 도움이 될 것이다. 취약성은 장애 및 질병에 관한 논의에서 부정적인 의미를 함축하고 있는 것으로 받아들여지곤 하는데, 이 장에서는 취약성이 최소화되어야 할 부정적인 상태가 아니라 필수적이며 생산적인 힘으로서 자리매김할 수 있도록 이론적인 논의를 끌어낼 것이다. 취약성은 중요한 방식으로 모

1) [역주] 페미니스트 돌봄 윤리feminist ethics of care는 전통적인 도덕적 접근을 남성의 편견으로 간주하면서 인간의 삶에 근본적으로 존재하는 관계성과 의존성을 강조한다. 돌봄은 사회관계망 내에서 우리 자신은 물론 타인의 요구를 충족시키고 유지하는 것으로 의존적이고 취약한 이들을 돌보는 동기를 바탕으로 형성되며, 돌봄을 받았던 기억과 자아 이상화에서 영감을 얻는다. (출처: https://iep.utm.edu/care-eth/)

든 사회적 관계에 영향을 미치며, 폭력 및 불의뿐만 아니라 돌봄 및 공감과도 불가분하게 얽혀 있다. 우리의 분석은 장애에 대한 창의적이고 집합적인 참여를 촉진하는 것으로 보이는 두 개의 소셜 미디어—앰퓨티오티AmputeeOT 및 포스렙POS REP—의 활용 사례를 중심으로 이루어진다.

앰퓨티오티는 팔다리를 상실한 장애인들이 다양한 관점과 입장에서 자신들의 경험과 생각을 공유하도록 만들어진 포럼 형태의 블로그 및 페이스북 페이지이며, 포스렙은 미국 참전용사를 연결 및 지원하고(특히 광범위한 외상 후 스트레스 장애 및 높은 자살률과 관련된 정신건강 문제를 해결하기 위해) 개발된 앱이다. 이 장에서는 두 가지 사례를 분석하면서 소셜 미디어에서의 취약성, 돌봄 그리고 상호의존성에 대해 설명하고자 한다. 이들 사례는 온라인과 구현된 돌봄 실천을 연결하는 차별화된 창조적 접근방식들—불공평한 관계의 존재를 받아들이고, 지지와 의존이라는 불안정한 위치를 인정하며, 장애인과 비장애인의 이분법적 구분이 허구임을 드러내는 것—에 주목할 기회를 제공한다.

상호의존성과 장애의 사회적 모델

장애의 사회적 모델social model of disability에서 장애는 사회적, 문화적, 그리고 이미 만들어진 장벽들에 의해 구성되고 경험될 뿐만 아니라, 비장애인에 의해 행해지고 경험되는 다양한 역할들까지 포함하고 있다. 따라서 장애학에서 장애는 그 자체로 점점 더 중요한 분석의 틀이 되고 있다. 네트워크 문화 속에서 등장한 사회성sociality은 장애의 상호주관적인intersubjective 특징을 설명할 수 있는 중요한 맥락을 제공한다. 고긴과 뉴웰(Goggin & Newell, 2006)에 따르면, "의존과 자립 간의 균형에 대한 인식이 증가하고 있으며 사회의 모든 구성원들이 상호의존성과 연결성을 경험하고 있는데, 정보통신기술은 그러한 새로운 사회적 형태를 이해하는 혁신적인 방법들을 제공하고 있다"(pp. 309-310).

(상호)의존성을 이해하는 혁신적인 방법들은 논쟁으로 그치지 않고 우리가 어떻게 상호 간의 돌봄을 형성하고 실현할 수 있는지 실험한다. 여기에는 가정 공간과 시설 공간을 창조적으로 연결하는 다양한 처리방식, 임상적 지식·경험과 일반인의 지식·경험 간의 경계를 허무는 전문지식의 형태의 타당성에 관한 탐색

이 포함된다. 우리는 예술가이자 장애 이론가인 맥아더와 자비사노스(McArthur & Zavitsanos, 2013)가 "유쾌한 새로운 모델들new models of conviviality"이라고 부르는 것이 만들어지는 데 영향을 준 소셜 미디어 활용에 많은 관심을 가지고 있다. 이 모델들은 돌봄을 구조화하고 전달하는 방식으로서, 돌봄을 단순히 교환으로 특징짓지 않고 참여자가 불안정성과 취약성이라는 공통되면서도 이질적인 경험을 인식하고 관리하도록 요구한다. 이 모델들은 숨겨진 의존성 및 '비장애인'을 자율적으로 보이게 하는 드러나지 않은 구조를 드러낸다. 비장애인의 범주를 무효화하는 키테이Kittay의 말을 언급하면서 맥아더와 자비사노스는 "일시적으로 비장애를 경험하는 사람들의 경우 (상호)의존성의 가능성은 어떠한가?"(p. 127)라고 묻는다. 이러한 가능성은 온라인 상호작용을 통해 새롭게 부상하고 있는 돌봄에 대한 담론에서 찾아볼 수 있다. 여기에서 온라인 상호작용이란 우리의 책임과 타인에 대한 관심을 재구성하기 위해 가족, 친구, 타인을 연결하는 것을 의미한다.

이 장에서 다루고자 하는 소셜 미디어의 예시를 통해 우리는 취약성을 둘러싼 관계가 어떻게 표현되거나 수행되며, 재분배되는지를 확인하고자 한다. 이와 더불어 어떻게 소셜 미디어가 대중적 공감 형성에 기여할 수 있는지에 대해서도 살펴보고자 한다. 여기에서 핵심은 사회적 영역과 물리적 공간에서 일어나는 타인을 위한 돌봄과 책임감의 형태가 어떻게 변하고 있는지에 대한 것이다. 우리는 전통적으로 개인적이고 친밀한 가족관계에서 만들어지는 상호의존성이 차츰 공개적이고 의식적이며 참여적인 실천으로 이동하는 것을 볼 수 있다. 지식을 공유하고 활동과 자원을 조직하는 일은 공적인 대화를 사적인 대화와 연결함으로써 가족 또는 사적인 관계에서 시작되는 돌봄을 독창적으로 재구성할 수 있게 한다. 인류학자이자 장애인 인권운동가인 랩Rapp과 긴스버그Ginsburg는 이미 형성되어 있는 반규범적인 사회적 교류의 형태와 접근방식이 장애를 가지고 살아가는 가족과 친구, 그리고 다른 친밀한 집단들에게 어떻게 영향을 미치고 있는지를 도발적으로 설명한다. 그들은 이러한 장애의 친밀한 경험이 대중 의식으로 이어지게 되면서 장애에 대한 담론의 관점이 재구성된다고 주장한다. 이러한 면에서 랩과 긴스버그(2001)는 장애에 대한 도덕적 입장의 변화를 문명사회에서 광범위한 친족 형태로의 변화로 이해할 수 있다고 주장한다. 랩과 긴스버그의 연구가 소셜 미디어의 역할에 초점을 맞추고 있지는 않지만 소셜 미디어가 이러한 접근방식 및 실천을 대중의식 속으로 전달될 수 있는 폭넓은 기회를 제공했다는 것에는 의심의 여지가 없다.

공적 영역과 사적 영역 간에 돌봄 및 책임이 이동하는 것은 전문/임상 지식 및 비전문가의 케어(돌봄) 경험 간에 경계를 넘나드는 것과 유사하다. 미국에서의 여성운동 및 이후 시작된 에이즈AIDS 캠페인과 관련된 비전문가들의 지식 형성 과정(Epstein, 1996)은 의존성과 취약성의 재분배에 대한 사례를 보여 준다. 1970년대 초반에 시작되어 현재까지 이어져 온 미국과 영국의 장애인 인권운동의 관점에서 자기옹호와 탈시설화는 전문가와 개인의 돌봄 실천 간의 경계를 허무는 강력한 기본틀을 제공하고 있다(Shapiro, 1993). 인터넷이 대중적으로 사용된 첫 수십 년 동안, 이메일과 리스트서브LISTSERV[2] 서비스는 전문적이고 제도적인 지식을 비공식적인 돌봄 제공자의 영역 안에 놓음으로써 이러한 발전에 기여했다. 동시에 인터넷 플랫폼은 암묵적인 지식과 체화된 경험의 중요성을 표현할 수 있는 매개체를 제공했다. 이와 같이 건강과 장애 분야에 비전문가와 전문가의 지식 형성을 위한 매개체(벡터)로서의 초기 인터넷 사용은 상호의존성 및 상호돌봄의 관계를 구성하는 데 필요한 혁신적인 소셜 미디어의 사용을 위한 기반을 제공했다.

소셜 미디어 플랫폼에서의 많은 활동이 사회적 관계의 지배적인 모습을 재생산한다고 하더라도, 이 플랫폼들이 돌봄 제공자/수혜자, 장애인/비장애인이라는 고정된 역할을 넘어 공적 친밀성을 전달하는 데 활용될 수 있다는 점 또한 주목해야 한다. 소셜 미디어의 행동유도성affordances은 온라인과 오프라인의 통합을 가능케 한다. 그리고 타인과 연결되어 조언과 경험을 전달하고 활동을 조직하기 위한 메커니즘을 통해 대인관계를 변화시키는 독특한 기회를 제공한다. 모바일 기기의 확산과 함께, 웹 2.0의 유연한 참여형 소프트웨어의 기능은 사람들로 하여금 사회성의 시간적 · 공간적 조건을 다시 생각하고 다양하게 활용할 수 있도록 해 주었다.

자율성과 상호의존성 간의 균형

앰퓨티오티와 포스렙에 대한 분석은 이 두 소셜 미디어가 장애인의 권리와 연구에서 주체성과 자율성의 문제를 어떻게 설명하고 있는지에 중점을 두고 있다. 어떻게 새로운 미디어들이 문화적, 경제적 그리고 정치적 참여 방식을 재구성하고 있

2) [역주] 특정 주제에 관한 내용을 다수에게 이메일로 자동 전송하는 시스템. ("리스트서브", 위키피디아, 2020년 10월 17일 접속, https://ko.wikipedia.org/wiki/LISTSERV)

는지에 대한 학자들과 활동가들의 관심은 개인의 주체성과 자율성의 뚜렷한 차이를 최소화하는 것을 중심으로 이어져 왔다. 하지만 이러한 접근은 개인의 자율성을 옹호하면서도 장애차별적 사회 관계에서 근본적인 이념의 힘으로 존재해 온 의존상태에 대한 두려움과 차별은 그대로 두거나 오히려 의도치 않게 강화했을 수도 있다. 논의에서의 표현방식을 바꾼다고 하더라도 장애인 인권운동의 핵심 의제(예: '자립생활'과 통합 및 수용을 위한 권리기반 입법활동)와 연결된 기술적 혁신에 대한 중요성이 축소되지는 않는다.

자율성과 의존성의 균형을 맞추는 데 초점을 두는 것은 자립적인 생활과 평등권을 위한 노력이 장애차별주의에 맞설 때에는 필수적이지만 제한된 틀로서 작용할 수 있다. 이러한 노력은 장애인들에게 영향을 주는 물질적 · 제도적 장벽을 제거하는 것 외에도 능력의 다양성에 대한 인식을 지속적으로 재구성해 왔다. 또한 상호의존성에 대한 접근방식은 인간관계의 여러 측면에서 나타나는 다양한 형태의 비동등성(non-equivalence)을 인정하고 이를 다룰 수 있는 도구를 제공하는 윤리적인 틀을 구성함으로써 의존성 자체에 대한 낙인을 제거한다. 돌봄에 대해 페미니스트 윤리학자들은 교육학적이고 배려 깊은 관계에 대한 관심을 토대로 의제를 설립했다. 페미니스트 윤리학자들은 불평등을 개선하거나 보상하기보다는 인간의 가치와 다양성 그리고 연결성에 대한 이해를 재고해야 한다는 점을 강조했다(Gilligan,1982; Noddings, 1984). 현대 페미니스트 윤리학자들은 개인의 결핍과 욕구에 초점을 맞추던 것에서 벗어나 이론적 또는 철학적 근거를 제시하면서 이러한 쟁점을 장애학 연구자들에게 설명해 왔다(Kittay & Feder, 2002; Fineman, 2008; Turner, 2006). 디지털 기술 분야와 연결하면서 모저(Moser, 2006)는 "문제는 …… 무엇보다도 새로운 디지털 기반의 정보통신기술이 어떻게 장애인의 삶에 혁신적인 변화를 가져올 것인지가 아니라 어떻게 기술이 장애인에 대한 우리의 인식 그리고 장애와 비장애인을 구별 짓는 것을 혁신적으로 변화시킬 것인가이다."(p. 389)라고 주장한다. 장애차별주의 문화의 핵심인 이원적 구분(장애인/비장애인)은 인간의 육체 자체가 어떻게 취약성과 연결되어 있는지에 대한 다양한 관점과 의존성의 경험에 대한 광범위한 부정을 통해 존속된다.

페미니스트 돌봄 윤리학자들은 대부분의 사람들이 삶의 어느 한 시점에서 돌봄을 제공하는 입장에서 돌봄을 받는 입장으로 바뀐다는 것을 강조하는 의존성에 대한 비판적인 접근방법을 제시한다. 이를 근거로 페미니스트 돌봄 윤리학자들은 현재 널리 사용되고 있는 평등에 기초한 도덕 체계를 비판하고 있다(Kittay & Feder, 2002; Fineman, 2008; Turner, 2006). 페미니스트 돌봄 윤리학자들은 극한 상황에 처한 그리고 의존적일 수밖에 없는 사람들(그리고 그들을 돌보는 사람들)의 사례를 분석하면서 인간이 가장 근본적인 수준에서 어떻게 이해되고 있는지에 대해 질문하는 장애 윤리의 필요성을 설명한다. 그러한 윤리의 초석은 취약성이 인간성과 인권에 대한 근본적인 사상과 밀접한 관련이 있는 사회적 연결성을 조건으로 한다는 인식이다. 능력을 규정짓는 규범과 생산성 또는 욕구의 척도와는 분리된 인간의 가치에 대한 다양한 생각을 제공하면서, 이들 학자들은 근본적으로 책임감과 돌봄에 대한 지지를 국가와 국제사회를 포함하여 사적 공간에서 공적 공간으로 재분배할 것을 강력하게 권고한다.

취약성과 의존성은 많은 사람들이 경험하는 것일 뿐만 아니라 우리를 더욱 인간답게 만드는 것이기도 하다. 비록 모든 사람들이 동일한 수준으로 취약하지는 않지만 보편적인 취약성의 문제는 건강과 건강하지 못한 상태, 그리고 비장애와 장애의 개념에 관한 경계를 불분명하게 한다(Shildrick, 2000). 각 개인이 가지고 있는 취약성이 시간과 상황에 따라 어떤 식으로 변하는지에 대한 인식은 우리가 의존성에 대해 새로운 방식으로 이해할 수 있도록 한다. 장애는 사회 조직 내에 얽혀 있는 실타래와 같고, 우리는 이 실타래를 풀어 가기 위해 모든 사적·공적 공간과 활동에서 보이는 의존성을 통해 관계에 기초하여 친밀한 방식으로 협상하고 있다. 돌봄에 관한 페미니스트 윤리학자들의 주장을 확대하여 이를 기초로 살펴본 취약성의 윤리는 우리의 관심을 개인 간 평등의 문제에서 취약성과 책임감의 윤리적인 분배를 촉진하는 사회적 관계를 형성하는 것으로 옮겨 놓는다.

취약성을 최소화되어야 하는 조건으로 보는 지배적인 부정적 의미에 맞서 버틀러(Butler, 2004), 파인맨(Fineman, 2008) 그리고 깁슨(Gilson, 2011)을 포함한 학자들은 취약성의 미묘한 차이에 대한 이해를 생산적인 힘으로 이론화하였다. 이들 학자들은 취약성이 사적·공적인 만남에서 폭력과 불공정뿐만 아니라, 결속과 공감 그리고 돌봄을 허용하면서 모든 사회적 관계를 필요로 하고 관계를 가능케 하는 근본적인 부분이라고 주장한다. 깁슨(2011)은 "[취]약성은 긍정적·부정적으로 영향을 주고받는 개방성의 기초적 형태이며, 이는 다른 사회적 상황에서 다양한 형태를 취할 수 있다."(p. 310)고 주장한다. 이와 같이 확장된 취약성에 대한 이해를 바탕으로 우리는 두 가지 사례연구에 눈을 돌려 '네트워크 문화의 발달과 무엇보다도 소셜 미디어의 확산이 어떤 방식으로 의존성을 이해하고 장애와 비장애의 구분을 허물 수 있는 사회적 실천을 촉진하는가?'라는 질문을 하고자 한다.

치료적 구분을 넘어선 v-블로그, 앰퓨티오티

오늘날 소셜 미디어의 사용은 온라인 대화와 일상에서 구현된 경험 사이의 풍부한 소통을 특징으로 한다. 끊임없이 상호 침투하고 있는 온라인과 오프라인 활동은 다양한 아이디를 만들어 자유롭게 떠도는 사이버 세상에 대한 초기 환상을 무색케 한다. 자신을 거짓으로 장애인 또는 병자라고 말하는 사람들의 이야기는 이러한 현상의 예로 강조되었고, 네트워크로 연결된 문화가 초래한 윤리적 문제를 검토하는 수단으로 사용되었다(Stone, 1991; Turkle, 1984). 이러한 담론은 온라인과 오프라인에서의 사회적 교류를 독립적인 것으로 상상하는 것이 여전히 가능했던 온라인 문화 내에서 발전했는데, 당시의 사회적 교류는 오늘날의 소셜 미디어보다 면대면 상호작용과 통합되는 경우가 훨씬 적었다. 누군가를 완전히 허구적으로 나타낼 수 있다는 우려에도 불구하고, 오늘날 소셜 미디어 사용자는 소셜 미디어를 통해 다르거나 중복되는 역할을 표현할 수 있는 공간을 확보하고 사적인 경험과 공적인 경험을 연결하며 비전문적인 지식과 전문적인 지식 사이를 넘나들면서, 더 일상적인 형태로 전환하거나 복합적인 정체성을 수행할 수 있게 되었다.

크리스티나 스티븐스Christina Stephens의 비디오 블로그인 앰퓨티오티(Stephens, 2013)는 소셜 미디어 사용자가 다양한 역할과 정체성 그리고 지식영역을 넘나들 수 있는 가능성을 제공했다. 스티븐스는 미주리주 세인트루이스에 있는 워싱턴대학교에서 임상연구를 했고 현재는 같은 대학교 작업재활프로그램에서 작업재활치료사로 일하고 있다. 미국의 경우, 작업치료사의 업무 중 하나는 임상 환경을 환자의 집 및 직장과 연결하여, 환자가 생활 속에서 목표를 세우고 장애를 극복하도록 돕는 것이다. 스티븐스의 직업은 그녀가 작업치료사 3년차에 접어들었을 때 그녀의 왼쪽 발과 발목이 사고로 부서지면서 새로운 국면에 접어들었다. 자동차 브레이크를 고치는 동안 차가 잭에서 분리되어 그녀의 다리를 찍어 눌렀다. 이 사고는 그녀의 삶을 송두리째 바꿔 놓았다. 그녀는 사고로 인해 다리를 잃은 사람으로서의 삶을 받아들이고 적응해 가는 과정을 비디오 블로그의 형태로 만들어 유튜브와 페이스북에 매주 올리기 시작했다(2013년 2월 22일). 비디오 블로그의 첫 부분에서 스티븐스는 카메라를 응시하면서 무릎 아래를 절단하는 수술을 받기로 결심한 이야기를 했다. 비디오 블로그를 통해 자신의 다리 상태를 점검하고 치료 옵션을 의논하면서 상처에 붕대를 다시 감는 부분을 상세하게 설명하였다. 처음 몇몇 에피소드에서 스티븐스는 곧 다리를 잃게 될 사람으로서 임상 전문지식과 경험을 섞어 돌보는 과정과 돌봄을 받는 과정 양면을 모두 접근할 수 있는 자신의 독특한 위치에 대해 이야기하였다.

이 두 가지 관점을 아우를 수 있는 스티븐스의 능력은 소셜 미디어가 장애와 비장애의 정체성의 경계를 어떻게 창조적으로 허물고 있는지 보여 주면서 그녀의 블로그를 도발적인 사례로 만들어 주고 있는 요소이기도 하다. 이 두 가지 관점을 잘 융합하거나 그 사이에서 균형을 잡으면서, 스티븐스는 취약성의 규범적인 이해를 약화시키고 취약성이 돌봄과 어떻게 밀접하게 연결되어 있는지를 보여 주었다. 그녀의 임상 지식은 위태로운 삶의 경험에 생산적으로 접목되었다. 다리를 잃은 사람으로서의 그녀의 삶은 자신의 전문지식과 실천을 기반으로 한 상호돌봄의 방향으로 나아가고 있다.

앰퓨티오티의 초기 비디오들은 다리 절단을 준비하고 수술을 받고 회복하는 정신적 · 신체적 과정을 시간의 순서대로 제공하고 있다. 이 변화 과정은 규범적인 능력과 구현에 대한 그녀의 불안감을 분명히 보여 주고 있다. 시청자들은 비장애인에서 다리를 잃은 사람으로서의 경계를 넘어서는 스티븐스의 변화를 보여 주는 생생한 묘사와 진솔한 생각 그리고 성찰과 대면하게 된다. 시청자들의 댓글은 스티븐스의 이야기가 블로그 방문자/팔로워들 사이에서 취약성에 대한 민감한 반응을 불러일으키고 있음을 분명히 보여 준다. 많은 사람들이 극단적인 공포와 두려움의 경험에 대해 공감적 관심을 표현했다. 다른 댓글들은 스티븐스의 힘과 용기에 관한 것들이었다. 다리를 잃고 적응하는 경험에 대한 통일되는 전제는 상실이다. 하지만 스티븐스의 경우, 삶은 단순히 상실한 능력을 회복하기 위한 것이 아니다. 그녀는 다리를 잃게 되면서 그녀가 얼마나 많은 사람들을 만나게 되었고, 다리를 잃지 않았더라면 결코 해 보지 못했을 일들을 하게 되었는지에 대해 강조한다.

능력을 구현하는 데 있어 스티븐스가 다른 블로거들과 다른 점은 미처 보지 못했던 가능성에 대해 탐색했다는 것으로, 이것은 실제적인 것에서 상상적인 것으로 이동하는 DIY[3] 정신과 연결되어 있었다. 이 DIY 정신은 그녀가 레고를 이용하여 의족을 만드는 모습을 저속으로 촬영하여 게시한 동영상에서 두드러졌다. 이 동영상의 유튜브 조회수는 200만에 달했고 텔레비전 인터뷰가 쇄도하는 등 오랜 기간 미디어의 관심을 받을 정도로 엄청난 이슈가 되었다([그림 12-1] 참조). 그녀의 동영상이 많은 사람들에게 어필할 수 있었던 이유는 그녀의 프로젝트가 취약성과 능력을 서로 접목시켰다는 점 때문이다. 이것은 그녀의 블로그 전반에 걸쳐 잘 나타나 있다. 불안정성에 대한 솔직함과 가능성은 삶을 소통하고 연결하고 경험하는 새로운 사고방식의 틀을 제시하였다. 선천적으로 팔다리가 기형인 사람들과 사지를 잃게 된 사람들의 경험과 활동에 대한 창조적인 사고방식을 제안함으로써, 앰퓨티오티는 능력과 그 능력을 구현하는 것을 재고하고자 하는 사람들을 위한 의사소통의 허브가 되었다. 여기에는 보철 전문가와 그 밖의 임상전문가, 디자이너, 가족, 친구, 신체 일부가 절단된 사람을 성적으로 선호하는 사람들devotees뿐만 아니라 신체의 다름을 둘러싼 사회적 불안감에 의해 형성된 공백 상태에서 호기심을 드러내며 자신의 의견과 질문을 던지는 사람들도 포함되었다.

취약성의 상태를 중심으로 다양한 연결고리 내에서 청중/지지층을 가지고 있는 앰퓨티오티는 소셜 미디어가 어떤 방식으로 돌봄을 받고 상호 의존할 수 있는지에

[그림 12-1] 앰퓨티오티 동영상 화면: 〈나의 레고 다리〉, 2013년 6월 12일

3) [역주] 'Do-it-yourself'의 약어로, 본래의 뜻은 가정용품의 제작 · 수리 · 장식을 직접 하는 것을 말한다.

대한 차별화된 가능성에 대해 생각하게 한다. 페미니스트 돌봄 윤리에 대한 연구에서 조사된 주요 사례들이 주로 가정 내 상호의존성을 중심으로 하는 반면, 앰퓨티오티는 소셜 미디어가 어떤 식으로 가족과 전문가를 연결하고 가정과 공적 영역을 연결하면서 돌봄 윤리를 달성하는 플랫폼을 제공할 수 있는지에 대해 재고할 수 있는 기회를 제공하였다.

이러한 소셜 미디어 행동유도성의 중심에는 사회 교환과 연결을 기반으로 한 강화된 경험의 미학적·정서적 측면이 있을 수 있다. 많은 앰퓨티오티 동영상들은 남은 다리를 관리하는 방법, 의족 연결부위를 청소하는 방법, 의족 없이 그리고 의족을 사용하여 할 수 있는 다양한 활동들(예: 운전하기, 자전거 타기, 옷 입기, 청소하기, 수영하기)처럼 '어떻게-방법'이라는 주제를 중심으로 만들어졌다. 다른 동영상들에는 남은 다리에 문신을 새기는 것과 같이 조금은 덜 유용한 정보들도 담겨 있다. 스티븐스는 다른 에피소드에서는 새로운 장치와 의수족 기술 또는 의수족을 사용하는 이들을 위한 패션을 집중적으로 소개하였다. 의족은 패션과 이동성 그리고 편안함을 포함한 다양한 기능 측면에서 고려되었다. 또한 의족은 물건을 저장하는 공간으로 또는 마상馬上 창 시합을 위한 무기와 같이 새로운 용도로 만들어졌다. 그리고 다리를 절단하고 사는 것의 독특한 미적 그리고 관계적 경험을 강조하는 가장 실질적인 주제가 논의되었다([그림 12-2] 참조). 걷는 것은 결코 맨발로 걷는 것이 아니라 끊임없는 창조적인 선택으로 만들어진 완전한 삶에 속하는 활동이다. 한 개인이 팔

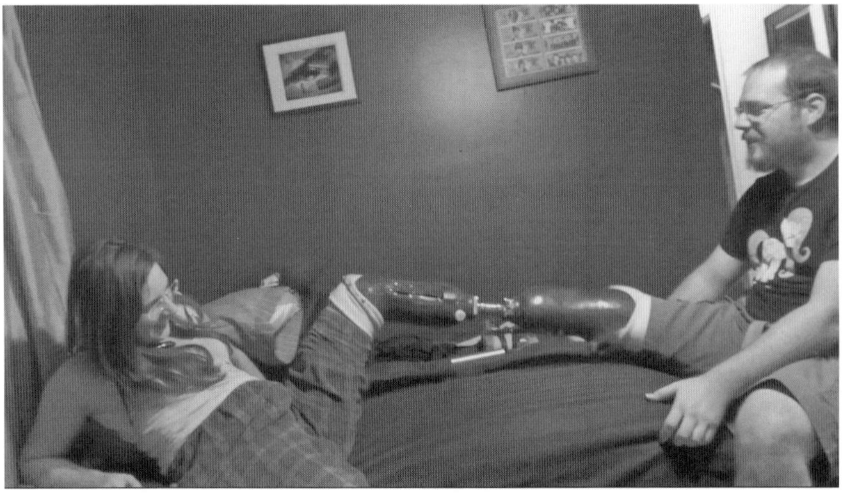

[그림 12-2] 앰퓨티오티 동영상 화면: 〈우리는 서로의 나사를 조였다〉, 2013년 9월 16일

다리가 없는 상태에서 어떻게 삶을 만들어 가는가는 결핍에 대한 적응방식이라기보다는 개인의 관심을 활용하고 경험을 확대하는 과정으로 보아야 한다. 의수족은 단순한 대체물이 아니고, 팔다리를 상실한 것에 적응해 가는 생산의 과정이다.

앰퓨티오티 전반에 걸쳐 팔다리를 잃은 사람들이 수행하는 일상활동의 창조적이고 혁신적인 방법에 대해 초점을 두고 있다. 두 개의 동영상이 이를 재미있게 반영하였다. 〈팔다리를 잃은 사람은 얼마나 멋진가!〉(2014년 7월 14일)라는 제목의 동영상은 의수족 주변에서 익살을 부리는 스티븐스 친구들이 자신들의 신체적 특징을 사용하는 방법들을 확인해 주고 있다. 〈팔다리가 있는 사람들이 했을 때는 이상하지만 팔다리를 잃은 사람들이 했을 때는 하나도 이상하지 않은 행동들〉(2014년 7월 17일)이라는 동영상은 앞의 동영상의 정반대 측면을 보여 주고 있다. 이 동영상에서는 팔다리가 모두 있는 스티븐스의 남편이 팔다리가 없는 사람들의 다양한 능력을 수행하는 모습을 보여 주고 있다. 이러한 시도의 부조리와 실패는 일종의 신체장애를 익살스럽게 묘사하고 있다.

이들 동영상은 갈랜드-톰슨(Garland-Thomson, 2011)이 기술한 '부적응자misfit'의 개념을 수행하는 것으로 이해될 수 있다. 갈랜드-톰슨은 '부적응자'라는 용어를 사용하여 물리적 · 사회적 상황에 대한 '적응성의 결여lack of fit'가 우리의 취약성과 의존성을 드러내는 시간과 공간 속에서 특정한 장애의 경험이 어떻게 자리하고 있는지를 설명한다. 이때 부적응자는 능력 구현이 환경에 살짝 스치는 상황이나 과정을 지칭한다. 갈랜드-톰슨은 장애의 정체성 또는 장애가 있는 신체에 대한 고정된 개념을 세분화하기 위해 이 틀을 사용한다. 부적응은 취약성 및 의존성과 마찬가지로 인간이 보편적으로 경험하는 부분이다. 이는 윤리적 이해의 변화를 시도하고 새로운 분석적 관점을 가능케 하며 변화하는 환경에 대응하는 새로운 기술 및 혁신적인 방법을 이끌어 내는 생산적인generative 상황이다(Garland-Thomson, 2011). 이 부적응성의 생산능력은 취약성이 제공할 수 있는 생산적인 개방성과의 연결을 기반으로 예측된다.

적응과 부적응fit and misfit은 앰퓨티오티에서 반복되는 핵심 주제다. 남아 있는 팔다리와 의수족 간의 적응에서 오는 어려움, 연결부위에 생기는 땀 관리, '살'이 탄소섬유에 붙도록 하는 다양한 방법, 의족을 착용하고 하이힐 신기 등 적응은 팔다리 절단 수술을 받은 사람들에게 여러 형태로 나타나는 고민이다. 부적응 역시 앰퓨티오티에 대해 사회 · 문화적 영향력을 갖는다. 일반 사람들이 팔다리를 잃은 사람들에게 하는 말과 느끼는 감정에 대한 불일치뿐만 아니라, 팔다리를 잃은 사람과 이런 사람을 성적으로 선호하는 사람들devotees 간의 불일치도 존재한다. 스티븐스는 한 에피소드에서 이것에 대한 복잡성에 대해 이야기하고 있다. 적응과 부적응에 대한 다양한 관심은 의족을 사용하는 사람들과 그들의 가족, 그리고 친구와 임상치료사들을 넘어서 일반인 블로그 방문자들까지도 끌어들이는 부분이다.

다음 절에서는 소셜 미디어 스마트폰 앱인 포스렙에 대해 다루고자 한다. 앰퓨티오티처럼 포스렙은 능력의 변화에 대한 적응에 초점을 두고 있다. 하지만 포스렙은 커뮤니티를 다루고 있다는 점에서 앰퓨티오티와는 다르다. 이 커뮤니티는 다른 형태의 장애가 있는 사람들을 연결하는 (그리고 장애인이라고 밝히지 않는 사람들을 포함하는 것을 목표로 하는) 취약성은 장애에 대한 사회적 불안감에서 비롯된다고 본다. 또한 이 포스렙 앱은 시 · 공간상에서 경험하게 되는 취약성의 특별한 형태에 관심을 둔 상호돌봄에 대한 욕구에 초점을 두고 있다.

포스렙: 공적 공간에서 재향군인의 취약성 보완하기

포스렙은 근접성을 기준으로 한 스마트폰 소셜 미디어 앱으로, 장애와 취약성을 토론하기 위해 만들어진 포럼은 아니지만 미국 재향군인들 사이에서 그러한 토론을 할 수 있도록 만들어진 사회적 공간이다. 미국의 장애인 인권운동의 역사에서 재향군인들의 역할을 고려해 볼 때 이러한 공간은 특별히 의미가 있는 것이라고 생각된다(Fleischer & Zames, 2012; Goodley, 2011). 특별히 중동과 중앙아시아에서 전쟁을 마치고 최근 귀국한 군인들이 겪는 외상후 스트레스장애이하 PTSD나 외상성 뇌손상 진단이 증가함에 따라, 재향군인들의 상황은 미국 내 장애에 대한 논의의 중심이 되고 있다. 우리는 포스렙 앱이 만들어지는 데 일조한 특정 고민들이 이 독특한 형태의 취약 계층 또는 커뮤니티의 문제를 다루기 위해 어떻게 이동식 네트워크 미디어에 반영되는지에 중점을 두고 있다. 이 분석의 중요한 측면은 상호 대립되는 비장애/장애의 구분이 두서없이 그리고 다양한 기관을 통해 만들어지고 유지되는 동안, 특정 사회 집단은 이 경계에 대한 높은 모호함을 경험한다는 것이다. 포스렙이 개발된 지가 얼마 되지 않았기 때문에 합리적으로 이 앱 실행의 성공을 측정하기가 불가능하다는 판단하에 우리는 디자이너, 초기 테스터/사용자와의 담론을 분석에 포함하기로 했다.

앤서니 올먼Anthony Allman과 제이크 우드Jake Wood는 우드의 친구이자 동료이자 이라크 전쟁 참전 군인인 클래이 헌트Clay Hunt가 자살한 후, 포스렙을 구상하고 개발하기 시작했다. 포스렙은 하루 22건으로 추정되는 재향군인의 자살 문제를 다루기 위해 고안되었다. 젊은 남성 재향군인들의 자살률은 동년배 비재향군인들과 비교해 봤을 때 4배 이상 높은 것으로 보고되었다(Gibbons, Brown, Hendricks, & Hur, 2012). 자살이 그 자체로 장애는 아니지만, 일반적으로 자살은 치료받지 못한 장애, 특히 정신장애를 안고 사는 것의 결과물이다(Tanielian & Jaycox, 2008). 재향군인은 아주 오랫동안 장애 연구, 옹호활동, 행동주의 그리고 의료 부분에서 중요하지만 때론 문제가 많은 집단으로 인식되어 왔다(Gerber, 2000). 장애 발생률이 높은 인구 집단으로 재향군인들의 장애는 일반인들의 장애에 대한 이해방식을 바꾸면서 정치적 반향을 불러일으키고 있다. 물론 모든 재향군인들이 장애가 있는 것은 아니다. 하지만 재향군인 신분은 장애가 눈에 보이지 않거나 장애를 인정하지 않더라도 종종 장애가 있음을 내포하고 있다. PTSD의 발병률 증가에 대한 대중의 인식이 높아짐에 따라 장애와 재향군인의 관련성이 강화되어 왔다(Wool, 2015). 팔다리를 잃은 사람들을 포함하여 다른 신체장애를 가진 사람들과 비교해 봤을 때, 인지적 · 심리적 장애는 재향군인들에게 훨씬 더 큰 낙인과 사회적 불안감을 부여한다. PTSD가 있는 재향군인들은 종종 대중매체에서 예측 불가능하고 폭력적인 사람들로 묘사되며, 때로 동료 군인들로부터 꾀병을 부린다고 비난을 받기도 한다(Hautzinger & Scandlyn, 2013).

앱 이름 포스렙은 다른 부대에 자신의 지리적 위치를 알리는 '포지션 리포트'에 대한 군사용어다. 포스렙은 군사용어들로 채워져 있다. 포스렙의 전체적인 디자인과 구성, 그리고 기능은 재향군인에게 익숙한 사회적 · 공간적 · 시간적 체계화 방식을 사용하고 있다. 이 앱은 스마트폰의 지리적 위치기능을 사용하여 근처의 다른 재향군인들과 사용자를 다양한 형태로 연결해 준다. 사용자가 어디에 있든지 레이더RADAR 기능은 반경 50킬로미터 내에 있는 재향군인들을 위한 시설과 인근에 있는 다른 재향군인들의 위치를 알려 준다([그림 12-3] 참조). 플레어즈FLARES는 사용자로 하여금 재향군인만을 위한 행사정보를 공유할 수 있도록 하고, 또 사용자들에게 개인적인 위기/욕구 등을 알리거나 사용자를 그룹행사/활동 등에 초대하기도 한다. 실시간 메시지 전송은 주변에 있는 사람들과 그룹채팅을 가능하게 한다. 스쿼즈

SQUADS는 재향군인이 타지에 거주하는 자신의 과거 부대 병사들과 연결될 수 있도록 해 준다. 마지막으로 SRB의 구성 요소는 사용자가 서비스 기록과 훈장을 볼 수 있도록 하고, 사용자 아이디와 재향군인 신분 확인을 위해 'id.me'와 같은 시스템과 안전하게 통합된다.

포스렙 다자인의 독특한 부분은 시공간적으로 다양하게 위치해 있는 관계들 및 이를 위한 차별화된 기회를 제공하기 위해 소셜 미디어 기술을 사용한다는 것이다. 소셜 미디어 플랫폼은 종종 물리적 또는 인접한proximal 상호작용을 대처하는 기능을 한다. 포스렙은 대신 통신망과 면대면 상호작용 간의 움직임을 권장하고 가능하게 하는 플랫폼으로 만들어졌다. 그리고 이것은 네크워크로 연결된 미디어가 상호 돌봄을 위해 중요한 기초로서 제공할 수 있는 식별력과 안전성 그리고 비밀유지를 바탕으로 한다. 올먼이 포스렙을 개발한 목적은 소셜 네트워킹만을 위한 것은 아니다. 올먼에 따르면, "포스렙은 소셜 네트워킹 앱이기도 하지만, 일차적으로는 건강관리health care 앱이다(personal communication, February, 2014). 그는 재향군인이 다른 재향군인을 만나서 자신들의 경험을 공유하는 것은 의미 있는 소셜 네트워크를 구축하는 데 도움을 준다고 말한다. 그리고 이렇게 만들어진 네트워크는 자살의 주원인인 PTSD, 우울증, 그리고 사회적 고립감을 관리하는 데 중요한 역할을 한다고 설명한다(Charuvastra & Cloitre, 2008).

재향군인들의 경험은 병리학이 아닌 존재론적 변화의 관점에서 이해될 수 있다(Wool, 2015). 우리는 재향군인들이 어떻게 장애인이 되었는가에 초점을 두지 않고 그들의 새로운 정체성과 그들의 신체 및 타인들 그리고 환경과의 관계를 살펴봐야 한다. 재향군인의 존재론적 변화는 부분적으로 (신체, 정신, 그리고 원인을 알 수 없는) 새로운 장애와의 관계에서 비롯된다. 그 변화는 개인적으로 경험하거나, 다른 재향군인들에 의해 공감되고 이해되었거나, 아니면 모든 재향군인들에 대한 폭넓은 문화적 인식을 통해 암시되었을 수 있다. 재향군인으로 살아간다는 것은 장애에 적응해야 한다는 것을 의미한다. 기존 소셜 네트워크 플랫폼은 비공식적인 연결을 만드는 데 기여를 하지만 민간인의 삶 또는 장애인의 삶으로 돌아가는 재향군인들에게 포스렙 앱이 더 적합한 데에는 중요한 이유들이 있다. 일부 재향군인들은 자신이 장애가 있다는 사실을 공공연히 이야기하지만, 여전히 많은 재향군인들은 낙인으로 인해 특히 PTSD와 같은 장애를 다른 사람들에게 알리는 것을 원치 않는다(Corrigan & Watson, 2002). 재향군인들은 자살 충동 역시 수치심과 사회적 제재의

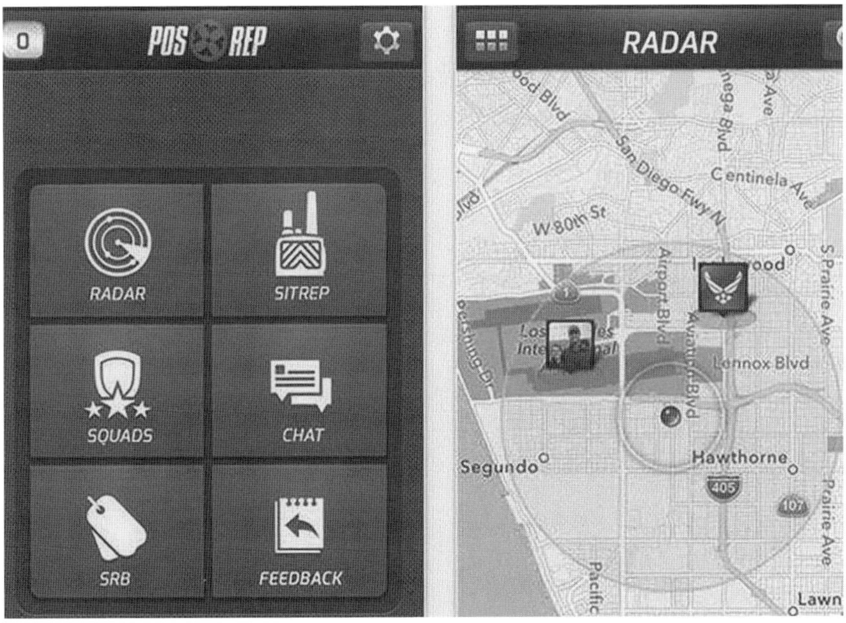

[그림 12-3] 'pos-rep.com'의 스크린 화면, 포스렙, 2014년

두려움 때문에 종종 감추곤 한다. 포스렙은 이러한 정보 노출, 장애에 대한 공개, 취약성의 협상과 같은 근본적인 우려들을 해소하기 위해 개발되었다.

건강관리로서 소셜 네트워크를 바라보는 올먼의 관점은 취약성에 관심을 두고 상호의존성을 확고히 한 생산적인 틀(productive frameworks)에 관한 초기 논의를 상기시킨다. 포스렙은 사적 공간 내에서 재향군인들이 연결되도록 하기 위해 군 조직 내에서 만들어진 정서적 유대감을 활용한다. 군대에서 볼 수 있는 긴밀한 유대감과 상호의존성은 전투 효과를 높이는 것으로 알려졌지만 재향군인들이 이러한 유대감을 상실하면 사회적 관계가 갑자기 중단되어 민간인으로서의 삶에 적응하는 데 어려움을 겪을 수 있다(Braswell & Kushner, 2010). 높은 유대감으로 만들어진 네트워크가 부족하고 민간인으로서 (예를 들어) PTSD에 대처하는 문제를 겪고 있다면 재향군인은 그들의 문제에 직면하는 데 필요한 자신감과 정서적 지지가 부족하다고 느끼게 될 것이다. 미국재향군인회American Legion와 해외참전용사기구Veterans of Foreign Wars: VFW와 같은 재향군인서비스조직들Veterans service organisations: VSOs은 회원들이 회의나 파티 또는 술 한잔을 위해 만날 수 있는 회관을 설립하여 이런 유대감을 재형성하기 위해 노력해 왔다. 하지만 전통적인 재향군인서비스조직들은 최근 전쟁에서 돌아온 상당수의 재향군인들의 참여를 유도하지 못하고 있다.

포스렙은 재향군인을 재향군인서비스조직으로 모이게 하는 것이 아닌 재향군인들이 있는 곳이라면 어떠한 공간도 재향군인서비스조직이 될 수 있도록 하는 역할을 한다. '움직이는 재향군인회관'을 만들고자 하는 목표하에 포스렙 개발자들은 보안과 비밀유지의 중요성이라는 문제에 직면하게 되었고, 이로 인해 재향군인 커뮤니티의 일원임을 일차적으로 검증할 수 있는 앱을 만드는 데 초점을 두었다. 초기에 앱을 테스트한 재향군인들은 다른 사람들 역시 자신들과 같은 재향군인임을 확인하기를 원했다. 중요한 것은 이러한 요구를 해결하는 과정에서 접하는 장애물을 통해 앱이 무엇을 제공할 수 있는지에 대한 중요한 통찰력을 얻었다는 점이다. 포스렙 개발자들의 주된 관심은 커뮤니티를 정의하는 것이었다. '확인된 사용자verified users'를 고집하는 것이 일반시민에 대한 불신처럼 보일지 모르겠지만 다른 재향군인에 대한 신뢰를 바탕으로 앱을 구축하는 방식이 더 생산적일 수 있기 때문이다. 이와 같은 앱의 행동유도성은 안전한 공간을 확보하고 취약성을 드러낼 수 있는 능력을 시사한다.

포스렙의 '확인된 사용자' 기능은 일부 사람들이 재향군인서비스조직 회원 가입 요구사항을 모방하면서 네트워크 및 온라인 공간에서 자신의 신원을 거짓으로 꾸며낼 수 있기 때문이다. 여기에서 제한된 소셜 미디어 플랫폼으로서 포스렙의 설계는 앞서 논의한 인터넷 커뮤니티의 초기 이론주의자들에 의해 제기되었던 허구적 정체성의 불안spectre에 정면으로 맞닥뜨렸다. 전통적으로 재향군인서비스조직가 성공할 수 있었던 것은 재향군인들을 같은 시간에 한곳으로 불러 모을 수 있었기 때문이다. 미국재향군인회 및 해외참전용사기구 회관에 들어가면 회원 가입을 통해 이미 모든 사람들이 같은 재향군인임을 알 수 있다.

확인 절차를 거친 모임은 참전 경험과 이 경험이 민간인으로서 자신들의 삶에 미치는 영향에 대한 비공식적인 토론과 솔직한 대화의 장을 마련해 준다. 이러한 대화는 재향군인에게 자신들이 경험하고 있는 정서적인 문제를 다른 재향군인들도 겪고 있고, 따라서 최소한 재향군인 커뮤니티 안에서만이라도 정신장애를 정상화시킬 수 있다는 것을 가르쳐 준다. 하지만 이러한 대화는 재향군인이 같은 공간 내에서 다른 재향군인들에게 둘러 쌓여 있는 특정 환경에서만 가능하다. 중요한 것은 다른 재향군인들 **옆**에 있을 때 이런 대화가 가능하다는 것이다. **옆**이라는 위치는 취약성의 기회를 마련해 주는 동시에 상호의존성을 성립하기 위해 필요한 공유된 취약성이 되기도 한다(Sedgwick, 2003). 재향군인 신분을 공유한다는 것이 반드시 동일한 경쟁조건을 의미하는 것은 아니다. 언제나 서열과 차이는 존재한다. 하지만 이러한 차이는 확정된 것이 아니라 끊임없이 변화하고 있으며 과거 군생활의 계급 차이로 연결되지는 않는다. 포스렙의 역할은 공유된 취약성에서 발생하는 상호의존성을 허락하는 사용자가 자신만의 공간을 만들 수 있도록 하는 것이다.

재향군인들 간의 의사소통은 재향군인으로 사는 것에 대한 경험적 지식을 기반으로 한 네트워크를 만들어 낸다. 이 네트워크는 재향군인의 삶과 눈에 보이는 장애와 눈에 보이지 않는 장애의 복잡성 그리고 사회로의 복귀에 대한 다양한 반응을 확인할 수 있게 해 준다. 그리고 팸플릿과 웹사이트, 또는 모든 군인들이 참석해야 하는 전역 전 브리핑과 같은 자료를 통해 완전히 전달될 수 없는 복잡한 보훈처Department of Veterans Affairs의 업무를 포함하여 사회적 지지 시스템을 활용하는 방법에 대해 힘들게 얻은 정보와 지식을 공유할 수 있게 해 준다. 또한 근거리에서 즉각적으로 소셜 네트워크를 만들 때, 포스렙은 국가 보훈처 데이터베이스를 넘어 이용 가능한 (공식적, 비공식적) 서비스에 대한 지역 정보를 제공한다. 특히 이러한 연결의 인접성과 즉시성은 자살 충동과 같은 일촉즉발의 위기상황에서 무엇보다도 중요하다.

결론

페미니스트 돌봄 윤리와 의존성 이론을 바탕으로 한 사례 분석은 접근 및 적응에 관한 방법을 보완하는 소셜 미디어와 장애의 교차를 통해 사고의 개념적 근거를 제공하였다. 이렇게 철학적인 프로젝트에서 끌어낸 우리 연구의 주된 관심사는 비장애인 문화와 그것의 지배적인 윤리 관점이 삶의 근본적인 불안정성을 거부한다는 것이다. 취약성에 대한 거부와 낙인은 불평등하고 (상호)의존적인 특성에 대한 인식을 가리는 자율성 및 사회적 평등의 이상화와 결합한다. 취약성과 의존성을 특정 형태의 구현으로 맹목적으로 투사하는 것은 장애차별주의의 근간이 되는 장애/비장애인의 이분법적 구분의 기초가 된다. 취약성의 윤리는 인간의 삶과 사회성을 구성하는 요소로서 위협적이고 생산적인 힘이 되는 취약성에 대한 참여를 포함하며, 능력, 건강 및 욕구의 다양성과 불안정한 분배를 수반하는 상상적인 실천을 요구한다. 앰퓨티오티와 포스렙 사례에 대한 우리의 연구는 이들 소셜 미디어가 어떻게 상호의존성이 문화적으로 인식될 수 있도록 기여했는지, 돌봄을 새롭게 구성하기 위한 매개체로 역할을 하는지, 그리고 장애/비장애의 구분을 허물고 취약성 경험에 대한 윤리적 대응을 조건화 하는지에 초점을 두었다. 앰퓨티오티와 포스렙은 자신들만의 독특한 방법으로 돌봄 윤리와 취약성 윤리에 부합되게 운영된다.

앰퓨티오티에서 스티븐스는 다리를 상실한 것에 대한 또는 선천적인 다리 기형에 대한 적응에 요구되는 취약성을 받아들이고 이를 생산의 기회로 간주하고 있다. 스티븐스는 취약성에 대한 새로운 접근방식을 팔다리를 잃은 사람들뿐만 아니라 '사지가 온전한full-limbed' 그녀의 비디오 블로그 방문자들에게도 설명한다. 다리를 절단하는 경험을 직접 경험함으로써 스티븐스는 비장애인들이 생각하는 능력 구현의 불안정성을 한 번 더 생각하게 한다. 비장애인 시청자들의 댓글이나 주제를 다루면서 스티븐스는 규범적 능력에 대한 가정을 뒤흔든다. 주제별로 그녀의 비디오와 이에 대한 토론은 다리 절단의 경험을 능력과 생활방식, 그리고 관계에 대한 하나의 창조적인 사고 영역으로 제시한다. 다리를 잃은 사람들이 경험하는 취약성 중 하나인 적응성의 결여에 직면하면서, 앰퓨티오티는 의족을 단순한 대체물이 아닌 다양한 형태의 유용성과 미적인 개입을 위해 만들어진 경이로운 장치로 상상한다.

포스렙 역시 재향군인이 민간인으로 적응하는 과정에서 발생하는 사회적 이탈social dislocation이라는 부적응의 경험에 직면한다. 재향군인 인구계층에서 PTSD처럼 보이지 않는 장애의 증가는 자살률을 높였고 장애인 정체성 부분에서 모든 재향군인들이 연루되어 있음을 시사했다. 이러한 상황에서, 포스랩이 성취한 것은 공적 공간을 이용하기 위한 도구를 제공함으로써 취약성의 경험을 중재한 것과 공감대가 형성된 커뮤니티 안에서의 재향군인들을 연결한 것이다. 기존 재향군인서비스 조직 내에서 오직 재향군인들만을 만날 수 있도록 사용자들을 위해 일정 수준의 보안을 유지함으로써, 포스렙은 재향군인들이 서로 취약성을 공유하고 상호 돌봄을 받기 위한 더 많은 기회를 제공한다. 포스렙 앱은 물리적인 만남을 대체하는 것이 아니라 재향군인들 간 얼굴을 마주하는 미팅을 독려하고 만남의 기회를 제공한다. 사용자들의 신분 확인을 통해 포스렙은 사용자들이 자신의 장애에 관해 공개적으로 이야기할 때 안전하게 느낄 수 있도록 한다.

앰퓨티오티와 포스렙은 광범위한 의미에서 치료를 계획하고 진행하기 위한 플랫폼을 제공한다. 앰퓨티오티는 작업치료에서 스티븐스의 임상/연구 전문지식을 팔다리를 잃거나 팔다리가 기형인 사람들과의 소통을 통해 얻은 암묵적 지식과 감정적 경험을 결합한다. 앰퓨티오티가 펼쳐 놓은 폭넓은 돌봄의 의미는 의수족 장치의 기술과 일부 패션 기회, 그리고 남은 팔다리와 손발을 잃은 사람을 성적으로 선호하는 사람들devotees과의 관계를 기술하기 위해 사람들이 사용하는 언어만큼이나 다양한 주제 사이를 매끄럽게 침투하면서 생성되었다. 포스렙 개발자들이 자신의 앱을 '건강관리'의 형태로 간주하는 것은 PTSD에 대한 개입과 자살예방이 안전한 사회연결망의 구축에서 시작된다는 개념에 근거를 두고 있다. 결론은 일반 대중들 사이에서 재향군인들이 고립될 수 있다는 현실을 인정하면서 공유된 경험과 욕구를 중심으로 상호작용을 촉진하는 소셜 네트워크의 한 형태로 접근하는 것이다. 포스렙은 소셜 미디어를 이용하여 재향군인들을 위한 다양한 형태의 가능성과 즉각적인 형태의 연결을 위해 개발되었다.

참고문헌

Braswell, H., & Kushner, H. (2010). Suicide, social integration, and masculinity in the U.S. military. *Social Science & Medicine, 74*(4), 530-536.

Butler, J. (2004). *Precarious life: The power of mourning and violence*. New York: Verso.

Charuvastra, A., & Cloitre, M. (2008). Social bonds and posttraumatic stress disorder. *Annual Review of Psychology, 59*, 301-328.

Corrigan, P. W., & Watson, A. C. (2002). The paradox of self-stigma and mental illness. *Clinical Psychology: Science and Practice, 9*(1), 35-53.

Epstein, S. (1996). *Impure science: AIDS, activism, and the politics of knowledge*. Berkeley: University of California Press.

Fineman, M. (2008). The vulnerable subject: Anchoring equality in the human condition. *Yale Journal of Law and Feminism, 20*(1), 1-23.

Fleischer, D. Z., & Zames, F. (2012). *The disability rights movement: From charity to confrontation*. Philadelphia: Temple University Press.

Garland-Thomson, R. (2011). Misfits: A feminist materialist disability concept. *Hypatia: A Journal of Feminist Philosophy, 26*(3), 591-609.

Gerber, D. A. (Ed.). (2000). *Disabled veterans in history*. Ann Arbor: University of Michigan Press.

Gibbons, R., Brown, D., Hendricks, C., & Hur, K. (2012). Is the rate of suicide among veterans elevated? *American Journal of Public Health, 102*(S1), S17-S19.

Gilligan, C. (1982). *In a different voice*. Cambridge: Harvard University Press.

Gilson, E. (2011). Vulnerability, ignorance, and oppression. *Hypatia: A Journal of Feminist Philosophy, 26*(2), 308-332.

Goggin, G., & Newell, C. (2006). Disability, identity, and interdependence: ICTs and new social forms. *Information, Communication & Society, 9*(3), 309-311.

Goodley, D. (2011). *Disability studies: An interdisciplinary introduction*. London: SAGE Publication.

Hautzinger, S., & Scandlyn, J. (2013). *Beyond post-traumatic stress: Homefront struggles with the war on terror.* Walnut Creek: Left Coast Press.

Kittay, E. F. (1999). *Love's labor: Essays on women, equality and dependency.* New York: Routledge Press.

Kittay, E. F., & Feder, E. (Eds.). (2002). *The subject of care: Feminist perspectives on dependency.* Lanham, MD: Rowman and Littlefi eld Publishers.

McArthur, P., & Zavitsanos, C. (2013). Other forms of conviviality: The best and least of which is our daily care and the host of which is our collaborative work. *Women & Performance, 23*(1), 126-113.

Moser, I. (2006). Disability and the promises of technology: Technology, subjectivity and embodiment within an order of the normal. *Information, Communication & Society, 9*(3), 373-395.

Noddings, N. (1984). *Caring: A feminine approach to ethics and moral education*. Berkeley: University of California Press.

POS REP. (2014). POS REP (Version 1.1) [Mobile App]. Retrieved from: http://pos-rep.com/about/

Rapp, R., & Ginsburg, F. (2001). Enabling disability: Rewriting kinship, reimagining citizenship. *Public Culture, 13*(3), 533-556.

Sedgwick, E. K. (2003). *Touching feeling: Affect, pedagogy, performativity.* Durham: Duke University Press.

Shapiro, J. P. (1993). *No pity: People with disabilities forging a new civil rights movement.* New York: Times Books.

Shildrick, M. (2000). Becoming vulnerable: Contagious encounters and the ethics of risk. *Journal of Medical Humanities, 21*(4), 215-227.

Stephens, C. (2013, February-Present). AmputeeOT [Video blog]. Retrieved from https://www.youtube.com/user/AmputeeOT

Stone, A. R. (1991). Will the real body please stand up? Boundary stories about virtual cultures. In M. Benedikt (Ed.), *Cyberspace: First steps* (pp. 81-118). Cambridge: MIT Press.

Tanielian, T. L., & Jaycox, L. (Eds.). (2008). *Invisible wounds of war: Psychological and cognitive injuries, their consequences, and services to assist recovery.* Santa Monica, CA: RAND.

Turkle, S. (1984). *The second self: Computers and the human spirit*. Cambridge: MIT Press.

Turner, B. (2006). *Vulnerability and human rights*. University Park: Penn State University Press.

Wool, Z. H. (2015). *After war: The weight of life at Walter Reed*. Durham: uke University Press.

13

소셜 미디어와 장애의 포용

짐바브웨 활동가의 비판적 고찰

쿠드자이 샤바

개인적 경험

2014년 10월 17일: 이곳 짐바브웨에서는 도서자료를 접하기가 쉽지 않습니다. 특히 학술지 연구논문과 같이 구독을 해야 하는 것들은 더더욱 그렇습니다. [추천하신 연구논문을] 이메일로 보내 주실 수 있으신지요? 보내 주실 수 없다면 저는 아마 그 논문을 구할 수가 없을 것입니다. 이러한 접근성의 한계는 우리 같은 개발도상국(Global South) 사람들이 도서자료와 다양한 지식들을 쉽게 접할 수 있는 선진국(Global North) 사람들과 협업해야 하는 중요한 이유입니다.

2014년 11월 1일: 화요일 저녁 엄청난 파괴력을 가진 폭풍우가 제가 사는 지역을 휩쓸었습니다. 이번 폭우로 저와 동네 주민들은 집을 잃었습니다. 저는 점자프린터와 컴퓨터, 스캐너, 점자책과 e-book, 그 밖의 개인 물품들(소유물)을 잃었습니다. 우리 모두는 안전을 위해 시내 중심에 위치한 학교로 대피하였고 그곳에서 하룻밤을 보냈습니다. 그 다음 날 수요일부터는 친구네 집에서 머물고 있습니다. 이번 일로 저는 엄청난 충격에 휩싸였고 아직도 그 충격에서 벗어나지 못하고 있습니다…… 현재 제가 검색할 수 있는 유일한 정보는 당신에게 보내는 이메일과 그 이메일에 대한 답변뿐입니다. [제 친구]의 도움을 받아서 저는 (비록 스크린 리더기가 없지만 친구의 컴퓨터를 사용하여) 책의 한 장(chapter)을 쓰기로 결심했습니다. 스크린 리더가 없다는 것은 친구가 조금씩 계속 교정을 도와줘야 한다는 뜻이기도 합니다.

2014년 12월 8일: 벌써 3주가 지났지만 친구 집에는 여전히 전기가 들어오고 있지 않습니다. 그래서 인터넷을 사용하기 위해서는 45킬로미터 떨어진 시내까지 나가야 합니다. 저는 전기가 공급되는 시내까지 택시로 이동해야 하는데 매번 상당히 많은 돈을 택시비로 지불하고 있습니다. 그래서 일주일에 두 번, 월요일과 금요일에만 이곳 인터넷 카페를 이용합니다. 이 장을 써 가는 데 상당한 진전을 보이고 있고 마무리하기 전에 당신의 도움과 조언을 얻기 위해 초안을 보내드리려고 합니다. 이곳에 오려면 상당히 많은 시간이 걸리기 때문에 최대한 이번 주 중으로, 늦어도 수요일까지는 보낼 수 있도록 최선을 다하고 있습니다.

2015년 10월 21일: 예전에 이야기한 것처럼 이곳 사정은 너무도 열악하지만 저는 이 장을 꼭 마무리하려고 합니다. 이 장을 마무리하기 위해 회사에 (목요일과 금요일) 이틀 휴가를 냈습니다. 수도 하라레Harare는 전기 공급이 이곳보다 훨씬 더 원활하지만 그곳에 가기 위해서는 최소 280킬로미터를 이동해야 합니다.

2015년 11월 9일: 정전으로 인해 힘든 시간을 보내고 있는 지금, 제가 사는 곳은 인터넷이 연결되지 않거나 접속이 제한되어 있어서 이메일로 당신과 소통하는 것이 점점 더 어려워지고 있습니다.

이 책의 편집자인 케이티 엘리스Katie Ellis와 마이크 켄트Mike Kent는 내가 쓰고 있는 장에 상기 이메일을 포함해 줄 것을 요청했다. 이유는 시각장애인인 내가 글을 쓰기 위해 정보통신기술에 의존해야 하는 경험을 설명하고 있고, 짐바브웨 정부가 2013년 〈유엔장애인권리협약Convention on the Rights of Persons with Disabilities〉에 동의했음에도 불구하고 정보통신기술에 대한 장애인들의 접근이 여전히 거부되고 있음을 보여 주기 때문이다. 짐바브웨는 시민들의 정보 접근성 문제와 핵심 서비스 인프라 및 기술의 부족으로 인해 어려움을 겪고 있다. 장애인의 경우 이 문제들은 훨씬 더 심각하다!

이 장은 짐바브웨의 장애인 인권운동가로서 소셜 미디어가 제공하는 가능성에 대한 나의 성찰을 요약하고 해결해야 할 여러 문제들을 제시하고 있다. 소셜 미디어가 짐바브웨에 살고 있는 많은 장애인들에게 커다란 잠재력을 상징하지만, 우리는 반드시 '장애인들의 새로운 소셜 미디어의 사용은 어느 정도인가? 그리고 이런 매체의 사용은 장애인들에 대한 사회적 포용 실천에 얼마만큼 기여하고 있는가?'라는 질문을 해야 한다. 일부 장애 관련 학자들은 소셜 미디어가 이러한 소외를 해결할 수 있는 가능성에 주목하지만(이 책 10장 참조) 또다른 학자들은 추가적인 배제 가능성에 대해 강조하고 있다(이 책 1장, 6장 참조). 이 장 전반에 걸쳐 나는 참여, 개방성, 대화, 커뮤니티 그리고 유대감과 같은 소셜 미디어의 특징이 장애인을 포용하는 사회를 만드는 초석임을 강조하고 있다. 블로그는 또한 소셜 미디어가 장애인의 삶에 긍정적인 영향을 주고 그들의 삶의 질을 향상시킬 수 있다는 인식을 높이는 데 중요한 역할을 한다. 하지만 이와 같은 사회적 포용은 정보통신기술에 대한 가용성이나 접근성, 구매력이 뒷받침되지 않는다면 실현될 수 없다.

존 나이스비트(John Nasbitt, 1982)는 "힘의 원천은 소수가 쥐고 있는 돈이 아닌 다수가 가지는 정보다."(p. 7)라고 주장한다. 이 장은 이 관점을 바탕으로 장애인과 정보통신기술의 문제에 접근하고자 한다. 소셜 미디어의 출현과 세계적 확산은 "그 어떤 통신 플랫폼도 소셜 미디어처럼 일반 사람들이 자신의 아이디어, 생각, 관점 그리고 정보를 거의 즉각적으로 만들고 다양하고 광범위한 청중에게 전달할 수 있는 것은 없다."는 나이스비트의 예측을 구체화한다. 실질적으로 다른 통신 플랫폼들은 소셜 미디어와 같이 많은 사람들에게 정보와 궁극적으로는 힘을 쥐어 줄 수 있는 능력을 갖추고 있지 않다. 그러나 이 말이 짐바브웨의 장애인들에게 어떻게 적용되고 있는지 이해하는 것이 중요하다.

짐바브웨의 장애인들

짐바브웨에 살고 있는 장애인들의 숫자를 정확하게 파악하는 것은 어렵다. 왜냐하면 그 숫자는 무엇이 장애로 간주되는가에 따라 달라지기 때문이다(Choruma, 2006; Mugumbate & Nyoni, 2013; Viriri & Makurumidze, 2014). 머검베이트와 므테트와(Mugumbate & Mtetwa, 2014)가 말하듯이 "장애의 정의나 이해, 해석 부분은 문화에 따라 상당히 많은 논란의 여지가 있다"(p. 145). 짐바브웨의 장애인 인구는 대략 300만 명으로 추정되며(Viriri & Makurumidze, 2014), 이 중 70%가 농촌에 거주하고 있고 약 30만 명이 HIV 양성자로 조사되고 있다(Chakuchichi, Chitura, & Gandari, 2011).

통계는 별도로 하고, 분명한 것은 식민지 이전부터 지금까지 짐바브웨 장애인들은 소외되어 왔고, 수동적이고, 경제적으로 비생산적이며, 지역사회에 부담이 되는 사회적 약자로 취급되어 왔다는 것이다(Chataika, 2007; Mandipa & Manyatera, 2014; Mpofu, 2000; Mutepfa, Mpofu, & Chataika, 2007; Viriri & Makurumidze, 2014). 장애에 대한 짐바브웨 고유의 개념을 보면 장애를 무능력과 동일시하고 장애인을 인간과 동물의 중간 정도로 간주하고 있다(Chataika, 2007; Choruma, 2006; Devliger, 1998). 결과적으로, 오랫동안 장애인들은 사회로부터 명확한 역할 기능이 결여된 것으로 인식되어 왔다. 아이데, 쿠페 및 만난(Eide, Khupe, & Mannan, 2014)은 다음과 같이 주장한다.

> 심지어 오늘날에도 짐바브웨 토착민들은 장애인에 대한 차별을 정당화하기 위해 문화를 이용한다. 짐바브웨에서 문화는 종종 장애인을 억압하는 편리한 도구이다. 장애인의 차별을 존속시키는 특정한 문화적 관행을 중단시키기 위한 캠페인으로 인해 표면적으로는 긍정적 변화가 관찰되지만, 일부 억압적인 측면은 여전히 존재한다.
>
> (p. 79)

짐바브웨의 장애인들-수입, 직장 그리고 삶의 질

통계적으로 짐바브웨 장애인들은 무직이고 정규 교육을 제대로 받지 못해 문맹인 경우가 많다. 또한 지지네트워크에 대한 접근성도 낮으며, 사용 가능한 사회적 자원 또한 적게 보유하고 있다. 게다가 경제침체기에는 장애인에 대한 배려도 급격히 감소하는 경향을 보인다(Choruma, 2006). 이같은 고용과 소득의 불안정은 장애인들에게 재정난을 안겨 주었다. 이는 그들과 그들의 가족이 전기 사용이 제한된 "붐비고 지저분한 환경에서 세들어 사는 것"을 의미하며, 결과적으로는 정보통신기술과 소셜 미디어에 접근을 어렵게 했다(Moyo & Nkomo, 2014, p. 900).

이런 암울한 상황에도 여러 연구에 따르면 장애인의 **자영업**self-employment 비율이 비장애인보다 더 높은 수치를 보이고 있다. 장애인과 비장애인이 자영업을 하면서 직면하는 어려움들은 유사했다. 하지만 이것에도 불구하고 대다수 짐바브웨 장애인들의 경제상황과 그에 따른 삶의 질은 매우 낮다. 장애 관련 법률을 채택한 최초의 국가로서(Manatsa, 2015, p. 25) 짐바브웨 장애인들은 아프리카 내에서 장애인 인권 변화를 위해 앞장섰다. 하지만 역설적이게도 오늘날 '짐바브웨에서 장애인들PWDs[sic: 원문 그대로 사용]의 삶의 질'은 다른 나라에 비해 바닥을 벗어나지 못하고 있다고 모요Moyo는 시사하고 있다(Moyo & Nkomo, 2014, p. 901). 낮은 삶의 질은 정보통신기술, 특히 소셜 미디어에 대한 낮은 접근성에서 뚜렷이 나타난다.

소셜 미디어는 장애인들에게 힘을 실어 주는 것으로 인식되어 왔지만(Broadband Commission for Digital Development et al., 2013; Chadwick, Wesson, & Fullwood, 2013; Chari, 2013; Elis & Goggin, 2015; Haller, Dorries, & Rahn, 2006; Tollefsen et al., 2010; Viluciene, 2015) 짐바브웨의 상황은 그렇게 간단하지 않다. 높은 인터넷 요금과 더불어 정보통신기술의 가용성, 접근성 그리고 구매력의 문제는 이미 경제상황이 급격하게 악화된 짐바브웨에서 주요 장애요인이 되고 있다. 많은 장애 이론가들이 관찰하듯이, 특히 개발도상국의 장애인들의 경우, 다른 무엇보다도 생존에 필요한 것들이 우선시된다(Choruma, 2006; Stone, 1999).

<유엔장애인권리협약>과 이 협약이 짐바브웨의 장애인들에게 미치는 영향

짐바브웨 장애인을 위한 소셜 미디어의 이용 가능성은 〈유엔장애인권리협약〉의 틀을 벗어나서는 이해될 수 없다. 〈유엔장애인권리협약〉은 국제사회가 개발의 모든 측면에서 장애와 장애인의 관점을 반영해야 한다는 것을 강조한다. 그것은 장애인을 위해 기회균등화를 성취하는 데 잠재력을 제시할 뿐만 아니라, 장애인의 배제를 영구화하는 장벽을 제거하기 위해 장애인 포용에 대한 로드맵을 제공한다. 짐바브웨는 2013년 9월 23일 〈유엔장애인권리협약〉에 가입했다(United Nations, 2015).

그러나 일부 논평가들은 '〈유엔장애인권리협약〉을 둘러싼 낙관론'이 암울한 이면을 가지고 있을 수 있다고 말한다. 그 이면은 장애인의 삶에, 특히 정책과 현실의 격차가 가장 두드러지는 가난한 환경에 있는 사람들에게, 어떠한 효과도 없는 그저 잘 만들어진 정책에 불과하다는 점이다(Eide, Khupe, & Mannan, 2014, p. 78). 이는 특히 짐바브웨 사람들이 이러한 입법과 정책 등의 개념에 무지하다는 것을 고려하면 더 그렇다(Choruma, 2006, p. 11).

〈유엔장애인권리협약〉 제9조는 '접근성'을 언급하며, 장애인들이 독립적으로 생활하고 삶의 모든 측면에서 완전히 참여할 수 있도록 하는 국가의 의무를 부여하고 있다.

> 국가는 장애인들이 다른 사람들과 동등한 기준으로 물리적 환경, 교통시설, 정보통신기술 및 시스템을 포함한 정보통신, 그리고 그 밖에 도시와 농촌의 공공시설과 서비스에 접근할 수 있도록 적절한 조치를 취해야 한다.

이 협약은 또한 기술과 시스템에 최소의 비용으로 접근할 수 있도록 국가가 장애인의 정보 접근을 보장하고 인터넷을 포함한 새로운 정보통신에 대한 장애인의 접근을 촉진하고 있다. 또한 초기 단계에서 접근 가능한 정보통신기술과 시스템의 설계 및 개발, 그리고 보급을 촉진할 수 있도록 적절한 형태의 도움과 지원을 홍보할 것을 요구하고 있습니다.

짐바브웨의 정보통신기술: 가용성, 접근성 그리고 구매력

표면적이긴 하나 〈유엔장애인권리협약〉의 신념을 받아들이려는 노력에도 불구하고, 개발도상국들의 정보통신기술의 가용성, 접근성 및 구매력은 선진국가들의 수준에 훨씬 못 미치거나 아예 비교할 수 없는 경우도 있다. 이는 모든 짐바브웨 사람들에게도 문제이지만, 이미 장애와 낮은 소득으로 인해 소외된 사람들에게는 문제가 더욱 심각하다.

가용성과 관련하여, 〈유엔장애인권리협약〉의 정보통신기술 준수율은 저소득 국가의 경우는 30%, 고소득 국가는 83%로(Broadband Commission for Digital Development et al., 2013) 나타났다. 이는 정보통신기술이 소셜 미디어의 중요한 촉진자라는 점에서 개발도상국에서의 낮은 소셜 미디어 가용성을 시사하고 있다. 제

68차 유엔총회(2013)의 장애와 발달에 관한 고위급 회의(the high-level meeting on disability and development)에서 정보통신기술의 사용은 사회구조와 밀접한 관련이 있고 포괄적 사회 발전과 경제성장을 위한 제도적인 틀뿐만 아니라 모든 개인의 발전/권한강화의 핵심 요소가 되어 왔다고 설명한다. 또한 이러한 긍정적인 변화의 힘에도 불구하고 장애인들이 정보통신기술이 제공하는 충분한 혜택을 받으려면 핵심 과제를 해결해야 함을 시사하고 있다.

접근성도 문제다. 짐바브웨의 불안정한 독점 상황은 일반 대중에게 정보가 심각하게 제한되어 있음을 의미하고, 일부 변호사들은 이것이 "정보 접근을 권리가 아니라 정부 관료가 마음대로 부여하는 특권으로 여긴다."(African Network of Constitutional Lawyers, 2012, p. 5)라고 말한다. 이는 장애인들뿐만 아니라 모든 짐바브웨 국민들도 '정보에 접근할 권리와 정부 부처에 정보를 요청하는 방법에 대한 인식이 부족하다'는 것을 의미한다. 2014년 마감바 네트워크(Magamba Network)의 관찰 결과가 이를 뒷받침하고 있다.

> 짐바브웨는 흥미로운 나라다. 한편으로는 여전히 표현의 자유가 없고 미디어 공간이 양극화되어 있지만, 또 한편으로는 전국적으로 인터넷 접속이 급속도로 확대되고 있다. 짐바브웨는 아프리카에서 두 번째로 많은 광대역 이동통신망을 보유하고 있다.
>
> (p. 2)

마지막으로, 짐바브웨에서 정보통신기술의 접근성은 경제적 사정, 지역, 심지어 성별에 따라 다르다. 비싼 전화 요금과 인터넷 요금으로 가난한 사람들이 배제되고 있지만, 치웨시(Chiweshe, 2011)는 "사이버 공간은 도시에 살고 있는 짐바브웨 사람들에게 중요한 정치적 공간이 되고 있다."라고 말한다. 문제는 대부분의 사람들은 시골에 살고 있고 시골은 네트워크 접속의 어려움과 전력 부족 등 심각한 문제를 안고 있다는 것이다.

짐바브웨의 소셜 미디어와 장애인

정보통신기술을 사용할 수 있고, 접근할 수 있고, 저렴하게 이용할 수 있을 때, 그것들은 짐바브웨 장애인들의 사회와 발전의 모든 측면에 접근성을 현저하게 개선하고 결과적으로 이는 장애인들의 사회적·경제적 포용을 현실화하고 촉진할 것이다(Chakuchichi, Chitura, & Gandari, 2011; Magamba Network, 2014). 특히 정보통신기술을 활용해 소셜 미디어 사이트에 접속하는 경우가 그렇다. 홀리어(Hollier, 2012)에 따르면 중요한 통신매체로서 소셜 미디어의 인기는 급속한 성장, 즉 모바일 기기에서 소셜 미디어의 사용, 새로운 접근성 옵션의 출현, 커뮤니케이션과 일상적인 작업 달성을 위한 소셜 미디어의 의존도 증가, 그리고 포용을 위한 강력한 잠재력을 가진 민주적 도구로 보는 국제적 인식의 변화 등으로 증명된다. 이러한 관점은 참여, 개방성, 대화, 커뮤니티 및 연결성과 같은 앞서 언급한 소셜 미디어의 특성과 관련이 있다. 이들 특성에 대한 자세한 내용은 다음 섹션에서 다루고자 한다. 소셜 미디어의 잠재력을 최대한 활용하는 것은 장애인들에게 엄청난 경제적·사회적·정치적 혜택을 가져다줄 것이다.

참여와 개방성–장애인 포용

장애인 포용의 특징은 참여이다. 미디어와 관객 사이의 경계가 흐려질 때 장애인들로 하여금 장애 문제와 전체적인 장애인 포용의 필요성에 대한 기여와 피드백을 가능하게 하며, 장애인들이 소셜 미디어의 잠재력을 활용할 수 있는 충분한 기회를 제공한다(이 책 11장 참조). 소셜 미디어의 뚜렷한 특징인 개방성은 또한 장애인 포용의 척도이다. 피드백과 참여에 개방적일 뿐만 아니라, 대부분의 소셜 미디어 서비스는 투표, 논평, 정보 공유를 장려한다.

대화, 연결성 그리고 커뮤니티

대화는 소셜 미디어와 장애인 옹호에 있어 또 다른 중요한 특징이다. 2012년 갤럽여론조사(Gallup Poll)에 따르면 대화는 이미 장애인들과 그들의 가족, 친구들 간에 주요한 역할을 하고 있다.

> 짐바브웨의 미디어 환경과 미디어 기기에 대한 제한된 접근은 새로운 뉴스와 정보를 전달하는 데 입소문의 중요성을 설명한다. 짐바브웨인 10명 중 7명71.9%이 적어도 매주 친구나 가족들로부터 소식을 듣는다고 응답했다.
>
> (Gallup, 2012, p. 1)

상호 대화를 위해 소셜 미디어를 이용함으로써 옹호자들은 장애인 포용에 대한 건설적인 대화에 참여할 수 있다. 소셜 미디어는 장애인의 관점, 생각, 도전, 포부를 공유할 수 있는 잠재력이 큰 커뮤니케이션 플랫폼이다. 많은 소셜 미디어는 다른 사이트들, 자원 그리고 사람들을 연결하는 것을 바탕으로 발전한다. 이러한 커뮤니티적 특성은 장애인 포용의 중심이 된다(Ellis, 2014; Haller et al., 2006). 아브라함 마테타Abraham Mateta와 에드모어 마센데케Edmore Masendeke와 같은 장애인 인권운동가들은 커뮤니티가 공동의 이익을 중심으로 빠르게 형성되고 효과적으로 소통할 수 있도록 하는 소셜 미디어의 능력을 활용하고 있다(Haller et al., 2006; Magamba Network, 2014 참조). 소셜 미디어는 짐바브웨에서 장애 및 장애인의 문제 해결이 장애인 당사자뿐만 아니라 일반 사람들의 공통된 관심사로 발전하는 기회를 제공한다. 또한 소셜 미디어는 장애인들이 여러 웹사이트에 접속하고, 다양한 자원 및 사람들과 연계하여 이 기회를 전략적으로 사용할 수 있게 해 준다(Ellis, 2014; Haller et al., 2006).

블로그를 통한 장애인 이슈 홍보

이 책의 다른 장에서 설명하듯이, 블로그는 장애인 커뮤니티에서 여전히 소셜 미디어로 각광받고 있다(이 책 3장, 18장, 19장 참조). mukoma-a.blogspot.com 그리고 http://disabilityzimbabwe.blogspot.com.au는 장애인의 권리에 대한 대중들의 인식을 높이기 위해 짐바브웨 장애인 인권운동가들이 만든 블로그 중 하나이다. 아브라함 마테타는 장애 관련 콘텐츠를 집중적으로 분석하는 블로그를 운영한다.

> 짐바브웨에서 우리가 안고 있는 심각한 문제 중 하나는 장애인에 대한 부정적인 태도이다. 하지만 짐바브웨에는 그러한 행동에 대해 경고하는 쇼나와 은데벨레[1]의 속담이 많기 때문에 짐바브웨 사람들이 반드시 장애인 운동에 반대하는 것은 아닐 것이다. 장애인 차별과 저개발의 주요 근원은 정보 부족이다. 따라서 모든 전략가들은 마담 무푸미라Mupfumira의 새로운 지위를 이용하여 장애에 대한 긍정적인 인식을 널리 보급할 수 있도록 노력해야 한다. 특히 국영 신문과 방송사들은 정기적으로 장애인 관련 콘텐츠에 더 많은 공간을 할애해야 할 의무가 있다. 짐바브웨의 장애인 인권운동가들은 짐바브웨가 〈유엔장애인권리협약〉 제8조를 비준한 국가로서 장애인 문제에 대한 인식을 높이기 위해 노력해야 한다.
>
> (Mateta, 2015)

한편, 에드모어 마센데케는 261명의 팔로워가 있는 트위터 계정을 운영하고 있다. 에드모어는 무한가능성(Endless Possibility)의 설립자/상무이사이고 짐바브웨 리저브 은행의 경제학자이며, 시인이자 장애인 문제를 다루는 블로거이다. 그는 트위터를 통해 '살아 있고 능력 있고 활동적인 장애인 옹호자의 다이어리(The diary of a disability advocate, alive, able, active)'라는 제목을 가진 자신의 블로그 http://disabilityzimbabwe.blogspot.com.au/에 접속한다. 그는 이 블로그에 에세이 《비장애인만을 위한: 인종차별과의 연관성(Able-bodied people only: The nexus between race discrimination)》(Masendeke, 2015b)과 같은 장애인 관련 사회정치 문제들을 게재해 왔다.

> 편견은 우리의 도시에 벽을 쌓고 있다. 알려진 것처럼 장애인들은 인구의 10퍼센트만을 차지하고 있는 소수 구성원이지만 현대사회와 민주주의의 본질은 소수집단에게도 균등한 기회가 주어지고 시설 및 혜택에 대한 접근권이 보장되도록 하는 것이다. 모든 사람들은 우리 도시가 제공하는 모든 것에 동등하게 접근할 권한이 있다. 그리고 앞으로 모든 사회가 모든 사람에게, 특히 장애인들에게 접근성을 허용하는 방식으로 도시를 설계하고, 개조하고, 건설해야 한다. 마하트마 간디의 말을 빌리자면 '한 나라의 위대함은 가장 약한 구성원들을 어떻게 대하느냐'에 의해 결정된다.
>
> (Masendeke, 2015b, 10월 22일)

1) [역주] 짐바브웨 부족들로 대한민국 외교부에서 발행한 ≪2018 짐바브웨 개황≫에 따르면 쇼나는 짐바브웨 인구의 78%를, 은데벨레는 20%를 차지하고 있다.

다음 내용은《장애인을 보이지 않게 하는 것은 무엇인가?》에서 발췌한 것이다 (Masendeke, 2015a).

> 나는 여러분이 스스로에게 다음과 같은 질문을 하기를 바라면서 이 글을 마무리하고자 한다. 자신의 행동과 태도를 돌아보면서 자신이 장애인들을 동등하게 보고 있는지, 아니면 그 이하의 존재로 보고 있는지, 그리고 장애인에 대한 차별이 사회적으로 결코 용납되어서는 안된다고 믿고 있는지 물어보라. 그리고 그것이 맞다면 믿음에 대한 표현으로서 자신의 삶에서 바꾸고 싶거나 새롭게 취하고 싶은 태도나 행동이 있는지 물어보라.
>
> (Masendeke, 2015a, 8월 14일)

이러한 블로그와 페이스북 페이지는 짐바브웨의 미디어가 제공하는 것과는 상당히 다른 장애인의 이미지를 투영하고 있다. 장애인에 대한 고정관념은 대부분 미신과 신화 그리고 믿음에 기반을 두고 있다. 이것들은 우리 문화에 내재되어 있기 때문이기도 하고 부분적으로는 통신 매체를 통해 계속해서 재생산되기 때문이다 (Barnes, 1991 참조). 미디어는 의료적 관점에서 접근하여 장애인들을 '정상적인' 생활에서 제대로 상호작용할 수 없는 것은 신체적, 감각적, 그리고 정신적 손상의 직접적인 결과라 보고 있다. 짐바브웨 장애인들이 소셜 미디어를 손쉽게 이용할 수 없다는 것은 장애인 포용을 촉진하기 위해 활용할 수 있는 자기 옹호역량이 그만큼 축소되었다는 것을 의미한다. 초루마Choruma는 이 문제의 결과를 다음과 같이 날카롭게 비판하고 있다.

> 짐바브웨에는 장애에 대한 정보가 부족하다. 그리고 구시대적인 장애 정책은 장애인을 위한 충분한 지원을 가로막고 있다. 또한 의도적으로 장애인을 국회에서 보이지 않게 하거나 역할할 수 없도록 만들어 분열을 일으켜 의사결정과정에 부정적인 영향을 주고 있다.
>
> (Moyo & Nkomo, 2014, p. 901 재인용)

실제로 앞에서 언급한 (가용성, 접근성 및 구매력) 세 가지 높은 정보통신기술의 접근 장벽은 소셜 미디어 접근을 논의할 때 반향을 일으킨다는 주장이 이 장에서 제기된다.

짐바브웨의 소셜 미디어: 가용성, 접근성 그리고 구매력

소셜 미디어의 가용성

약 3백만 명의 장애인 인구 중 대다수가 정보통신기술과 이와 관련된 다양한 애플리케이션과 서비스, 특히 소셜 미디어 사이트를 사용하는 것에서 배제되어 있다. 교육, 정치 생활, 문화 활동, e-정부 또는 e-헬스를 몇 가지 예로 들 수 있다(African Network of Constitutional Lawyers, 2012; Chakuchichi, Chitura, & Gandari, 2011; Mugumbate & Mtetwa, 2014). 포용적 개발 프레임워크를 위한 정보통신기술의 기회ICT Opportunity for an Inclusive Development Framework(Broadband Commission for Digital Development et al., 2013)는 소셜 미디어 사이트와 같은 정보통신기술 기반 애플리케이션의 배제는 정보화 사회로부터뿐만 아니라 필수적인 공공 서비스에 접근하는 것은 물론, 독립적인 삶을 살 수 있는 기회를 박탈하는 것과 같다는 점에 주목해야 한다고 주장한다.

소셜 미디어의 접근성: 보조기술의 사용

인터넷과 소셜 미디어의 제한된 가용성과 연결된 문제는 접근 가능한 보조기술의 문제이다. 장애인의 경우, 스크린 리더, 음성 인식, 비디오 통신(수어 언어 통신 및 비디오 릴레이 해석용), 음성 대 텍스트 서비스(실시간 및 내장된 개방 및 폐쇄 캡션) 및 시각적 지원은 실제로 장애가 있는 사람들이 정보통신기술(특히 소셜 미디어 사이트 및 앱)을 사용할 수 있도록 한다(Chakuchich et al., 2011). 이러한 접속 가능한 기능이 컴퓨터에 내장되어 있지 않은 경우, 장애인들은 관련 기술을 습득하기 위해 훨씬 더 많은 노력을 해야 한다. 짐바브웨의 1인당 국민소득을 고려했을 때 이것은 무리한 요구이다.

접근 가능한 정보통신기술의 광범위한 가용성을 촉진하는 정책의 부재는 짐바브웨의 장애인들이 고심해야 할 고질적인 장애물로 보인다. 그 부분에 대해서는 장애인의 일반적인 소셜 미디어 접근을 위한 적절한 정보통신기술 및 보조기술 이용을 보장하는 입법 기구를 마련할 정부 측의 정치적 의지가 부족한 것으로 보여진다

(Choruma, 2006; Moyo, 2015; Mpofu & Shumba, 2013; Mugumbate & Nyoni, 2013). 《크로니클The Chronicle》을 쓴 타텐카 모요Thandeka Moyo는 "짐바브웨를 포함한 저소득 국가들은 장애인에 관한 정보가 불충분하고 이는 옹호활동, 정책 개발, 그리고 효과적인 자원 이동의 근간이 되는 정보 부족으로 해석된다."고 말한다(Moyo, 2015).

또한 제품에 내장된 보조기술 장치나 접근성 기능은 관련 부분에 교육을 받은 전문가와 재활 전문가들의 부족으로 여전히 사용되지 않은 채로 남아 있을 수 있다. 일반 휴대전화는 문자메시지 및 음성통화(아프리카어)를 통해 주문형 통신수단을 제공하는 데 있어 매우 유용한 것으로 입증되었다(African Network of Constitutional Lawyers, 2012; Gallup, 2012; Chiweshe, 2011). 이런 기기는 분명 장애인이 독립적인 삶을 살아가는 데 가장 큰 영향을 주고 있지만 한계는 있다. 시골 사람들을 포함하여 짐바브웨에 살고 있는 대부분의 장애인들은 전화와 문자만 할 수 있는 아주 단순한 기능을 제공하는 휴대전화를 사용하고 있어서 실제로 소셜 미디어에 접근하는 게 쉽지 않다.

스마트폰은 보다 정교하게 장애인들의 독특한 감각적 · 신체적 · 인지적 욕구를 충족시킨다(Broadband Commission for Digital Development et al., 2013). 고객들은 개방 또는 폐쇄 자막 멀티미디어 콘텐츠 기능을 즐겨 사용할 수 있고 수어로 소통하기 위해 대면 화상 채팅 애플리케이션 또는 전용 비디오 릴레이 서비스를 사용할 수 있다. 고객들은 또한 화면 읽기 애플리케이션 및 청각, 시각 및 진동 경고를 조합한 사용자 알림 지정 설정을 통해 비시각적 콘텐츠에 접속하고 음성 명령, 글꼴 크기 조절, 예측 텍스트 메시지 및 다른 혁신적인 기능 및 3자 애플리케이션을 이용할 수 있다.

다양한 컴퓨팅 기능에 대한 접근성를 제공함으로써 스마트폰 역시 의료, 초등 및 중등, 고등교육, 전문 및 평생 학습, 고용 및 정부 서비스 분야에서 장애인 포용을 촉진하는 소셜 미디어의 능력과 그 부수적인 혜택을 제공한다(Broadband Commission for Digital Development et al., 2013; Mukundu, 2006). 하지만 이런 스마트폰을 살 수 있는 장애인은 극소수에 불과하다. 장애인들 대부분은 취약 계층으로 최빈곤층에 속한다.

소셜 미디어 구매력

핵심 조력자enabler이자 촉매자facilitator로서의 역할을 하는 정보통신기술과 보조기술을 구매할 수 없는 개인 능력의 한계unaffordability는 빈곤이 장애의 원인이자 결과라는 관점에서 이해될 수 있다(Choruma, 2006; Stone, 1999). 논리적으로 짐바브웨를 포함한 다른 많은 저소득 국가의 장애인들의 '욕구단계hierarchy of needs'에서는 통신장치와 소셜 미디어보다는 생존이 무엇보다도 우선시된다. 그리고 보조기술뿐만 아니라 보조기술에 대한 평가, 교육 및 지원 서비스를 포함하는 엄청난 비용은 여전히 장애인들이 의료, 교육 및 고용을 포괄하는 독립적 생활을 하는 것을 가로막는 큰 장벽이 되고 있다.

미래의 과제

소셜 미디어의 확산과 유비쿼터스적 영향은 사회적 · 경제적 · 정치적 발전을 가속화하고 있다. 그럼에도 불구하고, 소셜 미디어 사용에 있어 아주 중요한 역할을 하는 정보통신기술 기기의 이용불능, 접근불가, 그리고 구매력의 한계는 사회 · 경제적으로 소외된 짐바브웨 장애인들로 하여금 소셜 미디어의 최적화된 사용을 방해하고 있다.

홍수로 인해 보조 기기, 정보통신기술 및 자원을 상실하고 집에서 몇 백 킬로미터 떨어진 곳까지 이동해야만 정보통신기술을 이용할 수 있는 무거운 경제적 부담으로 인해 결국 이메일로 책의 편집자와 의사소통을 할 수 없게 된 개인적 경험을 이 글의 도입 부분에 서술했다. 이러한 경험들은 짐바브웨 장애인들이 소셜 미디어에 접속하기 위해서 가용성, 접근성 및 구매력에 의존하고 있음을 보여 준다.

아브라함 마테타와 에드모어 마센데케와 같은 일부 개인 블로거들의 성공 사례에도 불구하고 장애인의 경제 및 사회 활동을 가능하게 하고 의료, 교육, 고용, 정부 서비스에 장애인의 포함을 촉진하는 소셜 미디어의 가능성과 영향력은 안타깝게도 정보통신기술을 사용할 수 없고, 접근할 수 없으며, 비용을 감당할 수 없을 때 축소가 된다. 문제 해결의 상당부분은 짐바브웨 정부가 〈유엔장애인권리협약〉에 준하는 입법 개혁을 이행하고 사회정책 실행계획을 수립하는 데 달려 있다(Mugumbate &

Nyoni, 2013). 차쿠치치와 동료들(Chakuchichi et al., 2011)은 서비스 공급자측과 장애인 권리운동에 관한 일상적인 정보 발표 및 대규모 캠페인의 필요성을 강조했다. 정보는 자유의 근간이고, 특히 소셜 미디어 형태의 정보통신기술은 정보 보급과 대화를 중시하는 다양한 짐바브웨 문화를 발전시키는 데 필수적이라고 믿는다.

참고문헌

African Network of Constitutional Lawyers. (2012). *National study on access to information in Zimbabwe*. Cape Town, SA: African Network of Constitutional Lawyers.

Barnes, C. (1991). Discrimination: Disabled people and the media. *Contact, 70*(Winter), 45-48.

Broadband Commission for Digital Development, G3ict, IDA, ITU, Microsoft, the Telecentre.org Foundation or UNESCO. (2013). *The ICT opportunity for a disability-inclusive development framework: Synthesis report of the high level meeting on disability and development of the 68th session of the United Nations General Assembly*. September 2013. Retrieved from https://www.itu.int/en/action/accessibility/Documents/The%20ICT%20Opportunity%20for%20a%20Disability_Inclusive%20Development%20Framework.pdf

Chadwick, D., Wesson, C., & Fullwood, C. (2013). Internet access by people with intellectual disabilities: Inequalities and opportunities *Future Internet, 5*, 376-397.

Chakuchichi, D., Chitura, M., & Gandari, E. (2011). Mitigating the impact of HIV & AIDS on people with disabilities through equitable information dissemination, Zimbabwe. *International Journal of Open & Distance Learning, 1*(1), 18-24.

Chari, T. (2013). New communication technologies and journalism ethics in Zimbabwe: Practices and malpractices. *Online Journal of Communication and Media Technologies, 3*(2) April, 112-136.

Chataika, T. (2007). *Inclusion of disabled students in higher education in Zimbabwe: From idealism to reality*. Unpublished Thesis. University of Sheffi eld, UK.

Chiweshe, M. (2011). *Social networks as antirevolutionary forces: Facebook and political apathy among youth in urban Harare, Zimbabwe*. Chinhoyi, Zimbabwe: Centre for Development Studies, Chinhoyi University of Technology.

Choruma, T. (2006). *The forgotten tribe: People with disabilities in Zimbabwe*. Progressio Report, London: Catholic Institute of International Relations.

Devlieger, P. J. (1998). Physical "disability" in Bantu languages: Understanding the relativity of classification and meaning. *International Journal of Rehabilitation Research, 21*, 51-62.

Eide, A. H., Khupe, W., & Mannan, H. (2014). Development process in Africa: Poverty, politics and indigenous knowledge. *African Journal of Disability, 3*(2).

Ellis, K. (2014). The voice Australia (2012): Disability, social media and collective intelligence. *Continuum: Journal of Media & Cultural Studies, 28*(4), 482–494.

Ellis, K., & Goggin, G. (2015). *Disability and the media.* London, United Kingdom: Palgrave Macmillian.

Gallup. (2012). *Zimbabwe media use 2012.* Washington, DC, USA: Broadcasting Board of Governors.

Haller, B., Dorries, B., & Rahn, J. (2006). Media labelling versus the US disability community identity: A study of shifting cultural language. *Disability and Society, 21*(1), 61–75.

Hollier, S. (2012). *Sociability: Social media for people with disability report.* Sydney: Media Access Australia.

Magamba Network. (2014). *Hashtags & freedom: A report on new media, citizen journalism & technology in Zimbabwe and beyond.* Harare, Zimbabwe: Magamba Network and Free Press.

Manatsa, P. (2015). Are disability laws in Zimbabwe compatible with the provisions of the United Nations Convention on the Rights of Persons with Disabilities (CRPD)? *International Journal of Humanities and Social Science Invention, 4*(4), 25–34.

Mandipa, E., & Manyatera, G. (2014). Zimbabwe. *African disability rights yearbook, 2014*(2), 287–306.

Masendeke, E. (2015a, August 14). What makes people with disabilties invisible? *The Diary of a Disability Advocacte, Alive, Able, Active.* Retrieved from http://disabilityzimbabwe.blogspot.com.au/2015/08/what-makes-people-with-disabilities.html

Masendeke, E. (2015b, October 22). Able-bodied people only: The nexus between race discrimination. *The Diary of a Disability Advocacte, Alive, Able, Active.* Retrieved from http://disabilityzimbabwe.blogspot.com.au/2015/10/able-bodied-people-only-nexusbetween.html?spref=tw

Mateta, A. (2015, July 28). Disability rights with Abraham. [Blog]. *Hail Madam Mupfumira.* Retrieved from http://mukoma-a.blogspot.com.au/search?updated-min=2015-01-01T00:00:00-08:00&updated-max=2016-01-01T00:00:00-08:00&max-results=6

Moyo, T. (2015, March 18). 900K Zimbabweans disabled: Survey. *The Chronicle.* Retrieved from http://www.chronicle.co.zw/900k-zimbabweans-disabled-survey/

Moyo, W., & Nkomo, T. (2014). A comparative analysis of the effectiveness of organisations of people with disabilities and organisations for people with disabilities in advocacy and outreach. *Scholars Journal of Arts, Humanities and Social Sciences, 2*(6A), 900–908.

Mpofu, E. (2000). Rehabilitation in international perspective: A Zimbabwean experience. *Disability and Rehabilitation, 23*, 481–489.

Mpofu, J., & Shumba, A. (2013). Disabilities and entrepreneurship in Makonde rural community in Zimbabwe. *Studies of Tribes and Tribunals, 11*(2), 135-144.

Mugumbate, J., & Mtetwa, E. (2014). People with disabilities in Zimbabwe. In A. Nyanguru & C. Nyoni (Eds.), *Promoting social work for Zimbabwe's development* (p. 143). Bindura Town: Bindura University Press.

Mugumbate, J., & Nyoni, C. (2013). Disability in Zimbabwe under the new constitution: Demands and gains of people with disabilities. *Southern Peace Review Journal, 2*(2) September, 178-195.

Mukundu, R. (2006). *Zimbabwe research findings and conclusions*. African Media Development Initiative, London: BBC World Service Trust.

Mutepfa, M. M., Mpofu, E., & Chataika, T. (2007). Inclusive education practices in Zimbabwe: Curriculum, family and policy issues. *Childhood Education, 83*, 342-346.

Naisbitt, J. (1982). *Megatrends: Ten new directions transforming our lives*. New York, NY: Warner Books.

Stone, E. (1999). *Disability and development: Learning from action and research on disability in the majority world*. Leeds: Disability Press.

Tollefsen, M., Øystein D., Berg, M., & Nordby, R. (2010). *Connected! A paper about the disabled and the use of social media*. Translation (from Norwegian): Catherine Kalvenes. Retrieved from http://www.medialt.no/pub/info_pdf/status_social_media_2010_english.pdf

United Nations. (2015). United nations treaty collection: Chapter IV human rights, 15. *Convention on the Rights of Persons with Disabilities*. Retrieved from https://treaties.un.org/Pages/ViewDetails.aspx?src=TREATY&mtdsg_no=iv-15&chapter=4&lang=en

Viluckiene, J. (2015). The relationship between online social networking and offline social participation among people with disability in Lithuania. *Procedia - Social and Behavioral Sciences, 185*(May), 453-459.

Viriri, P., & Makurumidze, S. (2014). Engagement of disabled people in entrepreneurship programmes in Zimbabwe. *Journal of Small Business and Entrepreneurship Development, 2*(1), 1-30.

PART

04

교육

Education

14

e-러닝의 기회, 소셜 미디어 그리고 장애

마이크 켄트

도입

이 장에서는 3차 환경[1]에서 장애인들이 온라인 또는 e-러닝에 용이한 접근을 위해 사용하는 소셜 미디어 중 하나인 페이스북의 가능성에 대해 알아보고자 한다. e-러닝의 개발 영역과 유용성에 대해 간략히 설명한 다음, 페이스북의 잠재력에 대해서도 논의하고자 한다. 페이스북이 사회적 공간 및 교육과정의 도구로서 온라인 학습 환경에서 어떻게 효과적인 역할을 했는지도 살펴보고자 한다. 호주개방대학(Open Universities Australia: OUA)에서 온라인으로 공부하고 있는 장애 학생에 대한 사례연구 내용도 이 장의 뒷부분에 포함되어 있다. 학생들을 대상으로 설문조사를 실시하여 학습과 교육에 사용되는 다양한 온라인 플랫폼에 대한 접근성을 알아보았고 가장 널리 사용되는 공식적인 온라인 학습관리시스템인 블랙보드와 페이스북을 비교분석하였다. 조사 결과에 따르면 전반적으로 페이스북이 블랙보드보다 접근성 부분에서 장애 학생들에게 더 높은 점수를 받았고, 나머지 8개 범주 중 7개 항목에서도 긍정적인 평가를 받았다. 저자는 이 결과를 토대로 장애인들이 접

1) **[역주]** 컴퓨터, 인터넷 및 정보통신기술(ICT)을 사용하는 환경

근 가능한 온라인 학습 환경을 개발하는 데 미치는 영향이 무엇인지에 대해서도 논의하고자 한다.

e-러닝과 고등교육: 개요

인터넷과 고등교육의 역사는 월드와이드웹만큼이나 오래되었다. 교육 관계자들은 1990년대 후반부터 인터넷을 사용하여 녹음된 강의를 온라인으로 올리기 시작했고(Williams, 2006), 1997년에는 블랙보드 학습관리시스템을 처음으로 도입하였다. 특히 지난 15년 동안 이 분야는 나머지 고등교육 분야보다 초고속 성장을 이루었다(Allen & Seaman, 2014; Sugar, Martindale, & Crawley, 2007; Waits & Lewis, 2003). 알렌과 시먼(Allen & Seaman, 2014)은 2012년에 미국에서 공부하는 학생 3명 중 최소 1명은 적어도 한 과목을 온라인으로 수강하고 있다고 보고했다. e-러닝은 학생들이 온라인뿐만 아니라 물리적인 강의실에서 얻는 배움의 요소까지도 모두 경험할 수 있도록 한다. e-러닝에서는 블랙보드 또는 무들Moodle과 같은 학습관리시스템, 렉토피아Lectopia 또는 에코 360과 같은 웹기반 강의 시스템, 그리고 최근에는 에드엑스EdX, 코세라Coursera와 같은 온라인 강좌MOOCs를 이용할 수 있다. e-러닝에서는 또한 다른 온라인 플랫폼, 특히 유튜브, 페이스북 그리고 트위터와 같은 소셜 미디어를 활용할 수도 있다.

장애인, 고등교육 그리고 e-러닝

고등교육에서 장애 학생들의 숫자는 실제보다 꾸준히 적게 보고되고 있다. 호주에서 장애인들은 대략적으로 인구의 18.5%를 차지하고 있다(Australia Bureau of Statistics, 2013). 삭스와 슈뢰어(Sachs & Schreuer, 2011)에 따르면 미국과 영국의 경우 고등교육 현장에서의 장애 학생수는 8~14%를 차지할 것이라고 한다. 특히 호주에서는 장애 학생의 숫자가 4%로 지속적으로 낮게 보고되었다(Ellis, 2011). 그러나 마대우스, 베너지 및 머천트(Madaus, Banerjee, & Merchant, 2011)는 고등교육에 등록한 장애 학생수가 증가하고 있으며, 피히텐과 동료들(Fichten et al., 2009)은 이러한 환경에 대응하여 장애 학생들의 폭넓은 참여를 유도할 수 있는 e-러닝 서비스의 역할을 강조하고 있다.

학습과 교육을 지원하는 상당수의 e-러닝 도구들은 처음에는 장애를 가진 학생들을 돕기 위해 고안되었다(Williams, 2006). 온라인 학습은 많은 장점이 있으며, 접근성, 유연성과 공개성이 대표적이다(Kent, 2015a 참조). 도브란스키와 하르깃타이(Dobransky & Hargittai, 2006), 그리고 구오, 브리카우트 및 헝(Guo, Bricout, & Huang, 2005)은 온라인 학습이 어떻게 물리적인 대학 환경에서 장애 학생들이 경험하는 장벽들을 줄이면서 동시에 독립성과 자기결정권을 높일 수 있는지에 대해 구체적으로 설명했다. 온라인 학습은 통학과 강의실 및 실험실 접근의 어려움 등을 줄여 줄 수 있고 도서관 서비스를 집에서 이용할 수 있도록 한다. 리버(Leaver, 2014)가 주장한 바와 같이, 학교생활에 영향을 주는 사회적 관계 또한 새롭게 해석될 수 있다.

마찬가지로, 다양한 장애로 인해 제약을 받거나 학습활동에 더 많은 시간을 투자해야 하는 장애 학생들은 자신이 편한 시간에 녹음된 강의를 듣고 온라인 튜토리얼 토론에 참여할 수 있으며 그룹 토론은 토론 게시판과 이메일을 통해 확인할 수 있다(Heijstra & Rafnsdottir, 2010 참조).

마지막으로, 학생들은 온라인상에서 자신의 장애를 공개하는 데 있어 더 많은 결정권을 가진다. 로버츠, 크리텐덴 및 크리텐덴(Roberts, Crittenden, & Crittenden, 2011) 그리고 삭스와 슈뢰어(2011)는 많은 장애 학생들이 자신의 장애를 공개하는 것에 대한 결정권을 갖기 위해서는 일부 온라인 학습자료를 포기할 수도 있다고 보고했다. 그리고 이 통제권은 온라인상에서뿐만 아니라 교직원과 동료 학생들에게까지 확대된다.

장애 학생들을 위한 온라인 학습에는 많은 이점이 있지만 잠재적인 어려움들도 있다. 교육용 온라인 공간은 만들어진 방식에 따라 접근하는 것이 어려울 수 있다. 켈리(Kelly, 2009)와 반 드분트-코크휴이스와 볼거(Van de Bunt-Kokhuis & Bolger, 2009)는 장애 학생들이 접속할 수 없는 온라인 콘텐츠를 확인했다. 어떤 문서들의 경우 화면 판독기 또는 점자 태블릿 같은 보조기술을 통해서는 접근할 수 없는 방식으로 만들어져 있고, 비디오는 자막 없이 업로드되거나 오디오 파일은 글로 쓰여진 스크립트 없이 제공되었다. 온라인 채팅방처럼 실제 학습 환경 자체가 학생들이 쉽게 접근할 수 없도록 만들어진 것도 있다(Van de Bunt-Kokhuis & Bogler, 2009). 이 접근성의 문제는 의도적인 것이 아니라, 배려의 부족으로 인해 생기는 부작용이다(이 책 16장 참조). 이 문제는 공식적 학습과 교육 플랫폼을 넘어서 장애 학생들의 학교생활과 사회생활에서의 접근성을 떨어뜨릴 수도 있다(Ellis & Kent, 2014 참조).

이러한 인식의 부족과 접근성의 결여는 e-러닝 환경에서 장애 학생들을 상대적으로 눈에 보이지 않게 하고, 이것은 접근성의 문제를 더욱 악화시키고 있다. 온라인을 통해 공부하는 학생들은 졸업식 때까지 교수를 직접 만나지 못할 수도 있다. 로버츠, 크리텐덴 및 크리텐덴(2011)이 설명한 바와 같이, 장애가 있는 학생들이 장애를 드러내기를 꺼리는 것은 자신의 존재를 감추고 싶은 마음 때문일 것이다. 그리고 이것은 콘텐츠가 접근 불가능한 방식으로 제공될 때 학생들이 도움을 요청하는 것을 꺼려 함으로써 더욱 악화될 수 있다. 이렇듯 눈에 보이지 않음은 이 환경에서의 접근성에 대한 중요성을 더욱 증가시키고 있다.

소셜 미디어, 페이스북, e-러닝

점점 더 많은 대학들이 소셜 미디어 플랫폼을 사용하고 있다. 소셜 미디어 플랫폼은 직원과 학생들에 의해 비공식적으로 사용되기도 하고 공식적인 의사소통과 학습, 가르침의 전용 공간으로서 사용되기도 한다. 페이스북, 트위터, 스카이프, 유튜브와 그 밖의 온라인 네트워크와 웹 2.0 애플리케이션이 여기에 포함된다(Baran, 2010; Kent & Leaver, 2014; Tay & Allen, 2011 참조). 특히 페이스북은 공식적 · 비공식적인 상호작용을 할 수 있는 곳으로 탐구되었다. 페이스북은 학습 및 강의 공간으로서의 여러 가지 잠재적 혜택을 제공한다(이 책 17장 참조). 블랙보드와 같은 전통적인 학습관리시스템에 비해 페이스북은 접근이 용이하고, 이미 학생들의 삶과 연결되어 있으며 학습 커뮤니티가 생성될 수 있는 공간을 제공할 수 있다. 이것은 학습방식의 변화 가능성을 시사한다.

그레이, 루카스 및 케네디(Grey, Lucas, & Kennedy, 2010)는 페이스북이 전통적인 학습관리시스템보다 사용하기 쉽다고 말했다. 수많은 연구자들이 특히 지리적으로 흩어져 있는 학생들이(Bateman & Willems, 2012) 모여 공동 작업을 하고 학습 커뮤니티를 형성할 수 있는 장소로서 페이스북의 가치를 강조해 왔다(Cluett, 2010; Ellison, Steinfield, & Lampe, 2007; Grey, Lucas, & Kennedy, 2012). 학생들은 전통적인 학습관리시스템보다 페이스북에 더 자주 접속하고 있으며(Bateman & Willems, 2012) 온라인상의 활동 역시 현저하게 증가했다(Kent 2013; Schroeder & Greenbowe,

2009). 마즈만과 우스루엘(Mazman & Usluel, 2010)은 페이스북이 의사소통과 개인 프로필에 있어서 전통적인 학습관리시스템보다 더 많은 기회를 제공하고 있다고 보고했다. 이 비교를 통해서 가오, 장 및 프랭클린(Gao, Zhang, & Franklin, 2013)은 블랙보드와 무들에서 사용되는 스레드 형식[2)]의 토론은 효과적인 토론을 촉진하는 데 적합하지 않다고 지적했다.

맥로플린과 리(McLaughlin & Lee, 2010)는 페이스북을 관찰하면서 "적절하게만 사용된다면, 이러한 도구는 학습자가 물리적 · 지리적 · 제도적 · 조직적 제약에 구애받지 않고 온라인 및 오프라인 학습 공간에서 주체성과 자율성, 그리고 소셜 네트워크 참여를 증진하게 하며 스스로 학습을 주도할 수 있는 능력을 가질 수 있도록 한다."(p. 28)고 주장했다. 이러한 주장은 페이스북을 통해 학생들은 수업자료를 만들기 시작했고 학습이 점점 더 학생들의 주도하에 이루어지고 있다는 케이리와 차키르(Kayri & Çakir, 2010)의 연구에 의해 뒷받침되고 있다. 이 연구에서도 마찬가지로 학생들이 온라인상에서 공부한 주제와 관련된 자료에 링크를 첨부하고 온라인 토론을 이끄는 등 페이스북을 사용하여 학생과 교사가 학습자료를 공유할 수 있는 환경을 조성하고 있다(Kent, 2013). 게다가 다른 소셜 미디어 역시 온라인 학습과 교육을 위한 플랫폼으로서 효과적인 역할을 수행하고 있는 것으로 밝혀졌다. 이와 같은 맥락에서 테이드와 온드레이(Tade & Ondrey, 2015)는 유튜브의 가치에 주목하고 있고, 청, 치우 및 리(Cheung, Chiu, & Lee, 2011), 카센스-누어(Kassens-Noor, 2012) 그리고 리버(2012)는 모두 특히 비공식 학습 도구로서 트위터의 가치를 연구하고 있다.

공식적 학습과 교수 공간으로서 소셜 미디어를 활용하는 것에 대한 비판도 적지 않다. 많은 학자들이 특히 페이스북은 학생 전용 공간이고, 교직원이 학생들의 개인 공간을 들여다보는 것에 대해 분개할 수도 있다고 주장한다(Best, Hajzler, Pancini, & Tout, 2011; Grey, Lucas, & Kennedy, 2010; Teclehaimanot & Hickman, 2011). 또 다른 학자들은 이 플랫폼이 잠재적으로 직원과 학생 간의 경계와 프라이버시 문제를 불러올 수 있다고 지적한다(Raynes-Goldie & Lloyd, 2014). 또한 영리를 목적으로 한 기업이 지극히 개인적인 학습 관련 대화에 접근해 고등교육을 제공함으로써 광고수익을 창출하는 문제도 있다(Croeser, 2014; Raynes-Goldie, 2012). 이러한 반대

2) [역주] 최초의 메시지 위에 관련되는 메시지들을 올려놓는 형식

와 우려를 고려하면서도 폴오프와 프랫(Palloff & Pratt, 2009)은 "이러한 형태의 기술을 사용했을 때 부정적인 측면보다 긍정적인 측면이 더 많다."(p. 4)고 주장한다.

학습 및 교육을 위한 플랫폼으로 소셜 미디어를 사용할 경우 경험하게 되는 잠재적인 이점을 고려할 때, 이 플랫폼의 접근성에 대한 의문을 제기하지 않을 수 없다. 예를 들어, 2010년에 블랙보드는 미국 시각장애인연맹으로부터 비시각적 접근성 부문에서 금상을 수상했다. 블랙보드가 소셜 미디어의 한 형태로 간주될 수 있는지에 대한 부분은 리앤 맥레Leanne McRae가 이 책 16장에서 자세히 다룰 예정이다. 장애인의 교육을 위한 정보통신기술의 접근성이 제도적으로 점점 더 보장되고 있는 상황에서 이러한 인증은 e-러닝의 접근성에 대한 중요한 기준을 제공하고 있다(Wentz, Jaeger, & Lazer, 2011). 스콧 홀리어Scott Hollier는 소셜 미디어 플랫폼의 접근성을, 특히 페이스북과 다른 소셜 미디어 사이트에 접속하는 방법이 시간이 지남에 따라 어떻게 개선되었는지에 대해 자세히 탐구했다(이 책 6장 참조).

다음 절에서 저자는 온라인 학습 및 교육 환경에서 사용되고 있는 블랙보드와 페이스북의 접근성에 관한 비교 연구의 결과를 살펴보려고 한다. 이 연구는 온라인에서 공부하는 장애 학생들이 일반적으로 느끼는 접근성과 참여한 학생들을 장애별로 분류하여 그들이 경험하는 접근성에 대해 조사하였다.

연구: 장애인을 위한 온라인 교육의 접근성과 장벽

본 연구에서는 OUA에서 고등교육을 받고 있는 장애 학생들이 학습과 교육을 위해 사용하고 있는 다양한 온라인 플랫폼의 접근성을 탐구했다. OUA는 15개의 서로 다른 교육기관의 온라인 교육을 통합한 조직이다. 2014년 본 연구가 진행되었을 때, 이 기관에 등록되어 있는 학생은 총 42,898명 이었다. 이 중 2,925명은 장애가 있는 것으로 확인되었고, 1,480명은 지원을 받기 위해 등록을 한 상태였다. 이 그룹에게 이메일을 보내서 다양한 교육기관에서 사용하고 있는 교육 플랫폼과 온라인 학습과 관련된 공개성, 수용성 및 접근성 문제를 탐구하는 설문조사에 참여해 줄 것을 요청했고(Kent, 2016 참조) 총 226명의 학생들이 이에 응했다. OUA는 학생들이 수강신청을 할 때 정신장애, 의료, 신체기동성mobility, 청각, 학습, 시각, 후천성 뇌손상과 지적장애 8가지 장애 범주 중 하나를 선정할 것을 요청한다. 저자는 본 연구에 참여한 학생들에게 설문을 작성할 때 자신의 장애 또는 장애 유형을 앞서 언급한 8가지 범주 안에서 선택하도록 했다. 이와 같은 절차는 온라인 플랫폼에의 접근과 장애의 관계를 더 세밀하게 관찰하기 위해서 마련된 것이다.

본 연구에서 주목할 만한 부분은 과거 고등교육에서 가장 광범위하게 관찰되었던 장애 유형이었던 학습장애(Sparks & Lovett, 2013) 학생들의 비율은 상대적으로 낮은 반면, 정신장애가 있는 학생들의 비율이 증가했다는 것이다(Kent, 2015b 참조). 그 밖에 몇 가지 주목할 만한 결과를 〈표 14-1〉에 제시하였다.

표 14-1 e-러닝학생들의 다양한 장애 유형 (단위: 명, 비율)

장애 분류	응답 수	응답률
정신장애	149	44.9%
의료	130	39.2%
신체기동성	84	25.3%
청각	34	10.2%
학습	29	8.7%
시각	24	7.2%
후천성 뇌손상	15	4.5%
지적장애	6	1.8%
기타	64	

본 연구에서는 또한 다양한 온라인 플랫폼의 접근성을 살펴보았다. 일반적으로 학생들이 공부를 위해 온라인 콘텐츠에 접근하는 데 문제가 있는지를 묻는 질문에 대해 상대적으로 낮은 17.9% 학생들이 '그렇다'고 답변했다. 그러나 학습과 교육에 사용되는 특정 온라인 플랫폼의 목록이 함께 제공된 경우, 전체 사용자 3명 중 1명 꼴인 32.8%가 접근에 '다소 문제가 있다'고 답변했다(〈표 14-2〉 참조).

우리의 예상과는 다르게 가장 많이 사용되는 플랫폼인 블랙보드와 대학 웹사이트는 둘 다 접근성에 문제가 발생할 수 있는 가능성 부분에서 가장 높은 점수를 받았다. 이 플랫폼들은 각 해당 대학에서 제공되고 유지보수되는 플랫폼들이었다. 역시나 높은 사용율을 자랑하는 온라인 강의 시스템 에코 360은 접근성 문제에 있어 3위를 차지했다. 이와는 대조적으로 OUA에서 학습과 교육 목적으로 사용되는 유

표 14-2 e-러닝에서 사용되는 다양한 온라인 플랫폼에 대한 접근성 (단위: 명, 비율)

플랫폼	문제없음	약간 문제 있음	상당히 문제 있음	사용불가	문제비율	사용비율
블랙보드	68	51	12	1	43.0%	82%
대학 웹사이트	78	42	17	1	39.5%	86%
에코 360/에코센터	39	28	8	2	26.4%	47%
피디에프	81	27	6	1	25.8%	71%
유튜브	78	14	6	1	15.4%	61%
페이스북	63	13	3	1	12.3%	50%
무들	26	13	1	0	10.1%	25%
렉토피아	18	7	5	0	8.9%	19%
블로거	21	6	1	0	5.3%	17%
워드프레스	27	4	1	0	3.8%	20%
트위터	37	3	1	1	3.7%	26%
프레지	20	2	1	1	3.0%	15%
웹CT	12	1	2	0	2.3%	9%
슬라이드셰어	15	0	2	0	1.5%	11%

튜브, 페이스북, 트위터와 같은 소셜 미디어 플랫폼은 접근성에 있어 훨씬 더 좋은 점수를 받았다.

장애 범주에 따른 블랙보드와 페이스북의 접근성을 비교해 봤을 때, 8개 범주 중 7개 범주에서 페이스북이 더 높게 보고되었다. 하지만 가장 작은 샘플인 지적장애 범주의 경우, 블랙보드의 접근성이 더 높았다고 보고되었다(〈표 14-3〉~〈표 14-10〉 참조).

표 14-3 정신장애 학생들의 블랙보드와 페이스북 접근성 (단위: 명, 비율)

플랫폼	문제없음	약간 문제 있음	상당히 문제 있음	사용불가	문제비율
블랙보드	32	20	5	1	45%
페이스북	32	4	1	1	16%

표 14-4 의료장애 학생들의 블랙보드와 페이스북 접근성 (단위: 명, 비율)

플랫폼	문제없음	약간 문제 있음	상당히 문제 있음	사용불가	문제비율
블랙보드	23	18	8	0	54%
페이스북	21	6	3	1	32%

표 14-5 신체기동성 장애 학생들의 블랙보드와 페이스북 접근성 (단위: 명, 비율)

플랫폼	문제없음	약간 문제 있음	상당히 문제 있음	사용불가	문제비율
블랙보드	16	11	3	0	47%
페이스북	12	3	2	1	33%

표 14-6 청각장애 학생들의 블랙보드와 페이스북 접근성 (단위: 명, 비율)

플랫폼	문제없음	약간 문제 있음	상당히 문제 있음	사용불가	문제비율
블랙보드	10	3	2	0	33%
페이스북	10	2	0	0	17%

표 14-7 학습장애 학생들의 블랙보드와 페이스북 접근성 (단위: 명, 비율)

플랫폼	문제없음	약간 문제 있음	상당히 문제 있음	사용불가	문제비율
블랙보드	4	8	0	0	33%
페이스북	9	1	0	0	10%

표 14-8 시각장애 학생들의 블랙보드와 페이스북 접급성 (단위: 명, 비율)

플랫폼	문제없음	약간 문제 있음	상당히 문제 있음	사용불가	문제비율
블랙보드	6	6	2	0	57%
페이스북	9	1	0	0	10%

표 14-9 후천성 뇌손상 학생들의 블랙보드와 페이스북 접근성 (단위: 명, 비율)

플랫폼	문제없음	약간 문제 있음	상당히 문제 있음	사용불가	문제비율
블랙보드	6	2	1	0	33%
페이스북	6	2	0	0	25%

표 14-10 지적장애 학생들의 블랙보드와 페이스북 접근성 (단위: 명, 비율)

플랫폼	문제없음	약간 문제 있음	상당히 문제 있음	사용불가	문제비율
블랙보드	1	1	0	0	50%
페이스북	3	2	0	0	40%

논의 및 결론

이번 연구 결과에 따르면 참가자들이 학습과 교육을 위해 페이스북에 접속할 때 문제를 경험하는 것으로 확인되었다. 설문조사에 응답한 학생 중 최소 한 명이 '사용불가'로 답을 했고, 많은 학생들이 '상당히 문제 있다'고 답했다. 따라서 교육 및 학습 도구로 페이스북을 전적으로 신뢰하는 것에 대해 신중할 필요가 있다고 본다. 예상과는 다르게, 가장 큰 세 가지 장애 범주에 속해 있는 학생들이 상당히 문제 있다고 응답하는 것으로 나타났다. 하지만 이런 결과에도 불구하고 페이스북의 접근성은 블랙보드보다 훨씬 더 높게 나타났다. 블랙보드는 8개 장애 항목 중 6개 항목에서 접근성에 큰 문제가 있음을 보여 주었고, 또한 비시각적 접근성에서 인증을 받았음에도 불구하고 시각장애 학생들 절반 이상이 문제를 경험하고 있었다.

저자는 이러한 분석 결과를 바탕으로 페이스북이 블랙보드보다 장애 학생들이 사용하기에 더 좋은 플랫폼이라고 예측한다. 뿐만 아니라 초기에 관찰된 참여유도와 기능면도 향상될 수 있을 것으로 판단된다. 하지만 이 부분에 대해서는 추가적인 연구가 필요함을 밝힌다.

페이스북이 e-러닝에서 장애 학생들의 접근성 문제에 도움을 주기도 하지만 유연성에 있어서 문제가 제기될 수 있다. 토론의 열기가 고조될 경우, 페이스북이 일상에 더 많이 통합됨에 따라 학생들의 즉각적인 참여가 높아진다면 이것은 학생들이 스스로 언제 토론에 참여할지 선택할 수 있는 유연성을 침해할 수 있다.[3] 하지만 누군가에게 이 통합은 본인이 편한 시간에 핸드폰이나 스마트워치를 사용하여 페이스북에 접근할 수 있도록 할 것이다.

공개성 역시 우려되는 부분 중 하나이다. 페이스북의 사적인 측면과 학습 및 교육의 공적인 부분을 서로 분리할 수는 있지만(Allen, 2012; Kent, 2014 참조), 자신의 장애를 급우와 교수들에게 공개하기를 원할 때 학생들이 가지는 선택권에 있어서 중복성과 모호성이라는 추가적인 문제가 제기될 수 있다.

이런 우려에도 불구하고 폴오프와 프랫(2009)이 주장한 것과 같이 우리는 이점이 단점보다 더 크다고 본다. 소셜 미디어를 활용할 경우, 학생들이 이미 소셜 미디어 사용에 익숙하기 때문에 수업을 시작하기 전에 별도로 사용법을 배울 필요가 없어 쉽게 참여할 수 있다는 이점이 있다. 새로운 플랫폼을 사용하기 위해 따로 사용법을 익혀야 하는 경우가 많은 장애 학생들에게 소셜 미디어는 다양한 가능성을 제시하고 있다.

이 장에서는 e-러닝의 효과적인 도구로서 그리고 전통적인 학습관리시스템보다 접근성이 더 높은 도구로서 소셜 미디어와 페이스북의 잠재력을 살펴보았다. 장애 학생들은 이미 온라인 학습이 가지고 있는 장점들을 경험하고 있다는 점에서 소셜 미디어의 사용은 이러한 잠재력에 더 큰 힘을 실어줄 것으로 보인다.

참고문헌

Allen, I. E., & Seaman, J. (2014). *Grade change tracking online education in the United States*. Babson Park, MA: Babson Survey Research Group and Quahog Research Group.

Allen, M. (2012). An education in Facebook. *Digital Culture and Education, 4*(3). Retrieved from http://www.digitalcultureandeducation.com/cms/wp-content/uploads/2012/12/dce1077_allen_2012.pdf

Australian Bureau of Statistics. (2013). *Disability, ageing and carers, Australia: Summary of findings*. 4430.0. Canberra: Australian Government. Retrieved from http://www.abs.gov.au/ausstats/abs@.nsf/Lookup/3A5561E876CDAC73CA257C210011AB9B?opendocument

Baran, B. (2010). Facebook as a formal instruction environment. *British Journal of Education*

3) [역주] 이 부분은 맥레가 16장에서 더 자세히 설명하고 있다.

Technology, 41(6). Retrieved from http://dx.doi/10.1111/j.1467-8535.2010.01115.x

Bateman, D., & Willems, J. (2012). Chapter 5 facing off: Facebook and higher education. In L. A. Wankel & C. Wankel (Eds.), *Misbehavior online in higher education: Cuttingedge technologies in higher education* (vol. 5) (pp. 53-79). Emerald Group Publishing Limited. Retrieved from http://dx.doi/10.1108/S2044-9968(2012)0000005007

Best, G., Hajzler, D., Pancini, G., & Tout, D. (2011). Being 'dumped' from Facebook: Negotiating issues of boundaries and identity in an online social networking space. *Journal of Peer Learning, 4*(1), 24-36. Retrieved from http://ro.uow.edu.au/ajpl/vol4/iss1/5

Cheung, C. M. K., Chiu, P. Y., & Lee, M. K. O. (2011). Online social networks: Why do students use Facebook. *Computers in Human Behavior, 27*(4), 1337-1343. Retrieved from http://dx.doi/10.1016/j.chb.2010.07.028

Cluett, L. (2010). Online social networking for outreach, engagement and community: The UWA student's Facebook page. *Educating for Sustainability: Proceedings of the 19th Annual Teaching Learning Forum,* 28-29 January. Perth, WA: Edith Cowan University. Retrieved from http://otl.curtin.edu.au/professional_development/conferences/tlf/tlf2010/refereed/cluett.html

Croeser, S. (2014). Changing Facebook's architecture. In M. Kent & T. Leaver (Eds.), *An education in Facebook: Higher education and the world's largest social network* (pp. 185-195). New York, NY: Routledge.

Dobransky, K., & Hargittai, E. (2006). The disability divide in internet access and use. *Information Communication and Society, 9*(3), 309-311.

Ellis, K. (2011). Embracing learners with disability: Web 2.0, access and insight. *Telecommunications Journal of Australia, 61*(2), 30.1-30.2.

Ellis, K., & Kent, M. (2014). Facebook, disability and higher education: Accessing the digital campus. In M. Kent & T. Leaver (Eds.), *An education in Facebook: Higher education and the world's largest social network* (pp. 196-204). New York, NY: Routledge.

Ellison, B., Steinfield, C., & Lampe, C. (2007). The benefits of Facebook 'friends': Social capital and college students' use of online social networking sites. *Journal of Computer-Mediated Communication, 12*(4), 1143-1168. Retrieved from http://dx.doi/10.1111/j.1083-6101.2007.00367.x

Fichten, C. S., Ferraro, V., Asuncion, J. V., Chwojka, C., Barile, M., Nguyen, M. N., Klomp, R., & Wolforth, J. (2009). Disabilities and e-Learning problems and solutions: An exploratory study. *Educational Technology & Society, 12*(4), 241-256. Retrieved from http://www.adaptech.org/cfi chten/abDisabilitiesAndE-LearningProblems.pdf

Gao, F., Zhang, T., & Franklin, T. (2013). Designing asynchronous online discussion environments: Recent progress and possible future directions. *British Journal of*

Educational Technology, 44(3), 469-483. Retrieved from http://dx.doi/10.1111/j.1467-8535.2012.01330.x

Grey, K., Lucas, A., & Kennedy, G. (2010). Medical students' use of Facebook to support learning: Insights from four case studies. *Medical Teacher, 32*(12), 971-976. Retrieved from http://dx.doi/10.3109/01421590903394579

Guo, B., Bricout, J. C., & Huang, J. (2005). A common open space or a digital divide? A social model perspective on the online disability community in China. *Disability & Society, 20*(1), January, 49-66.

Heijstra, T. M., & Rafnsdottir, G. L. (2010). The internet and academics' workload and work family balance. *Internet and Higher Education, 13,* 158-163.

Kassens-Noor, E. (2012). Twitter as a teaching practice to enhance active and informal learning in higher education: The case of sustainable Tweets. *Active Learning in Higher Education, 13*(1), 9-21.

Kayri, M., & Çakir, Ö. (2010). An applied study on educational use of Facebook as a Web 2.0 tool: The sample lesson of computer networks and communication. *International Journal of Computer Science & Information Technology, 2*(4), August. Retrieved from http://dx.doi/10.5121/ijcsit.2010.2405

Kelly, S. M. (2009). Distance learning: How accessible are online educational tools. *Paper Presented at the Equal Access to Software and Information Webinar,* February, Lake Forrest, California.

Kent, M. (2013). Changing the conversation: Facebook as a venue for online class discussion in higher education. *Journal of Online Teaching and Learning, 9*(4), December. Retrieved from http://jolt.merlot.org/vol9no4/kent_1213.pdf

Kent, M. (2014). What's on your mind? Facebook as a forum for teaching and learning in higher education. In M. Kent & T. Leaver (Eds.), *An education in Facebook: Higher education and the world's largest social network* (pp. 53-60). New York, NY: Routledge.

Kent, M. (2015a). Disability and eLearning: Opportunities and barriers. *Disability Studies Quarterly, 35*(1). Retrieved from http://dsq-sds.org/article/view/3815/3830

Kent, M. (2015b). Disability, mental illness, and eLearning: Invisible behind the screen? *Journal of Interactive Technology and Pedagogy, 8.*

Kent, M. (2016). *Access and barriers to online education for people with disabilities.* Perth, WA: National Centre for Student Equity in Higher Education. Retrieved from https://www.ncsehe.edu.au/wp-content/uploads/2016/05/Access-and-Barriers-to-Online-Education-for-People-with-Disabilities.pdf

Kent, M., & Leaver, T. (2014). *An education in Facebook: Higher education and the world's largest social network.* New York, NY: Routledge.

Leaver, T. (2012). Twittering informal learning ad student engagement in fi rst year units. In A. Herrington, J. Schrape & K Singh (Eds.), *Engaging students with learning technology* (pp. 97-110). Perth, WA: Curtin University.

Leaver, T. (2014). Facebook student engagement and the 'Uni Coffee Shop' group. In M. Kent & T. Leaver (Eds.), *An education in Facebook: Higher education and the world's largest social network* (pp. 121-131). New York, NY: Routledge.

Madaus, J. W., Banerjee, M., & Merchant, D. (2011). Transition to postsecondary education. In J. M. Kauffman & D. P. Hallahan (Eds.), *Handbook of special education* (pp. 571-583). New York, NY: Routledge.

Mazman, S. G., & Usluel, Y. K. (2010). Modeling educational usage of Facebook. *Computers and Education, 55*(2), 444-453. Retrieved from http://dx.doi/10.1016/j.compedu.2010.02.008

McLaughlin, C., & Lee, M. J. W. (2010). Personalised and self-regulated learning in the Web 2.0 era: International exemplars of innovative pedagogy using social software. *Australasian Journal of Educational Technology, 26*(1), 28-43. Retrieved from http://www.ascilite.org.au/ajet/ajet26/mcloughlin.pdf

Palloff, R. M., & Pratt, K. (2009). Web 2.0 technologies and community building online. *Paper Presented at the 25th Annual Conference on Distance Teaching & Learning: Madison*, Wisconsin, 4-7 August. Retrieved from http://www.uwex.edu/disted/conference/Resource_library/proceedings/09_20002.pdf

Raynes-Goldie, K. (2012). *Privacy in the age of Facebook? Discourse, architecture, consequences.* (Doctoral dissertation, Curtin University, Perth, Australia). Retrieved from http://www.k4t3.org/2012/09/13/privacy-in-the-age-of-facebook-discourse-architectureconsequences/

Raynes-Goldie, K., & Lloyd, C. (2014). Unfriending Facebook? Challenges from an educators' perspective. In M. Kent & T. Leaver (Eds.), *An education in Facebook: Higher education and the world's largest social network* (pp. 153-161). New York, NY: Routledge.

Roberts, J. B., Crittenden, L. A., & Crittenden, J. C. (2011). Students with disabilities and online learning: A cross-institutional study of perceived satisfaction with accessibility compliance and services. *Internet and Higher Education, 14,* 242-250.

Sachs, D., & Schreuer, N. (2011). Inclusion of students with disabilities in higher education: Performance and participation in student experiences. *Disability Studies Quarterly, 31* (2).

Schroeder, J., & Greenbowe, T. J. (2009). The chemistry of Facebook: Using social networking to create an online community for the organic chemistry. *Innovate: Journal of Online Education, 5*(4), 1-7. Retrieved from http://www.innovateonline.info/pdf/vol5_issue4/

The_Chemistry_of_Facebook-__Using_Social_Networking_to_Create_an_Online_Community_for_the_Organic_Chemistry_Laborat ory.pdf

Sparks, R. L., & Lovett, B. J. (2013). Learning disability documentation in higher education: What are students submitting? *Learning Disability Quarterly, 37*(1), 54-62. Retrieved from http://dx.doi/10.1177/0731948713486888

Sugar, W., Martindale, T., & Crawley, F. E. (2007). One professor's face-to-face teaching strategies while becoming an online instructor. *Quarterly Review of Distance Education, 8*(4), 365-385.

Tade, S. J., & Ondrey, J. A. (2015). YouTube your course. *Paper Presented at the Minnesota eLearning Summit,* July 30. Twin Cities, MN: University of Minnesota.

Tay, E., & Allen, M. (2011). Designing social media into university learning: Technology of collaboration or collaboration for technology? *Education Media International, 48*(3), 151-163.

Teclehaimanot, B., & Hickman, T. (2011). Student-teacher interaction on Facebook: What students find appropriate. *TechTrends, 55*(3), 19-30. Retrieved from http://dx.doi/0.1007/s11528-011-0494-8

Van de Bunt-Kokhuis, S., & Bolger, M. (2009). Talent competences in the new eLearning generation. *eLearning Papers No 15,* June. Retrieved from http://www.elearningeuropa.info/files/media/media19740.pdf

Waits, T., & Lewis, L. (2003). *Distance education at degree granting post secondary institutions: 2000-2001*. Washington, DC: US Department of Education, National Center for Educational Statistics, NCES 20003-017.

Wentz, B., Jaeger, P. T., & Lazar, J. (2011). Retrofitting accessibility: The legal inequality of after-the-fact online access for persons with disabilities in the United States. *First Monday, 16*(11). Retrieved from http://www.firstmonday.org/htbin/cgiwrap/bin/ojs/index.php/fm/article/view/3666/

Williams, J. (2006). The Lectopia service and students with disabilities. *Paper Presented at the Proceedings of the 23rd Australasians Society for Computers and Learning in Tertiary Education Conference: Who's Learning Whose Technology?*Sydney.

15

미디어가 만드는 경험의 현상학

장애학과 웨어러블 카메라

앤디 라이스

이 장에서 저자는 장애학disability studies과의 다큐멘터리 제작 수업에서 사용 가능한 소셜 미디어와 소형의 웨어러블wearable 카메라의 역할에 대해 다루고자 한다. 저자는 사례연구를 통해 두 가지 관련 프로세스를 고려하고 있다. 첫째는 UCLA 대학의 장애학과와 도시계획학과에서 개설한 '사회변화를 위한 다큐멘터리 제작: 로스엔젤레스에서의 이동성Documentary production for social change: Mobility in Los Angeles'이라는 수업에 대한 것이다. 저자는 이 수업에서 어떻게 공동 비디오 제작 및 홍보 과제에 소셜 미디어를 활용할 수 있는지 설명한다. 둘째는, 6명의 학생으로 구성된 한 그룹이 어떻게 고프로GoPro를 사용하여 목발을 짚고 통학하는 급우들의 일상을 면밀하게 보여 줄 수 있는지 설명한다. 저자는 학생들의 작품 〈액세스 게임Access game〉(2014)은 장애학의 대표 이론들을 '느린 영화slow cinema'라고 불리는 학생들에게 아직은 낯선 신흥 영화운동의 정치에 접목한 것이라고 주장한다. 저자는 이 결합이 주는 새로운 가능성에 대해 설명하고자 한다.

논픽션 비디오를 저가로 제작하고 배포할 수 있게 된 1990년대 후반을 기점으로 소셜 미디어로 활용 가능한 기술들이 속속 등장했고, 대학에서는 학생들에게 중요한 미디어 사용법을 가르칠 수 있게 되었다. 1990년대 후반의 영상제작은 일반적으로 휴대용 테이프 기반 캠코더와 고가의 데스크탑 컴퓨터의 비선형 편집[1)], 그리고 DVD/VHS 1회 배포를 의미했다. 하지만 2015년경의 비디오 제작은 스마트폰을 이용한 테이프리스 녹화와 클라우드 저장, 여러 노트북에서 의 동시 편집을 의미한다. 또한 유튜브, 비메오Vimeo, 텀블러Tumblr, 페이스북 등 웹사이트를 통해 즉각적으로 전 세계 사람들과 공유할 수 있다. 저자는 신체장애가 있는 사람들에게는 고가의 무거운 장비를 사용하는 아날로그 방식보다는 소셜 미디어 도구들을 사용하는 방법이 훨씬 더 수월할 것이라고 본다. 이 장의 후반부에 제안하는 것처럼 높은 조회 수를 목표로 하는 소셜 미디어 비디오는 종종 그들의 미학에서 장애차별주의와 빠른 속도를 찬양한다. 이것은 장애학에 있어서 표현 방식에 대한 딜레마다. 이 장은 새로운 장애학 수업을 듣는 대학생들이 비디오 제작 과정을 배우고 장애 학생들의 통학에 관한 논픽션 작품을 만드는 과정에서 소셜 미디어 관행들을 어떻게 극복하는가에 초점을 두고있다.

UCLA의 장애학과와 도시계획학과에서 제공하는 저자의 수업 '사회변화를 위한 다큐멘터리 제작: 로스엔젤레스에서의 이동성'은 "대면 미팅과 상호작용적인 소셜 미디어"를 결합한 하이브리드 교육 모델을 사용하여 성공적으로 기획되었다(Yaros, 2012, p. 58). 저자와 팀은 구글드라이브 플랫폼을 사용하여 비디오 프로젝트 작업을 하였고, 페이스북, 트위터, 캠퍼스 게시판을 통해 홍보를 했다. 학생 과제들은 기존에 없던 방식으로 움직임을 기록하기 위해 고프로를 착용하여 실험을 하는 것이었다. 이때 학생들은 전통적 다큐멘터리 제작 기법을 혼합하여 사용하였다.

2002년 비주얼 아티스트 겸 기술 사업가 닉 우드먼Nick Woodman이 설립한 회사인 고프로는 팔, 가슴, 머리, 서프보드, 자전거 또는 움직이는 차량에 장착할 수 있는 견고한 소형 HD 카메라를 생산하는 것으로 잘 알려져 있다. 이 회사는 또한 '고프로: 영웅이 되어라GoPro: Be a hero'라는 슬로건을 내걸어 익스트림 스포츠 브랜드 콘텐츠 제작사로 자리매김했고, 상업 비디오의 유통과 마케팅을 위한 플랫폼으로서 유튜브가 급부상함으로써 크게 성장하게 되었다.

그러나 유튜브에 올라온 비디오를 분석해 볼 때, 저자는 고프로사가 자신들이 보유하고 있는 기술을 장애인의 일상을 대변하는 데에는 전혀 사용하고 있지 않다고 생각한다. 오히려 고프로사의 강력한 장애차별주의자적인 이미지는 다른 유튜브 제작자들 및 팬들의 유튜브 비디오들에 그대로 반영된다.❶ 이 비디오들에서 유

1) [역주] 편집되는 컷의 위치와 순서에 상관없이 언제든지 자유롭게 영상을 삽입하고 제거할 수 있는 편집방법. (출처: 한국민족문화백과대사전, https://encykorea.aks.ac.kr)

튜버들은 개인의 취향을 반영한 모험들을 담아낸다. 예를 들어, 〈4K에서의 삶의 어드벤처The adventure of life in 4K〉라는 제목으로 2014년에 업로드된 비디오에는 얼음 등반가의 상반신 사진, 록 콘서트의 DJ, 질주하는 말에 탄 카우보이, 일본에서 람보르기니로 밤 드라이브를 즐기는 사람, 화산 속으로 내려가는 과학자, 엉킨 낚싯줄에서 범고래를 구하는 해양 구조대원 등이 포함되어 있고, 이 모든 것들은 심장을 쿵쾅거리게 하는 드럼과 고음의 스타카토 바이올린에 맞춰 빠르게 편집되고 제작되었다(GoPro, 2014). 이 비디오는 (특정) 브랜드와 관련된 집단 정체성을 중심으로 개인이 촬영한 웨어러블 카메라 영상의 환상적인 움직임을 강조한다. 저자는 이 동영상이나 다른 수십 개의 고프로 브랜드 비디오에서 장애가 있는 개인이 등장하는 것을 단 한 개도 찾을 수 없었다.❷ 고프로사가 전달하는 메시지는 장애인 포용과는 거리가 멀다.❸ 찾아볼 수 있는 메시지라고는 〈4K에서의 삶의 어드벤처〉의 도입부분에서 익명으로 표현된 편견 섞인 한 줄 대사뿐이다. 호주 억양을 가진 한 남자가 "인생은 완전 놀라운 모험이든지 아니면 아무것도 아니다."라고 말했다. 장애인으로 살아가는 것도 놀라운 모험이라면 모험일 수 있겠다. 비디오 속의 스카이다이버, BMX 경주자, 스케이트보드 선수 등도 화려한 화면 이면에는 심각한 부상을 일상으로 삼는 모습들이 있겠지만, 그것은 비디오에서는 보여지지 않는다. 장애를 주제로 한 비디오를 제작하지 않음으로써, 회사는 '장애'와 '촬영할 가치가 있는 이벤트'를 상호 배타적인 범주로 간주한다.

오히려 사례연구에서 제안했듯이 저자는 신체장애를 가진 웨어러블 카메라 미디어 제작자들이 일상생활에서 새로운 시각의 미적 스타일을 만드는 데 앞장설 수 있다고 생각한다. 저자의 수업에서는 학생들이 웨어러블 카메라의 대체 사용법을 고안할 수 있도록 참여적 관찰 기법을 활용하여 장애학에서 도출된 비판이론, 그리고 디지털 문화에서 오랫동안 관찰된 파괴적 특성을 학생들에게 강조했다. 소셜 미디어는 학생들의 작품 생산을 가속화하거나 그들의 미적 감각을 반영하기 위한 도구가 아닌 학생들이 서로 협업할 수 있도록 도움을 주는 도구로 사용되었다.

저자가 주목한 한 그룹에는 '토머스'라는 학생이 있었다. 이 학생은 가슴에 카메라를 달고 목발을 짚으며 통학하는 과정을 영상에 담았다. 이 그룹의 마지막 비디오의 장면은 속도와 정치 면에서 '느린 영화' 운동의 중심에 있는 미학적 전략과 닮아 있다. 저자가 뒷부분에서 주장하듯이, 이는 스나이더Snyder와 미첼Mitchell이 말한 '새로운 장애 다큐멘터리 영화'와 비비안 소브책Vivian Sobchack의 장애 포용의 미디어 현상학에서 일상생활의 표현을 글로 적은 것과 일치하는 바가 많다(Sobchack, 1992, 2004; Snyder & Mitchell, 2006). 안드레 바진, 길레스 델루즈 및 폴 슈레이더Andre Bazin, Gilles Deleuze, & Paul Shrader의 영화 이론은 극도로 절제되지 않은 주관성에 대한 시청자의 경험에 대해 실시간으로 논한다. 이 이론에 다시 귀기울이며 느린 영화는 슬로우푸드, 슬로우메디신, 슬로우시티 등과 함께 21세기 세계 자본주의와 그것의 지배적인 속도에 대한 저항의 상징으로 다시 등장했다.[4]

때때로 '관조적 영화contemplative cinema'라고 불리는 느린 영화는 순차적 액션보다는 순환적 시간을, 등장인물의 성격발달보다는 분위기 또는 감정적인 질감을, 인터뷰보다는 관찰된 감각적인 경험을, 서술적 해결보다는 실존적 의심을, 폭력 묘사보다는 일상적인 활동을 강조하는 경향이 있다(Koehler, 2009; Romney, 2010; Jaffe, 2014; Lim, 2014). 나른함은 상업 지향적인 비디오의 빠른 전환에 익숙한 시청자들에게 낯선 관심을 갖게 하며 비디오를 보는 동안 생각에 잠기게끔 한다. 결정적으로 장애학의 관점에서 볼 때, 특정 캐릭터의 동기, 욕망 또는 능력보다는 삶의 속도가 느린 영화가 만들어내는 공감대의 중심으로 작용한다. 하지만 이것은 아직 느린 영화가 목가 생활, 영적 문제, 육체 노동에 맞추고 있는 '영화학'이나(MacDougall, 2006; Grimshaw & Ravetz, 2009; Romney, 2010; Jaffe, 2014; Lim, 2014), 미디어의 장애 묘사에 대한 질문이 영화/비디오 제작에서의 실험보다 우세한 '장애학'에서는 아직은 낯선 결합이다(Longmore, 2001; Sobchack, 2004; Snyder & Mitchell, 2006; Mogk, 2013).

저자의 사례연구는 익스트림 스포츠 애호가들이 사용하는 웨어러블 레코딩 시스템의 용도를 변경함으로써, 신체장애인들이 일상생활을 촬영하여 시청자들로 하여금 현상학적 경험을 간접적이며 창의적으로 체험할 수 있음을 시사한다. 속도를 고려하는 소셜 미디어의 경제적 맥락에서 볼 때, 장애와 함께 생활한 기간을 나타내는 것은 저항의 정치일 수도 있고 새로운 형태의 영화적 공감의 수단이 될 수도 있다. 저자의 수업이 다양한 능력을 가진 다양한 전공의 학생들이 소셜 미디어 플랫폼을 통해 비디오를 제작했다는 것을 감안했을 때, 이 장 후반에서 보여 주듯, 토머스의 비디오는 장애인으로 사는 것과 미디어 미학에 대한 통합 교육 및 학습에 귀중한 자료가 되었다. 이후의 섹션에서는 '소셜 미디어의 사용'에 대해 설명한다. 그리고 학생들이 웨어러블 카메라로 롱 테이크 방식을 사용하여 토머스의 일상 중 일부를 나타내기로 결정한 과정에 대해 설명하려고 한다. 그리고 장애학 수업에서 소셜 미디어와 웨어러블 카메라로 가르칠 수 있는 가능성과 어려움에 대한 설명으로 글을 마무리하려고 한다.

ASPIRE Lab은 프로젝트 기반 서비스 학습의 형태로 사회적으로 참여하는 미디어 제작을 가르치기 위해 UCLA가 기획한 것이다. ASPIRE Academy for Social Purpose in Responsible Entertainment: ASPIRE, 책임 있는 엔터테인먼트라는 사회적 목적을 위한 아카데미는 영화제작자 겸 사회사업가 피터 새뮤얼슨Peter Samuelson이 이끄는 비영리 단체로, 일반적으로 영화와 텔레비전 산업 이외에서 커리어를 추구하고자 하는 학생들을 위해 대학과 제휴하여 미디어 중심의 강좌를 만들고 있다. UCLA의 학부교육부Division of Undergraduate Education는 일상생활에서 학생들의 디지털 미디어에 대한 참여와 영화 학교 밖에서 제공하는 미디어 제작 과정의 차이를 감지하여, UCLA 인문계 전공자들을 위한 몇 개의 시범 세미나를 개발하기로 ASPIRE와 합의했다. 저자는 '사회변화를 위한 다큐멘터리 제작: 로스엔젤레스에서의 이동성'이라는 세미나 수업을 처음으로 설계하고 가르쳤다. 수업에 참여한 17개 전공 분야 24명의 학생들은 UCLA 학생들의 통학 문제에 대한 일련의 비디오를 협업하여 만들어 갔다. 약 10주간에 걸쳐 각 학생은 1~2분 정도의 공간 묘사를 완성했고, 또 두 명씩 짝을 지어 UCLA로 통학하는 학생들을 4~5분 정도로 묘사했으며, 4~6명으로 구성된 그룹들은 몇 개의 짧은 영상을 통합하여 이슈 중심의 다큐멘터리로 만들었다. 최종 작품에는 UCLA 통학생들의 비디오 13개를 통합한 대화형 맵이 포함되었다. 13개의 비디오에는 눈에 띄게 표시된 노선들, 다양한 버스 통학생들의 인식, LA의 자전거 통학생들을 위한 인프라, 그리고 우리가 이 장에서 집중하고 있는 장애 학생 전용 접근 서비스Access Services에 관한〈액세스 게임〉❻이 포함되어 있다.

저자는 '사용하기 쉬운' 소셜 웹 플랫폼을 사용하여 수업을 이끌어 가기로 결정했다. 장애학자들은 소셜 미디어 플랫폼이 일부 장애인을 위해 새로운 취업, 우정, 학습의 길을 열었다고 말하고 있다(Ellis & Goggin, 2014). 또한 교육학자들은 대학 강의에서 소셜 미디어를 활용하여 학생들의 참여와 결속을 성공적으로 촉진할 수 있다고 보고했다(Elavsky, 2012; Yaros, 2012). 그러나 장애학 수업에서 영리를 목적으로 하는 소셜 미디어 회사가 제공하는 도구를 무비판적으로 사용하는 것은 (예: 최저임금으로 디지털 기기를 만드는 노동자, 소프트웨어에 접근하기 위해 개인 정보 사용을 강제로 승인해야 하는 사용자, 그리고 문자 메시지와 시각적 이미지가 지배하는 통신 문화 환경에서 난독증 또는 시각장애인이 겪는) 불평등을 인정하지 못하거나 이를 확대해서 보여 주지 못할 수 있다(Lanier, 2013; Ellis & Goggin, 2014; Sandoval, 2014; 이 책 16장 참조). 디지털 문화 이론가 펠릭스 슈탈더Felix Stalder의 용어를 빌려 설명하자면 소셜 미디어를 통하여 또는 활용하여 가르치는 것은 자발적 커뮤니티의 특성인 자유로운 정보의 흐름과 소셜 미디어 인프라의 영리적 제공자를 위한 독점적 불투명성 사이에서 '모순된 역학contradictory dynamics'(Stalder, 2012, p. 248)을 내포하고 있다. 그러한 소셜 웹은 다양한 목적을 위해 여전히 '나뉘어져 있고, 즉각적이고, 저렴하고, 사용하기 쉽고, 커뮤니티 지향적이고 투명'하다. 하지만 2010년 현재 유튜브를 포함하여 가장 많이 방문하는 13개 소셜 미디어 사이트 중 12개는, 크리스찬 푹스Christian Fuchs가 묘사한 것처럼, 그들의 플랫폼에서 일어난 소셜 미디어 교환으로부터 데이터를 추출하여 광고주에게 판매하는 "현대판 노예 소유자와 노예 주인contemporary slaveholders and slave masters"인 영리 기업의 사이트다(Fuchs, 2012, p. 212; Fuchs, 2014, p. 60).

웹의 상업화는 비디오가 커뮤니티를 응집시키는 매체가 되는 유튜브와 같은 플랫폼을 고려하는 데 있어서 더 큰 의미를 가진다. 액션 중심의 백인 남자 주인공, 수동적인 여성 캐릭터, 그리고 빠른 속도로 편집되는 상업영화에 대한 장애학과 영화학의 비평 등은 앞에서 설명한 고프로 채널과 같은 많은 소셜 미디어 비디오에도 적용될 수 있다(Longmore, 2001; Sobchack 2004; Cartwright, 2008). 그러나 대부분의 학생들에게 소셜 미디어 기술이 "현대인의 삶과 주체성의 개념을 의미심장하게 교차한다."(Elavsky, 2012, p. 76)는 점 그리고 여전히 "그들 [커뮤니티]의 통신 내용을 결정하지 않는 광고 플랫폼으로서"(Feenberg, 2014, p. 116) 기능할 수 있다는 점을 고려한다면, 저자는 교육자들이 소셜 미디어의 공통 기반 사용을 모델링하고 네트워크 기술의 포용적인 가능성을 가치 있게 평가하는 역할을 해야 한다고 생각한다. 앤드류 핀버그(Andrew Feenberg, 2014)가 이야기한 바와 같이 우리 사회의 대안적 비전 구축을 위한 유일한 도구들은 이미 우리 일상 속에 존재한다. 소셜 미디어 도구는 특히 장애가 있는 바쁜 소그룹의 학생들에게 가치가 있다. 이들 도구는 동시간대에 접속할 수 없고 지리적으로 떨어져 있는 그룹의 소통을 중앙으로 모이게 하고, 학생들로 하여금 교실 밖에서의 네트워크를 위한 본인들의 핵심 아이디어를 확인하고 발전시킬 수 있도록 지원한다. 소그룹에게 가치 있는 소셜 미디어 도구는 그룹 구성원의 비동기적이고 지리적으로 이질적인 의사소통을 중앙 집중화하며, 학생 공동작업자가 그들의 핵심 아이디어를 식별하여 교실 밖의 네트워크로 확장하는 것을 상상할 수 있는 방법을 제공한다.

저자는 소셜 미디어 플랫폼과의 작업을 두 가지 방법으로 통합했다. 첫째로, 관객을 모으기 위해 페이스북, 트위터, 텀블러에 진행 중인 업데이트를 게시하는 '사회적 영향' 다큐멘터리 제작자들과 마찬가지로 본 과정에 참여하는 학생들은 디지털 전단지와 보도자료를 준비하고 최종 상영에 필요한 홍보 캠페인을 만들었다. 소셜 미디어 아웃리치는 학생들이 그들의 연구가 캠퍼스를 넘어 장애가 있는 통학생들이 직면하는 문제와 지속 가능성에 대한 대중들과의 대화에 어떻게 기여할 수 있는지를 생각하도록 했다. 이러한 노력으로 인해 캠퍼스 교통 계획, 지속 가능성 이니셔티브, 적극적인 교통 활동 등에 관련이 있는 이해관계자들이 참석한 가운데 최종 심사를 위해 약 60명의 관중을 모았다. 이들 관중들은 학생 영화의 끝부분에서 행해진 토론을 풍성하게 하였고, 학생들은 매번 이 토론을 평가 과정의 하이라이트라고 말했다.

둘째, 저자의 수업은 비공개 소셜 미디어 플랫폼인 구글드라이브를 통해 비디오 파일을 공유했다. 학생들은 서로의 계획안을 볼 수 있고, 급우들이 올린 비디오를 확인할 수 있었다. 하지만 이러한 활동에 대한 접속 권한은 반 학생들에게만 부여되었다. 일부 다큐멘터리 대상자는 그들의 이야기가 수업 과제용으로만 촬영될 것을 허락했고, 따라서 모든 그룹들은 윤리적인 방식으로 대상자들을 표현하기 위한 시간이 필요했다. 구글드라이브를 사용하면 수업 시간 외에 인터넷 연결 장치가 있는 모든 기기에서 업로드 된 비디오를 함께 스캔할 수 있는 유연성을 가질 수 있다. 이는 비디오테이프나 DVD로 재생해야 하는 것에 비해 상당히 큰 장점이다. 유튜브는 연합 그룹 및 개인과 완성된 비디오를 공유할 때 편리한 플랫폼으로 사용된다. 그리고 대화형 지도를 제작한 그룹은 클릭 가능한 아이콘을 유튜브 비디오에 연결하여 수업에 참석한 모든 학생들의 그 비디오를 볼 수 있도록 하였다.[6]

이러한 것들은 장애학 강좌를 듣는 학생들이 비판적인 미디어 사용 능력과 사회적 참여를 모두 배울 수 있는 흥미로운 방법이었지만, 저자는 유튜브와 같은 사이트에서 현재 지배적인 소셜 미디어의 미적 규범을 검증하는 것을 경계했다. 소형 디지털 카메라는 유튜브와 같은 사이트와 함께 특정한 종류의 퍼포먼스를 권유하는 듯한 일상생활에서의 친밀하고 이어지는 개인 비디오 스타일을 가능하게 한다. 유튜브는 개별 프로듀서들에게 정기적으로 테마에 관한 2~10분짜리 비디오를 만들고, 몇 년에 걸쳐 일관되게 채널에 충실한 구독자를 모으도록 조언한다(YouTube, 2014b). 이러한 구조적 규범들은 강력하며, 네트워크가 확장됨에 따라 장기적인 이념적 함의를 가지고 있다. 유튜브 제작자가 새로운 비디오를 올릴 때마다, 모든 구독자들에게 이메일이 자동으로 발송되며, 이때 구독자는 광고주에게 판매용 상품으로서 기능한다. 유튜브와 개별 유튜브 제작자는 사용자가 후원하는 콘텐츠를 클릭할 때 발생하는 광고 수익을 공유한다(YouTube, 2014a). 이 사이트는 유튜브 비디오를 클릭하는 개별 시청자와 다수의 시청자를 구분하지 않는다. 이런 식으로 사이트의 구조는 개인 소비를 위한 영리 목적의 비디오 제작을 장려한다. 그리고 소형 카메라의 미학을 실험할 수 있는 무수히 많은 가능성에도 불구하고, 유튜브에서 가장 많이 사용되는 스타일은 (제나 마블스Jenna Marbles와 레이 윌리엄 존슨Ray William Johnson과 같은 인기 채널의 종류로 정형화된) 마치 가정용 토크쇼와 같은 다이렉트 어드레싱 스타일이다. 저자의 수업을 듣는 많은 학생들은 자유시간에 정기적으로 그러한 유튜브 채널을 시청했다. 다이렉트 어드레싱 방식을 사용하는 비디오의 출연자는 치장하는 법, 유행하는 문화, 또는 팬들이 제시한 주제 등을 에너지 넘치고 빠른 화법으로 카메라를 응시하며 이야기한다. 이 비디오들은 점프 컷을 사용하여 한 샷에서 다음 샷으로 이동하는 경향이 있는데, 이는 제작 과정에서의 즉흥적인 스타일이 편집에 녹여 있는 것을 암시한다. 많은 시청자들이 그러한 채널을 볼 때, 그들이 채택한 시청각적 미학은 독점적 소셜 미디어 기술로 기능하게 된다. 개별 다이렉트 어드레싱 방식을 사용하는 공연자들과 그들을 따르는 관객들이 주체가 돼 광고주들에게 판매될 유튜브 제품들을 창조해 내고 있다. 정치적 활동주의나 공식적인 실험 영역으로 흘러 들어가는 유튜브 인물은 거의 없다. 그리고 교실에서는 그러한 미적 양식이 세상을 반영하는 것이 아닌 특정한 사회적 · 역사적 상황의 산물이거나 단순히 개인 비디오 제작자들의 선택이라는 것을 정립하는 데 상당한 설명을 필요로 한다. 저자는 학생들에게 그러한 모델들이 제공하는 것보다 더 포괄적이고, 접근하기 쉬우며, 정치적으로 활성화된 사회적 맥락과 조화를 이루기 위해 그들 자신의 미학을 만들어 줄 것을 요청한다.

유튜버 코미디언이자 트레블 쇼 진행자인 잭 애너Zach Anner처럼 신체장애가 있는 제작자들이 다이렉트 어드레싱 스타일을 사용하여 상업적으로 성공한 장애인의 페르소나를 만들어 냈다는 점에 주목할 필요가 있다. 애너는 뇌성마비 장애인으로 "뇌성마비를 가진 사람들 중 내가 가장 섹시한 것 같아."라며 농담을 하고, 자신의 모든 비디오에서 휠체어에 앉아 카메라를 응시하면서 이야기를 한다.❼ 소셜 미디어가 장애인들에게 제공하는 이점을 확인한 장애학자들과 마찬가지로, 애너는 자신이 유튜브 프로그램을 만들 수 있도록 해 준 도구를 극찬한다. 애너는 〈포르노에 대한 함의the implications for porn〉(Dobi, 2012)에 대해 의도적으로 코멘트를 하기 전에 "나는 창조적인 사람이다. 그리고 그것은 기술이 상당히 발전해서 실제로 내가 하고 싶은 말을 하고, 하고 싶은 일을 할 수 있는 그런 시대에 살고 있기 때문에 가능하다."라고 말한다. 애너는 자신을 모험적이고, 상냥하고, 똑똑하고, 자신이 처한 현실을 웃음으로 승화시킬 줄 아는 백인 남성이라고 정의한다. 이러한 요소는 유튜브에서 지배적이고 다이렉트 어드레싱 방식의 미적 스타일에 어울리는 '상품'으로 간주된다. 그럼에도 불구하고, 그는 장애인의 '활동doing'에 종종 따라다니는 동정심 또는 영감의 미사여구를 비판하기 위해 유머를 사용한다.

애너의 작품은 좀 더 고려할 가치가 있지만, 언어적 해설을 강조하는 다이렉트 어드레싱 방식은 느린 영화, 웨어러블 카메라의 미학과 서로 충돌한다. 시청자로서 우리는 주로 카메라를 향해 애너가 하는 재치 있는 말들을 통해 그의 일상생활을 이해한다. 그리고 여행은 그가 자신의 쇼 캐릭터를 연기할 수 있는 새로운 환경을 제공한다. 우리는 애너가 세상을 경험하는 시간이나 지각하는 것들을 결코 감지하지 못한다. 반면에 웨어러블 카메라 비디오는 카메라가 바깥쪽을 향하기 때문에 제작자의 얼굴이나 목소리가 거의 나타나지 않는다. 이러한 카메라 방향은 비디오를 찍는 당사자의 말이나 얼굴 표정 등을 보여 주지 않는다. 닉 팜가르텐(Nick Paumgarten, 2014)이 《뉴요커New Yorker》에 게재한 간결한 문구를 사용한다면 웨어러블 카메라의 비디오는 "셀카selfie라기보다는 세상을 담은 작품worldie이다."(p. 46)라고 할 수 있다. 나는 셀카와 작품의 이러한 차이점이 느린 영화와 장애인이 이끄는 시청각 현상학에 대한 관심을 높이고, 토머스가 자신의 통학 상황을 담은 비디오에 참여함으로써 저자의 수업에서 보여 준 잠재적 가능성을 열어 준다고 주장한다.

토머스는 캠퍼스 근처 웨스트 LA에 있는 아파트를 구할 여유가 없어서 UCLA에서 북쪽으로 14마일 떨어진 산 페르난도 밸리San Fernando Valley에 있는 그의 부모님 집에서 통학했다. 산 페르난도 밸리는 UCLA에서 차로 30분 정도 떨어진 곳에 있지만 출퇴근 혼잡시간에는 90분까지 걸릴 수 있다. 2학년 때 토머스는 차를 운전해서 통학했다. 그러나 상급생 때는 기름값과 주차비로 인해 LA 카운티가 택시 운전사들과 협력하여 만든 장애인 전용 밴을 운영하는 프로그램인 액세스 서비스Access Services를 이용해야만 했다. 도중에 다른 승객들을 빈번하게 태워야 했기 때문에 그가 액세스 서비스를 이용하여 학교를 오가는 시간은 매일 4시간 정도가 걸렸다. 토머스의 통학과 장애인 전용 서비스 이용, 가족경제, 주거제한의 상호연관성은 수업의 핵심 질문과 관련이 있기 때문에 나는 그에게 가슴받이에 카메라를 착용하고 이동 경험을 기록하도록 권유했다. 수업 시간에 이런 장면을 원본으로 보면서 우리는 토머스의 일상적인 속도에 맞춰 움직이는 놀라운 느낌을 다함께 경험했다.

여기서 저자는 토머스가 채택한 전략이 손 기능 또는 신체기동성 장애를 가진 사람들에게 더 광범위하게 적용될 수 있다는 것을 말하고 싶다. 소형 카메라는 손목, 발목, 팔, 목발에 장착하거나 광부처럼 이마에 착용할 수도 있다. 장애차별주의의 고프로 소셜 미디어 캠페인에 대해 저자가 이전에 비판했던 것과는 달리, 장애인 인권의 맥락 안에서 이렇게 새롭고 단편적인 방식으로 보는 것은 화려하지도 장애차별주의적이지도 않다. 오히려 새로운 시각은 관객으로 하여금 이전에 접근할 수 없었던 일상적인 경험을 가능하게 함으로써 낯선 공감을 유도한다. 대중 매체에서 일반적으로 장애를 부정으로 묘사를 해 왔던 것으로 볼 때(Longmore, 2001; Snyder & Mitchell, 2006; Mogk, 2013), 장애인 인권운동가들은 장애인들이 스마트폰 등에 내장된 웨어러블 카메라와 기타 소형 카메라를 재조합하여 자신들의 이야기를 소셜 미디어에서 주도하는 가능성을 고려해 볼 수 있다.

게다가 웨어러블 카메라가 널리 보급되기 전에, 스나이더와 미첼(2006)은 저자가 여기서 설명하고 있는 느린 영화의 정치와 웨어러블 카메라의 사용에 따른 '새로운 장애 다큐멘터리 영화'에 대한 이론적 틀을 구축했다. 스나이더와 미첼은 장애인들이 자신들만의 속도로 그들의 '일상생활'을 보여 주는 것은 시청자들로 하여금 "장애인의 이미지가 부재한 사회에서 장애인의 평범한 삶을 상상하고 맛볼 수 있도록 하는 것"이 영화의 "논쟁의 본질"(pp. 173-174)이라고 주장했다. 적어도 저자의 수업에서는 토머스의 영상이 장애와 접근성에 대한 수업 토론의 중심이 되었다. 왜냐하면 그것은 카메라를 착용하고 그가 녹음한 영상을 공유함으로써 다른 '일시적으로 신체 건강한temporarily able-bodied: TBA' 학생들에게 그의 일상 경험에 감동적이지만 감상적이지 않은 방법으로 공감할 수 있도록 했기 때문이다.

사실 토머스가 웨어러블 카메라를 사용하여 찍은 영상을 처음으로 저자에게 가져온 사람들은 토머스의 그룹 구성원들이었고, 이 사실은 협력적인 다큐멘터리 작품이 가지는 상호주관적인 성격을 보여 준다. 토머스는 수업시간에 자신이 찍은 영상을 별로 보여 주지 않았었고 비디오 과제를 완성하기 위해 편집 소프트웨어를 사용하지도 않았다. 손 기능의 손상과 소프트웨어 플랫폼 사용의 생소함, 그리고 캠퍼스를 오가는 거리는 기본적으로 토머스에게 영화 제작자로서 직면하게 되는 어려움을 가중시켰을 것이다. 토머스는 프로젝트를 위해 구성원들과 앉아서 인터뷰를 했고, 액세스 서비스에 대한 내부자 정보를 제공하고 통근 시간을 기록했다. 또한 이 영화를 위해 두 명을 추가로 확보했으며, UCLA의 장애학생지원사무국장 Director of the Office of Students with Disabilities을 인터뷰해서 사무실에서 지원하고 있는 학생들의 수와 서비스의 범위에 대한 현 상황을 확인했다. 이 프로젝트 그룹의 다른 구성원들은 비디오를 편집했는데, 이 작업은 학생들이 버그가 없는 클라우드 기반의 비디오 편집 응용 프로그램을 사용했다면 더 쉽게 접근할 수 있었을 것이다. 소셜미디어 편집 플랫폼은 유지 비용이 낮고, 접근성과 협업에 대한 이러한 문제의 일부를 해결할 수 있지만 저자의 수업에서는 편집 플랫폼을 사용할 수 없었다.

우리는 웨어러블 카메라로 촬영한 일부 장면을 수업 중에 몇 번씩 계속해서 돌려보면서 그런 자료를 어떻게 꼼꼼하게 편집해서 최종 버전에 포함시킬 것인가에 대해 토론을 했다. 일부 학생들은 몇몇 장면은 몇 초만 찍어도 충분하다고 말하는 반면, 다른 학생들은 토머스의 영상이 적어도 잠시 동안은 실시간으로 재생되어야 한다고 반박했다. 이 학생들과 토머스는 때때로 느껴지는 불편함과 불안감 속에서 장시간 촬영된 영상이 토머스의 걸음 속도와 태도를 창의적으로 구체화할 수 있었다는 것에 기뻐했다. 그 그룹은 열띤 토론 후에 전략을 결정했다. 비디오는 토머스의 통학의 첫 부분에 대한 인터뷰를 따라가는 전통적인 샷을 채택한 다음, 인터뷰, 음악, 논평 없이 길게 재생되는 웨어러블 카메라 장면으로 전환하는 것이다. 다른 그룹 구성원들은 토머스가 UCLA로 이동하기 시작하고, UCLA에서 OSD 캠퍼스 셔틀로 한 번 갈아타고, 교실에 도착하는 과정을 녹음했다. 이 장면은 최종적으로 〈액세스 게임〉의 처음 2분 30초 정도의 분량으로 압축되었다([그림 15-1] 참조). 그 후 이 영화에서 가장 긴 1분 길이의 웨어러블 카메라 샷이 나왔다.

토머스는 교실 문을 열고 약 40피트 떨어진 두 계단 높은 곳에 위치한 교실 중앙의 자리로 걸어간다. 공간 속을 다양한 방법으로 이동하는 모습을 표현하기 위해 웨어러블 카메라를 사용하는 소셜 미디어 비디오와 달리 여기서 우리는 목발을 짚고 걷는 이 학생의 관점을 통해 교실의 작은 세부 사항에 집중하게 된다. 그는 수업에 몇 분 늦었다. 화면 밖으로 교수의 낮은 목소리가 들려오고 카메라가 토머스의 걸음걸이로 앞뒤로 흔들리면서 찰칵 소리를 낸다. 토머스의 손이 책상 모서리를 붙잡고 첫 번째와 두 번째 계단을 올라갈 때 긴장 상태에서 흔들린다. 더 많은 시간이

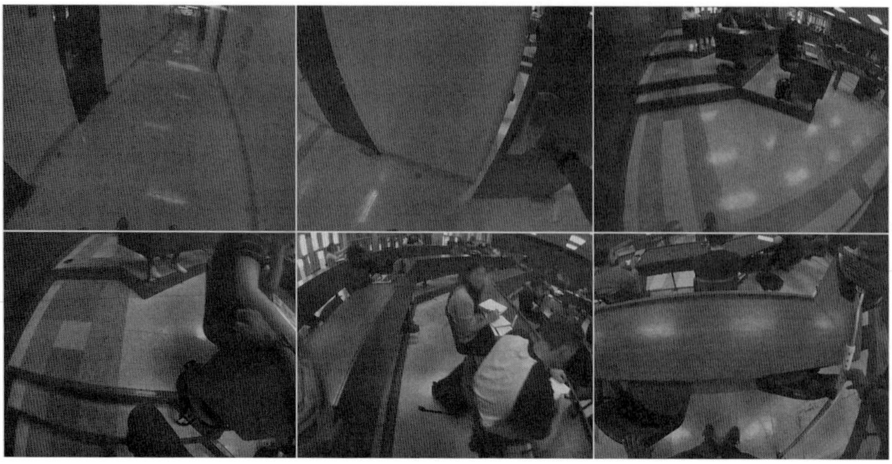

[그림 15-1] 〈액세스 게임〉 비디오 정지화면 시리즈(2014)

흐른다. 토머스가 지나갈 때 고개를 돌려 그에게 미소를 짓는 한 여학생을 제외하고 반 학생들은 모두 교수를 주시하고 있다. 이러한 세부 사항들의 느리고 가슴 아픈 전개는 비록 우리가 토머스의 얼굴을 보지 못하고 그의 시각을 다 보지는 못하더라도 여전히 공감할 수 있도록 한다. 카메라는 그가 장착하고 있을 뿐 결국 그의 시각을 비춰 주진 못한다. 우리가 보는 것은 구체적인 시간의 형상화, 삶의 세계를 암시하는 누적된 순간들이다.

'일시적으로 신체 건강한' 관객들은 학기 말 공개 상영에서 토론하면서 이 장면의 효과에 대해 가장 자주, 그리고 가장 열정적으로 이야기했다. 마치 그들이 여전히 그들의 불안정하고 모순적인 공감과 수치심의 감정을 개선하려는 듯 말이다. 한 베테랑 영화감독은 그런 관점에서 촬영하는 장면을 본 적이 없다고 했고, 마치 자신이 토머스인 것처럼 순간적으로 그의 눈을 통해 세상을 보고 있는 것 같다고 했다. 한 선임 관리자는 교실은 물론, 더 나아가서 캠퍼스의 다른 많은 시설들이 '그렇게 접근하기 쉬운' 것이 아니라는 증거로 그 장면을 기억했다. '일시적으로 신체 건강한' 시청자가 토머스의 입장이 되어 또는 토머스의 입장을 통해 본 순간 교실의 접근성 장벽은 어떠한 설명 없이도 온전히 드러났다. 토머스는 학기 말에 제출한 과제물에서 수업을 듣기 전에는 비디오 제작에 대해 "전혀 몰랐어요."라고 말했다. 하지만 지금 토머스는 장애학에서 스나이더와 미첼(2006)의 현상학에 대한 설명에 맞게 "장애가 [그의] 주관성과 영화적 기법 자체에 미치는 의미 있는 영향"(p. 170)을 표현할 수 있다.

여느 느린 영화들처럼 저자가 묘사했던 그 장면은 비디오를 실시간으로 상영하는 동안 보는 이의 관심 방향을 전환시켜 비판적이고 윤리적인 사고를 촉진하는 것을 목표로 했다. 그러나 토머스의 웨어러블 카메라 장면은 실체가 없는 세계의 경험보다는 그의 공간 경험과 가깝게 하려는 시도였다. 웨어러블 카메라는 앞서 설명한 스나이더와 미첼의 연구와 같은 장애학에서 얻은 이론과 더불어 살아 있는 육체, 이국적인 모험지, 로맨스 또는 연민을 나타내는 미디어 현상학에 따른 롱테이크 사용을 위한 수단을 제공한다. 영상 관람의 다양한 주관적 경험에 대해 소브책(1992)은 "경험의 심층적이고 과감한 묘사"는 또 하나의 인물 유형뿐만 아니라, "건강하고 성숙한 다층적 변화, 즉 무언가가 되어 가는 자유"(p. xv)를 표현하기 위한 압력이라고 주장했다. 웨어러블 카메라는 활동 중 공간에서의 이동성을 표현하기 위해 카메라를 착용하고 있는 신체에 더욱 밀착해 롱테이크 미학에 현상학적 세계를 표현하는 다른 방법을 제공한다. 토머스의 롱테이크는 상징으로서가 아닌 지표로서 서서히 움직임의 속도를 현실화하면서 시청자로 하여금 관심 포인트를 찾게 한다. 바진의 소셜 미디어 시대를 위한 영화적 존재론의 특성을 살짝 수정하여 설명하자면, "[카메라 뒤에 있는] 불안한 삶의 존재가 정해진 시간에 멈춰진 그들의 운명으로부터 해방된"(Bazin, 1967, p. 14) 지표로서 천천히 현실감을 찾으면서 관심 포인트를 찾을 것을 제안하고 있다.

결론

〈액세스 게임〉이 입소문이 나거나 유튜브 댓글을 통해 대화를 이끌어 내지는 못했지만, 저자는 이 비디오가 장애학 분야에서 소셜 미디어를 성공적으로 사용하는 사례라고 생각한다. 토머스처럼 캠퍼스에서 멀리 떨어져 사는 학생들을 위해 수강생들은 구글 드라이브 소셜 미디어 플랫폼을 효과적으로 사용하여 일정은 물론 아이디어와 프로젝트 1차 편집을 공유했다. 학생들은 소셜 미디어를 사용하여 비디오 상영 행사 소식을 공유한 다음, 더 폭넓은 대중들과 함께 작품을 완성하였다. 이와 같은 활동은 학생들 간 전반적인 연대감과 시민 참여 의식을 고양시켰다. 우리는 학기가 끝나고 〈액세스 게임〉을 여러 장소에서 상영했다. LA 다운타운의 한 지역사회 예술가 그룹과 장애 학생 전용 접근 서비스 개발을 준비 중인 오렌지 카운티 학군, 그리고 학부연구주간Undergraudate Research Week 동안 UCLA 도서관을 예로 들 수 있다. 영화 공부에 관심이 있는 한 졸업반 학생은 학기 동안 〈액세스 게임〉을 보고 토론한 결과, 실제로 그녀의 고향의 액세스 서비스에 취직하게 되었다. (그녀는 자전거로 통근하는 사람들에 대한 비디오를 만들었다.) 〈액세스 게임〉에서 참여했던 다른 두 명의 학생들은 그 후 저자의 독립연구 과목에서 장애학에 관한 비디오 프로젝트를 추진했다. 이러한 결과는 소셜 미디어의 영향력에 대한 통계에 크게 도움이 되지는 않지만, 대중 중심의 상호주관적인 사고를 촉진하기 위해 소셜 미디어를 사용하고 비디오 미학 및 협업 다큐멘터리 연습에 대해 비판적으로 실험할 수 있는 장애학 수업에서 접할 수 있는 애정, 관심, 관계의 종류를 암시한다고 생각한다. 이와 같이 토머스가 가장 목소리가 크고 맨 앞에 서서 프로젝트를 지휘하는 학생은 아니었지만, 그가 기여한 부분은 중요한 지도력의 유형, 즉 우리의 집단사회를 대변하고 살아가는 새로운 사고의 방향성을 제시했다는 점이다.

저자는 또한 디지털 미디어 제작에 초점을 맞춘 장애학 수업에서 미학은 소셜 미디어 기술이라고 주장해 왔다. 미학은 사용하기 쉬운 네트워크 플랫폼의 규범에 어느 정도 부합하거나 또는 이 경우에 유튜브에 편향된 특정한 커뮤니티 및 관심의 방식을 요구하고 있다. 이러한 관점에서 성공 여부를 수량화된 단위로 측정하는 것은 위험할 수 있다. 일주일 동안의 유튜브 조회수를 세거나 서명된 청원서에 주목하는 것은 사실상 무엇보다도 한 사람의 미디어 작업이 할 수 있는 것과 그것을 얼마나 빨리 할 수 있는가를 평가하는 데 달려 있다. 광고와 같이 사회적으로 영향을 주는 매체는 빠르게 구별되는 구두로 전달되는 신화적인 비유(악덕 기업, 자력으로 운동가로 변신한 희생자, 영감을 주는 장애인의 활동 등)에 대한 호소를 통해 시청자들의 관심을 성급하게 이용할 수 있다. 장애인에게 대안 전략으로서 '소셜 미디어용 느린 영화'에 대한 장애학과의 제작 교육과정은 가볍고 사용하기 쉽고 착용 가능하며 네트워크로 연결된 디지털 도구가 제공하는 협업 가능성을 활용하는 한편, 스나이더와 미첼의 현상학 기반의 '새로운 장애 다큐멘터리 영화'의 2.0 버전을 개발하기 위한 포용적이고 비설교적인 공간을 만들 수 있다.

미주

❶ 회사 채널의 브랜드 콘텐츠와 제휴함으로써 이들 제작자들은 더 광범위한 고프로 소셜 미디어 생태계 내에서 틈새 시장을 차지하고 있다. 그들의 수익 채널은 이 제휴에 기반을 두고 있기 때문에—적어도 수상 스포츠, 스노우보드 또는 절벽 다이빙을 지원하기 위해 충분한 수익 창출에 노력하고 있거나—회사와 관련된 빠른 편집의 몽타주 스타일을 모방하는 경향이 있다. 예를 들면, RealLifeHD (https://www.youtube.com/channel/UC1H70dZhqBBL_hywR66v4sg), MicBergsma (https://www.youtube.com/user/micbergsma), 'CB Filmz' (https://www.youtube.com/user/cbomb19), Be the adventure, (https://www.youtube.com/channel/UCtEXh6yxM12HXzvNLquGYCw), and skatepunk2425 (https://www.youtube.com/user/skatepunk2425) 등을 참조하라. 이 모든 채널들은 여행을 하면서/또는 익스트림 스포츠에 참여하면서 자신과 친구 그리고 '예쁜 젊은 여성'들을 녹화하는 젊은 백인 남성들을 소개하는 팝 음악과의 몽타주를 강조한다(2015년 9월 1일 접속).

❷ 이 회사는 2015년 9월 1일부터 지금까지 자신의 유튜브 채널에 185개의 동영상을 올렸지만 이 중 어느 것도 장애인을 구체적으로 보여 주지 않았다. https://www.youtube.com/pla.ylist?list=PLSSPBo7OVSZvJtRrcF5CVSjRkmH9eNWA3.

❸ 이러한 일반적인 정서에 대한 예외로는 Aaron 'Wheelz' Fotheringham이 있다. 스스로 '익스트림 시터'로 이름을 지은 Fotheringham은 휠체어를 타고 스케이트보드 공원 주변을 돌아다닐 때 종종 카메라를 착용한다(Fotheringham, 2013).

❹ 학자들은 이 느린 영화를 하나의 장르나 운동, 아니면 미적 특성으로 볼 것인가를 놓고 끊임없이 논쟁하고 있다. 저자는 미적 특징을 지칭하기 위해 이 용어를 사용하였다. 자주 언급되는 영화 감독으로는 Apichatpong Weerasethakul, Tsai Ming-liang, Abbas Kiarostami, Chantal Ackerman, Béla Tarr, 그리고 Gus van Sant가 있으며, 이들 감독들이 제작한 영화는 이탈리아 신현실주의와 Yasujiro Ozu, Robert Bresson 및 Carl Theodor Dreyer의 작품을 참조하고 있다. 저자는 또한 이러한 기준(rubric)에 Rea Tajiri, Julie Dash, Charles Burnett, and Zeinabu Davis 영화와 감각적이고 민속적인 영화인 Lucien Castaing-Taylor and Ilisa Barbash's <Sweetgrass>(2009), Castaing-Taylor and Verena Paravel's <Leviathan>(2012), Sharon Lockhart's <Lunch break>(2008) and <Four exercises in Eshkol-Wachman movement notation>(2011), Stephanie Spray and Pacho Velez's <Manakamana>(2013), David MacDougall's <Doon school chronicles>(2000-2004)을 포함하고자 한다.

❺ 학생들의 작품 <액세스 게임>(2014)의 최종본은 www.uei.ucla.edu/aspirestudentwork.htm에서 확인할 수 있다.

❻ 인터랙티브 통근 지도는 http://aspirelab.squarespace.com/final-videos/에서 볼 수 있다.

❼ 2010년부터 애너는 두 명의 친구와 함께 다양한 유튜브 쇼의 정규 영상을 제작하기 위해 노력했다. 그들의 제작한 영상으로는 <라이딩 샷건Riding shotgun>이라는 여행 시리즈와 <약간의 믿음을 가져요Have a little believe>라는 종교기관에 대한 소울-팬케이크 후원 쇼가 있다. 2015년 6월 현재, 애너의 채널은 16만 5천 명이 넘는 구독자를 보유하고 있으며, 그는 더 많은 상업적 기회를 추구하기 위해 로스앤젤레스로 이사했다. 애너는 댄 도비의 다큐멘터리 <구독해주세요: 유튜버에 관한 다큐멘터

리|Please subscribe: A documentary about YouTubers>(2012)의 에필로그에 출연한다.

참고문헌

Bazin, A. (1967). *What is cinema?* Translated by H. Grey. Berkeley: University of California Press.

Cartwright, L. (2008). *Moral spectatorship: Technologies of voice and affect in postwar representations of the child*. Durham: Duke University Press.

Dobi, D. (Director). (2012). *Please subscribe: A documentary about YouTubers*. Dobi Media.

Elavsky, C. M. (2012). You can't go back now: Incorporating "disruptive" technologies in the large lecture hall. In H. S. Noor Al-Deen, & J. A. Hendricks (Eds.), *Social media: Usage and impact* (p. 75). Lanham, MD: Lexington Books.

Ellis, K., & Goggin, G. (2014). Disability and social media. In J. Hunsinger, & T. M. Senft (Eds.), *The social media handbook* (p. 126). New York: Routledge.

Feenberg, A. (2014). Great refusal or long march: How to think about the internet. In C. Fuchs, & M. Sandoval (Eds.), *Critique, social media and the information society* (p. 109). New York, NY [u.a.]: Routledge.

Fotheringham, A. (2013, September 15). *Aaron Wheelz Fotheringham-WCMX-Airborne*. YouTube: http://www.youtube.com/watch?v=YEXsDdhgX-s

Fuchs, C. (2012). The contemporary world wide web: Social medium or new space of accumulation. In D. Winseck, & D. Yong Jin (Eds.), *The political economies of media: The transformation of the global media industries* (p. 201). London: Bloomsbury Academic.

Fuchs, C. (2014). Critique of the political economy of informational capitalism and social media. In C. Fuchs, & M. Sandoval (Eds.), *Critique, social media and the information society* (p. 51). New York, NY [u.a.]: Routledge.

GoPro. (2014, September 29). *GoPro HERO4: The Adventure of Life in 4K*. YouTube: http://www.youtube.com/watch?v=wTcNtgA6gHs

Grimshaw, A., & Ravetz, A. (2009). *Observational cinema: Anthropology, film, and the exploration of social life*. Bloomington: Indiana University Press.

Jaffe, I. (2014). *Slow movies: Countering the cinema of action*. New York; London: Wallflower Press.

Koehler, R. (2009). *Sweetgrass* and the Future of Nonfiction Cinema. *POV on PBS*. Retrieved September 1, 2015 from http://www.pbs.org/pov/sweetgrass/future_of_nonfiction_films_koehler.php.

Lanier, J. (2013). *Who owns the future?* New York: Simon and Schuster.

Lim, S. H. (2014). *Tsai ming-liang and a cinema of slowness*. Honolulu, HI: University of Hawai'i Press.

Longmore, P. (Ed.). (2001). *Screening stereotypes: Images of disabled people*. Lanham, MD: University Press of America.

MacDougall, D. (2006). *The corporeal image: Film, ethnography, and the senses*. Princeton, NJ: Princeton University Press.

Mogk, M. (2013). *Different bodies: Essays on disability in film and television*. Jefferson, NC: McFarland and Company.

Paumgarten, N. (2014, September 22). We are a camera: Experience and memory in the age of GoPro. *The New Yorker*, 44-52.

Romney, J. (2010). In search of lost time. *Sight and Sound*, 43-44.

Sandoval, M. (2014). Social media? The unsocial character of capitalist media. In C. Fuchs, & M. Sandoval (Eds.), *Critique, social media and the information society* (p. 144). New York, NY u.a.: Routledge.

Snyder, S. L., & Mitchell, D. T. (2006). *Cultural locations of disability*. Chicago; London: University of Chicago Press.

Sobchack, V. (1992). *The address of the eye: A phenomenology of film experience*. Princeton, NJ: Princeton University Press.

Sobchack, V. C. (2004). *Carnal thoughts embodiment and moving image culture*. Berkeley: University of California Press.

Stalder, F. (2012). The social media reader. In M. Mandiberg (Ed.), *The social media reader* (p. 340). New York: New York University Press.

Yaros, R. A. (2012). Social media in education: Effects of personalization and interactivity on engagement and collaboration. In H. S. Noor Al-Deen, & J. A. Hendricks (Eds.), *Social media: Usage and impact* (p. 57). Lanham, MD: Lexington Books.

YouTube. (2014a). *Earn money with YouTube*. Retrieved November 10, 2014, from https://www.youtube.com/yt/creators/earn-money.html

YouTube. (2014b). *Grow Your Audience*. Retrieved November 10, 2014, from https://www.youtube.com/yt/creators/grow-audience-bootcamp.html

16

접근(불)가능한 소셜 미디어로서의 블랙보드

교육, 가르침 그리고 학습의 업데이트

리앤 맥레

도입

팀 버너스-리Tim Berners-Lee가 월드와이드웹에 대한 아이디어를 처음 개발할 당시 그는 이 애플리케이션이 가지는 융통성에 대한 '야심찬 비전'을 가지고 있었다. 버너스-리(2010)는 "장애인들이 웹을 사용할 수 있어야 한다. 웹은 어떤 형태의 정보와도 호환되어야 하며…… 인터넷과 연결 가능한 어떠한 종류의 하드웨어에서도 접근할 수 있어야 한다."(p. 82)라는 글로써 자신의 비전을 표명했다. 이러한 비전으로 인해 웹은 자유롭고 민주주의적인 것으로 인식되었다. 그러나 웹이 발전함에 따라, 버너스-리의 비전을 지키기가 어려워졌다. 많은 사람들이 일부 디지털화digitisation된 정보나 웹에 접속하는 데 어려움을 겪고 있고, 보조기술을 사용하는 장애인들 또한 종종 내재된 접근성 문제로 어려움을 경험하고 있다.

블랙보드를 통해 강의 자료가 전달되고, 과제와 성적 평가가 이루어지는 등 교육 환경에서 웹 기반 학습관리시스템learning management systems이 지배적으로 사용됨으로써 접근성 문제는 더욱 민감해지고 있다. 온라인 환경에서의 교육이 생산적이고 진보적이라는 엄청난 이점이 있지만, 디지털이 모든 교육 투자에 대한 해답은 아니다. 무엇보다도 중요한 것은 온라인 환경에서 다양한 상황에 처한 사용자들이 동등하게 접속할 수 있는 콘텐츠가 제공되어야 한다는 것이다. 장애 학생에게 디지털은 가능성과 불가능성 모두를 의미한다. 분명 학습 환경 내에서 자율성을 주지만 효과적이고 시의적절하게 참여하는 것을 차단할 수도 있다. 장애 학생들은 수업 내용의 기술적 상호작용에 적응하고 맞춰 가면서 그들의 교육을 개선해야 한다.

e-러닝의 구현을 자축하기 바쁜 나머지 우리는 학습관리시스템을 사용할 때 종종 발생하는 복잡한 문제들을 이해하는 데 충분한 노력을 기울이지 않고 있다. 이 장에서 우리는 디지털화가 어떻게 교육에 기여하고 불공평한 것들에 저항할 수 있는지에 대한 효과적인 방법들을 신중하게 논의해 보고자 한다. 웹에 대한 접근이 어떻게 관리되고, 디지털과 보조 장치를 통해 웹 사용법이 어떻게 활성화되는지 충분히 고려되지 않는다면, 교육과 학습은 결코 성공적이지 못할 것이다.

대학이 장애 학생들의 물리적인 공간에 대한 접근성을 보장해야 하는 것처럼, 디지털 환경도 마찬가지다(Ellis & Kent, 2014). 온라인 교육과 장애 학생들의 접근성에 대한 이번 조사를 통해, 모든 학생들에게 효과적이고 혁신적인 교과과정을 제공할 수 있는 기초 정보를 제공하고, 이를 통해 디지털 학습 플랫폼이 교육 환경에서 더욱더 적극적으로 활용될 수 있기를 희망한다.

대학교육에서 학습관리시스템의 역할이 커짐에 따라, 장애 학생들 역시 이러한 플랫폼에 똑같이 접근할 수 있어야 한다. 이러한 상황에서 이 장에서는 특히 시각 장애 학생들이 블랙보드에 접속할 때 직면하는 어려움에 초점을 맞추어, 소셜 미디어 형태의 학습관리시스템의 역할을 탐구할 것이다. 이 탐구는 본질적으로 소셜 미디어와 학습관리시스템을 직관적이고 효과적인 학습 공간으로 정의하는 언어를 재고함으로써 디지털화의 체제화 작업에 대한 의문을 제기한다.

또한 이 장에서는 장애 학생과 관련하여 온라인 교육 포럼을 둘러싼 용어를 살펴보고자 한다. 의미있게도, 제인 K. 설(Jane K. Searle, 2014)의 《E-러닝과 고등교육에서의 장애: 접근성 연구 및 실천E-Learning and disability in higher education: Accessibility research and practice》이라는 책에 나와 있는 추론과 일관된 '장애가 있는 사람/학생'이 아닌 '장애인/장애 학생'이라는 표현을 사용하여 장애인을 만들고 정의하는 내러티브를 계속해서 수정하고 있다.

> '장애가 있는 학생'보다는 '장애 학생'이라는 용어를 선호[한다]. 왜냐하면 '장애가 있는 사람'은 '장애를' 유발시키는 손상 또는 상태를 내포하고 있는 (따라서 그 개인이 극복의 책임을 가

지게 되는) 반면, '장애인'은 반드시 개인의 손상이나 상태가 장애의 원인이 되는 것은 아니라 그런 사람의 요구를 효과적으로 충족시켜 줄 수 없는 사회와 그 사회의 무능함 또는 주저함을 (따라서 그 장애를 제거하기 위해 사회가 변화해야 함을) 내포하고 있기 때문이다.

(p. 5)

이것은 단순한 언어적 구분이 아니라 장애의 사회적 모델의 주요 특징이다. 이 모델의 핵심은 "영구적으로 장애인의 참여를 가로막는 장벽으로 인해 장애가 우연히 또는 자연적으로 생겨나는 것이 아니라 장애인을 차별하는 사회에 의해서 만들어진……"(Swartz & Watermeyer, 2006, p. 3) 그리고 그 사회가 기관, 프로그래머 및 개발자, 교사 및 기타 학생들이 어떻게 장애를 이해하고, 이야기하고, 교실 안팎에서 장애를 대하는 태도를 결정한다는 것이다. 따라서 이 장의 논점은 디지털화된 학습 공간의 발언을 재해석하여 장애의 사회적 모델social model of disability을 중심으로 장애, 디지털화 그리고 교육을 이해하는 것을 목적으로 한다.

나의 교사 경력의 전환점

2013년에 나는 대학교 2학년생들에게 '가상 커뮤니티와 온라인 소셜 네트워크Virtual communities and online social networks' 과목을 가르치고 있었다. 그 과목은 100% 온라인 과목이었고, 학기 도중 나는 한 시각장애 학생이 우리가 사용하는 다양한 디지털 플랫폼에 접근하는 데 어려움을 겪고 있다는 것을 알게 되었다. 그 학생의 스크린 리더기가 빠른 의견교환을 따라가지 못했던 것이다. 그 학생이 이러한 사실을 이메일로 알려왔을 때, 나는 학생과 교수 모두에게 필요한 조언을 구하기 위해 교내장애지원사무소University's Disability Office에 도움을 청했다. 돌아온 답변은 해당 학생을 사무소에 보내라는 권고뿐, 나는 무력감을 느꼈다. 정말 간절히 돕고 싶었다. 그리고 그 학생은 물론 나의 미래의 장애 학생들이 수업 과정에 참여할 수 있는 방법을 찾고 싶었지만 불행하게도 나는 그 방법을 찾을 수 없었고 결국 그 학생은 내 수업을 떠나게 되었다.

이 학생의 참여권 박탈은 오늘날까지 내가 교육자로서의 나의 역할이 무엇인지를 고민하게 하는 어려운 문제로 남아 있다. 하지만 이 문제는 내가 어떻게 이 학생을 도울 수 있었는지에 대해 연구하고 소셜 미디어와 같은 학습 기술과 학습관리시스템이 장애인과 어떻게 상호연결되는지 탐구하는 데 영감을 주었다. 이 연구의 목적은 온라인 교육에서 학습관리시스템이 어떻게 장애인을 지원하고 방해할 수 있는지를 확인하는 것이다. 디지털화된 환경에서 학습관리시스템은 교육체계에 광범위하게 통합되어 있고 수업 콘텐츠에 접근하는 핵심 방법이다. 하지만 콘텐츠의 효과적인 전달을 위한 설계 원칙에 관해 교직원들을 훈련하는 경우는 거의 없다. 오히려 디지털화된 환경은 장애 학생들이 자신의 학습을 수정하고 관리할 수 있도록 유연성을 제공할 것이고, 사용을 위한 액세스 템플릿을 제공하는 것은 학습관리시스템 설계자들의 몫이라고 가정하고 있다.

대학기반 접근법

대중화된 웹 수사학의 결과에 따르면, 장애인들은 종종 버너스-리의 웹 민주주의 비전과 개선하고 변화시킬 수 있는 디지털 환경의 잠재력을 보여 주는 본보기로 지목된다. 어떻게 태블릿이 아들의 의사소통을 가능하게 했는지에 대해 써 내려간 캐시 벨(Kathy Bell, 2015)의 글처럼 《가디언The Guardian》 지에 실린 이야기들은 희망을 준다(이 책 10장 참조). 장애인들의 플랫폼, 태블릿 또는 앱의 사용은 그들로 하여금 전례없는 소통을 가능하게 하고, 사회적으로나 개인적으로 카타르시스를 느끼게 한다(이 책 21장 참조). 이러한 인기 있는 이야기들은 기술, 장애, 그리고 접근성의 지배적인 이데올로기에 기여하여 사회와 개인의 변화를 초래한다. 장애인을 방해하거나 도움이 될 수 있는 웹의 잠재력은 버너스-리의 지휘하에 만들어진 월드와이드웹 컨소시엄World Wide Web Consortium을 통해 구현되었다. 그리고 이 월드와이드웹 컨소시엄은 웹사이트 설계가 일부 사용자의 액세스를 차단할 수 있음을 인정함으로써 웹 접근성의 문제를 해결하기 위해 고안된 '웹 접근성 이니시티브Web Accessibility Initiative' 가이드라인을 개발하고 시행하게 되었다. 이 가이드라인은 웹 수사학, 설계 및 개발과 관련한 분명한 장애차별주의자의 행보를 구분 지을 수 있는 방법을 제공한다(이 책 2장 참조).

핵심 설계 원칙은 '하드웨어, 소프트웨어, 네트워크 인프라, 모국어, 문화, 지리적 위치 또는 신체적 · 정신적 능력과 상관없이 모든 사람이 이용할 수 있는 인간의 의사소통, 상업 및 지식 공유의 기회……'를 옹호하는 '모든 사람을 위한 웹'이다(W3C, n.d.). 또한 월드와이드 웹 컨소시엄은 '웹 콘텐츠 접근성 가이드라인Web Content Accessibility Guidelines'을 개발했고, 가장 최신 버전인 WCAG 2.0은 웹사이트가 준수해야 할 인지 가능성, 작동성, 이해성 및 견고성의 4가지 원칙을 준수해야 한다고 명시하고 있다. 이 지침에는 범용 설계를 촉진하는 프로토콜이 포함되어 있다. 중요한 것은 장애인을 위한 접근성 관리가 부수적인 것이 아닌 제품 개발의 일환이 되는 환경을 조성했다는 점이다. 이것은 장애인 이용자를 위해 배치된 스크린 리더기 또는 기타 보조 도구들이 제3자에 의해 별도로 관리되지 않도록 하는 것을 의미한다. 또한 접근성이 내재되어 있어서 모든 사용자가 플랫폼과 콘텐츠를 접근함에 있어 어려움을 경험하지 않아야 한다는 것을 의미한다. 그리고 e-러닝 학습 도구와 애플리케이션은 정보 접근, 처리 및 배포를 더 쉽게 만들어야 한다.

그러나 무왕구지와 린(Muwanguzi & Lin, 2010)은 "미국에서 감사한 24개 대학 웹사이트 중 23개가 '웹 접근성 이니셔티브'(WAI, 1999) 가이드라인을 준수하지 않고 있다."(p. 45)는 슈메츠케Schmetzke의 2000년 연구 결과를 인용하였다. 미찰스카와 동료들(Michalska, You, Nicolini, Ippolito, & Fink, 2014)은 "대학 웹사이트의 41%가 'Web Accessibility in MindWebAIM'[1]가 요구하는 기준을 충족시키지 못하고 있다."(p. 995)고 보고했다. 무왕구지와 린(2010)은 미국의 대학들은 "웹 페이지의 인터페이스 설계나 웹 콘텐츠의 구성에 있어 장애 학생들의 요구를 고려하지 않은 것 같다."(p. 45)고 강력하게 주장하고 있다. 미찰스카와 동료들(2014)은 "「미국장애인법Americans with Disabilities Act」 및 '웹 콘텐츠 접근성 가이드라인' 섹션 508의 일반적인 위반 사항은 이미지 대체 텍스트, 화면 판독기의 부정확성, 의미 없는 대체 텍스트, 비논리적 헤더 구조"(p. 995)를 포함하고 있으며, 이는 온라인 정보 전달 내에서 장애 학생들의 요구를 지속적으로 무시한다는 것을 의미한다.

이것은 시각장애 학생들에게 무엇을 의미하는가

앞에서 제시한 정보는 시각장애 학생들의 경험과 연관지어졌을 때 특히 중요하다. 일반적인 맥락에서 세계보건기구World Health Organization의 통계에 따르면 "전 세계적으로 약 3억 1400만 명의 시각장애인이 존재한다"(Buzzi et al., 2010, p. 327).

1) [역주] Web Accessibility in MindWebAIM는 포괄적인 웹 접근성 솔루션을 제공하기 위해 1999년에 설립된 비영리기구로 미국 유타주립대학교 장애인센터 내에 위치해 있다. (출처: https://webaim.org)

이 통계는 전 세계 다양한 인구계층에게 영향을 주는 신체 및 정신 장애는 이 통계에 포함돼 있지 않다(이 책 14장 참조). 교육의 틀 안에서 장애 학생들에 대한 자료를 고려할 때, 이러한 불충분한 점들은 더 많이 부각된다. 게젤과 토머스(Getzel & Thomas, 2008)는 "장애 청소년의 25% 정도가 고등학교를 졸업하고 중등 후 교육[2]에 참여하고 있으며"(p. 77) 이는 높은 중퇴율과 빈곤의 가능성, 그리고 미래에 대한 결과를 시사한다고 보고했다. 쉐빌스키와 동료들(Shebilske, Alakke, & Narakesari, 2009)은 "25세 이상 저시력의 또는 시각장애가 있는 미국인 중 450만 명은 고졸 이하, 600만 명은 고졸 또는 고졸 검정고시 학력general equivalency diploma을, 540만 명은 대학 교육 일부를, 그리고 360만 명은 학사 또는 그 이상의 학위를 소지하고 있다."(p. 989)라고 보고했다. 호주에서 고등교육에 참여하는 장애 학생 수가 증가하고 있지만, 2008년도에 그 수치는 전체 학생의 4.1%에 불과했다(Goggin, 2010, p. 471).

장애 학생들 중 상당수는 온라인 자료에 접속하기 위해 보조기술을 필요로 하지만, 이러한 플랫폼과 포멧(구성방식)을 대학 전달시스템과 통합하는 데에는 여전히 상당한 문제들이 존재하고 있다. "한 연구에서는 시각장애 학생의 60%가 스크린 리더기를 포함한 보조기술의 혜택을 받지 못하는 것으로 나타났다."(Wong & Cohen, 2011, p. 132) 주된 이유는 사용자와 교사 모두가 이러한 장치들의 기능에 대한 교육이 부족했기 때문이다. 이는 온라인 환경과 장애 학생들의 교육에 대한 사고방식에 내재된 비접근성의 문화로 인해 많은 학생들이 효과적이고 효율적인 학습 경험을 할 수 없음을 의미하기도 한다.

이러한 상호작용의 문제는 학생들이 웹과 학습관리시스템에 접근하기 위해 사용하는 보조기술이 설계상의 문제로 플랫폼에 불안정하게 재장착되는 방식에서 기인한다. 여기서 보조기술은 학생 접근을 용이하게 하기 위해 이용할 수 있는 도구들과 불안정하게 연결된다. 보조기술의 범위는 저기술에서 최첨단 도구까지, 돋보기부터 텍스트 투 스피치, 음성 소프트웨어와 스크린 리더기까지 다양하다. 청각장애가 있는 사람들은 스마트폰을 보조 도구로 사용하고 있으며, 많은 청각장애인들이 "휴대폰으로 내가 할 수 없는 유일한 한 가지는 전화를 거는 것이다. 하지만, 그 외 다른 기능들은 나에게 놀라운 접근성을 제공한다."라고 말하고 있다(Mager, 2015, para. 2). 이것은 장애인들이 비록 예측하기 어렵지만 변화하는 방식으로 기능

2) [역주] 대학 학위를 위한 교육기관 또는 성인 교육기관에서 제공하는 직업 기술 또는 훈련 교육 과정을 포함한다. (출처: https://tophat.com/glossary/p/postsecondary-education/)

(techniques)과 기술(technology)을 혁신적으로 사용하고, 이와 같은 기능과 기술이 인기가 있지만 장애인의 욕구를 충족시키지 못하고 있는 플랫폼과 환경을 개선하기 위한 해결책으로서 필요에 의해 개발된 것임을 보여 주고 있다.

장애인들은 접근성 문제가 해결되는 사회를 만들기 위해 지속적으로 노력해 왔다. 하지만 개발자들은 1930년대부터 존재해 온 음성 합성 같은 기술혁신에도 불구하고 장애인들의 요구를 지속적으로 무시해 왔다(Ghaoui, Mann, & Ng, 2001, p. 139). 이러한 태도는 디지털 환경이 어떻게 장애를 유발하는지에 대한 투명성과 이러한 장애물들을 관리하고 중재하기 위한 장애인들의 노력에 대한 관심의 부족에서 비롯된다.

소셜 미디어처럼 학습관리시스템 기능하는 블랙보드

블랙보드는 현재 대학 및 고등교육기관에서 가장 일반적으로 사용되고 있는 학습관리시스템 중 하나로, "2만 개 조직에 걸쳐 2천만 명 이상이 사용하고 있다"(Empson, 2014, para. 1). 블랙보드는 학생들의 온라인 학습 경험을 더욱 풍요롭게 만드는 도구들을 구비하고 있다. 특히 "학습자는 모바일 기기를 통해 블랙보드에 접근할 수 있고, 과제물을 손쉽게 확인할 수 있고, 다중모달 알림(multimodal notifications)를 통해 날짜와 이벤트에 대한 정보를 지속적으로 전달받고, 공동 작업 공간을 통해 학문 공동체와 연결하고 있다."고 주장한다(Blackboard, n.d.b.).

블랙보드는 학생들의 학적사항, 과제물, 성적, 심지어 표절 탐지까지 능률적으로 관리할 뿐만 아니라, 능동적이고 효과적인 학습 공간을 제공한다는 주장에서 소셜 미디어의 수사학을 자극한다. 이런 맥락에서 블랙보드 자체는 다른 많은 학습관리시스템과 마찬가지로 전문화된 소셜 미디어의 한 형태로 볼 수 있다. 블랙보드는 온라인상에서 공식적 그리고 사회적 상호작용을 위한 공유 공간을 제공하고, 또한 콘텐츠를 게시하고, 링크를 걸고, 토론할 수 있게 한다. 시스템에 대한 개방적 접근의 결여와 이용자 간(이 경우 교사와 학생) 형성된 위계성에 대한 반론이 제기될 수 있지만, 장애인들은 이것이 자신들이 늘 겪어 왔던 소셜 네트워킹의 특징이라고 주장할 것이다. 이 담론의 틀은 학습 자료, 온라인 토론 및 학습 결과에 따라 상호작용이 가능한 텍스트, 링크, 이미지, 그리고 인터페이스의 이동성이 보장된 온라인 환경의 고유한 유연성과 개인화에 대한 이해에 기반한다. 이러한 합리화 속에서 학생들은 텍스트를 동원하고, 그들의 지식을 연결하고, 그들의 선호사항들을 게시함으로써 그들의 교육이 적시에 전달될 수 있도록 구성할 수 있게 된다.

◉ 블랙보드-접근성

블랙보드 회사는 장애 학생들의 접근성에 대해 강력하게 이야기하고 있다. 블랙보드는 2012년 12월 자신들이 '웹 콘텐츠 접근성 가이드라인'을 준수하고 있다는 증거를 제시하고, 전국시각장애인협회National Federation of the Blind로부터 비시각적 접근 부분에 대한 금상에 준하는 증서를 수여받았음을 확인해 주었다(Blackboard, n.d.a.). 2010년 연구에서 블랙보드가 특히 시각장애 학생들의 접근성 기준을 충족하지 못했다고 보고되었기 때문에 이 부분은 블랙보드 회사에게 중요한 사안이었다. 그러나 켄트(Kent, 2015)가 지적하듯이 "13년은 접근 가능한 소프트웨어의 버전을 기다리기에는 긴 시간"(para. 1)이며, 이는 장애 학생들이 어떻게 블랙보드를 설계하고 전달하는 과정에서 간과되었는지를 보여 준다. 이러한 현실은 구현 및 관리에 있어서 접근에 대한 책임을 다양한 교육적 인터페이스 방식을 위해 환경을 바꿔줘야 하는 기관이나 개발자가 아니라 학생에게 전가하고 있음을 보여 준다.

콘웨이(Conway, 2010)는 "로그인 페이지가 4가지 기준 중 3가지 기준을 만족시키지 못했다"는 것을 포함하여 시각장애 사용자를 위한 블랙보드 내비게이션에서 많은 문제점들을 보고했다. "누락된 주요 기능은 '연락처' 링크가 부족하고 페이지 하단에 매우 작은 활자로 표시된 접근성의 기능이다."(p. 18) 콘웨이(2010)는 웹사이트가 크기 조정과 접근성 옵션을 두드러지게 표시해야 하지만(p. 18) 블랙보드가 이 지침을 준수하지 않는 것으로 보인다고 언급했다. 또한 그는 "탭 키가 페이지를 통해 이동하지만, 탭 이동에 대해 설정된 순서가 없기 때문에 사용자가 현재 어디에 있는지 알 수 없는 경우가 있다."(p. 19)라고 추가적으로 보고했다. 이것은 웹 페이지를 순차적으로 읽는 스크린 리더기를 사용하는 사람들에게 특히 장애가 되고 있어, 마우스 없이 페이지를 탐색할 수 있어야 한다는 '웹 콘텐츠 접근성 가이드라인'을 거의 따르고 않다고 볼 수 있다. 또한 시각장애 사용자의 사이트를 평가하는 램버트(Lambert, 2013)는 다음과 같이 설명한다.

> 블랙보드 런Blackboard Learn은 적절하게 잘 실행되고 있다. 그러나 캡처, 읽을 수 없는 이메일 메시지, 복잡한 링크 같은 문제가 해결될 때까지 블랙보드 런은 스크린 액세스 기술 사용자의 독립

적인 학습을 위한 완전한 해결책이 될 수 없을 것이다.

(p. 32)

램버트(2013)는 자신의 연구에서 (매킨토시 사용자용) 보이스오버VoiceOver, 윈도우용 JAWS, 윈도우-아이Windows-Eyes 등 보조기술에 따라 블랙보드를 사용하여 다양한 결과를 발견했다. 그럼에도 불구하고, 각각은 계정 생성, 이메일 작성, 링크 설정 등 특정 부분에서 현저한 결여를 보였다. 램버트(2013)는 "접근 가능한 e-러닝을 만드는 것은 도구 자체만을 의미하는 것이 아니라 전체 환경에 접근 가능하도록 만드는 것이다."(p. 3)라는 것을 재차 확인하고 강조했다. 그는 접근에 대한 이해방식을 재고함으로써 보편적 설계를 정상화할 수 있다고 설명했다.

◉ 블랙보드-교육, 설계 및 장애

접근에 대한 이해방식을 재고해야 하는 사람들은 IT 지원 및 플랫폼 개발자들만이 아니다. 그것은 대학의 고위 관리직 인사들은 물론, 교사들과 교육과정 설계자들을 포함해야 한다. 교사 그룹은 업로드한 자료들이 보조기술을 사용하는 학생들에게 추가적인 방해가 되지 않도록 블랙보드 환경을 관리하는 기술을 습득해야 하고, 지식, 평가, 시간 관리 및 학습 결과의 유연성을 촉진하는 강의 계획서도 설계할 수 있어야 한다. 이런 훈련이 없다면 블랙보드는 장애 학생들을 계속 소외시키고 차단하고 분리할 것이다.

교사와 대학의 고위 관리직 인사들은 디지털 환경이 어떤 방식으로 일부 사용자에게 불공평한지를 인식할 필요가 있다. 교사들에게는 장애 학생들을 위해 블랙보드 관리에 대한 적극적이고 참여적인 상황적 교육이 필요하다. 이러한 기술들은 대학 교육 프로그램과 전문성 개발 과정을 구성하는 성적센터와 턴잇인(표절예방)Grade Center and Turnitin 워크숍 관리와 함께 특권으로 제공되어야 한다. 무왕구지와 린(2010)은 "온라인 강사들은 장애 학생들이 웹 기반의 교육 미디어 환경에서 공부할 때 필요한 특수한 욕구에 대해 거의 알지 못한다."(p. 45)고 단언한다. 장애 학생들의 불편한 경험은 부분적으로는 대부분의 교육자들이 "가장 초보적인 수정 전략을 구현하는 것 이상을 할 수 있는 설계 기술이나 기술적 전문지식이 부족하기"(Simoncelli & Hinson, 2008, p. 51) 때문이다. 교사들은 교과과정 내에서 보편적 설계를 두고 그들이 이용하는 자료에 이 설계를 구축하는 데 도움이 될 수 있는 전략에 대해 배울 필요가 있다. 그러나 이것은 대학 고위 관리직 인사들이 보편적 설계를 위해 헌신할 때만 효과가 있다. 중요한 것은 콘웨이(2010)가 "블랙보드에는 고정된 기능이 여러 개 있긴 하지만, 콘텐츠 관리 시스템을 사용하여 교직원들이 학생들의 접근성을 극대화할 수 있다."(p. 22)라고 밝혔다. 이러한 전략에는 장애 학생들의 접근성 문제를 완화하기 위한 방법으로 직원들이 사용할 수 있는 일련의 개입이 포함된다.

> 다음과 같은 방법을 사용할 수 있다. 강의 녹취록을 동반한 오디오 녹화를 포함하여 강의 자료에 사용되는 다양한 접근방법을 보장하면 시각 · 청각장애인들의 학습 잠재력을 극대화할 수 있다. …… PDF 파일과 같은 아이템은 스크린 리딩 소프트웨어에서 읽을 수 없기 때문에 HTML 버전도 포함되어야 한다. 그래픽에 대한 기술 콘텐츠도 스크린 리딩 소프트웨어가 사용자에게 항목을 설명할 수 있도록 ALT-텍스트 형식으로 포함되어야 한다.
>
> (Conway, 2010, p. 22)

교사들은 글꼴을 선택하여 블랙보드 플랫폼의 접근성을 높일 수 있다. 미찰스카와 동료들(2014)은 "에이리얼Arial 및 헬베티카Helvetica와 같은 표준 산세리프standard san serif 글꼴"(p. 996)과 9~12 포인트 사이의 글꼴 크기를 사용할 것을 권고하고 있다(p. 996). 그들은 또한 흑백색 대비를 권고한다(p. 997). 이러한 변화는 교사들이 블랙보드 내에서 장애 학생들, 특히 시각장애 학생들이 자료를 검색하고 가독성을 높일 수 있도록 한다. 이러한 것들이 외형적인 개입으로 보일 수 있지만, 교육과정 설계와 블랙보드 레이아웃에 대한 의식적 노력은 교육이 효과적으로 전달되고 관리될 수 있도록 한다. "블랙보드의 명령-통제 구조"(Goggiin, 2012, p. 14)에 대한 협의로, 교사와 교육과정 설계자는 교육의 구조와 전략을 재구성할 수 있다.

예를 들어, "명확하고 일관된 내비게이션을 보장하기 위해 행(rows)이나 내비게이션 링크를 항상 모든 웹 페이지의 동일한 위치에 동일한 순서로 배치해서 사용자가 방향감을 유지할 수 있도록 하는 것"처럼(Michalska et al., 2014, p. 996) 시각장애 학생들의 욕구에 대한 인식은 교육자가 보조기술 사용과 관련된 특정 경험을 이해할 수 있도록 할 것이다. 교사들이 블랙보드에 있는 내비게이션 도구에 대해 완전히 통제하지는 못하겠지만, 그러한 지식은 그들에게 장애 학생들이 직면하는 어려움에 대한 통찰력을 제공하고, 더 나아가 이해와 배려로 학생들의 어려움들을 완화시킬 수 있도록 한다. 예를 들어, 시각장애 학생들의 경우, "일반 학습 관련 과업이 시간에 민감하거나 복잡해 보이지 않지만 시각장애인들은 그렇게 느낄 수 있다"(Shebilske, Alakke, & Narakesari, 2009, p. 988). 부지와 동료들(Buzzi et al., 2010)이 "시각장애 사용자가 특정 정보를 웹에서 검색할 때 걸리는 시간은 시각장애가 없는 사용자보다 평균 2.5배 더 걸린다."(p. 329)는 것을 발견했다. 즉, 화면 읽기 기술이 역동적이거나 잘못 설계된 웹 사이트를 읽을 때 장애 학생들은 이와 같은 장벽을 경험하게 된다. 대학 고위 관리직 인사들이 블랙보드의 보편적 설계뿐만 아니라 홈페이지와 국지화 기술에서 디지털 인터페이스가 활성화되는 방법을 계속해서 요구하는 동안, 이러한 어려움을 인지하는 교사들은 수업 콘텐츠와 그 결과를 바탕으로 학습을 위한 지원적 틀을 만들 수 있다. 이러한 수단을 기반으로 한 보다 효과적인 설계와 의식적인 교육과정의 구축은 블랙보드의 활용성을 높이기 위한 환경을 만들고 동시에 제3자 기술은 블랙보드 콘텐츠에 접근하는 기능을 제공한다.

일반 대학들

블랙보드와 e-러닝에서의 현존하는 문제점들과 잠재적인 문제들은 일반적으로 학습관리시스템 개발자와 대학 조직이 교육과 보편적 설계에 대해 가지는 상반된 생각ambivalence 때문이다. 디지털 형식은 유연하고 역동적인 학습 관리를 위한 기회와 접근성을 방해할 수 있는 가능성을 동시에 가지고 있다. 그리고 이 둘 사이에 존재하는 긴장감은 장애 학생들에 대한 논의가 학계를 통해 널리 보급되지 않고 장애 전문가들에게 전가되는 환경을 만들고 있다. 이것은 장애 학생들을 위한 접근성의 문제가 온라인 사이트를 통제하는 월드와이드웹 컨소시엄 가이드라인에 따라 활성화되고 구현되는 핵심 설계 원칙에 포함되지 않고 상황에 따라 추가된 결정임을 의미한다. 장애인들은 "인터넷 사용의 선구자였다"(Goggin, 2015, p. 327). 하지만 그들의 요구는 최첨단의 기술 설계와 적용에 반영되지 않고 필요에 따라 소급적으로 반영되고 있다. 켄트(2015)는 "장애인을 위한 접근성은 상황에 따라 추가되는 것이 아니라 초기 설계 프로세스에 포함되어야 한다."(para. 16)고 재차 강조한다.

이러한 내장된 방식을 활용하여 장애 학생들을 위한 접근성을 높일 수 있다. 보편적 설계가 효과적으로 사용될 경우, 접근성의 문제는 상당히 완화될 것이다. 하지만 텍스트, 플랫폼, 시청각 미디어, 하이퍼링크의 이동성과 인지된 유연성이 맞춤형 보기 및 검색으로 변환되는 디지털 환경에서는 보편적 설계가 무시된다. 이러한 태도는 보조기술이 실제로 장애인이 웹을 읽는 데 필요한 가상 환경을 덜 역동적으로 만들어야 하는 방식을 무시하는 것이다. 예를 들어, 스크리닝 소프트웨어는 "병렬 형식보다는 순차적이고 선형적으로 접근하기 위해 재구성할 수 있는 가상 환경에서만 탐색할 수 있다"(Muwanguzi & Lin, 2010, p. 44). Web 2.0은 시각장애인이 사용하기에는 문제가 많고, 보편적으로 접근 가능하고 사용 가능한 웹 환경과는 거리가 멀다.

엘세서(Ellcessor, 2014)는 "웹 접근성의 기술적 상상력은 무엇이 바람직하고 실용적인지 정의하는 능력, 웹 기술, 보조기술의 이데올로기 간에 존재한다."(pp. 451-452)라고 주장한다. 이 공간은 온라인 학습의 접근성에 대한 재고가 필요한 곳이다. 재고 사항은 디지털화, 이동성, 이해력, 교육과정 사이의 관계를 재정립하는 과정을 포함한다. 그것은 "교육과정에서의 결핍을 보충하기 위해 더 이상 보조기술을 필요로 하지 않을 수 있는" 보편적으로 설계된 학습 환경을 조성하는 것을 의미한다(Simoncelli & Hinson, 2008, p. 54). 또한 그것은 "적응성이란 섬세하게 설계에 통합되어"(Simoncelli & Hinson, 2008, p. 50) 보조기술이 인터페이스로 재장착되지 않고 학습을 시각화하고 성취하는 방법의 일부로 이동되는 것임을 의미할 것이다. 궁극적으로 그것은 접근성, 사용성, 보편적 설계 및 보조기술에 대한 지식이 교사 및 교육과정 설계자의 지식 기반에 보다 더 철저하게 통합되어야 한다는 것을 의미한다. 하지만 통합에 대한 노력은 IT 전문가와 블랙보드 개발자만들의 단독 책임일 수는 없다. 교사, 관리자 및 대학 고위 관리직 인사들은 장애인의 접근성 및 사용성을 학습 설계의 가시적이고 일관성 있는 부분으로 만들기 위해 어떻게 교육과정의 전달과 설계에 개입할 수 있는지에 대해 고민해 볼 필요가 있다.

결론

이 책 14장에서 마이크 켄트는 고등교육 환경에서 장애인과 전통적인 소셜 미디어 간의 상호작용을 탐구했다. 그러나 하이브리드 학습 환경과 백퍼센트 온라인 교육 환경에서 블랙보드와 같은 학습관리시스템이 점점 더 중심적인 역할을 함에 따라, 이러한 시스템이 자체적으로 소셜 미디어로서 수행하는 역할을 이해하고 장애 여부와 관계없이 모든 학생들이 사용할 수 있는 방법들을 고려하는 것이 중요하다.

정보의 해방liberation of information 그리고 장애인을 위한 인터넷과 웹의 유연한 접근성에 관한 신화들은 서로 상쇄될 필요가 있다. 대학들이 강의 콘텐츠를 제공하기 위해 사용하는 디지털 인터페이스는 역설계 기술reverse-engineered technology에 의존하기보다는 보편적 설계의 원리를 사용하여 장애 학생들이 보다 효과적으로 정보검색을 할 수 있도록 해야 한다. 공정한 교육의 기능과 기틀에 대한 핵심 인식을 재정립하여 소프트웨어 엔지니어가 지원할 수 없는 장치를 장애 학생들이 관리하고 구입하고, 또 이를 사용하여 자신들의 교육과정에 개입하도록 방치해서는 안 된다. 그러한 장치들은 장애 학생을 교육으로부터 배제하지 않고 그들에게 기회를 제공해야 한다. 그러나 현재 학습관리시스템의 설계와 개발 그리고 학생들의 교육과정에 대한 개입은 상당히 미흡하다. 장애 학생들이 방치되지 않도록 그리고 교사들이 가상 경험을 이해하는 데 방해가 되지 않도록 보편적 설계가 더 많이 사용되어야 한다. 그때 비로소 교육과정 설계와 접근성의 체계화에 대한 고려가 가능할 것이다. 이러한 고려는 결과적으로 장애 학생들의 부담을 덜어 주고, 그들이 기술 관리나 3자 도구, 정보검색(내비게이션) 개입보다는 배움에 집중할 수 있도록 할 것이다.

참고문헌

Bell, K. (2015, July 18). An iPad gave my son with disabilities a voice – and changed his life. *The Guardian*. Retrieved from http://www.theguardian.com/commentisfree/2015/jul/17/ipad-disability-voice-app-quality-of-life

Berners-Lee, T. (2010). Long live the web. *Scientific American*. Retrieved from http://www.cs.virginia.edu/~robins/Long_Live_the_Web.pdf

Blackboard. (n.d.a.). Accessibility at Blackboard. Retrieved from http://www.blackboard.com/accessibility.aspx

Blackboard. (n.d.b.). Blackboard learn, benefits. Retrieved from http://anz.blackboard.com/sites/international/globalmaster/Platforms/Blackboard-Learn.html

Buzzi, M. C., Buzzi, M., Leporini, B., & Akhter, F. (2010). Is Facebook really 'open' to all? *In IEEE International Symposium on Technology and Society (ISTAS),* 7-9 June, NSW (pp. 327-36). DOI: 10.1109/ISTAS.2010.5514621

Conway, V. (2010). Web accessibility issues with Blackboard at Edith Cowan University.

eCulture, 3. Retrieved from http://ro.ecu.edu.au/cgi/viewcontent.cgi?article=1099&context=eculture

Ellcessor, E. (2014). 〈ALT='Textbooks'〉: Web accessibility myths as negotiated industrial lore. *Critical Studies in Media Communication, 3*(15), 448-463.

Ellis, K., & Kent, M. (2014). Facebook, disability and higher education: Accessing the digital campus. In M. Kent and T. Leaver (Eds.), *An education in Facebook: Higher education and the world's largest social network* (pp. 196-204). New York, NY: Routledge.

Empson, R. (2014). Education giant Blackboard buys MyEdu to help refresh its brand and reanimate its user experience. *TechCrunch,* posted January 16. Retrieved from http://techcrunch.com/2014/01/16/education-giant-blackboard-buys-myedu-to-help-refresh-itsbrand-and-reanimate-its-user-experience/

Getzel, E. E., & Thomas, C. A. (2008). Experiences of college students with disabilities and the importance of self-determination in higher education settings. *Career Development for Exceptional Individuals, 31*(2), 77-84. DOI: 10.1177/0885728808317658

Ghaoui, C., Mann, M., & Ng, E. G. (2001). Designing a humane multimedia interface for the visually impaired. *European Journal of Engineering Education, 26*(2), 139-149. DOI: 10.1080/03043790110034401

Goggin, G. (2010). 'Laughing with/at the disabled': The cultural politics of disability in Australian universities. *Discourse: Studies in the Cultural Politics of Education, 31*(4), 469-481. DOI: 10.1080/01596306.2010.504363

Goggin, G. (2012). Borderlands or enclosures?: Technology, the university, and cultural studies. *The Review of Education, Pedagogy, and Cultural Studies, 34*(8), 8-22. DOI: 10.1080/10714413.2011.643727

Goggin, G. (2015). Communication rights and disability online: Policy and technology after the World Summit on the Information Society. *Information, Communication and Society, 18*(1), 327-341. DOI: 10.1080/1369118X.2014.989879

Kent, K. (2015). Disability and eLearning: Opportunities and barriers. *Disability Studies Quarterly,* 35(1). Retrieved from http://dsq-sds.org/article/view/3815/3830

Lambert, R. (2013). A tale of two PCs: An evaluation of access platforms for the bling utilizing the "Blackboard learn" learning management system. UNLV Theses/Dissertations/Professional Papers/Capstones. Retrieved from http://digitalscholarship.unlv.edu/cgi/viewcontent.cgi?article=3004&context=thesesdissertations

Mager, W. (2015, January 27). Smartphones make deaf life easier but at the expense of what? [Web log post]. Ouch Blog. *BBC News*. Retrieved from http://www.bbc.com/news/blogs-ouch-31004325

Michalska, A. M., You, C. X., Nicolini, A. M., Ippolito, V. J., & Fink, W. (2014). Accessible webpage design for the visually impaired: A case study. *International Journal of*

Human-Computer Interaction, 30 (12), 995-1002. DOI: 10.1080/10447318.2014.925771

Muwanguzi, S., & Lin, L. (2010). Wrestling with online technologies: Blind students'struggle to achieve academic success. *International Journal of Distance Education Technologies, 8*(2), 43-57.

Searle, J. (2014). *E-Learning and disability in higher education: Accessibility research and practice*. London: Routledge.

Shebilske, W., Alakke, G., & Narakesari, S. (2009). University students using a screen reader for education tasks. *Proceedings of the Human Factors and Ergonomics Society 53rd Annual Meeting* (pp. 985-9). San Antonio, ASA, October 19-23. DOI: 10.1177/154193120905301510

Simoncelli, A., & Hinson, J. M. (2008). College students' with learning disabilities personal reactions to online learning. *Journal of College Reading and Learning, 38*(2), 49-62. DOI: 10.1080/10790195.2008.10850308

Swartz, L., & Watermeyer, B. (2006). Introduction and overview. In B. Watermeyer, L. Swartz, T. Lorenzo, M. Schnieder, & M. Priestley (Eds.), *Disability and social change: A South African agenda* (pp. 1-7). Cape Town: HSRC Press.

W3C. (n.d.). W3C mission. Retrieved from http://www.w3.org/Consortium/mission

Wong, M. E., & Cohen, L. (2011). School family and other infl uences on assistive technology use: Access and challenges for students with visual impairments in Singapore. *British Journal of Visual Impairment, 29*(2), 130-144. DOI: 10.1177/0264619611402759

17

'언어차별주의'에 도전하는 '방법을 알고 있는' 난독증 장애인

크레이그 콜린슨, 오웬 바든

도입

언어차별주의Lexism(Collinson, 2012, 2014)는 난독증 장애인dyslexics을 정의하는 것에 대한 대안적 개념화다. 장애차별주의와 인종차별주의가 특정 문화 집단에 대한 편견을 수반하는 것처럼, 언어차별주의는 난독증 장애인을 타자화하며 차별한다. 언어차별주의는 문해literacy[1]가 특정 방식으로만 '수행되어야' 한다는 규범적 태도 및 신념의 결과다. 우리는 언어차별주의라는 새로운 개념을 사용하여 문해와 난독증에 대한 몇 가지 가정을 재평가한 후 소셜 미디어가 이러한 규범적 가정을 헝클어뜨릴 수 있는 기술로 활용될 수 있는 방식에 대해 검토하고자 한다. 디지털로 매개되는 소셜 네트워크인 페이스북Facebook에 대한 연구를 바탕으로, 우리는 적절한 조건하에서 소셜 미디어를 통해 난독증 장애인❶이 지배적인 문해 이데올로기에 저항할 수 있으며 동시에 다양한 형태의 문해에 대해 그리고 이를 통해 능동적이며 비판적인 학습에 참여할 수 있음을 주장하고자 한다. 크레이그Craig(Collinson, 2012)

1) [역주] 문해文解, literacy는 문자를 읽고 쓸 수 있는 일 또는 그러한 일을 할 수 있는 능력을 말한다. 넓게는 말하기, 듣기, 읽기, 쓰기와 같은 언어의 모든 영역이 가능한 상태를 말한다. ("문해", 위키백과, 2020년 3월 31일 수정, 2020년 9월 16일 접속, https://ko.wikipedia.org/wiki/%EB%AC%B8%ED%95%B4)

에 따르면, 정신의학적 장애난독증, dyslexia를 정의하기보다는 난독증 장애인dyslexics을 정의하는 것은 문해(언어차별주의)와 연관된 규범적 관행 및 가정이다. 난독증 장애인이 어떻게 정의되는지를 개념화하는 이 새로운 방식은 기존의 담론에 의문을 제기하는 새로운 시각을 제공한다. 오웬Owen(Barden, 2012, 2014a)은 난독증 장애인이 소셜 미디어를 통해 전통적이고 제한된 문해 모델에 도전하며 다양한 형태의 지식에 접근할 수 있다고 주장해 왔다. 우리는 페이스북이 난독증 장애인이 언어차별주의에 도전하거나 그 규범적 가정을 우회할 수 있는 기회를 어느 정도로 제공할 수 있는지에 대해 질문한다. 우리는 소셜 미디어가 난독증 장애인을 능력화할enabling 수도 있고 무력화할disabling 수도 있음을 인식하고 있다(Ellis & Kent, 2011; Hollier, 2012). 루스와이트(Lewthwaite, 2011)는 타인의 시선을 의식하고 이로 인해 규범적 정체성을 드러내고 유지해야 할 필요성을 인식하는 것과 같은 사고방식에서의 장벽을 강조하는데, 머천트(Merchant, 2012) 역시 이러한 장벽이 교육 환경에서 사회적 불평등 및 분열을 완화하기보다는 견고하게 할 여지가 있다는 점에 동의한다. 그러나 우리는 문해에 대한 진정한 학습을 촉진하고 우리가 설명하는 것과 유사한 맥락에서 다른 교사나 연구자들에 의해 재현될 수 있는 강의실 기반 프로젝트의 사례를 제시하고자 한다.

이 장에서 우리는 먼저 '난독증'에 대해 우리가 제시하는 접근방식의 주요 특징을 언급하고, 이어 문자 기반의 사회에서 난독증이 장애로 구성되고 유지되는 방식을 설명하기 위해 언어차별주의의 개념을 소개할 것이다. 우리는 문해의 사회적 모델이 사회적·기술적으로 매개되는 새로운 문해 실천방식의 출현과 더불어 난독증, 문해 그리고 학습 사이의 관계에 대한 재검토를 촉진한다고 생각한다. 이를 위해 우리는 철학자 길버트 라일Gilbert Ryle의 고전 《정신의 개념The concept of mind》(1949)과 그의 관찰을 바탕으로, 명제적 지식[2](문해 포함)과 우리가 지능을 정의할 수 있는 다른 방식 사이의 구별 및 이 두 가지를 혼동하거나 혼용하지 않는 것의 중요성에 대해 탐색하고자 한다. 라일은 이러한 구별을 '수행의 과정과 절차를 아는 것Knowing how' 그리고 '~라는 것을 아는 것knowing that'이라고 부른다. 우리는 이 작업이 어떻게 문해에 관한 지배적인 개념화(이로 인해 언어차별적 태도를 뒷받침하게 됨)에 저항하며,

2) [역주] 명제적 지식propositional knowledge은 언어나 기호로 표현될 수 있는 지식으로, 방법적 지식procedural knowledge에 상대되는 개념이다. ("명제적 지식", 교육학용어사전, 1995년 6월 29일 발간, 2020년 9월 16일 접속, https://terms.naver.com/entry.nhn?docId=510582&cid=42126&categoryId=42126)

선언적 지식[3)]으로부터 웹 2.0 기술의 확장에 기여할 수 있는 절차적 지식[4)]으로 우리의 초점을 이동시키는지에 대해 설명할 것이다(Dede, 2008; Kress, 2010; Lankshear & Knobel, 2003). 우리는 난독증과 문해의 결함 모델이 문해와 관련하여 '수행의 과정과 절차를 아는 것'과 '~라는 것을 아는 것' 사이의 개념적 혼동을 통해 설명될 수 있다고 주장한다. 이는 너무도 많은 교육자들이 문해의 세부 사항에 초점을 맞추고 있으며, 인지된 기술 부족을 바로잡으려 하고, 문해가 어떠한 것들에 관한 지식을 소통하고 발전시키는 것을 주요한 기능으로 하는 사회적 행위라는 사실을 간과하고 있기 때문이다. 우리는 5명의 난독증 학생이 교육적 목적으로 페이스북을 사용하는 것에 대한 실증적 강의실 내 연구를 통해 우리 주장의 증거를 제시할 것이다. 이 연구에서는 난독증 학생들이 '~를 아는 것'과 관련된 문해 부족에 의해 평가받거나 제한받는 대신, 동기부여가 잘 되어 중요한 디지털 문해를 개발하는 데 필요한 '수행의 과정과 절차는 아는 것'에 대해 능숙하게 학습할 수 있음을 제시할 것이다. 본 연구에서 5명의 난독증 학생들이 보인 행동은 메이어와 로즈(Meyer & Rose, 2005, p. 1)의 다음과 같은 주장을 뒷받침한다.

> 현재의 교과과정이 명백히 효과적이지 않은 '주변부' 학생들은 교육 시스템 및 모든 사람을 위한 교육과 학습을 저해하는 교육제도 및 교육과정의 약점을 이해하는 데 도움이 되기 때문에 진정한 개혁을 가능케 할 수 있다. 지금까지 인쇄 중심의 세계로부터 소외되어 온 다양한 학습자들의 요구는 새로운 미디어의 놀라운 영향력을 발견하고 발전시키며 적용하도록 추동함으로써 교육적 기회를 확대할 것이다.

3) [역주] 선언적 지식declarative knowledge은 절차적 지식, 조건적 지식과 함께 지식의 한 종류로, 특정한 대상이 무엇인지 아는 것을 의미한다. 대부분 언어적으로 표현 가능하며, 의식적인 과정을 통해 학습된다. ("선언적 지식", 두산백과, 2020년 9월 16일 수정, 2020년 9월 16일 접속, https://terms.naver.com/entry.nhn?docId=5646311&cid=40942&categoryId=31531)

4) [역주] 절차적 지식procedural knowledge은 과정적 지식, 방법적 지식으로 불리기도 하는데, 이는 학습한 결과의 기억이 아니라 결과가 성립됨을 증명하기, 과제 해결방법을 순서에 따라서 직접 시연해 보이기 등 수행의 과정과 절차를 아는 것knowing how을 일컫는다. ("절차적 지식", 교육심리학용어사전, 2000년 1월 10일 발간, 2020년 9월 16일 접속, https://terms.naver.com/entry.nhn?docId=1944602&cid=41989&categoryId=41989)

난독증

난독증은 일반적으로 개인의 문해력 획득에 주로 영향을 미치는 특정한 학습장애specific learning difficulty로 정의된다. 장애의 원인은 일반적으로 개인의 신경계, 즉 뇌 구조와 기능에 있다고 여겨진다. 뇌의 회백질 용량, 반구 대칭성, 한정된 말하기 및 언어 사용 등의 생물학적 차이는 음성인식, 정보처리 속도 및 작업기억 능력 등의 기능에 있어 인지적 차이를 초래한다(Frith, 2002, 1999). 이러한 차이는 일반적으로 결함 또는 약점으로 묘사된다. 인지적 결함은 읽기, 철자 및 쓰기 능력 장애와 같은 관찰 가능한 행동에서의 차이를 설명하는 데 사용된다. 따라서 난독증에 대한 대부분의 담론은 특정 개인이 '결함이 있는' 두뇌에 대해서 기존의 학습방법을 따르지 않는 것을 비난하는 정신의학 패러다임을 반영하고 강화한다.

이 장에서 우리는 다른 관점을 취한다. 첫째, 장애의 사회적 모델(Oliver, 1990)을 채택함으로써 인간은 다양한 창조물이며, 둘째, 사회는 사고와 환경이라는 구조를 통해 장애의 개념을 만들고 유지한다고 주장한다. 인간은 타고난 차이로 인해 문해능력과 인지능력에 있어 저마다 다양한 소질을 가지고 있음을 예상해야 하지만, 우리의 사회 · 문화적 환경은 자신의 잘못이 아님에도 사회 및 교과과정의 문해 요구를 충족하기 어려운 사람들을 차별한다. 즉, 문해에 관한 우리의 규범적 관행과 가정에 부합하지 않는 사람들을 차별하는 것이다. 리드 라이온(Reid Lyon, 2001)과 스타노비치(Stanovich, 1994)는 독서가 자연스러운 과정이 아니며 그러한 방식으로 생각해서는 안 된다는 점을 상기시켜 준다. 그러한 방식으로 생각하여 읽고 쓸 줄 아는 것에 대한 규범이 있어야 한다고 가정한다면 난독증을 실체화하게 될 것이다. 즉, 우리가 열심히 노력하면 난독증 장애인의 뇌에서 난독증을 '찾아낼' 수 있을 것이라는 생각을 갖게 될 것이다. 그러나 한 세기가 넘는 연구에서 수백 권의 책과 수천 편의 학술 논문이 출판되었지만 난독증에 대한 만족스러운 신경생물학적 또는 심리학적 설명은 나오지 않았다. 최근의 일부 신경영상학 증거에 따르면 난독증의 신경해부학적 결정요인을 찾는 과정에서 해부학 및 인지발달에 대한 환경과 경험의 영향으로 인해 오류가 발생할 수 있음을 시사한다(Kraftnick, Flowers, Luetje, Napoliello, & Eden, 2014).

다시 말해, 문해는 진화의 산물이 아니다. 문해가 문화적 산물 및 기대가 될 때에만 우리는 난독증 장애인 또는 문해에 어려움을 겪는 사람들에 대해 이야기한다. 문해의 규범적 관행 및 가정은 사실상 어떤 것을 난독증으로 정의하는 것이며, 이러한 관행 및 가정은 문화적으로 구성되듯이 '난독증' 역시 문화적으로 구성된다(Collinson, 2012). 난독증은 문해에 특권을 주는 문화에서만 존재할 수 있다. 난독증은 프리스(Frith, 1999, 2002)의 인과모델의 틀에서 알 수 있듯이 단순히 환경의 영향을 받는 것이 아니다. 사회 · 문화적 환경은 문자언어에 의존하여 난독증을 **공동으로 구성**한다. 크레스(Kress, 2003, p. 1, 원본 이탤릭체)가 "**말로 들은 세계**는 **눈으로 보이는 세계**와 다르다."고 말한 것처럼, 교육을 위한 의사소통의 지배적 방식이 선사시대에서 그러했던 것처럼 노래나 이미지이거나 (또는 이미지였던) 문화를 상상하는 것은 어렵지 않다. 예를 들어, 상형문자를 해독할 수 없는 고대 이집트인에게는 '난시증dyspictoric 장애인'[5]이라는 표찰이 달렸을 수도 있다. 그러나 이러한 표찰은 우리 문화에 존재하지 않는데, 이는 알파벳을 이해하고 사용하는 능력이 이미지를 이해하고 사용하는 능력보다 교육 측면에서 훨씬 더 중요하기 때문이다. 우리가 사용하는 알파벳은 2000년이 채 되지 않았고 보편적인 학교교육 역시 200년이 넘지 않았다. 따라서 난독증과 문해력에 대한 사회적 모델의 관점은 읽기와 쓰기가 (진화적 측면에서) 최근에 발명된 부자연스럽고 많은 사람들이 배우기 어려운 과정이라는 사실을 설명해 준다. 외적인 문화적 요인들은 소수에 속하는 개인들이 신경학적 문제와 상호작용함으로써 그러한 어려움을 공동으로 구성해 왔다(McDermott & Varenne, 1995). 이 소수자들에게는 '난독증 장애인'이라는 표찰이 붙는데, 이 표찰은 읽고 쓸 수 있는 것이 특권으로 여겨지는 문화로 인해 아주 짧은 기간에 만들어진다(Ehardt, 2008; Kress, 2000). 우리가 '난독증 장애인'을 '타자화' 하는 문해의 규범적 관행 및 가정을 압축적으로 표현하기 위해 여기서 사용하는 집합명사는 언어차별주의다. 언어차별주의가 의미하는 것에 대해서는 보다 친숙한 개념인 장애차별주의와 관련하여 다음 절에 설명하고자 한다. 우리가 특히 관심을 갖는 것은 소셜 미디어가 언어차별주의를 뒷받침하는 일부 가정들을 흔들기 때문이다. 소셜 미디어에서는 글쓰기를 하면서 축약어 또는 비정형적인 철자 그리고 문법 형식을 아이콘, 이모티콘, 그래픽, 애니메이션, 소리 및 영상과 같은 다른 표현방식과 결합시킬 수 있다.

5) [역주] 지능, 시각, 청각이 모두 정상인데도 글자를 읽고 이해하는 데에 어려움이 있는 증상의 사람을 'dyslexics난독증 장애인'으로 부르는 것에 착안하여 상형문자를 이해하거나 그리지 못하는 사람을 'dyspictoric 난시증 장애인'으로 표현하였다.

언어차별주의와 장애차별주의

'장애차별주의'는 비장애인이 장애인보다 우월하다는 편견에 기초한 신념을 뜻하는 용어다. 장애차별주의의 경향은 장애인에 대한 편견에 국한되지 않고 특정 존재 및 행동 방식에 대한 편견으로 확대된다. 토머스 헤히르Thomas Hehir는 다음과 같이 설명한다(2002, p. 3).

> 장애에 대한 평가절하는 아동이 구르는 것보다는 걷는 것을, 수어를 사용하는 것보다는 말하는 것을, 점자를 사용하는 것보다는 읽고 쓰는 것을, 맞춤법 검사를 사용하는 것보다는 독립적으로 철자법을 익히는 것을, 그리고 장애가 없는 아이들과 어울리는 것이 낫다고 무비판적으로 주장하는 사회적 태도를 초래한다. 요컨대, 많은 교육자들과 사회의 관점에서는 장애 학생이 비장애 학생과 같은 방식으로 뭔가를 하는 것이 바람직하다.

정신의학 패러다임에 뿌리를 둔 지배적인 난독증 담론은 문해와 학습에 대한 장애차별적 가정에 의해 뒷받침되는 것으로 볼 수 있다. 교육적 · 사회적 환경은 읽고 쓰는 능력과 기억력의 영역에서 정신적 · 인지적 능력이 정상적이며 수용될 수 있는 것으로 간주되는 범위를 벗어나는 난독증 장애인에 대해 적대적이다. 이 학생들은 실용적인 문제 해결, 3차원적 작업 또는 창의적인 비선형적 사고처럼 다른 영역에서 강점을 가질 수 있지만, 이러한 것들은 전통적으로 문해력 향상에 관한 관심 속에서 옆으로 밀려나 헤히르의 표현을 빌리면 "난독증을 가지고 있지 않는 학생들과 같은 방식으로 뭔가를 해내려" 애쓰는 것처럼 보일 수 있다. 이런 식으로 장애차별적 가정과 무력화하는 태도는 낮은 기대치에 기반하고 있는 자기 충족적 예언에 기여한다. 따라서 '난독증'은 단순히 문해에 대한 사회적 기대를 충족하지 못하는 것으로 이해될 수 있다. 특정 문해력에 대한 문화적 · 교육적 특권과 높은 사회적 가치, 모든 학생들이 같은 시간에 그리고 같은 방식으로 문해력을 배울 수 있다고 가정하는 학교 시스템은 이러한 규범적 기대를 충족시키지 못하는 난독증 학생들을 비정상적이고 결함이 있는 것으로 보이게 한다. 콜린슨(Collinson, 2012)이 사용하는 언어차별주의라는 용어는 편견을 내포한 이런 규범적 태도, 기대 및 관행을 드러내는데, 우리는 이를 사회에 만연해 있는 특정한 장애차별주의의 형태로 생각할 수 있다. 언어차별주의가 의미하는 바를 설명했으므로 이제 페이스북을 활용하여 난독증에 도전하는 학생들의 사례를 자세히 설명하고자 한다.

'~하는 법을 아는 것'과 '~을 아는 것'

이 절에서는 철학자 길버트 라일(1949)의 글에 대해 설명한다. 그는 서구 사상의 오랜 경향이 명제적 지식 '~을 아는 것'과 독창적인 사고 '~하는 법을 아는 것'을 혼동하는 경향을 강조했다. 문해로서 '무엇이 중요한가'에 대한 개념은 변화하고 있으며, 지속적으로 발전하는 기술을 통해 매개된 사회적인 문해 관행과 결합함으로써, 난독증을 결함으로 보는 담론이 실제로는 "엉뚱한 사람에게 화살을 돌리는 것"이 될 수도 있다(Moores, 2004, p. 1).

'디지털 문해력digital literacy'(Merchant, 2007)에 대한 정의는 많이 있지만 공통적으로 학교에서의 전통적이고 공식적인 문해 교육에서 '~을 아는 것'을 강조해 온 것에 비해 전자 텍스트를 평가, 관리, 사용 및 공유하는 '방법을 아는 것'(Ryle, 1949)에 중점을 둔다. 기억과 암기에 보다 의존하는 학습은 '~을 아는 것'으로 생각할 수 있다. 이러한 학습은 공식적인 의무교육 내에서 규범적인 관행이며, 난독증 학생은 종종 이러한 학습 과정에서 어려움을 경험한다. 이로 인해 문해에 대한 사회의 규범적 가정은 난독증 장애인의 실제 '지능'과 암기 학습에 참여하는 이들의 능력 간의 이상한 불일치를 초래한다. 그러나 이것은 개념상의 혼란이며, '~하는 법을 아는 것'와 '~을 아는 것'의 차이를 구별하지 못한다. 독창적인 사고는 '~하는 법을 아는 것'으로 간주될 수 있으며, 소셜 미디어 지식은 '~을 아는 것'보다 더 많은 능력을 필요로 한다(Dede, 2008; Kress, 2010). 기준이 되는 문서에서 랭셔와 노블(Lankshear & Knobel, 2003, p. 173)이 선언한 바에 따르면, 지금은 정보와 데이터의 조합, 편집, 처리, 수신, 전송 및 작업을 위한 일련의 전략을 활용함으로써 "디지털리아digitalia"[6]의 자원을 "작동하는 것"으로 전환하는 방법을 아는 것이 주목받고 있다. 즉, 디지털 문해력에서는 복합양식 텍스트를 구성·해석·재작업·유통하는 '방법을 아는 것'이 강조되는데, 여기에는 소셜 미디어에 필요한 것들도 포함된다.

6) [역주] 컴퓨터 하드웨어, 소프트웨어 등 디지털 기기의 구성 요소 전체를 일컫는다.

그리고 이러한 강조의 변화는 전통적으로 '~을 아는 것'의 차원에서 어려움을 겪는 난독증 장애인에게 유리할 수 있다.

우리가 '~하는 법을 아는 것'과 '~을 아는 것'을 종종 혼동한다는 라일의 주장(그가 '주지주의적 교리'[7]라고 부르는 것)은 문해 이데올로기에 대한 스트리트(Street, 1984)의 주장과 통합될 수 있다. 주지주의적 교리에 대한 라일의 개념은 교사 및 학자와 같은 지배적 사회 집단의 이데올로기와 기준을 반영하는 사회의 문해 규범에 대한 스트리트의 비판과 유사하다. 덧붙여 말하면, 패권을 장학한 세력이 언어차별주의를 생성하고 이렇게 생성된 언어차별주의가 '타자'를 정의하고 난독증 장애인에 대한 차별을 만들어 낸다. 그러나 소셜 미디어를 통해 난독증 장애인은 새로운 형태의 문해력을 활용하여 정책입안자 및 '학교' 문해교육의 결정권자의 통제를 넘어 새로운 주체성을 개발할 기회를 갖는다. 랭셔와 노블의 관찰에 따르면, 이러한 새로운 형태의 문해력은, 예를 들어 특정 철자법이나 문법규칙이 특정한 곳에 적용되어야 함을 '아는 것'을 가르치는 것과 같이 학교에서 요구하는 문해력보다는 텍스트를 활용하는 '방법을 아는 것'에 훨씬 더 많이 의존한다.

언어차별주의에 도전하기

난독증 학생을 위해 처방된 보충적 문해력 향상 프로그램은 규범적인 문해력 관행에 내재되어 있으며 이를 구성하기도 하는 교육과정을 잘 보여준다. 언어차별적인 태도와 가정은 일반적으로 통합식 발음중심 교수법synthetic phonics을 기반으로 하는 집중적이고 반복적인 기술과 훈련을 기반으로 하면서, 고도로 구조화된 개입을 통해 난독증 학생들이 지배적이고 전통적인 문해 규범을 따르도록 강제하려고 노력한다. 이러한 프로그램은 학생들이 각 문자 또는 문자 조합이 특정한 소리(들)에 해당한다는 것을 '알게' 하는 것을 목표로 한다. 이러한 프로그램이 일부 학습자에게 효과적일 수 있다는 것은 의심의 여지가 없지만, 그 효과는 보편적이지 않고 효과적인 곳에서조차 잘 선호되지 않는 경우들이 있다. 난독증이 있는 크레이그는 이러한 프로그램을 직접 경험하였으며, 이러한 프로그램들이 종종 가부장적이고 억

7) [역주] 주지주의적 교리intellectualist doctrine는 지식이 순수한 이성에서 나온다는 주장에 기초한다.

압적이며 학습자를 무시하고 피상적이라는 점을 발견했다. 크레이그는 학교 밖의 전문교사 한 명을 애정과 감사와 존경심을 가지고 기억할 수 있다. 이 교사는 크레이그가 다른 교사들로부터 경험한 결과론적인 태도를 거부하고 암기학습(~을 아는 것)을 넘어 문자언어를 이해하는 '방법'을 독려했기 때문에 크레이그에게 중요한 인물로 기억되었다.

영국난독증협회에서 인증한 석사 프로그램에서 난독증 장애인을 가르치고 난독증 전문교사를 양성한 오웬Owen의 경험에 따르면, 일반적으로 읽기 그 자체를 위한 시간이 거의 없다는 것을 알 수 있다. 예를 들어, 석사 프로그램의 일부 교사는 학생이 다른 작업을 잘 수행했다면 수업 중에 자신이 선택한 책을 몇 분 동안 읽도록 허용할 수도 있다. 읽기에 대한 높은 관심이 실제로 '성공적인 난독증 장애인'(Fink, 1995)의 공통적인 특징이라는 증거에도 불구하고, 학생들이 더 많이 읽고 더 많이 배우도록 동기를 부여하는 것은 종종 무시되거나 개입에 대한 규범적 관심에 종속되어 왔다.

오웬은 문해력 향상 및 특히 자신이 전문교사로 근무했던 식스폼 칼리지Sixth Form College❷의 16~17세 학생들을 대상으로 한 문해력 향상 교육에 대한 이러한 접근 방식이 불만족스러웠으며 마음이 편치 않았다. 따라서 오웬은 5명의 난독증 학생 그룹이 소셜 네트워크 사이트인 페이스북을 사용하여 문해력에 대해 배우고 익히는 프로젝트를 시작했다. 학생들의 정규 '학습지원' 강의실은 학생들이 "학습, 개인적 책임, 스스로 배우는 학습자로서의 정체성 구축을 탐색해 나가는 적극적인 협력자로 참여하는 탐구 중심의 학습 환경"으로 재구성되었다(Greenleaf & Hinchman, 2009, p. 11). 5주 동안 진행된 프로젝트에서 학생들은 난독증이라는 주제를 온라인으로 조사하고 링크, 문서, 비디오 등을 게시하면서 단체 페이스북의 페이지를 공동으로 구축하였다. 따라서 강의실은 학교 맥락에서 문해 교육을 "실시하는" 것과 연관된 제도화된 규범들로부터 분리되어 "'정확성', 스타일 또는 형식에 대한 아무런 요구사항도 없는" 공간이 되었다(West, 2008, p. 588). 각 학생들이 표준화된 문해력 평가에서 (문화에 특화된 통계 규범에 반하여 측정될 때) 능력 손상(장애)이라는 결과를 받았음에도 불구하고, 프로젝트가 진행되는 동안 강의실에서 일어나는 일련의 사건들을 묘사하는 것은 학생들이 얼마나 읽고 쓰는 '방법을 아는 것'에 능숙한가를 보여 줄 것이다. 학생들은 학교의 문해력에 대한 기대에서 벗어나, 예를 들어 관련 비디오를 먼저 보고 어려운 텍스트를 읽는 방법을 사용하여, 다양한 종류의 복합양식 텍스트를 읽고, 쓰고, 공유하고, 논평하는 데 열성적으로 참여했다. 그들은 타이핑할 때 'cool'을 'kwl'로 축약하는 것과 같은 비정형적인 읽고 쓰기와 유머를 자주 사용했다. 학생들이 텍스트에 왕성하게 참여하는 모습은 난독증 장애인들이 읽고 쓰려는 의욕이 없다는 고정관념을 깨뜨린다. 개인적인 기술로 문해력을 이해하는 언어차별적 개념에 반하여, 학생들의 적극적인 참여는 문해력의 특성이 심오한 집합적 노력임을 강조한다(Barden, 2012).

강의실 내 장면-2010년 12월 10일, 12:24-12:46

다음 이야기는 총 95분 분량의 5회의 세션(참여자 관찰, 비디오 녹화, 반구조화된 인터뷰, 영상화면 캡처 및 소리 내며 생각하기 기법)에서 활용된 다양한 데이터 출처로부터 구성되었다. 이 자료들로부터 7만 단어 이상의 녹취록과 8시간 분량의 영상이 취합되었다. 강의실 내 장면은 경험적 연구로 진행된 본 연구에 활용되었던 꽤 전형적인 강의실 내 '수업'의 일부를 충실히 요약해서 보여 준다. 방법론과 방법들에 대한 광범위한 설명은 바든(Barden, 2013)과 바든(2014b)의 연구를 참고하기 바란다.

다섯 명의 학생들은 한 줄로 앉아 자신의 PC에서 개별 작업을 수행하고 있다. 학생들 중 한 명인 클로이는 시각적 스트레스를 조사하고 있다. 시각적 스트레스란 난독증 장애인들이 글을 읽으려고 할 때 경험하는 것으로 단어들이 페이지에 움직이는 것처럼 보이거나 흐릿하게 보이는 것과 같은 지각적 왜곡을 일컫는 말이다. 그녀는 이 분야에서 저명한 학자의 비디오를 보고, 비디오 아래에 게시된 사용자 댓글을 읽은 다음, 난독증연구재단Dyslexia Research Trust을 포함한 몇몇 권위 있는 사이트를 방문하여 이 데이터를 다각화한다. 클로이는 언어로 표현된 글을 읽기 위해 비디오를 활용하는 방법을 알고 있다. 이 정보가 신뢰할 수 있고 또래에게 흥미 있는 정보라는 것에 만족하면서 그녀는 난독증연구재단 사이트로 통하는 링크를 그룹 페이스북 페이지에 게시한다. 클로이는 소셜 미디어를 통해 텍스트를 공유하기 전에 텍스트를 처리하고 평가한다. 링크된 글과 페이스북 페이지에서 또 다른 관련 동영상을 본 두 번째 학생 조시는 그가 읽기를 할 때 경험하는 시각적 스트레스를 보여 주는 파워포인트 프레젠테이션을 만들기로 결정한다. 세 번째 학생인 샬롯은 조시를 관찰하고 흥미를 느껴 조시의 것과 비슷한 파워포인트 영화를 만들기 시작한다. 동료들이 공유한 텍스트를 받은 조시와 샬롯은 이 정보를 변형시키고 새로운 프로젝트를 화면을 통해 공유하면서 작업을 진행한다. 프로젝트 후 인터뷰에서 샬롯은 자신은 과거 파워포인트 영화를 만든 적이 없다고 밝혔다. 조시가 무심코 던진 말에 따라 샬롯은 자신이 난독증의 일부로 경험하는 텍스트의 시각적 왜곡을 전달하기 위해 파워포인트 영화를 만드는 방법을 스스로 공부하기 시작한다.

> 난독증 장애인에 관한 파워포인트를 조금 만들 수 있을 것 같았습니다 …… 하지만 그다음에 어떻게 해야 할지를 몰라서 고민하다가 …… '내가 책을 읽을 때 이렇게 보인다'는 식으로 파워포인트를 만들고 …… 그다음 그것을 작은 것에 집어넣었습니다. 페이지의 중간이 사라지기 때문에 …… 그다음 글의 중간을 하얀색으로 바꿔야 했고 그 뒤 회색으로 만들었습니다. 그렇게 한 이유는 플래시가 번쩍하고 켜지고 꺼지게 만들고 싶었지만 그것이 제대로 작동하지 않았기 때문입니다.

이 학생들은 규범적인 문해력의 요구와 언어차별적 가정이라는 제약으로부터 벗어나 다중적 능력을 통해 비판적이고 진정한 학습에 참여하고 있다. 휠러(Wheeler, 2012a, 2012b)는 일리치(Illich, 1970)의 주장을 인용하자면, "대부분의 학습은 가르침의 결과라기보다는 의미 있는 환경에서 구속받지 않는 참여의 결과다." 그들은 또한 진정한 학습은 복잡하고 지속적이며, 여러 복합적 결과가 따르는 협력적 과제이며, 그 자체로 유용한 실제 사회와 관련된 것이라고 주장한다. 참여 학생들은 5주 동안 그룹의 페이스북 페이지를 공동으로 구축하고, 스스로 정한 주제와 목적을 가지고 관련된 다양한 텍스트(그중에는 파워포인트 영화와 난독증 연구 웹사이트도 포함된다)를 읽고, 만들고, 토론하고, 공유함으로써 이러한 기준을 충족했다. 우리는 학생들이 자신과 다른 사람들을 교육하기 위해 다양한 복합양식의 텍스트를 취합, 편집, 처리, 수신, 전송하고 이러한 자료를 '실제 효과가 있는 것'으로 변환시키는 것을 보았다(LankShear & Knobel, 2003). 이것은 난독증 장애인을 읽고 쓰기 위해 '분투하는 사람들strugglers' 또는 '실패자failures'로까지 표현한 것과는 대조적이다. 난독증 수업의 주요 내용은 피상적이고 기계적인 암기방식의 '~을 아는 것'보다 난독증에 대한 그들의 이해와 경험을 전달하기 위해 '~하는 법을 아는 것'에 대한 지식(예: 파워포인트 영화를 만드는 법)을 사용하고 확장하여 텍스트를 구성하는 것이었다. 이와 같이 중요한 디지털 문해력의 전략적 사용은 언어차별주의에 대한 도전을 더욱 강화했다. 또한 클로이의 연구와 그녀의 연구에 대한 조시와 샬롯의 창조적이고 건설적인 대응을 볼 때, 우리는 이 3인방이 전통적인 문해력과 새로운 문해력을 결합하여 "자신을 위한 진실을 찾아내는 능력과 그것을 조직하고 이용할 수 있는 능력"(Ryle, 1949, p. 27)을 개발하는 것을 보게 된다. 물론 학생들이 교과서를 이해하기 위해서는 적절한 '~을 아는 것'과 같은 선언적 문해력이 적절하게 필요했다. 하지만 우리가 중요하게 생각하는 것은 진정한 학습 경험이 난독증을 가진 학생들에게 힘들고 피하고 싶었던 상당한 양의 읽기와 쓰기에 참여하고 심지어 이를 즐길 수 있도록 동기부여를 했다는 것이다.

우리는 진정성 있고 동기를 부여하는 읽고 쓰기 경험들이 규범적인 개입의 보상이나 부산물이 되기보다는, 이 같은 경험이 문해력과 학습의 기초가 되어야 한다고 주장하고자 한다. 소셜 미디어의 사용은 난독증 학생들의 문해력 향상에 도움을 주고, 진정성 있는 학습 경험을 제공한다. 더욱이, 3D 인쇄, 촉각학haptics, 홀로그램, 가상 및 증강 현실과 같은 기술 혁신은 공식적인 교육에서 학습을 위한 특권적 방법으로써 문자의 지배에 대한 저항이 임박해 있으며 확대되고 있음을 암시한다(Kress, 2003). 이러한 혁신은 지금까지 종종 소외되어왔던 난독증 학생들을 위해 '공정한 경쟁의 장'(Barden, 2014a)을 만드는 데 도움이 될 수 있다(Meyer & Rose, 2005).

결론

이 장에서 우리는 난독증 담론과 정규교육의 관행에 내재되어 실행되고 있는 지배적인 언어차별적 가정을 먼저 강조하였다. 우리는 이러한 가정이 오랜 역사를 통해 '~을 아는 것'과 '~하는 법을 아는 것'을 적절히 구분하지 못한 개념적 혼란에서 비롯된 언어차별주의에 뿌리를 두고 있다고 주장하였다. 우리는 이러한 근본적인 혼란이 다양한 언어차별주의를 일반화하고 장애인을 차별하는 관행을 확산시켰음을 제시하였다. 최우선적인 목적을 다양성을 수용하는 것 그리고 텍스트 기반의 인식론이 다른 사고방식, 학습, 소통의 방법보다 우월하지 않다고 인식하는 것에 두지 않고, 그 목적이 단지 난독증이 있는 사람을 난독증이 없는 사람으로 만드는 것이라면 우리가 포용적인 실천이라고 여기는 것이 실제로 얼마나 포용적인지에 대해 우리는 의문을 던졌다.

이로부터 우리는 두 가지 결론을 도출하였다. 첫째, 우리가 개인의 전문적 기술이 아닌 공유된 문해력과 실천에 초점을 맞춘 사회적 모델을 채택한다면, 언어차별적 기대와 고정관념과는 달리 본 연구에 참여한 학생들이 소셜 미디어를 사용하여 읽고 쓰는 법을 배웠고 이를 통해 배우고자 하는 강한 의욕을 보였다는 것을 알 수 있다. 둘째, 지속적인 기술 혁신, '문해력'에 대한 지속적으로 진화하는 생각, 그리고 소셜 미디어의 풍부한 복합양식의 기호학적 영역에 의해 제공되는 인식론적 변화는 난독증 학생들을 위한 더 큰 포용과 주체성의 가능성을 시사한다.

비록 우리가 이 한 가지 사례를 통해 일반화할 수는 없지만 우리는 결론적으로 교육적인 맥락에서 다른 사람들이 고려하길 바라는 소셜 미디어와 관련된 몇 가지 교육적 함의를 제시하고자 한다. 첫째, 학생들의 페이스북 사용과 관련하여 디지털 미디어 사용은 교사와 학습자의 역할에 대한 재고를 촉구한다. 교사와 학습자는 서로 다르지만 잠재적으로 상호보완적인 기술을 강의실에 가져올 가능성이 있다. 이러한 요인들은 '함께 걷거나' 학생들을 의도된 학습으로 이끄는 사람을 뜻하는 로마어 '교사pedagogue'로의 회귀 가능성을 시사한다. 그것은 또한 휴타고지heutagogy, 즉 자기주도 학습(Wheeler, 2011) 및 이것이 언제 그리고 어떻게 강의실 환경에 통합되어야 하는지에 대한 고려를 촉진한다. 이에 따라 교사들은 전통적인 문해력과 새로운 문해력을 모두 사용하면서, 소셜 미디어 시대에 '무엇이 문해력으로 간주되는지'에 대해 그리고 학생들이 어떻게 가장 잘 배울 수 있는지에 대해 자신들의 생각을 검토하길 바랄 것이다(Leander, 2009; Veater, Plester, & Wood, 2011; Waller, 2013). 그러한 환경에서 교사의 일차적 역할은 전문가로서의 주체가 아닌 촉진자 및 중재자(Somekh, 2007)로서 방향, 적절한 도전 정도 및 연관된 기술에의 동등한 접근성을 제공하는 것이 될 것이다(Davies, 2009). 셋째, 그룹 페이스북 페이지는 일종의 협업 블로그로 생각할 수 있다. 블로그는 중요하고 독특한 방식으로 '읽기-쓰기-생각하기-연결하기'와 같은 학습과 연관된다는 주장이 제기되어 왔다(Richardson, 2006: Davies & Merchant, 2009, p. 88 재인용). 블로그와 페이스북은 강의실에서 지식을 공동으로 구축하고 중요한 문해력을 개발하기 위해 사용될 수 있다(Davies & Merchant, 2009). 소셜 미디어를 통해 중요한 디지털 문해력을 향상할 수 있는 기회에는 정규 또는 비정규 교육을 통해 얻은 기존의 관행과 지식을 바탕으로 학생들이 새로운 문해력 향상에 참여할 때의 '장벽과 지원자'를 식별하는 것이 포함된다(Willett, 2009, p. 21; Davies, 2009). 페이서(Facer, 2011)는 모든 학생들에게 가까운 미래에 사회적·학문적 성공을 위해 요구되는 중요한 디지털 문해력을 세 가지로 구분했다. 첫째는 분별력(정보의 질과 관련성을 판단할 수 있는 능력)이고, 둘째는 다양한 문해력(다양한 기술, 재료 및 방법의 가능성과 한계에 대한 인식)이며, 셋째는 책임감(정보를 관리하고, 유포하고, 통제하는 방법의 결과에 대한 인식)이다. 우리는 이장에 증거를 도출하기 위해 수행한 경험적 연구가 추후 비판적인 디지털 문해력을 촉진하고 언어차별주의에 도전하기 위해 반복되거나 최소한 유사하게 수행될 수 있기를 바란다.

미주

❶ 일부 사람들은 '난독증 장애인dyslexics'이라는 표찰에 불편함을 느낀다. 모든 당사자를 만족시키는 명칭은 없다. 저자 중 한 명인 크레이그는 그 자신이 난독증이 있으며 '난독증 장애인'이라는 표찰을 거부한다. 우리의 입장은 난독증 장애인(언어차별주의에 의해 타자화된 사람들)이 존재함을 인정하지만, '난독증dyslexia'을 인지된 문해의 어려움을 설명하는 보는 것에는 의문을 제기한다.

❷ 식스폼 칼리지Sixth Form Colleges는 잉글랜드와 웨일즈의 의무교육과 고등교육 사이의 중간 단계다. 주로 16~19세의 학생들에게 대학 입학을 위한 자격조건인 A-레벨 프로그램을 가르친다.

참고문헌

Barden, O. (2014a). Facebook levels the playing field: Dyslexic students learning through digital literacies. *Research in Learning Technology, 22,* 18535. [online]. Retrieved from http://dx.doi.org/10.3402/rlt.v22.18535

Barden, O. (2014b). Winking at Facebook: Capturing digitally-mediated classroom learning. *E-Learning and Digital Media, 11*(6). Retrieved from http://www.wwwords.co.uk/elea/content/pdfs/11/issue11_6.asp

Barden, O. (2013). New approaches for new media: Moving towards a connected methodology. *Qualitative Research Journal, 13*(1), 6-24. DOI: 10.1108/14439881311314496

Barden, O. (2012). '... If we were cavemen we'd be fi ne': Facebook as a catalyst for critical literacy learning by dyslexic sixth-form students. *Literacy, 46*(3), 123-132. Retrieved from http://doi.wiley.com/10.1111/j.1741-4369.2012.00662.x

Collinson, C. (2014). 'Lexism' and the temporal problem of defining 'dyslexia'. In D. Bolt (Ed.), *Changing social attitudes toward disability: Perspectives from historical, cultural, and educational studies* (pp. 153-161). Abingdon, Oxon: Routledge.

Collinson, C. (2012). Dyslexics in time machines and alternate realities: Thought experiments on the existence of dyslexics, 'dyslexia' and 'Lexism'. *British Journal of Special*

Education, 39(2), 63-70.

Davies, J. (2009). A space for play: Crossing boundaries and learning online. In V. Carrington & M. Robinson (Eds.), *Digital literacies: Social learning and classroom practices* (pp. 27-42). London: SAGE/UKLA.

Davies, J., & Merchant, G. (2009). Negotiating the blogosphere: Educational possibilities. In V. Carrington & M. Robinson (Eds.), *Digital literacies: Social learning and classroom practices* (pp. 81-94). London: SAGE/UKLA.

Dede, C. (2008). A seismic shift in epistemology. *EDUCAUSE Review, 43*(3), 80-81. Retrieved from http://www.educause.edu/EDUCAUSE+Review/EDUCAUSEReview MagazineVolume43/ASeismicShiftinEpistemology/162892 [Accessed August 5, 2011]

Ehardt, K. (2008). Dyslexia not disorder. *Dyslexia, 15*(4), 363-366.

Ellis, K., & Kent, M. (2011). *Disability and new media.* New York & Abingdon, Oxon: Routledge.

Facer, K. (2011). *Learning futures: Education, technology and social change.* Abingdon, Oxon: Routledge.

Fink, R. P. (1995). Successful dyslexics: A constructivist study of passionate reading. *Journal of Adolescent and Adult Literacy, 39*(4), 268-280.

Frith, U. (2002). Resolving the paradoxes of dyslexia. In G. Reid & J. Wearmouth (Eds.), *Dyslexia and literacy* (pp. 45-68). Chichester: Wiley.

Frith, U. (1999). Paradoxes in the defi nition of dyslexia. *Dyslexia, 5*(4), 192-214.

Greenleaf, C., & Hinchman, K. (2009). Reimagining our inexperienced adolescent readers: From struggling, striving, marginalized, and reluctant to thriving. *Adolescent & Adult Literacy, 53*(1), 4-13. Retrieved from http://onlinelibrary.wiley.com/doi/10.1598/JAAL.53.1.1 [Accessed September 13, 2012].

Hehir, T. (2002). Eliminating ableism in education. *Harvard Educational Review, 72*(1), 1-33.

Hollier, S. (2012). Sociability: Social media for people with a disability. *Media access Australia.* [online]. Retrieved 12 June 2014 from http://www.mediaaccess.org.au/sites/default/files/files/MAA2657-%20Report-OnlineVersion.pdf

Kraftnick, A. J., Flowers, D. L., Luetje, M. M., Napoliello, E. M., & Eden, G. F. (2014). An investigation into the origin of anatomical differences in dyslexia. *The Journal of Neuroscience, 34*(3), 901-908. DOI: 10.1523/JNEUROSCI.2092-13.2013

Kress, G. (2010). *Multimodality: A social semiotic approach to contemporary communication.* Abingdon, Oxon: Routledge.

Kress, G. (2003). *Literacy in the new media age.* London & New York: Routledge.

Kress, G. (2000). Multimodality. In B. Cope & M. Kalantzis (Eds.), *Multiliteracies: Literacy learning and the design of social futures* (pp. 153-161). London & New York:

Routledge.

Lankshear, C., & Knobel, M. (2003). *New literacies: Changing knowledge and classroom learning*. Buckingham & Philadelphia: Open University Press.

Leander, K. (2009). Composing with old and new media: Toward a parallel pedagogy. In V. Carrington & M. Robinson (Eds.), *Digital literacies: Social learning and classroom practices* (pp. 147-164). London: SAGE/UKLA.

Lewthwaite, S. (2011). *Disability 2.0: Student dis/connections: A study of student experiences of disability and social networks on campus in higher education*. Unpublished thesis submitted to the University of Nottingham. Retrieved from http://etheses.nottingham.ac.uk/2406/1/Final_Thesis_Accessible.pdf

Lyon, G. R. (2001). Why reading is not a natural process. *Orton Insight,* Autumn, 1-5.

McDermott, R., & Varenne, H. (1995). Culture 'as' disability. *Anthropology & Education Quarterly, 26*(3), 324-348.

Merchant, G. (2012). Unravelling the social network: Theory and research. *Learning, Media and Technology, 37*(1), 4-19. DOI: 10.1080/17439884.2011.567992

Merchant, G. (2007). Writing the future in the digital age. *Literacy, 41*(3), 118-128. DOI: 10.1111/j.1467-9345.2007.00469.x

Meyer, A., & Rose, D. H. (2005). The future is in the margins: The role of technology and disability in educational reform. In D. H. Rose, A. Meyer & C. Hitchcock (Eds.), *The universally designed classroom: Accessible curriculum and digital technologies* (pp. 13-35). Cambridge, MA: Harvard Education Press.

Moores, E. (2004). Deficits in dyslexia: Barking up the wrong tree? *Dyslexia, 10*(4), 289-98. DOI: 10.1002/dys.277

Oliver, M. (1990). *The politics of disablement*. London: Palgrave Macmillan.

Ryle, G. (1949). *The concept of mind*. London: Penguin.

Somekh, B. (2007). *Pedagogy and learning with ICT: Researching the art of innovation*. London & New York: Routledge.

Stanovich, K. E. (1994). Annotation; does dyslexia exist? *Journal of Child Psychology and Psychiatry, 35*(4), 579-595.

Street, B. (1984). *Literacy in theory and practice*. Cambridge: Cambridge University Press.

Veater, H., Plester, B., & Wood, C. (2011). Use of text message abbreviations and literacy skills in children with dyslexia. *Dyslexia, 17*(1), 65-71.

Waller, M. (2013). More than Tweets: Developing the 'new' and 'old' through online social networking. In G. Merchant, J. Gillen, J. Marsh & J. Davies (Eds.), *Virtual literacies: Interactive spaces for children and young people* (pp. 126-141). New York & London: Routledge.

West, K. C. (2008). Weblogs and literary response: Socially situated identities and hybrid social languages in English class blogs. *Journal of Adolescent & Adult Literacy, 51*(7), 588-598. DOI: 10.1598/JAAL.51.7.6

Wheeler, S. (2012a). *Authentic learning*. [blog post]. *Learning with e's*. 28th November. Retrieved 13 June 2014 from http://steve-wheeler.blogspot.co.uk/2012/11/authenticlearning.html

Wheeler, S. (2012b). *10 characteristics of authentic learning*. [blog post]. *Learning with e's*. 29th November. Retrieved 13 June 2014 from http://steve-wheeler.blogspot.co.uk/2012/11/authentic-learning.html

Wheeler, S. (2011). Digital age learning. [online]. Retrieved 15 August 2011 from http://steve-wheeler.blogspot.com/2011/07/digital-age-learning.html

Willett, R. (2009). Young people's video production as new sites of learning. In V. Carrington & M. Robinson (Eds.), *Digital literacies: Social learning and classroom practices* (pp. 13-26). London: SAGE/UKLA.

PART

05

커뮤니티

Community

18

'나와 말이 통하는' 애슬리트퍼스트 프로젝트 및 가상 장애인 스포츠 커뮤니티에서 블로그 사용하기

안드레아 번든

나는 더 많은 운동선수들이 패럴림픽에서 경험하는 문제에 대해 토론하기를 원한다! 비단 경기장에서뿐만 아니라 장애인 운동 현장이나 커뮤니티에서도 말이다. 나는 문제에 대한 더 많은 토론을 보고 싶다.

(메리, 패럴림픽 출전자 및 프로젝트 참가자)

도입

나와 내 팀 동료 코트니는 장애인 스포츠에서 우리가 중요하다고 생각하는 욕구를 중심으로 〈애슬리트퍼스트AthletesFirst〉 프로젝트를 만들었다. 최근 몇 년간 아마추어 선수들과 블로그를 사용한 소통이 급속히 증가함에 따라, 캐나다 동계올림픽 및 패럴림픽 팀에 들어가고자 하는 선수들은 블로그를 만들어 소통하기 시작했다. 2010년 우리는 장애인 선수들에게 현재 **오프라인**의 스포츠 네트워크상에서 누락되었다고 생각되는 토론의 유형을 **온라인** 공간에서 제공하기 위해 블로그를 만들기로 결정했다. 우리는 매주 기고문을 작성하고 준편집위원으로 활동하며 우리와 함께 이 프로젝트에 참여할 선수 4명을 모집했고, 그들과 함께 www.AthletesFirst.ca를 출범시켰다.

이 장은 블로그와 다른 디지털 플랫폼에 기반을 두고 형성된 장애인 선수들과의 가상 커뮤니티에 초점을 두고 있다. 나는 〈애슬리트퍼스트〉 블로그의 온라인 대화와 블로그 작성자 및 독자와의 인터뷰를 활용하여 다음과 같은 질문에 대한 답을 구하고자 한다. 왜 장애인 운동선수들은 온라인에 접속하여 가상 커뮤니티에 참여하는가? 이러한 온라인 상호작용이 오프라인에서 제공하지 않는 것은 무엇인가? 그리고, 가장 중요한 것은 가상 커뮤니티가 비장애인 선수들뿐만 아니라 장애인 선수들에게 무엇을 제공할 수 있는가? 이러한 질문에 대한 답을 구하면서 나는 어떻게 〈애슬리트퍼스트〉 프로젝트가 장애인을 위한 공간을 제공했고 장애인 선수들이 '자신들과 말이 통하는talking their language' 사람들을 찾을 수 있도록 지원했는지 설명하고자 한다. 마지막으로 내가 정의하는 커뮤니티는 물리적 공간에 얽매이지 않고 상호 지지적인 관계에 의해 연결된 개인들의 온라인 네트워크를 포함하고 있다는 것을 강조하고 싶다.

연구 배경

〈애슬리트퍼스트〉 프로젝트는 참여행동연구Participatory Action Research 프레임워크를 사용하였다. 참여행동연구는 특정 연구 방법이 아닌 연구 과정을 안내하는 핵심 원칙이나 가치에 의해 정의된다(Greenwood, Foot Whyte, & Harkavy, 1993). 참여행동연구는 (1) 연구 참여자가 자신과 해당 커뮤니티에 의미 있는 이슈/연구 주제를 식별할 수 있는 능력을 가지고 있음을 인정한다. (2) 연구 프로젝트에서 힘이 어떻게 작용하는지를 드러내고, 보다 공정하게 힘을 재분배하고자 하는 관행을 채택한다. (3) 참여자와 연구원들뿐만 아니라 관련 커뮤니티의 역량 구축과 성장을 지원하기 위해 노력한다. 그리고 (4) 연구 지식을 해당 커뮤니티를 긍정적으로 변화시키는 행동으로 전환하는 것을 목표로 한다(Cargo & Mercer, 2008; Evans et al., 2009; Ponic, Reid, & Frisby, 2010; Reid & Brief, 2009; Stoudt, Fox, & Fine, 2012).

참여행동연구 프로젝트는 참여자들과 거리(distance)를 두는 것이 높은 객관성과 연구 관행의 정당성으로 이어진다는 개념을 거부한다. 대신 참여행동연구는 "불평등을 가장 많이 경험하는 사람들에 의해서 그리고 그들을 위해 행해지는 연구로 기존 연구에 대한 과학적 반증을 제시하고 공공 과학이 가지고 있는 급진적인 상상력을 제공한다"(Stoudt et al., 2012, p. 181). 장애학에서 참여행동연구에 대한 관심은 장애인들이 역사적으로 학계와 연구 분야에서 배제되었다는 인정에서 출발한다(Goodley & Moore, 2000; Kitchin, 2000). 이러한 의미에서 참여행동연구는 장애 운동가인 마이크 올리버Mike Oliver가 주장한 "연구 결과가 물질적 · 사회적 관계의 변화를 통해 장애인의 역량강화"(Barnes, 200, p. 6 재인용)를 촉진하는 해방적 연구 접근법의 필요성에 대한 대응이다.

참여행동연구 기반 프로젝트는 일반적으로 커뮤니티와의 장기적인 참여와 커뮤니티 구성원 간의 지속적인 대화에서 진화한다. 우리의 경우, 〈애슬리트퍼스트〉 프로젝트의 촉매제는 파라-노르딕 스키 훈련 캠프에서 집으로 차를 운전하고 오는 동안 나와 코트니가 나눈 대화였다. 시각장애 선수인 코트니는 2010년 밴쿠버 패럴림픽2010 Vancouver Paralympic Games과 캐나다 패럴림픽 팀에 합류하기를 원한다. 나는 최근에 '앞을 볼 수 있는 경기 가이드'로서 그녀와 함께 이 노력에 동참했고, 훈련 캠프는 우리가 처음으로 함께한 곳이다. 오랫동안 경쟁적인 운동선수로 활약했던 나는 스키와 레이싱에는 자신이 있었지만 장애인 스포츠 프로그램의 정책, 관행, 정치 등을 협상하는 부분에 있어서는 한 주 내내 애송이처럼 느껴졌다. 스키 트랙에서는 내가 그녀의 가이드였지만 집으로 가는 길에 장애인 스포츠의 문제를 설명하는 데 앞장선 것은 코트니였다.

패럴림픽 4회(곧 5회가 될) 출전자인 코트니가 장애를 비장애인 스포츠 시스템 안에서 개념화하는 복잡한 방식을 이해하는 것은 놀라울 정도로 심오했고 개인적이었다. 예를 들어, 그녀는 퍼듀와 하우(Purdue & Howe, 2012)가 제시한 '패럴림픽 패러독스'를 고통스러울 정도로 잘 알고 있었다. 장애인 운동선수들은 자신들의 정체성을 유지하고 다른 장애인들과의 결속력을 보여 주는 동시에 비장애인 관객들에게 깊은 인상을 줘야 하는 그리고 장애인과 비장애인 선수와 코치의 존경을 받기 위해 자신들의 장애를 축소하고 능력을 보여 주어야 하는 압박을 경험한다. 이 장에서 나와 코트니는 장애분류 체계,❶ 앞을 볼 수 있는 경기 가이드와 다른 스포츠 보조원들을 위한 자금 지원, 그리고 패럴림픽에서의 특정 이벤트의 철폐와 같은 다른 문제들도 논의했다. 이것들은 단순히 코트니와 관련된 정책이 아니라, 그녀의 스포츠 참여 및 능력, 그리고 출전 자격에 직접적인 영향을 주는 정책이었고, 심지어 장애인으로서의 그녀의 정체성에까지 영향을 주었다. 게다가 대화가 계속됨에 따라 우리 둘은 이러한 문제들이 장애인들의 스포츠 참여 방법과 스포츠 시스템 안에서 그들의 경험을 형성하는 데 기본적인 역할을 수행함에도 불구하고, 매일같이 훈련하고 시합에 참가하는 장애인 운동선수들에 의해 매우 드물게 논의된 주제라는 것을 알게 되었다.

당시 나와 코트니는 이런 대화가 우리 팀원들 사이에서 매우 드문 이유를 밝히기 위해 고군분투했고, 우리는 그것이 장애인 스포츠의 '주류화'와 관련 있다고 판단했다. 1990년대 중반, 스포츠 캐나다Sport Canada는 장애인 스포츠를 주류(예: 장애가 없는 또는 비장애인) 스포츠 시스템으로 통합하기 시작했다(Howe, 2007; Legg, 2003). 10년에 걸쳐 행해진 이 통합 과정에는 장애인 스포츠에 배정된 자금을 국제장애인경기연맹International Organizations of Sport for the Disabled의 캐나다 계열사(예: 캐나다암푸티스포츠협회Canadian Amputee Sports Association), 캐나다시각장애인경기협회Canadian Blind Sport Association, 캐나다뇌성마비경기협회Canadian Cerebral Palsy Sports Association로부터 국가 스포츠 조직(예: 캐나다 육상Athletics Canada 및 캐나다 수영Swim Canada)으로 점차적으로 이전하는 것을 포함하고 있었다. 이러한 움직임은 주류 사회 프로그램❷ 내에서 장애인의 통합을 주장했던 그 시대의 캐나다 정책과 조화를 이루었으며, 또한 영국과 호주를 포함한 다른 국가들에서 동시에 일어나고 있는 이니셔티브와 관련이 있다. 더욱이 국제올림픽위원회International Olympic Committee: IOC와 더욱 긴밀한 유대를 추구하려는 국제패럴림픽위원회International Paralympic Committee: IPC의 전략과도 일치했다.❸

이러한 통합과 주류화를 향한 움직임은 (포용정책이 항상 그러하듯) 긍정적인 움직임으로 그리고 엘리트적이고 성과에 기반한 모델로 장애인 스포츠를 한 단계 끌어올릴 수 있는 기회로 여겨졌지만, 한편으로는 다른 의미도 내포하고 있었다. 예를 들어, 과거 장애인 선수들이 소속한 곳이 장애 중심 스포츠 조직(예: 캐나다휠체어경기협회Canadian Wheelchair Sport Association)이었던 것과는 달리, 현재 장애인들은 스포츠 중심 조직(예: 캐나다 수영)에 소속되어 있다. 이를 달리 표현하자면, 장애인 운동선수들은 장애 문제와 장애 정치에 대해 매우 잘 이해하고 있는 조직의 다수 이해관계자에서 역사적으로 장애인 커뮤니티와 거의 관련 없는 스포츠 조직에서는 소수 이해관계자로 변하게 되었다. 또한 이 변화는 장애인 선수가 동일한 장애를 가지고 있는 선수들과 정기적으로 소통하는 조직 구조가 아닌, 그들이 참가하는 스포츠 시합에 따라 다수의 조직으로 넓게 퍼져 소속되어 있기 때문에 결과적으로 장애인 운동선수들이 가지고 있던 기존 네트워크의 해체를 불러오게 되었다. 나와 코트니는 장애인 운동선수들이 기존의 비장애인 스포츠 조직으로 통합되는 새로운 스포츠 시스템의 도입이 장애인 관련 문제를 거의 논하지 않게 된 이유 중 하나라고 생각했다. 코트니의 개인적인 경험에 비추어 볼 때, 장애인 선수들이 문제를 쉽게 제기하지 못하는 또 다른 이유는 이러한 변화의 맥락에서 자신들을 비장애인 선수들과 구별하거나 코치들에 의해 '까다로운' 선수로 낙인 찍힐 수 있기 때문이다(토론을 위해 Bundon & Hurd Clarke, 2015 참조). 협회에 소속된 장애인 선수들의 수가 비장애인 운동선수들에 비해 상대적으로 적기도 하지만 이러한 우려는 장애인 운동선수들이 장애인 스포츠의 '정치'에 대해 토론할 기회가 거의 주어지지 않는 것을 의미했다. 〈애슬리트퍼스트〉 프로젝트는 이러한 격차를 해소하고 장애인 선수들이 다른 선수들과 접촉하고 그들의 경험과 관련한 고유한 주제를 탐구할 수 있는 온라인 기회를 제공하기 위해 마련되었다. 〈애슬리트퍼스트〉 프로젝트는 또한 주류화 과정에서 상실되었던 장애인 스포츠 네트워크를 (재)구축하고자 할 때 온라인 플랫폼이 이를 지원할 수 있는지, 지원할 수 있다면 어떻게 지원할 수 있는지를 탐구하고자 한다.

연구 방법

〈애슬리트퍼스트〉 프로젝트는 두 명의 기고자로 시작해서 6명의 블로그 팀으로 성장했으며, 나아가 전 세계 관객들의 참여를 유도했다. 여기에 제시된 연구 결과는 〈애슬리트퍼스트〉 블로그 팀원들과 블로그를 읽고, 쓰고, 좋아요를 누르고, 공유하고, 댓글을 단 사람들과 함께 실시한 25개의 반구조적 인터뷰로부터 도출되었다. 인터뷰에는 현장노트와 34개의 게시물, 블로그에 남긴 339개의 댓글, 트위터와 페이스북에서 블로그에 대해 나눈 대화 등이 추가되었다. 본 연구 샘플은 선수, 코치, 자원봉사자, 스포츠 보조원, 관리자, 그리고 관중들로 구성되었다. 연구 참여자 중, 여자는 12명, 남자는 13명이었다. 장애인은 17명, 비장애인은 8명, 그리고 장애인 운동선수는 14명, 패럴림픽 참가자는 6명이었다. 이 그룹은 팔다리 절단 및 기타 팔다리 부상, 뇌성마비, 뇌전증, 다발성 경화증/신경 질환, 척수 손상, 시각 및 청각장애를 가진 사람들을 포함했다. 연구 참여자 중 페이스북 계정이 있는 사람은 22명, 트위터 계정은 17명, 블로그는 13명이였다. 가명을 사용할 수 있는 선택권이 주어졌지만 모든 참여자는 실명을 사용했다.

<애슬리트퍼스트> 블로그

첫 게시물은 2011년 11월 28일에 〈애슬리트퍼스트〉 블로그에 업로드 되었다. '언어와 스포츠'라는 제목의 이 글은 캐나다 패럴림픽 선수인 코트니와 조시가 작성한 글이었다. 코트니는 장애인들에 의해 행해진 스포츠를 묘사하기 위해 '적응할 수 있는'이라는 용어를 사용하는 것에 대해, 바뀌어야 하는 것은 운동선수가 아니라 스포츠라고 주장했다. 조시는 '파라para: 무엇과 나란히'라는 접두사를 붙여서 '파라'는 장애 스포츠를 풀뿌리 수준에서부터 패럴림픽까지 통합할 수 있는 브랜드라고 설명했다. 그 게시물에는 블로그 관리자인 나를 포함, 단 세 개의 댓글만이 달려 있었다. 그러나 게시물은 많은 사람들에게 읽히고 있었고, 소셜 미디어 네트워크를 통해 선수, 코치, 자원봉사자 및 스포츠 관리자에게 배포되었다. 그 후 14개월 동안, 블로그 팀은 장애인 스포츠의 정책과 관행에 관한 비판적인 토론에 청중을 참여시킬 목적으로 이러한 글을 계속 게재하기로 했다. 그 기간 동안 우리 블로그는 97개국에서 6천 5백여 명의 독자들이 9천 5백여 차례 이상을 방문했고, 200장의 인쇄물에 해당하는 댓글을 달았다.

블로그가 웹 2.0 기술보다 앞서 만들어졌고 본질적으로 사용자들에게 친구와 팔로워의 소셜 네트워크를 형성하도록 하는 페이스북이나 트위터가 하는 방식이 아니기 때문에 블로그를 엄격히 '소셜 미디어'로 간주해야 하는지에 대해 의문을 제기하지만, 나는 바우머, 스에요시 및 톰린슨(Baumer, Sueyoshi, & Tomlinson, 2011), 켈러(Keller, 2012)의 연구를 빌어 블로그가 저자와 독자 간의 교류를 통해 형성되는 사회적이고 담론적인 공간이라고 주장하고 싶다. 블로그가 블로그를 운영하는 팀과 블로그를 방문해 글을 읽고 댓글을 다는 사람들 간의 상당한 상호작용과 공동작업에 의해 만들어지는 것이라면 〈애슬리트퍼스트〉 역시 분명히 블로그로 간주되어야 한다. 이러한 상호작용은 블로그 자체뿐만 아니라 페이스북과 트위터에서도 공유하고 좋아요를 누르고 메시지를 보내도록 할 수 있다.

연구 결과

오프라인에서 일어나지 않는 대화를 위한 온라인 공간 만들기

〈애슬리트퍼스트〉에 첫 게시물을 올렸을 때, 블로그 팀은 우리의 개인 소셜 미디어 계정을 사용하여 링크를 배포했다. 우리의 광고 방식을 고려할 때, 초창기 독자 대부분이 우리가 오프라인에서 알고 있는 지인들, 우리의 동료, 가족, 그리고 친구였다는 것은 놀라운 일이 아니었다. 종종 인터넷이 '현실 세계'에서 달리 만날 수 없는 개인들을 연결시킬 수 있는 가능성을 낭만화하지만 경험적 증거는 온라인 소셜 네트워크가 오프라인 소셜 네트워크와 흔하게 중복된다는 것을 보여 주고 있다 (Subrahmanyam, Reich, Waechter, & Espinoza, 2008). 우리의 경험도 마찬가지였고, 블로그를 읽고 온라인 대화에 참여한 첫 번째 사람들 중 두 명은 코트니와 나의 지인이었다. 메리는 급성 뇌손상을 입은 후 파라-노르딕 스키에 참가하기 시작했고 그녀의 파트너인 캐시는 우리 지역 스키 클럽의 파라-노르딕 프로그램의 코치였다. 메리와 캐시가 첫 번째 글을 읽었을 때 코트니와 조시가 '적응할 수 있는'과 '파라'라는 용어 사용에 대해 토론했던 그 부분에서 흥미를 느꼈다. 캐시는 자신의 반응을 다음과 같이 묘사한다.

> 나는 흥분했고 '와, 흥미롭네'라고 생각했습니다. 그리고 계속해서 〈애슬리트퍼스트〉를 읽었습니다. 나는 다른 관점을 즐겼습니다. 왜냐면 그것은 나에게 생각할 거리를 주기 때문입니다. 심지어 어떤 내용은 나의 사고방식에 도전을 하기도 합니다. 우리는 깨닫지 못하니까요! 우리는 '아주 좋아/순조롭게 되어 가고 있어!' 하면서 다른 사람들이 어떻게 느끼고 있는지 안다고 생각하지만, 그런 종류의 게시물을 보면 '오! 난 한번도 그런 식으로 생각해 본 적이 없는데'라고 깨닫게 됩니다.

메리가 매력을 느꼈던 부분은 이전에 상당히 비슷한 견해를 가지고 있을 거라고 생각했던 두 명의 저자가 작성한 다양한 의견들을 읽는 것이라고 덧붙였다. 그녀는 "나는 같은 커뮤니티 안에서 어떤 한 단어가 무엇을 뜻하는지 혹은 어떤 표시가 무엇을 의미하는지에 대해 다르게 생각할 수 있다는 것이 정말 흥미롭습니다!"라고 말했다. 게시된 글을 읽으면서 메리와 캐시는 그들 자신이 가지고 있는 선입견, 특히 스포츠 클럽에서 사용하고 있는 언어에 대해 반성하게 되었다.

앞에서 말한 바와 같이, 나와 코트니는 이미 메리와 캐시를 알고 있었던 터라 그들의 〈애슬리트퍼스트〉 블로그 활동이 소셜 미디어 기술을 기반으로 새로운 장애인 운동선수의 커뮤니티 형성으로 이어진다는 것을 입증할 수 없었다. 그러나 그들의 반응은 그들의 (우리의) 오프라인 네트워크 내에서 얼마나 드물게 반사적이고 도전적인 대화를 나누고 있는지를 보여 주고 있었다. 코트니는 장애인 스포츠를 정확하게 설명하는 '제대로 된 용어right terminology'에 대해 매우 강한 의견을 가지고 있었지만, 사실 캐시나 메리와는 한 번도 이에 대해 논의한 적이 없었고, 꽤 솔직히 말해서 스키 코스에서 그들과 매일 의사소통을 할 때 이런 종류의 토론은 적합하지 않았다. 그 대신 메리와 캐시는 각각 자신들의 팀은 프로그램에 대해 공통된 비전을 가지고 있고 비슷한 가치와 믿음을 공유하고 있으며, 같은 생각을 가지고 있다고 자신하며 "아주 좋아/순조롭게 되어 가고 있어!"를 외쳤다.

스포츠 관련 사회학자들에게 이 발견은 놀랍지 않다. 운동선수들은 비판적으로 사고할 수 있도록 훈련되지 않으며, 그들에게 직접적으로 영향을 미치는 정책과 관행에 대한 논의에서 직간접적으로 흔히 제외된다는 것은 오래전부터 관찰되어 왔다(Kihl, Kikulis, & Thibault, 2007). 우리의 프로젝트가 진행되는 내내 블로그 팀원과 참가자들은 이러한 관찰을 지지했으며, 스포츠 조직 내에서 이러한 종류의 대화를 시도하는 과정에서 개인적으로 부딪혔던 장벽을 이야기했다. 예를 들어, 코트니가 경험한 것은 운동선수들은 오로지 스포츠 성과에 따라 보상을 받는다는 것이다.

> 그래서 많은 운동선수들은 단지 경기에만 집중하고 싶어 합니다. 어떤 문제가 발생했을 때, 가령 동등한 기회를 얻기 위해 투쟁해야 할 때 너무나 많은 [선수들]이 '나는 투쟁하고 훈련하면서 동시에 삶의 균형을 찾는 일을 할 수 없다.'라고 말합니다. …… 나는 경기에 참여하는 선수들이 그렇게 생각하고 있다고 믿습니다. 그리고 그들이 당면한 환경에서 훨씬 더 중요한 것들을 생각하고 있기 때문에 그들을 탓하지 않습니다. …… 정치적이고 지적인 부분은 성적 향상에 영향을 주지 않기 때문에 우선순위에서 밀려나게 됩니다. 그런 생각은 오히려 집중을 흩트릴 수 있습니다. 왜냐하면 문제를 일으키고 있다고 인식이 되면 타격을 입을 것이고 그렇기 때문에 독려되지 않습니다.

조시는 운동선수들이 이런 주제들에 비판적으로 참여하도록 훈련 받지 못한 것을 맹렬히 비난했다. 그는 블로그와 같은 온라인 플랫폼이 운동선수들이 자신의 의견을 표현할 수 있는 새롭고 '더 안전한' 방법을 제공할 수 있는지를 보고 싶었기 때문에 〈애슬리트퍼스트〉 프로젝트에 참여하게 되었다고 설명했다.

> 운동선수 커뮤니티에서는 대부분의 선수들이 어떻게 하면 시스템을 더 좋게 만들 수 있는지에 대한 아이디어를 가지고 있다고 봅니다. 하지만 그들에게는 무언의 압력 같은 것이 있습니다. 나서서 말하면 팀에서 제외될 거야, 건의를 하면 벤치 신세를 질 거야, 기타 등등. 그래서 나는 [블로그]가 의미 있는 토론을 하고 정치적 결과를 피할 수 있는 좋은 방법이라고 생각했습니다.

이전의 진술은 선수들의 목소리가 스포츠 시스템에서 어떻게 그리고 왜 자주 들리지 않는지를 설명하지만, 그 진술들은 이것이 특별히 장애인 선수들에게 미칠 수 있는 영향을 다루지는 않는다. 다음 절에서는 첫째, 포용의 논리하에서 주류 스포츠 시스템에 장애인 스포츠를 통합하여 장애인 운동선수를 격리시키고 침묵시킨 방법과, 둘째, 이에 대한 해결책으로 〈애슬리트퍼스트〉와 같은 블로그가 어떻게 공유된 정체성을 형성하고, 개인 운동선수들을 생각이 같은 선수들과 연결하는 대체 공간으로 기능할 수 있는지에 대해 탐구한다.

'나와 말이 통하는': 온라인에서 이해하는 다른 사용자 찾기

〈애슬리트퍼스트〉의 온라인 대화에서 자주 등장하는 스레드thread는 장애인 선수들이 느끼는 '고립감'을 보여 준다. 스포츠 조직 내에서 장애인 선수들의 수가 상대적으로 적다는 것은 그만큼 그들이 혼자 훈련하는 데 많은 시간을 보낸다는 것을 의미한다. 그들은 장애인 운동선수들과 오랜 기간 일을 한 적이 없는 클럽이나 코치들의 지도하에 훈련을 한다. 예를 들어, 레이첼Rachael은 휠체어 경기에 참가했고 2012년 패럴림픽에 출전했다. 인터뷰 당시 그녀는 작은 마을에 살고 있었고 그 지역의 유일한 휠체어 선수였다. 그녀는 훈련으로 힘들 때 온라인 소셜 네트워크가 정서적인 지지와 동기부여를 제공할 수 있는 다른 사람들과 연결하는 중요한 역할을 했다고 말했다.

> 제가 사는 곳은 장애인 운동선수가 없습니다. 그래서 저는 어쩔 수 없이 혼자서 훈련합니다. …… 아무도 없습니다. 사용할 수 있는 트랙도 없기 때문에 지하실에서 롤러를 타거나 길 위에 서 그냥 연습합니다. …… 그런 식으로 훈련할 때 의욕적으로 지내기가 힘듭니다. …… 블로그를 시작했고 매일 글을 올리지는 않지만 가끔 생각이 있거나 힘든 감정을 쏟아낼 필요가 있으면 글을 씁니다. 블로그 활동은 도움이 됩니다. …… [저의 도시]에 사는 운동선수 중에서 제가 유일한 장애인 선수이기 때문에 약간의 좌절감을 느낍니다. …… 소셜 네트워킹을 통해 다른 선수들과 관계를 만들어 가는 것은 굉장한 일입니다. …… '있잖아, 지금 이런 일이 일어나고 있어. 좌절스러워'라고 말하는[할 수 있는] 것입니다.

레이첼은 개인 페이스북 페이지, 전문 '운동선수' 페이스북 페이지, 트위터 프로필, 블로그를 포함한 광범위하고 통합된 소셜 미디어 사용을 설명했다. 그녀는 이러한 플랫폼들이 각각 다른 목적을 가지고 있다고 보았다(예: 그녀의 개인 페이스북은 친구들과 메시지를 공유하기 위한 것이었지만, 블로그는 시합 결과를 팬들에게 업데이트하기 위해서 사용된다). 하지만 이러한 플랫폼들 간에 비슷한 부분이 상당히 많았고 모든 플랫폼들은 그녀에게 정서적 지지를 제공했으며, 나아가 그녀가 더 많은 사람들을 지지할 수 있는 방법을 제공했다.

레이첼은 캐나다 패럴림픽 팀의 일원으로서 이미 장애인 운동선수 커뮤니티의 일부였다. 그녀에게 있어 소셜 미디어와 온라인 통신은 물리적인 공존이 불가능할 때 이러한 관계를 유지하고 보완하는 수단이었다. 그러나 장애가 있는 다른 사람들이 새롭게 스포츠를 접하는 과정에서 〈애슬리트퍼스트〉와 다른 온라인 포럼을 읽는 것은 "긍정적인 연대"를 형성하는 데 도움을 주었다(Meekosha, 2002, p. 80). 예를 들어, 최근 장애인 철인3종 경기에 출전하기 시작한 여성 시각장애인 셸리 앤Shelley Ann은 〈애슬리트퍼스트〉의 게시물을 읽고 있고 블로그에 다음과 같은 댓글을 남겼다.

> 저는 '와아! 이 사람들 나랑 생각이 같잖아……' 라고 생각했습니다. 누구의 블로그였는지 기억은 안 나지만 누군가가 [댓글에] '맞아요, 시스터'라고 써놓았고 저는 '그래!'라고 생각했습니다. 저는 혼자서 '당신과 같은 생각입니다'라고 말한 적이 여러 번 있었습니다. 그것은 모두가 같은 찬송가를 가지고 노래하는 모임 같았습니다.' 블로그는 [장애인 운동선수인] 우리에게 특별한 문제를 토론할 수 있는 포럼을 제공합니다.

'이미 그들을 알고 있는 것 같은 느낌': 온라인과 오프라인 커뮤니티

셸리 앤은 다른 사람들이 '그녀와 생각이 같아서talking her language' 인정받고 있는 느낌을 받았다고 설명했고, 특히 장애인 선수들과 관련된 이슈를 논의할 수 있는 포럼으로 〈애슬리트퍼스트〉 블로그를 높이 평가하고 있다. 그러나 사람들이 특정 주제에 대한 관심을 공유한다고 해서, 꼭 그들이 대화를 나누고 있는 사람들과 연결되거나 친밀감을 느끼는 것은 아니다. 우리는 레이첼Rachel의 이야기를 통해 온라인 통신과 소셜 미디어 플랫폼을 통해 상호작용하는 커뮤니티의 일부가 되는 것과 특정 주제에 대한 정보를 수집하기 위해 온라인 네트워크를 사용하는 것의 차이를 확인할 수 있다. 레이첼은 미국 여성으로 나이가 들면서 시력이 나빠졌고, 페이스북에서 가이드와 함께 달리는 것에 대한 정보를 찾고 있었다.

> 처음 시작했을 때는 단지 [페이스북에서] 가이드를 찾는 것이 목적이었습니다. …… 저는 '시각장애인 러너들은 다 어디 있지?'라고 [중얼거렸습니다]. '아, 여기 다 있었네.' [웃음] …… 그리고 거기서 사람들을 만나기 시작했습니다. '다름을 보라C Differents'와 장애인운동선수재단Challenged Athletes Foundation이 있었습니다. 그것은 단지 거대한 네트워크의 일부였습니다.

레이첼은 페이스북 그룹을 통해 다른 장애인 선수들을 만난 후, 그룹 포스트, 메신저 서비스, 이메일을 통해 계속해서 대화를 나눴다고 했다. 순전히 온라인상에서만 소통하면서 그들은 그녀의 질문에 답했고, 그녀를 지역 가이드들과 연결하고, 첫 경기까지 그녀를 지도했다. 조만간 그들은 시합에서 직접 만날 준비를 하고 있었다. 레이첼은 이 경험을 다음과 같이 설명했다.

> 주말에 워싱턴 DC에 갔습니다. 페이스북에서 만난 사람들이 최소 8명은 되는데 거기서 그들을 직접 만났습니다. 우리는 서로 이름과 얼굴을 확인하면서 멋진 주말을 보냈습니다. 저는 이미 그들을 알고 있는 것 같은 느낌이 들었습니다. 처음 얼굴을 마주했을 때 우리는 베프처럼 그 자리에서 서로를 껴안았습니다.

레이첼의 온라인 커뮤니티는 한 웹사이트나 한 형태의 소셜 미디어에만 국한된 것이 아니라, 개인이 여러 페이스북 그룹에 글을 올리고, 트위터에서 팔로우하고, 서로의 블로그에 교차 포스팅하고, 이메일과 개인 메시지를 사용하여 일대일로 통신하는 여러 플랫폼과 통합되었다. 레이첼의 묘사는 〈애슬리트퍼스트〉 독자들의 온라인 행동에 대한 내 자신의 관찰과 일치했다. 블로그는 페이스북과 트위터가 사용하는 동일한 '친구'나 '팔로워' 모델을 사용하지 않지만, 그 자체를 뛰어넘어서 독자들이 서로 유대감을 갖고 있다는 것을 종종 보여 주었다. 예를 들어, 블로그에 대한 논평에서 독자들은 다른 사람의 페이스북 페이지나 트위터 계정에서 읽은 것을 언급하곤 했다. 또한 인터뷰 동안 참가자들은 다른 독자와의 관계를 논의했고, 여러 소셜 미디어 네트워크에 걸쳐 확장되고 온라인/오프라인의 구분을 줄여 주는 연결성에 대해 설명했다. 어떤 경우 이러한 관계는 오프라인 만남에서 시작되었고 관계를 유지하기 위해 온라인 커뮤니케이션을 사용하였다. 그 한 예시는 능력 있는 골볼[1] 선수인 레오나가 제공한 것인데, 레오나는 페이스북과 트위터를 통해 연락하면서 많은 골볼 선수들과 오프라인 관계를 풍성하게 만들었다고 말했다.

> 저는 인터넷을 통해 친구가 된 사람들과 지속적으로 연락해 왔습니다. …… 예를 들면, 타 지역에서 열리는 골볼 시합에서 일 년에 두 번밖에 못보는 선수들과 짧은 대화를 나눕니다. 하지만 그 다음 해에 문자나 페이스북, 이메일을 통해 대화를 나누고, 그다음 해에 다시 만나서 아주 긴 대화를 나눕니다. 그것은 마치 친구와 재회하는 것 같습니다. 왜냐하면 그들과 더 깊은 관계를 맺을 수 있고, 지방이나 외국일지라도 서로의 일상에 한 부분이 되기 때문입니다.

다른 참가자들은 오프라인 회의로 이어지는 온라인 만남에 대해 이야기했다. 예를 들어, 대런과 레이첼은 트위터에서 다른 장애인 운동선수들을 팔로우했고 그들이 경기에 참석할 것을 알았기 때문에 경기장에서 그들을 찾았다고 설명했다. 레오나와 같이 그들은 대면 접촉이 온라인 의사소통보다 더 진정성 있거나 가치 있는 것으로서 순위를 매기는 것을 거부했고, 대신 모든 형태의 의사소통이 어떻게 그들을 장애인 스포츠 커뮤니티에 연결하고 소속감을 유지하는 데 도움을 주고 있는지

1) [역주] 골볼은 시각장애인들을 위한 스포츠로서 3명의 선수들로 구성된 2팀에 의하여 진행되고 각 팀당 최대 4명까지 선수 교체가 가능하다. 경기는 실내 마루에서 진행되며 센터라인에 의하여 크게 두 구역으로 분리된 직사각형의 경기장에서 행해진다. 경기 참가 선수들은 모두 눈가리개를 착용한다. (출처: 대한장애인골볼협회, http://kbgf.koreanpc.kr)

에 대해 말했다. 이 발견은 가상 커뮤니티의 중요한 요소인 연결성이 그룹 구성원들의 사적인 일대일 대화를 그룹 커뮤니케이션으로 보충할 때 가장 강력하다는 기존 연구 결과와 일치한다(Baym, 2010; Rheingold, 2014). 이러한 양자 교류는 그룹의 다른 구성원들에게는 보이지 않지만, 그들은 "집단 내 상호연결이라는 광범위한 웹을 더 가깝게 연결하는 데 기초가 되고 도움이 되는 사회적 망을 제공한다"(Baym, 2010, p. 90).

'난 타이핑하고 지운다': 높은 기준과 사려 깊은 답변

마지막 연구 결과는 사람들이 온라인에서 교류하는 사람들과 연결되었다고 느낄 때 일어나는 일들을 다루고 있다. 사람들과의 연결성은 〈애슬리트퍼스트〉 블로그에서 많은 대화를 이끌고 블로그의 전체적인 색깔을 결정짓는 헌신적인 감정이었다. 온라인 포럼에서 정교하고 민주적인 토론의 가능성에 대해 많이 언급되어 왔지만, 경험적 증거는 온라인 대화가 보통은 피상적이고 잔인하고 심지어 증오에 찬 것들임을 보여 주고 있다(Suler, 2004). 온라인 신문의 논평란을 읽기만 해도, 거기에 글을 쓰는 사람들은 어떤 온라인 커뮤니티에 대해 잘 알지도 못하면서, 그들이 대화를 나누는 것보다 서로를 공격하는 것에 관심이 있다는 것은 금방 알게 된다. 그러나 온라인에서 일어나는 많은 의사소통들이 공격적이고 모욕적이지만 분명 예외는 있다. 레이첼이 말했듯이, 〈애슬리트퍼스트〉 블로그가 그중 하나이다.

> 종종 여과 없이 쓰여진 신문 기사나 그런 비슷한 글들을 볼 수 있습니다. 어떤 사람들은 그냥 화가 나서 글을 쓰기도 합니다. 하지만 〈애슬리트퍼스트〉와 같은 블로그나 심지어 내 개인 페이스북에 글을 남기는 사람들은 말하기 전에 먼저 생각을 합니다.

렐라이니아는 이러한 입장에 동의했고 사람들이 〈애슬리트퍼스트〉에 글을 올릴 때 신중하게 생각한다는 것을 느꼈으며, 그렇기 때문에 그녀 역시 친절하게 답글을 남길 수밖에 없었다고 말했다.

> 저는 타이핑을 하고 나서 지웁니다. 조금 더 쓰고 나서 그것에 대해 다시 생각해 봅니다. 제 말은, 〈애슬리트퍼스트〉 수준이 너무 높기 때문인 것 같습니다. …… 그들[다른 댓글 작성자]은 댓

글을 달 때 의미 있는 댓글을 달기 위해 무척 애쓰고 있습니다, …… 그리고 그들은 제 생각에 동의할 수도 있고 그렇지 않을 수도 있지만, 그것은 별로 중요하지 않습니다. 제가 생각하는 요점은 대화를 하고 있다는 사실입니다.

참여자들에게 〈애슬리트퍼스트〉 블로그의 '색깔tone'에 대해 질문했을 때, 압도적으로 그들은 존중하고, 책임감 있고, 시려 깊은 단어를 사용해서 답을 했다. 메이릭은 블로그를 읽고 댓글을 다는 것이 '한 주의 가치 있는 일'이라고 묘사했으며, 다른 사람들은 밤늦게까지 댓글을 작성하거나 다른 사람들의 글을 읽는다고 말했다. 내가 관찰한 것은 익명성을 유지하면서 대화 참여자들과 거리를 둘 수 있기 때문에 개인이 온라인 포럼에서 함부로 행동하는 '온라인 탈억제 효과online disinhibition effect'(Suler, 2004)에 대한 연구 결과와는 달랐다. 참여자들은 자신의 의견과 다른 의견을 공정하게 배려하고 진심 어린 마음으로 주제를 대해야 한다는 책임감을 느꼈다. 렐라이니아가 설명한 바와 같이 그리고 메리와 캐시의 초기 발언에서도 알 수 있듯이, 블로그 참여자들은 어떤 합의에 도달하거나 논쟁에서 이기는 것이 목표라고 생각하지 않는다. 대신 다른 사람들의 말을 듣고 그들 자신의 이야기와 의견을 공유할 기회를 갖는 것에 높은 가치를 두었다. 그 결과, 사려 깊고 진지한 대화가 가능하게 되었다.

결론

인터뷰, 〈애슬리트퍼스트〉 블로그에서의 토론, 그리고 패럴림픽과 다른 국제경기에서 시각장애인 선수들을 5년 동안 지도했던 나의 경험을 통해 얻은 것은 스포츠 전달의 통합 시스템으로의 변화는 의도한 대로 더 성과 중심적이고 전문화된 장애인 스포츠 시스템을 구축했다는 것이다. 그러나 기존 문헌에서도 봤듯이 이 프로젝트를 진행하는 동안 한 가지 분명해진 것은 국가 스포츠 기관이 조직 내 장애 스포츠를 통합하도록 조정했음에도 불구하고 장애인 선수들이 실로 어느 정도까지 통합되었는가는 여전히 논쟁의 여지가 있다는 것이다. 대부분의 경우 장애인 운동선수들은 그들이 가입한 조직의 구조나 문화에는 거의 변화가 없는 상태에서 새로운 통치 기관의 규범에 적응할 것으로 기대되었다. 이러한 움직임의 또 다른 결과는 장애인 운동선수들이 장애인 중심 스포츠 조직의 주요 이해관계자에서 관심과 자원을 얻기 위해 비장애인 운동선수들과 경쟁해야 하는 스포츠 중심 조직 내의 소수 이해관계자로 변했다는 것이다. 코트니가 프로젝트 초기에 확인했고 나중에 다른 사람들이 인터뷰와 블로그 게시물에서 확인했듯이, 이것은 장애가 있는 많은 운동선수들이 장애 관련 문제나 정치에 대한 이해가 거의 없는 스포츠 시스템 내에서 끊임없이 그들 자신을 대변해야 하는 어려운 상황을 만들었다(이 문제에 대한 더 깊은 탐색은 Bundon & Hurd Clarke, 2015 참조). 게다가 레이첼Rachael과 레이첼Rachael이 묘사한 것처럼, 장애인 선수들을 이러한 환경 속에서 외로움을 느꼈다.

〈애슬리트퍼스트〉 블로그와 다른 온라인 네트워크가 장애인 선수들에게 특히 소중한 것은 그들에게 지역에서 이용할 수 없는 온라인 연결을 가능하게 했다는 것이다. 이 프로젝트의 참여자들이 설명한 바와 같이 장애인 운동선수들은 온라인에 접속하여 가까운 오프라인 네트워크에서는 얻을 수 없었던 지지를 받았다는 것이다. 온라인 통신을 사용하여 그들은 일대일 및 일대다수 형태로 상호작용을 했고, 이러한 상호작용을 반복함으로써 그들은 오래 유지되는 질 높은 네트워크를 형성했다. 이러한 네트워크는 선수들에게 지지의 원천이 되었고 다른 선수들에게 지지를 확대하기 위한 채널을 제공했다. 더욱이 이러한 상호작용이 사이버 공간에서 일어났고 주로 공공 플랫폼이나 반공공 플랫폼(블로그, 페이스북, 트위터)에 있었기 때문에 장애인 스포츠에 막 참여하기 시작한 개인들이 확인할 수 있었다. 따라서 이러한 온라인 대화는 외부인들이 온라인 대화에 참여함으로써 내부자가 될 수 있는 길을 제공했다.

온라인 소셜 네트워크에 관한 문헌은 커뮤니티의 정의에 대한 논쟁으로 가득하다. 학자들은 온라인 포럼, 뉴스 그룹, 비디오 게이머들의 네트워크, 세컨드 라이프 모임 등을 묘사하기 위해 '커뮤니티'라는 단어를 사용하는 것에 대해 찬반 양론을 벌여왔다. 한쪽은 "참가자가 본인들이 원할 때 그냥 로그아웃하거나 종료할 수 있는 온라인 구성은 커뮤니티로 간주될 수 없다."(Hine, 2000, p. 19)고 주장하는 반면, 다른 한쪽은 개인들이 온라인 네트워크에서 얻는 힘과 연대를 지적한다(Chayko, 2007; Hine, 2000; Rheingold, 2014). 비록 커뮤니티의 정의에 대한 이러한 논쟁들은 이론적으로 흥미로울지는 모르지만 많은 면에서 중요한 사실을 놓치고 있다. 그것은 온라인 관계가 오프라인 관계보다 우월한지(또는 그 반대)를 평가하거나 심지어 온라인에서 보내는 시간이 '현실 세계'에서 상호 작용할 수 있는 시간을 도둑질하는 것인지를 결정하기 위한 것이 아니다. 진정한 과제는 디지털 기술이 이전에는 불가능했던 커뮤니티의 형성을 가능하게 하는지와 그 방법을 밝혀내는 것이다.

역사적으로 대부분의 커뮤니티는 지리적으로 묶여 있었지만, 커뮤니티는 점점 더 정체성과 이익 그리고 관행을 공유하고 상호관계를 가진 개인들의 네트워크로 이해되고 있다(Baym, 2010; Rheingold, 2014). 이 기준들 중 어느 것도 커뮤니티 구성원들의 물리적 공존을 요구하지 않는 것은 주목할 만하다. 사실 나는 〈애슬리트퍼스트〉 프로젝트의 참여자들이 그들의 온라인 활동에서 '커뮤니티'의 모든 기준을 충족시켰다고 생각한다. 그들은 장애인 운동선수로서 공유된 정체성을 확인했고, 공통의 관심사를 탐구했으며, 공유된 스포츠 관행을 토론했다. 게다가 그들은 (레이첼Rachael이 설명한 바와 같이) 정서적 지지를 제공하고 받는 형태로 상호관계를 보여 주었고, (레이첼Rachael이 처음 가이드 주자를 찾고 경기를 위해 이동할 때 도움을 받았던 것처럼) 지적 · 물질적 자원을 공유했다. 마지막으로 렐라이니아가 다른 사람들이 대화에 기여하기 위해 시간을 보낸다는 것을 알기에 자신도 블로그 게시물에 시간을 할애하고 사려 깊은 답변을 해야 한다고 느꼈던 것처럼, 프로젝트 참여자들은 네트워크상에서 다른 사람들과 연결되고 또 헌신하는 느낌을 묘사했다. 가장 중요한 것은 이 중 어느 것도 오프라인만의 환경에서는 가능하지 않았을 것이라는 점이다. 앞서 논의된 바와 같이 참여자들은 지리적으로 분산되어 있을 뿐만 아니라, (메리, 캐시, 코트니, 나의 경우에서 보듯이) 같은 지역 내 네트워크에 속해 있을 때에도 커뮤니티 형성 활동에 참여할 기회와 인센티브가 없었다는 것이다. 코트니와 조시가 말했듯이 오프라인 환경에서 선수들은 훈련과 경기 출전의 가능성에 몰두하고 있거나 잠재적으로 논란이 될 수 있는 대화에 참여하는 것의 파장에 대해 걱정했다.

내가 내린 결론은 〈애슬리트퍼스트〉 블로그가 그 자체로 커뮤니티라는 것이 아니라 커뮤니티의 필수 요소인 연결성에 기여하는 도구라는 것이다. 〈애슬리트퍼스트〉 블로그는 장애인 선수들(그리고 그들의 지지자들과 동맹자들)이 모여서 스포츠와 스포츠에 대한 그들의 참여에 대해 토론할 수 있는 공간을 제공했다. 이러한 대화들은 장애인 선수들이 자신들의 생각과 같은 다른 사람들을 발견하고 더 큰 장애인 스포츠 사회의 일부분으로서 자신을 이해하게 되는 한 가지 방법이었다.

미주

❶ '국제패럴림픽위원회의 레이먼 가이드'에 의하면 분류는 "장애가 경기 기록에 미치는 영향을 최소화하고, 선수의 성공 여부는 기술, 피트니스, 힘, 지구력, 전술능력, 정신력, 집중력에 의해 결정될 수 있도록 하기 위한" 시스템이라고 명시되어 있다(IPC, 2012, p. 2). 예를 들어, 코트니는 파라-노르딕 스포츠에서 B3 운동선수로 분류된다. 이는 그녀가 '최소 구분점cut-off'을 충족하는 시각장애가 있지만, B1 및 B2 클래스의 선수들보다 좀 더 나은 시력을 가지고 있다는 것을 의미한다. 따라서 코트니가 B1 또는 B2로 분류된 선수들과 경기를 할 때, 그들에게 경기를 일찍 시작하게 하거나 경기 종료 시 결승 시간을 조정한다.

❷ 2004년 스포츠 캐나다Sport Canada에서 작성한 '장애인을 위한 스포츠Sport for persons with a disability' 문서에 따르면 당시 캐나다 사회에서 장애인 '포용'이라는 뚜렷한 목표하에 정부 부처와 기관에서 운영하고 있는 프로그램은 159개인 것으로 보고되었다.

❸ 2001년 국제패럴림픽위원회IPC와 국제올림픽위원회IOC의 '하나의 입찰, 하나의 도시' 협약 체결로 절정에 이른 전략이다. 이 협정은 올림픽 개최 도시들도 패럴림픽을 개최하는 것에 동의하고, 많은 사람들은 이 협정을 패럴림픽의 지속적인 실행 가능성을 보장하도록 하는 것으로 보고 있다.

참고문헌

Barnes, C. (2003). What a difference a decade makes: Reflections on doing 'emancipatory' disability research. *Disability & Society, 18*(1), 3-7.

Baumer, E. P. S., Sueyoshi, M., & Tomlinson, B. (2011). Bloggers and readers blogging together: Collaborative co-creation of political blogs. *Computer Supported Cooperative Work, 20*(1), 1-36.

Baym, N. (2010). *Personal connections in the digital age*. Cambridge, UK: Polity Press.

Bundon, A., & Hurd Clarke, L. (2015). Honey or vinegar? Athletes with disabilities discuss strategies for advocacy within the Paralympic Movement. *Journal of Sport and Social Issues, 39*(5), 351-370.

Cargo, M., & Mercer, S. L. (2008). The value and challenges of participatory research: Strengthening its practice. *Annual Review of Public Health, 29,* 325-350.

Chayko, M. (2007). The portable community: Envisioning and examining mobile social connectedness. *International Journal of Web Based Communities, 3*(4), 373-385.

Evans, M., Hole, R., Berg, L. D., Hutchinson, P., & Sookraj, D. (2009). Common insights, differing methodologies: Toward a fusion of indigenous methodologies, participatory action research, and white studies in an urban aboriginal research agenda. *Qualitative Inquiry, 15*(5), 893-910.

Greenwood, D. J., Foot Whyte, W., & Harkavy, I. (1993). Participatory action research as a process and as a goal. *Human Relations, 46*(2), 175-192.

Goodley, D., & Moore, M. (2000). Doing disability research: Activist lives and the academy. *Disability & Society, 15*(6), 861-882.

Hine, C. (2000). *Virtual ethnography.* Thousand Oaks, CA: Sage.

Howe, P. D. (2007). Integration of Paralympic athletes into Athletics Canada. *International Journal of Canadian Studies, 35,* 133-150.

IPC (2012). *Layman's Guide to Classification in Paralympic Winter Sports.* November 15, Bonn, Germany: International Paralympic Committee

Keller, J. M. (2012). Virtual feminisms: Girl's blogging communities, feminist activism, and participatory politics. *Information, Communication & Society, 15*(3), 429-447.

Kihl, L. A., Kikulis, L. M., & Thibault, L. (2007). A deliberative democratic approach to athlete-centred sport: The dynamics of administrative and communicative power. *European Sport Management Quarterly, 7*(1), 1-30.

Kitchin, R. (2000). The researched opinions on research: Disabled people and disability research. *Disability & Society, 15*(1), 25-47.

Legg, D. (2003). The impact of disability sport and recreation organization in Canadian adapted physical activity. In R. Steadward & G. Wheeler (Eds.), *Adapted physical activity in Canada* (pp. 115-139). Edmonton, AB: University of Alberta.

Meekosha, H. (2002). Virtual activists? Women and the making of identities of disability. *Hypathia, 17*(3), 67-88.

Ponic, P., Reid, C., & Frisby, W. (2010). Cultivating the power of partnerships in feminist participatory action research in women's health. *Nursing Inquiry, 17*(4), 324-335.

Purdue, D. E. J., & Howe, P. D. (2012). See the sport, not the disability: Exploring the Paralympic paradox. *Qualitative Research in Sport, Exercise and Health, 4*(2), 189-205.

Reid, C., & Brief, E. (2009). Confronting condescending ethics: How community-based research challenges traditional approaches to consent, confi dentiality, and capacity. *Journal of Academic Ethics, 7*(1), 75-85.

Rheingold, H. (2014). *Net smart: How to thrive online.* Cambridge, MA: The MIT Press.

Stoudt, B. G., Fox, M., & Fine, M. (2012). Contesting privilege with critical participatory action research. *Journal of Social Issues, 68*(1), 178-193.

Subrahmanyam, K., Reich, S. M., Waechter, N., & Espinoza, G. (2008). Online and offline social networks: Use of social networking sites by emerging adults. *Journal of Applied Developmental Psychology, 29*(6), 420-433.

Suler, J. (2004). The online disinhibition effect. *Cyberpsychology & Behaviour, 7*(3), 321-326.

19

자폐증을 게시하다

플랑드르 블로그 티스트제의 온라인 자기표현 전략 '자폐 스펙트럼을 전면에서 마주하며 사는 것'

아넬린 마스첼레인, 레니 밴 고이센호벤

도입

온라인 커뮤니티와 블로그는 자폐증❶이 있는 사람들 사이에서 점점 더 인기를 끌고 있으며, 심지어 '자폐증 문화'와 '자폐증 및 신경다양성-옹호운동'의 시금석이 되기도 했다. 이 장에서 우리는 20세기 후반에 자서전적 서술과 자기표현이 자폐증의 개념화에 어떤 영향을 끼쳤는지를 확인하고자 한다. 인터넷의 발달로 인해 이러한 전통이 유지되기도 하고 자폐증에 대한 폭넓은 토론에 참여할 수 있는 기회가 많아졌다. 인터넷은 사회적 상호작용과 커뮤니티 형성, 그리고 옹호활동을 크게 촉진한다. 하지만 우리는 자폐증이 있는 개인이 인터넷을 사용할 때 경험할 수 있는 이점뿐만 아니라 한계도 확인하려고 한다. 또한 자폐성 마인드(자폐적 사고방식)를 묘사하는 컴퓨터와 인터넷 비유법의 의미들을 조사할 것이다. 우리는 벨기에에서 자폐인 자기옹호운동에 중요한 역할을 하는 한 젊은이 티스트제Tistje의 인기 있는 플랑드르[1] 블로그 '세일링 다이어리sailing diary'를 자세히 읽고 참여관찰과 온라인 인

1) [역주] 벨기에의 북방 지역을 부르는 말로 보통 플랑드르 지역 또는 플랑드르 언어커뮤니티를 가리킨다. ("플랑드르, 나무위키, 2020년 10월 20일 접속, http://namu.wiki/w/플랑드르)

터뷰 자료를 추가적으로 활용하여(Brownlow & O'Dell, 2002) 이 디지털 영역에서 자폐증이 어떻게 이해되고, 재생산되고, 재고될 수 있는지를 탐구하려고 한다.❷ 또한 블로그가 티스트제에게 무엇을 의미하는지, 그의 사회적 유대감과 자아에 어떤 영향을 미치는지, 그리고 온라인과 오프라인 세계 사이에 공통부분이 있는지 조사할 것이다. 그렇게 함으로써, 우리는 이 온라인 자폐-일대기(autie-biography)의❸ 구체적인 내용뿐만 아니라, 블로그의 창의적 · 물질적(또는 형태적) 측면에도 초점을 맞출 것이다. 이것은 궁극적으로 이 블로그가 문화적 의미에서의 자폐성 마인드(자폐적 사고방식)라는 용어가 일종의 '보철물prosthesis'[2]로서 간주될 수 있는지에 대한 문제를 제기할 것이다(Coffey, 2004).

자폐 스펙트럼에서 정체성의 출현

신경발달장애의 한 종류인 자폐범주성장애(이하 자폐증)는 의학적 · 사회적 · 문화적 맥락에 깊이 내재되어 있다. 이 용어는 1911년 폴 오이겐 브로일러Paul Eugen Bleuler가 조현병 환자의 특정 행동을 설명하기 위해 처음 사용했고, 1943년 레오 카너Leo Kanner와 한스 아스퍼거Hans Asperger에 의해 다른 장애와는 구별되는 장애로 분류되어 명명되었다. 그 후 자폐증은 다른 의학적 전통과 정신의학적인 두 가지 전통에 따라 검토되었다.

수년 동안 자폐증은 20세기 후반과 21세기 초반의 일반적인 정신건강의학과 질환의 틈새에 있는 범주성 장애로 간주되었다. 그리고 자폐증이라는 명명은 진단적 유연함의 표시이자, 동시에 의학적 진단, 사회 · 문화적 구성의 산물이 되었다(Nadesan, 2005; Hacking, 2010). 오랫동안 자폐증 환자는 정신적 · 의학적 탐구 대상이었지만 학문적 또는 대중적으로는 관심을 받지 못했다. 이것은 1980년대 후반과 1990년대 초에 템플 그랜딘Temple Grandin 및 데디비스 이스텀David Eastham과 같은 자폐인들의 일대기가 등장하면서 바뀌었다. 이 책들은 진단 범주를 둘러싼 담론적 관

2) [역주] 저자는 결론 부분에서 맥루언(McLuhan, 1994)의 보철물에 대한 낙관적이고 양면적인 접근법을 채택하여 블로그 운영자의 온라인 생활이 오프라인 생활과 동등한 수준으로 인상적일 때 그리고 운영자의 온라인 성격이 실제 성격과 분명히 다른 것처럼 보일 때 블로그를 보철물로 간주한다고 말한다. 자세한 내용은 이 장의 결론을 참조하라.

점에 큰 변화를 가져왔으며 많은 대중의 관심을 받았다. 스펙트럼상에 있는 사람들의 인생 이야기는 자폐증이 있는 사람들의 경우 주관성이 떨어진다는 기존의 믿음과는 상반되는 '새로운' 관점과 '다른' 관점에 힘을 실어 주었다. 또한 '자폐성 마인드자폐적 사고방식'가 기능하는 방식에 대한 관심도 높아졌다(Sacks, 1996; Smith, 1996; Lombardo & Baron-Cohen, 2011 참조). 이와 같은 방식으로 자기표현은 떠오르는 '자폐 문화autism culture'나 '자폐 (자기)옹호활동autism (self-)advocacy'의 기초가 되고 있다.

이것은 추상적인 범주로서의 자폐 스펙트럼에 있는 사람들에게 초점을 맞추는 중요한 변화를 가져왔다. 즉, 환자 자신의 주체성뿐만 아니라, 특정 문화에서 자폐를 구체적으로 표출하고 인정하며 또한 비정형적이며 포괄적인 다양한 정체성이 존재하는 집단으로 보기 시작한 것이다(Straus, 2013; Waltz, 2013). 변화된 관점은 '한 개인이 자폐증에도 불구하고 할 수 있는 것 또는 될 수 있는 것'에서 '자폐증이기에 또는 자폐증 덕분에 할 수 있는 것'으로 바뀌었다. 이것은 자폐증이 뇌의 '손상'이라기보다는 '뇌의 다양성neurodiversity'으로 해석하는 커뮤니티를 번창하게 하는데 도움이 되었다. 그 결과로 자폐증 환자의 자기표현 및 자기정의에 대한 문제는 더욱 시급해졌고, 이는 자서전, 자기계발서, 예술작품, 음악, 블로그와 웹사이트의 폭발적인 증가를 가져왔다.

'자폐인 유토피아'

모든 형태의 자기표현과 자기정의는 자폐증이 있는 사람이 자기 자신과 자폐증에 대해 소통하는 것 이상을 표현하고 있다. 모든 형태의 자기표현과 자기정의는 자폐증이 있는 사람들이 어떻게 "주어진 정체성을 가지고 살아가는지, 그리고 보다 나은 삶을 추구하기 위한 노력으로 어떻게 자폐적 속성을 부여하거나 저항하는지 보여 준다"(Nadesan, 2005, p. 179). 이렇게 해서 자기표현과 자기정의는 현재 자폐증의 개념화에 반영되는 활동주의를 낳는다. 사회 · 정치적 행동의 형태로서 자폐 주체의 자기표현과 자기정의는 네 가지 주요 부분에서 자폐증 담론을 근본적으로 변화시켰다. 첫째, 자기 서사self-narratives는 자폐증과 초감각 민감성과 같은 증상의 의학 및 치료적 아이디어를 다시 논의하게 했다(Osteen, 2008). 또한 자기 서사는 자폐증을 "치료법을 찾아야만 해결할 수 있는 어린이와 가족을 위협하는 무서운 전염병"(Waltz, 2012, p. 143)으로 설명하는 몇몇 의학 연구 프로그램(주로 미국에서)

에 대항하는 역할을 한다. 둘째, 대중문화 속에서 '손을 퍼덕거리는flapping hands' '머리를 흔드는bouncing heads' '어린 천재들little savant professors'과 같은 자폐증에 대한 광범위한 고정관념을 바꾸고 탈신화화했다(예: 히가시다Higashida가 집필한 《내가 뛰는 이유The reason I jump》[2013]). 셋째, 자기 서사는 자폐증에 대한 학문적 또는 과학적 담론에 영향을 미치게 되는데, 자폐증에 대한 관점이 '결점shortcomings' '장애disorders' '부족insufficiencies'의 용어에서 '질환condition' '신경발달장애의neuro-divergent' '다름difference'과 같은 용어로 바뀌었다. 넷째, 이러한 형태의 자기표현과 자아식별의 가장 두드러진 수행적인 측면은 주체성 형성과 사회 · 정치적 인정이다. 자폐증에 대한 정책과 연구에 대한 토론에 참여함으로써 자폐인 커뮤니티 자체가 문화적으로 이용할 수 있고 토론 가능한 비의료적 자폐 정체성을 만들 수 있다. 이 커뮤니티는 '우리' 대 '그들' '자폐인' '아스퍼거 증후군 환자' '우리들의 세계' '우리들의 자폐 블로그' 등의 단어들로 표현되어 형성되고, 자폐증에 관한 연구 문헌과 그 밖의 자기 서사에 대한 텍스트 인용에서 나타나게 된다.

자폐인 커뮤니티의 출현과 자기옹호운동은 다른 장애운동과 많은 유사점을 공유한다(Davis, 2002; Shakespeare, 2006 참조). 네덜란드의 자기옹호자 마르틴 데커Martijn Dekker는 자신의 유명한 글인 《우리 방식으로: 떠오르는 자폐문화On our own terms: Emerging autistic culture》(1999)에서 자폐인 자기옹호운동autism self-advocacy movement은 과거의 장애인 옹호자들의 업적으로부터 배울 수 있다고 설명했다.[4] 그는 자폐 문화가 한편으로는 청각 또는 시각장애인 커뮤니티, 그리고 다른 한편으로는 정신장애 생존자 운동과 유사하다고 말한다. 그러나 데이비슨과 오르시니(Davidson & Orsini, 2013)가 정확하게 설명하고 있듯이 자폐인 자기 옹호운동이 그리고 초창기 장애운동의 영향을 받고 이를 활용하고 있지만 "자폐증의 본질이 의미하는 것은 다른 장애 커뮤니티 구성원들과는 달리, 일부 자폐인들에게는 모든 종류의 사회적 상호작용이 도전일 수 있다는 것"이다(p. 10). 이 사실은 '장애인 커뮤니티' 개념의 핵심에 있는 흥미로운 역설이다. 즉, 자폐인들이 종종 그룹 안에서 어울리고 비장애인처럼 행동하는 것에 대한 불안과 어려움을 표출하지만, 그럼에도 불구하고 다른 사람들과 접촉하고자 하고 외로움에 맞서려는 강한 욕구가 있다는 것이다(Biklen, 2005 참조). 또한 자폐인 커뮤니티가 필요한 이유는 자폐증에 대한 일방적인 표현에 대응하는 것이 매우 중요하기 때문이다. 다양성은 자폐인에게 있어 기초가 된다. 이는 "자폐인이건 비자폐인이건 그 어느 누구도 자폐인 커뮤니티 (그리고 스펙트럼을 포함하여) 전부를 대변할 수 없음을 강조하고 있다. 따라서 우리는 가장 큰 목소리만 아니라 다양한 목소리에도 주의를 기울여야 한다"(Osteen, 2008, p. 298). 이러한 모순을 바로잡기 위해 데커는 사회가 '[그] 개인'(n.p.)을 중심으로 움직이는 '자폐인 유토피아autistic utopia'를 제안한다.

인터넷과 자폐인 커뮤니티

지금까지 자폐인들이 집필하고 출판한 자서전, 또는 때때로 자폐-일대기autie-biographies라고 불리는 것들은 많은 비판을 받아왔다(Smith, 1996; Capps & Ochs, 2002; Murray, 2008; Osteen, 2008, 2013; Savarese & Savarese, 2010 참조). 많은 나라에서, 그리고 제시카 킹슬리 출판사Jessica Kingsley Publishers와 같은 출판사들은 자폐증에 관한 책을 전문으로 취급하는데, 그중 상당부분은 '자기 서사'와 '동료를 위한 핸드북'이다. 이것은 누구의 책이 출판되고, 어떤 기준이 있으며, 출판사들이 원고를 어느 정도까지 간섭하고 있는가, 글의 장르는 무엇인가 등 많은 의문을 제기하는 제도적·상업적 측면을 수반한다. 인생 이야기, 자서전 또는 질병 이야기의 (암묵적인) 장르적 관습과 관련된 서술적 또는 시적 요구와는 별도로, 마케팅이나 상업적 전략도 개입되어 있다. 이에 비해 인터넷은 자기표현과 이야기의 배포를 위해 더 쉽게 접근할 수 있는 매체다.

블로그 활동이 자폐인들에게 제공하는 이점

자기표현과 개인적인 이야기는 소위 '블로그'에서 흔히 볼 수 있는 것들이다. 일반적으로 블로그나 웹로그는 사용자가 정기적으로 작성해서 올리는 온라인 저널이나 일기로, 역순으로 정리되어 독자들이 논평할 수 있는 웹 페이지 형태를 취한다. 블로그는 소셜 미디어의 가장 초기의 형태가 아니다. 소셜 미디어의 시작은 1990년대 후반으로 거슬러 올라갈 수 있다 . 브루스와 수잔 아벨슨Bruce and Susan Abelson은 다이어리 작가들을 한자리에 모을 수 있는 프로젝트를 기획했고, 궁극적으로 이 프로젝트는 작가들을 온라인 커뮤니티로 통합시킨 소셜 네트워킹 사이트인 '오픈 다이어리Open diary'로 발전했다(Kaplan & Haenlein, 2010, p. 60). 마찬가지로 '블로그'라는 용어는 1990년대 후반에 처음으로 사용되기 시작했다. 소셜 네트워킹 도구로서 블로그는 성격, 내용, 형태 면에서 매우 다양할 수 있지만, 가장 빈번하게 온라인 다이어리(예: 고백 이야기)와 특정 주제에 대한 서술적 해설 또는 정보의 조합을 제공한다. 이 온라인 네트워킹 도구의 핵심에는 사회적 프로세스(즉, 자기표현, 자기공개)가 있다. 블로그는 블로거와 독자/팔로워가 온라인상에서 글쓰기와 독서 행위를 통해 밀접하게 연관되어 있는 실험적인 형태의 소셜 커뮤니케이션이다. 뿐만 아니라, 독자들/팔로워들이 블로그를 만들지만 블로그도 독자들/팔로워들을 만든다.❺ 따라서 블로그는 소셜 네트워킹 도구의 일종이지만, 페이스북, 트위터, 그리고 핀터레스트와 같은 현대 소셜 미디어와는 다르다. 블로그와 페이스북, 트위터, 그리고 핀터레스트는 사람들이 서로 소통할 수 있는 온라인 장소인 소셜 미디어로 해석될 수 있다. 그럼에도 불구하고 개인이 블로그를 사용하는 방식은 페이스북, 트위터, 핀터레스트와 같은 '프로토콜 지향[3) 사이트protocol-oriented sites'를 사용하는 것과는 전혀 다르다. 페이스북과 같은 현재 인기 있는 소셜 미디어는 강력한 구조로 만들어져 있어서 개인이 규모가 굉장히 큰 (그러나 지나치게 강하지는 않은) 커뮤니티를 만들 수 있게 해 준다. 그리고 대부분이 인물 중심이며, 매개된 컴파일(즉, '타임라인/시간선'이 계속 업데이트됨)을 포함하고 있다. 반면에 블로그나 사용자-저작 사이트user-authored sites는 페이스북과 같은 '프로토콜 지향 사이트'보다 덜 구조적이고 덜 알고리즘 중심적이다. 게다가 블로그는 사람들로 하여금 다소 강력하고 응집력 있는 커뮤니티를 개발할 수 있도록 하고, 주제 중심적이고, 더 긴 게시물을 허용하며, 블로거가 자신의 블로그에서 일어나는 토론을 통제할 수 있도록 한다. 스미스와 왓슨(Smith & Watson, 2014)에 따르면, "**사용자-저작 사이트**도 몇 가지 프로토콜을 준수하지만 이들 프로토콜은 느슨하고 최소한의 것들인 경우가 많다."(p. 89) 헨리 젠킨스(Henry Jenkins, 2006)와 다른 학자들이 말했듯이, 인터넷 2.0과 소셜 미디어(특히 블로그)는 커뮤니티와 행동주의activism의 형성을 가능하게 한다. 특히 장애인의 경우 '기술의 의존성dependence of technology'은 '활동적인 시민이 되기 위한 독립성'으로 이어질 수 있다(Gray: Reeve, 2012, p. 98 재인용). 마찬가지로, 블로그와 같은 디지털 소셜 네트워킹 도구는 자폐 스펙트럼에 있는 사람들에게 ① (자기) 서사의 접근성 또

3) **[역주]** 객체지향object-orientation을 보완하는 방식으로 상속 대신 인터페이스를 사용하여 기능을 구현하고, 유연하고 유지 관리가 가능하며 읽기 쉬운 코드를 만들 수 있다는 장점이 있다. (자세한 사항은 https://developer.apple.com 참조)

는 낮은 한계값, ② 상호작용 활성화 또는 커뮤니티 형성, 그리고 ③ 손쉬운 인터페이스의 조정과 같은 여러 가지 이점을 제공한다. 이들 이점에 관해서는 다음 절에서 간략히 설명하겠다.

◉ (자기) 서사의 접근성 또는 낮은 한계값

블로그나 온라인 저널의 분명한 장점 중 하나는 자신의 글을 출판하거나 출판사에 접근할 용기가 없는 작가들에게 가시성을 줄 수 있다는 것이다. 이런 이유에서, 인터넷은 분명히 소수집단에게 기회를 제공한다. 자서전 전문가 필립 르주네(Philippe Lejeune, 2000)에 따르면, 다음과 같다.

> 그곳[인터넷]에서의 '삶의 투쟁'은 책의 세계보다 훨씬 더 부드럽다. 처음부터 개인은 실체를 '드러내지' 않고 자신을 '보여 줄 수' 있다. 성공하지 못한다고 해서 탈락하는 것은 아니다. 인터넷은 오직 승자만 아는 출판계와는 달리 포괄적인 선택 영역을 제안한다.
>
> (p. 395-our translation)

블로그의 이야기들은 작가에 대한 전통적인 개념에 의문을 제기하고 그것을 활용할 수 있다. 대부분의 블로거들은 별명이나 아바타를 사용하며 익명성, 사생활, 그리고 공적 공간 사이의 긴장감을 실험한다. 게다가 온라인 블로그 스토리는 (편집자에 의해) 조작되지 않고 대개 인쇄된 자서전과는 다른 구조를 가지고 있다. 종종 블로그 이야기는 서사적이기보다 비유적이고, 표현적이고, 연상적이다. 그리고 그것들은 언제든지 변경, 수정, 삭제될 수 있다. 그 결과, 컴퓨터와 인터넷 글쓰기는 보다 유연하고 유희적인 것으로 간주될 수 있으며 "새로운 의사소통 방식과 관련될 수 있다."고 볼 수 있다(Lejeune, 2000, p. 16-our translation).

◉ 상호작용 활성화 또는 커뮤니티 형성

둘째, 인터넷은 "자폐증 스펙트럼상에 있는 성인의 의사소통을 촉진하는 데 필수적이다"(Dekker, 1999, n.p). 데커에 따르면 자폐와 인터넷의 관계는 1991년으로 거슬러 올라간다. 당시는 레이 캅Ray Kopp과 젠하우저 박사Dr. Zenhauser가 첫 번째 '메일링 리스트'이자 (가장 오래된 인터넷 그룹 커뮤니케이션 형태인) 'SJU 자폐증과 발달장애 리스트SJU autism and developmental disabilities list(AUTISM List)'를 만든 시기이다. 이 의료

(및 치료 중심) 목록에 대한 반응으로서, 짐 싱클레어Jim Sinclair와 도나 윌리엄스Donna Williams에 의해 최초의 자기옹호기관인 자폐증 네트워크 인터내셔널Autism Network International이 설립되었다. 그 후 수십 년 동안, 채팅방, 블로그, 온라인 게시판 등 가상 미팅룸과 같은 다양한 새로운 형태의 커뮤니티가 형성되었고, 이것들은 결국 창조적인 신경망neuro 공유 공간으로 변화했다. 그 밖에 개발된 '자폐 공간'은 (데커가 1996년에 설립한) '자폐 스펙트럼에서 독립된 생활하기Independent Living on the Autism Spectrum'와 (2006년 아리 네만Ari Ne'eman과 스콧 로버트슨Scott Robertson이 설립한) '자폐인 자기옹호 네트워크Autism Self-Advoacy Network'가 있다. 유튜브와 세컨드 라이프Second Life에도 자폐 그룹이 있다. 예를 들어 존 레스터John Lester가 설립한 '아만다 백과 브리가둔: 자폐 아일랜드Amanda Baggs and Brigadoon: the Autistic Island'는 세컨드 라이프Second Life 내에서 다른 사람들과 가상으로 접촉할 수 있는 곳이다. 이것은 유료 상업 시스템이다. 이 두 플랫폼에서 의사소통은 단순한 언어 교환보다도 더 광범위하다.

자폐인들이 얼굴을 마주하는 대화보다 글로 소통하는 것을 더 선호하기 때문에 영어로 의사소통이 가능한 경우, 이러한 온라인 플랫폼은 전 세계 각국의 자폐인들 간의 연결을 용이하게 한다(Singer, 1999; Broekhuis, 2010; Tistje, personal communication, 20 October 2014; van Gelder, 2014). 그러나 발달장애와 학습장애인에게는 어려움도 있다. 우선, 모든 사람이 영어를 이해하거나 공부할 수 있는 것이 아니기 때문에 규모가 큰 자기옹호운동(대부분은 미국과 영국에서 일어난다)에서 협력할 수 없다. 즉, 월드와이드웹의 지구촌은 결코 국경, 언어 및/또는 지리적 경계가 없는 것이 아니다. 그 결과, 서로 다른 언어 영역에 사는 사람들이 벨기에의 VVA(플랑드르 자폐기구, Flemish Autism Organisation)와 같은 그들 자신의 소규모 자폐인 커뮤니티를 만들기 시작했다.❻ 그러나 보다 근본적으로 자폐가 있는 많은 사람들에게는 어떤 형태의 의사소통도 매우 어려울 수 있다. 이런 점에서 의사소통이나 글쓰기를 전혀 할 수 없는 자폐아 자녀를 둔 부모들은 이런 자기옹호적 목소리에 대해 비판하고 있다. 그들은 자폐인 커뮤니티와 자기옹호자들이 그들의 아이들을 대표하지 않는다고 느끼고 때때로 이러한 옹호자들이 진짜 자폐증이 있는 건 맞는지 의심하기까지 한다. 미국 출신의 자기옹호자 아리 네만은 이 비판에 다음과 같이 반박했다.

> 그러한 관점으로 인해 때때로 다양한 자폐인의 모습을 보여 주기 위한 노력이 사라지거나 심

각한 장애로 인해 삶의 한 부분을 상실한 개인에게 손길이 닿지 않을 수도 있다는 점이 걱정된다. 그것은 자기옹호 사상 전체를 공격하거나, 더 심한 경우 능력 수준이 낮은 사람들의 권리와 존엄성 전체를 공격하는 것이다.

(Ne'eman; Waltz, 2013, p. 143 재인용)

◉ 손쉬운 인터페이스의 조정

마지막으로, 자폐증 자기옹호에 관한 글에서 데커(1999)는 자폐 스펙트럼에 있는 사람들에게 세 번째 이점을 가져다주는 이슈를 제기한다. 즉, "수어가 청각장애인을 위한 것처럼 인터넷은 많은 고기능(지적 문제가 없는)의 자폐인을 위한 것이다."(n.p.) 이 진술에서 우리는 매체나 인터페이스의 역할을 깨닫게 된다. 어떤 의미에서 컴퓨터가 작동하는 방식과 '자폐성 마인드(사고방식)'가 연관성이 있음을 시사하듯이 인터넷의 몇 가지 측면은 자폐인들에게 특히 매력적일 수 있다.

컴퓨터와 인터넷 비유

자폐증-컴퓨터의 비유는 상당히 오래전으로 거슬러 올라간다. 처음부터 기계의 비유(Waltz, 2003 참조)는 베텔하임(Bettelheim, 1959)의 유명한 사례연구인 '조이: 기계소년Joey: A mechanical boy'에서와 같이 대부분 부정적이고 인간미 없는 의미로 사용되었다. 더욱이 미국정신의학회American Psychiatric Association의 《정신장애진단통계편람Diagnostic and statistical manual of mental disorders》(제5판)에서는 자폐 스펙트럼장애 진단기준에는 '정형화된 또는 반복적 운동'(American Psychiatric Association, 2013, 299.00 [F84.00])이 포함되어 있다. 자폐아동 부모들이 쓴 블로그에는 "아들이 말 그대로 비디오 게임처럼 말할 거예요."(Sandradodd, n.d., n.p.)나 "그의 뇌는 결코 꺼지지 않는 컴퓨터와 같아요."(Fitzgerald, 2014, n.p.)와 같은 문장들을 흔하게 볼 수 있다. 그러나 컴퓨터 문화가 발전함에 따라 부정적인 의미보다 긍정적인 의미가 더 많아지고 있다. 자폐증이 있는 사람은 종종 전문 컴퓨터 환경에서 자신의 능력을 더 잘 발휘한다고 여겨진다.[7] 게다가 템플 그랜딘은 컴퓨터 비유를 다시 사용하고 있다. 그녀는 이미 두 번째 자폐-일대기(1996)에서 언어 대신 사진으로 생각을 처리하고 있다고 말하고 자신의 마인드를 "영상 기억의 도서관"(p. 6)과 비교하고 있다. 그 다음 글인 《내 마음은 웹 브라우저: 자폐인들의 사고방식My mind is a web browser: How people with autism think》(2000)에서 그녀는 자신의 마음을 월드와이드웹과 비교하여 다음과 같이 확대 설명하고 있다. “웹 브라우저가 특정한 단어를 찾듯이 내 마음은 단어와 관련된 그림 기억을 찾는다. 사고는 비선형적nonlinear이고 연상적이기 때문에 웹 브라우저와 같은 방식으로 시각적 요점에서 벗어날 수 있다.”(p. 14) 게다가 많은 자폐인들은 “컴퓨터와 컴퓨터를 이용한 통신은 ‘자폐적 방식auti-way’으로 일어난다”고 말한다(AutSider, 2003, n.p.). 따라서 컴퓨터 내러티브에 대한 선호도와 디지털 소셜 미디어 도구를 사용한 대화는 인터페이스의 측면과 연결지을 수 있다. 컴퓨터는 언어 정보와 동시에 처리되어야 하는 억양, 톤, 신체 언어, 빛, 후각, 소음 등과 같은 외부 자극과 반구두paraverbal 신호를 최소화한다. 르주네(2000)가 설명한 바와 같이, “컴퓨터는 한 개인이 자신을 객관화하고 스스로에게서 벗어나 거리를 둘 수 있게 해 주는 타이포그래피[4]의 중립성 덕분에 개인이 해야 할 말을 정화시켜 주는 일종의 치료용 귀로 여겨지고 있다”(p. 28-our translation). 온라인 내러티브는 종종 선형적이기보다는 단편적이며 하이퍼링크는 다른 텍스트, 아이디어, 이미지 또는 영상와 연관성을 만든다. 온라인 글쓰기의 역동성과 다원성은 각각 다른 그리고 더 직관적인 글쓰기와 표현을 가능하게 한다. 이러한 모든 요소들은 정체성의 (재)구성과 표현에 긍정적인 영향을 미칠 수 있다. 그러한 측면에서 볼 때 존경, 개성, 비계층적 조직을 바탕으로 데커(1999)가 자폐인들을 위한 그의 이상적인 사회상을 인터넷에 연결시킨 것은 놀라운 일이 아니다.

> 오늘날 비계층적인 형태의 가장 성공적이고 잘 알려진 예로는 인터넷(많은 자폐인들이 번창하는 ‘사회’)이 있다. 엄밀히 말해, 인터넷은 위계성의 부재로 인해 그 성장에 있어서 효과적이고 무제한적이다. 인터넷은 분산되고 중복되는 네트워크다. 인터넷은 인간이 아니라 컴퓨터의 조직이지만, 이것은 자폐의 존재방식과 양립할 수 있는 새로운 종류의 인간사회를 조직하는 모델이 될 수 있다.
>
> (n. p.)

4) [역주] 타이포그래피란 글자를 의미하는 그리스어 ‘typo’에 어원을 두고 있으며, 좁은 의미에서는 활자를 사용한 디자인 또는 조판 중심의 기술과 미학을 가리키고, 넓은 의미에서는 활판 인쇄술, 글자꼴의 디자인, 레터링, 판짜기 방법, 편집 디자인, 가독성 등을 모두 포괄하는 총체적인 조형적 활동을 말한다. (출처: [네이버 지식백과] 한글글꼴용어사전, 2000년 12월 25일 접속, 세종대왕기념사업회)

성벽, 동물, 군사, 퍼즐(Waltz, 2003 참조) 같은 자폐증에 대한 보다 전통적인 비유적 표현들은 어떤 면에서 '자폐증의 표면' 뒤에 있는 '진정한true' 또는 '실제real' 사람의 존재를 암시한다. 하지만 이것은 자폐증이 해방되거나 완화되어야 하는 병이라는 부정적인 견해를 수반한다. 이와는 대조적으로, 자폐인과 그들의 사고방식을 묘사하기 위해 사용되는 포스트모던 기계, 즉 컴퓨터 또는 인터넷을 사용한 비유에는 표면 뒤에 숨어 있는 '정상적' 또는 '비자폐적non-autistic' 인격이라는 개념이 전혀 존재하지 않는다. 이러한 비유들은 뇌 중심의 자폐 연구(자폐증 뇌나 '자폐증 유전자형'을 공개하고 보여 줄 수 있는 EEG, CAT, MRi 스캔)에서 더욱 두드러지고 인간성에 대한 위험스러운 의미를 함축하고 있다. 사람을 일련의 알고리즘으로 간주하는 것은 자폐인의 축소된 인간성에 대한 생각을 강화시킬 수 있다. 기계/인터넷 비유의 엄청난 효과는 자폐 대상을 객관화하고, 수학적 두뇌, 컴퓨터만 아는 괴짜, 감정 없는 로봇 등으로 자폐 대상을 정형화하게끔 유도했다(Osteen, 2008 참조).

기술적으로 장전된 비유에 대한 (오로지 신체장애에 초점을 두고 있거나, 기술적인 부분을 철저히 조사하거나, 정신질환과 다른 장애에 대해 연구하거나, 그리고 아직 많은 학문적 관심을 받지 못한) 의구심 외에도 일부 장애학자들 또한 낭만적인 신화로서 무정부, 반문화, 공동논리를 위한 공간을 무제한으로 제공하는 자유로운 장소로서 인터넷에 대한 생각을 해체한다. 그들은 특히 "장애 기술의 역사는 정상화, 치료 및 재활과 같은 의료모델을 암시한다."(Goodley, 2011, p. 167)라는 사실을 지적한다. 예를 들어, 컴퓨터를 사용하여 심각한 자폐인을 '고친다fix'라는 개념은 컴퓨터 기술을 사용하여 구두로 의사소통하는 법을 가르쳐 그들을 정상화하려고 하는 컴퓨터 치료법과 애플리케이션에서도 볼 수 있다. 마지막으로, 중요한 뉘앙스는 인터넷과 다른 기술의 "약속된 포용promised inclusion은 '장애가 디지털 환경에서는 매우 눈에 잘 띄지만 또 신기하게도 보이지 않기" 때문에 분명하다는 것이다(Goggin & Newell, 2003, p. 110). 사람들은 아바타나 온라인 정체성으로만 만나기 때문에 장애인과 비장애인 사이에 실제로 또는 실질적인 대립은 없다. 즉, 누구도 다름otherness과 실제로 또는 직접 대면하지 않으며, 장애의 신체적 · 심리적 · 사회적 측면은 다시 무시된다(Goodley, 2011; Reve, 2012 참조). 인터넷은 오히려 "신체의 한계를 **극복**하는 것을 강조하는 유토피아적 사고"(Goggin & Newell, 2003, p. 111-our emphasis)를 만들어 낸다. 그러므로 고긴과 뉴웰은 약속된 디지털 통합에 대한 신화에 대해 "인터넷은 많은 장애인들의 삶에 변화를 가져왔으나, 그들은 온라인의 가장자리에 단단히 고정되어 있거나 그냥 오프라인에 남겨져 있다. 그리고 더 미묘하게도 인터넷은 또한 새로운 차원의 통제를 가져왔다."(p. 210)라고 말한다.

그러나 그들의 강한 의구심에도 불구하고, 고긴과 뉴웰(2012) 및 도나 리브Donna Reeve(2012)는 디지털 문화 또한 장애의 주체성에 대한 함축적 의미를 통찰할 수 있는 영역이 될 수 있다고 주장한다. 이것을 좀 더 구체적으로 만들기 위해 우리는 이제 플랑드르 블로거가 운영하는 자폐에 관한 블로그를 살펴볼 것이다. 우리의 목적은 그 블로그가 블로그 운영자와 사회적 측면 모두에 어떤 영향을 주는지에 대해 더 많은 통찰력을 얻는 것이다. 플랑드르 블로거가 운영하는 블로그를 읽기 위해 우리가 가장 먼저 한 일은 스미스와 왓슨(2014)이 작성한 제안서를 읽은 것이고, 필요에 따라 블로거가 제공하는 개인 정보를 사용하여 연구를 보완하였다.

자폐-일대기적 행동으로의 블로그 활동: 티스트제의 사례
자폐 스펙트럼을 전면으로 마주하며 사는 것

우리는 사례연구로서 다양한 온라인 플랫폼과 플랑드르 자폐 커뮤니티, 즉 VVA 내에서 활동하고 있고 플랑드르 자폐증 옹호자인 '티스트제'의 블로그를 조사하고자 한다. 자폐 스펙트럼을 전면으로 마주하며 사는 것으로 불리는 이 블로그는 2009년 2월 7일부터 온라인상에서 존재했고, 정기적으로 업데이트되고 있다.[8] 티스트제는 여러가지 의미를 포함하는 단어로 '자폐인 예술가(au)tist'뿐만 아니라 '괴짜'를 뜻하는 방언인 'tist'를 지칭하고 있으며, '-je'는 사랑스럽거나 온화한 태도라는 뜻을 내포하고 있다.[9] 다수의 방문자(글쓰기 당시 470,000명 이상)를 가진 이 블로그는 플랑드르 자폐인 커뮤니티 내에서 중요한 위치를 차지하며 자폐인 커뮤니티와(예: VVA)와 자폐 전문가(예: 피터 베르뮬렌Peter Vermeulen)들에 의해 언급된다. 게다가 이 블로그는 유료 기사를 위한 요청을 받게 되었다. 블로그 게시물은 키워드를 태그로 달거나, 다른 웹사이트나 블로그로 연결되는 하이퍼링크, 일반적이거나 움직이는 다양한 글자체와 이미지를 포함할 수 있다. 워드프레스에서 만들어진 티스트제의 블로그도 같은 패턴을 따른다. 게시물의 길이는 다양하며 때로는 텍스트가 길고 VVA와 같은 다른 포럼에 출판되기도 하며, 때로는 더 짧으며 조금 더 개인적인 성찰과 추억이 담겨 있다. 게시물은 문제를 어떻게 처리할 수 있는지를 시각적으로 보여 주는 책 리뷰나 마인드 맵을 종종 포함하고 있다. 인터페이스 덕분에 게시물들은 잘 정리가 되어 있고 모든 게시물들은 날짜, 제목, 키워드 그리고 댓글 기능을 포함하고 있다.

이 블로그에는 저자가 직접 선택하거나 만든 것으로 보이는 많은 파라텍스트들이 포함되어 있다(Smith & Watson, 2014, p. 85). 홈페이지는 클릭 가능한 9개의 그리드(항목)로 시작한다. '저자가 인용한 글' 그리드에는 자폐증, 문학작품, 중요 문화 아이콘과의 인터뷰를 다룬 광범위한 서적에서 나온 자폐증이나 정신장애와 관련된 인용문들이 알파벳 순서대로 정리되어 있다. '나의 글-주제별 기사' 그리드에는 자폐증을 가지고 생활하는 것과 관련된 18가지 주제 목록을 담고 있으며, 이는 차례로 주제와 관련된 블로그 게시물에 하이퍼링크를 제공한다. '콘퍼런스' 그리드는 공개 강의의 요약을 제공한다. 엔트리 '알파벳' 그리드는 다양한 키워드(예: '혼자 있는 것' '기뻐하는 것' '민감함Fingerspitzengefühl' 또는 두 번 나타나는 '희망')와 구절(예: '행복'에 근접한 행복)에 대한 짧은 성찰의 글을 열어 준다. '가장 많이 읽은 기사' 항목은 홈페이지 오른쪽 사이드바의 '가장 많이 읽은'과 겹치지 않는 '숍 윈도우(Shop Window)'라는 제목의 그리드를 말한다. '출판된 기사' 그리드는 다른 곳에서 발행되는 더 긴 기사들을 포함하고 있으며, 또한 '나의 글'에 특집으로 수록되어 있다. '……에게 다섯 가지 질문을 던지다'는 자폐증 전문가들과의 인터뷰를 모아 놓은 곳이다. '나의 서재'는 최근 출판된 25권의 서적에 대한 독후감을 말하며, '방금 놓친/기록보관소'는 이전 몇 달 동안의 블로그 게시물을 요약한 것이다. 블로그의 표준 기능인 오른쪽 사이드바에는 자신을 관련분야 '경력자이자 작가'라고 묘사한 저자에 대한 간결한 정보가 있으며, 달력, 최근 가장 많이 읽은 게시물의 요약문, 키워드 그리드와 응답 링크 등을 포함하고 있다. 또한 다른 웹사이트와 블로그의 하이퍼링크를 제공하고 주제별로 정리되어 작가가 활동 중인 다른 온라인 플랫폼에도 제공한다.

사이드바 마지막에는 '기록보관소'와 '방문자 수'가 있다. 블로그 상단에는 주요 페이지의 '방금 놓친Just missed' '숍 윈도우Shop window' '나의 서재My bookshelf'의 일부 카테고리가 반복되어 있다. '한 눈에 보기Everything in a row'는 초기 화면의 그리드로 안내하고 '좋아요thumbs up'를 통해 블로그에 대한 칭찬을 할 수 있다.

움직이는 타깃으로서의 티스트제의 블로그

티스트제는 그의 블로그에서 자폐 스펙트럼상에서의 그의 삶, 외출, 그리고 약물과 치료, 꼬리표들에 대한 경험은 물론 언어, 사회관계 등에 대한 애착에 대해서도 이야기한다. 그는 또한 정기적으로 '자폐 블로그', 소셜 미디어, 그리고 공과 사 간의 긴장 상태에 대해 논한다. 게다가 그는 자폐증에 관한 콘퍼런스, 책, 기사에 대한 광범위한 보고서를 자주 올린다. 따라서 이것은 한편으로는 "선택에 관한 견해를 가진 평범한 남자가 평상시 식사하며 나눌 법한 일상적이고 자전적인 블로그이다(Tistje.com, 2012, 1월 28일). 다른 한편으로는 비판적이고, 깊이 있고, 자폐증에 대한 내적으로 모순적인 글들을 포함한 주제와 관련된 유익한 정보를 주는 사이트이다. 이것은 명백한 윤리적 · 행동주의적 입장과 관련이 있는데, 이 블로그의 목표는 '승리의 이야기'를 가져오기보다는 가능한 많은 정보를 모으고 경험을 공유하고 자기 존재에 대한 지속적인 탐색의 과정에 통찰력을 주는 것이다(Tistje.com, 2012, 10월 21일). 이것은 또한 동적 비유법의 사용으로도 표현된다. 그의 블로그는 '세일링 다이어리'라고 불리며, 좀 더 자전적인 게시물 중 하나에서 티스트제는 걷는 것의 중요성에 대해 다음과 같이 말한다.

> 바다로 가는 길, 산책하는 길에 내 생각은 정말로 쉬어 가는 것이 아니라 다른 리듬에 도달한다. 선은 그어지고. 이렇게든 저렇게든 잘라야 할 매듭들은 풀어지고 있다. 혹은 해결책이 떠오른다.
>
> (Tistje.com, 2012, 11월 6일)

그 결과, 블로그는 단순한 자기표현 그 이상이며, 티스트제는 자기 자신, 블로그 활동, 그리고 장애와 정체성으로 자폐증을 말하는 "움직이는 표적moving target"(Smith & Watson, 2014, p. 71)이다. 티스트제는 블로그 활동을 통해 자신의 정체성이 유동적이라는 것을 알게 된다.

> 자폐증 외에 나는 신체장애도 있고, 인격, 성격, 교육, 사회 영향력 등도 있는 사람이다.
>
> (Tistje.com, 2013, 8월 7일)

> 블로그를 하는 것은 나를 자폐증이나 장애가 있는 사람 이상의 존재로 인식하게 했지만, 나에게 그보다 더 많은 면들이 있다. 나는 누군가의 아들, 형제, 파트너, 남자 등이라는 것이다. 나는 교육을 받은 경력자이고 취미를 가진 사람이다. 글을 쓸 때 나는 자폐가 있는 사람뿐만 아니라 여러 색깔의 다양한 형태로 이루어진 전체이기도 하다. 그리고 이 모든 것이 '나'의 일부분이다.
>
> (Tistje, personal communication, 2014, 10월 20일)

이것은 해러웨이Haraway가 사이보그 정치를 완벽한 소통과 언어에 대항하는 투쟁의 정치행위로 생각하는 것과 관련이 있을 수 있다.

> [사]이보그 글쓰기는 인류 전에, 글을 쓰기 전에 한때 온전했던 어떤 사람의 상상력 또는 추락에 관한 것이 아니어야 한다. 사이보그 글쓰기는 생존력에 관한 것이다. 이 생존력은 원래의 순수함을 기준으로 하는 것이 아니라, 그들을 다른 사람으로 특정지었던 세계를 표시하기 위해 사용된 도구들을 빼앗으려는 것에 바탕을 둔 것이다. 이 도구들은 대체로 주어진(귀화한) 정체성이 가지는 계층적 이원론을 뒤집고 대체하는 이야기들, 되풀이되는 이야기들, 또는 그런 형태이다.
>
> (Haraway, 2000, p. 311)

생각에 따라서 글쓰기 스타일도 달라진다. 같은 포스트 내에서도 서정적이고 평범한 스타일의 글쓰기, 과학적이고 정확한 스타일의 글쓰기가 있을 수 있다. 문체의 공존은 가명이나 아바타의 사용과 연관될 수 있다. 다른 무엇보다도, 가명이나 아바타의 사용은 티스트제의 글이 너무 개인적이라고 생각될 때 그의 사생활에서의 긴장을 완화시키는 거리를 둘 수 있게 한다(Tistje, personal communication, 2014, 10월 20일). 둘째로, 그들은 티스트제가 서로 다른 정체성을 시험하고, 그 정체성들을 다시 쓰고, 직면하게 하며, 정체성들 간에 모순이 공존하도록 허용한다(Turkle, 1995, pp. 186-189; Haraway, 2000, pp. 310-316). 모든 게시물들은 세심하게 편집되어 있지만, 저자가 '스크린 드라이버' '세일링 다이어리' '브레인피커brainpickers' '타자화/아더스메이킹othersmaking'과 같은 신조어를 많이 사용하는 것은 상당히 놀라운 일이다. 더구나 더 많은 자서전적 텍스트가 연상되는 경우가 많다. 제목들은 가끔 씁쓸하게 웃길 때도 있다. 예를 들어 〈왜 "당신은 자폐증이 없어 보이네요"가 칭찬이 될 수 없는지〉, 〈고양이 토사물은 한때 내가 가장 좋아했던 음식Cat vomit, once my favourite dish〉, 〈자폐 나라를 통한 사파리에서On a safari through autism-land〉, 〈이것을 읽으면 자폐증에 걸린다Who reads this, gets autism〉와 같은 것이다. 최근 자신의 블로그에서 티스트제는 자신을 설명하거나(Tistje.com, 2014, 10월 7일) 다른 사람의 인용구를 정리하기 위해 〈마음의 짐을 내려놓고 싶을 때 어떻게 하는가?〉와 같은 마인드맵을 포함하고 있다(Tistje.com, 2014, 11월 30일). 티스트제는 또한 자폐증이나 외부 입장에 대한 생각을 표현하기 위해 도나 윌리엄스, 템플 그랜딘, 피터 베르뮬렌과 같은 자폐 전문가들과 아론 그룬비그Arnon Grunberg, 데이비드 포스터 월리스David Foster Wallace, 살만 루슈디Salman Rushdie, 페르난도 페소아Fernando Pessoa 그리고 마르셀 프루스트Marcel Proust와 같은 문학 작가들의 말을 인용한다. 전체적으로 봤을 때 티스트제의 블로그는 자신과 그의 영향력의 다양한 측면이 '표현되는voiced' 역동적인 마인드맵으로 볼 수 있다.

사이보그 정체성 및 상호작용의 다른 형태

상호작용은 블로그와 일기 쓰기를 구분짓는 결정적인 요소이다. 온라인 글쓰기의 목적은 '내적inwards'뿐만 아니라 '외적outwards'인 것이기도 하다(Lejeune, 2000, p. 28). 스미스와 왓슨(2014)은 다음과 같이 설명하고 있다.

> 온라인에서의 삶을 연구해 보면, 미디어 이론가들뿐만 아니라 많은 전기 이론가들이 주장하듯이, 자신(self)과 제시된 모습 둘 다 명백하게 자율적이라는 것이다. 사실 온라인에서의 삶들은 근본적으로 관계성이 있거나 또는 그들이 중요하게 여기는 주변인들의 삶에 관여함으로써 달라진다. 제시된 삶은 종종 상호작용하고 공동으로 만들어지며 서로 연결되어 있다.
>
> (Smith & Watson, 2014, pp. 70-71)

앞서 설명했듯이 컴퓨터 매체를 통한 상호작용성은 디지털 미디어에서 중요한 주제이며 또한 유토피아 사상을 자극할 수 있다. 자폐 연구(Davidson, 2008)에서도 마찬가지로 네트워크 환경에서 상호작용의 가능성은 대체로 수용되지만, 디지털 상호작용은 거의 정의되지 않거나 비판적으로 검토되지 않는다. 샐리 J. 맥밀런(Sally J. McMillan, 2002) 이후에 흥미롭게도 디지털 상호작용을 "상호소통을 촉진하는 사용자, 문서, 시스템 간에 존재하는 다면적인 개념"(p. 175)으로 정의하고 있다. 맥밀런은 '사용자 대 사용자 상호작용' '사용자 대 문서 상호작용'과 '사용자 대 시스템 상호작용'을 구별하고 있다.

'사용자 대 사용자 상호작용'은 티스트제가 독자들에게 '관심 있는 독자들은 알아챘을 것attentive readers will have noticed'과 같은 문구로 말을 하거나 블로그에 이메일을 통해 받은 질문에 답글을 쓸 때 일어난다. 더욱이 댓글에서 티스트제는 종종 샘이라는 이름을 사용하여 의사소통한다.

> 가장 큰 오해 중 하나는 …… 자폐인은 사회성이 없다는 시각이다. 자폐인의 사회성은 비자폐인들의 상호작용과는 상당히 다르다. 자폐인의 사회성은 감정을 공유하거나 이야기를 확장하기보다는 지식의 교환에 더 잘 맞추어져 있으며, 또한 물질적 인터페이스를 통해 더 자주 발생한다. 서면이나 가상에서처럼. 따라서 자폐증을 가진 사람들은 사회적이지만 그들의 사회성은 다른 방식으로 존재한다.
>
> (Tistje.com, 2013, 6월 18일)

그의 게시물 중 하나에서 티스트제는 외로움을 자폐증의 결과로 묘사한다(Tistje.com, 2013, 7월 1일). 블로그는 그가 다음과 같이 소통할 수 있도록 함으로써 외로움을 완화시켜 주었다.

> 내 블로그 방문자들과 독자들의 반응은 정체성 형성에 중요하다고 생각한다. 오랫동안 이메일로 소통해 왔던 몇몇 독자들과는 '실시간 만남'을 갖기도 한다. 가끔 하는 말이지만 나는 '오프라인' 대화를 별로 좋아하지 않는다.
>
> (Tistje, personal communication, 2014, 10월 20일)

그러나 블로그의 개인적 측면과 커뮤니티 측면 사이의 긴장감은 여전히 블로그에 뚜렷이 남아 있다. 이것을 해결하는 한 가지 방법은 블로그의 기능인 정보를 전달하는 방법이며 그것은 두 가지 방법으로 나뉜다. 티스트제는 "다른 사람들과는 대조적으로 나는 사람들이 어떻게 지내는지에 전혀 관심이 없다. 심지어 사랑하는 나의 독자, 당신조차도. 내가 듣고 싶은 것은 당신이나 다른 사람들로부터 무엇을 배울 수 있는지에 관한 것이다."라고 말한다(Tistje.com, 2011, 6월 15일).

티스트제에 따르면 자폐인들의 의사소통은 지식 교환에 더 맞추어져 있다. "자폐인들의 의사소통은 자폐가 없는 사람들보다 공유된 이익(들)에서 시작하는 경우가 더 많고, 그들의 소통은 사회적 네트워크에서의 공유된 관계나 관계적 활동에서 시작하는 경향이 있다."(Tistje, personal communication, 2015, 1월 21일) 티스트제는 자폐증에 대한 정보를 취합하고 그것을 마인드 맵으로 변형하고 번역하고 텍스트를 논평하고 구조화하는 과정에서 깊은 기쁨을 느낀다. 이것은 블로그의 주목할 만한 특징인 '사용자 대 문서user-to-document 상호작용'과 관련될 수 있다. 앞에서 언급한 바와 같이 '문자[그리고 인터페이스]의 안정성은 자폐인들에게 생존의 한 형태가 될 수 있다(Henderson et al., 2014, p. 507). 게다가 블로그는 단순히 생존의 형태 이상의 것으로 글쓴이가 문자체계, 하이퍼링크 및 시각 자료를 자유롭게 가지고 놀 수 있게 해 준다.

이것은 단편적이고 연상적인 사이보그 정체성을 표현하는 또 다른 방법으로 간주될 수 있다(Haraway, 2000). 그러나 블로그의 엄격한 형식 때문에 단편화된 자기 표현도 고도의 구조와 연계성과 함께 존재한다. 티스트제는 블로그의 구체적인 형태 그 자체에 매우 흥미를 느낀다.

> 블로그는 나에 대한 나의 생각을 바꾸어 놓았다. …… 왜냐하면 나는 텍스트를 수집하고 개요를 작성하는 것을 좋아하고, 레이아웃과 타이포그래피를 좋아하기 때문이다. 나는 주제별로 책과 클립을 만들곤 했지만 그것들은 너무 정적이다. 일단 완성되면, 나는 더 이상 그것들을 사용할 수 없기 때문이다. 하지만 나는 …… 블로그로 계속 실험을 할 수 있다. …… 블로그는 나만의 배움의 공간을 제공하고 있다. …… 나의 창의력을 자극한다.
>
> (Tistje, personal communication, 2014, 10월 20일)

세 번째 측면인 '사용자 대 시스템 상호작용'은 창의성과 역동성을 허용하는 블로그 양식과 티스트제의 특별한 관계에서 볼 수 있다. 제한된 형식은 선택할 수 있는 옵션을 제한하여 혼란을 피하기 때문에 일종의 안도감을 줄 수 있다 . 블로그 활동을 하기 위해서는 저자가 호스팅, 콘텐츠 관리 시스템, 자바와 같은 특정한 기술적 측면에 완전히 익숙해져야 한다. 직장을 다니기가 쉽지 않은 티스트제는 이런 식으로 자존감뿐만 아니라 오프라인 및 사회・경제적 정체성을 획득했다.

> 일단 블로그가 거기에 있는 한 나는 블로거였다. 나는 나의 세계를 넓히기 위해 에너지를 충전했다. 전시회나 영화관이나 행사장에 간다. 지금은 '블로거로서 리뷰를 쓰기 위해' 가는 곳들이지

만, 그렇지 않고서는 가지 않았을 곳들이다. 이것은 나의 진취성과 사회적 능력을 자극했다. 나는 그것을 일종의 일로 여겼다. 그 후 블로그에 게시된 많은 글들이 출판되었고 나는 그것으로 돈을 벌었다.

(Tistje, personal communication, 2014, 10월 20일)

블로그 정체성은 단편적이고 역동적이며, 또 사회적 상호작용이 온라인 커뮤니케이션과 아바타를 통해서만 가능하지만, 블로그는 티스트제에게 (일정한) 사회적 · 경제적 통합을 이끌어 냈다는 점에서 오프라인적인 결과를 초래하는 '블로거'의 긍정적인 정체성을 제공하기도 했다. 그러므로 온라인 정체성과 커뮤니티를 통한 장애인의 실제 통합에 관한 장애학자들의 비판적 발언은 인정되어야 한다.

스크린드라이버 그 이상

블로그의 양적 성공과 우리의 질문에 대한 티스트제의 반응은 온라인 세계와 오프라인 세계 사이에 어느 정도 중복되는 부분이 있다는 것을 보여 준다. 하지만 전체적으로 볼 때 두 세계의 상호작용을 용이하게 하는 것은 이 둘 사이의 분리다. 그러나 블로그의 긍정적인 효과에도 불구하고, 티스트제는 블로그와 인터넷의 부정적인 결과들을 알고 있다. 〈스크린드라이버 그 이상More than screendrivers〉이라는 제목의 게시글에서 그는 "우리는 컴퓨터 사용자 이상이다."라고 말한다. 그는 또 자폐인을 '게이머' 또는 '소프트웨어 테스터'로 표현하고 있다고 비판한다(고용 프로젝트 'Passwerk' 참조)(Tistje.com, 2012, 10월 6일). 다른 게시물에서 그는 〈자폐인과 사랑을 나누는 것은 어떤 느낌일까〉(Tistje.com, 2013, 9월 1일) 또는 〈쉽게 욱하는 사람들에 대해〉(Tistje.com, 2014b, 6월 18일)와 같은 사생활에 대한 질문들을 두고 심사숙고한다. 온라인 인터뷰에서 티스트제는 블로그의 사회적 측면에 대한 그의 생각을 말한다. 즉, 온라인 커뮤니케이션이 "문맥에 대한 많은 통찰력과 다른 사람들에 대한 미묘한 사회적 · 감정적 의미'를 반영하고 오랫동안 가시적으로 남아 있고 시간과 관계의 활용에 지대한 영향을 미칠 수 있다는 것이다. 그러나 티스트제는 '내 파트너가 스웨터를 짜고 조용히 책을 읽는 것을 좋아하는 것처럼, 나는 글을 짜거나 내 블로그의 레이아웃을 두고 고민한다."(Tistje, personal communication, 2014, 10월 20일)라고 말하면서 자신의 주된 즐거움은 블로그 활동 그 자체에 있다고 결론지어 말한다.

결론

여러 가지 이유로 블로그는 꽤 많은 사람들에게 특히 자폐인들에게 자기표현, 커뮤니티 형성 및 옹호활동에 중요하고 적합한 도구가 되었다. 온라인 생활 글쓰기와 자폐-일대기의 이러한 측면은 아직 깊이 검토되지 않았지만, 티스트제나 데커와 같은 블로거와 옹호자들은 인터넷 사용에 대해 깊게 고민하고 있다. 일반적으로 블로그 활동을 하는 자폐인들은 두 가지 이점을 경험한다. 우선, 자신의 이야기를 들려주고 청중에게 손을 내밀어야 하는 문턱은 출판사의 제도적 장벽에 비해 훨씬 낮다. 게다가 형식상의 제약에도 불구하고 또는 그 제약 덕분에 블로그는 여러 다른 게시물에서 창의성과 연관성을 허용한다. 둘째로, 컴퓨터 인터페이스와 아바타 또는 가명을 사용함으로써 만들어진 거리는 대면 대화를 선호하지 않는 자폐인들이 더 쉽게 상호작용하고 의사소통을 할 수 있도록 한다. 온라인과 서면 접촉은 자폐인들에게 현실에서 상호작용을 어렵게 만들 수 있는 몇 가지 추가적인 어려움을 제거한다.

이 두 가지 측면은 장애와 소셜 미디어에 관한 문헌에서도 찾아볼 수 있으며, 자폐가 있는 대상자들에게 배타적이거나 국한되지 않은 것 같다. 인기 있는 플랑드르 블로그인 티스트제의 글을 읽으면서 우리는 강한 인상을 남겼지만 아직까지 문헌에서 주목을 받지 못한 여러 문제에 초점을 맞추려고 노력했다. 첫째, 블로그에 존재하는 스타일과 정보 유형이 풍부하게 혼합된 복합양식성multimodality은 주로 다른 유형의 정보 수집과 공유에 초점을 맞춘 의사소통을 촉진한다. 티스트제에 따르면 이것은 자폐인들의 의사소통에 있어 중요한 특징이다. 또한 이 같은 다른 스타일은 유머와 말장난, 그리고 정보 교환의 범주에 속하지 않고 블로거의 정체성과 발언의 독특함을 열어 훨씬 더 개인적인 추억을 불러일으킨다. 둘째, 정보 공개와 단편화는 일반적으로 블로그 글쓰기의 전형적인 단편화된 정체성 형성과 관련될 수 있지만, 특히 창의적이고 연상적인 마인드를 드러내기도 한다. 티스트제가 직접 말하고 있는 것처럼 블로그는 그의 창의성을 자극하고 그의 세계를 오픈하여 새로운 것을 발견하도록 자극하고 있다. 게다가 그는 정보를 처리하고, 레이아웃과 서체, 디자인을 만들고 자료를 연결하는 세심한 방법을 연구하면서 자신의 블로그를 구체화(materiality)하는 과정에서 많은 즐거움을 경험한다.[10]

블로그를 전체적으로 볼 때, 폭넓은 인용문과 정보의 범위, 텍스트의 신중한 실행과 순서 결정, 유머와 언어의 창의성은 자폐증과 함께 살아가는 것에 대한 통일된 이론을 제시하지는 않는다. 그것은 정신의 작동방식과 사고 패턴이 정적이거나 선형적인 방식이 아니라 역동적인 방식이라는 것을 반영한다. 티스트제 블로그는 일종의 창의적인 보호막으로서 그가 사람들과 연락할 수 있게 해 주고 심지어 전문적인 신분을 획득할 수 있게 해 준다. 따라서 우리는 그것이 마치 안경처럼 티스트제에게 보철기능을 해 주고 있지 않은지 의문을 가질 수 있다. 우리가 맥루언의 보철물에 대한 낙관적이고 양면적인 접근법을 채택한다면 인공적 중재자로서의 보철물은 사지를 연장하는 동시에 절단하는 이중 운동으로 이해할 수 있다고 말할 수 있다(McLuhan, 1994 [1964]; Cofey, 2004). 분명히 블로그의 보철기능은 자폐인들에게만 국한되지 않으며, 모든 블로그가 반드시 보철물의 기능을 하는 것도 아니다. 우리는 블로그 운영자의 온라인 생활이 오프라인 생활과 그 이상은 아니더라도 동등하게 인상적일 때, 그리고 운영자의 온라인 성격이 그의 실제 성격과 분명히 다른 것처럼 보일 때, 블로그를 '보철물prosthetic'로 간주한다. 게다가 비개인적인 것을 개인화하는 방식으로 공적인 측면들이 사용될 때, 그리고 표준화된 블로그 형식과 이러한 활동들이 그 자체로 어떤 관능적인 경험이나 쾌락(즉, 물질적인 쾌락)을 수반할 때 우리는 '보철물'로 고려해야 한다. 티스트제의 경우, 블로그는 그의 자폐증과 관련된 몇 가지 어려움을 치료하지만 동시에 '절단amputation' 또는 '태생적(본질적) 기본값default of origin'을 표시하기도 한다(예: '다름'의 유전적 조건)(Coffey, 2004). 그러나 그것이 유기적인 방법이 아니라 의식적인 방법으로 자신의 일부가 되는 한, 이 블로그는 그의 정체성을 표시하고 심오하게 개인적으로 남아 있는 윤리 및 행동주의를 열어 주는 확장으로서의 기능을 한다.

미주

❶ 여기서 '자폐성(증)의'라는 용어는 (후에 '자폐증'라는 용어는) 저자 티스트제(예: 사례연구)의 선호도를 반영하기 위해 사용되고 있고, 자폐 스펙트럼의 다양성을 포함한다. 자폐증의 자기정의에 대한 논의는 오스틴(2008)과 왈츠(2013)를 참조하라.

❷ 우리는 2014년 7월부터 2015년 3월까지 티스트제를 팔로우했다. 그는 우리의 온라인 연구를 알고 있었고 우리 글을 여러 번 읽고 논평했다.

❸ '자폐-일대기'는 '자폐증'과 '자서전'의 혼성어이다. 중요한 것은 이 용어가 자폐인 커뮤니티가 자체적으로 만든 단어라는 것이다(Couser, 2009, p. 5; Couser, 2012, p. 152). 이 장르 표현와 유사하게, 우리는 '자폐-블로그autie-blog'라는 용어를 사용할 것이다.

❹ 마르틴 데커는 명망 있는 영어권 자폐 자기옹호자들(예: 짐 싱클레어, 도나 윌리엄스, 아리 네만)과 상호작용하는 네덜란드어를 사용하는 자폐 옹호활동가이다. 그의 글 <우리들의 방식으로: 떠오르는 자폐문화On our own terms: Emerging autistic culture>는 1999년 첫 국제자폐콘퍼런스(Autism '99)를 위해 작성되었다.

❺ 블로그에 대한 자세한 내용은 캐롤라인 밀러와 던 셰퍼드(Carolyn Miller & Dawn Shepherd, 2004)의 연구를 참조하라. 이 연구에서 저자들은 블로그를 사회적 활동을 제공하는 독특한 장르로 구분하고 있다. 그들의 관점에서, 블로그는 새로운 수사학적 기회다(Susan C. Herring et al., 2004). 또한 매체의 사회적 측면에 세심한 주의를 기울이면서 블로그를 독특한 장르로서 연구하였다. 수잔은 보다 구체적으로 블로그 운영자의 특징, 블로그 운영 이유, 게시물의 빈도 및 블로그 기능의 사용을 분석했다.

❻ 이것은 분명히 자폐 문화와 커뮤니티의 단편화에 영향을 미친다. '다양성은 좋은 것이지만, 여러 조직들 사이에 공통된 목표를 추구하기 위해 중복되는 노력을 피하고 협력하려는 시도는 아직 많지 않다.'(Deker, 1999, n.p.). 비록 그것이 이 장의 목적은 아니지만, 다른 언어권과 국가에서 운영하는 많은 온라인 자폐인 커뮤니티들의 상황, 영향, 목적 및 기능을 비교하는 것은 흥미로울 것이다.

❼ 이 특성은 플랑드르 고용 프로젝트 'Passwerk'에서 전략적으로 강조되는데, 이 프로젝트 웹사이트에 따르면 '소프트웨어를 테스트하기 위해 정상적인 지적 능력을 가진 자폐인들의 특성을 이용한다' http://www.passwerk.be/(Schoitsch, 2010).

❽ 이 블로그의 모든 번역에 대한 소유권은 우리가 가지고 있으며 우리는 최대한 원문에 충실하여 정확하게 번역할 것이다.

❾ 티스트제는 때때로 샘 피터스Sam Peters라는 가명을 사용한다. 그의 실명은 아직까지 알려지지 않았다.

❿ 우리는 쾌락적이고 관능적인 색깔과 형태의 경험을 강조하고 다양한 (표준화된) 포멧을 자유자제로 사용할 수 있는 그의 능력에 초점을 두기 위해 '공식적인 측면'보다 '구체성materiality'이라는 단어를 선호한다. 이것은 자폐증의 특징인 높은 민감성와 연결될 수 있다.

참고문헌

American Psychiatric Association. (2013). *Diagnostic and statistical manual of mental disorders* (5th ed.). Washington, DC: American Psychiatric Publishing.

AutSider. (2003, May 3). Is het Internet een informatiebron voor mensen met autisme? [Web log post]. Retrieved November 5, 2014 from http://www.autsider.net/documentatie/artikelen/internet%20en%20Autisme.htm

Bettelheim, B. (1959). Joey: A 'Mechanical Boy'. *Scientific America, 200*(3), 116-120.

Biklen, D. (2005). *Autism and the myth of the person alone.* New York: New York University Press.

Broekhuis, W. (2010). *Alleen met mijn wereld. Hoe ik leerde leven met autisme.* Amsterdam: Uitgeverij Nieuwezijds.

Brownlow, C., & O'Dell, L. (2010). Ethical issues for qualitative research in on-line communities [Electronic version]. *Disability & Society, 17*(6), 685-694.

Capps, L., & Ochs, E. (2002). *Living narrative: Creating lives in everyday storytelling.* Harvard: Harvard University Press.

Coffey, S. (2004). Prosthesis in *The University of Chicago: Theories of Media: Keywords Glossary.* Retrieved April 2, 2015 from http://csmt.uchicago.edu/glossary2004/prosthesis.htm

Couser, G. T. (2009). *Signifying bodies: Disability in contemporary life writing.* Ann Arbor: The University of Michigan Press.

Couser, G. T. (2012). *Memoir: An introduction.* Oxford /New York: Oxford University Press.

Davidson, J. (2008). Autistic culture online: Virtual communication and cultural expression on the spectrum. *Social and Cultural Geography, 9*(7), 791-806.

Davidson, J., & Orsini, M. (2013). Critical autism studies: Notes on an emerging field. In J. Davidson & M. Orsini (Eds.), *Worlds of autism: Across the spectrum of neurological difference* (p. 1-28). Minnesota: University of Minnesota Press.

Davis, L. J. (2002). *Bending over backwards: Disability, dismodernism, and other difficult positions.* New York: New York University Press.

Dekker, M. (1999). *On our own terms: Emerging autistic culture.* Retrieved October 15, 2014 from http://web.archive.org/web/20050617075621/http://www.aspiesforfreedom.com/wiki/index.php/Emerging_autistic_culture

Fitzgerald, C. (2014, August 8). Autism in our family [Web log post]. Retrieved October 13, 2014 from http://www.huffingtonpost.com/courtney-fitzgerald/autism-in-ourfamily_b_5626993.html

Goggin, G., & Newell, C. (2003). *Digital disability: The social constructing of disability in new media.* Oxford: Lanham Rowman & Littlefield.

Goodley, D. (2011). *Disability studies: An interdisciplinary approach*. London: Sage.

Grandin, T. (1996). *Thinking in pictures and other reports from my life with autism*. New York: Vintage Books.

Grandin, T. (2000). My mind is a web browser: How people with autism think. *Cerebrum, 2*(1), 14-22. Retrieved October 13, 2014 from http://www.grandin.com/inc/mind.web.browser.html

Hacking, I. (2010). Autism fiction: A mirror of an internet decade? [Electronic version]. *University of Toronto Quarterly, 79*(2), 632-655.

Haraway, D. (2000). A cyborg manifesto: Science, technology and socialist-feminism in the late twentieth century. In D. Bell & B. M. Kennedy (Eds.), *The cybercultures reader* (p. 291-324). London/New York: Routledge.

Henderson, V., Davidson, J., Hemsworth, K., & Edwards, S. (2014). Hacking the master code: Cyborg stories and the boundaries of autism [Electronic version]. *Social and Cultural Geography, 15*(5), 504-524.

Herring, S. C., Scheidt, L., Bonus, S., & Wright, E. (2004). Bridging the gap: A genre analysis of weblogs [Electronic Version]. *Proceedings 37th Annual HICSS Conference*. Big Island, Hawaii, pp. 1-11.

Higashida, N. (2013). *The reason I jump*. Translated by K. Yoshida & D. Mitchell. London: Hodder & Stoughton.

Jenkins, H. (2006). *Convergence culture: Where old and new media collide*. New York: University New York.

Kaplan, A. M., & Haenlein, M. (2010). Users of the world, unite! The challenges and opportunities of social media. *Business Horizons, 53*(1), 59-68.

Lejeune, P. (2000). *Cher écran. ..Journal personnel, ordinateur, Internet*. Paris: Seuil.

Lombardo, M. V., & Baron-Cohen, S. (2011). The role of the self in mindblindness in autism. *Consciousness and Cognition, 20*(1), 130-140.

McLuhan, M. (1994 [1964]). *Understanding media: The extensions of man*. Cambridge: The MIT Press.

McMillan, S. J. (2002). Exploring models of interactivity from multiple research traditions: Users, documents, and systems. In L. Lievrouw & S. Livingstone (Eds.), *The Handbook of new media* (pp. 163-182). London: Sage.

Miller, C., & Shepherd, D. (2004). Blogging as social action: A genre analysis of the weblog. In L. K. Gurak, S. Antonijevic, L. Johnson, C. Ratliff, & J. Reyman (Eds.), *Into the blogosphere: Rhetoric, community, and culture of weblogs*. Retrieved October 13, 2014 from http://blog.lib.umn.edu/blogosphere/blogging_as_social_action_a_genre_analysis_of_the_weblog.html

Murray, S. (2008). *Representing autism: Culture, narrative, fascination*. Liverpool: Liverpool

University Press.

Nadesan, M. H. (2005). *Constructing autism: Unravelling the 'truth' and understanding the social*. New York: Routledge.

Osteen, M. (Ed.). (2008). *Autism and representation*. New York: Routledge.

Osteen, M. (2013). Narrating autism. In J. Davidson & M. Orsini (Eds.), *Worlds of autism: Across the spectrum of neurological difference* (pp. 261-284). Minnesota: University of Minnesota Press.

Reeve, D. (2012). Cyborgs, cripples and iCrip: Reflections on the contribution of Haraway to disability studies. In D. Goodley, B. Hughes, & L. J. Davis (Eds.), *Disability and social theory: New developments and directions* (pp. 91-111). Hampshire: Palgrave Macmillan.

Sacks, O. (1996). Foreword. In T. Grandin (Ed.), *Thinking in pictures and other reports from my life with autism* (p. xiii-xviii). New York: Vintage Books.

Sandradodd. (n.d.). Video games and autism [Web log post]. Retrieved October 13, 2014 from http://sandradodd.com/special/videogames.html

Savarese, R. J., & Savarese, E. T. (Eds.). (2010). Autism and the concept of neurodiversity. *Disability Studies Quarterly, 30*(1).

Schoitsch, E. (Ed.). (2010). Computer safety, reliability, and security. *29th International Conference, SAFECOMP 2010*. Vienna, Austria, September *2010 Proceedings*. Vienna: Springer.

Shakespeare, T. (2006). *Disability rights and wrongs*. New York: Routledge.

Singer, J. (1999). Why can't you be normal for one in your life? From a problem with no name to the emergence of a new category of difference. In M. Corker, & S. French (Eds.), *Disability discourse* (pp. 59-67). Buckingham: Open University Press.

Smith, S. (1996). Taking it to a limit one more time: Autobiography and autism. In S. Smith, & J. Watson (Eds.), *Getting a life: Everyday use of autobiography* (pp. 226-246). Minnesota: University of Minnesota.

Smith, S., & Watson, J. (2014). Virtually me: A toolbox about online self-representation. In A. Poletto, & J. Rak (Eds.), *Identity technologies: Constructing the self online* (pp. 70-96). Madison Wisconsin: University of Wisconsin Press.

Straus, J. N. (2013). Autism as culture. In L. J. Davis (Ed.), *The disability studies reader* (4th ed., p. 460-484). New York: Routledge.

Tistje. (2011, June 15). Wat gaat er beter? [Web log post]. Retrieved December 1, 2014 from http://tistje.com/2011/06/15/wat-gaat-er-beter/

Tistje. (2011, November 6). De wandeling [Web log post]. Retrieved December 1, 2014 from http://tistje.com/2012/11/06/de-wandeling

Tistje. (2012, January 28). Hoe Tistje.com er kwam [Web log post]. Retrieved December 1, 2014 from http://tistje.com/2012/01/28/hoe-tistje-com-er-kwam/

Tistje. (2012, October 21). Ieder zijn tempo [Web log post]. Retrieved December 1, 2014 from http://tistje.com/2012/10/21/ieder-zijn-tempo/

Tistje. (2013, August 7). Hoe is het om te vrijen met een autist(e)? [Web log post]. Retrieved December 1, 2014 from http://tistje.com/2013/08/07/hoe-is-het-om-te-vrijen-meteen-autiste/

Tistje. (2014a, June 18). Op Safari door autismeland [Web log post]. Retrieved December 1, 2014 from http://tistje.com/2013/06/18/op-safari-door-autismeland/Tistje.com/2013/07/01

Tistje. (2014b, June 18). Is het leven eerlijk? [Web log post]. Retrieved December 1, 2014 from http://tistje.com/2014/06/18/is-het-leven-eerlijk/

Tistje. (2014c, October 7). Tistje in een mindmap [Web log post]. Retrieved December 1, 2014 from http://tistje.com/2014/10/07/tistje-in-een-mindmap/Tistje.com/2014/11/30

Tistje. (2014d, October 20). Personal communication.

Tistje. (2015, January 21). Personal communication.

Turkle, S. (1995). *Life on the screen: Identity in the age of the internet*. New York: Simon &Schuster.

Van Gelder, E. (2014). *Ik ben niet vreemd, ik heb autisme. Leven met een autismespectrumstoornis*. Leersum: Uitgeverij Village.

Waltz, M. (2003). *Metaphors of autism, and autism as metaphor: An exploration of representation*. Retrieved October 15, 2014 from http://www.inter-disciplinary.net/ptb/mso/hid/hid2/waltz%20paper.pdf

Waltz, M. (2013). *Autism: A social and medical history*. London: Palgrave Macmillan.

20

인식에서 포용으로
일본의 소셜 미디어와 시민단체를 활용하여 장애인 커뮤니티 연계하기

무네오 카이고

인식에서 포용으로: 도입

일본 지방자치단체들이 페이스북을 통해 주민들과 소통하기 시작했다. 지방자치단체는 페이스북을 사용함으로써 시민들에게 더 신속하게 서비스를 제공하고, 더 큰 책임을 부여할 수 있으며, 정보통신기술과 서버 유지보수에 드는 비용을 줄일 수 있는 등 몇 가지 혜택을 누릴 수 있다. 페이스북은 또한 시민, 시민 사회, 정부 간의 더 많은 상호작용의 기회를 제공한다. 하지만 시민들에게 페이스북을 사용하도록 요구하는 건 몇 가지 문제를 안고 있다. 예를 들어, 디지털 사용능력이 낮은 시민들은 (쉽게) 정보에 접근할 수 없고, 페이스북 서비스가 원활하지 않으면 의사소통이 중단될 수도 있다. 뿐만 아니라, 다른 페이스북 사용자들이 '낚으려고'(괴롭히려고) 게시물을 올릴 수 있으며, 개인 (또는 사적인) 정보가 페이스북을 통해 노출될 수 있다. 장애인의 경우, 플랫폼에 접근하는 것이 불가능할 수도 있고 열악한 경제상황으로 인해 컴퓨터나 인터넷을 연결하지 못할 수도 있다(이 책 13장 참조). 이와 같은 장단점을 고려해 볼 때, 많은 일본 지방자치단체들은 페이스북을 사용함으로써 얻는 혜택이 손해보다 훨씬 더 크다고 판단했다. 이들 지방자치단체들은 아이디어를 교환할 목적으로 시민과 지방자치단체를 위한 포럼을 만들기 위해 페이스북 페이지를 제작하거나 시작하고 있다(MIC, 2013). 이 장에서는 일본 이바라키 현 츠쿠바 시의 '츠쿠바 시민 활동 사이버 광장Tsukuba civic activities cyber-square' 실험의 페이스북 페이지에 올라온 사례 중 하나를 중점적으로 다루고자 한다. 이 장에서 저자는 일본의 소셜 네트워킹 사이트(SNS) 사용 현황을 설명하고 일본의 장애인 커뮤니티에 대한 규제 및 사회적 상황을 이야기하고자 한다. 일본 지방자치단체가 장애급여와 포용에 관련 이슈를 다루고 있다는 점에서(Stevens, 2013) 장애인을 대상으로 한 '츠쿠바 시민 활동 사이버 광장' 실험은 특별한 의미가 있다고 본다. 또한 저자는 시민단체의 참여를 조사하여 향후 장애인을 위한 일본의 소셜 미디어 의 이용 가능성을 예측하고자 한다.

일본의 SNS: 믹시에서 페이스북까지

SNS의 사용과 역사는 세계 여러 국가에서 발표한 자료에 상세히 정의되어 있으며, 다수의 연구들이 플랫폼들을 다양한 사회 · 문화적 맥락에서 비교하고 있다(Boyd & Elison, 2007; Raacke & Bonds-Raacke, 2008). 서구에서는 페이스북이나 마이스페이스 같은 사이트가 일찌감치 인기를 얻은 반면, 일본에서는 자체적으로 개발된 SNS 믹시mixi를 선호하는 이용자들이 많았다. 믹시는 2004년에 출시된 SNS로 2011년까지 일본 플랫폼 시장에서 지배적인 위치를 차지하다가 점차 트위터와 페이스북 등 글로벌 플랫폼에게 자리를 내어주었다. 타카하시(Takahashi, 2010)는 "지리적 · 문화적 차이"(p. 17)를 확인하기 위해 사회적 맥락에서 일본인들의 SNS 사용을 조사했다. 그녀는 믹시와 마이스페이스의 이용자들을 대상으로 민족학적 연구를 실시했다. 연구 결과에 따르면 개인에게 더 집중된 마이스페이스 사용자와 비교했을 때 일본의 믹시 사용자는 더 높은 집단 역동성을 보여 주고 있다.

우리는 매일 온라인 커뮤니케이션과 상호연결성로 특징지어지는 네트워크화된 사회에 살고 있다(Wellman & Haythornthwaite, 2002). 가상 커뮤니티로서 소셜 미디어(Baym, 2010; Wellman et al., 2003)는 공유 공간과 실천, 자원과 지원, 정체성과 대인관계의 특징을 가지고 있다. 기존의 연구들은 온라인 소셜 네트워크와 가상 커뮤니티가 시민 사회를 어떻게 개선하고 있는지를 분석했다(Jennings & Zeitner, 2003; Livingstone & Markham, 2008; McAtee & Wolak, 2011; Shah, Cho, Eveland, & Kwak,

2005; Shah, McLeod, & Yoon, 2001).

2013년 3월 닐슨넷뷰재팬(Neilsen Netview Japan, 2013)에 따르면 페이스북이 일본에서 사용되고 있는 SNS 중에서 가장 인기 있는 플랫폼으로 가장 많은 방문자(총 17,515,000명)를 보유하고 있다. 이와는 대조적으로 믹시는 같은 달에 4,468,000명의 방문자를 기록했다. 페이스북 사용자들의 증가로 인해 일본의 조직들과 지방자치단체들은 페이스북을 활용하기 위한 프로젝트를 준비하기 시작했다. 사용자층이 가장 두텁고 꾸준히 성장하는 SNS는 가장 효과적인 통신 플랫폼을 제공할 수 있다. 페이스북은 정보 접근과 보급에 있어 새로운 의사소통 통로를 제공하기 때문에 장애인 커뮤니티에 유용할 수 있다. 페이스북과 같은 SNS를 통한 장애인의 온라인 활동은 장애인 커뮤니티들 간에 더 많은 시민 참여로 이어질 수 있으며, 비장애인들이 커뮤니티를 더 깊게 이해할 수 있도록 한다.

일본 내 장애인 커뮤니티 인식과 소셜 미디어

베라 맥키(Vera Mackie, 2002)는 일본에서 "적극적인 시민 참여는 공적 공간에 대한 접근성과 밀접한 관련이 있다." 그리고 "공적 공간의 사용을 방해하는 장애물들"(p. 210)과 함께 장애인들은 일본 시민권의 개념에서 제외되고 있다고 주장한다. 일본의 장애인들이 배제와 접근성의 문제를 경험하고 있지만, 최근에는 장애인들을 위한 시민참여 확대를 위해 많은 인센티브들이 제공되고 있다(Mackie, 2002). 맥키는 장애인 연예인과 언론이 장애인의 대중적 지지와 공적 공간에 대한 접근성의 중요성을 알리는 데 중요한 역할을 한다고 주장한다. 이 책의 다른 장들에서 말하는 것처럼(이 책 7장, 9장, 11장 참조) 온라인과 소셜 미디어는 점점 공공시설의 접근성 측면에서 중요한 사이트로 부각되고 있다.

장애인에 대한 사회적 태도의 변화

고틀리브(Gottlieb, 2001)에 따르면 1990년대 이후 일본에서 인터넷이 급속도로 보급되면서 장애인 인권운동이 정치적으로 이슈화되기 시작했다(p. 992). 소셜 미디어가 출현하기 전에도 일본의 다양한 온라인 커뮤니티들은 장애인들이 온라인에서 의사소통하고, 개인들을 연결하고, 강력한 유대감을 가질 수 있는 기회를 제공했다(Gottlieb, 2001 참조). 초창기 장애인 중심의 온라인 커뮤니티로는 1995년에 설립된 센수이SenSui 웹사이트가 있다. 이 사이트는 장애인이 일본을 여행하고자 할 때 도움이 되는 정보와 일본 내 장애인 협회들의 정보를 제공했다(Kobayashi, 2007 참조). 일부 온라인 환경에서 장애인 커뮤니티가 방치되는 경우가 많았지만, 다른 온라인 환경에서는 이러한 환경이 제공하는 익명성을 기반으로 일본 내 장애인들이 자유롭게 의사소통하고 비장애인들과 사회적 교류를 할 수 있도록 했다.

이러한 익명성과 함께, 몇몇 일본 장애인들의 트위터 계정들은 사이버 공간에서 주목을 받았다. 66만 명이 넘는 팔로워를 거느리고 있는 인기 작가 히로타다 오토타케Hirotada Ototake(@h_ototake)를 예로 들 수 있다. 저널리스트이자 전직 교사였던 오토타케는 테트라-아멜리아 증후군tetra-amelia syndrome으로 팔과 다리가 없이 태어났다. 그는 1988년에 회고록 《완벽한 사람은 없다No One's Perfect》를 출간했고, 이 책은 2013년에 장편 영화로 만들어졌다. 하지만 오토타케와는 다르게 일본의 대다수 장애인과 가족들은 장애가 알려지는 것을 원치 않을 수도 있다. 이런 이유로 인해 정부관계자, 학교 교직원, 그리고 다른 조직들은 일본에서 장애와 관련된 정보를 신중하고 조심스럽게 다루고 있다. 사회 정의 구현을 위해 인터넷 통신 플랫폼을 사용하는 장애인 단체들은 특히 주요 언론매체가 장애 문제를 보도할 때 사용하는 언어에 대한 변화를 촉구하기 위해 이러한 문화적 상황을 강조한다(Gottlieb, 2001).

주류 언론이 장애인을 잘못된 방향으로 보도하는 방식이 커뮤니티 전체에 대한 오해로 이어질 수 있다는 할러(Haller, 2010)의 관찰은 다른 미디어에도 적용될 수 있다. 다른 나라와 마찬가지로 일본의 전통 매체들도 장애인들을 비장애인보다 열등하거나 가치가 떨어지고 취약한 사람들로 묘사한다. 기존 미디어는 종종 장애인을 의료적 관점으로, 또는 영웅이나 '초능력자supercrip'로, 그리고 자선사업이나 장애인권 등의 관점으로 축소하고 낙인을 찍는다(Haller, 2010). 비장애인과 장애인 커뮤니티 간의 소통이 미디어가 가지는 고정관념을 해소하기에 아직은 역부족이지만, 소셜 미디어의 등장으로 인해 장애인 커뮤니티는 중요한 이슈나 사건에 대한 정보를 정확하게 전달할 수 있게 되었다. 할러(2010)가 설명한 것처럼, 소셜 미디어는 무료 음성서비스, 정보 공유 및 온라인 조직화를 위해 활용될 수 있고 장애인 커뮤니티와 관련된 정보의 흐름을 원활하게 할 수 있다.

접근성과 가용성을 고려할 때, 장애인들은 디지털 혁명 기간 내내 특히 웹 2.0 기반 환경에서의 접근성을 제대로 지원 받지 못했다(Ellis & Kent, 2011). 새로운 플랫폼에서의 접근성 부족은 일본 사회와 문화 환경에 만연해 있는 장애차별주의에 대한 변화를 절실하게 요구하고 있다(Ellis & Kent, 2011). 하지만 안타깝게도 지금까지 제정된 법률은 장애인들을 위한 소셜 미디어의 접근성을 높이지 못했다. 이러한 현실에서 페이스북과 같은 소셜 미디어는 장애인들이 관련 문제를 업데이트하고 시민 참여를 지원하는 도구로서 기능을 하고 있다(이 책 2장, 7장, 8장, 19장 참조). 일본 지방자치단체들은 페이스북을 이용하여 여러 가지 이니셔티브를 시작했으며, 저자는 이러한 시도와 노력이 장애인 커뮤니티에 새로운 통신 플랫폼을 제공할 수 있기를 희망하고 있다.

일본 장애인 커뮤니티 관련 규정

제2차 세계대전 이후 일본에서는 장애인을 지원하기 위한 법률과 규정을 마련하기 시작했다. 1970년 5월 21일 「장애인 기본법Basic Act for Persons with Disabilities」(Shōgaisha Kihonhō, 제84호)이 제정되었다. 이 법은 총 4개의 장으로 구성되어 있으며 일반 규정 및 장애인 커뮤니티의 독립과 사회참여를 지원하는 기본대책, 장애를 유발하는 부상과 질병 예방, 그리고 장애인을 위한 정책위원회 설립에 관한 정보를 포함하고 있다. 2004년에는 발달장애에 대한 지원을 재인식하고 장애인 권리 보호를 강화하기 위해 기본법을 수정했으며, 이 후 장애인을 차별으로부터 보호하는 법을 개정하였다. 「신체장애인 복지법Act on Welfare of Physically Disabled Persons」(Shintai Shōgaisha Fukushihō 제283호, 1949년 2월 26일 제정), 「발달장애인 및 신체장애인을 위한 정신보건복지법Act on Mental Health and Welfare for Persons with Developmental and Physical Disabilities」(Seishin Hoken oyobi Seishin Shōgaisha Fukushi ni Kansuru Hōritsu, 제23호 1950년 5월 1일 제정) 그리고 「정신지체장애인 복지법Act on Welfare for Persons with Intellectual Disabilities」(Chiteki Shōgaisha Fukushi Hō, 제37호, 1960년 3월 31일 제정)과 같은 이전의 장애 관련 법령들은 「장애인 기본법Basic Act for Persons with Disabilities」을 보완하여 필요한 서비스를 제공하고 일상생활과 사회생활을 지원하고 있다.

「지방자치법」은 일본의 장애인 커뮤니티 지원도 보완하고 있다. 예를 들어, 이바라키 현은 2014년 3월 「이바라키 현의 장애인과 비장애인이 함께 행복한 삶을 건설하는 조례Ordinance for Building a Happy Life Together Among People with Disabilities and no Disabilities in Ibaraki Prefecture Shōgai no Aruhito Naihito mo Tomoni Ayumi Shiawase ni Kurasutameno Ibarakiken Zukuri Jōrei」를 통과시켰다. 이 법은 2014년 4월 1일 이바라키 지역 학교에서 장애인을 위해 포괄적인 교육을 지원하고 취업 기회를 제공하기 위한 목적으로 시행되었다.

법 제정과 시행을 통한 법적인 부분의 발전과는 대조적으로 일본 사회는 실제 장애인 포용 부분에서 뒤처져 있다. 예를 들어, 장애인 친화적인 베리어 프리 건축물 공급은 도시 지역에서도 많이 부족하지만, 이 문제는 시골로 갈수록 더욱 심각해진다. 오늘날 일본에서 장애인 커뮤니티에 대한 공개적인 차별을 자주 볼 수는 없지만 사회와 일상생활에서 장애인들에 대한 거리감과 거부감은 여전히 존재한다. 따라서 장애인에 대한 포용은 일본 사회가 지속적으로 다뤄야 할 문제로 인식되고 있다.

일본의 지방자치단체 SNS

페이스북과 같은 SNS는 지방자치단체의 홍보를 위한 편리한 플랫폼을 제공하고 있다. 일본 지방자치단체들은 비교적 적극적으로 이러한 새로운 정보통신기술을 도입해 왔다. 주목할 만한 사례로 일본 남부 사가 현의 타케오 시는 2011년부터 (올해) 2015년까지 페이스북을 주요 인터넷 서비스 플랫폼으로 지정해 사용했다(Nagasawa, 2011; Nishinippon Shimbun, 2015).

타케오 시는 과거 트위터와 같은 소셜 미디어의 사용에 있어서 매우 적극적이었다. 2011년 6월 12일 타케오 지역에서 홍수가 발생했을 때 시장을 비롯한 공무원들은 도로블록과 홍수에 관한 재난 정보를 트위터를 통해 내보냈고, 트위터를 사용한 덕분에 100만 엔 이상의 기부금을 모을 수 있었다(Takeo City, 2011). 소셜 미디어를 성공적으로 사용했지만 2015년부터 시작된 정부 방침의 변화로 인해 타케오 시는 현재 주로 자신들의 홈페이지를 통해 정보를 제공하고 있다. 그럼에도 불구하고 많은 일본 지방자치단체들은 타케오 시의 사례를 매우 긍정적으로 평가하고 있다. 그리고 타케오 시의 사례는 츠쿠바 시의 '츠쿠바 시민 활동 사이버 광장' 실험 설계의 틀을 마련해 주었다.

츠쿠바 시민 활동 사이버 광장 실험

츠쿠바 시는 도쿄에서 북쪽으로 약 30마일 떨어진 이바라키 현에 위치하고 있다. 츠쿠바 시는 미래인재 육성과 기업가 정신 함양, 그리고 커뮤니티 활성화와 건강한 시민 생활 형성이라는 두 가지의 큰 목표를 내걸고 츠쿠바대학교와 인텔과 협력하여 페이스북 사이트 '츠쿠바 시민 활동 사이버 광장'을 만들어 왔다. 이러한 목표 아래 츠쿠바 시는 2012년에 페이스북을 통해 시민들 간 협력을 촉진하는 실험을 시작했다. 츠쿠바 시는 시민 활동과 시민 중심 단체들 사이의 온라인 및 오프라인 네트워킹을 촉진하고, 보다 나은 시민 사회를 목표로 다양한 시민 활동을 가시화하기 위해 '사이버 광장'을 만들었다(Kaigo & Tkach-Kawasaki, 2012). 츠쿠바대학 고문이자 이 프로젝트의 리더인 저자는 츠쿠바 시와 협력하여 그들의 비전을 실현하기 위해 노력했다.

츠쿠바 시 이바라키 현은 페이스북 이용자가 가장 많았고, 2011년 10월에는 약 10,860명의 이용자가 있었다. 츠쿠바 실험은 2012년 1월에 시작되어 2012년 6월에 초기 실험을 완료했다. '츠쿠바 시민 활동 사이버 광장'은 이제 츠쿠바 시의 일상 업무에 통합되었다.

보완적 의사소통 통로의 가능성과 문제점을 중점적으로 다룬 과거 연구(Kaigo & Tkach-Kawasaki, 2012)는 '츠쿠바 시민 활동 사이버 광장'이 시민 사회를 어떻게 변화시켰는지, SNS가 어떻게 정보를 제공하고 시민들을 연결시킬 수 있는지를 보여주었다. 츠쿠바 시가 SNS를 사용하는 데 있어 직면하게 되는 장애물은 주로 타인을 불쾌하게 하거나, 게시물을 잘못 게시하거나, 소셜 미디어를 통해 부적절한 정보를 게시하는 것에 대한 두려움에서 비롯되었다. 예를 들어, 2011년 일본의 한 호텔 식당 종업원이 TV 연예인들의 개인 정보를 트위터에 게시했고, 주류 언론(Yumeijin ga raiten Twitter ni toukoushitara, 2011), 가십 타블로이드, 타블로이드 텔레비전 등에 보도되었다. 이러한 정보는 본질적으로 계정 소유자를 괴롭히기 위해 '낚시질'을 유도하기 때문에, 특히 일본 대중 매체는 온라인상의 (정보)교환을 일반적으로 소셜 미디어와 인터넷이 제공하는 화려한 볼거리의 부정적인 예시로 묘사하고 있다.

일본의 부정적인 사례들은 많은 조직들이 소셜 미디어를 채택하는 데 있어 주저하거나 처음부터 아예 고려하지 않는 결과를 낳았다. 부정적인 사례들은 디지털 기술이나 정보통신기술 사용능력이 낮은 사람들 사이에서 소셜 미디어를 사용하는 것에 대한 일반적인 두려움을 조성하기도 했다. 이러한 우려를 극복하기 위해 '츠쿠바 시민 활동 사이버 광장'은 SNS의 올바른 사용을 위한 지침을 만들었다. 이 지침은 SNS 사용자가 실명으로 계정을 만들고 남을 비방하는 게시물을 통제하거나 금지하고, 비밀을 누설하거나 개인정보를 유출하지 않도록 하고, 오해의 소지가 있는 의견 등을 금지하고, 불확실한 사실에 대해 게시하지 못하게 함으로써 실수를 피할 수 있다고 설정했다.

'츠쿠바 시민 활동 사이버 광장'은 시민 활동에 관심이 많고 재해 발생 시 자원봉사에 관한 정보를 알릴 수 있는 사람들을 중심으로 확실한 지지층을 구축했다(Kaigo & Tkach-Kawasaki, 2012). 일본에서 SNS는 투명성을 높이고 공통의 관심사를 가진 사람들을 연결하면서 일반 시민과 정부 간의 소통의 공백을 메우고 있다. 비슷한 환경 속의 사람들은 비슷한 특징과 비슷한 경험을 가지고 있는 사람들과 커뮤니티를 형성하는 경향이 있다. 왜냐하면 비슷한 성향이나 관심사를 가진 페이스북 사용자들은 온라인에서 보다 쉽게 친구가 될 수 있기 때문이다.

정부 및 시민 활동에 SNS를 이용할 수 있다는 것은 매력적인 방법이며, '츠쿠바 시민 활동 사이버 광장' 실험은 각 자방자치단체가 일본 내에서 더욱 효과적으로 소통하고, 더 많은 사이버 커뮤니티를 만들기 위해 페이스북과 같은 SNS 플랫폼의 사용을 시작할 것을 격려하고 있다(Kaigo & Tkach-Kawasaki, 2012).

일본의 페이스북과 장애인의 포용

사회가 장애인의 포용을 방해는 요소들을 생성함에도 불구하고, 페이스북과 같은 SNS는 일본 시민단체가 장애인 관련 커뮤니티와 네트워킹할 수 있는 가장 편리한 플랫폼을 제공하고 있다. 오늘날 '츠쿠바 시민 활동 사이버 광장'이 그러한 예이다. 그러나 그러한 웹사이트와 운영자들은 행정적인 문제에 직면하고 있다. '츠쿠바 시민 활동 사이버 광장'을 운영하는 시민활동부서Division for Civic Activities는 일반 장애인들과 단체들의 문제를 다루는 츠쿠바 시청의 장애인복지부서와는 분리되어 있는데, 대부분의 지방자치단체들도 상황은 비슷하다(Kaigo, 2014).

츠쿠바 시 장애인복지부는 아직 소셜 미디어나 페이스북의 사용을 그들의 업무에 독자적으로 통합할 수 있는 능력이 없었기 때문에, '츠쿠바 시민 활동 사이버 광장'은 츠쿠바 지역 내 장애인과 단체들과의 온라인 네트워킹을 위한 주요 접점이 되고 있다. 예를 들어, 츠쿠바에 위치한 장애인사쿠라센터Sakura Centre for Persons with Disabilities(Shōgaisha Sentā Sakura)는 페이스북 페이지를 독자적으로 운영하고 있고, 장애인과 관련된 다른 시민단체와의 연계를 확대하기 위해 '츠쿠바 시민 활동 사이버 광장'과 연결되어 있다.

2014년 11월부터 '츠쿠바 시민 활동 사이버 광장'은 장애인들의 문제를 다루는 다른 소셜 미디어 포탈들을 보완하기 위해서 츠쿠바 시와 이바라키 현에서 장애인 활동을 지원하는 단체들과 적극적으로 의사소통하고 있다. 의사소통 이전에 있었던 주요 장애물은 지역 내 관할권 문제와 사회적 낙인 때문에 장애인들에 대해 이야기하는 것에 대한 부담감, 그리고 소셜 미디어를 통해 의도하지 않게 개인정보가 공개되는 것에 대한 두려움들이 있었다. 이러한 장애물들은 장애인을 지원하는 단체들과의 광범위한 의사소통을 방해했다(Kaigo, 2014). 그러나 '츠쿠바 시민 활동 사이버 광장'은 이를 극복한 것으로 보인다. 2014년 11월부터 시민활동부서의 온라인 커뮤니티 관리자가 관련 단체들과 관련된 게시물을 적극적으로 올리기 시작했다.

〈표 20-1〉은 2014년 9월 10일부터 2014년 12월 10일까지 3개월 동안, 시민 활동과 관련하여 시민활동부서가 '츠쿠바 시민 활동 사이버 광장' 웹사이트상에 올린 게시물 목록이다. 표기된 숫자는 커뮤니티 관리자들이 이용할 수 있는 페이스북 인사이트Facebook Insight에서 제공하는 참여 지표다. 각 지표는 '콘텐츠를 확인한 사람reach'(페이지와 연관된 내용을 본 사람 수) '좋아요like'(페이지와 관련하여 '좋아요'를 누른 사람 수) '댓글comment'(페이지에 댓글을 단 사람 수) '공유shares'(페이지를 공유한 사람 수)는 물론, 주제가 장애인 커뮤니티와 관련이 있는지의 여부를 포함하고 있다.

표 20-1 '츠쿠바 시민 활동 사이버 광장'의 확인자 수와 온라인 참여도 (2014년 9월 10일~2014년 12월 10일)

게시일	게시글 주제	확인자 수	좋아요	댓글	공유	장애 관련 주제
18-09-14	아동지원클럽	560	29	0	0	N
22-09-14	시민자원봉사시스템	818	46	3	0	N
24-09-14	전등 축제	791	50	0	0	N
26-09-14	츠쿠바대학교 심포지엄	693	21	4	3	N
3-10-14	기금모금 캠페인	602	37	2	0	N
8-10-14	환경보호	402	21	0	0	N

16-10-14	가을 즐기기	830	48	0	0	N
21-10-14	엄마의 지원	556	22	0	0	N
22-10-14	11월 1일 활동축제	1190	53	0	2	N
28-10-14	꽃 심기	618	36	0	0	N
28-10-14	사당 꽃 심기	724	46	0	1	N
31-10-14	스포츠의 날 보고	785	55	2	0	N
6-11-14	아이들을 위한 요리 교실	637	49	0	0	N
14-11-14	휠체어 댄스	578	53	0	1	Y
19-11-14	수어 세미나	734	40	0	1	Y
20-11-14	텐지 (일본 점자) 세미나	513	28	0	1	Y
21-11-14	텐지 인터뷰	520	41	0	0	Y
25-11-14	NPO 기금모금 대회	705	27	0	0	N
26-11-14	아이를 위한 단어교육	574	36	0	1	N
27-11-14	아이들을 위한 기모노 수업	478	29	0	0	N
28-11-14	2월 NPO 모임	316	8	0	0	N
28-11-14	NPO 모임 (2)	434	26	0	0	N
1-12-14	기모노 수업(2)	603	43	0	0	N
2-12-14	NPO 모임 (3)	531	30	0	0	N
3-12-14	청각장애인 컴퓨터 교실	980	59	1	2	Y
4-12-14	청각장애인 컴퓨터 교실(2)	458	20	0	0	Y
5-12-14	곤약 요리 (감자젤리)	777	39	0	0	N
6-12-14	팔레스타인 아동	464	35	0	0	N
9-12-14	NPO 모임 (4)	494	28	0	0	N

표 20-2 '츠쿠바 시민 활동 사이버 광장'에서의 확인자 수 및 온라인 참여도 평균과 표준편차 (2014년 9월 10일~2014년 12월 10일)

게시일	확인자 수		좋아요		댓글		공유	
	평균	표준편차	평균	표준편차	평균	표준편차	평균	표준편차
다른 주제	704.08	388.59	35.5	11.84	0.46	1.1	0.5	1.22
장애 관련	630.5	195.65	40.17	14.67	0.17	0.4	0.83	0.753

콘텐츠를 '확인한 사람' '좋아요' '댓글' '게시글 공유'를 비교한 결과, 장애인 커뮤니티의 주제와 다른 주제 간에 통계적 차이는 발견되지 않았다. 즉, '츠쿠바 시민 활동 사이버 광장'에서 주제 부분을 비교했을 때 '확인한 사람' 수와 온라인 참여도가 동일한 수준임을 보여 주고 있다(〈표 20-2〉 참조). 비록 제한적인 데이터로 구성된 단독 사례이긴 하지만, 분석 결과는 소셜미디어가 시민 활동에 관심이 있는 온라인 커뮤니티와 장애인과 관련된 활동을 성공적으로 연결하고 있음을 보여 준다. 장애 주제를 '확인한 사람' 수와 '댓글'의 수가 다른 항목보다 다소 낮다는 것을 알 수 있지만 장애인 커뮤니티와 관련된 '좋아요'와 '공유'가 더 많았다는 것도 알 수 있다. 결론을 내리기 위해서는 더 많은 데이터 수집이 요구되지만, 분석 결과는 장애인 커뮤니티의 페이스북 사용자들이 게시물에 댓들을 다는 것을 주저하고 있음을 의미하기도 하지만, 또한 게시물을 좋아하고 친구들과 공유하는 것을 꺼리지 않음을 의미하기도 한다.

결론

이 장에서는 일본의 시민사회와 관련하여 SNS 사용 현황을 간략하게 요약한 후, 장애인법의 역사와 사회적 맥락을 살펴보았다. 또한 소셜 미디어가 어떻게 장애인 커뮤니티와 시민 사회 조직을 연결하고 있는지를 확인하었다. 일본 내 시민권의 향상을 위해 공적 공간에 대한 접근성의 중요성이 부각되고 있고 지방자치단체의 페이스북 사용이 증가함에 따라 '츠쿠바 시민 활동 사이버 광장'에서 장애 관련 정보를 개재하고 참여하는 것은 중요하다고 생각한다.

페이스북 인사이트를 통해 수집된 사례연구는 '츠쿠바 시민 활동 사이버 광장'에서 장애와 시민 사회 관련 게시물들이 같은 기간에 올라온 다른 게시물들과 비교했을 때 동일한 수준의 온라인 참여도를 보여 주고 있다. 장애 관련 주제의 게시물은 같은 기간 다른 게시물에 비해 '좋아요'와 '공유'가 더 많았다.

지금까지 상당 기간 동안 일본에서는 장애인에 대한 사회적 포용력을 높여야 한다는 목소리가 있었다. 학교교육과 인터넷상의 참여운동이 변화함에 따라, 많은 단체들은 공익광고와 기업의 상업광고를 통해 포용의 필요성을 인식하는 사회를 만들기 위한 노력해 왔다. 현재 페이스북과 같은 SNS는 다양한 시민 활동 지향적인 개인과 단체들 간 필요한 네트워크를 제공하거나 가교 역할을 하고 있다. 저자는 이번 연구 결과가 장애인 커뮤니티가 일본 사회에 통합되는 데 도움이 되기를 희망한다.

시민 활동에 관심 있는 사용자들은 장애인 지원 활동에 대한 정보를 온라인에 게시할 수 있으며, 이 활동은 충분한 시간과 노력이 주어진다면 훨씬 더 널리 온라인상에서 확산될 수 있을 것이다. 이 장에서 다루는 연구 질문은 다음과 같다.

- 소셜 미디어는 일본의 장애인 커뮤니티를 연결하고 사회적 포용을 촉진하는 가교로써 사용될 수 있는가?
- 소셜 미디어의 사용이 향후 장애인들 간에 보다 강한 개인적 유대감을 끌어낼 수 있는가?

일본 정부와 시민사회의 SNS 이용에 대한 이번 실험은 현재 진행 중인 프로젝트로서 미래를 추론하기 위해 더 많은 연구가 필요한 분야이다. 또한 연구 문제를 검토하기 위해서는 더 많은 사례연구에서 도출된 증거와 자료가 필요하다. 새로운 연구 질문들은 중요하며 소셜 미디어가 일본의 장애인 커뮤니티를 포용하기 위한 미래의 방향성을 제시하는 데 기여할 것으로 본다.

참고문헌

Baym, N. K. (2010). *Personal connections in the digital age*. Cambridge, UK: Polity.

Boyd, D., & Ellison, N. B. (2007). Social network sites: Defi nition, history, and scholarship. *Journal of Computer-Mediated Communication, 13*(1), 210-230. doi: 10.1111/j.1083-6101.2007.00393.x

Ellis, K., & Kent, M. (2011). *Disability and the new media*. New York and London: Routledge.

Gottlieb, N. (2001). Language and disability in Japan. *Disability & Society, 16*(7), 981-995.

Haller, B. (2010). *Representing disability in an ableist world: Essays on mass media*. Louisville, KY: The Advocado Press.

Jennings, M. K., & Zeitner, V. (2003). Internet use and civic engagement: A longitudinal analysis. *Public Opinion Quarterly, 67*(3), 311-334.

Kaigo, M. (2014). Social media and red tape. In P. Parycek, M. Sachs & M. Skoric (Eds.), *CeDEM Asia 2014: Proceedings of the international conference for e-democracy and open government - Asia 2014*. Krems: Edition Donau-Universitat Krems, 217-223.

Kaigo, M., & Tkach-Kawasaki, L. (2012). Social media usage for civil society in Japanese municipalities. In P. Parycek, M. Sachs & M. Skoric (Eds.), *CeDEM Asia 2012: Proceedings of the international conference for e-democracy and open government-Asia-2012*. Krems: Edition Donau-Universitat Krems, 59-70.

Kobayashi, I. (2007). Web-based disability information resource in Japan. *Journal of Technology in Human Services, 25*(1-2), 199-200.

Livingstone, S., & Markham, T. (2008). The contribution of media consumption to civic participation. *British Journal of Sociology, 59*(2), 351-371. doi: 10.1111/j.1468-4446.2008.00197.x

Mackie, V. (2002). Embodiment, citizenship and social policy in contemporary Japan. In R. Goodman (Ed.), *Family and social policy in Japan*. Cambridge: Cambridge University Press, 200-229.

McAtee, A., & Wolak, J. (2011). Why people decide to participate in state politics. *Political Research Quarterly, 64*(1), 45-58. doi: 10.1177/1065912909343581

Ministry of Internal Affairs and Communications, Japan (MIC) (2013). *Heisei nijugonendo jōhō tsushin hakusho* [Information and communications white paper 2013]. Tokyo: Ministry of Internal Affairs and Communications. Retrieved from http://www.soumu.go.jp/johotsusintokei/whitepaper/h25.html

Nagasawa, S. (2011, July 29). Sagaken Takeoshi, shiyakushono koushiki saitowo Facebook page ni iko [Takeo, Saga municipal hall page transferred to Facebook]. *Internet Watch*. Retrieved from http://internet.watch.impress.co.jp/docs/news/20110729_463979.html

Nielsen Netview (2013). *Sumatofon wo shoyu shiteiru 10 dai danjo, 20 dai joseino 6 wari ijouga omoni sumatofon de SNS wo riyou* [Male and female teens, over 60 percent of females in their 20s use smartphones for SNS]. Retrieved from http://www.netratings.co.jp/news_release/2012/03/10206-sns.html

Raacke, J., & Bonds-Raacke, J. (2008). MySpace and Facebook: Applying the uses and gratifications theory to exploring friend-networking sites. *Cyberpsychology & Behavior, 1*(2), 169-174. doi: 10.1089/cpb.2007.0056

Shah, D., Cho, J., Eveland, W., & Kwak, N. (2005). Information and expression in a digital age: Modeling internet effects on civic participation. *Communication Research, 32*(5), 531-565. doi: 10.1177/0093650205279209

Shah, D. V., McLeod, J. M., & Yoon, S. H. (2001). Communication, context, and community: An exploration of print, broadcast, and internet influences. *Communication Research, 28*(4), 464-506. doi: 10.1177/009365001028004005

Stevens, C. (2013). *Disability in Japan*. London: Routledge.

Takahashi, T. (2010). MySpace or Mixi? Japanese engagement with SNS (Social Networking Sites) in the global age. *New Media and Society, 12*(3), 453-475. doi: 10.1177/1461444809343462

Takeo City. (2011). *Heisei 23 Nen Koushin Jokyou* [Updates of 2011]. Retrieved from http://www.city.takeo.lg.jp/updateinfo_h23.html

Takeoshi ga Facebook ka haishi "Kodomokyoikubu" shinsetsu [Takeo's children education department replaces Facebook department]. (2015, May 26). *Nishinippon Shimbun Morning Edition*. Retrieved from http://www.47news.jp/smp/localnews/saga/2015/05/post_20150526021858.html

Wellman, B., & Haythornthwaite, C. A. (Eds.). (2002). *The internet in everyday life*. Malden, MA: Blackwell Publishing.

Wellman, B., Quan-Haase, A., Boase, J., Chen, W., Hampton, K., Isla de Diaz, I., & Miyata, K. (2003). The social affordances of the internet for networked individualism. *Journal of Computer-Mediated Communication, 8*(3). doi: 10.1111/j.1083-6101.2003.tb00216.x

Yumeijin ga raiten Twitter ni toukoushitara [Tweeted about a celebrity visit to our restaurant]. (2011, January 19). *Asahi Shimbun Evening Edition*, 6.

PART

06

새로운 방향

New directions

21

보완대체의사소통 및 소셜 미디어 사용자를 위한 자기표현

아만다 히난, 재니스 머레이, 줄리엣 골드바트

내 노트북은 완전히 수명을 다했고, 작동을 멈췄고, 나는 속이 메스껍다. …… 지금 내가 의사소통하기 위해 가지고 있는 것은 나를 세상과 연결해 줄 수 없는 낡아빠진 키보드뿐이다.

(Pistorius, 2011)

도입

마틴 피스토리우스Martin Pistorius가 반추했듯이 장애인들은 점점 더 정보통신기술에 의존하고 있다. 정체성 형성에 관한 기존의 심리사회이론을 확인하기 전에 이 장에서는 먼저 보완대체의사소통augmentative and alternative communication이라는 고도의 전문화된 분야 내에서 자기표현의 영향에 대해 개략적으로 설명할 것이다. 우리는 청소년기와 성인 초기에 보여지는 정체성 형성과 특히 청년기 장애인들에게 온라인 제공하는 기회를 살펴보고자 한다. 이 과정에서 우리는 특히 청년기 장애인들에게 초점을 맞추고자 한다.

이 장은 보완대체의사소통을 사용하는 사람들의 인터넷과 소셜 미디어 사용에 관한 근거이론grounded theory을 수립한 영국의 한 질적 연구 프로젝트를 활용하였다

(Hynan, 2013; Hynan, Murray, & Goldbart, 2014; Hynan, Goldbart, & Murray, 2015). 상기 프로젝트에서는 보완대체의사소통을 사용하는 (14~24세 사이) 25명의 청년기 장애인들이 대면 면접에 참여했다. 대면 면접은 자가보고 방식을 활용하여 장애인들의 온라인 디지털 환경에서 참여 경험을 조사한 기존의 연구 결과와의 차이점을 확인하기 위해 선택되었다. 이 장은 보완대체의사소통 사용자들이 경험하는 온라인상의 자기표현 문제를 논의하기 위해 상기 프로젝트에서 데이터를 엄선해 분석하였다.

보완대체의사소통의 정의

보완대체의사소통은 학제간 임상연구 분야로 (언어 습득 또는 발달조건의 문제로 인해) 언어장애가 있는 개인이 잔류음성기술을 보완대체의사소통과 통합할 수 있는 능력을 개발하고 극대화하기 위해 다중모달 의사소통 전략multimodal communication strategies을 사용하는 것을 지원한다(Marshall & Goldbart, 2008; Clarke, Newton, Petrides, Griffiths, Lysley, & Price, 2012). 보완대체의사소통을 매개로 한 대화는 일반적인 대화보다 느리지만 성공적인 의사소통과 상호작용을 지원하는 다양한 방법들을 제공한다(Smith & Murray, 2011).

보완대체의사소통은 자연스러운 화법과 쓰기를 보강하거나 이에 대한 대안으로 사용될 수 있다. 보완대체의사소통 모드는 추가 장비의 사용여부에 따라 '지원되지 않는unaided' 의사소통과 '지원되는aided' 의사소통으로 구분된다. '지원되지 않는' 형식은 제스처 또는 수어를 의미하고, '지원된' 형식은 로우테크(정보통신기술서를 포함하여 추가 전원이 불필요한) 또는 하이테크(배터리 또는 전원이 필요한)로 나뉜다. 하이테크 형태는 단순한 단일 메시지 장치에서부터 디지털(녹음 음성) 또는 합성(텍스트 대 음성 소프트웨어로 생산) 음성 출력 형식의 복잡하고 유연한 컴퓨터 기반 장치까지 매우 다양하다. 영국에서는 이러한 것들을 흔히 음성 출력 의사소통 보조장치voice output communication aids라고 하며, 미국에서는 음성 생성 장치speech-generating devices라고 한다. 보완대체의사소통 기술은 1980년대 이후 꾸준한 후속 설계 작업을 통해서 (지속적인 사용이 가능하도록 개발된) 로봇 음성으로 된 크고 무겁고, 제한된 용도를 위한 장치에서 출발해 급속도로 발전했다 . 지난 몇 년 사이에 이중 시장two-tier market이 발전했다. 한쪽 시장에서는 주류 기술 설계를 포함하는 전용 기기가, 다른 한쪽에서는 전문 음성 출력 소프트웨어를 포함하는 주류 모바일 기기가 지배했다. 이것은 결과적으로 소비자에게 더 폭넓은 선택권을 제공하고, 더 광범위한 접근성을 보장하며 더 많은 비용 절감의 효과를 가져왔다. 그러나 문제는 주류 기기의 견고성이나 접근성이 늘 동일하지 않다는 것이고 음성 출력 앱 설계자는 일부 보완대체의사소통 사용자들의 맞춤법 사용법과 언어 영역 어려움을 완전히 이해하지 못할 수도 있다는 것이다(Smith, 1992; Browning, 2002; Sturm & Clendon, 2004).

대면 대화와 보완대체의사소통

보완대체의사소통으로 연결된 대면 대화는 다양한 요소들의 영향을 받으며, 이에 따라 비장애인 파트너들은 종종 오해를 바로잡고, 주제를 변경하고, 대화를 시작하고 차례로 주고받는(턴-테이킹) 부분에서 지원 전략을 필요로 한다(Clarke & Wilkinson, 2007, 2008; Clarke, Bloch, & Wilkinson, 2013). 하지만 사회 조직 내에서 발생하는 대화중단(disruption)과 일반적으로 대화의 겹침이 없고 아주 잠깐씩만 대화가 멈추는 특징을 가진 턴-테이킹을 용인하는 것은 비장애인 파트너가 보완대체의사소통을 통해 대화하는 사람의 능력을 과소평가하는 것으로 연결될 수 있다. 선의의 보상행동이 적용되어 파트너가 대화를 지배하고 그 결과 보완대체의사소통 사용자가 더 수동적인 역할을 하게 될 수 있다(Clarke & Wilkinson, 2008). 도드만, 알름, 히긴보텀 및 파일(Todman, Alm, Higginbotham, & File, 2008)은 보완대체의사소통 사용자들에 대한 인식이 종종 그들의 느린 의사소통 속도에 초점을 맞추고 있으며, 빠르게 진행되는 대화 속에서 그들이 기여할 기회가 거부된다고 말한다. 또한 보완대체의사소통 사용자들은 느린 의사소통 속도가 미치는 영향에 대해 크나큰 좌절감을 표시했으며(Judge & Townend, 2013), 대화에 집중하는 것은 쌍방의 문제라고 말한다(Thistle & Wilkinson, 2012).

여기서 최종적인 고려사항은 보완대체의사소통을 사용하는 개인에 대한 내러티브과 유머 생성에 대한 방해요소들이다. 이미 드러난 이슈들은 대면 대화에 대한 담론이 (경험을 공유하는) 상호적 의사소통이 아닌 (구체적 욕구에 대한 의논하는) 거래적 의사소통으로 치우칠 수 있음을 보여 준다(Waller, 2006). 내러티브와 스토리텔링은 친목friendships과 사회적 정체성의 표현을 지원하며 개인의 경험을 이해할 수 있도록 한다(Grove & Tucker, 2003). 내레이션은 경험을 공유할 수 있는 다리 역할을 함으로써 친목을 돕는다. 밸런딘, 버그 및 월러(Balandin, Berg, & Waller, 2006) 그리고 볼린과 밸런(Ballin & Balandin, 2007)은 의사소통장애가 있는 사람들의 사회적 친밀감, 연결성, 외로움에 대한 주제를 탐구하고, 이들에게 많은 수의 친구나 동료들과의 네트워크 크기보다는 다양한 맥락에서 사람들과 유대감을 확립하는 것이 더 중요하다고 보고했다. 그러나 음성 출력 의사소통 보조장치 내러티브는 준비하는 데 시간이 많이 소요되고 또 시간의 경과를 표시하기 위해 지속적으로 변경해 줘야 하는 청크 시퀀스나 독백으로 저장되는 경향이 있다(Reddington & Coles-Kemp, 2011). 결과적으로, 많은 보완대체의사소통 사용자들은 그들이 주제 영역을 표시하면 대신 이야기해 줄 수 있는 가까운 의사소통 파트너에 의존하게 된다(Waller, 1992). 이러한 이슈들은 보완대체의사소통 사용자들이 어떻게 디지털 통신기술을 이용하여 자기표현의 기회를 높이고 사회적 관계를 증진시킬 수 있는지에 대한 연구의 중요성을 보여 준다.

보완대체의사소통 분야에서의 기술 발전과 온라인이 제공하는 기회

음성 출력 의사소통 보조장치는 보다 손쉽게 이용할 수 있는 컴퓨터 기술과 음성 합성 프로그램, 대안적 접근법이 등장한 1980년대와 1990년대에 보완대체의사소통 전문 산업 분야에서 본격적으로 발전하기 시작했다. 2007년에는 많은 제조업체들이 완전히 통합된 의사소통 보조장치를 이용할 수 있었고, 이것은 단일 기계가 의사소통 보조장치와 개인 컴퓨터에 연결된 형태로 작동하거나 외부 컴퓨터와의 인터페이스를 통해 사용될 수 있음을 의미한다(Chapple, 2011). 지난 몇 년 동안, 주류 모바일 기기에서 사용 가능한 음성 출력 앱이 개발되었고(Higginbotham & Jacobs, 2011), 보완대체의사소통 기반의 소프트웨어가 필요한 사람들이 주류 소셜 미디어에 더 많이 참여할 수 있는 기회를 제공했다.

AAC 사용자들의 소셜 미디어 이용

온라인을 통해 의사소통을 할 수 있는 기회가 증가함에 따라 보완대체의사소통 중심의 소셜 미디어 연구가 활발해지기 시작했다. 하지만 지금까지 연구는 특정 국가나 상황에 국한되어 있으며, 보다 광범위한 주제 영역에서 부수적으로 취급되었을 수 있다(Atanasoff, McNaughton, Wolf, & Light, 1998; Cohen & Light, 2000; Rackensperger, Krezman, McNaughton, Williams, & D'Silva, 2005; Dattilo, Estrella, Estrella, Light, McNaughton, & Seabury, 2008; Sundqvist & Ronnberg, 2010; Garcia, Loureiro, Gonzalez, Riveiro, & Sierra, 2011).

기존의 연구 결과를 요약하자면, 온라인 환경은 보완대체의사소통을 사용하는 사람들에게 상당한 이점을 제공하고 있다. 보완대체의사소통 사용자들을 위한 레저에 대한 인식을 탐구한 온라인 연구에서 한 참가자는 다음과 같이 설명했다.

> 인터넷 접속은 나에게 새로운 세계를 열어 주었다.
>
> (Dattilo et al., 2008, p. 25)

또한 보완대체의사소통을 사용한 7명의 학생을 대상으로 대학에서의 의사소통 기회를 조사한 한 설문조사 결과는 다음과 같았다.

> 타인으로부터 이해받을 수 있는 가장 효과적인 방법
>
> (Atanasoff et al., 1998, abstract)

갈델과 서튼(Gandell & Sutton, 1998)은 보완대체의사소통 사용자와 비장애인 파트너 사이의 상호작용을 특수 이메일 포멧을 사용하여 비교했다. 결과는 모니터링 되는 대면 대화에서 보았던 것보다 보완대체의사소통 사용자를 위한 의사소통에서 이메일이 더 큰 상호작용을 촉진하는 것이었다 . 선드크비스트와 론버그(Sundqvist & Ronnberg, 2010)는 기호 기반의 이메일 교환 지원 소프트웨어 프로그램이 보완대체의사소통을 사용하는 6~13세 어린이들의 사회적 접촉을 강화한다는 것을 발견했다. 호주에서 래그헤이벤드라, 우드, 뉴먼 및 로리(Raghavendra, Wood, Newman, & Lawry, 2012)는 신체 장애가 있는 15명의 어린이 집단(평균 14.6세)을 대상으로 질적 연구를 실시했다. 참여자들은 다양한 용도로 인터넷을 사용하고 있었지만 비슷한 연령대의 비장애인 어린이들보다 사용 범위나 사용빈도가 낮은 것으로 밝혀졌다. 온라인에서 접촉하는 사람들의 대부분은 친구들이었고, 부모, 형제, 친구들의 디지털 기술이 연구 참여자들의 인터넷 사용에 영향을 미쳤다. 또 다른 연구에서는 장애인 청소년 18명을 대상으로 인터넷과 SNS를 통한 사회 참여를 촉진하기 위한 맞춤형 일대일 개입 프로그램(Raghavendra, Newman, Grace, & Woods, 2013)을 조사했고, 그중에는 복잡한 의사소통의 욕구를 가진 보완대체의사소통을 사용하는 5명도 포함되었다. 이 하위 그룹 내에서 수집된 사전-사후 설계 양적 데이터를 비교해 보면, 개입 후 장애인 참여자들은 이메일과 스카이프 그리고 온라인 안전 의식을 보다 더 성공적으로 사용할 수 있었고, 배우자 및 유급 직원들과의 온라인 의사소통이 증가했다는 것을 알 수 있었다(Grace, Raghavendra, & Newman, 2014).

보완대체의사소통을 능숙하게 사용하는 하얏트(Hyatt, 2011)는 자신의 아이패드가 그녀에게 더 많은 사회 참여 기회를 제공했고 단일 기능의 음성 출력 의사소통 보조장치에서는 불가능했을 그녀의 삶에 대한 심도 깊은 의사소통을 공유하게 해 주었다고 말한다. 또다른 보완대체의사소통 사용자 란드(Larned, 2012)는 서면 의사소통을 사용할 수 있는 능력은 사회적 상호작용을 확대할 수 있다고 설명한다. 보완대체의사소통을 함께 사용하는 스티븐스(Stevens, 2011)는 하이브리드 음성 출력 의사소통 보조장치를 통해 휴대전화 기술을 사용한 경험에 대해 글을 쓰고 아이패드에 대해서도 이야기한다. 그는 아이패드를 자신의 존엄성과 자부심을 위해 필요한 기본 도구로 묘사하고 있다.

본 연구의 목적은 인터넷과 소셜 미디어의 접근성과 가용성에 대한 인식을 이해하고 보완대체의사소통 사용자들의 자기표현과 사회 참여에 대한 의미를 탐구하는 데 있다(Hynan, 2013; Hynan et al., 2014; Hynan et al., 2015).

정체성 형성 및 자기표현

청소년기와 성인 초기의 심리사회적 자아정체성 이론

사춘기와 성인 초기, 특히 18~25세 연령은(Arnett, 2004) 부모에 대한 유대감이

약해지고 또래와의 관계가 더욱 중요해지는 정체성 탐구의 핵심 단계로 간주된다(Smith, 2005; Mesch & Talmud, 2010). 에릭슨(Erikson, 1963, 1968)의 심리사회발달이론theory of psychosocial development은 자아 정체성ego identity에 대한 탐구가 인생 전반의 발달 단계에서 일어나고 다양한 갈등과 해결책을 수반한다고 주장한다. 에릭슨은 사춘기(12~18세)에 경험하게 되는 정체성 역할에 대한 혼란은 자아의식 탐구의 핵심 요소라고 말한다. 성인 초기(19~40세)는 고립과 외로움을 극복하기 위해 타인과의 긴밀한 관계 형성이 중요해지며 친밀감과 고립으로 특징지어진다.

청소년기의 정체성은 한 개인이 신체적으로, 인지적으로, 그리고 사회적으로 어린 시절의 생각을 살펴보고, 성인기로 접어들 때 형성되는 자기 창조적인 내부 개념으로 보아야 한다고 마샤(Marcia, 1980)는 제안한다. 청소년기 과업을 성공적으로 수행한 경우, 개인은 안정감과 자기 수용성을 가지게 되지만, 그렇지 못한 경우에는 타인의 인정을 필요로 할 수 있다. 청소년 및 성년 초기 인구통계학 내에서 소셜 미디어가 광범위하게 사용되고 있다는 점에서 정체성 개발 차원에서 소셜 미디어의 역할을 고려하는 것이 적절하다고 본다(Ofcom Consumer Experience Report, 2012).

소셜 미디어 환경 내에서 정체성 형성 및 자기표현

소셜 미디어의 높은 인기와 일상으로의 통합은 청소년과 성인 초기에 속한 사람들에게 새로운 기회를 제공하고 있다. 리빙스턴(Livingstone, 2008)은 청소년들의 경우, 대면 소통을 대체하기 위해 소셜 미디어를 사용하는 것이 아니라 기존의 관계에 새로운 것을 추가하기 위해 사용하고 있다고 주장한다. 인터넷의 발달은 연구자들이 온라인 정체성 이론을 확인하고 토론할 수 있는 이론적인 공간을 제공했다. 리빙스턴(2008)은 일반적인 성장과정을 거치고 있는 청소년들의 삶에서 소셜 미디어의 역할 중 하나를 다음과 같이 설명한다.

> 사회적 맥락에서 자신을 보여 주는 프로젝트를 만들고, 실험하고, 제시하기 위한 흥미롭고 비교적 안전한 기회…….
>
> (p. 396)

고프만(Goffman, 1959)은 일상생활에서의 자기표현을 상대의 반응에 영향을 주기 위해 확대되고 조작될 수 있는 개인의 기량이라고 설명했다. 고프만이 주장하는 핵심은 개인이 그 역할을 다하여 관찰자들이 진지하게 받아들일만한 성과를 만든다는 것이다. 리빙스턴(2008)은 멀티미디어의 컨버전스convergence는 이전에는 볼 수 없었던 방식으로 자아를 형성하는 기회를 제공하기 때문에 젊은이는 소셜 미디어 사이트에서 자기표현에 많은 관심을 보인다고 말한다.

자오, 그라스무크 및 마틴(Zhao, Grasmuck, & Martin, 2008)은 페이스북에서의 정체성 형성에 대해 조사했고, 고프만의 생각과 비슷한 스톤(Stone, 1981)의 연구를 인용하여, 정체성은 개인이 '선언announcements'을 하고 그 후 타인이 그것을 '인정하는placed', 그리고 이 두 가지가 같은 공간에서 만날 때 확립된다고 주장하고 있다. 자오와 동료들은 대학생 63명의 페이스북 프로필 데이터에 대한 내용분석을 통해 페이스북 정체성이 지속적으로 형성되고 있다고 결론지었다. 정체성은 주로 사진을 통해 자신을 사회적 행위자로 묘사하는 함축적인 시각적 표현(말 대신 보여 주는 '나를 봐' 유형)부터 정보를 드러내기 위해 묘사를 사용하는 구체적인 서사 형태의 '일인칭 자신first person self'까지 다양했다. 중간점은 열거형으로(또는 '소비자로서의 자기self as consumer'), 개인이 좋아하는 것을 문화 자료(음악, 책, 영화 등)의 측면에서 나열하는 페이스북 공간이 해당된다. 사용자들은 필터를 통해 청중을 통제할 수 있다. 하지만 자오와 동료들에 따르면 대부분의 사람들은 '희망하는hoped for' 자아, 즉 주어진 상황에서 개인이 확립할 수 있다고 믿는 사회적으로 만들어진 정체성을 보여주는 경향이 있다고 말한다. 자오와 동료들이 내린 결론은 다음을 포함하고 있다.

> **인터넷은 대면 상황에 내재된 일부 한계를 극복하는 데 사용될 수 있는 새로운 자원과 정체성 형성의 기회를 제공한다.**
>
> (p. 1831)

자오와 동료들은 이러한 '디지털 자아digital selves'가 페이스북 사용자들에게 여러 면에서 현실적이며, 개인의 자아상을 향상시키고, 구체적인 결과를 초래하는 오프라인 세계에서 연결될 기회를 증가시킬 수 있다고 설명한다. 자오와 동료들은 또한 페이스북 프로필을 통해 저항 행위를 할 수 있고, 사람들이 특정 개인을 생각하는 방식에 영향력을 행사하고 설득하기 위해 '희망하는 자아'를 사용할 수 있다고 주장한다. 리빙스턴(2008)은 (미드(Mead, 1934)의 '주체적 자아I'와 '객체적 자아me'의 구별에 따라) 소셜 미디어는 사회적 또래 집단 안에 자리 잡으면서 자아를 드러내기 때문에 '객체적 자아'에 관한 것이라고 말한다. 엘리스(Ellis, 2010)는 '자아'라는 것은 의사소통과 사회적 상호작용의 산물이기 때문에 페이스북 환경에서도 똑같이 나타난다고 말하고 있다.

온라인 정체성과 신체장애

자아개념은 외모, 사회적 수용, 그리고 기타 문제들을 대하면서 사람들이 자신에 대한 생각을 바탕으로 만들어진 다차원적인 심리구조다. 오이서만, 엘모어 및 스미스(Oyserman, Elmore, & Smith, 2012)에 따르면, 개인은 사회적 맥락 안에서 자기 자신에 대한 인식을 일치시켜 자아개념을 확립하고 과거의 기억, 현재와 미래에 대한 인식, 그리고 자신이 무슨 말을 하고 어떻게 자신의 환경과 물리적으로 상호작용하는지에 대한 감각 정보에 의존하게 된다.

온라인 정체성과 신체장애 문제에 대한 많은 연구들은 온라인의 사용이 신체장애인들이 외모에 의해 정의되지 않고 자신의 능력을 보여 줄 수 있는 기회를 제공하는 '평준화의 공간levelling ground'이 될 수 있는지에 대해 논의해 왔다(예: Bowker & Tuffin, 2002, 2007). 시모어와 루프턴(Seymour & Lupton, 2004)은 온라인 의사소통에 관해 신체장애인들과 인터뷰를 실시했다. 조사한 부분 중 하나는 외모와 잠재적인 차별적 태도에 초점을 두지 않는 온라인 의사소통의 가능성에 관한 것이었다. 연구에 따르면 참여자들의 관심은 신체장애에 대한 언급을 없애는 것이 아니라, 온라인 토론에서 그들의 신체적 정체성을 회복하는 것이었다.

이 연구를 인용할 때, 온라인 의사소통의 '무형의/보이지 않는body-less' 잠재력에 대한 모든 제안들은 그것이 무엇이든 사회 차별에 도전하는 것과 관련이 있으며, 낮은 자아개념과 혼동되지 않아야 함을 이해하는 것이 중요하다. 쉴즈, 머독, 로이, 도드 및 테일러(Shields, Murdoch, Loy, Dodd, & Taylor, 2006)는 뇌성마비가 있는 젊은이들의 낮은 자아개념의 증거를 확인하기 위해 체계적인 문헌검토를 실시했다. 그들은 뇌성마비를 앓고 있는 젊은이들의 전반적인 자아개념이 비장애인보다 더 낮다고 결론지을 증거가 충분치 않다라는 것을 발견했다. 비록 뇌성마비를 앓고 있는 젊은 여성들이 외모나 사회적 수용, 운동과 학업능력 영역에서 더 낮은 자아개념을 가지고 있지만, 대부분의 영역에서 또래의 비장애인들보다 전반적으로 자아 개념이 더 낮다는 결론을 내릴 만한 증거를 발견하지 못했다.

요약을 하면, 사춘기 또는 성인 초기 정체성 발달은 친밀하고 친근한 관계 구축을 목표로 유년기 생각을 넘어 자아에 대한 역할 탐색과 자기표현을 통해 자아 정체성의 확립을 도모하는 특징이 있다. 온라인 의사소통의 세계는 다중모달 채널을 통해 이러한 탐색을 풍부하게 할 새로운 기회와 자기표현을 스스로 통제할 수 있는 새로운 방법을 열었다. 이것은 오프라인 세계에서 '디지털 자아digital selves'의 구축으로 이어졌다. 정체성에 대한 조사는, 신체장애와 복잡한 의사소통의 욕구를 가진 사람들에게 '신체body'가 디지털 자기표현에 영향을 미치지만 이것이 낮은 자존감과 관련이 없다는 점을 유념해야 한다.

모리스(Morris, 2003), 라비에, 슬로퍼 및 베레스포드(Rabiee, Sloper, & Beresford, 2005) 그리고 위켄덴(Wickenden, 2009)은 복잡한 의사소통의 욕구를 가진 젊은 장애인들에 대한 자기보고 형태의 연구가 부족하고, 이 그룹 내에서 수행된 연구의 상당 부분이 가족이나 간병인의 데이터에 의존하고 있다고 말하고 있다. 온라인 정체성과 신체장애인을 탐구하는 연구 중에서 추가적이고 복잡한 의사소통의 욕구를 가진 사람들을 대상으로 한 연구는 극히 드물다. 이러한 상황을 고려하여 우리는 인터넷과 소셜미디어를 사용하는 (보완대체의사소통을 사용하는) 25명의 젊은이(14~24세)를 대상으로 영국에서 진행된 프로젝트에서 사용된 데이터를 활용했다(Hynan, 2013; Hynan et al., 2014; Hynan et al., 2015). 우리의 목표 중 하나는 자기표현의 개념을 탐구하는 것이다.

보완대체의사소통을 사용하는 젊은 층에서의 온라인 소셜 미디어 이용: 구체적 연구 사례

이 장에 포함된 질적 연구의 초점은 샤르마즈(Charmaz, 2006)가 제시한 구성주의적 근거이론constructivist grounded theory에 따라 (보완대체의사소통에 의존하는) 청년들의 인터넷과 온라인 소셜 미디어 사용에 대한 이론적 근거를 마련하기 위한 것이다(Hynan et al., 2015). 18개월에 걸쳐, 14세에서 24세 사이의 25명의 청년(여성 12명, 평균 나이 20.04세)이 선정되었다. 연구 참여자의 프로필을 보면 물리적 접근법, 인지 및 맞춤법 사용능력, 그리고 사용한 보완대체의사소통의 유형에서 차이가 있었다. 참여자들 중 15명은 인터뷰 중에 부모나 언어치료사와 같은 의사소통 파트너의 지원을 받았으며, 사생활 보호 차원에서 모두 가명을 사용했다. 데이터 수집과 분석은 샤르마즈(2006)가 제안한 코딩기법을 따랐고 메모 작성과 이론적 샘플링을 활용했다. 자료는 보완대체의사소통 사용자와의 반구조화된 면담(30~120분)를 통해 수집되었고, 면담 주제는 파일럿 연구와 문헌검토를 통해 확인된 주제를 사용하였다. 한 참여자는 온라인 블로그를 통해 데이터를 제공했으며 다른 참여자는 면접 전 답변을 준비하기 위해 사전에 질문지를 요청했다. 데이터를 녹취할 때, 비언어적 의사소통이 어떻게 비언어적으로 전달되었는지 괄호 안에 서면 서술과 함께 단일 음성 마크로 표시했고(예: '예'(고개를 끄덕인다), 음성 출력 의사소통 보조장치가 생성한 의사소통은 음성 괄호로 표했으며(예: "예"), 그리고 자연스럽게 말하는 음성 표어는 어떤 방식으로도 표시하지 않았다. 한 참여자는 알파벳 보드를 사용하여 답변을 손가락 알파벳으로 표시했고, 이 데이터는 본 테츠너와 바질(von Tetzchner & Basil, 2011)이 제시한 프로토콜을 따라 기록되었다(예: s-p-e-l-l-e-d w-o-r-d-s).

조사결과

자기표현

인터뷰 동안 참여자들은 온라인 소셜 미디어를 사용하여 다른 사람들에게 자신에 대해 말하고 또 자신들이 공유한 것에 대해 선택권을 행사할 수 있다고 설명했다.

캐롤은 인터뷰 동안 그녀의 언어치료사의 도움을 받았다.

언어치료사: 페이스북의 좋은 점은 무엇인가요?

캐롤: (자신을 가르키며)

언어치료사: 당신에 대해

연구원: 오, 왜냐하면 친구들에게 당신의 소식을 전할 수 있기 때문입니다.

캐롤: '예' (고개를 끄덕인다)

이메일 질문: 당신의 페이스북 프로필에 대해 말씀해 주세요.

피터: "저는 누나가 첼시 축구클럽에서 찍은 사진을 가지고 있습니다. 저는 제가 좋아하는 것들, 살고 있는 곳, 그리고 제가 방문한 장소들을 올립니다."

이메일 질문: 프로필에 자신에 대한 설명을 추가했나요?

피터: "예. 크리켓, 첼시, 극장, 가족 정보, 제가 가 본 곳 등을 추가했습니다."

캐롤라인은 블로그 사이트를 통해 본 연구에 참여했으며 이 데이터는 이탤릭체로 작성되었다.

나는 내 페이스북 프로필에 다른 사진들을 올리는 것을 좋아합니다. 예전에는 프로필에 진저고양이의 사진을 올렸는데, 지금은 닥터 후 캐릭터를 올립니다.

캐롤은 때때로 인터뷰 동안 음성 출력 의사소통 보조장치보다는 마카톤 사인(http://www.makaton.org/)을 사용하는 것을 선호했다. 그녀는 언어치료사의 도움을 받았다.

연구원: 당신의 페이스북 프로필에 당신의 사진만 올려져있나요?

언어치료사: (언어 지원을 위해 마카톤 사인을 사용하여) 당신 자신의 사진

캐롤: 친구 (마카톤 사인)

언어치료사: 친구, 당신과 친구의 사진

캐롤: '예' (고개를 끄덕인다)

[연속되지 않음]

연구원: 페이스북에 사진 을 올리시나요?

캐롤: '예' (고개를 끄덕인다)

연구원: 당신이 해 오던 것들에 대해

캐롤: "졸업반 무도회 2011"

연구원: 프로필 사진으로 무엇을 올렸나요?

키스: "피카츄 사진 올렸어요."

[연속되지 않음]

키스: "저는 제가 피카츄를 들고 있는 사진을 보는 것을 좋아하기 때문에 페이스북을 좋아합니다."

[연속되지 않음]

연구원: 당신에 대한 어떤 정보를 사람들에게 제공하나요? 얼마나 많은 정보를 제공하나요?

키스: "많이요."

벤은 인터뷰 동안 일반 중학교에서 근무하는 자신의 조교의 도움을 받았다.

연구원: 프로필에 당신 사진이 올려져 있나요?

벤: "휴가 때 찍은 사진"

연구원: "프로필 정보도 있나요?

벤: '예' (고개를 끄덕인다)

조교: 어떤 정보인가요?

벤: "제가 알고 있는 불어, 영어, 포르투갈 언어입니다."

연구원: [페이스북]에 어떤 것을 올리나요?

모이라: "이것저것. 저는 다양한 백그라운드를 가진 사람입니다."

연구원: [페이스북을 지칭하면서] 당신의 사업에 활용하나요?

거기에 있는 웹사이트에서 알게 된 고객이 있나요?

해리엇: '예' (고개를 끄덕인다) 저-는 이-제 막 비-즈-니-스-를 시-작-했-습-니-다.

연구원: 맞아요, 상당히 새로운 분야죠. 그래서 당신은 비즈니스의 일부로 페이스북을 반드시 사용하지는 않을 것입니다. 페이스북은 더 개인적이죠?

해리엇: 저-는 광-고-를 합-니-다… 제 이-력-이 모-두 적-혀-있-습-니-다.

연구원: 좋아요, 그리고 당신의 상태는 사람들에게 무엇을 이야기합니까?

윌: "제가 생각하는 것"

낸시: "사진으로 보여 주는 것을 좋아합니다."

[페이스북을 지칭하며]

◉ 오해의 감소와 평등 인식

참여자들은 또한 온라인을 사용하는 것이 어떻게 다른 사람들이 참여자들을 이해하는 데 도움이 되었고, 어떻게 평등에 대한 인식을 지지하는 것을 도왔는지를 설명했다.

이메일 질문: 보완대체의사소통 사용자들에게 인터넷과 페이스북 사용에 관해 어떤 조언을

해 주시겠어요?

피터: "사람들이 당신에 대해 더 잘 알 수 있는 정말 좋은 방법이라는 것."

낸시: "사람들은 글로 썼을 때 나를 더 잘 이해합니다."

연구원: 좋아요. 그럼 제가 이해했는지 확인해 봐도 될까요? 그러니 방금 하신 말씀은 당신이 글로 썼을 때 더 많은 정보를 줄 수 있고 사람들은 당신을 더 잘 이해한다는 것이네요.

낸시: 예.

캐롤라인의 블로그

저는 사람들이 무엇을 하고 있는지에 대해 읽고, '좋아요'를 누르거나 댓글을 달고, 사진을 봅니다. 저는 모든 사람들과 동등하게 소통하기 때문에 그런 것을 좋아합니다.

연구원: 사람들에게 말하는 것이 도움이 된다고 하면 더 많은 걸 말할 수 있어요.

모이라: "그건 사람들에게 내가 말하는 걸 듣기 위해 어떻게 기다려야 하는지 보여 줘요."

◉ 표현 및 자기 서사 만들기

참여자들은 온라인 소셜 미디어가 유머를 표현하고 자기 이야기를 만들어 내는 데 얼마나 도움이 되었는지 묘사했다.

해리엇: 저-는 우-스-꽝-스-러-운 것-들-도 제 페-이-스-북-에 올-립-니-다.

연구원: 당신의 사진이네요…….

해리엇: 제-가 쇼-핑 카-트-에 기-대-고 있-는 사-진-입-니-다.

해리엇은 주로 휠체어를 사용하지만 쇼핑카트를 사용하고 있는 자신의 이미지를 만들었다.

해리엇은 페이스북의 타임라인이 과거 활동을 기록하는 데 유용한 기능이라고 언급했다.

연구원: 타임라인 기능을 정말 좋아하시네요. 그렇다면 저도 그것에 관심을 가져야 겠습니다.

해리엇: 그-런-데-당-신-이 굉-장-히 늙-어 보-일 수 있-습-니-다.

논의

참여자들의 의견은 인터넷과 소셜 미디어의 사용을 용이하게 했던 기술의 발전이 보완대체의사소통 사용자들에게 더 많은 자기표현의 기회를 제공했다는 것이다. 더 많이 이해받는다는 것에 대한 인식은 대면 의사소통을 위한 중요한 추가 지원이고 자기 정체성을 표현하는 대안적 방법이 될 수 있음을 시사한다.

키스는 읽고 쓸 줄 알고 보완대체의사소통 장치를 사용하여 텍스트를 음성으로 변환할 수 있지만, 장치로 만들어 낸 언어는 억양 표현에 있어 제한적이라고 말한다. 대면 대화에서 키스는 보완대체의사소통 장치 외에도 매우 강한 억양의 언어적 의사소통을 통해 그를 잘 아는 사람들이 자신의 일부 감정과 표현을 이해할 수 있도록 한다. 벤의 경우에는 다른 유럽 국가에서 살다가 어릴 적 영국으로 이주했기 때문에 다양한 언어권에서 성장했다고 볼 수 있다.

모든 참여자들이 어느 정도 그들의 프로필에 대해 이야기하지만 본 연구의 토론을 위해 키스, 벤, 피터의 데이터는 더 심도 있게 분석되었다. 모든 참여자들은 페이스북 프로필 내에서 특정한 것을 표현하는 것이 중요하다고 했다. 키스는 자신이 피카츄를 들고 있는 사진을 보는 것을 좋아하고, 벤은 사람들에게 그가 다른 언어를 알고 있다는 것을 알리고 싶어 하며, 피터는 첼시 축구클럽을 비롯한 그가 좋아하는 것들을 보여 주고 싶어 한다. 벤과 피터는 사람들에게 자신들이 방문한 장소를 보여 주고 싶어 한다.

에릭슨(1963, 1968)은 청소년기의 중요한 부분이 역할 탐구를 통한 자아 의식의 발달이며 청소년들은 종종 이 과정에서 특정한 문화적 상징물(패션, 음악, 하위 문화 그룹 등)과 자신을 일치시킨다. 키스는 그의 프로필 사진에서 국제적으로 알려진 아이콘을 사용하여 다른 사람들에게 자신이 알고 있는 것들을 부각시킬 수 있다. 벤은 자신이 다양한 문화권에서 성장했다는 것을 알리는 데 열심이다. 이 '디지털 자아'의 표현은 그들의 내부 개념을 스스로 창조하는 능력을 뒷받침하고 있으며(Marcia, 1980), 리빙스턴(2008)이 말하는 것처럼 청소년들에게 비교적 안전하지만 여전히 흥미진진한 공간을 제공하며, 사회적 맥락 안에서 자아에 대한 이미지를 투영할 수 있는 역할을 수행한다.

앞에서 논의한 바와 같이, 고프만(1959)과 스톤(1981: Zhao et al., 2008 재인용)은 모든 개별 행동들이 다른 사람들의 인식에 영향을 미치는 데 사용된다고 제안하고 있다. 이 연구의 참여자들은 사진을 통한 함축적인 시각적 묘사에서부터 정보를 반영하는 구체적 자기 서사에 이르기까지 어떻게 대학생들이 페이스북 정체성의 연속성를 관리하는지에 대한 자오와 동료들(2008)의 분석이 타당함을 보여 주고 있다. 자오와 동료들은 페이스북의 사용이 오프라인 세계에서 구체적인 결과를 가져올 수 있다고 주장하고 있고, 이와 같은 주장은 모이라, 낸시, 캐롤라인의 인터뷰에 의해 뒷받침되고 있다. 세 사람 모두 소셜미디어를 이용해 다른 사람의 인식을 바꿀 수 있다고 말했다.

모이라는 소셜 미디어의 이용은 사람들이 그녀가 말하고자 하는 것을 잘 듣기 위해 기다려야 한다는 것을 보여 주며, 그녀의 '복합적mixed' 성격의 다른 면을 보여 줄 수 있게 해 준다고 말한다. 낸시는 사람들이 그녀를 이해할 수 있는 능력에 영향을 준다고 느끼고, 캐롤라인은 그녀가 모든 사람들과 똑같이 소통하는 것을 좋아한다고 이야기한다. 자오와 동료들(2008) 이 페이스북 정체성을 저항행위(acts of resistance)로 사용할 수 있다는 주장에 비추어 보면 해리엇의 페이스북 사용은 상당히 흥미롭다. 쇼핑 카트를 밀고 있는 아이러니한 이미지를 만들어 냄으로써 자신이 휠체어를 사용한다는 사실을 잘 아는 사람들과 농담을 주고받고 있다. 하지만 그녀는 쇼핑 카트 디자인에 대해 정치적인 발언을 하기 위해 이 이미지를 사용하고 있을 수도 있다. 또한 그녀는 자신의 페이스북 상태를 이용하여 웹사이트를 만들고 디자인하는 비즈니스 여성으로 자신을 표현한다.

에릭슨(1963, 1968)은 고립감을 상쇄하기 위해 친밀한 관계를 구축하는 것은 성년 초기의 자아 정체성 발달의 핵심 단계라고 설명한다. 윌, 피터, 캐롤에 의해 표현된 인식은 페이스북이 그들이 다른 사람들과 더 친밀하게 상호작용을 할 수 있도록 하는 유용한 도구가 될 수 있음을 보여 준다. 윌은 페이스북을 통해 사람들에게 자신의 생각을 보여 줄 수 있다고 말하고, 캐롤은 페이스북에 대해 어떻게 생각하느냐고 물으면 페이스북은 자기 자신이라고 답변한다. 피터는 페이스북이 사람들이 '당신을 더 잘 알고 이해할 수 있도록' 돕는 좋은 방법이라고 말한다. 이는 소셜 미디어가 어떻게 상호작용적 의사소통보다는 거래적 의사소통을 선호하는 보완대체의사소통을 활용한 대화의 취약점을 보강할 수 있는지를 보여 준다(Grove & Tucker, 2003; Waller, 1992, 2006). 자기표현을 위해 소셜 미디어를 사용하는 것은 다음 3명의 보완대체의사소통 사용자들이 본문에 제시한 내용으로 요약될 수 있다. 하얏트(2011)는 소셜 미디어의 사용은 의사사통의 깊이를 더하고, 스티븐스(2011)

는 그의 존엄성과 자기 가치를 향상시켰고, 란드(2012)는 사회적 상호작용이 의사소통까지 확대되었음을 느꼈다고 말했다. 란드(2012)는 또한 다음과 같이 느꼈다고 설명했다.

> 그 자체로 사람들의 마음을 바꾸고 친구를 얻을 수 있는 힘을 가지고 있다.
>
> (Newsletter)

미드(1934: Livingstone, 2008 재인용)의 '주체적 자아[I]'와 '객체적 자아[me]'의 구분에 따르면, 특히 페이스북과 같은 소셜 미디어의 통용이 사회적 맥락 안에서 보다 공개적인 '객체적 자아[me]'의 개념을 탐구할 기회를 제공한다(Ellis, 2010). 이 현상은 중증 신체장애와 복잡한 의사소통의 욕구를 가진 사람들의 자기표현을 탐구하고자 할 때 이점을 제공하고 있음을 보여 주는 본 연구에서도 관찰된다. 또한 이러한 이점들은 개입 시 우선적으로 고려되어야 한다. 하지만 본 연구의 광범위한 조사 결과에 의하면 보완대체의사소통을 사용하는 사람들이 디지털 통합을 성취하기 위해 많은 영역에 걸쳐 상당한 어려움을 겪고 있다는 것을 보여 주고 있다(Hynan et al., 2015). 자가보고와 개인적 경험을 공유하는 것은 사회 정체성 발달의 중요한 측면이기 때문에 소셜 미디어를 통해 자기표현이 향상되었다는 점은 무시될 수 없다(Grove & Tucker, 2003). 보완대체의사소통 사용자들의 소셜 미디어의 사용은 '기존의 것에 추가하는 것[icing on the cake]'으로 보여서는 안 되며, 오히려 현대 디지털 사회에서 근본적인 문화적 권리로 간주되어야 한다.

참고문헌

Arnett, J. J. (2004). *Emerging adulthood: The winding road from the late teens through the twenties*. New York, NY: Oxford University Press.

Atanasoff, L. M., McNaughton, D., Wolf, P. S., & Light, J. (1998). Communication demands of university settings for students who use augmentative and alternative communication (AAC). *Journal on Postsecondary Education and Disability, 13*(3), 32-47. Retrieved from: http://scholar.google.co.uk/scholar?q=atanasoff+1998&btnG=&hl=en&as_sdt=0%2C5

Balandin, S., Berg, N., & Waller, A. (2006). Assessing the loneliness of older people with cerebral palsy. *Disability and Rehabilitation, 28,* 469-479.

Ballin, L., & Balandin, S. (2007). An exploration of loneliness: Communication and the social networks of older people with cerebral palsy. *Journal of Intellectual and Developmental Disabilities, 32,* 315-326.

Bowker, N., & Tuffin, K. (2002). Disability discourses and online identities. *Disability and Society, 17*(3), 327-344.

Bowker, N., & Tuffin, K. (2007). Understanding positive subjectivities made possible online for disabled people. *New Zealand Journal of Psychology, 36*(2), 63-71.

Browning, N. (2002). Literacy of children with physical disabilities: A literature review. *Canadian Journal of Occupational Therapy, 69*(3), 176-182.

Chapple, D. (2011). The evolution of augmentative communication and the importance of alternate access. *Perspectives on Augmentative and Alternative Communication, 20*(1), 34-37.

Charmaz, K. (2006). *Constructing grounded theory: A practical guide through qualitative research.* London, Thousand Oaks and New Delhi: Sage Publications.

Clarke, M. T., Bloch, S., & Wilkinson, R. (2013). Speaker transfer in children's peer conversation: Completing communication-aid-mediated contributions. *Augmentative and Alternative Communication, 29*(1), 37-53.

Clarke, M. T., Newton, C., Petrides, K., Griffiths, T., Lysley, A., & Price, K. (2012). An examination of relations between participation, communication and age in children with complex communication needs. *Augmentative and Alternative Communication, 28*(1), 44-51.

Clarke, M. T., & Wilkinson, R. (2007). Interaction between children with cerebral palsy and their peers 1: Organizing and understanding VOCA use. *Augmentative and Alternative Communication, 23,* 336-348.

Clarke, M. T., & Wilkinson, R. (2008). Interaction between children with cerebral palsy and their peers 2: Understanding initiated VOCA-mediated turns. *Augmentative and Alternative Communication, 24,* 3-15.

Cohen, K., & Light, J. (2000). Use of electronic communication to develop mentor-protégé relationships between adolescent and adult AAC users: Pilot study. *Augmentative and Alternative Communication, 16,* 227-238.

Dattilo, J., Estrella, G., Estrella, L. J., Light, J., McNaughton, D., & Seabury, M. (2008). 'I have chosen to live life abundantly': Perceptions of leisure by adults who use augmentative and alternative communication. *Augmentative and Alternative Communication, 24*(1), 16-28.

Ellis, K. (2010). Be who you want to be: The philosophy of Facebook and the construction of identity. *Screen Education, 58,* 36-41. Retrieved from: http://search.informit.com.au/

documentSummary;dn=209659174211287;res=IELHSS.

Erikson, E. H. (1963). *Childhood and society* (2nd ed). New York, NY: Norton.

Erikson, E. H. (1968). *Identity: Youth and crises*. New York, NY: Norton.

Gandell, T., & Sutton, A. (1998). Comparison of AAC interaction patterns in face-to-face and telecommunications conversations. *Augmentative and Alternative Communication, 14,* 4-10.

Garcia, T. P., Loureiro, J. P., Gonzalez, B. G., Riveiro, L. N., & Sierra, A. P. (2011). The use of computers and augmentative and alternative communication devices by children and young with cerebral palsy. *Assistive Technology: The Official Journal of RESNA, 23*(3), 135-149.

Goffman, E. (1959). *The presentation of self in everyday life*. New York, NY: Penguin.

Goffman, E. (1964). The neglected situation. *American Anthropologist, 66*(6, part 2), 133-136.

Grace, E., Raghavendra, P., & Newman, L. (2014). Learning to use the internet and online social media: What is the effectiveness of home-based intervention for youth with complex communication needs? *Child Language Teaching and Therapy, 30*(2), 141-157.

Grove, N., & Tucker, S. (2003). Narratives in manual sign by children with intellectual impairments. In S. von Tetzchner & N. Grove (Eds.), *Augmentative and alternative communication: Developmental issues* (pp. 229-255). London and Philadelphia: Whurr Publishers.

Higginbotham, J., & Jacobs, S. (2011). The future of the Android operating system for augmentative and alternative communication. *Perspectives on Augmentative and Alternative Communication, 20*(2), 52-56.

Hyatt, G. W. (2011). The iPad: A cool communicator on the go. *Perspectives on Augmentative and Alternative Communication, 20*(1), 24-27.

Hynan, A. (2013). *How I use the Internet and online social media: Experiences of young people who use augmentative and alternative communication (AAC)* (Ph.D. thesis). Manchester Metropolitan University.

Hynan, A., Goldbart, J., & Murray, J. (2015). A grounded theory of internet and online social media use by young people who use augmentative and alternative communication. *Disability and Rehabilitation, 37*(17), 1559-1575.

Hynan, A., Murray, J., & Goldbart, J. (2014). 'Happy and excited': Perceptions of using digital technology and social media by young people who use augmentative and alternative communication. *Child Language Teaching and Therapy, 30,* 175-186.

Judge, S., & Townend, G. (2013). Perceptions of the design of voice output communication aids. *International Journal of Language and Communication Disorders, 48*(4), 366-381.

Larned, D. (2012). Discovering empowerment through writing. ConnSense bulletin. Retrieved from: http://aac-rerc.psu.edu/index.php/publications/list/page/4

Livingstone, S. (2008). Taking risky opportunities in youthful content creation: teenager's use of social networking sites for intimacy, privacy and self-expression. *New Media Society, 10,* 393-411.

Marcia, J. (1980). Identity in adolescence. In J. Adelson (Ed.), *Handbook of adolescent psychology* (pp. 159-187). New York, NY: Wiley and Sons.

Marshall, J., & Goldbart, J. (2008). 'Communication is everything I think.' Parenting a child who needs augmentative and alternative communication (AAC). *International Journal of Language and Communication Disorders, 43*(1), 77-98.

Mead, G. H. (1934). *Mind, self and society.* Chicago, IL: University of Chicago Press.

Mesch, G., & Talmud, I. (2010). *Wired youth: The social world of adolescence in the information age.* London, UK: Routledge.

Morris, J. (2003). Including all children: Finding out about the experiences of children with communication and/or cognitive impairments. *Children and Society, 17*(5), 337-348.

Ofcom. (2012). The consumer experience report. Ofcom. Retrieved from: http://stakeholders.ofcom.org.uk/binaries/research/consumer-experience/tce-12/Consumer_Experience_Researc1.pdf

Oyserman, D., Elmore, K., & Smith, G. (2012). Self, self-concept and identity. In M. Leary & J. P. Tangney (Eds.), *Handbook of self and identity* (2nd ed.) (pp. 69-104). New York, NY: The Guilford Press.

Pistorius, M. (2011). *Ghost boy.* London: Simon and Schuster.

Rabiee, P., Sloper, P., & Beresford, B. (2005). Doing research with children and young people who do not use speech for communication. *Children and Society, 19*(5), 385-396.

Rackensperger, T., Krezman, C., McNaughton, D., Williams, M. B., & D'Silva, K. (2005). 'When I first got it, I wanted to throw it off of a cliff': The challenges and benefits of learning AAC technologies described by adults who use AAC. *Augmentative and Alternative Communication, 21*(3), 165-186.

Raghavendra, P., Newman, L., Grace, E., & Woods, D. (2013). 'I could never do that before': Effectiveness of a tailored internet support intervention to increase the social participation of youth with disabilities. *Child: Care, Health and Development, 39*(4), 552-561.

Raghavendra, P., Wood, D., Newman, L., & Lawry, J. (2012). Why aren't you on Facebook? Patterns and experiences of using the internet among young people with physical disabilities. *Technology and Disability, 24,* 149-162.

Reddington, J., & Coles-Kemp, L. (2011). Automatically generating stories from sensor data. *Proceedings of the 2011 International Conference on Intelligent User Interfaces (IUI2011)* (pp. 407-410). Retrieved from: http://www.cs.rhul.ac.uk/home/joseph/papers/IUI2011.pdf

Sacks, H., Schegloff, E., & Jefferson, G. (1974). A simplest systematics for the organization of turn-taking for conversation. *Language, 50*(4, part 1), 696-735.

Seymour, W., & Lupton, D. (2004). Holding the line online: Exploring wired relationships for people with disabilities. *Disability and Society, 19*(4), 291-305.

Shields, N., Murdoch, A., Loy, Y., Dodd, K.J., & Taylor, N. (2006). A systematic review of the self-concept of children with cerebral palsy compared with children without disability. *Developmental Medicine and Child Neurology, 48*(2), 151-157. Retrieved from: http://onlinelibrary.wiley.com/doi/10.1017/S0012162206000326/pdf

Smith, M. M. (1992). Reading abilities of nonspeaking students: Two case studies. *Augmentative and Alternative Communication, 8,* 57-66.

Smith, M. M. (2005). The dual challenges of aided communication and adolescence. *Augmentative and Alternative Communication, 21*(1), 67-79.

Smith, M. M., & Murray, J. (2011). Parachute without a ripcord: The skydive of communication interaction. *Augmentative and Alternative Communication, 27*(4), 292-303.

Stevens, S. (2011). Have you seen my new mobile phone? Merging AAC with mobile telephony. *Communication Matters, 25*(3), 5-7.

Sturm, J., & Clendon, S. (2004). Augmentative and alternative communication, language and literacy: Fostering the relationship. *Topics in Language Disorders, 24*(1), 76-91.

Sundqvist, A., & Ronnberg, J. (2010). A qualitative analysis of email interactions of children who use augmentative and alternative communication. *Augmentative and Alternative Communication, 26*(4), 255-266.

Thistle, J. J., & Wilkinson, K. M. (2012). What are the attention demands of aided AAC? *Perspectives on Augmentative and Alternative Communication, 21*(1), 17-22.

Todman, J., Alm, N., Higginbotham, J., & File, P. (2008). Whole utterance approaches in AAC. *Augmentative and Alternative Communication, 24*(3), 235-254.

von Tetzchner, S., & Basil, C. (2011). Terminology and notation in written representations of conversations with augmentative and alternative communication. *Augmentative and Alternative Communication, 27*(3), 141-149.

Waller, A. (1992). *Providing narratives in an augmentative communication system* (Ph.D. thesis). University of Dundee, Scotland.

Waller, A. (2006). Communication access to conversational narrative. *Topics in Language Disorders, 26*(3), 221-239.

Wickenden, M. (2009). 'Talking to teenagers: using anthropological methods to explore identity and lifeworlds of young people who use AAC'. *Communication Disorders Quarterly, 32*(3), 151-163.

Zhao, S., Grasmuck, S., & Martin, J. (2008). Identity construction on Facebook: Digital empowerment in anchored relationships. *Computers in Human Behavior, 24,* 1816-1836.

22

장애, 소셜 미디어 그리고 종교적 담론: 아라비아의 사례

나즈마 알 지드잘리

문화적 맥락 이해하기

소셜 미디어는 중동지역에서 종교적 · 정치적 변화를 가져오는 데 주요한 역할을 한 것으로 평가되고 있다(예: Eickelman & Anderson, 2003; Howard et al., 2011; Stepanova & Eurasia, 2011; Gerbaudo, 2012). 본 연구에서는 이와 같이 역사적으로 중요한 변화의 시기에 아랍의 장애인들이 지금까지 어떠한 역할을 해 왔으며, 앞으로 어떠한 역할을 해 나갈 것인지에 대해 고찰하고자 한다. 기존 연구들이 대부분 아랍인의 새로운 정체성 형성에서의 소셜 미디어(그리고 기술 전반)의 긍정적인 역할에 초점을 맞춰 진행되어 온 점을 감안한다면, 이번 연구는 그러한 연구들을 뒤엎는 것일 수도 있다. 기술이 장애에 미치는 영향을 연구하는 학자들 사이에서는 기술이 가지는 이점을 어떻게 개념화할 것인지에 대해 의견이 나뉜다. 대부분의 연구자들은 기술이 장애인에게 해 줄 수 있는 것(즉, 문화적 도구의 역할)을 중요시 여긴 나머지 이용자의 역할을 간과하거나, 기술이 실제로 어떻게 사용되는지에 대한 실제 사례나 기록도 없이 주장하는 바를 일반화하기도 한다. 소셜 미디어(또는 기술 전반)와 아랍 장애인에 대한 연구는 거의 없는 실정으로, 내가 지난 10년간 진행해 온 야히아(Yahya, 현재 나이 47세)라는 사지마비 오만 남성에 관한 민속학적 연구가 유일하다. 이 연구는 야히아가 어떻게 야후Yahoo 대화방과 마이크로소프트 파워포인트를 통해 개인적인 관계 및 사회에의 참여를 이루어 낼 수 있었는지에 초점을 맞추어 진행되었다(Al Zidjaly, 2007, 2009, 2010, 2011a, 2011b, 2015).

페르시아만에 위치한 이슬람 군주국가 오만의 장애인 수는 대략 6만 명으로 추산되는데, 이들의 상황에 대해서는 잘 파악되지 않고 있다. 장애의 사회적 모델social model of disability을 구현하려는 정부의 노력에도 불구하고, 아랍 문화권에서는 의료 모델과 내가 이슬람 경전에서 끌어와 '신의 시험test from God'이라고 부르는 종교 모델, 그리고 이 두 모델에 동반되는 낙인이 오랫동안 만연해 있었다(Al Zidjaly, 2015 참조). 오만의 (신체)장애인들은 타이포그래피typography의 어려움으로 인해 항상 사회로부터 일정부분 배제되어 왔으며, 이러한 격리는 1970년 근대화가 시작되면서 더욱 심화되었다. 오만인들은 장애를 가지고도 현대 오만 사회에서 조화롭게 살아갈 수 있는 방법을 찾기 위해 투쟁해 왔다(서구사회에서도 장애와 근대화의 관계에 대한 이러한 관점이 주목을 받은 바 있다)(예: Barnes, 1990, 2012; Oliver, 1990; Borsay, 2005). 이러한 투쟁 덕분에 오만 정부가 불편한 심기를 드러냈음에도 불구하고 2008년 〈유엔장애인권리협약Convention on the Rights of People with Disabilities〉의 비준 및 오만 내「장애 · 재활법Disability and Rehabilitation Law」의 제정을 일궈 낼 수 있었다. 이렇게 하여 오만의 법률에서는 장애가 단순히 의료 문제가 아니라 사회 문제임을 선언하게 되었다. 그러나 오만 정부는 아직 이러한 믿음을 현실에서 실천하지 못하고 있다. 그 결과, 장애를 의존, 무가치, 불쌍함과 동일시하는 시대착오적인 사회적 · 종교적 믿음으로 인해 오만 장애인들 중 특히 신체장애인들은 과거보다 훨씬 더한 비난과 소외를 경험하며 보이지 않는 존재로 전락하고 있다. 이는 모순되는 두 가지 이야기가 공존함으로써 이러지도 저러지도 못하는 상황을 초래했다. 즉, 한편에서는 정부 차원에서 장애인들이 오만 사회의 중요한 구성원이라는 사실을 부각시키고 있는데 반해, 다른 한편에서는 심리적 · 문화적 장벽이 계속해서 생겨나 마구잡이식 장애 정책이 실행되고 장애를 정부가 아닌 가족의 문제로 떠넘기는 결과로 이어지고 있다.

야히아는 장애를 만들어 내는 환경에 저항하여 행위의 수단으로써 기술에 관심을 가지게 되었다. 야히아가 교통사고로 평생 사지마비를 가진 채 살게 된 것은 열아홉 살 때였다. 하지만 그는 오른손 집게손가락 마디로 컴퓨터 키보드나 아이패드를 누를 수 있다. 내가 2015년에 진행한 연구에는 2000년에 시작된 야히아의 기술 습득 과정에 대한 기록이 포함되어 있다. 처음에 야히아는 자신의 장애를 이해하기 위한 도구로 기술을 활용하였다. 그는 (마이크로소프트 파워포인트를 사용함으로써) 자신의 장애와 관련하여 사회적으로 금기시된 담론들 및 장애가 자신의 남성성에 미친 영향을 보여 주는 뮤직비디오를 제작했다. 그다음에는 가족 내로 통합되기 위해 기술을 사용했다. 더 나아가서 야히아는 '자신에게 신체장애 외에도 다른 많은 측면들이 있음'을 보여 주려는 목적으로 온라인으로 진행되는 야후 정치 및 종교 관련 대화방 등의 국제적인 커뮤니티에 참여하게 되었다는 입장을 분명히 밝혔다(Tannen, 2005). 야후 대화방이 사라지고 2012년 왓츠앱WhatsApp이 개발되었을 때 야히아는 자신의 장애를 결코 이해할 수 없을 것으로 여겨 오랫동안 피해 왔던 오만인들에게 주목해야 할 필요성을 느끼게 되었다. 왓츠앱은 무료 스마트폰 메신저였기 때문에 오만인들은 왓츠앱을 즉각 도입해 사회적 · 정치적 문제들을 토론할 수 있는 사적인 온라인 커뮤니티를 만들었다(야후 온라인 대화방과 달리, 왓츠앱 대화 그룹은 초대받은 사용자만 참여할 수 있다). 이러한 환경은 야히아가 전국적으로 유통될 수 있는 다양한 방식의 글을 매일 작성하고 공유함으로써 이미 온라인에서 시작했던 영적인 가르침을 오만인들과 나눌 수 있는 기회를 제공했다. 야히아의 예술적 창작물은 종교적 또는 정치적 담론이라기보다는 본질적으로 영적인 것이다. 그의 작품들은 사지마비 장애인으로서의 정체성을 드러내지는 않지만, 간접적으로 장애 담론에 관여한다. 이 장애 담론은 두 가지 측면의 관심에서 비롯되었다. 즉, 사회적 담론에서 자신이 신체장애가 있는 남성으로서 비하되고 있음을 인식하는 것과 비록 의도된 것은 아닐지라도 장애를 만들어 내는 사회에서 장애를 바라보는 방식을 변화시키기 위해서는 오만인들의 의식 변화가 선행되어야 함을 믿는 것이었다. 야히아가 소셜 미디어를 통해 교류하는 오만인들에게 자신의 장애를 공개하지 않기로 결정한 것에 대해서는 다음 절에서 보다 자세히 논의하고자 한다.

이론적 맥락 이해하기

장애는 어느 문화에서든 종교적 담론과는 잘 어울리지 않는 주제였다(Anderson, 2006). 하지만 영적 담론에서는 (그중에서도 특히 불교적 관점에서는) 장애와 종교를 조화시키는 것이 가능했다(Bejoian, 2006). 그래서 야히아는 오만은 물론 더 나아가 아라비아 지역에서 장애 담론을 변화시키기 위해서는 선결조건으로서 이슬람교의 영적 측면을 부각시키는 것이 우선되어야 한다고 결론지었다. 이는 이슬람교 전통에서 장애를 부정적으로 표현하는 것이 문화적으로 장애를 비하하는 그릇된 생각으로 말미암아 한층 더 강화된다는 점을 고려할 때 더욱 중요한 일이었다. 루이스(Lewis, 2000)에 따르면, 종교적 담론과 영적 담론 모두 장애인을 무용지물로 간주하고 불쌍하게 보는 구시대적 장애 모델을 중단시키지 못했다. 야히아가 자신의 몸을 사지마비가 있는 '행동의 주체performing agent'(Sandahl & Auslander, 2005)로 인식하는 것은 그가 소셜 미디어에서 장애를 가진 남성으로서의 정체성을 드러내지 않는 추가적인 이유였다. 야히아가 인식하고 있는 고통스러운 몸은 장애인의 삶의 측면에서 사회학적으로 수없이 설명되어 왔다. 예를 들어, 머피(Murphy, 1990)는 마비된 자신의 몸이 정체성에 끼친 모순된 영향을 보여 준다. 그의 몸은 비언어적 의사소통의 능력을 상실한 반면, 신체적 및 정서적 고통은 크고 선명하게 전해졌다. 베커(Becker, 1995)는 마비가 있는 몸은 육체적 · 정서적 고뇌를 반영하지 않을 수 없다고 주장한다. 샌달과 오슬랜더(Sandahl & Auslander, 2005)의 주장처럼, 보이지 않을 때도 '장애'라는 단어는 공공장소에서뿐만 아니라 소셜 미디어에서도 '소동commotion'를 연상시킨다. 예를 들어, 오만에서 장애인을 이야기할 때 나타나는 전형적인 반응은 '불쌍한 사람들'이다. 이러한 반응은 장애인을 비하할 뿐만 아니라 장애인들이 현실의 자아와 가상의 자아 사이의 차이를 관리하기 어렵게 한다. 사회학자 고프만(Goffman, 1963)은 이것을 장애인들이 겪는 가장 큰 어려움이라고 말한다. 야히아는 "이러한 반응은 장애인이 자신의 능력을 보여 주기 어렵게 만든다."고 말한다.

소셜 미디어(예: 왓츠앱)는 (전국적으로 공유되는 다양한 방식의 글을 통해) 야히아에게 장애가 아닌 행동에 집중할 수 있는 기회를 제공하였다. 그것은 야히아의 궁극적인 목표인 의식 수준의 변화를 통해 중동에서 장애에 대한 담론을 바꾸는 것에 도움을 준다. "신체적 차이와 개인의 능력 사이에 상상의 다리를 건설한다."(Mitchell & Snyder, 1997, p. 13)는 '신체적 관념론ideology of the physical'이 오만에서는 존재하고 있는 현실인 만큼, 야히아는 자신이 주목받을 때까지 직접적으로가 아니라 간접적으로 장애와 관련된 작품을 만들고자 한다. 그때서야 자신의 신분을 밝히고 그를 오랫동안 하찮은 존재로 여긴 사회에 장애는 의료나 신체의 문제가 아니라 사회의 문제라는 것을 증명할 것이라고 말한다.

종교적인 그리고 (장애에 대한) 시의적절한 변화를 위해 야히아가 정확히 어떤 역할을 수행하고 있는지를 이해하고자 나는 비판장애학critical disability studies에서 도구가 아닌 행동을 강조함으로써 주체성agency을 전망하는 매개담화분석론theory of mediated discourse analysis(Scollon, 2001)을 연구에 적용하고자 한다. 따라서 나는 (소셜 미디어 상에서 그리고 그 밖의 환경에서) 모든 복합양식 텍스트가 사회적이고 역사적인 매개 행위라고 이론화하고 한다. 그것들은 전통적인 연구에서 보이는 단순한 표현의 수단이나 도구로써가 아니라 도발적인 변화를 포함하여 사회적 행위자social actors들이 정체성과 원하는 결과를 얻기 위해 전략적으로 취하는 사회적 행동으로 간주되어야 한다(Al Zidjaly, 2011c 참조). 언어나 정보통신기술(예: 왓츠앱)은 언제나 행동의 매개가 된다.

이러한 이론화는 예술의 개념을 (정보통신기술에 의해 창조되고 소셜 미디어를 통해 공유되는) 부산물이 아니라 변화의 촉매제로써 행동의 근원이 되는 예술(및 소셜 미디어)로 인식하여 정보통신기술 (또는 예술) 및 장애에 대한 담론에서 행동 요소를 강조한다. 왜냐하면 이 이론화는 변화를 추진하는 과정에서 예술작품의 창작자(및 기술의 이용자)의 주체성을 높이기 때문이다(즉, 이론화는 소셜 미디어를 사용하여 사용자의 삶에 변화를 가져올 수 있는 방법들을 보여 준다). 또한 나는 복합양식 텍스트를 물리적 · 사회적 · 문화적으로 적합하게 맥락화하는 것(이해하는 것)을 제안하고자 한다(Scollon & Scollon, 2003; Al Zidjaly, 2014). 데이터를 맥락화하는 것(예: 이슬람을 새로운 방식으로 생각하고 더 나아가 장애를 중재적 행위로 간주하는 왓츠앱의 복합양식 [텍스트 및 시각] 텍스트를 보는 것)은 시각적 텍스트가 다양한 종류의 정체성에 어떤 영향을 미치는지 조사하는 것 이상을 의미한다. 블라메어트(Blommaert, 2005)도 언어 텍스트에 대해 이와 비슷한 주장을 펼친다. 맥락화를 통해 우리는 어떻게 중동의 장애인들이 소셜 미디어를 사용하여 변화를 일으키고 있는지, 야히아가 스스로 장애를 공개하기로 결정할 때까지…… 어떻게 정보통신기술을 사용하여 일시적으로 신체적인 가면을 써서 자신의 장애를 완화시키는지 알 수 있다.

왓츠앱을 통한 주체성

참여연구의 관점에서 나는 야히아의 요구를 반영하여 그가 직접 선택한 다음의 네 가지 사례를 여기에 제시하고자 한다. 야히아에 따르면 이 네 가지 사례는 '자신의 신체장애에 집중하는 대신, 자신의 창조성을 증명하고, 능력을 보여 주며, 혁신적 사고를 조명한다.' 또한 선택된 사례는 야히아가 텍스트그램을 통해 만들거나 전국적으로 참여하는 왓츠앱 그룹에서 공유하는 복합양식 매개 행위의 유형을 대표한다. 왓츠앱 대화 그룹들 중 하나는 오마니 크리에이티브Omani Creative라는 모임이다. 이 모임에는 저명한 오만 지도자들과 지식인들이 속해 있고, 나 역시 그 모임에서 활동하고 있다. 나는 2014년에 야히아를 이 모임에 초대했다. 우리는 다음과 같은 두 가지 이유로 네 가지 사례를 선택하게 되었다. 첫째, 이들 사례는 장애와 종교를 집합적으로 조화시킬 수 있는 네 가지 영적 담론의 주요 요소인 신성한 사랑, 하나됨, 정의 그리고 친절함을 상징한다. 둘째, 이 네 가지는 이 장의 데이터가 수집된 2014년부터 2015년까지 오만 전역에서 가장 많이 배포된 야히아의 작품들이기 때문이다. 이 네 가지 매개 행위 작품은 이슬람교도들이 수피즘에 부여한 이슬람교의 고독하고 영적인 측면에 중심을 두고 있는데, 수피즘은 특히 페르시아만에 많이 분포하며 '정통true' 이슬람교도들이 인정하지 않는 종파다. 야히아의 가장 큰 관심사는 이슬람 아랍인들이 종교적인 행위를 통해 단순히 행동하는 것보다 먼저 그들 종교의 본질을 배울 수 있도록 하기 위해 이슬람교의 영성을 소환하는 데 있다(예: 야히아는 기도 행위를 강조하기보다는 기도하는 방법을 제대로 가르치는 것을 최고의 목표로 한다). 그리고 가장 중요한 것은 아라비아에 장애의 신체적 측면이 아닌 사회적 측면을 부각시키는 새로운 담론을 소개하는 것이다. 따라서 이러한 행동들은 직접적으로는 오만 사람들이 이슬람교에 참여하고 실천하는 방법을 변화시키고, 간접적으로는 소셜 미디어를 통해 장애의 원인을 창조적으로 부각시키는 것을 목적으로 하지만 궁극적으로는 오만 시민들의 의식을 변화시키기 위한 것이다.

변화에 불을 붙이기 위해 야히아는 이전의 종교적 텍스트와 행동을 상호 텍스트적으로 언급하고 (그리고 메타 코멘트를 달고), 문화적 관습과 이벤트를 만들어 갔다. 야히아는 오랫동안 자신이 사회 기준이 제시한 바에 따르면 주체성이 없다고 믿어온 장애인이었다. 하지만 이와 같은 행동을 함으로써 그는 바흐친(Bakhtin, 1981)이 언급한 '권위적 담론authoritative discourses'(즉, 토론을 위해 개방되지 않은 담화)을 '내부적으로 설득력 있는 담론internally persuasive discourses'(즉, 토론을 위해 열린 담화)에 맞게 다시 이해하고자 한다. 지금까지 오마니 크리에이티브 그룹 구성원들 중 (나를 제외하고는) 야히아의 장애를 아는 사람은 아무도 없다. 하지만 일부 구성원은 야후 대화방 시절부터 그의 온라인 가르침을 접해 왔다. 당분간 그리고 앞에서 설명한 이유로 야히아는 자신의 장애보다 창조적인 행동과 사상에 집중하길 원한다. 왜냐하면 그는 오만 사람들이 장애 그 이상을 볼 수 없을 거라 믿기 때문이다. 야히아는 온라인 야후 대화방에서 성공한 것처럼 자신이 경쟁력을 갖춘 지적인 권위자로 우뚝 서게 되면 그때 자신의 장애를 공개할 계획이다. 그렇게 함으로써, (정보통신기술을 창조적으로 이용하여) 자신은 장애 그 이상의 존재이고, 오만의 주류 믿음과는 반대로 장애는 실제로 사회적으로 만들어지는 것임을 증명할 생각이다. 야히아는 아랍인들의 의식이 높아져야 아라비아에 널리 퍼져 있는 장애에 대한 해묵은 이야기가 달라질 것이라고 믿고 있다.

네 가지 사례는 종교와 장애를 융화시킬 목적으로 야히아가 왓츠앱에 올린 예술작품으로 각 작품에 대한 해석은 그의 설명과 녹음된 대화 토론을 바탕으로 하고 있다. 따라서 다음의 매개 행위의 초점은 장애를 가진 아랍인으로서 야히아의 정체성에 대한 것이 아니라 그가 요구한 대로 그의 혁신적transformative 사고에 대한 것이다.

네 가지 매개 행위

◉ 매개 행위 1: 신성한 사랑

인간이 가질 수 있는 가장 중요한 관계는 신과의 관계 또는 전통적인 영적 담론에서 보면 우주와의 관계다. 더욱이 인간 삶의 경험의 질은 우주 창조자와의 관계의 질에 비례한다. 이것은 이슬람교를 포함한 영적 전통의 주요 가르침이다. 그러나 이론적으로는 예배행위의 달인이지만 실제적으로 예배행위의 질을 신비로운 개념으로 취급하는 이슬람교 아랍인들은 이러한 관계의 본질을 이해하지 못하고 있다. 처음에는 위협적으로 보일지도 모르는 이러한 주장들은 아랍 문화인류학자로서 내가 10년 동안 관여한 이슬람교 행동과 가르침에 대한 민속학적 고찰에 바탕을 매개 행위 1([그림 22-1] 참조)은 원래 야히아가 신과의 연결성에 대한 개념화를 보여 주기 위한 목적으로 왓츠앱을 통해 가족 및 친구들과 공유하기 위해 만든 것이다. 이 작품이 전국적으로 주목을 받을 무렵 몇 달 동안 야히아는 자신의 성격 및 강점과 인생철학을 상징하기 위해 이 텍스트를 왓츠앱 프로필로 선택하였다. 이 매개 행위는 "본질이 신에 대한 생각으로 채워진 사람은 좀처럼 삶의 짐으로 인해 짓눌리지 않는다."는 아랍 고전시의 상징적인 문장을 언어학적으로 언급하고 있다.

그러므로 신을 마음에 두는 것은 그 사람에게 득이 되는 일이다. 작품 속 푸른 하늘은 단지 배경으로만 작용하는 것이 아니라, 시각적으로 우주의 창조자를 떠올리게 한다. 푸른 하늘은 야히아의 육체적 자유를 추가적으로 상징한다. 야히아의 장애는 짐을 진 영혼의 이미지를 통해 간접적이고 시각적으로 암시된다. 짐은 그가 신의 뜻으로 충만된 마음을 통해 초월할 수 있는 것으로 삶에 대한 도전과 장애를 상징한다. 낭만적인 붉은 심장은 신과 사람 사이의 관계의 본질을 의미한다. 즉, (아랍에서 전통적으로 행해졌듯이) 습관적으로 신을 숭배하는 것이 아니라 (수피즘에서 설교하듯이) 신과 사랑에 빠져야 한다는 것이다. 빨간 심장의 이미지로 상징되는 이 사랑에 빠지는 개념은 수많은 왓츠앱 사용자들을 깜짝 놀라게 한 새로운 담론이었기 때문에 그 매개 행위 작품은 전국적으로 공유될 만한 가치가 있었다. 그 결과, 전통적인 이슬람교의 예배 개념을 상호 텍스트적으로 참조하여, 신에 대한 이야기뿐만 아니라 신을 마음에 품는 새로운 수단으로 접근하면서 왓츠앱상에서 많은 논의가 시작되었다. 야히아는 사랑에 빠질 수 있는 친밀한 신을 다시 소개하면서 사랑에 빠지는 것을 통해서만 장애를 포함한 어떤 도전도 승리할 수 있다는 주된 메시지를 전달한다.

지금도 가끔 앱의 프로필 사진으로 사용되고 있는 야히아의 초창기 복합양식 매개 행위 작품은 다른 사람들이 신과의 관계를 다시 생각하도록 격려하고, 궁극적으로 역경을 극복하기 위해 필요한 타인과의 관계를 회복하기 위한 노력에 대해 설명한다. 야히아는 상징적인 위상 때문에 그의 이름과 성을 노란색으로 표시한다.

⦿ 매개 행위 2: 하나됨

야히아는 신과 관련된 문제에 관여하는 것 외에 하나됨의 개념concept of oneness을 다루고 있다. 특히 이슬람 문화에서 그리고 특히 소요사태가 벌어지고 있는 현재 중동에서 전통적인 종교적 담론들은 종파주의를 위주로 확장되고 있다. 반면, 영적 담론은 다름을 넘어선 하나됨을 표방한다. 비종파주의와 관용은 오만 민족주의의 핵심교리이기도 하다. 1970년 술탄 카부스 빈 사이드Sultan Qaboos bin Said의 지도체제 하에서 일어난 오만 르네상스 이후부터 오만 정부는 근대적이고 안정된 사회의 양대 축인 평화와 관용을 확고히 하기 위해 노력했다. 과거 아프리카와 아시아를 지배했던 아라비아 제국으로서 오만의 문화적 배경과 다양한 종파 및 인종을 (그리고 다양한 형태의 능력을) 고려해 볼 때 이러한 접근은 더욱 중요했다.

[그림 22-1] 매개 행위 1: 신성한 사랑

이런 배경으로 인해 오만인들은 다른 민족, 종교, 그리고 종파에 세심한 주의를 기울이지 않는 것에 익숙해져 있다. 그러나 이 국가적 담론은 2015년에 아라비아 전역에 걸쳐 발생한 소요사태의 예견된 결과로 공격을 받게 되었다. 오만 시민들이 다름을 부각시키는 외부의 압력에 굴복하고 지난 45년간 지켜온 통일과 독립을 분열이라는 위험한 결과와 함께 심각한 국가적 변화를 경험하고 있을 때 야히아는 행동을 취하게 되었다. 그는 오만의 국가적이고 영적인 통합 담론에 시민들의 참여를 독려하기 위해 작품을 만들게 되었다.

매개 행위 2([그림 22-2] 참조)에서 야히아는 오만의 국가적 담론인 충성, 관용, 종교적 단결을 상기시켜 줌으로써 오만의 단합을 시도하고, 왓츠앱에서 확산되고 있는 분열된 담화를 영원히 중단시키고자 했다. 따라서 이러한 매개 행위는 당시의 불안정한 정치적 담화에 관여하는 동시에 오만 정부의 담론을 상호 텍스트적으로 언급하고 있다. 이 매개 행위는 또한 (장애인을 포함한) 오만 시민들을 모두 하나로 취급할 필요성을 간접적으로 일깨워 주고 있다. 이 행동은 다른 오만인들에게도 전달되어 종파 간 갈등의 희생양이 될 위험성을 경고하고, 또한 외부인들에게도 전달되어 그들의 행동이 실패할 것임을 확신시켜 준다. 의도된 결과에 도달하기 위해 야히아는 오만 지도와 술탄의 초상화라는 두 개의 이미지로 구성된 작품을 만들어 평화와 관용의 땅(그리고 모두를 포용하는 땅)으로서의 오만의 정체성과 국민의 대표로 야히아가 충성을 맹세하는 오만 지도자의 가르침을 떠올리게 했다. 언어학적으로 야히아는 오만은 여러 종파 중에서 순나Sunna, 시아Shia, 이바디Ibadhi가 가장 두드러진 이슬람 국가로서, 그리고 지도자와 오만을 사랑하는 민족으로서 '뭉치면 살고 흩어지면 죽는다together we stand, divided we fall'고 믿는 하나된 국가로서 오만의 정체성을 요약한다. 비록 영국 얼터너티브 밴드 핑크 플로이드의 노래가사에서 따온 이 유명한 구절은 매개 행위 2에는 등장하지 않지만, 야히아가 언급한 바와 같이 이러한 행위를 하게 된 동기로 작용했다. 이 행위의 언어적 · 시각적 요소의 결합은 야히아가 의도한 대로 대중적 담화에 영향을 주었다. 이 작품이 만들어지고 공유될 즈음 왓츠앱에서의 종파적 · 인종적 논의가 잠잠해졌고, 오만 국민들이 다양성을 인정하고 자부심을 가지도록 하는 데 성공하게 되었다.

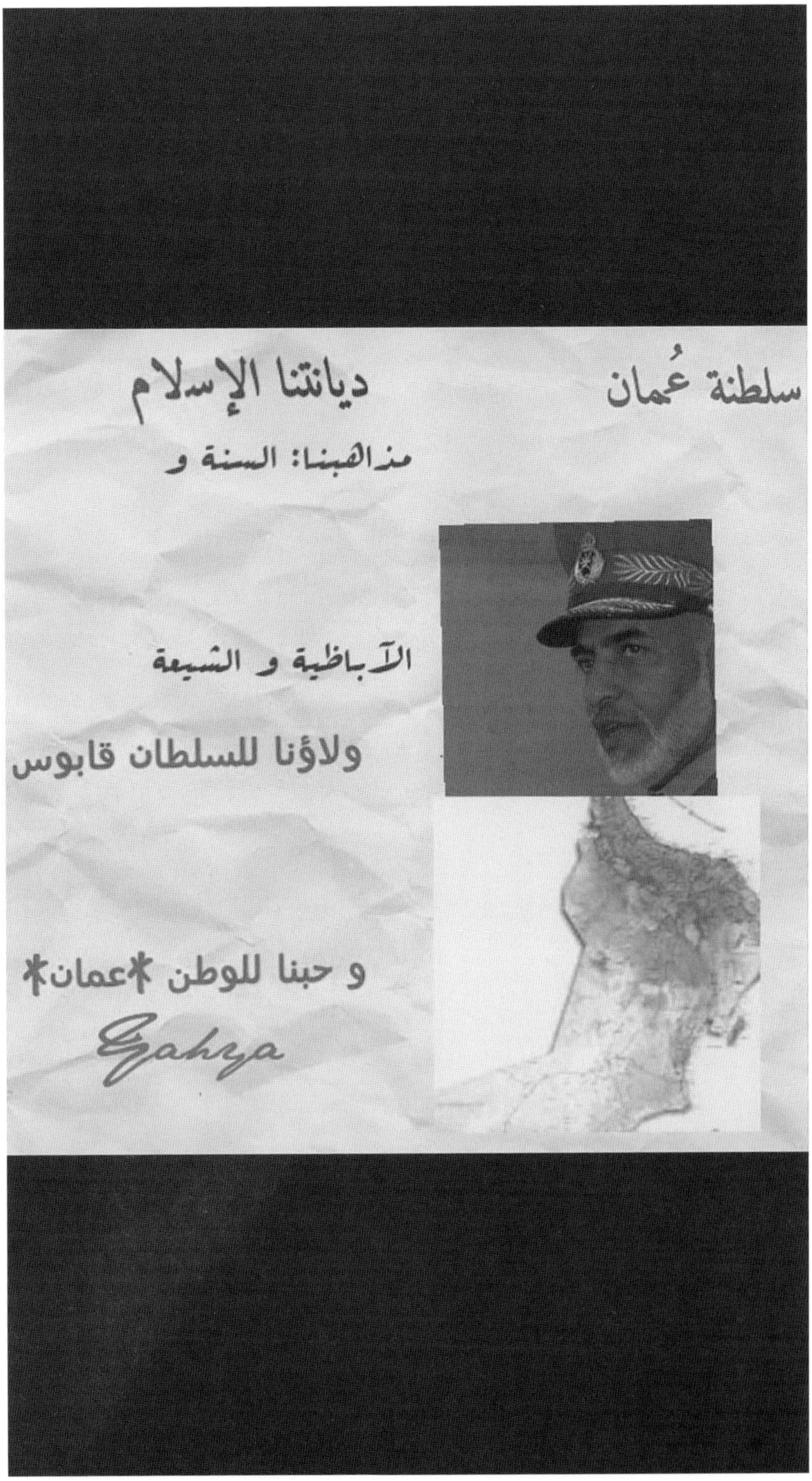

[그림 22-2] 매개 행위 2: 하나됨

⦿ 매개 행위 3: 모두를 위한 정의

장애인의 권리를 간접적으로 암시하는 야히아의 매개 행위가 다루는 추가 기둥은 정의다. 야히아는 정의가 없으면 평화도 존재할 수 없다고 선언한다. 사실 그가 옹호하는 주요 가르침 중 하나는 많은 이슬람교도들과 서양인들이 생각하는 것과 달리, 이슬람교는 첫째는 정의의 종교이고 둘째는 평화의 종교라는 것이다. 따라서 평화가 정의의 부산물이 될 수 있지만 그 역은 성립될 수 없다는 것이다. 이슬람교를 새롭게 정의하는 이 방법은 그 반대로 믿고 자라온 많은 이슬람 아랍인들의 관심을 끌었다. 야히아는 훌륭한 대의를 지원하는 것뿐만 아니라 매개 행위 3([그림 22-3] 참조)에서 입증된 바와 같이 이를 적극적으로 홍보했고, 이것을 2014년 왓츠앱에서 공유했다.

이 작품은 2011년 아랍의 봄부터 오만에서 심각한 문제였던 정치적 부패에 대항하는 행동에 대한 요구를 상징한다. 따라서 야히아의 매개 행위는 일부 오만 정부 관리들의 부패에 대한 보도가 나올 때마다 몇 주에 한 번씩 왓츠앱을 통해 유포되었다. 오만인들은 그들이 맹목적으로 칭송하는 오만 지도자와 오만 지도자의 지시를 따르지 않는 오만 정부관리를 구분했다. 매개 행위 3은 세 가지 이미지로 단순화되어 있는데, 상하단의 이미지는 야히아가 충성을 맹세하는 오만 지도자(정의, 수용, 영성의 상징)를, 중앙의 이미지는 청중을 상징한다. 상단의 이미지에서 오만의 지도자는 오만 국민들과 임명된 정부관리 모두에게 인사하고 있다. 중앙의 이미지는 자신의 이익이 아닌, 오만 국민을 섬기라는 지도자의 가르침을 듣고 있는 청중을 상징한다. 하단의 이미지는 오만 지도자가 연설하고 있는 모습이다. 이 말이 묘사하고 있는 것은 야히아가 영어와 아랍어로 만든 문구이자 대부분의 정부 관료들이 부정해 왔던 오만의 지도자의 모든 가르침을 요약하고 있는 '모두를 위한 정의'로 대변할 수 있다. 즉, 부자와 지식인들뿐만 아니라 장애를 가진 사람들을 포함한 모든 오만 국민들을 위한 정의를 말하는 것이다. 사실 이 특별한 작품은 오만에서 오랫동안 장애인의 권리에 대한 논의를 불러일으켰다. 그리고 2008년 오만 정부가 시행한 장애인포용법을 포함하여 정부 관계자들이 오만 지도자의 지시에 따라 법을 준수해야 한다는 것을 상기시키고 (그리고 경고하고) 있다. 문구를 아랍어와 영어로 표현하는 것은 요구의 보편성을 반영하는 것이다.

[그림 22-3] 매개 행위 3: 모두를 위한 정의

◉ 매개 행위 4: 친절함

친절의 중요성을 가르치는 것은 야히아가 이슬람교를 습관이 아닌 사랑과 연민의 일상적인 실천으로 만들려는 추가적인 방법이다. 야히아에 따르면 이 특별한 메시지는 특히 미국의 풍자 작가 마크 트웨인의 '잘난 체하는patronising' 언어로 쓴 유명한 인용문으로 야히아가 온라인상에서 우연히 발견했지만 오만 시민들이 공감할 수 있다는 생각에 왓츠앱 그룹들과 공유하기로 결정했다.

메시지([그림 22-4] 참조)가 장애인을 고루하고 가치 없는 사람으로 비출 수 있다는 점에서 장애학에서는 문제가 될 수 있지만, 야히아는 메시지가 장애에 대해 직접적으로 언급하기 때문에 이 장에 포함시킬 것을 요청했다. 또한 해당 메시지는 그의 창작물 중 하나로서 받아들이기 어려운 오만 장애인의 현실에 대한 수많은 논쟁을 불러일으켰다. 메시지를 포함함으로써 야히아는 장애를 만들어 내는 언어 구조를 사용하여 서양 문화와 중동의 장애 담론의 차이를 부각시키고 있다(즉, 오만 국민들은 여전히 신체장애인, 시각장애인, 청각장애인 대신 불구, 귀머거리, 장님과 같은 단어를 사용하고 있다). 게다가 미첼과 시드니(Mitchell & Snyder, 1997)가 설명한 오래된 문화적 담론과 마찬가지로 중동에서는 여전히 '주류의' 비장애인과 비교하여 장애인의 신체적 속성을 부각시킨다. 야히아는 장애가 그의 정체성의 본질적인 부분(전부는 아니다)이 아니기 때문에 자신의 장애에 집중하는 것을 선호하지 않는다. 이 매개 행위 작품의 공유에 수반되는 토론에서 야히아는 '귀머거리'와 '장님'에 대한 언급은 문자 그대로가 아니라 비유적인 것으로, 눈먼 사람과 마음이 닫힌 사람들도 모든 것을 헤쳐 나갈 수 있도록 하는 친절의 보편성과 힘을 상징한다고 설명하였다. 이 매개 행위를 공유한 두 번째 동기는 왓츠앱을 통해 널리 알려진 야히아의 영어에 대한 사랑이다. 야히아는 이 특별한 메시지를 그의 능숙한 영어 실력을 보여 주기 위해 선택했고, 결과적으로 그는 크리에이티브 그룹의 비공식 영어 강사로 임명되었다. 또한 메시지를 계속해서 왓츠앱에서 재활용함으로써 야히아는 이슬람 아랍인들이 비유적으로가 아니라 문자 그대로 연민을 실천할 것을 요구했다. 그의 요구는 또한 장애의 원인과 장애를 가진 오만인들이 자신들의 권리를 획득할 수 있도록 지원해야 한다는 것을 간접적으로 상기시켜 주는 것이다. 이것이야말로 친절한 일을 하는 것이다. 야히아의 말을 빌리자면 "친절한 일을 하는 것은 옳은 일을 하는 것이다." 특히 장애인의 권리에 관한 한 오만과 아랍세계는 대체로 뒤떨어져 있기 때문에 중동에서 해야 할 친절한 또는 옳은 일은 장애인의 권리를 이론(즉,

[그림 22-4] 매개 행위 4: 친절함

정부 차원의 정책)에서 현실(즉, 일상에서의 실천)로 옮기는 것이다.

결론

알 지드잘리(Al Zidjaly, 2015)에서 나는 다음과 같이 이야기했다.

> 장애학자들의 공통된 의견은 장애학이 기로에 서 있다는 것이다. 그 길은 궁극적으로 두 가지 방법으로 장애학의 미래를 결정할 것이다. 장애를 완화하기 위해 역사적 역할을 재정의하고 확대함으로써 생존을 보장하거나, 혹은 영역을 확대하지 않고 인간의 주체성을 특별히 중요하게 생각하지 않으면서 멸망의 길을 걷는 것이다.
>
> (p. 195)

이 장에서 나는 연구의 영역이 어떻게 확장될 수 있는지 그리고 어떻게 인간의 주체성이 중요한 위치에 놓일 수 있는지 사례를 들어 순차적으로 비판장애학과 관련된 요구에 응했다. 나아가 나는 장애인의 권리가 대부분 번역될 수 없는 이론적인 담론의 상태로 남아 있는 중동의 문화에서는 보기 드문 사례연구를 제시했다. 또한 인간의 주체성이 소셜 미디어와 장애에 대한 담론에서 누락되어 있다는 관점에서 접근했다. 나는 소셜 미디어를 통해 변화에 불을 붙이려는 사지마비의 한 오만 남성의 노력을 분석하면서, 분석의 틀에 대해 재조명할 것을 주장하고자 한다. 우리는 장애인들이 실제 생활에서 취하는 담론과 행동을 탐색함으로써 그들의 주체성을 이해할 필요가 있다. 나는 또한 제시된 사례들처럼 종단 연구방식의 복합양식 형태의 민속학적 연구를 지지한다.

이 장의 연구 결과는 모든 장애인들에게 일반화될 수 없으며, 중동에서는 더 많은 연구가 필요하다고 본다. 이 장은 역사적인 시간을 기록하는 데 기여하고 있고, 전 세계 많은 사람들 중 유일한 사람일 수 있는 한 오만 남성의 종교적으로 그리고 필연적인 결과로서 장애에 대한 인식의 변화에 불을 붙이기 위해 노력하는 모습을 기록한다. 야히아가 야후 대화방에서의 업적을 통해 온라인 친구들 사이에서 어떻게 종교적 권위자로 자리매김했는지 설명했지만(Al Zidjaly, 2015 참조), 그의 왓츠앱 행위가 주는 더 큰 영향은 아직 측정되지 않았다. 야히아는 자신의 왓츠앱 동료들로부터 신뢰와 찬사를 꾸준히 얻고 있으며 필요한 논쟁을 불러일으키고 있는데, 이것은 오만에서 장애 정책을 이론에서 실천으로 옮기기 위한 그의 의도된 여정이 이미 시작되었다는 것을 말해 준다. 야히아를 향한 신뢰와 찬사는 그가 자신의 신체적 특징을 밝히지 않고 소셜 미디어를 활용하여 창조적인 방식으로 장애인이 배제된 사회로부터 장애인을 포용하는 사회를 만들기 위해 제작한 매개된 행위들 때문이다.

참고문헌

Al Zidjaly, N. (2007). Alleviating disability through Microsoft PowerPoint: The story of one quadriplegic man in Oman. *Visual Communication, 6*(1), 73–98. doi:10.1177/1470357207071466

Al Zidjaly, N. (2009). Agency as an interactive achievement. *Language in Society, 38*, 177–200.

Al Zidjaly, N. (2010). Intertextuality and Islamic identities online. In R. Taiwo (Ed.), *Handbook of research on discourse behavior and digital communication: Language structures and social interaction* (pp. 191–204). Hershey, PA: IGI Global.

Al Zidjaly, N. (2011a). Managing social exclusion through technology: An example of art as mediated action. *Disability Studies Quarterly, 31*(4). Retrieved from http://dsq- sds.org/article/view/1716

Al Zidjaly, N. (2011b). Can art lead to social change? A mediated multimodal inquiry. *Multimodal*

Communication, 1(1), 65-81.

Al Zidjaly, N. (2011c). Multimodal texts as mediated actions: Voice, synchronization and layered simultaneity in images of disability. In S. Norris (Ed.), *Multimodality in practice: Investigating theory-in-practice-through-methodology* (pp. 190-205). London, UK: Routledge.

Al Zidjaly, N. (2014). Geosemiotics: Discourses in place. In S. Norris & C. D. Maier (Eds.), *The reader in multimodality* (pp. 63-76). Berlin, Germany: De Gruyter.

Al Zidjaly, N. (2015). *Disability, discourse and technology: Agency and inclusion in (Inter) action*. London, UK: Palgrave Macmillan.

Anderson, R. (2006). Faith in access: Bridging conversations between religion and disability. *Disability Studies Quarterly, 26*(3). Retrieved from http://dsq-sds.org/article/view/719/896

Bakhtin, M. M. (1981). *The dialogic imagination: Four essays*. Edited and translated by C. Emerson, & M. Holquist, Austin, TX: The University of Texas Press.

Barnes, C. (1990). *Cabbage syndrome: The social construction of dependence*. Bristol, UK: Falmer.

Barnes, C. (2012). *The social model of disability: Valuable or irrelevant?* In N. Watson, A. Roulstone, & C. Thomas (Eds.), *The Routledge handbook of disability studies* (pp. 12-29). London, UK: Routledge.

Becker, A. L. (1995). *Beyond translation: Essays toward a modern philology*. Ann Arbor, MI: University of Michigan Press.

Bejoian, L. (2006). Non-dualistic paradigms in disability studies and Buddhism: Creating bridges for theoretical practice. *Disability Studies Quarterly, 26*(3). Retrieved from http://dsq-sds.org/article/view/723/900

Blommaert, J. (2005). *Discourse: A critical introduction*. Cambridge, UK: Cambridge University Press.

Borsay, A. (2005). *Disability and social policy in Britain since 1750*. Basingstoke, UK: Palgrave Macmillan.

Eickelman, D. F., & Anderson, J. W. (Eds.). (2003). *New media in the Muslim world: The emerging public sphere*. Bloomington, IN: Indiana University Press.

Gerbaudo, P. (2012). *Tweets and the streets: Social media and contemporary activism*. New York, NY: Pluto Press.

Goffman, E. (1963). *Stigma: Notes on the management of a spoiled identity*. Englewood Cliffs, NJ: Prentice-Hall.

Howard, P. N., Duffy, A., Freelon, D., Hussain, M. M., Mari, W., & Maziad, M. (2011). *Opening closed regimes: What was the role of social media during the Arab Spring?* Seattle: PIPTI. Retrieved January 1, 2014 from http://pitpi.org/index.php/2011/09/11/openingclosed-regimes-what-was-the-role-of-social-media-during-the-arab-spring/

Lewis, V. A. (2000). The dramaturgy of disability. In S. Crutchfield & M. Epstein (Eds.), *Points of contact: Disability, art, and culture* (pp. 93-108). Ann Arbor, MI: University of Michigan Press.

Mitchell, D., & Snyder, S. (1997). *The body and physical difference: Discourses of disability (The body, in theory: Histories of cultural materialism)*. Ann Arbour, MI: University of Michigan Press.

Murphy, R. F. (1990). *The body silent*. New York: Henry Holt.

Oliver, M. (1990). *The politics of disablement*. Basingstoke, UK: Macmillan.

Sandahl, C., & Auslander, P. (2005). *Bodies in commotion: Disability and performance (Corporealities: Discourses of disability)*. Ann Arbour, MI: University of Michigan Press.

Scollon, R. (2001). *Mediated discourse: The nexus of practice*. London, UK: Routledge.

Scollon, R., & Scollon, S. (2003). *Geosemiotics: Discourses in place*. London, UK: Routledge.

Stepanova, E., & Eurasia, P. (2011). The role of information communication technologies in the 'Arab Spring': Implications beyond the region. *PONARS Eurasia Policy Memo* No. 159.

Tannen, D. (2005). *Conversational style: Analyzing talk among friends*. Norwood, NJ: Ablex.

23

소셜 미디어를 활용하여 중국 장애인의 사회권 향상하기

베이징 원 플러스 원 장애인문화개발센터

지안 슈, 마이크 켄트,
케이티 엘리스, 히 장

도입

디지털 기술의 점유율이 증가함에 따라 중국 내 다양한 사회 집단들은 평등과 참여를 위한 새로운 기회들을 추구하고 있다. 컴퓨터와 스마트폰과 같은 디지털 기기와 특히 소셜 미디어와 연계하여 온라인상에서 글을 읽고 쓸 수 있는 디지털 사용능력은 중국인들이 개인적이고 경험적인 지식을 자신들의 생각으로 재생산해 대중들과 소통할 수 있게 해 주었다. 자발적이고 다양한 온라인상의 자기표현은 인권 운동과 옹호활동의 가능성뿐만 아니라 광범위한 사회적 문제를 반영하고 있다. 지난 10년간 베이징 원 플러스 원 장애인문화개발센터One Plus One Disabled Persons' Cultural Development Centre: OPO가 보여 준 장애인 관련 활동은 온라인상의 자기표현의 훌륭한 예시가 될 수 있다. OPO는 비정부기구(NGO)로 장애인에 의해 그리고 장애인을 위해 운영되는 민간장애인단체non-official disabled persons organisation: DPO이다.

이 장에서는 OPO의 온라인 활동을 중심으로 중국의 장애 문제와 소셜 미디어의 관계를 살펴보고자 한다. 이 주제는 특히 영어권의 장애 연구와 소셜 미디어 문헌에서 종종 간과되고 있다. 이 장에서는 기존의 연구를 기반으로 전반적인 개요를 먼저 제시하고 중국의 장애 문제와 소셜 미디어의 독특한 관계를 설명하고자 한다.

이 장은 중국 내 장애인의 사회적 지위에 초점을 두고 있지만, 논의 부분에서는 시각장애인과 시력을 완전히 상실한 사람들의 입장을 강조하고 있다.

중국 내 장애인

세계 장애인 인구의 상당수가 중국에 살고 있지만, 중국은 1987년과 2006년 단 두 차례 국가 차원의 장애인 조사를 실시했다. 이 두 대표 조사 자료에 따르면 장애인의 수가 1987년 527만 명에서 2006년 846만 명으로 증가했다(Zheng et al., 2011). 이 조사는 분명 장애인의 수가 증가하고 있음을 보여 주고 있지만, 자폐증과 중복장애를 제외하고 있기 때문에(Aubié, 2014 참조) 데이터를 수집하는 데 있어 사용되는 장애의 정의는 상당히 제한적이며, 따라서 실제 장애인의 수는 훨씬 더 많을 것으로 추정한다(Sagli et al., 2013).

중국의 시각장애인

최근 통계에 따르면 중국에는 시각장애를 가진 사람이 1,700만 명이 있고, 그 중 500만 명은 완전히 시력을 상실한 사람들이다(The Economist, 2013). 이 수치는 세계 시각장애인 인구의 18%에 해당하지만 중국 인구의 0.4%에 불과하다(World Health Organisation, 2015).

중국의 시각장애인들은 보통 온라인과 컴퓨터 기반의 정보에 접근하기 위해 중국어를 지원하는 네 가지 유형의 스크린 리더 중 하나를 사용한다. 비시각적 데스크톱 액세스Non-visual desktop access는 점자 디스플레이 출력 및 영어 이외의 언어를 모두 지원하는 오픈 소스 스크린 리더기다. 비시각적 데스크톱 액세스가 미국에서 개발되었다면 나머지 3개는 중국에서 개발되었다. 선샤인 스크린 리더기Sunshine Screen Reader는 중국 정부 산하 중국점자출판사China Braille Press가 개발했고, 용데 스크린 리더기Yongde Screen Reader와 정두 스크린 리더기Zhengdu Screen Reader는 민간 프로그래머가 개발했다.

예, 차이 및 량(Yeh, Tsay, & Liang, 2008)은 JAWS와 같이 대부분의 상업용 스크린 리더기들은 한자를 지원하기에는 아직은 부족함이 많다고 비판해 왔다. 예Yeh와 연구진들은 전세계적으로 많은 시각장애인들이 이용할 수 있음에도 불구하고, 새로 고침이 가능한refreshable 점자 디스플레이는 한자를 지원하지 않는다고 주장한다. 왕과 동료들(Wang et al., 2010)은 선샤인 스크린 리더기와 같이 기존의 점자나 스크린 리더기 입력방식은 사용자가 1950년대에 개발된 표준 만다린을 로마자로 표시하는 언어 시스템인 병음pinyin을 이해하지 못할 경우 사용할 수 없다는 점을 설명했다.

◉ 사회적 장애

「중국장애인법China's Disabled Person's Act」은 "사회생활의 모든 측면을 장애인에게 개방해야 한다."고 명시하고 있지만, 이 법을 집행할 장치의 부재로 중국 내 장애인들은 계속해서 사회적 불이익을 경험을 하고 있다(Braddock & Parish, 2001, p. 16). 중국의 시각장애인과 시력상실자들은 교육 · 고용 · 공공 공간에 접근하려고 할 때 어려움을 겪고 있다. 이러한 접근성의 문제는 장애인의 니즈를 고려하지 않은 의사소통의 관행, 이용이 불편한 건축설계 그리고 차별적 태도에서 비롯된다.

1960년대와 1970년대에 중국에서 시각장애인들의 사회적 지위를 향상시키기 위해 많은 이니셔티브가 시행되었다. 상하이, 베이징, 광저우 등 몇몇 도시에서는 시각장애인 보행자들이 '도움 받지 않고 도시를 이동할 수 있도록' 보행로를 따라 콘크리트 블록을 올려 설치했다(Crouch, 2015). 그러나 '망다오mang dao'(시력상실자의 길) 도로는 제대로 관리되지 않았고, 자전거와 스쿠터 같은 장애물들이 그곳에 남겨져 도심 속을 이동하는 시각장애인들에게 오히려 더 큰 장애물로 남고 있다.

마찬가지로 언어학자들은 중국어를 점자로 번역하는 두 개의 셀 점자 시스템을 새롭게 개발했다. 이 시스템은 병음과 유사한 접근법을 채택해 발음phonetics과 성조tones를 모두 표현했다. 그러나 크라우치Crouch는 "아직도 많은 사람들이 이 시스템이 가지고 있는 가능성을 충분히 경험하지 못하고 있다."고 말한다. 그는 "일부 필수 교과목은 아직도 점자로 번역되어 있지 않고, 중국 교육부는 [2014년]에서야 비로서 점자 및 또는 전자 지원 가오카오Gaokao 대학입학시험을 실시하기 시작했다."는 점을 지적한다(Crouch, 2015).

시각장애인들의 경우 특히 고등교육에 접근하는 것이 어려운데, 중국에 설립된 2,000개의 대학들 중 오직 3개 대학만이 시각장애 학생들에게 입학을 허용하고 있다. 2002년과 2013년 사이 중국에서 시력을 완전히 상실한 학생 중 대학에 진학한 학생은 60명에 불과했다(The Economist, 2013). 장애인에 대한 차별적 태도는 시각장애인들이 교육에 접근할 수 있는지를 결정하는 중요한 역할을 한다. 예를 들어, 산둥성 교육국Shandong provincial education bureau은 다음과 같은 이유를 들어 변형된 형태로 가오카오 시험을 준비해 달라는 학생의 요구를 거부했다.

> 이 학생은 시험을 치더라도 다른 비장애 학생들처럼 수업에 참여할 수 없고 일반 대학들도 점자 교재를 제공할 수 없기 때문에 학교에서 정상적인 교육을 받을 수 없을 것이다.
>
> (Shandong Province Bureau of Education: Human Rights Watch, 2013 재인용)

2008년 장애인들이 중국의 주류 학교에서 공부할 수 있는 권리를 얻었음에도 불구하고 시각장애인들의 고용 기회는 제한되어 있고, 비공식적인 정책은 장애인들이 마사지사나 음악가가 되도록 장려하고 있다(Crouch, 2015; The Economist, 2013; Human Rights Watch, 2013; Tatlow, 2013). 2012년에는 17,000명의 시각장애인들이 마사지사가 되기 위해 훈련을 받았다(The Economist, 2013). 푸 가오샨(Fu Gaoshan)은 이 직업을 피하고 싶어서 OPO를 설립했다고 밝혔다.

> 제가 DPO를 설립하고자 했던 이유는 매우 단순합니다. 저는 그저 마사지사가 되고 싶지 않았을 뿐입니다. 저는 다른 직업을 경험하고, 혁신적인 일을 하면서 장애인들이 우리 사회에서 더욱 존경받도록 하고 싶었습니다.
>
> (Paper.oeeee.com, 2013)

⊙ 장애에 대한 사회적 접근법

장애인에 대한 태도의 변화는 여러 이론가들에 의해 확인되었다(Fjeld & Sagli, 2011; Kohrman, 2005 참조). 하지만 2006년 국가 조사에 이어 중국장애인연맹(China Disabled Person's Federation, 2008)이 발표한 보고서는 "기능적 장벽과 사회 적응성에 주의를 기울여야 한다."(Fjeld & Sagli, 2011, p. 34 재인용)고 강조했지만 정부가 인정한 장애에 대한 사회적 접근법에 대한 증거 자료는 거의 전무한 상태이다. 피셔, 리 및 팬(Fisher, Li, & Fan, 2012)은 사회포용 이니셔티브가 중국 정부보다는 NGO의 몫이 되는 경우가 많다고 지적한다.

2005년에 발표된 두 연구논문에서 황Huang과 주오Guo를 포함한 연구자들은 지배적인 의학적 접근법에 저항해서 중국 내 장애에 대한 사회적 관점을 제안하고 발전시켰다(Oliver, 1996 참조). 연구자들은 의학적 관점이 장애인 그룹이 실제로 "문제의 재구성을 향한 강력한 진력보다 진실성, 온전함, 그리고 선택권을 가지는 것에 가치를 둔다."(Guo, Bricout, & Huang, 2005, p. 52)는 사실을 등한시한 채 "모든 장애에 대한 기술적 '해결책fix'"(Guo, Bricout, & Huang, 2005, p. 52)을 의사나 교육자와 같은 전문가들의 손에 내맡기고 있다고 지적한다. 오비에(Aubié, 2014)는 중국 정부의 장애정책이 '고르지 못한patchy' 접근법을 사용하고 있으며, 이는 OPO 등 장애인이 운영하는 시민사회기구가 중국 장애인들의 사회적 지위를 바꾸는 데 "극적으로 더욱 효과적인dramatically more effective"(p. 1) 역할을 하게 될 수 있음을 시사하고 있다.

중국에서 정보통신기술의 접근성을 포함하여 장애 학생을 위해 장애인 포용정책에 기반한 사회적인 노력이 시작되었다(Zhao, 2011). 그러나 2011 세계보건기구와 세계은행의 공동 보고서에 따르면 보조기술에 대한 접근은 특히 충족되지 않는 니즈였다. 산업부는 2004년부터 매년 중국장애인연합회, 중국인터넷학회, 중국장애인재단과 공동으로 중국정보접근성포럼을 개최하고 있다. 이 포럼은 정부, 연구기관, NGO 및 IT 기업 등 다양한 사회 활동가들을 위한 플랫폼을 제공하여 장애인 친화적인 배리어-프리barrier-free 정보통신기술과 그 응용을 촉진하기 위해 서로 협력할 수 있도록 하는 것을 목표로 하고 있다(UNESCO, 2012). 중국장애인연합회(China Disable Persons' Federation)가 작성한 제11차 5개년계획(2006~2010)과 제12차 5개년계획(2011~2015) 개발 프로그램에서는 장애인의 정보 접근성, 교육, 고용 문제, 인권 등을 우선 과제로 다루고 있다.

소셜 미디어에 대한 중국어 블로그의 이론화

많은 연구자들이 블로그를 중국에서 사회적 · 문화적 · 정치적 변화를 일으키는 혁신적 힘으로 보고 있다. 장과 클라크(Zhang & Clarke, 2008)는 블로그를 통해 사람들이 대체 정보에 접근할 수 있고, 강력하게 통제되고 있는 중국의 언론 환경에서 민감한 사안에 대해 의견을 교환할 수 있다고 주장한다. 에서리와 샤오(Esarey & Xiao, 2008)는 중국에서 블로그의 대중화를 "비록 가상이기는 하나, 공공 공간의 형성을 향한 중요한 돌파구"(p. 755)로 보고 있다. 그들은 블로그를 통해 사람들이 동료 블로거들과 대중들뿐만 아니라 고위공직자들에게도 진실을 말할 수 있다고 주장한다. 논란이 되었던 상하이 당서기 천량위Chen Liangyu의 해임을 거론한 블로그에 대한 샹 자오Xiang Zhou의 내용분석content analysis은 정치적으로 민감한 사안에 대한 블로거들의 반응은 "비교적 공식 매체와는 무관하게 다양한 관점에서 정치적 토론과 시민의 메시지를 개인적으로 표현할 수 있도록 하는 플랫폼으로서 블로그를 평가하고 있다."(Zhou, 2009, p. 1016)는 결론을 내리고 있다.

하이칭 유(Haiqing Yu, 2007)는 블로거들이 "단순히 관중이나 소비자"가 아니라 "순환문화의 일부로서 상징적 가치 생산에 적극적인 참여자"(p. 428)가 되었다고 주장한다. 그녀는 블로거들의 비정치적인 문화적 행동은 중국인들이 정치, 문화, 사회에 대해 생각하는 방식에 영향을 줄 수 있기 때문에 장기적으로는 정치적인 의미를 갖는다고 믿는다. 이 책의 다른 장에서 알 수 있듯이, 블로그는 그 자체로 합법적인 형태의 소셜 미디어로 보아야 한다(이 책 11장, 12장, 18장 참조). OPO를 보더라도 블로그는 활발한 소통 공간을 제공하고, 큐큐QQ, 웨이보Weibo, 그리고 NGO 자체 웹사이트와 함께 온라인 공간의 '빅4' 중 하나로 기능하고 있다(Wang, 2015). 2009년 이후 중국어 소셜 미디어의 새로운 물결이 추가로 등장함에 따라 더 많은 NGO와 OPO가 소셜 미디어를 사용하게 되었다(Wang, 2015).

중국의 소셜 미디어

최근 몇 년간 중국에서는 소셜 미디어 붐이 일어났다. 2014년 6월 현재 소셜 미디어에 대한 공식 통계에 따르면 소셜네트워킹사이트(예: 큐존Qzone, 런런Renren 등), 마이크로블로그(예: 시나 웨이보Sina Weibo, 텐센트 웨이보Tencent Weibo 등), 메신저 서비스(예: 위챗Wechat, 큐큐QQ 등)가 가장 인기 있는 플랫폼으로 보고되었다. 인터넷 사용자 중 최대 33.7%가 세 가지 플랫폼을 동시에 사용하고 있다(CNNIC, 2014). 이러한 플랫폼은 스마트폰의 폭넓은 보급과 함께 더욱 인기를 얻게 되었다(Crouch, 2015).

이러한 블로그의 급속한 성장은 중국의 기술 발전과 경제 성장의 결과라고 생각한다. 한편, 중국 정부는 1995년부터 현재까지 IT산업 지원을 위해 정보 네트워크 인프라 구축에 박차를 가하고 있다(Yu, Asur, & Huberman, 2011). 중국의 인터넷 이용자는 6억 6800만 명으로 증가했고, 인터넷 보급률은 48.8%이며(CNNIC, 2015), 세계 많은 개발도상국들을 이끌고 있다(International Telecommunication Union, 2013). 반면, 푹스(Fuchs, 2015)는 중국에서 가장 인기가 있는 바이두Baidu, 큐큐, 타오바오Taobao, 시나, 하오123Hao123, 웨이보 등 6개 플랫폼이 활발한 민간경제라는 점에서 민간사업으로 부상하고 있다고 지적한다. 그러나 두터운 사용자 층과 다양성에도 불구하고 중국의 소셜 미디어 플랫폼과 사용은 미국의 그것과 비교해서 거의 조사되지 않고 있다(Chu & Choi, 2010). 대부분의 연구는 큐큐, 런런, 시나 웨이보, 위챗에 집중되어 있다.

◉ 큐큐

큐큐는 중국에서 인기 있는 메신저 서비스다. 큐큐는 모회사 텐센트가 1999년에 출시한 것으로, 8억 개 이상의 활성 계정을 보유하고 있다(Skuse, 2014). 2004년에 큐큐는 중국 인터넷 기업들 사이에서 '사회적으로 가장 큰 영향을 주는having the greatest social impact' 플랫폼으로 선정되었다(Koch et al., 2010 참조). 코흐와 동료들(Koch et al., 2010)은 큐큐의 일부 성공요인을 "중국성Chineseness"과 "중국 젊은이들의 관심, 그리고 현대 중국 문화의 중심으로서"(p. 267) 큐큐의 활용으로 보고 있다. 큐큐는 메신저 서비스를 넘어 온라인 게임, 음악, 쇼핑, 마이크로블로깅, 영화, 음성 대화로 점차 확장되었다.

2009년에 텐센트는 큐큐닷컴 포털, 큐존, 큐큐메일, 큐큐 메신저 소프트웨어를 포함한 자사 제품에 장애인 친화적인 배리어-프리 디자인을 도입했다. 큐큐닷컴과 큐존에 대한 배리어-프리 성명에서 텐센트는 핫키 지침사항, 지원하는 화면 판독기(비시각적 데스크톱 액세스, 정두 스크린 리더기 및 용데 스크린 리더기) 및 피드백 채널(이메일 주소 및 피드백 웹페이지)을 제공한다고 발표했다. 2015년 10월 텐센트는 이 모바일 단말에 대한 배리어-프리 기준을 중국정보장애인친화제품연합China Information Barrier-free Product Alliance에 기부했다.

◉ 런런

2005년에 설립된 런런은 원래는 샤오네이Xiaonei 또는 '학교 내에서'로 불렸지만, 2009년에 런런 또는 '모두everybody'라는 현재의 이름으로 개명을 했다. 런런은 흔히 중국의 페이스북으로 불리우며(Bai, Yao, & Dou, 2015; Yu & Xie, 2012), 미국 페이스북의 기능성과 발전 이력을 반영하고 있다. 그러나 리(Li, 2011) 그리고 추와 최

(Chu & Choi, 2010)가 관찰한 것처럼 이 네트워크는 회원들이 사용하는 방식에서 페이스북과 다르다. 예전만큼 중국에서 큰 인기를 누리고 있지는 않지만(Chu & Choi, 2010) 한때 중국에서 최초로 그리고 가장 영향력 있는 소셜 네트워크로 선정되기도 했다(Bai, Yao, & Dou, 2015). 그러나 런런과 중국어 바이두 검색엔진을 살펴보더라도 장애인에 대한 접근성 정책이나 관련 주제에 대한 논의는 찾아볼 수 없다.

◉ 시나 웨이보

중국 내 마이크로블로깅 서비스인 시나 웨이보는 중국에서 가장 널리 사용되고 있는 소셜 미디어 중 하나다. 시나닷컴은 2009년에 웨이보를 처음 출시했고, 이후 2010년 텐센트, 넷이즈Netease, 소후Sohu를 차례로 출시했다. 시나 웨이보는 기능 면에 있어서 미국 트위터와 유사하다. 시나 웨이보 사용자는 최대 140자의 메시지를 게시 또는 재게시할 수 있으며, 댓글을 달고, 해시태그를 사용하여 토론을 하거나 참여할 수 있다. 그러나 연구자들은 미국 기반 사이트와 비교하여 시나 웨이보가 가지는 몇 가지 뚜렷한 차이점을 확인했다. 중국어 표기 특성상 140개의 한자가 해당 영단어와 견주어 볼 때 훨씬 더 많은 정보와 뉘앙스를 전달할 수 있다고 보고했다(Rauchfleisch & Schäfer, 2015; Sullivan, 2012; Wang, 2015).

연구자들에 따르면 웨이보가 공개적인 대화 공간은 물론 사회 문제에 참여할 기회도 제공하고 있다. 웨이보 이용자들은 공통 관심사인 사회 · 정치적 이슈와 이들을 둘러싼 공식적이고 지배적인 대화에서 벗어나 주류적 표현에 도전할 수 있다. 웨이보 이용자들은 가치와 이념(Wang, 2013)을 표현하고 국가 이미지(Du, 2014)와 역사(Zhao & Liu, 2015), 그리고 지리적 정체성(Wang, 2015)을 구축함에 있어 개인의 감정과 경험, 기억을 반영하는 대체 내러티브를 만들고 있다.

시나 웨이보 이용자들은 전략적이고 창의적인 방법으로 검열 제한에 대응하고 탐색하고 있다. 이용자들은 공공 영역들을 활발히 오가면서 민감한 사안들에 대한 대화를 하고(Rauchfleisch & Schäfer, 2015) 직접적인 반박 대신 개인의 마이크로 내레이션을 사용하여 통찰력을 재설명하고 사회운동가적인 목표를 달성하기 위해 비정치적인 과업을 수행하고 있다(Gleiss, 2015). 하지만 안타깝게도 시나 웨이보에서 '장애인'을 검색하면 수천 개의 개인과 그룹 계정만 뜰 뿐, 시각장애인 이용자에 대한 접근성 정책은 볼 수 없다.

◉ 위챗

'웨이신Weixin'으로도 알려진 위챗은 영어로 '마이크로 메시지'로 번역된다. 인기 있는 모바일 메시징 앱(왓츠앱 또는 라인Line과 유사)이며, 현재 중국에서 가장 핫한 소셜 미디어 플랫폼으로 자리매김하고 있다(Roberg, 2014). 2011년 1월 텐센트에서 공급하기 시작한 위챗은 대화형 음성 메시지, 문자 메시지, 방송(일대다수) 메시징, 그리고 사진 및 비디오 공유 기능을 제공한다. 2015년 2분기 위챗의 월별 실 사용자는 6억 명을 기록했고(Millward, 2015), 해외 이용자는 1억 명을 돌파했다(Hong, 2015). 위챗의 인기는 부분적으로 이미 많은 사용자들이 큐큐와 같은 텐센트의 다른 서비스를 이용하고 있었기 때문이다. 유(Yu, 2007) 그리고 두(Du, 2014)가 각각 블로그스피어blogosphere와 시나 웨이보의 독특한 국가적 특징을 부각시키듯, 쿠오(Kuo, 2014)도 위챗을 중국 특유의 소셜 미디어 형태로 간주하고 있다. 위챗은 이용자가 최대 1분 길이의 음성 메시지를 보낼 수 있도록 한다. 오디오 서비스의 경우, 사용자가 손이나 눈을 사용하여 문자 메시지를 입력하고 확인할 것을 요구하지 않기 때문에 시각장애인들이 메시지를 주고받기에 편리하다.

OPO 항의 블로그 활동 및 소셜 미디어

OPO는 중국 블로거들이 주류 문화를 해체하기 위해 장난기 어린 어조를 채택하는 유Yu의 "전술적 형태의 저항tactical form of resistance"을 수용하고 있다(Yu, 2007, p. 429). 유Yu에게 중국 블로그스피어는 풍자, 패러디, 대중적 저항으로 특징지어진다. OPO는 장애인을 차별하는 대기업에 맞서 여러 가지 퍼포먼스 기반의 항의를 시작했다. 이러한 시위는 유Yu가 확인한 "장난기 넘치는 정신playful spirit"을 구현하는 것으로, 이는 "미디어 소비자-겸-제작자 역할에 대한 자신감confidence in their role as media consumers-cum-producers"(p. 431)을 고차원의 정보통신기술과 문화적 전문지식를 활용하여 전달하고자 하는 것이다. 나중에 설명하겠지만 이 기술과 문화는 장애인들이 독립적인 목소리를 내고 네트워크를 구축할 수 있도록 하고, 그들의 취업기술과 사업가적 능력을 향상시키고, 중국에서 장애에 관한 사회적 · 법적 이슈를 강력하게 지지하고자 하는 OPO의 목표를 달성하기 위한 도구이다.

파크슨과 블로그 활동

두 명의 여성 중, 한 여성이 휠체어를 타고 있었다는 이유만으로 중국 장시성의 수도 난창의 한 대형 파크슨Parkson 백화점에 들어가는 것이 거부당했다. OPO는 또 다른 DPO인 중국-인형관리지원협회China-Dolls Care and Support Association와 함께 파크슨 백화점의 장애인에 대한 부당한 대우에 대항해 소규모 시위를 조직했다.

2009년 10월 20일 자원봉사자들은 베이징에 있는 파크슨의 푸싱맨Fuxingmen 매장 입구에 마분지를 오려 만든 (휠체어에 앉아 있는 인간 모형 두 개와 보행용 지팡이를 잡고 있는 인간 모형) 네 개의 모형을 세워 두었다([그림 23-1] 참조). 이 모형들은 '당신은 마치 내가 존재하지 않는 것처럼 행동하네요'라는 중국어 메시지를 담고 있었다(Xinhuanet.com, 2009). 이 시위는 파크슨에게 장애인에 대한 차별에 대해 공개적으로 사과하라는 압력을 가했다.

다음 날 주류 언론이 그 항의에 대해 보도했지만, 실제 강도 높은 항의는 파크슨의 차별에 분개한 장애인 네트워크들이 이를 소셜 미디어에 공유함으로써 일어났다.

[그림 23-1] 베이징의 파크슨 푸싱맨 백화점 입구에 배치된 마분지를 오려 내어 만든 4개의 장애인 모형

10월 21일, OPO는 자신들의 공식 홈페이지에 두 개의 뉴스 기사를 게재했다. 이 중 하나는 "자원봉사자들이 파크슨의 장애인 차별에 반대하는 시위를 한다-당신은 마치 내가 존재하지 않는 것처럼 행동하네요"라는 제목으로 이 시위를 보고했다(Yijiayi.org, 2009a). OPO는 또 중국인형관리지원협회와 함께 파크슨에게 보내는 서한을 공개해 파크슨이 장애인 차별을 공식적으로 인정하고 사과할 것을 요구했다(Yijiayi.org, 2009b). 이 두 뉴스 기사는 OPO의 중국장애전망대(China Disability Observatory; 2009a, 2009b) 프로그램의 공식 블로그에 다시 게재되었다. 각 블로그 커뮤니티 회원들은 이 두 가지 뉴스 기사를 재포스팅했고, 다른 미디어가 이 항의에 대해 보도한 내용을 개인 블로그와 1억 명이 넘는 가입자를 보유한 중국 최대 인기 게시판 시스템Bulletin Board Systems인 톈야포럼Tianya Forum에 게재했다. 장애인에 대한 파크슨의 부당한 대우에 반대하는 여론이 온라인을 뜨겁게 달구며 파크슨에 대한 그룹 차원의 압박이 가중됐다. 시위 발생 이틀 만인 2009년 10월 22일 파크슨은 자신들의 공식 홈페이지에 장애인들에게 공개적으로 사과하고 향후 서비스 개선을 다짐하는 사과문을 공개했다(Yijiayi.org, 2009c).

피자헛과 소셜 미디어

2013년 피자헛이 선글라스를 끼고 지팡이를 짚고 있는 '어리벙벙한confused' 쉬림프 볼의 모습을 담은 온라인 광고를 발표했을 때 OPO는 또 한 번 시위를 성공적으로 조직했다. 이 광고의 의도는 표준어 푸퉁화Putonghua로 '새우'와 '눈먼'의 발음이 같기 때문에 단어 놀이를 하는 것이었다. 하지만 베이징, 광저우, 스자좡, 칭다오, 정저우 등의 피자헛에서 '나는 눈먼 볼이 아니다I'm not a blind ball'라는 문구가 적힌 티셔츠를 입은 사람들의 모습이 온라인상에서 퍼지기 시작했고 웨이보 스레드 #PizzaHutsShrimpBallAdvertisement는 이 이미지를 배포하고 주제에 대한 토론의 공간을 제공하였다. OPO는 자체 웨이보 계정에서 이 이미지와 토론을 게재했다. 피자헛은 이후 이 불쾌한 광고를 철회하고 웨이보를 통해 사과했다. 아이러니하게도 이 사과는 인터넷에 접속하기 위해 스크린 리더기에 의존해야 하는 사용자들이 접근할 수 없는 이미지 형식이었다. OPO는 이 사건과 문제의 사과에 이어 장애의 윤리적 표현을 위한 지침을 마련하고 언론이 대중의 편견에 도전할 것을 촉구했다(Aubié, 2014, personal communication).

소셜 미디어에서 OPO, 유엔 그리고 음성기부자

2008년에 중국은 〈유엔장애인권리협약United Nations Convention on the Rights of Persons with Disabilities〉을 비준했다. 본 협약은 장애인에 대한 일련의 권리와 이러한 권리를 구현하기 위한 전략을 규정하고 있다(이 책 13장 참조). 중국 정부 정책이 이 협약을 위반했다고 판단될 경우(Aubié, 2014 참조), OPO는 중국에서 〈유엔장애인권리협약〉의 이행사항을 적극적으로 감시하고, 심지어 중국 정부의 〈유엔장애인권리협약〉 이행사항을 감시하기 위해 그림자 보고서를 제출하기도 했다(Hallett, 2015).

2014년 OPO는 유엔과 소셜 미디어 사이트인 위챗과 제휴하여 〈유엔장애인권리협약〉 및 보이지 않는 권리Invisible Rights의 오디오 북들을 제작하였다. 이 오디오 북들은 〈유엔장애인권리협약〉에 따라 중국의 시각장애인들의 사회적 권리를 옹호하는 OPO와 하버드 법대가 공동으로 출판한 책이다. 글은 시각장애인들이 집필했고 오디오 북은 중국어를 유창하게 말하는 사용자들이 위챗의 공개 '음성기부자' 계정에서 관련 글의 일부를 소리 내어 읽는 크라우드 소싱 음성 기증 프로그램을 활용하여 만들었다. 이 녹음 파일은 취합되어 시각장애인을 위해 DPO와 여러 학교에 배포되었다. 유엔(United Nations, 2015)에 따르면, 이 크라우드 소싱 음성 기부 프로그램은 오디오 북을 100권 이상 제작하는 데 사용되었고, 3백만 명 이상의 사람들이 사용했다. 의미심장하게도 3백만 명의 사람들이 1분짜리 오디오 클립을 이 이니셔티브에 기부했다.

기술 사용 및 소셜 미디어

과거 시위가 웹사이트와 블로그에 기반하여 성공을 거두자 OPO는 가장 인기 있는 소셜 미디어 플랫폼인 웨이보와 위챗을 채택하여 미디어에서 자신의 위치를 강화하고 대중과의 상호작용을 촉진하며 자원 봉사자들과 다른 자원들을 유치했다. OPO는 소셜 미디어를 이용해 가입자의 모바일 기기로 매일 콘텐츠를 전송하고, 가입자들로부터 피드백을 받아 그들에게 답변한다.

자금 부족을 경험하는 OPO를 포함한 풀뿌리 비정부기구(NGO)들은 중국 정부의 통제가 느슨해지는 틈을 타 정부 산하 NGO들과 언론 보도 경쟁을 벌이기도 했다. 징 왕(Jing Wang, 2015)은 다음과 같이 이야기한다.

그들은 언론 보도를 위해 정부 산하 NGO와 경쟁할 수 없다. 언론에 자주 보도되지 않는 NGO들은 서로에 대해 모르고 일반 대중들도 그들의 존재를 모른다 . 우리는 그들의 이야기를 듣지 못하고, 그들이 홍보하고 있는 명분에 대해 알지 못하고, 그들의 요구에 대응하지 못하고 있다. 많은 NGO들은 부족한 노동력이 소진될 때까지 조용히 일해 왔다. 소셜 미디어는 2009년경 중국에서 서비스를 개시했고 NGO들에게 이러한 악순환을 타개하기 위한 대안적인 의사소통 수단으로 사용되었다.

(p. 18)

OPO는 소셜 미디어를 사용하여 장애인 커뮤니티를 한데 모으고, 그 커뮤니티를 통해 장애인들의 관심사에 목소리를 더하고 있다. OPO는 지원 업무와 커뮤니티 형성 외에 장애인의 기술 개발과 고용능력 증진에도 초점을 맞추고 있다. OPO는 시각장애와 신체장애가 있는 사람들을 위해 라디오 제작, 사진 촬영 및 속기사 훈련을 제공한다. 이러한 기술 훈련 프로그램은 장애인이 자주성을 함양하고, 직업 기술을 개발하고, 사회와의 네트워크를 구축하며, 미래 교육과 고용에서 자신들의 역량과 경쟁력을 높이는 것을 목표로 한다.

시각장애인들의 목소리Voice of the Blind는 시각장애인을 위한 디지털 오디오 방송 플랫폼을 제공하는 OPO 계열 온라인 커뮤니티 라디오 네트워크다. 그 전신인 사운드 스튜디오는 2006년 설립된 원 플러스 원 사운드 스튜디오다. 원 플러스 원 사운드 스튜디오는 2008년 베이징 패럴림픽에서 장애인이 운영하는 최초로 등록된 미디어였다. 스튜디오 팀원 중 두 명은 중국 출신 장애인으로 중국 기자들 중 최초로 패럴림픽 기자로서 언론의 인정을 받았고 이러한 업적은 곧 취업으로 이어졌다. OPO는 원 플러스 원 사운드 스튜디오가 제작한 라디오 프로그램의 방송채널을 확장하는 것 외에 시각장애인들이 개인 제작물을 방송하고 공유할 수 있는 온라인 플랫폼을 구축하여 자기표현, 시청자 참여, 소셜 네트워킹을 가능하게 하는 디지털 라디오 네트워크를 구축하였다. 이 플랫폼의 특성은 중국을 넘어 다른 중화권 커뮤니티까지 도달할 수 있도록 해 준다. 사람들은 사용자가 만든 오디오 프로덕션을 VOB 홈페이지의 관련 섹션에 업로드하고, 이러한 프로그램에 대해 댓글을 단 후 중국의 여러 소셜 미디어 플랫폼에서 공유할 수 있다. 소셜 미디어의 이러한 사용은 콘텐츠를 쉽고 효과적으로 공유하고 다시 게시할 수 있게 한다.

결론

10년 동안 OPO는 라디오제작센터(장애인을 위한 원 플러스 원 사운드 스튜디오)에서 중국의 대표적인 DPO로 발돋움했다. OPO의 주된 성공 비결은 앞서 설명한 바와 같이 변화를 촉구하는 일련의 행동을 통한 적극적인 정책 지지이다. 지난 10년 동안 이 조직의 활동은 또한 중국에서의 블로그 사용과 최근에 더 널리 보급된 다른 소셜 미디어의 성장과 밀접한 관련이 있다. 이러한 활동은 2009년 파크슨에 반대하는 온라인 시위를 시작으로 2013년 파크슨에 대해 홈페이지에 글을 올리고, 2013년 피자헛에 대한 소셜 미디어 시위를 조직하고, 그리고 웨이보를 활용한 대응부터 위챗과 크라우드 소싱 음성기부자 프로젝트와의 파트너십을 통한 직접적인 옹호활동까지 여러 조직들의 성장과 함께 발전하고 있다.

중국 사회에서 장애인들은 여전히 심각한 사회적 불이익을 경험하고 있다. 그러나 징 왕(2015)이 말한 것처럼 소셜 미디어의 출현과 능력은 NGO가 "통신 병목현상에서 벗어날 수 있도록 하고"(p. 1), 나아가 삶의 모든 측면을 장애인에게 개방하도록 명시하고 있는 중국 장애인법에 따라 중국 정부가 장애인들의 사회적 · 경제적 위치에 대한 목표를 더 잘 반영할 수 있는 더 큰 기회를 제공할 것으로 본다.

참고문헌

Aubié, H. (2014). The rise of disability rights advocacy in China: Now is the time for more international support. Retrieved 20 October, 2015 from https://www.academia.edu/8764274/The_Rise_of_Disability_Rights_Advocacy_in_China_Now_is_the_Time_for_More_International_Support

Bai, Y., Yao, Z., & Dou, Y. (2015). Effect of social commerce factors on user purchase behaviour: An empirical investigation from Renren.com. *International Journal of Information Management, 35,* 538-550.

Braddock, D. L., & Parish, S. L. (2001). Introduction: The formation of disability studies. In G. L. Albrecht, K. D. Seelman & M. Bury (Eds.), *Handbook of Disability Studies* (pp. 1-68). Thousand Oaks, CA: Sage.

China Disability Observatory. (2009a). 致百盛集团的公开信 (Joint open letter to Parson). Retrieved from http://oporadio.blog.sohu.com/134547385.html

China Disability Observatory. (2009b). 志愿者在百盛门前抗议残障歧视一百盛，你说你的眼里没有我(Volunteers protest against Parkson's discrimination on the disabled - you pretend I don't exist). Retrieved from http://oporadio.blog.sohu.com/134547385.html

China Disabled Person's Federation. (2008). CDPF: About us. Retrieved from http://www.cdpf.org.cn/english/about1us/200804/t20080409_267487.html

Chu, S., & Choi, S. (2010). Social capital and self-presentation on social networking sites: A competitive study of Chinese and American youth generation. *Chinese Journal of Communication, 3*(4), 402-420.

CNNIC. (2014). 2014年中国社交类应用用户行为研究报告 (2014 Research Report on Social Media User Behaviour in China). Retrieved 19 October, 2015 from http://www.cnnic.net.cn/hlwfzyj/hlwxzbg/sqbg/201408/P020150401351309648557.pdf

CNNIC. (2015). 第36次中国互联网络发展状况统计报告 (36th Statistical Report on the State of the Chinese Internet's Development). Retrieved 19 October, 2015 from http://www.cnnic.net.cn/hlwfzyj/hlwxzbg/hlwtjbg/201507/P020150723549500667087.pdf

Crouch, E. (2015, 16 July). Sightless in Shanghai-Being blind in a 21st century Chinese megacity. Retrieved from http://www.thatsmags.com/china/post/10638/sightlessin-shanghai-being-blind-in-a-21st-century-chinese-megacity-1

Du, S. (2014). Social media and the transformation of 'Chinese nationalism': 'Igniting positive energy' in China since the 2012 London Olympics (Respond to this article at http://www.therai.org.uk/at/debate). *Anthropology Today, 30*(1), 5-8.

The Economist. (2013). Feeling their way Chinese Braille. *The Economist, 408,* 40.

Esarey, A., & Xiao, Q. (2008). Political expression in the Chinese blogophere: Below the radar. *Asian Survey, 48*(5), 752-772.

Fisher, K. R., Li, J., & Fan, L. (2012). Barriers to the supply of non-government disability services in China. *Journal of Social Policy, 41*(1), 161-182.

Fjeld, H., & Sagli, G. (2011). Disability, poverty and healthcare: Changes in the canji ('disability') policies in the history of the People's Republic of China. In A. H. Eide & B. Ingstad (Eds.), *Disability and poverty: A global challenge* (pp. 31-54). Bristol, UK: Polity Press.

Fuchs, C. (2015). Baidu, Weibo and Renren: The global political economy of social media in China. *Asian Journal of Communication,* 1-28. doi:10.1080/01292986.2015.1041537

Gleiss, M. S. (2015). Speaking up for the suffering (br) other: Weibo activism, discursive struggles, and minimal politics in China. *Media, Culture & Society, 37*(4), 513-529.

Guo, B., Bricout, J. C., & Huang, J. (2005). A common open space or a digital divide? A social model perspective on the online disability community in China. *Disability & Society, 20*(1), 49-66. doi:10.1080/0968759042000283638

Hallett, S. (2015). 'Enabling the disabled': The growing role of civil society in disability rights advocacy. In A. Fulda (Ed.), *Civil society contributions to policy innovation in the PR*

China: Environment, social development and international cooperation (pp. 173-195). Houndmills, UK: Palgrave Macmillan.

Hong, K. (2015). WhatsApp rival WeChat surpasses 100 million user accounts outside China. *The next web*. Retrieved from http://thenextweb.com/asia/2013/08/15/whatsapp-rival-wechat-surpasses-100-million-user-accounts-outside-china/

Huang, J., & Guo, B. (2005). Building social capital: A study of the online disability community. *Disability Studies Quarterly, 25*(2). Retrieved from http://dsq-sds.org/article/view/554/731

Human Rights Watch. (2013, July). "As long as they let us stay in class": Barriers to education for persons with disabilities in China. Retrieved from https://www.hrw.org/sites/default/files/reports/china0713_ForUpload.pdf

International Telecommunication Union. (2013). Measuring the information society 2013. Retrieved from http://www.itu.int/en/ITU-D/Statistics/Documents/publications/mis2013/MIS2013_without_Annex_4.pdf

Koch, P., Koch, B. J., Huang, K., & Chen, W. (2010). Beauty is in the eye of the QQ user: Instant messaging in China. In G. Goggin & M. McLelland (Eds.), *Internationalizing internet studies: Beyond Anglophone paradigms* (pp. 265-284). London, New York: Routledge.

Kohrman, M. (2005). *Bodies of difference: Experiences of disability and institutional advocacy in the making of modern China*. Berkeley, CA: University of California Press.

Kuo, L. (2014). WeChat is nothing like WhatsApp-and that makes it even more valuable. Retrieved from http://qz.com/179007/wechat-is-nothing-like-whatsapp-andthat-makes-it-even-more-valuable/

Li, L. (2011). Social network sites comparison between the United States and China: Case study of Facebook and Renren Network. Paper presented at the Business Management and Electronic Information (BMEI) Conference, Guangzhou, 13 May, Volume 1, 825-827.

Millward, S. (2015). WeChat rockets to 600M monthly users. *Tech in Asia*. Retrieved from https://www.techinasia.com/wechat-monthly-active-users-q2-2015/

Oliver, M. (1996). *Understanding disability: From theory to practice*. Houndsmill, Basingstoke, UK: Macmillan.

Paper.oeeee.com. (2013). "一加一": 残障人也是公民 (One Plus One: People with disability are also citizens). Retrieved from http://paper.oeeee.com/nis/201312/23/157136.html

Rauchfleisch, A., & Schäfer, M. S. (2015). Multiple public spheres of Weibo: A typology of forms and potentials of online public spheres in China. *Information, Communication & Society, 18*(2), 139-155.

Roberg, M. (2014). The top 5 social media networks in China. Retrieved from http://maximizesocialbusiness.com/5-top-social-media-networks-china-12918/

Sagli, G., Zhang, J., Ingstad, B., & Fjeld, H. E. (2013). Poverty and disabled households in the People's Republic of China: Experiences with a new rural health insurance scheme. *Disability & Society, 28*(2), 218-231. doi:10.1080/09687599.2012.699281

Skuse, A. (2014). WeChat: The Chinese chat app stealing Weibo's thunder. Retrieved from http://edition.cnn.com/2014/02/27/business/tencent-wechat-unseats-sina-weibo/index.html

Sullivan, J. (2012). A tale of two microblogs in China. *Media, Culture & Society, 34*(6), 773-783.

Tatlow, D. K. (2013, 4 November). Disabled Chinese struggle for a good education, and acceptance. *The New York Times*. Retrieved from http://sinosphere.blogs.nytimes.com/2013/11/04/disabled-chinese-struggle-for-a-good-education-and-acceptance/

UNESCO. (2012). Access to scientifi c information and access for persons with disabilities discussed in China. Retrieved from http://www.unesco.org/new/en/communication-andinformation/resources/news-and-in-focus-articles/all-news/news/access_to_scientifi c_information_and_access_for_persons_with_disabilities_discussed_in_china/#.VjaurPsmym6

United Nations Development Program. (2015). UNDP and WeChat promote the rights of people with disabilities. 17 May. Retrieved from http://www.cn.undp.org/content/china/en/home/presscenter/articles/2015/05/undp-uses-social-media-to-promote-the-rights-ofpeople-with-disa.html

Wang, C., Wang, X., Qian, Y., & Lin, S. (2010). Accurate Braille-Chinese translation towards efficient Chinese input method for blind people. 5th International Conference on Pervasive Computing and Applications, Birmingham City University.

Wang, J. (2015). NGO2.0 and social media praxis: activist as researcher. *Chinese Journal of Communication, 8*(1), 18-41.

Wang, W. Y. (2013). Weibo, framing, and media practices in China. *Journal of Chinese Political Science, 18*(4), 375-388.

Wang, W. Y. (2015). Remaking Guangzhou: Geo-identity and place-making on Sina Weibo. *Media International Australia Incorporating Culture and Policy, 156* (Aug), 29-38.

World Health Organisation. (2015). Blindness as a public health problem in China. Retrieved from http://www.who.int/mediacentre/factsheets/fs230/en/

World Health Organisation, & World Bank. (2011). World report on disability. Retrieved from http://www.unicef.org/protection/World_report_on_disability_eng.pdf

Xinhuanet.com. (2009). Retailing giant Parkson apologizes over disabled controversy in China. Retrieved from http://news.xinhuanet.com/english/2009-10/22/content_12301389.htm

Yijiayi.org. (2009a). 志愿者在百盛门前抗议残障歧视——百盛，你说你的眼里没有我！(Volunteers protest against Parkson's discrimination on the disabled - you pretend I don't exist). Retrieved from http://www.yijiayi.org/list.php?gmod=ds&mid=1&lid=49&nid=40

Yijiayi.org. (2009b). 致百盛集团的公开信 (Open letter to Parkson). Retrieved from http://www.yijiayi.org/list.php?gmod=ds&mid=1&lid=49&nid=41

Yijiayi.org. (2009c). 中国百盛集团致:广大消费者 (Open letter to customers from Parkson China). Retrieved from http://www.yijiayi.org/list.php?gmod=ds&mid=1&lid=49&nid=43

Yeh, F., Tsay, H., & Liang, S. (2008). Human computer interface and optimized electromechanical design for Chinese Braille display. *Mechanism and Machine Theory, 43* (12), 1495-1518. doi:10.1016/j.mechmachtheory.2008.01.006

Yu, H. (2007). Blogging everyday life in Chinese internet culture. *Asian Studies Review, 31*(4), 423-433. doi:10.1080/10357820701710724

Yu, L., Asur, S., & Huberman, B. A. (2011). What trends in Chinese social media. arXiv preprint arXiv:1107.3522.

Yu, S., & Xie, Y. (2012). Preference effects on friendship choice: Evidence from an online field experiment. *Population Studies Centre Research Report 12-780.* Ann Arbor, MI: University of Michigan.

Zhang, J. G., & Clarke, J. (2008). Blogging in China: A force for social change. *Australian Journalism Review, 30*(1), 3-11.

Zhao, H., & Liu, J. (2015). Social media and collective remembrance: The debate over China's great famine on Weibo. *China Perspectives, 2015*(1), 41-48.

Zhao, J. (2011). China special education: The perspective of information technologies. In P. Ordóñez de Pablos, J. Zhao & R. Tennyson (Eds.), *Technology enhanced learning for people with disabilities: Approaches and applications* (pp. 34-43). Hershey, PA: Information Science Reference.

Zheng, X., Chen, G., Song, X., Liu, J., Yan, L., Du, W., Pang, L., Zhang, L., Wu, J., Zhang, B., & Zhang, J. (2011). Twenty-year trends in the prevalence of disability in China. *Bulletin of the World Health Organization*. Retrieved from http://www.who.int/bulletin/volumes/89/11/11-089730/en/

Zhou, X. (2009). The political blogosphere in China: A content analysis of the blogs regarding the dismissal of Shanghai leader Chen Liangyu. *New Media and Society, 11*(6), 1003-1022.

찾아보기

〈인명〉

〈내용〉

편저자 소개

케이티 엘리스Katie Ellis

호주 커틴대학교 인터넷학과 선임연구위원이며, 비판장애학연구학회 회장이다. 연구의 초점은 장애와 미디어이며, 사회통합을 위한 활동 및 능동적 행동으로까지 연구 영역을 확장해 가고 있다. 집필한 책으로는 《Disability and New Media》(2011, Mike Kent 공저), 《Disabling Diversity》(2008), 《Disability, Aging and Obesity: Popular Media Identifications》(2014, Debbie Racrodan & Pia Lebeck 공저), 《Disability and the Media》(2015, Gerard Goggin 공저), 《Disability and Popular Culture》(2015) 등이 있다.

마이크 켄트Mike Kent

호주 커틴대학교 인터넷학과 학과장이자 선임강사다. 장애인과 커뮤니케이션 기술에의 접근성, 그리고 제3차 교육tertiary education(중등학교에서부터 대학 및 직업 교육까지를 총칭하는 의미)과 온라인 교육이라는 두 가지 중첩되는 영역에 큰 관심을 갖고 연구하고 있다. 케이티 엘리스와 공동으로 《Disability and New Media》(Routledge, 2011)를 집필했으며, 타마 리버와 함께 《An Education in Facebook? Higher Education and the World's Largest Social Network》(Routledge, 2014)를 편집했다. 현재 진행하고 있는 연구로는 앞으로 출간될 레베카 베넷과의 공저 《Massive Open Online Courses and Higher Education: Where to Next?》(Routledge)와 케이티 엘리스 및 지안 슈와의 공저 《Chinese Social Media Today: Critical Perspectives》(Routledge) 등이 있다.

집필진 소개

메릴 알퍼 Meryl Alper

노스웨스턴대학교 커뮤니케이션학과의 조교수로, 하버드대학교 버크만 클라인 인터넷·사회센터의 연구진이자 《Digital Youth with Disabilities》(MIT Press, 2014)의 저자다.

나즈마 알 지드잘리 Najma Al Zidjaly

오만 술탄카부스대학교 영어영문학과의 사회언어학(이종문화 간의 커뮤니케이션) 부교수다.

존 아멘타 John E. Armenta

캘리포니아대학교 샌디에이고 분교 커뮤니케이션학 박사과정에 있으며 문화·예술·기술 프로그램에서 글쓰기를 가르치고 있다.

폴 베이커 Paul M. A. Baker

조지아공과대학교 선진커뮤니케이션정책센터의 연구 및 전략 혁신 수석 연구책임자이자 선임 연구원이다.

오웬 바든 Owen Barden

장애 및 교육 분야 강사다. 난독증과 디지털 문맹의 관계, 디지털 매개 네트워크 및 학습을 연구하는 새로운 방법에 관심을 갖고 연구하고 있다.

디디 베넷 DeeDee Bennett

오마하에 있는 네브라스카대학교 공공행정대학원 내 긴급서비스 프로그램의 조교수로, 위기관리, 재해발생 시의 사회취약계층, 긴급통신, 재난정책 및 모바일 무선통신 등이 주요 연구 분야다.

톰 비엘링 Tom Bieling

카이로에 있는 독일대학교 응용과학 및 예술학부 방문교수다. 베를린예술대학교 디자인연구소의 연구원으로 박사과정 중에 있다.

안드레아 번든 Andrea Bundon

브리티시컬럼비아대학교(캐나다)의 신체운동학대학원 조교수다. 연구 분야는 스포츠사회학 및 비판장애학 등이다.

루시 버크 Lucy Burke

맨체스터메트로폴리탄대학교 영어과 수석강사다. 인지장애에 대한 현시대의 문화적 반응 및 가치, 의미 있는 삶, 인간성 등의 특정 개념들을 탐구함에 있어 예술과 창조성의 역할을 연구하며, 치매와 학습장애에 구체적으로 초점을 맞추고 있다.

크레이그 콜린슨 Craig Collinson

에지힐대학교에서 박사학위를 준비하고 있다. 연구논문은 최근의 영어교육 정책 자료들에 사용된 '언어차별주의'에 관한 것이다.

리즈 크로우 Liz Crow

영국의 예술가 및 활동가로 공연, 영화, 녹음, 저술 등의 활동을 하고 있으며, 사회적·정치적 변화를 위한 매개로서 창조적 활동의 잠재력에 관심을 갖고 있다.

케이티 엘리스 Katie Ellis

커틴대학교 인터넷학과 선임연구위원이며, 비판장애학연구학회 회장이다. 연구의 초점은 장애와 미디어이며, 사회통합을 위한 활동 및 능동적 행동으로까지 연구 영역을 확장해 가고 있다.

줄리엣 골드바트 Juliet Goldbart

건강 및 사회변화를 위한 연구소 소장이며 맨체스터메트로폴리탄대학교의 발달장애학과 교수다. 커뮤니케이션과 중증 발달장애인, 영국 및 서비스가 부족한 국가들에서의 서비스 제공 모델, 그리고 연구방법론에 관한 이슈에 초점을 맞춰 연구 활동을 하고 있다.

브라이언 골드파브 Brian Goldfarb

UCSD의 커뮤니케이션학과 부교수다. 연구 및 창작활동은 시각적/디지털 문화, 장애 및 교육에 초점을 맞추고 있다.

베스 할러 Beth Haller

미국 메릴랜드주 토슨대학교의 저널리즘/뉴미디어학과 교수다. 현재 '미디어 이모저모Media dis&dat'라는 장애 이슈에 관한 블로그(http://media-dis-n-dat.blogspot.com)와 미디어와 장애연구에 대한 웹사이트(http://www.media-disability.net)를 운영하고 있다.

스콧 홀리어 Scott Hollier

미디어 액세스 오스트레일리아Media Access Australia의 디지털 접근성 국장으로, 장애인을 위한 컴퓨터 및 인터넷 접근성 분야를 이끌어 가는 권위자다.

아만다 히난 Amanda Hynan

리즈베켓대학교의 말하기 및 언어 치료학과 선임강사로 맨체스터메트로폴리탄대학교에서 박사 연구를 마쳤다. 연구 관심 분야는 보완대체의사소통이다.

게슈 주스트 Gesche Joost

베를린예술대학교 디자인 연구 교수이며, 디자인 연구소 소장이다. DGTF e.V.[독일디자인이론연구회]의 회장이며 베를린기술재단 이사다.

조지 줄리안 George Julian

대학교, 연구원 및 자선단체와 협력하여 연구가 영향력을 발휘할 수 있도록 돕는 독립 지식 이전 컨설턴트다. 또한 런던정치경제대학교의 개인사회서비스연구단의 객원연구원이기도 하다.

무네오 카이고 Muneo Kaigo

쓰쿠바대학교 인문사회학부 부교수다. 쓰쿠바대학교의 인문사회과학대학원, 경영과학대학원 및 비교문학대학에서 가르친다.

마이크 켄트 Mike Kent

커틴대학교 인터넷학과 학과장이자 선임강사다. 장애인과 커뮤니케이션 기술에의 접근성, 그리고 제3차 교육tertiary education(중등학교에서부터 대학 및 직업 교육까지를 총칭하는 의미)과 온라인 교육이라는 두 가지 중첩되는 영역에 큰 관심을 갖고 연구하고 있다.

티아고 마틴즈 Tiago Martins

베를린예술대학교 디자인연구소의 연구원이자 크리에이티브 테크놀로지스트다. 오스트리아 린츠에 있는 예술산업디자인대학교에서 프로그래밍, 피지컬 컴퓨팅 및 게임 디자인을 강의하고 있다.

아넬린 마스첼레인 Anneleen Masschelein

벨기에 루벵대학교의 문학 및 문화학 교수다. 저서인 《The Unconcept》(SUNY Press, 2011)에서 20세기 후반의 '초자연적the uncanny'이라는 개념의 역사를 연구했다.

리앤 맥레 Leanne McRae

커틴대학교 인터넷 커뮤니케이션학과 강사다. 교육, 일, 도시 이미지 및 대중문화연구에 대해 광범위한 저술활동을 하고 있다. 현재 연구 관심 분야는 장애, 소셜 미디어, 게임 및 e-러닝이다.

헬레나 미첼 Helena Mitchell

조지아대학교 산하의 리젠트 연구원이자, 조지아공과대학교 고급커뮤니케이션정책센터의 센터장이다.

재니스 머레이 Janice Murray

맨체스터메트로폴리탄대학교의 통신 · 장애학 교수이자 국제증강대체통신학회 회장이다. 연구 초점은 커뮤니케이션 기술 지원을 통한 언어발달, 화자speakers 지원을 통한 언어발달, 결과측정, 보완대체의사소통 및 기억 등이다.

로렌스 페어런트 Laurence Parent

몬트리올에 있는 컨커디어대학교 인문학 박사과정 학생이다. 현재 컨커디어대학교 모바일 미디어 연구소에서 연구 조교로 근무하고 있다.

제프리 프레스턴 Jeffrey Preston

온타리오주 런던에 있는 팬셔대학교 디지털마케팅학과 교수이며, AMI 엑세서블 미디어 회사의 장애 및 문화 통신원이다.

앤디 라이스 Andy Rice

시각 커뮤니케이션 박사로 논픽션 영화제작자이며, UCLA 학부 교육 이니셔티브의 박사후 연구원이다.

사라 라이언 Sara Ryan

사회학자로서 장애, 자폐증 및 돌봄 경험에 주로 초점을 맞춰 연구한다. 옥스퍼드대학교 너필드 1차 의료 보건학부 건강경험연구단의 연구책임자다.

쿠드자이 샤바 Kudzai Shava

시각장애인 장애활동가이며, 짐바브웨에 있는 개혁교회대학교에서 교육 및 사회과학 학부 강사로 장애와 통합교육을 가르친다.

레니 밴 고이센호벤 Leni Van Goidsenhoven

벨기에 루벵대학교의 문학 및 문화학과의 FWO-플랑드르 박사 연구원이다. 자폐증과 자기표현으로 박사학위를 준비하고 있다.

마리-이브 베이유 Marie-Eve Veilleux

장애운동가이자 몬트리올대학교 생명윤리학과 학생이다. 현재 캐나다 노화 종단연구에서 번역 코디네이터로 일하고 있다.

지안 슈 Jian Xu

펜실베이니아대학교의 글로벌커뮤니케이션연구센터 및 현대중국연구센터의 방문 학자다. 시드니대학교의 시드니민주주의네트워크에서 활동하고 있으며, 최근에 시드니기술대학의 중국연구센터에서 박사후 연구과정을 마쳤다.

마그달레나 즈드로돕스카 Magdalena Zdrodowska

폴란드 크라코프에 있는 야기에우워대학교 시청각예술연구소의 조교수다. 주요 연구 분야는 미디어 연구와 인류학이다.

히 장 He Zhang

커틴대학교 인문학부 미디어 · 문화 · 창작예술대학의 박사과정에 있다. 상하이국제학대학교에서 통역으로 석사학위를 취득했다. 연구 관심 분야는 디지털 문자해독능력, 공동 창작 미디어 활동, 문화적 시민권 및 중국 젊은이들의 이주활동 등이다.

역자 소개

김수정Soojung Kim

영국 런던대학교 SOAS 국제학 석사과정 및 미국 사우스캐롤라이나 주립대학교 사회복지 석사과정을 졸업했다. 서울시립대학교 사회복지 박사과정 수료 후 박사논문을 준비하고 있다. 한국사회복지사협회, 전미사회복지사협회, (사)미래복지경영에서 근무했으며, 현재 독립 연구자로 사회복지 관련 연구 및 번역 활동을 하고 있다.

마경희Kyunghee Ma

미국 사우스캐롤라이나 주립대학교에서 사회복지학 박사학위(전공 분야: 정신건강)를 받았고, 2019년 12월까지 동 대학 한국기반 사회복지 석사과정 디렉터를 지냈다. 현재 영어 통번역사로 그리고 미국 사우스캐롤라이나 주립대학교 사회복지대학원 소속 독립 연구원으로 왕성하게 활동하고 있다.

감수자 소개

이승기Seungki Lee

영국 에든버러대학교에서 사회정책학 박사학위를 받았고, 현재 성신여자대학교 사회복지학과 교수로 재직하고 있다. 보건복지부 행정사무관, 한국장애인복지학회장, 서울시복지재단 대표이사를 지낸 바 있고, 한국장애인재단 이사 및 배분위원장으로 활동하고 있다. 주된 관심과 연구 분야는 장애인복지와 사회복지정책이다.

장애와 소셜 미디어

- 글로벌 관점 -

Disability and Social Media: Global Perspectives

2021년 1월 10일 1판 1쇄 인쇄
2021년 1월 15일 1판 1쇄 발행

엮은이 • Katie Ellis · Mike Kent
옮긴이 • 김수정 · 마경희
감수자 • 이승기
펴낸이 • 김진환
펴낸곳 • (주) 학지사
04031 서울특별시 마포구 양화로 15길 20 마인드월드빌딩
대표전화 • 02)330-5114 팩스 • 02)324-2345
등록번호 • 제313-2006-000265호

홈페이지 • http://www.hakjisa.co.kr
페이스북 • https://www.facebook.com/hakjisa

ISBN 978-89-997-2282-0 93330

정가 25,000원

역자와의 협약으로 인지는 생략합니다.
파본은 구입처에서 교환해 드립니다.